朱瑞熙　著

朱瑞熙文集

第二册

上海古籍出版社

中国政治制度通史(第六卷　宋代)

前　　言

　　《中国政治制度通史》(1—10卷)，是中国社会科学院政治学研究所承担的国家社会科学基金重点项目，由白钢主编。本卷是全书的第六卷，撰写的是宋朝的政治制度，约请朱瑞熙教授主撰，张其凡教授分撰了其中的第八章军事制度。

　　本书的学术思想体系和总体结构的设计，旨在突出对历代的皇帝制度、中央决策体制及政体运行机制的探索，并以此为轴心，铺陈各单项政治制度，力求能比较贴近政治学的规范；同时，要求在充分发挥各执笔专家的学术优势和广泛参考学术界已有研究成果的基础上，进一步向内容的广度和深度开拓，争取在高起点上推进中国政治制度史的研究。

　　宋朝是中国封建专制主义中央集权制空前加强的历史时期。宋朝统治者总结了唐五代以来的历史教训，为防止藩镇割据的重现和文臣、外戚、女后、宗室、宦官的擅权，镇压劳动人民的反抗，以及防御辽、夏等侵扰，采取了诸如铲除藩镇势力，"收乡长、镇将之权悉归于县，收县之权悉归于州，收州之权悉归于监司，收监司之权悉归于朝廷"等等措施，强化中央集权，使宋朝的政治体制的运行，呈现出"上下相维，轻重相制，如身之使臂，臂之使指，民自徒罪以上，吏自罚金以上，皆出于天子。藩方守臣，统制列城，付以数千里之地，十万之师，单车之使，尺纸之诏，朝召而夕至"①的局面。政治、军事、财政大权最大限度地集中，

---

① 范祖禹：《范太史集》卷22《转对条上四事状》。

导致宋朝政治体制的许多新变化:

首先,表现在皇帝权力的强化与皇位继承的相对稳定。从形式上看,宋朝实行"人主苞权,大臣审权,争臣议权"①的原则,但宰执乃至大臣奏事,在皇帝面前已无坐处。从内容上看,行政、军事、财政、立法、司法等一切大权,都集中到皇帝手里。宋朝高级官员的任命,如宰相、枢密使、三司使、翰林学士、御史中丞等要职,都是皇帝亲自选派;就是一般官员的任命,也要"引对",皇帝要当面考察他们是否能胜任。宋初将财权收归朝廷后,在宫廷中设立了封桩库和内藏库,用以分割三司的权力而直接归皇帝掌握。三衙负责统辖全国禁军,但无调兵遣将之权;枢密院有调兵遣将之权,但必须"去御前画旨"方能调动。宋太祖、太宗、真宗、仁宗朝的立法,成为以后各朝皇帝必须遵循的"祖宗之法","民自徒罪以上,吏自罚金以上,皆出于天子"。诸如此类,表明宋朝皇权的空前强化。与之相适应的,是皇位继承的相对稳定。宋朝历 14 世、18 位皇帝。自太祖以后,皇位转入太宗世系子孙继承;从孝宗开始,皇位又转归太祖世系子孙继承。宋朝虽然没有像唐朝那样设立了严密而庞大的东宫组织,但皇储制度还算完善,大多数皇帝或由嫡子继位、或按兄终弟及继位,或以宗室子继位,除宋理宗是大臣拥立的以外,没有出现内侍拥立皇帝的现象。宋朝在夫亡子幼的情况下,虽然出现过四次女后垂帘听政的局面,但时间都不算太长,待皇帝长大后,都撤帘还政,没有出现唐朝武则天那样废子称帝的情况。宋朝还出现过四次皇帝内禅。总之,宋朝新、老皇帝间的皇位交接,处于相对稳定状态,没有造成严重的统治危机。

其次,中央决策体制的变化。北宋前期的决策体制、决策方式与程序,大体上是沿袭唐朝后期的制度,皇帝与百官的前殿常朝会议决策,逐渐变为皇帝会见百官的一种仪式,而皇帝内殿视朝听政则成为决策会议的主要形式。不过,这种内殿视朝听政,像宋太祖那样,宰执们凡事必向皇帝"奏御",由皇帝拍板;他们已经不能与皇帝坐在一起从容商议了。除

---

① 《宋史》卷 394《林栗传》。

内殿视朝听政之外,还有皇帝后殿会议决策比较重要。宋神宗元丰改制,取消了徒具形式的前殿常朝会议、正衙、横行等,改为日参、六参、朔参、望参四种决策会议。不同形式的决策会议,由不同范围的官员参加。南宋初,这四种形式的决策会议名存实亡,直到宋金绍兴和议后才渐趋正常。宁宗嘉定年间,这些形式的决策会议再度不受重视,政体运行机制也渐趋失灵。

复次,中央行政体制的变化。顾炎武曾经说过:“宋世典常不立,政事丛脞,一代之制,殊不足言。”①历来读宋史的人也为宋朝行政体制参差夹杂、变动不居所困惑,感到难以掌握。其实,只要认真梳理一下唐宋两代行政体制的演变与异同,便不难发现,北宋前期的中央行政体制,大体与中唐以后以及五代时期比较接近;而宋神宗元丰改制,则又与唐朝前期比较接近。例如,唐朝中央行政体制实行的尚书省、中书省、门下省三省制。三省长官以门下省的政事堂为议事场所,后来将政事堂迁到中书省,唐玄宗时又改政事堂称“中书门下”②。北宋前期虽然沿袭唐制,设置了三省,但大部分职权被其他机构分割,另在禁中设置“中书门下”作为宰相办公场所。神宗元丰改制,撤销中书门下,恢复三省应有的职权,三省长官议事的场所设在尚书都省,称政事堂或都堂。又如,唐玄宗后,唐朝中央增设盐铁和度支二使,多以宰相兼任,与户部使合称“三司使”,逐渐成为最高财政官,但从未总命一使。五代后唐明宗时正式合为一职,成为皇帝控制下的最高财政机构。三司的出现,分割了尚书省户部的职权。北宋前期也沿袭此制。但到神宗元丰改制,便撤销了三司,其职权分归户、工等部。类似的例子,不胜枚举。总之,宋朝中央行政体制的格局与变迁,还是有规律可寻的。

再次,地方行政体制的变化。北宋初年撤销藩镇,将其所领支郡直属朝廷,在地方上实行路(道)、州(府军监)、县三级体制。这时的转运使掌握一路的大权,实际是路级最高行政长官。此后,由于路级机构逐步增设提点刑狱、提举常平等司,于是分割了转运使司的职权。到宋神

---

① (清)顾炎武:《日知录》卷15《宋朝家法》。
② 高承:《事物纪原》卷4《中堂》。

宗时,各路出现了安抚使司、转运使司、提点刑狱司、提举常平司四司并立的局面。这四司职能虽然各有所侧重,但却又同掌军政、民政、财政与司法。它们互不统属,彼此监督。这时的路级官府还只是朝廷派驻各地的机构,对州府军监实行监督。因此,路具有半监察区与半行政区的性质,是一种过渡形式。由于路尚未完全成为一级行政实体,州府军监皆直属朝廷,朝廷主要通过它们来治理地方。不仅州府军监的官员由朝廷委任,而且知州或知府等均可直接向朝廷奏事,财赋也直接上缴朝廷。为监督、分割知州的事权,宋初起在各州增设"通判"一职。县以下的基层组织,宋初撤乡设管,管设户长与耆长。管以下设里。宋神宗时开始推行保甲法。后来乡村一般实行乡、都、保、甲制,呈现较为复杂的局面。总趋势是不断加强对县、镇以下人户的控制。

此外,在宋朝的立法、司法、监察、军事、人事管理等等制度方面,都有较大的变化并形成自己的特点。值得庆幸的是,本卷在统揽宋代政治制度全貌的基础上,细针密缕,写出了各单项政治制度演变的来龙去脉,揭示了宋代政治制度的特点。特别是结合人物、事件来写制度,基本上把制度写活了,真可谓曲尽其妙。显然这与作者都是"升堂入室,究其阃奥"的宋史专家,既能席卷八荒,又能丘壑经纬的功力分不开的。本卷初稿完成后,主编对全卷作了统一修订。上海市社会科学基金对本卷的研究提供了帮助。

叶维钧、张昌东先生参加了本课题的研究,并协助主编做了大量学术组织工作。人民出版社张秀平女士为本书的出版付出了辛勤的劳动。著名书法家、学者启功教授于百忙之中,拨冗为本书题签。在本书付梓之际,谨向关心和支持本书的编写与出版并作出贡献的朋友们致以衷心的感谢!

依靠不同学科的专家的学术专长,偕同从事跨学科的课题研究,我们还缺乏经验。本书本卷若有参考未备、论证不当或其他缺陷,还望学术界的师友们及广大读者匡正。

白钢

1993 年 5 月 31 日

目　　录

第一章　绪　　论

公元 960 年，后周禁军统帅、殿前都点检赵匡胤在陈桥驿（今河南封丘东南陈桥镇），发动兵变，夺取皇权，建立了宋朝，史称北宋。1127 年，金朝军队攻占汴京（治今河南开封市），掳走徽宗和钦宗，北宋灭亡。同年，钦宗之弟赵构（高宗）在南京（治今河南商丘）称帝，重建了宋朝，史称南宋。1276 年，元军进入临安（治今浙江杭州市），太后全氏（度宗皇后）携帝显率领百官投降。直到 1279 年，在元军的追击下，左丞相陆秀夫负帝昺投海殉难，南宋亡国，宋朝前后经历了 320 年的漫长岁月。

第一节　社会经济与阶级结构的新变化

自唐朝中叶以后，由于均田制的破坏和两税法的实行，造成了土地私有制的进一步发展，土地买卖盛行，土地所有权转移频繁。朝廷制定了严密的法规，保障私人对于土地的转移让渡的权利，使土地买卖和典当的法律更加规范化。地主阶级改变了对农民的剥削方式，普遍采用将土地租给农民而收取地租的办法，放松了对农民的人身束缚，租佃关系发展迅速。在此基础上，宋朝的农业、手工业、商业和科学技术都取得了前所未有的新成就。农业生产技术和粮食产量，都在当时世界上居于领先地位。银、铜、铅、锡、铁等矿产量也在当时世界上首屈一指。广泛利用雕版来印刷书籍，并发明了胶泥活字印刷术；制造出水罗盘等指南仪器,用于海船远洋航运;应用火药制造武器,并由制造燃烧性的火器发展到制造爆炸性的火器,造出了世界上第一批火箭、火枪、火炮等新式武器。铜钱和铁钱的铸造量逐渐增大,还发行了世界上第一张纸币。国内外交通更加发达,尤其是海上丝绸之路的开辟使中外文化经济交流更加活跃。这一切都证明了宋朝经济的发展远远超过唐朝,而且对当时的世界作出了伟大的贡献。

农业和手工业以及科学技术的巨大发展,促使国内外贸易更为兴盛,货币流通量比前代大为增加,商品经济比以前发达。从社会经济的角度考察,宋朝已经初步具备了资本主义萌芽的物质条件。但是,由于宋朝在外部不断受到北方邻国的侵扰,在内部地主阶级加紧对人民的压榨和控制,社会经济的进一步发展受到了压抑,因此始终没有产生出资本主义的萌芽来。在蒙古灭宋的过程中,许多地区的生产又受到严重摧残,社会经济的发展更是再度受阻。尽管北宋徐州利国监的36处铁冶,冶户都是富豪,每冶有工匠100多人,但这种规模的生产并没有持久。尽管南宋抚州百姓陈泰,通过"诸驵"与许多织户建立起借贷和买卖关系,身为"包买主"的陈泰控制了市场和价格,占有了织户的剩余劳动,但归根到底尚未改变织户这些小生产者的生产关系。作为产生于封建社会后期自然经济解体时的资本主义生产关系的最初形态,作为一种新的社会关系,资本主义萌芽首先稀疏地出现在手工业生产部门,然后逐步渗透到农业部门。同时,资本主义萌芽具有新生事物的生命力,它一经诞生,一般不会半途夭折。所以,宋朝只是初步具备了资本主义萌芽的物质条件,但并没有产生出资本主义萌芽。换言之,宋朝只是处于中国封建社会中资本主义萌芽的准备阶段。

宋朝还形成了新的社会阶级结构。由唐朝中叶以前的门阀士族和部曲、奴客、贱民、番匠、奴婢等旧的社会阶级结构,转变为宋朝的官僚地主和佃客、乡村上户、乡村下户、差雇匠、和雇匠、人力、女使等新的社会阶级结构,这是在中国封建社会内部阶级关系的一次重大变化。依据目前掌握的资料,这一变化逐步由封建法律加以肯定下来。如仁宗初年,开始出现表示官僚地主的"官户"的法定名称,随后又陆续规定了官户的各种特权和对官户的各种限制。仁宗时开始规定佃客的迁徙自由权;仁宗至神宗时开始明确规定佃客的法律地位,高宗时又作了新的规定。新的社会阶级结构,标志着宋朝已经迈进了一个新的历史过程。与新的社会阶级结构同时形成的,还有新的封建土地所有制和新的剥削方式,这三者互为依存。新的封建土地所有制允许地主和官员自由购置土地,土地的私有化程度大为提高。地主出租土地、收取地租、剥削佃农的租佃制度,也成为宋朝社会普遍的经济形态。随着新的社会经济结构的出现,宋朝社会的整个上层建筑都出现相应的变革。大致在宋太祖、太宗时期,基本上完成了政治制度和军事制度的第一次改革,其中科举制度的初次改革稍迟至真宗时完成。在仁宗时期,基本完成了教育制度的初次改革。思想领域的变革则比较晚一些,这是因为意识、观念的变化往往发生在物质生活的变化之后。仁宗时出现了"疑经"的风气,随后形成理学的各派,直到孝宗时才由朱熹集"唯理"学派之大成,并在理宗时受到地主阶级的推尊,取得思想上的统治地位。新的封建家族组织的建立和妇女社会地位的变化,仁宗时也已经开始了,但直到南宋后期才告一段落。人民群众的阶级斗争,针对新的封建经济制度和政治制度,提出了新的战斗口号和采取了新的斗争方式。农民起义在太宗时提出"均贫富"的口号,高宗时发展为"均贫富,等贵贱";神宗时开始的抗租斗争,南宋时日益增多;士兵和手工业各部门的中下层人民也开展了各种方式的斗争。

总之,这一切意味着宋朝的社会历史面貌与唐朝中叶以前有很大的不同。这种不同,不仅是量方面的大量增加,而且是质方面的部分变化。当然,所谓质的部分变化,只是指在封建制度内部长期量变过程中出现的部分质变而言,并不表明宋朝已经出现了资本主义生产关系的因素。因此,宋朝社会各方面的发展变化,显示从唐朝中叶以后,中国封建社会进入了继续发展的新时期,这一新时期便是中国封建社会的中期。

第二节　政治制度的新变化

宋朝的社会形态决定统治阶级采用官僚政治制度。经过三个多世纪的不断完善，宋朝的官僚政治制度已经达到了十分严密和完整的程度，为元、明各朝奠定了坚实的基础。宋朝的政治制度发生了以下一些变化。

第一，皇帝、官僚政治体制的确立。唐末以后，门阀士族已经退出历史舞台，旧的皇帝士族政体彻底解体。宋初结束了五代十国的分裂割据局面，对各国官僚采取兼收并蓄的政策，保持其原有的官职，给予优厚的待遇；同时，又通过科举考试和学校考选等途径不断吸取士人进入各级官衙，使宋朝形成了自己的基本官僚队伍。这些官僚与门阀士族不同，他们很多人出身贫寒，主要依靠参加科举考试而获得官职。王安石说过："凡士未官而事科举者，为贫也；有官矣，而复事科举，是侥幸富贵利达而已，学者不由也。"①又据说，宋太祖"最重读书人，虽超世拔俗之才，不由科举程文奋身，必不得行其志"②。士大夫们以进士科登第为荣，认为"国朝以文章取士，莫盛于进士之一科，名公钜卿，项背相望"③。后世至以宋朝进士科为"将相科"④。所以，他们的门第族望观念比较淡薄，也不再严格区分清、浊的流品。除皇室以外，他们不享受世袭官职和财产的特权，在经济上所享有的免税和免役的特权也比前大为减少。他们只在荫补亲属方面享受到较多的特殊优待，使一批高、中级官员的子弟获得中、低级的官衔或差遣。作为地主阶级总代表的皇帝，已不再是士族地主的首领，而是官僚和上户地主的首领。皇帝作为天命和社稷的象征，起着维系和凝聚整个王朝的官僚士大夫和黎

---

① 朱熹:《三朝名臣言行录》卷8吕希哲。
② （元）刘勋:《隐居通议》卷16《程汉翁诗序》。
③ 《宋会要》选举22之8—9。
④ （明）冯梦祯:《历代贡举志》。

民百姓之心的作用;同时,又是整个王朝的最高行政长官,全面管理国家的政治、经济、军事、文化等。所以,皇帝的地位虽然依旧至尊至贵,但皇权有时却要受到舆论和各种条法的制约。思想家们还提出了一套正确处理皇帝与国家,皇帝与百姓之间关系的理论。宋末元初人金履祥提出:"国,天下之国;家,天下之家也。君之者,长之而已,固非其所得私也,况可专其利以自私哉?"南宋人朱熹认为:"民富则君不至独贫,民贫则君不至独富。"表示了"君民一体之意"①。叶适也说:"有民而后有君,有天下而后有国。有国有君,而后有君与国之用。"②他们把国和家视为天下百姓所有,皇帝不过充当其"长"而已,皇帝要以公心对待,不能私专其利。皇帝与百姓"一体",密不可分。有了百姓而后有皇帝,有了"天下"而后有国家,有了国家和皇帝,而后有皇帝与国家的财用。这些理论对于不断完善宋朝的皇帝、官僚政治体制起了促进的作用。

第二,宋朝统治者充分吸取唐、五代弊政的历史教训,为了严密防范文臣、武将、女后、外戚、宗室、宦官等六种人专权独裁,制订出一整套集中政权、兵权、财权、立法与司法权等的"祖宗家法"。从太祖开始,用设官分职、分割各级长官事权的办法,将权力集中于皇帝,削弱了各级长官的权力。为防止宰相专权,设置了参知政事和枢密使,以分散其权力。为防止武将跋扈,首先解除其军职,授以虚衔,赋以厚禄;其次废除节镇支郡之制,任命京、朝官出任权知州事。在各州之上,又设置互不统属的几个监司和帅司,以监督知州和通判,并分掌一路的民、财、兵、司法等权,不用武将专制一路。武将一般只做统兵官,率领兵马。对于宦官、女后、外戚、宗室,宋朝逐步使之官僚制度化,其中除皇后以外,皆授以各类官爵;包括皇后在内,皆领取俸禄;同时,又用各种办法,防止他们专权。规定宦官只供内庭洒扫,不得干预朝政③;单列官阶,

---

① (明)邱浚:《大学衍义补》卷20《总论理财之道上》,卷22《贡赋之常》。
② 叶适:《水心别集》卷2《财计上》。
③ 《庆元条法事类》卷4《臣僚陈请》。

免与士大夫阶官混淆。不提倡女后干预朝政,但遇夫死子幼的特殊情况,允许其垂帘听政,以确保皇位继承的顺利进行。规定外戚只能担任武官,且只"奉朝请",不得干预国事。北宋前期,不准宗室出任差遣;从神宗起,才允许"选择差注一二"①。宋朝统治者的这些集权措施,都立之以法,而且日趋严密,甚至达到了细者越细,密者越密,摇手举足,都有法禁的地步。此后,针对社会政治生活和经济生活中陆续出现的各种各样的新情况,宋朝都制订了相应的条令法规,包括行政法、民法、刑法、经济法等,作出了比较严格的具体的法律规定,以供人们援据。可以这样说,宋朝法律制度在中国封建社会已达到了相当健全成熟的程度。

第三,宋朝商品经济的发达,促使政治领域和经济领域中的一些强制性措施,改行经济性的手段解决。在兵制方面,宋朝基本不再采用征兵制度,而是采用雇佣性质的募兵制度,将全国军队分为禁军和厢军、乡兵、蕃兵等。禁军实际上是受封建国家雇佣以服兵役;厢军实际上是受雇于封建国家以服杂役,他们是一支从事牧业、手工业的专业生产兵。大批职业士兵的存在,使广大直接生产者免受征战和屯驻之苦,也分担了他们的大部分夫役。募兵制度造成了兵、农的分离,是中国封建社会中进步的历史现象,它意味着军事劳役的赋税化,是劳役地租向实物地租过渡的表现之一。在征调徭役方面,北宋中期采用了夫役(丁役)的雇募法,不再单纯使用无偿征调农民等服劳役的办法。此后,雇募法和差役法并行不悖。神宗时,职役也采用了雇募法,此后主要实行此法,但一度也是雇募法和差役法同时实行。在官府征调工匠服役方面,由单纯的轮差制度主要改为差雇制度,封建国家给予服役的工匠一定的报酬,从而减少了对工匠劳动力的剥削。如此等等,都显示经济的发展带来的威力,迫使封建国家在政治制度和经济制度方面采取更多的经济手段。

———————————

① 《宋史》卷163《职官志三》。

第四，宋朝官员彼此之间在法律上都处于平等地位。上自职位最高的宰相，下至职位最低的县尉、监当官，"比肩事主"，对皇帝一人负责；上级官员不能随便对下级官员动用刑罚，下级官员也不需要对上级官员举行跪拜之礼。为了有效地管理文、武百官，宋朝按照官阶的高低，将文官分为升朝官和京官、幕职州县官三个等级，又将武官分为横班、诸司使和使臣三个等级。文臣升朝官在北宋前期为太子中允以上，元丰改制后为通直郎以上，是当时的中、高级官员。京官在北宋前期为秘书省著作佐郎到将作监主簿，元丰改制后为承务郎到宣德郎，官品仅为从九品、正九品和从八品，是当时的较低级文官。幕职州县官又称选人，北宋前期为签书判官厅公事到县尉，元丰改制为承直郎到将仕郎共七阶，是当时的最低级文臣阶官和地方官的总称。升朝官如果出任外官，不须每天参加朝参仪式；京官也没有规定必在京师任职。将文臣划分为京、朝官和幕职州县官三大档次的实际意义，在于朝廷按此分别设置管理机构，然后根据举主、出身、资考等授予相应的差遣以及办理磨勘迁官的手续。同时，宋朝还适应社会政治生活逐步复杂的情况，将官员的官称和实际职务基本分离，出现了官、差遣和职的区分。官指正官或本官，北宋前期用前代的各种官员名称组成官阶，而不再担任与官名相应的职务。所以，这些官名又称阶官或寄禄官。差遣是指官员担任的实际职务。官员不担任差遣，朝廷一般停发俸禄。官阶按年资升迁，差遣则根据朝廷的需要和官员的才能，进行调动和升降。北宋中期以后，添差的官员逐步增多，出现了厘务官和不厘务官的区分，厘务官指担任实职的官员，不厘务官指只挂名而不任实职的官员。官员一般不能在自己的原籍担任地方官，必须赴外地任职。官员的任期较短，一般仅2年至3年，因而调动频繁。职一般指馆阁中的官职，如大学士、学士、待制等，是授予较高级官员的清高的头衔，并非实有所掌。元丰改制，采用原来文散官的名称重新编制官阶，依此来定俸禄，更趋规范化。宋朝实行官、差遣和职分离的制度，是当时政治制度发展的必然结果，三者交互并用，既有利于主管机构合理地行使用人大权，又有利于提高各级机构的行政效能,还增添了驱策官员的手段。

第五,宋朝建立起适合本朝需要的比较严密的中央决策系统以及相适应的运行机制。最高的决策机构是皇帝定期坐殿视朝听政,次高决策机构是宰执在二府理政和议政、朝廷官员集议,以及一些临时性的决策机构。这些决策机构自始至终组成了一个以皇帝和高级文臣为核心的最高决策集团。这个集团带有排他性,即原则上排斥女后和内侍、武将、外戚、宗室等参加最高层的决策活动,尽可能减少他们在最高决策活动的作用。皇帝决策的主要依据有二府分班或合班奏事、臣僚章疏、臣僚上殿奏事、大臣留身奏事、台谏官的"本职公事"、各路监司和帅臣的奏报、经筵官的议论、士民的上书等。在皇帝和朝廷的决策以及政策的贯彻执行方面,逐渐形成一套比较严密的程序和方式,既要尽量减少各个环节上的漏洞,又要提高效率,确保政策的顺利贯彻执行。皇帝通过各个信息传递渠道,基本上掌握和了解各地区和各官署所发生的情况,然后作出相应的决定。皇帝的决定在最初并不立即成为具有法律效力的"圣旨",因为其间还有一个形成书面文件的过程。皇帝的指令,不论事情的巨细,原则上都要经过二府,否则不能施行;如果不经二府,直接由内宫颁出,则为"内降",承受官署可以"执奏",加以抵制。宋初,各级官府执行"圣旨"的程序十分简单易行;后来随着中央集权制的逐步建立,变得越来越严密和繁琐。宋朝的中央决策系统,实行最高决策层即皇帝的独裁机制,次高决策层即二府长官和在朝官员的竞争机制,以及外朝对内廷、大臣对皇帝、监察系统对大臣的"上下相维"的监督机制等。皇权虽然受到多方面的约束,但在多数时间和正常情况下,皇帝均拥有最终的裁决权,仍然是国家的最高决策者,并非一种象征性的偶像。宋朝中央决策机构和决策程序的最大成功之处,在于两宋各维持了约一个半世纪多的统治,基本上保持了全社会的相对稳定,从而促使社会经济和政治、思想文化、科学技术等获得很大的发展。只是在统治阶级日趋腐败之时,严重破坏了正常的决策程序,做出了严重的错误决策,终于难以逃脱覆灭的命运。

第二章 皇帝制度

从宋太祖起,宋王朝逐渐建立起由皇帝为核心的,包括宰执、侍从、台谏组成的中枢权力结构,而皇帝始终处于主导地位。围绕皇帝,有皇位继承、皇储的选择与培养、皇权的行使、宗室与外戚,以及直接为皇帝服务的宫城、宫殿、舆服、仪卫、礼乐、陵寝、封禅、祭祀、内廷、内侍等一系列制度,用以维护皇帝至高无上的地位和保证皇帝权力行使的畅行无阻。遵照政治学的学术规范,本章侧重皇帝权力的论述,而对服务于皇帝的宫城、宫殿、舆服、仪卫、礼乐、陵寝、封禅、祭祀等典章制度,则略而不论。

第一节 皇位继承

宋王朝的统治经过14世、18位皇帝。

宋朝实行皇位世袭制度,一般实行父死子继,较少实行兄终弟及。开国皇帝赵匡胤,即宋太祖,原是后周禁军的统帅——殿前司都点检。显德七年(960年)正月,赵匡胤在东京城外陈桥驿发动兵变,夺取了后周政权,建立宋朝。赵匡胤是年34岁,年富力强,充满雄心壮志,先后发兵平定荆湖和后蜀、南汉、南唐等割据政权,又迫使吴越国王钱俶父子入朝,基本完成了统一大业。至开宝九年(976年)十月,赵匡胤突然病死。他的死因,历来史家有多种说法,其实从他的身材、体型以及嗜酒、易怒就可判断致他死命的病症是由高血压而导致脑溢血。《宋史·太祖本纪》称他"容貌雄伟"。宋末元初画家钱选所摹南宋宫廷藏画《蹴鞠图》（上海博物馆藏）中的赵匡胤像，呈现矮胖的身材。加之，他嗜酒如命，去世的那天晚上，还饮酒，睡下后，"侍寝者"闻其"鼻息声异"，这正是脑溢血的典型症状。赵匡胤去世的当晚，宋皇后派内侍王继恩出宫，急召皇子、贵州防御使德芳。王继恩"以太祖传国晋王之志素定"，不诣德芳住所，却立即奔赴开封府衙，以"遗诏"的名义召赵匡胤之弟——晋王、开封府尹赵光义进宫。于是由宋皇后作主，立光义为皇帝，是为宋太宗①。释文莹撰《续湘山野录》所载"烛影斧声"之谜，怀疑赵匡胤死于其弟赵光义之手，实际是不经之谈。

由于宋太宗以较少采用的兄终弟及原则继承皇位，而且太祖之子德昭已 26 岁，德芳也 18 岁，因此太宗即位后，对德昭、德芳以及太宗之弟廷美之子一律封为皇子，表示一视同仁。同时，为了求得自己的心理平衡和朝廷内外的信服，他在太平兴国六年（981 年），与太子太保赵普合作导演了一幕"金匮之盟"。据说，太祖和太宗之母杜太后在建隆二年（961 年）去世，弥留之际，太祖召赵普入宫"受遗命"，杜太后要求太祖在百年之后，传位给其弟光义，免得重蹈后周末年"幼儿主天下，群心不附"的覆辙。杜太后还说："四海至广，能立长君，社稷之福也。"太祖保证说："敢不如太后教！"杜太后让赵普记下这一遗嘱，作为太祖的"誓书"，赵普在末尾写上"臣普记"。这一誓书由太祖收藏在金匮，派"谨密宫人掌之"②。但"金匮之盟"留下许多破绽。如杜太后死时，太祖仅 35 岁，而德昭已 12 岁，杜太后不可能预先肯定在德昭长大之前，太祖就该死去。这无异是诅咒太祖早死。同时，如果真有"金匮之盟"，赵普早会在太宗即位时就公之于众，力争建立拥戴之功，不会迟至 6 年以后才宣布，这些破绽证明"金匮之盟"是赵普和太宗合伙伪造的。赵普作伪，冒充证人，是要向太宗效忠，以便恢复自己的相位；而太宗作伪，是要找到一个合法的继承根据。宣布"金匮之盟"后，赵普立

① 《续资治通鉴长编》（以下简称《长编》）卷 17。
② 《长编》卷 2，卷 22。

即被恢复相职,任司徒兼侍中;其子赵承宗原应立即出知潭州,此时也被留在京师①。

太宗和真宗死后,都由其亲生的皇子继位。到仁宗时,因亲生之子先后夭折,只得另立皇兄、濮王允让之子为皇子,且由其继位。英宗和神宗死后,也由其嫡子接任帝位。哲宗英年早逝,无子,乃决定从哲宗各弟中物色嗣君的人选。在物色过程中,宰相章惇和皇太后向氏发生了激烈争论,章惇主张立哲宗同母之弟简王赵似为帝,皇太后向氏则主张立哲宗另一弟端王赵佶,而知枢密院事曾布支持向氏,于是决定拥立赵佶为帝。章惇认为赵佶为人"轻佻",不能当皇帝,后来的北宋亡国史证明章惇具有政治家的敏锐目光。徽宗在金朝大军压境的情况下,匆匆传位给皇太子,一年多后,父子双双被金军俘虏北去。

南渡初年,徽宗第九子赵构在群龙无首的非常时期,在南京即皇帝位,是为高宗。在高宗未立之前,有一名宗室叫赵叔向,是秦王德芳的子孙,从山中出来,招募到 10 多万人,欲自立为帝。忽然听说高宗在南京即位,就想投奔高宗,但不肯把兵交给高宗,而想交给宗泽。其谋主陈烈对他说:"大王若归朝廷,则当以其兵与朝廷,不然,即提兵过河,迎复二圣(按即徽宗和钦宗)。"叔向后来还是归附了高宗,被授予加官之类的虚衔,拘留在一座寺庙里②。高宗从而消除了威胁自己帝位的一个隐患。

宋高宗无子可以继位,只得从太祖的 7 世孙中挑选皇太子,最后选中了伯琮(瑗),由伯琮继位,是为孝宗。从孝宗开始,皇位又转入了太祖的世系。孝宗和光宗都在生前选定了继位人,所以死后顺利传位。宁宗在生前已先后立与愿(曮)和贵和(竑)为皇太子,与愿先死。宁宗去世后,丞相史弥远勾结杨皇后,用矫诏另立一名宗室子贵诚(昀)为皇帝,是为理宗,反而将皇太子赵竑迁往湖州,剥夺了皇位继承权。理宗宝庆元年(1225 年)正月,太学生、湖州人潘丙和潘壬以及潘甫不满

---

① 《长编》卷 22;张其凡:《赵普评传》,北京出版社 1991 年版。
② 《朱子语类》卷 127《本朝一·高宗朝》。

史弥远的所作所为，同情赵竑，密谋联络太湖渔民，拥戴赵竑为皇帝。一天晚上，他们与太湖渔民、盐贩1 000多人，以红半袖为标记，攻入州城，赶往赵竑王邸济王府，求见赵竑，声称发动起义，推戴赵竑为帝。赵竑闻变，匆忙改穿破旧衣服，躲藏起来。潘壬等四处搜寻，终于从下水道中找到了赵竑。随后簇拥到州衙，取来龙椅，将黄袍披在他身上，要他称帝。赵竑出于无奈，即位称帝，但又要求潘壬等不伤害太后和理宗。潘壬等人还以山东地方武装首领李全的名义，张贴布告，揭露史弥远矫诏废弃皇子赵竑等罪行，且称率领20万精兵，水陆并进。第二天黎明，赵竑发现他周围手持武器的人大半是太湖渔民，大失所望，立即决定反戈一击，联合知州率领州兵对义军加以镇压。朝廷得知"霅川之变"，迅速派兵讨伐。等到殿前司兵卒赶来，赵竑已经控制了局势，只有潘壬逃掉。后来潘壬也被俘杀。事变平定后，史弥远深知废立赵竑，民心不服，后患甚多。设计派其门客余天锡到济王府，面颁圣旨，让赵竑自尽。随后，下诏贬赵竑为巴陵郡公。赵竑不明不白地死去，朝廷哗然。魏了翁和洪咨夔等官员相继上书，为赵竑鸣冤，被史弥远一一贬斥①。理宗虽然无子，但后期注意物色和培养皇太子，理宗死后，即由皇太子继位，顺利地解决了帝位的继承问题。度宗生前不曾指定皇储，死后由朝廷立其年幼之子为帝。

宋朝从太祖到度宗15位皇帝，平均寿命为52.3岁。他们继承皇位的平均年龄为26.27岁，其中最年轻的即位者是哲宗，10岁即帝位；仁宗13岁；最年长的即位者是光宗，43岁即帝位。他们在位的时间平均是22.33年，最长是仁宗，共42年；其次是理宗，41年；最短是钦宗，仅3年；英宗5年。从15位皇帝的平均寿命、即位年龄和在位时间看，宋朝统治阶级在当时的历史条件下，较为妥帖地完成了历次新、老皇帝间皇位交接的过程，不至于出现严重的统治危机。

此外，皇帝的尊号、谥号、庙号等，均沿袭唐制而又有所发展，兹不一一。

① 周密：《齐东野语》卷14《巴陵本末》；《宋史》卷476《李全传上》。

第二节 皇帝的权力

宋朝皇帝具有至高无上的地位,是当时的最高统治者。他拥有最大的权力,总掌国家的政权和军权、财权,"凡军国庶务,一听裁决"[①]。具体而言,皇帝握有官员任免权和兵权、财权、立法权、司法权以及其他行政决定权。同时,宋朝的皇权也受到一定的限制。

官员任免权——宋朝朝廷内外官员众多,一般中、下级官员的差遣由专门机构委任,其他高级官员如宰相、枢密使、三司使、翰林学士、御史中丞等要员,则由皇帝亲自选派,再经有关机构办理手续。钦宗时,翰林学士夜间轮流入宿学士院内,以备皇帝临时下令撰述。先由一员担任"御药"即勾当御药院的内侍进入学士院,依客礼会见翰林学士,从怀中摸出"卸封",打开后,里面就是皇帝所写"词头"。勾当御药院退出,在西阁住宿。翰林学士归值舍,起草有关委任高级官员的制词。不到五鼓,学士院吏书待诏携带纸笔立在门外,学士"据案授稿,吏细书奏本,待诏用麻纸大书",然后交给门下省当庭宣读。学士再"临视点勘置封,以授御药","御药"开门携入禁中;院吏再关闭院门,直到朝退,然后打开院门。如果是任命宰相,宫中则另设彩殿,召唤翰林学士从内东门进入,系鞋立墀下。徽宗戴小帽,穿窄衫,束带,坐殿上,命学士升殿,侍卫们下殿。学士"造膝受旨","趋机书所得除目,进呈,置袖中"。侍卫们上殿,乃对学士"宣坐赐茶"。然后由勾当御药院押送学士回院,"锁宿如常制"。靖康元年(1126 年)八月一天晚上,翰林学士王寓被召至彩殿,受旨唐恪自正奉大夫加少宰兼中书侍郎,太宰徐处仁和少宰吴敏罢相[②]。皇帝任命宰执,在当时最受重视,称为"大除拜"。仁宗宝元元年(1038 年),右司谏韩琦多次上疏论宰执王随等"不才",仁宗没有采纳。韩琦估计仁宗一时找不出合适的宰辅人选,便向仁宗

---

① 《宋大诏令集》卷7《帝统七·内禅·宣和传位诏》。
② 洪遵:《翰苑群书》卷下《翰苑遗事》。

推荐杜衍、范仲淹等 5 人"众以为忠正之臣,可备进擢";王曾、吕夷简等 4 人"亦人所属望"。仁宗虽然听从韩琦的建议,罢免王随和陈尧佐的相职,又撤销韩亿和石中立参知政事之职,但另外任命张士逊和章得象为宰相。章得象入宫面谢,仁宗告诉他说:"往者太后临朝,群臣邪正,朕皆嘿识。惟卿清忠无所附,且未尝有干请,今日用卿,由此也。"讲出了任用他为宰相的缘由①。当有的官员怀疑内侍在任命二府大臣上有所干预,仁宗还持地告诉宰辅们说:"凡除拜二府,朕岂容内臣预议耶?"②剖明委任二府大臣是出自自己的决断。明道二年(1033 年),宰相李迪任命张沔为侍御史,韩渎为殿中侍御史,其他官员表示反对,说:"台官必由中旨,乃祖宗法也",认为御史台官员必须由皇帝委任,这是"祖宗之法"规定的。祖宗法还规定,台谏官先由两制以上官员奏荐,执政"进拟"候选人名单。数月后,吕夷简入朝复相,因议事到仁宗面前,仁宗说:"祖宗法不可坏也。宰相自用台官,则宰相过失无敢言者矣。"表示宰相不能自己委任台官,因为宰相本身也应该接受台官的监督。于是仁宗下诏免去张沔和韩渎台官之职,出知外州③。至和元年(1054 年),选人张俅和胡宗尧按例改为京官,仁宗"批旨以二人尝犯法,并循资"。胡宗尧前任常州推官,知州擅将官船借人,胡宗尧受到连坐。判吏部流内铨欧阳修认为胡宗尧依法应当改官。"谗者"告诉仁宗:胡宗尧是翰林学士胡宿之子,所以欧阳修特加包庇,"夺人主权"。欧阳修于是被罢去铨曹之职,出知同州④。这是皇帝直接干预专门机构对低级官员的任免和升黜等。实际上,在一般官员受命上任前,一般也要"引对",由皇帝当面考察他们能否胜任。虽然"引对"常常流于形式,但有时也能发现问题,从而皇帝的最高任免权得以再次实现。

　　皇帝对宰辅大臣的任免权,最终以颁发制书显示于世。神宗熙宁

---

① 《长编》卷 121。
② 《宋会要辑稿》(以下简称《宋会要》)职官 65 之 22。
③ 《长编》卷 113。
④ 《长编》卷 176。

八年（1075年）二月，委任王安石为宰相，制词称："门下：……王安石，信厚而简重，敦大而高明。潜于神心，驰天人之极挚；尊其德性，泝道义之深源。……可特授依前行吏[部]尚书、同中书门下平章事、昭文馆大学士兼译经润文使，加食邑一千户、食实封四百户，改赐推忠协谋同德佐理功臣。"①

皇帝的官员任免权，也包括册立和废黜皇后、皇太子的权力。真宗景德四年（1007年），皇后郭氏去世。真宗准备立刘德妃为皇后，大臣寇准和王旦、向敏中皆以为不可，理由是刘氏"出于侧微"即出身于银匠之家②。参知政事赵安仁还认为刘德妃"家世寒微"，不如沈才人"出身相门"③。大中祥符五年（1012年）十二月，由于真宗坚持，最后仍然立刘德妃为皇后。册立刘氏为皇后的制词说："朕仰承嘉运，嗣守鸿基，思厚人伦，聿崇王化。……德妃刘氏，毓粹高门，钟英甲族，载挺闲和之质，茂昭婉嫕之风……可立为皇后，择日备礼册命。"④制词充满了溢美的言语，刘皇后的寒微出身，竟成为"高门""甲族"。同样，皇帝也有权废黜皇后。仁宗少年即位，后由刘太后做主，娶郭氏为皇后，但仁宗始终不满意，与之关系疏远。郭皇后也仗着刘太后为后台，颇为骄横。明道二年（1033年），刘太后病死后半年，仁宗在大臣吕夷简、范讽等人的支持下，以郭皇后9年不生子，自愿入道为由，将其废黜为净妃，另居长宁宫。台谏官伏阁请见，说"废后，皆前世昏君所为"，但仁宗不为所动，并将带头的御史中丞孔道辅和右司谏范仲淹斥知外州⑤。仁宗在废后的诏书中说："皇后郭氏，省所奏为无子愿入道者事具悉。皇后生忠义之门，禀柔和之风……宜特封净妃，玉京冲妙仙师，赐紫，法名清悟。"⑥哲宗亲政后，也因事废黜孟皇后，在"批语"中指责她说："皇后

① 《宋大诏令集》卷56《宰相六·进拜六》。
② 司马光：《涑水记闻》卷7。
③ 《长编》卷78。
④ 《宋大诏令集》卷18《皇后上·尊立上》。
⑤ 《长编》卷113。
⑥ 《宋大诏令集》卷20《皇后下·废黜·皇后郭氏封净妃玉京冲妙仙师诏》。

孟氏,纵欲失德,密构奇衺,上则不足以懿范内令,下则不足以章明妇顺。朕躬禀皇太后、皇太妃圣旨,恭奉玉音,可废居道馆,仍赐四字仙师号并法名,仰三省、枢密院同定。"次日,又颁布诏书,将孟皇后废居瑶华宫,赐号华阳教主、玉清妙静仙师,法名冲真①。在物色皇嗣时,在正常情况下,也由皇帝决定,最后以制书的形式颁告全国。如徽宗在政和四年(1114 年),先以"御札"宣告长子赵桓将于"来春出閤,立为皇太子。其建宫室,设官属,与仪物制度,宜令有司讨论典礼,前期办具以闻"。次年,又正式颁布制书,立赵桓为皇太子②。

兵权——宋朝皇帝掌握调兵遣将的权力。三衙负责统辖全国的禁军,但没有调动兵马之权。枢密院有调动兵马之权,但必须"去御前画旨"③,才能调动。宋朝曾有两次皇帝收拢兵权的事件。第一次,在宋太祖建国的第二年。太祖与赵普讨论唐末以来"战斗不息,生民涂地"的原因,赵普认为是"方镇太重,君弱臣强",太祖心领神会。随后,太祖立即采取措施,召见分统禁军的高级将领石守信等喝酒,在酒酣耳热之际,太祖吐露自己的心事,要求他们放弃兵权,"出守大藩,择便好田宅市之,为子孙立永远不可动之业,多置歌儿舞女,日饮酒相欢,以终其天年"。保证"我且与尔曹约为婚姻,君臣之间两无猜疑,上下相安,不亦善乎?"石守信等既惊且怕,第二天一起称病辞去军职。太祖便顺水推舟,撤销了石守信和高怀德、王审琦、张令铎 4 人的军职,皆出为节度使,仅石守信仍兼侍卫都指挥使,"其实兵权不在也"④。史称此事为"杯酒释兵权"。第二次,在南宋初年。从高宗建炎元年(1127 年)开始,朝廷大臣就注意到将兵权收归朝廷,集中于皇帝之手。建炎三年,御营使司建请,各军都以 1 万人编成 1 军,每 1 军设 10 将,合置 5 员统制官。每员统制官准备三本军兵花名册,一本上交御前,一本上交御营

---

① 《宋大诏令集》卷 20《废皇后孟氏批语》;《宋史》卷 243《后妃传下》。
② 《宋大诏令集》卷 25《皇太子·建立》。
③ 《朱子语类》卷 128《本朝二·法制》。
④ 《长编》卷 2。

使司，一本留在军中，每季揭贴，各将不准互相招收。高宗批准此议，但这时"诸将方自擅，迄不行"①。次年，宰相范宗尹受命兼知枢密院事，同时撤销御营司及其官属。规定今后军额有缺，皆申枢密院增补，不准非时招收；仍用符来遣发。"庶几可以收兵柄，一赏罚，节财用"②。建炎四年，浙西安抚大使刘光世请求依照宣抚处置使司例，"合随宜措置事，并从便宜"。高宗下诏允许他在"临阵出奇，或事干机会"时，准许便宜行事外，其他场合"并禀朝旨"。还下诏各州守臣，"自军兴以来得便宜指挥者，并罢"。③随着抗金斗争的不断开展，各地抗金武装力量逐步壮大，形成了几支相对独立的抗金武装。此后，几乎每年都有大臣向高宗提议"渐销诸将之权"，具体办法种种，其一为精选偏裨十多人，各授以兵几千人，直属御前，而不隶诸将，合为数万，④用扩充御前禁军的办法来收回各将领的兵权。但抗金斗争的需要，高宗长期不能收回各将领的兵柄⑤。绍兴八年（1138 年），监察御史张戒入对，又论诸将权太重，高宗回答说："若言跋扈，则无迹。"又说："朕今有术，惟抚循偏裨耳。"还吐露一个秘密，即计划将在一二年内采取措施予以解决⑥。绍兴十一年四月，高宗首先将岳（飞）家军的重要幕客、湖北京西宣抚司参谋官朱芾和李若虚升迁职名，出知外州。朱芾和李若虚"自军中随飞赴行在，上将罢飞兵柄，故先出之"⑦。接着，高宗和秦桧经过紧张策划，决定召集韩世忠和张俊、岳飞"并赴行在，论功行赏"。三大帅到达临安后，立即任命韩世忠和张俊为枢密使，岳飞为枢密副使。同时，撤销淮东西、湖北、京西宣抚司建制，官属皆迁两官；各军皆"以御前为名，谓之'御前诸将'"⑧。各军统制官依旧驻扎，"将来调发，并三省、枢

---

① 李心传：《建炎以来系年要录》卷 24。
② 《建炎以来系年要录》卷 34。
③ 《建炎以来系年要录》卷 35。
④ 《建炎以来系年要录》卷 42。
⑤ 《建炎以来系年要录》卷 51。
⑥ 《建炎以来系年要录》卷 119。
⑦ 《建炎以来系年要录》卷 140。
⑧ 徐梦莘：《三朝北盟会编》卷 206。

密院取旨施行"。高宗在收回三大将兵权时,还假惺惺地对韩世忠等三大帅说:"朕昔付卿等以一路宣抚之权尚小,今付卿等以枢府本兵之权甚大。卿等宜共为一心,勿分彼此,则兵力全而莫之能御,顾如兀术,何足扫除乎?①"明是剥夺韩世忠等人的兵权,却又冠冕堂皇说是增加他们的兵权。事后,高宗十分得意地对秦桧说,唐朝藩镇跋扈,原因是"制之不早,遂至养成"。现今"兵权归朝廷,朕要易将帅,承命奉行,与差文臣无异也"②。通过这次集中兵权,皇帝又重新控制了全国的军队,成为真正的最高军事统帅。

财权——宋初将地方的财权收归朝廷中央后,皇帝加强了对全国财政的直接控制。皇帝亲自参加全国财计甚至地方财计制度的制定,亲自掌握国家的一大批财赋,而且经常过问全国财政收支的具体情况。

宋太宗淳化元年(990年),颁布诏书,命令三司自今起,每年开具现管金银、钱帛、军储等簿一册奏闻③。从真宗景德间(1004—1007年)开始,规定三司主持编定"会计录",称《景德会计录》。此后,各朝皇帝陆续编定《皇祐会计录》、《庆历会计录》、《元祐会计录》、《宣和会计录》等。会计录的内容包括户赋和郡县、课入、岁用、禄食(禄赐)、杂记等,其中还包括户口、吏员、宗室、军兵的统计数字。皇帝通过会计录,得以"总括邦计,量入为出"④,全面了解财政的运行状况,总结各项财政措施的成效,从而采取新的增收节支的有效措施。

北宋前期,三司掌握了全国绝大部分的钱谷(仅常平仓的钱谷由司农寺管辖),"一文一勺以上悉申(三司)帐籍,非条例有定数者,不敢擅支,故能知其大数,量入为出"⑤。元丰改制后,户部接管了三司的大部分职权。孝宗即位初,对于"财用大计,尤所经心",有时召唤户部官

---

① 《建炎以来系年要录》卷140。
② 《建炎以来系年要录》卷147。
③ 《宋大诏令集》卷184《蓄积·令三司议军储经久之制诏》。
④ 章如愚:《山堂群书考索》续集卷45《财用门·宋朝财用》。
⑤ 司马光:《温国文正司马公集》卷51《乞钱谷宜归一札子》。

吏入宫,"驱磨财赋","诸库皆有簿要,多自按视"①。皇帝由控制三司、户部和"会计录",掌握了国内的大部分财权。此外,皇帝亲自掌管部分财赋,贮藏在内藏库。内藏库的前身是封桩库和左藏库。内藏库的财赋,主要来源于各地的上供物品,各地坑冶所产的金银和钱币,榷货务和市舶司、店宅务等机构的收入,等等。其数量从北宋至南宋,有逐步增加的趋势,到高宗时全国财赋有一半归入内库。内藏库的财赋,主要用于支付军费,补助三司或户部的费用,救灾赈济,皇室消费以及各种赏赐等。内藏库号称"天子之别库",成为宋朝皇帝掌握全国财政的主要手段。

宋朝皇帝还经常干预地方财政。孝宗淳熙三年(1176年),四川总领所请求再借四路的租课10年,每年为钱12万贯,充作拣汰军士的请给。孝宗认为:"昨借诸路职田,寻已给还。四川自当一体,岂可再借!"参知政事龚茂良和李彦颖说,职田用来"养廉","诚不当借"。孝宗指示龚茂良等人,另外拨钱充拣汰人的请给,"职田自今岁便与给还"。淳熙四年,户部侍郎韩彦古针对当时两税实际翻番征收的状况,提出根据各州、县一年的收入约数,仿照唐制,分成三等,按其用度的多寡,制定计划:首先留一部分充作"上供","上供所余,则均之留州;留州所余,则均之送使;送使所余,则派分递减,悉蠲于民",朝廷"不利其赢"。上供和留州、送使三部分各有定额,这样从朝廷到州县"取于民者,皆有成数","不可得而容私于其间",然后统一全国的账目,责成户部和各路转运使"量入以为出",州县不得多取于民,朝廷也不得多取于州县。孝宗十分赞赏韩彦古的地方财政改革计划,"御笔"批示先在一州试行,然后推广各路②。

立法和司法权——宋朝皇帝又是最高立法官和司法官。宋太祖时,法制极简,仅修订了《重详定刑统》一部法典,太祖动辄"以便宜行

① 《建炎以来朝野杂记》乙集卷3《孝宗论士大夫微有西晋风》。

② 《皇宋中兴两朝圣政》卷55《孝宗皇帝十五》。

事"。此后,各朝皇帝陆续立法,"讲求备具"。太祖、太宗甚至真宗、仁宗时的立法,都成为以后各朝皇帝遵循的"祖宗之法"。频繁的立法活动,为数众多的各种法典和法规汇编的纂修,使宋朝立法机构的立法程序越来越规范化。在整个立法程序中,"以制命为职"的皇帝①,发挥了重要作用。朝廷经过商议,准备编修新的法典或法规汇编,必须得到皇帝的批准,由皇帝颁布诏书,决定编修的内容和方针以及任命编修的官员。在编修过程中,皇帝往往亲自审定新编纂的法典或法规汇编,借以行使其最高立法权。

　　宋朝皇帝一般是在法律规定的范围内,行使他的最高司法权。皇帝主要审理一些重大的疑难的案件,以及复审京城拘押的囚犯等。直接受命于皇帝,而审理某一案件的临时司法机构,称"制勘院"。制勘院是奉诏设置的,故又称"诏狱"。制勘院或诏狱,成为皇帝直接行使最高司法权的场所。(详见本卷第六章第二节)百姓遇有冤屈,赴京城击登闻鼓申诉,有的皇帝也亲自登殿审问。如太宗时,京城百姓王元吉被冤下开封府狱,判徒罪。王元吉派其妻张氏击登闻鼓喊冤,太宗召见张氏询问,"尽得其枉状,立遣中使捕原推官吏,付御史鞫治"。终于使真相大白,王元吉得以平反,而原来的审讯官员皆一一受到惩处②。神宗熙宁十年(1077年),大理寺奏申,在京床子弩雄武第二指挥王秀等10人,鼓动士兵拒绝出营搬卸小麦,副都头牛遂不加阻止。王秀等比附徒3年,刺配500里外牢城;牛遂当杖60。神宗复审此案,下诏处斩王秀于军门,其他9人配流海岛或广南;牛遂杖100,降为曹州员寮剩员直③。显然,神宗认为大理寺对王秀等量刑太宽,从而从重判刑。孝宗时,陈亮与友人、妓女在婺州永康饮酒作乐,彼此戏称左、右相和妃子,不料被人诬告至刑部。陈亮被捕,在受审时遭严刑拷打,几乎体无完肤,陈亮"诬服为不轨"。结案后,刑部奏申孝宗复审。孝宗"固知为

---

① 朱熹:《朱文公文集》卷14《经筵留身面陈四事札子》。
② 《宋史》卷307《张雍传》。
③ 《长编》卷282。

亮,又尝阴遣左右往永康,廉知其事",立即对大臣说:"秀才醉了胡说乱道,何罪之有?"用笔画其案卷于地。陈亮及其友人因而被昭雪出狱①。淳熙三年(1176年),孝宗下诏判处前申议使、右司谏汤邦彦流配新州。汤邦彦好出大言,在充当申议使赴金朝求陵寝地期间,至燕京时,金人"拒不纳既旬余,乃命引见,夹道皆控弦露刃之士",汤邦彦却接受金朝所赐。孝宗对他"不顾名节,辱命如此"极为愤怒,因而从重惩罚②。宁宗庆元元年(1195年),权臣韩侂胄排挤右丞相赵汝愚。太学生周端朝、杨宏中等6人同衔伏阙上书,要求宁宗留赵汝愚等,黜攻击赵汝愚的右正言李沐。韩侂胄"欲斩其为首者",宁宗不从,改为各送五百里外编管,周端朝至永州"听读"③。这些都是由皇帝亲自审理、判决的重大的疑难案件。此外,每年盛夏,皇帝"临轩虑囚",实际上再次复查,囚犯常常得到宽贷。如孝宗"究心庶狱",每逢"虑囚"时,必定提前几天命有关机构进呈款案披阅,然后决遣④。虑囚成为制度,皇帝又掌握了复审拘押在京师罪犯的权力。

宋朝皇帝对各个案件的判决,是案件审判过程中的最后一道程序即终审,通常是不容改变的。徽宗时,还下诏:"应系御笔断罪,不许诣尚书省陈诉改正。"⑤用诏书的形式,规定皇帝所判决的刑事案件,为终审判决,犯人不得上诉改正。

其他的权力——宋朝皇帝还拥有召集和主持朝会、朝议,决定改元和改用年号,禅位,颁布大赦命令,举行郊祀和明堂大礼,改革各项制度,决定"大诛讨",官员给假等权力。皇帝的命令都用"诏书"或"手诏"、"御笔"、"御札"等形式颁发。有时,御笔直接支付外廷执行,不经宰相等审议和签押,成为国家的最高命令,不准违抗和改动。如太祖建隆四年(963年)颁布的《有事南郊诏》宣告:"朕以今年十一月十六日,

① 叶绍翁:《四朝闻见录》甲集《天子狱》。
② 《皇朝中兴两朝圣政》卷54《孝宗十四》。
③ 《宋史》卷37《宁宗一》;《四朝闻见录》甲集《庆元六君子》。
④ 《宋史》卷200《刑法二》。
⑤ 《宋史》卷22《徽宗四》。

有事南郊,宜令所司,各扬其职,务从省约,无令劳烦。诸道州府不得以进奉为名,辄有率敛,庶遵俭德,以奉严禋。中外臣僚,当体朕意。"①太宗大平兴国五年(980 年),颁布《讨交州诏》,宣告"唐末离乱,区内剖分",交州"遂为僭伪之邦,因成聋瞽之俗",派遣孙全兴和张浚、崔亮为邕州路兵马都部署,刘澄等为广州路兵马都部署,"分路率师致讨"②。神宗元丰八年(1085 年)正月,颁布《赦天下制》说:"门下:朕以眇躬,奉承圣绪。……可大赦天下,除劫、谋、故、斗四杀,已杀人,十恶、伪印、放火、盗贼抵死不赦,及情轻奏裁,减等刺配外,其余罪无轻重,咸赦除之。"③这些诏书从各个方面体现了皇权,是皇权实现的主要方式。

约束皇权的各种因素——宋朝皇帝的地位是至高无上的,但皇权却是受到一定的约束,因而不是绝对的和无限的。宋朝虽然采取了种种措施,把政治和军事、财政大权最大限度地集中到朝廷中央,不过它是按照"人主莅权,大臣审权,争臣议权"④的原则建立起专制主义中央集权制度,因此各项制度中也包含着对皇权适当约束的内容。同时,思想家提出了一系列限制皇权的理论,在社会上广泛流传,产生深远影响。

第一、宋朝形成了朝廷宰辅集团和台谏系统、封驳系统的约束机制。太祖时,宰相赵普首先注意约束皇权,要求皇帝服从法律。史称,有一名立功者理应迁官,太祖讨嫌其人,不予晋升。赵普"力请与之",太祖生气说:"朕故不与迁官,将奈何?"赵普答道:"刑以惩恶,赏以酬功,古今之通道也。且刑赏者,天下之刑赏,非陛下之刑赏也,岂得以喜怒专之!"太祖不听,立起,赵普跟随在后。太祖入宫,赵普立在宫门口,长久不离去,太祖只好答应他的请求。又有一次,赵普想授某人为某官,但不合太祖之意,不用。次日,赵普又奏此事,太祖仍不用。第三

---

① 《宋大诏令集》卷 118《典礼三·南郊一》。
② 《长编》卷 21;《宋大诏令集》卷 218《政事七十一·讨伐》。
③ 《宋大诏令集》卷 216《政事六十九·恩宥下》。
④ 《宋史》卷 394《林栗传》。

天,赵普再奏,太祖大怒,将奏稿撕裂,掷在地上。赵普神态自若,慢慢拾起回府补缀,第四天又交给太祖。太祖醒悟,乃批准其奏。后来,赵普推荐的人"果以称职闻"①。太祖曾对赵普说:"朕与卿平祸乱,以取天下,所创法度,子孙若能谨守,虽百世可也。"②在这些"法度"即后来所称的"祖宗之法"中,自然包括对皇权限制的内容。不可否认,赵普在宋初逐步建立约束皇权机制方面发挥了至关重要的作用。

宰辅集团和台谏系统、封驳系统有权对皇帝实行全面的监督,这种监督的深度和成效是以皇帝自觉接受的程度为转移的,从而成为皇权约束机制的主要组成部分。每遇皇帝任命或责降官员不当,或者违反程序,负责起草制词的知制诰和中书舍人、翰林学士可以"封还词头"③,加以抵制。仁宗至和元年(1054年),入内押班石全彬迁为入内副都知,知制诰刘敞拒绝草制,封还词头,并上奏陈述理由,说石全彬不到三天前刚有制旨,迁为宫苑使、利州观察使,这无异是"朝令夕改,古人所非"。朝廷应该"爱惜事体,无宜轻改成命"。这种做法也称"缴奏"④。在起草任官制词时,中书舍人有权索取差除官的履历,置于画黄之首,以便审查其贤否。孝宗时,户部郎官谢廓然赐出身、除殿中侍御史,中书舍人林光朝"不肯书黄",于是改授谢廓然外官⑤。如果两制官员抵制不力,门下省的给事中还可封还诏书,驳正所失。给事中所封驳的内容较为广泛,除有关官员任免和升降而外,还有断遣刑名、改更敕令等⑥。孝宗时,外戚张说以节度使掌兵柄,任签书枢密院事,翰林学士周必大拒绝草制;给事中莫济不肯书敕,封还录黄;右正言王希吕和侍御史李衡相继论奏。周必大奏疏说:"贵戚预政,公私两失,臣不敢具草。"李衡也上疏指出"不当以母后肺腑为人择官"。孝宗不听,4

① 《长编》卷14。
② 《建炎以来系年要录》卷61。
③ 赵昇:《朝野类要》卷1《故事·锁院》。
④ 《长编》卷177。
⑤ 周必大:《二老堂杂志》卷3《三省、密院复奏朝殿所得旨》;《宋史》卷385《龚茂良传》。
⑥ 《国朝诸臣奏议》卷56《百官门·给舍上》余靖上仁宗奏疏。

人"同时去国",士大夫作《四贤诗》以示赞赏①。在宋朝的皇帝中,孝宗还是一位比较贤明的君主。隆兴元年(1163年),中书门下"后省缴驳除授",孝宗"有不以为然者",他担心给事中和中书舍人因而"不举职",所以在给事中金安节奏事后,对近臣说:"近日都不见缴驳。有所见,但缴驳来,朕无不听。"②孝宗能够鼓励给、舍缴驳,表示他乐意接受封驳系统的监督。乾道九年(1173年),宰臣梁克家等奏申龙云和陈师亮授予添差差遣,"于指挥有碍",表示反对。孝宗答道:"卿等如此守法,甚善。"还深有体会地说:"侥幸之门,盖在上者多自启之,故人生觊觎心。讲划一之法,贵在能守。"③不仅肯定宰臣对他的抵制,而且表示自己也要遵守法度。

在司法方面,皇帝的司法权也常常受到限制。神宗时,陈执中(仁宗时宰相)的儿子陈世儒之妻李氏与群婢杀其婆母,而陈世儒"知而不发"。蔡确主张陈世儒应连坐。神宗说:"执中止一子,留以存祭祀,如何?"蔡确说:"五刑之赎三千,其罪莫大于不孝,其可赦邪!"竟判处陈世儒及其妻李氏极刑④。高宗绍兴四年(1134年),大理寺卿张祐请求今后凡遇"朝廷降指挥,应特旨处死,情、法两不相当,许本寺奏审"。高宗批准了张祐的请求⑤。表示皇帝的司法权也是受到一定限制的。

皇帝动用内藏库等经费和宫廷向朝廷索取财物,常常受到朝廷有关机构的监督,并且要求按照制度办事。宋太祖曾下令后苑制造一只薰笼,几天过去仍不见回音,太祖怒责左右。一名官员告诉他:这件事要经过尚书省、本部、本寺、本局的逐级审批,办齐手续,复奏,得到皇帝的批示"依",才能制造,然后送上。太祖对赵普说:"我在民间时,花几十文铜钱就可以买一只薰笼。今天做了天子,反而要了几天还弄不到,是什么道理?"赵普答道:"这是历来的条贯,不是单为陛下制定的,而

①　《宋史》卷391《周必大传》,卷390《李衡传》。
②　《宋会要》职官2之9。
③　《宋会要》帝系11之8。
④　王明清:《挥麈录·后录》卷6;《宋史》卷285《陈执中传》。
⑤　《建炎以来系年要录》卷75。

是替陛下的子孙安排的。假若后代子孙要非理制造奢侈物品、浪费钱物,必须各个机构逐级审批,还要经过台谏官的'理会'(弹奏)。这就是条贯制定的深远用意。"太祖听后,立即不再责怪左右,反而大喜,说:"这样的条贯好极了!"①从此,太祖在积极制定各种条法的同时,率先遵守法制。作为"天子之别藏"的内藏库,其财货原则上不归朝廷管辖②。太祖和太宗时,内库所贮财货,"皆三司使总之"③。三司掌握内库的岁入和贮存数字,依此调节财计。真宗时,开始只允许三司使了解内藏库的收支总数,副使以下不得预闻④。到仁宗时,内藏库"专以内臣掌之",三司已完全不能知道其出纳、贮存等情况。神宗熙宁间,三司设置"拘催内藏库钱帛案",规定各路每年将输纳内藏库的金、银账目上缴三司拘催⑤。三司由此掌握了内藏库的金银岁入情况。元丰改制后,内藏库的受纳归太府寺管辖,内藏库的受纳宝货和支借拘催归户部的金部右曹案管辖⑥。哲宗时,一度下诏户部和太府寺不再统辖内藏库,但随后又有官员坚持实行元丰新制,以便"百官庶府皆有统帅,事归一体"⑦。但到南渡后,内库便完全脱离户部和太府寺。绍兴十三年(1143 年),还下诏规定"有司辄敢会问与供报者,皆坐之"⑧。从此,朝廷失去了对内库的监督权力。

宋初,宫廷向朝廷调拨物资,尚书内省设置文簿登记,由内侍省的都知司"勘验除破"(审核销账),但"颇有留滞逾年未能结绝者"。真宗时,命枢密院和三司议定新制,以革除其中的弊病。景德四年(1007年),正式规定,凡内廷宦官在各司库、务调拨物资,并令库、务开具名数押署,交付各司,各司才可给付。给付后,连同宦官的凭据实封送交

①　杨万里:《诚斋集》卷 69《转对札子》。
②⑤　《宋史》卷 179《食货一下》。
③　林駉:《古今源流至论》后集卷 2《三司》。
④　《长编》卷 85。
⑥　《长编》卷 374。
⑦　《国朝诸臣奏议》卷 58《百官门·六部》蔡蹈上哲宗疏。
⑧　汪应辰:《文定集》卷 2《应诏陈言兵食事宜》。

三司置簿登记,每旬具两本进呈,一本留中,一本交纳尚书内省,颁降用印(御宝)凭由销账①。天禧三年(1019年),为防止内侍向朝廷调拨物资时作弊,在入内内侍省设置传宣合同司,专差一名内侍主管;在三司设置承受御宝凭由司,选派吏人主管销账②。此后,合同凭由司时设时废,韩琦主张重设传宣合同司,以"防察"内侍向内藏库领取钱物时贪污③;韩绛则主张撤销合同凭由司,凡宫中所用财货,全部由三司管理④。但即使设立合同凭由司,在年终"驱磨"即结算、检查时,也不过是比部郎中赴内东门,"具位端坐",仅"数驵数纞从旁算毕,令郎中签尾而已"⑤。神宗元丰七年(1084年),下诏合同凭由司,"系掌御前密赐及非泛取过、造作、赐物等,给降凭由除破"。自今以后,不再隶属省台寺监管辖,只隶属入内内侍省掌管⑥。南渡后,宫殿的营缮,皆由两浙转运司和临安府负责。高宗绍兴末年以后,改归修内司。修内司经常向左藏库关拨物资,又经常要临安府"进奉"经费,年终便拿账历赴比部"驱磨","不过斧斤锹镬等若干尔,一孔一粒并不登载"。孝宗淳熙六年(1179年),太社令叶大廉曾建请尚书内省调拨钱物,应开具"凭由"(证明条)两份,一份给传宣司,一份给本省,封付本库务官,"验、支讫,缴奏合同,下户部除破"。光宗绍熙二年(1091年),又诏御史中丞何澹等人"稽考内诸司所给赐及营造,约为中制",但最后裁节没有结果⑦。在宫廷调拨财物上,朝廷与宫廷反反复复进行着监督和反监督的斗争,这种斗争是扩大皇帝财权和限制皇帝财权斗争的主要组成部分。

　　朝廷官员密切注视皇帝的宫廷生活,以防止皇帝过分违反法度。

①　《宋会要》刑法2之7—8;《长编》卷66。
②　《宋会要》职官5之34。
③　《宋史》卷312《韩琦传》。
④　《名臣碑传琬琰集》上集卷10《韩献肃公绛忠弼之碑》。
⑤　俞文豹:《吹剑录外集》。
⑥　《宋会要》职官5之36。
⑦　《吹剑录外集》;《两朝纲目备要》卷2《光宗》。

元祐四年(1089年),哲宗14岁,实际仅13岁。京师百姓喧传宫中物色奶娘,给事中、侍讲范祖禹上疏说:从今年秋天开始听外人说,"陛下于后宫已有所近幸。臣初闻之,不以为信,数月以来,传者益多,或云已有怀娠,将诞育者"。但陛下今年仅13岁,"岂近女色之时乎"?有钱人家有13岁的儿子,犹不肯使近女色,"而况于万乘之子乎"?臣看陛下近来"气怯",但陛下"上承天地宗庙社稷之重,守祖宗百三十年基业,为亿兆之人父母,岂可不爱惜圣体哉"!范祖禹还指出,陛下"生长深宫",还不懂稼穑的艰难,不见人的情伪,不习国家的政事,不尽读六经圣人的说教,不尽知前世兴亡的教训。"天下至大,万事至众,何所不关圣虑,岂可不爱惜圣体哉"!左谏议大夫刘安世也上疏,劝导哲宗要"进德爱身"。太皇太后高氏特地对宰臣吕大防、左右谏议大夫以及范祖禹解释说:"后宫御幸无此事","外议皆是虚传"。范祖禹随后又上疏恳求高氏"保护圣体"①。庆历元年(1041年),左正言、知谏院孙沔上疏论"宫禁五事",其一为上元节内廷出游,美人、才人"多不随从,飞盖蔽景,流车激霆,各崇华卫,分道争行,众目所观"。建请今后贵品嫔御等"并令修备礼节,戒约奢侈,常随皇后出入,不得各排仪卫,辄自矜越"。其二为先朝宫女不过500人,俸给仅1020贯,"皆有纪律,不甚奢盈"。现今听说宫女增加10倍,已超过二三千人,俸给增至20万。"私身养女,数复过之"。建议统计宫中各院宫女及私身养女总数进呈,视需要适当留下部分人员,其余放归本家,任从其便;同时,节减现在宫女请给之半,等等。孙沔还上疏要求限制宫女进出大内,以防"奸细乘时骇机窃发"②。这无异是干涉了皇帝的家事,特别是隐私之事。但台、谏官从国家的长治久安考虑,不避忌讳,还是直率论奏。

宋朝朝廷各机构以及开封府官员还不时抵制"内降"诏旨。按照制度,皇帝的诏旨须经朝廷商议进呈,再由皇帝审阅批准,才能发付朝廷执行。皇帝一般不能直接将诏旨发付朝廷执行,否则称为"内降"或

① 赵汝愚:《国朝诸臣奏议》卷29《帝系门·嫔御》范祖禹和刘安世上宣仁皇后、哲宗疏。
② 《国朝诸臣奏议》卷29《帝系门·嫔御》孙沔上仁宗疏。

"内批"、"中批",朝廷各机构以及开封府或临安府皆可拒绝执行。仁宗庆历间,宰相杜衍不肯奉行"内降",每积到几十份,即当着仁宗之面缴还给他。仁宗曾对侍臣说:"外人只知道杜衍封还内降,不知道朕以杜衍不肯执行而拒绝者,要大大多于杜衍封还的。"仁宗曾内降开封府吏扈玉迁职一事,尚美人还派内侍韩从礼传达"教旨"免除工匠的市籍,开封府判官庞籍奏告其事,仁宗立即命杖韩从礼,并下诏"今后内降,无得辄受"①。显然,"内降"是大量的,被朝廷官员抵制而没有执行的毕竟只占少数。钦宗靖康元年(1026年),监察御史余应求上疏"论御笔中旨",指出徽宗时"凡有中旨,皆降御笔施行,期限严促,稍有稽违,置以不恭之罪"。因而三省有关机构"奉行不暇",虽然有的"违戾法宪,前后重复者",也"不敢执奏",或者"被受即行,不申三省"。于是"号令日紊,纲纪日坏"②。徽宗为了防止三省和枢密院、台谏官对自己的命令有所驳难,直接用"御笔"方式颁发到有关机构推行,稍有阻隔,便以"违制"罪论处。从此,全国政事不论大小,惟自己所欲施行,大臣们不敢再有异议。后来,徽宗委派宫女代写"御笔",由内侍盖印付外。徽宗无限地扩张皇权,丧失了自我约束能力,破坏了中枢权力结构的分权制衡关系,终于导致社会大动荡,宋室被迫南渡。南宋初,吸取上述教训,高宗鼓励对"御笔处分",由给事中和中书舍人"缴驳",有关机构"申审"③。但时间较久,"内降"又复增多。孝宗时,宫中常常将"密旨""直下诸军",甚至"宰相多不预闻"。直到内侍张方的事情败露,宰相陈俊卿发现问题的严重性,才奏告孝宗说:"自今百司承御笔处分事,须奏审方行。"意即取消"内降"。孝宗批准了他的建议。但后来孝宗又"以内诸司不乐,收前命。"他还对陈俊卿说:"禁中取一饮一食,必待申审,岂不留滞!"陈俊卿再次向孝宗陈述:皇帝"命令之大,如三衙发兵,户部取财,岂为宫禁细微事"!所有"奏审",皆"欲取决陛下,非

---

① 《国朝诸臣奏议》卷23《君道门·诏令下(内降)》任伯雨上徽宗疏。
② 《国朝诸臣奏议》卷23《君道门·诏令下(内降)》余应求上钦宗疏。
③ 《宋会要》职官1之79。

臣欲专之；且非新条，申旧制耳"。孝宗赞同陈俊卿的分析①。此后，"内降"并未完全断绝，在官员注授差遣、晋升官阶、内宫调拨财物等方面不时有"内降"或"内批"直接行下；同时，也不时发生官员抵制"内降"或"内批"的事件，引起人们的注意②。宋朝朝廷对皇帝"内降"的抵制，也是约束皇权的一个方面。

　　第二、史官对皇权的约束。宋朝统治者充分认识到历史的政治功能。北宋史学家欧阳修认为："史者，国家之典法也。自君臣善恶、功过与其百事之废置，可以垂劝戒、示后世者，皆得直书而不隐，故自前世有国者，莫不以史职为重。"③哲宗初年，大臣吕公著上奏说："人君一言一动，史官必书，若身有失德，不惟民受其害，载之史策，将为万代讥笑。故当夙兴夜寐，以自修为念。"④主张史官直言不讳地将皇帝的所作所为写入史书，以此劝谕皇帝，切勿做"失德"之事。所以，统治者重视编修史书，尤其重视编修国史和日历、实录、会要等当代史和史料汇编。为了名垂青史，统治者从积极方面是顺应时势的发展，多做有利于国家和百姓之事；从消极方面说是皇帝亲自干预修史。在宋太宗以前，修史有相当的独立性。唐朝开始出现皇帝干预修史的现象，如唐太宗、文宗曾试图调阅起居注，但遭到史官褚遂良、魏謩的拒绝⑤。宋初，有一次太祖在后园弹雀，忽有官员求见。太祖急忙接见。这名官员所奏只是普通的事情，太祖听了勃然大怒，责问他何急之有？官员答道："臣以尚急于弹雀。"太祖更加生气，顺手操起柱斧柄打其嘴巴，击落两颗牙齿。官员慢慢拾起牙齿，藏在怀里。太祖骂他："你藏起来牙齿想告我吗？"官员答道："臣不敢告陛下，但自有史官会记载下来。"太祖立即好言劝慰，并赏给了金帛⑥。这件事反映此时仍保持史官独立修史的传

---

① 《宋史》卷383《陈俊卿传》。
② 《宋史》卷391《胡晋臣传》。
③ 《欧阳修全集·奏议集》卷12《论史馆日历状》。
④ 《长编》卷357。
⑤ 《旧唐书》卷80《褚遂良传》，卷176《魏謩传》。
⑥ 司马光：《涑水记闻》卷1。

统,当代史和史料汇编具有约束皇权的作用。但此后情况逐渐发展变化。到太宗时,梁周翰兼起居郎,首先建议由起居郎和起居舍人分值崇政殿,以记录皇帝的言行,另编成"起居注","每月先进御,后降付史馆"。从此,"起居注进御"成为制度①。太宗时,宰相李昉加监修国史之职,开始实行"时政记先进御而后付有司"的制度②。起居注主要记录皇帝的言行,时政记主要记录两府的军政要事。史馆以起居注和时政记为基本史料,纂修成"日历"。又以日历为基础,参取其他官方档案、私家记录,编成"实录"。最后,再根据起居注、时政记、日历、实录、会要等官方材料,加上私家记录,编纂成"国史"。由于规定起居注按月进呈皇帝审查,皇帝可以随意删改,因此"修撰之官惟据诸司供报,而不敢书所见闻"。时政记只记录官员的除目、辞见之类内容,起居注则"与诸司供报文字无异"。日历只是根据上述两书"铨次,系以月日"。仁宗时,欧阳修提出,自古以来"人君皆不自阅史",现在"撰述既成,必录本进呈",这样"事有讳避,史官虽欲书而不可得也"。但他没有提出改变"进呈"皇帝审定的制度的要求,只是建议史官尽职详载皇帝的言行和朝廷的大事③。孝宗初,起居舍人王十朋则进一步要求取消"起居注"进呈皇帝的制度,以保证史官修史的独立性④。这种要求一般很难得到皇帝的批准,即使受准实行一时,不久又会恢复原状。宋朝的各朝实录,最受皇帝的重视。太祖、太宗、神宗、哲宗、徽宗、孝宗、光宗朝实录,都在修成后,再次重修。《神宗实录》曾四次编修:第一次在哲宗元祐间。第二次在哲宗绍圣间,出自蔡卞之手。第三次在徽宗即位初。第四次在高宗绍兴初,出自范冲之手。范冲编写时,元祐旧文用墨写,绍圣新修的内容用朱写,范冲删去的部分用黄写,世称"朱墨史"⑤。《哲宗实录》也在修成后再修。宋朝官修国史和史料汇编的反

---

① 《宋史》卷439《梁周翰传》;《长编》卷35。
② 《宋史》卷265《李昉传》;谢采伯:《密斋笔记》。
③ 《欧阳修全集·奏议集》卷12《论史馆日历状》。
④ 汪应辰:《文定集》卷23《龙图阁学士王公墓志铭》。
⑤ 《宋史》卷435《范冲传》。

复编纂,反映了皇帝和宰辅集团政见的前后变化,更反映了皇帝对于修史的干预。因此,史官通过修史来约束皇权,在宋朝所起作用甚微。

第三、思想家提出了一系列限制皇权的理论。首先,他们否定君权神授论,认为皇帝并非天生圣人,不可能永远世袭。司马光提出:"王者始受天命之时,天下之人皆我比肩也。相与角智力而争之,智竭不能抗,力屈不能支,然后肯稽颡而为臣。"①认为皇帝只是智与力超过常人,所以承受天命,取得皇权。陈亮提出皇帝"才能、德义足以为一代之君师,听命者不之焉则不厌也。世改而德衰,则又相率以听命于才能、德义之特出者。天生一世之人,必有出乎一世之上者以主之,岂得世次而长有天下哉"②!认为充当皇帝也要有一定的标准,必须才能和德义都是当代的楷模;如果时代改变,道德衰落,又要推举另一位才能和德义"特出"之人。所以,不可能皇帝长期世袭。以这一理论为基础,很多思想家提出皇帝要与官员们共治天下,不可独专赏罚,要带头遵守法度等。度正提出:"天下,大物也,非一人一手之所能独运也,合天下之智力以运之,而天下日趋于治矣。"③吕祖谦提出"赏罚皆出于天,而寄之人君"。"赏罚虽在(人)君,实天寄之,而人君亦何尝可自专哉"④!认为皇帝不应独专赏罚大权。很多官员提出皇帝要率先遵守法度,而有的皇帝也自觉执行。有些官员提出:"维持国家,在乎法守。国家之守在人,固有上立法而上自不守者,有前人立法而后人不守者,有上欲守法而下不能守者,有下欲守法而上不容其守者。"他们列举高宗"不以特旨废法,不以私恩废法,不以戚里废法",这就是高宗"所以为善守法",而孝宗也"守之尤严"。孝宗认为皇帝要坚守法度,说:"大凡法度,须是法度坚守"。又说:"守法所以不坚者,必自上始。"⑤皇帝能够坚守法度,然后公卿百官才能遵守法度。

---

① 司马光:《温国文正司马公集》卷18《保业》;《长编》卷194。
② 《陈亮集》卷3《问答上》。
③ 度正:《性善堂稿》卷9《送黄侍郎序》。
④ 吕祖谦:《吕东莱先生文集》卷19《史说》。
⑤ 《宋会要》帝系11之11—13。

　　汉朝以后,形成了一种新的天人感应理论。这种理论提倡人们在地上做事,上天就会有所报应。董仲舒说:"灾者,天之谴也;异者,天之威也。谴之而不知,乃畏之以威。"①遇到灾荒、变异,如水灾、旱灾、地震等,皇帝都要下罪己诏,承认自己的过错,检讨一番。到北宋时,随着理学的逐步酝酿和各派的出现,"天"逐渐被"天理"所代替,作为上帝的"天"的价值出现了变化。不过,多数学者从约束皇权和相权出发,自觉或不自觉地坚持天人感应理论。仁宗时,知制诰刘敞上疏,提出当大臣"敝君之明,专君之权,而擅作威福"时,必然"感动阴阳",出现地震、日蚀、风雾之异。建议仁宗"收揽威权"②。知谏院范镇上言,指出"天变之发,或发于未然之前,或发于已然之后",这些现象都用来"觉悟人君"。"人君"然后"修人事以应天变",则"灾异可为福祥"③。翰林学士欧阳修上疏,提出长久不立皇储,而武臣狄青出任枢密使,引起了"雨水为患"。欧阳修说他对五行灾异之学"虽不深知",但"水者阴也,兵亦阴也,武臣亦阴也",由此类推,可见"天之谴告,苟不虚发"。建议仁宗早出决断,以便"消弭灾患,而转为福应"④。神宗时,有些持新法不同意见者,也用天人感应说作为反对新法的工具。司天监灵台郎亢瑛指出,天久阴和星失度,宜罢免王安石,从西北方召拜宰相(暗指居于洛中的司马光)⑤。大臣富弼针对新法派所说"灾异皆天数,非人事得失所致者",指出:"人君所畏惟天。若不畏天,何事不可为者,去乱亡无几矣。"⑥王安石为了推行新法,反驳异己者的理论,提出了"天变不足惧,人言不足恤,祖宗之法不可守"的"三不足"说。此说虽是唯物主义的观点,但在当时破坏了"天"对皇权的约束,其客观效果却是消极的。徽宗时,权臣蔡京为了控制朝政,以"绍述"熙丰新法为

---

① 《春秋繁露》卷8。
② 《长编》卷177。
③ 《长编》卷179。
④ 《长编》卷183。
⑤ 《长编》卷229。
⑥ 《宋史全文续资治通鉴》卷11《宋神宗一》。

名,向徽宗灌输"人言不足恤"和天变皆为"定数,不足为灾异"之说①,大讲"丰享豫大",夸耀太平盛世。于是徽宗等不管"祖宗成宪",不顾国力,肆意胡作非为,以致最后亡国。南渡后,士大夫们痛定思痛,总结北宋亡国的教训,自然把它与王安石的"三不足"联系起来,进而否定王安石及其新法。到孝宗时,理学家朱熹又提出新的见解,认为汉儒的天人感应"必然之说固不可",王安石的天人"全不相关之说亦不可",关键在于"人主自当谨戒"②。实际上,天人感应说只是约束皇权的一个重要因素,在宋朝的历史条件下,否定这一学说,就是放弃了这一制约皇帝的因素,放任皇帝无法无天起来,其结果必然正如富弼所预料的那样:"去乱亡无几矣。"

第三节 皇储制度

为了确保皇位继承的稳定性和皇权的连续性,宋朝统治阶级较为关注皇储的确立和培养,并逐步建立起一套皇储制度。

宋朝统治阶级重视皇储的选拔和培养,认为这是国家的根本大事。仁宗嘉祐四年(1059 年),权御史中丞包拯上疏乞立皇太子。他说:"东宫虚位日久,天下之心忧危至切。虽前后臣僚论列者多矣,卒不闻有所处置。"又说:"万物皆有根本,而太子天下之根本也,根本不立,祸孰大焉!"③孝宗乾道八年(1172 年),右丞相梁克家上疏指出:"太子,天下本。本正,则天下正。不可不于其早而教导之也。"④把对太子的教育培养看成是一件国家立本的大事。

宋初,统治者忙于四处征战,无暇顾及皇储制度。宋太祖突然病死时,年仅 50 岁。此时,太祖的第二子赵德昭已 26 岁,第四子赵德芳 18

---

① 周辉:《清波杂志》卷 2;《朱子语类》卷 2《理气下·天地下》。
② 《朱子语类》卷 79《尚书二》。
③ 《包拯集》卷 1《致君·请建太子》。
④ 陈模:《东宫备览》卷 4《正本》。

岁。太祖在生前并没有明确指定自己的接班人。德昭在乾德二年(964年)出阁,只授贵州防御使。按照"故事",皇子出阁即封为王,但太祖认为德昭年幼,"欲其由渐而进",所以只授此阶。直到开宝六年(973年),授德昭兴元尹、山南西道节度使、检校太傅、同中书门下平章事。终太祖之世,德昭没有封给王爵。开宝九年,赵德芳出阁,也仅授检校太保、贵州防御使①。显然,太祖还没有来得及充分考虑皇储的问题。

宋太宗即位后,即太平兴国元年(976年),继续承认德昭和德芳为皇子,封德昭为永兴军节度使、兼侍中、武功郡王,德芳为山南西道节度使、同平章事。同时,也承认齐王廷美(太宗之弟)之子为皇子②。太平兴国四年,以廷美的长子德恭为贵州防御使③。同年,皇子德昭跟随太宗北征幽州。有一天晚上,宋军自相惊扰,营中一片混乱,一时间诸将竟然找不到太宗的踪迹,有人怀疑太宗已经遇害,便提议拥立德昭为帝,以稳定军心。后来太宗安然返回,此议才罢。太宗知道这件事后,心中甚为不满。回到汴京后,因为伐辽失利,连诸将攻下北汉的功劳,都搁置不议了。德昭觉得有功不赏,难以激劝将士,便奏请太宗及时论功行赏。太宗听后,勃然大怒道:"待汝自为之,赏未晚也!"德昭回到自己的宫中,立即自刎而死。太宗听说德昭自杀,又惊又悔,急忙跑去观看,抱着尸体大哭说:"痴儿,何至此邪!"德昭平时"喜愠不形于色",为表明自己的心志,竟然以身殉志。另一位皇子德芳,在太平兴国六年(981年)病死,年仅23岁④。太宗自己生有9个儿子,长子元佐,最受宠爱。太平兴国间,元佐出阁,拜检校太傅、同中书门下平章事,封卫王。后来迁居东宫,加检校太尉,进封楚王。廷美被人揭发"顾望咒诅,大逆不道",太宗将他贬为涪陵县公,安置房州。只有元佐挺身援救。廷美死后,元佐患上了精神病。雍熙二年(985年),元佐醉酒,深夜纵

---

①　《宋史》卷244《宗室一》。
②　《长编》卷17;《宋史》卷4《太宗一》。
③　《长编》卷20。
④　《宋史》卷244《宗室一》。

火焚宫。太宗又气又急，对大臣们说："朕每读书，见前代帝王子孙不率教者，未尝不扼腕愤恨。岂知我家亦有此事！朕为宗社计，断不舍之。"于是下令废为庶人，送均州安置①。此后，太宗长期不立皇储。到淳化二年（991年），他对近臣们解释不正式立储的原因，说："屡有人言储贰事，朕颇读书，见前代治乱，岂不在心！且近世浇薄，若建立太子，则官僚皆须称臣。"又说："诸子冲幼，未有成人之性……读书听书，咸有课程，待其长成，自有裁处。"度支判官宋沆等5人伏阁上书，要求立太宗第二子许王元僖为皇太子。太宗读后大怒，认为"词意狂率"，"将加窜殛，以惩躁妄"②。至道元年（995年）八月，太宗决定立第三子寿王、开封府尹元侃为皇太子，改名恒，仍兼判开封府。自唐末以来，因"中国多故，不遑立储贰"，已经90年不立皇储，太宗立赵恒算是第一次。太宗认为赵恒对待"宾客"李至等文雅有礼，治理开封府也井井有条，还"留心狱讼，裁决轻重，靡不称惬"，所以十分中意③。从此，宋朝各朝皇帝皆由皇太子继位，初步建立皇储制度。

真宗时，后妃们先后为他生下6个儿子，但不幸的是5个夭折，仅剩下司寝李氏所生第六子受益，由刘皇后取为己子抚养。大中祥符八年（1015年），为受益行加冠礼，授忠正军节度使兼侍中，由庆国公进封寿春郡王④。次年，专门为受益建造"资善堂"，作为"皇子就学之所"，派入内押班周怀政为都监，入内供奉官杨怀玉为伴读。真宗面戒受益不得在堂中戏笑和放置玩具，凡事皆要讲礼貌⑤。天禧元年（1017年），受益兼中书令。翌年八月，受益9岁，由于百官的再三请求，真宗决定立为皇太子，改名祯。同时，委任参知政事李迪兼太子宾客，知开封府乐黄目兼太子左庶子，昇王府谘议参军张士逊兼太子右庶子，直史馆崔遵度兼左谕德，直史馆晏殊兼太子舍人，鲁宗道兼右谕德，入内副都知

① 《长编》卷26；《宋史》卷245《宗室二》。
② 《长编》卷32。
③ 《长编》卷38；《宋史》卷6《真宗一》。
④ 《长编》卷85。
⑤ 《长编》卷86。

周怀政兼管勾左右春坊事①。真宗遵照皇太子的老师应"多用老成"的原则,严格地从百官中挑选出这些东宫官②。规定百官对皇太子皆自称己名,宫官则自称"臣"。同时,批准皇太子每月给钱 2 000 贯。九月,真宗登天安殿,主持册立皇太子的典礼。③天禧四年,真宗长期患病,右相寇准向他提议:"皇太子人望所归,愿陛下思宗庙之事,传以神器,以固万世基本。"同时,要求罢黜枢密使丁谓。真宗点头同意。寇准命翰林学士杨亿草表,"请太子监国"。但寇准喝酒时泄露此事,丁谓等在真宗前极力攻击寇准,真宗也忘记了病中对寇准的许诺,反而罢免寇准相职④。几个月后,真宗稍稍康复,考虑到皇太子"年德渐成",决定命其"莅政于外","监总朝政";同时,批准中书和枢密院大臣皆兼东宫的职任。随后,下诏中书和枢密院各司"该取旨公事"依旧进呈外,其他日常事务,委托皇太子与宰相、枢密使等,在资善堂"会议施行讫奏"。宰辅们每次"会议",皇太子秉笏南面而立,中书和枢密院"以本司事递进承令旨"。这时,皇太子虽然"听事资善堂",但"事皆决于(真宗的刘皇)后"⑤。乾兴元年(1022 年)二月,真宗病死,便由皇太子继位,是为仁宗。真宗为皇太子推行的一些措施,如设立资善堂,任命"师傅"等,后来就成为宋朝皇储制度的主要内容。

仁宗生有 3 子,但皆夭折。景祐二年(1035 年),将皇兄濮安懿王允让刚 4 岁的第十三子领入宫内,由曹皇后抚养。次年,赐名宗实。宝元二年(1038 年),仁宗第二子赵昕生,宗实回到濮邸。赵昕死后,宗实再度入宫。皇祐二年(1050 年),迁为右卫大将军、岳州团练使。嘉祐元年(1056 年)元旦,仁宗突然患病,精神失常。这时尚未建嗣,"中外大恐"。后来,仁宗身体康复,百官纷纷上章要求立皇嗣,仁宗才开始注意此事⑥。六年,宗实作为皇侄,被任命为秦州防御使、知宗正寺,但

<hr />

①③　《长编》卷 92。
②　陈模:《东宫备览》卷 2《师傅》。
④　《长编》卷 95。
⑤　《长编》卷 96。
⑥　蔡絛:《铁围山丛谈》卷 3。

宗实以服父丧未毕而辞职①。七年八月，仁宗与宰相韩琦议定，立宗实为皇子。仁宗亲书手札，由内侍送至中书。韩琦召翰林学士王珪起草诏书，王珪心存疑虑，第二天面见仁宗核实。仁宗指着心口说："此决自朕怀，非由大臣之言也。不如此，众心不安。卿何疑焉？"王珪才信以为真。随后，仁宗召集宗室入宫，告诉大家立皇子的意思。又命入内内侍省和皇城司，营建皇子宫殿；改皇子名曙；任命司封郎中李受为皇子位伴读，宗正寺伴读王猎为皇子位说书。皇子进入大内时，"良贱不满三十口，行李萧然，无异寒士，有书数厨而已"。从此，皇子每天在内东门朝见仁宗，或进入大内侍候仁宗。九月，皇子迁为齐州防御使，进封钜鹿郡公②。八年三月，仁宗突然病死，由曹皇后在第二天召皇子入内，接任帝位，是为英宗③。

英宗在即位前，即仁宗庆历八年（1048年），生长子仲鍼。嘉祐八年，随英宗入居庆宁宫。英宗即位，授安州观察使，封光国公。数月后，加忠武军节度使、同中书门下平章事，封淮阳郡王，改名顼。进封颖王。治平三年（1066年）十月，英宗患病，颖王请求引用仁宗"故事"，每两天赴迩英阁讲读一次，"以安人心"。十二月，监察御史里行刘庠奏请立皇太子，英宗不悦。这时，英宗已不能说话，处理事情都写在纸上。英宗病情加重，宰相韩琦入宫探视，要求英宗早立皇太子，英宗点头同意，于是手书"立大王为皇太子"。又在后批示："颖王顼。"韩琦立即命翰林学士承旨张方平草制。四年正月，英宗病逝，20岁的皇太子即位，是为神宗④。

神宗在位期间，长期不立皇储，这是因为神宗死时也不过38岁。神宗生14子，其中8子夭亡。元丰八年（1085年）正月，神宗开始生病。到二月，病情加重。三省和枢密院长官入宫问病，宰相王珪请求及

---

① 《宋史》卷13《英宗》。
② 《长编》卷197。
③ 《长编》卷198；《宋史》卷242《后妃上·慈圣光献曹皇后》。
④ 《长编》卷208；《宋史》卷14《神宗一》。

早立皇太子及皇太后"权同听政"，神宗皆"顾视首肯"。三月，立神宗第六子延安郡王佣为皇太子，改名煦。5天后，神宗去世，年仅10岁的皇太子即位，是为哲宗①。

哲宗仅有一子，早卒。哲宗享年仅25岁，所以生前不曾建储。元符三年（1100年）正月，哲宗突然病死，只得另立神宗之子、哲宗之弟端王佶为帝②。

徽宗生有31子。长子亶生于徽宗即位的那一年，崇宁元年（1102年）改名桓。政和元年（1111年），赴资善堂就学。四年，在文德殿举行冠礼。五年二月，被册立为皇太子。宣和七年（1125年）十二月，任开封府牧，两天后徽宗下诏禅位给皇太子，是为钦宗。钦宗即位后，立其子谌为皇太子，靖康二年（1127年）被金军俘虏北去③。

高宗曾生一子，名旉。建炎三年（1129年），因武将刘正彦等人逼迫，一度禅位给年仅3岁的皇子，改元"明受"。事变平定后，高宗复帝位，正式立为皇太子，数月后病死④。此后，高宗未能生育子女。从绍兴二年（1132年）开始，因皇后和右相范宗尹的再三请求，决定从"伯"字排行的太祖七世孙中挑选皇太子，命知南外宗正事令懬物色宗室之子伯琮和伯浩送入大内。伯琮由婕妤张氏抚养，赐名瑗；伯浩由吴才人抚养，授和州防御使。据说，瑗"清而癯"，伯浩"丰而泽"，高宗召瑗和伯浩入禁中后，比较喜欢伯浩。但有一天忽然想起要再仔细考察，命两人并排站在一起，忽然有一只猫从旁边经过，伯浩立即用脚去踢，瑗则依旧"拱立"。高宗说："此儿轻易乃尔，安能任重耶？"于是选定了瑗，而只赐伯浩银300两作为安慰⑤。这种带有戏剧性的记载并不完全符合事实，高宗选定皇子实际上经过多年的考察，显然认为瑗从各方面更具备接班人的条件，所以最后决定立瑗为皇子。绍兴五年，在宫中营建

①　《长编》卷352，卷353；《宋史》卷16《神宗三》。
②　《宋史》卷18《哲宗二》。
③　《宋史》卷23《钦宗》。
④　《宋史》卷246《宗室三》。
⑤　《建炎以来系年要录》卷54。

书院,仍名资善堂,命瑗入堂听读;委任范冲淹该堂翊善,朱震兼该堂赞读。授瑗保庆军节度使,封建国公,其"禄赐比皇子"①。为了增加选择的对象,高宗在绍兴四年又物色到另一名太祖七世孙伯玖,由吴才人抚养,赐名璩。璩比瑗年幼3岁。最初也授和州防御使,后来迁保大军节度使,封崇国公,也赴资善堂听读。绍兴十二年后,瑗和璩先后年满16,离宫出居外第,瑗为普安郡王,璩为恩平郡王。瑗和璩的"官属、礼制相等夷,号东、西府"。②直到绍兴三十年(1160年),瑗已34岁,璩31岁,高宗才最后决定立瑗为皇子,由中书省召翰林学士周麟之起草诏书。瑗改名为玮,授宁国军节度使、开府仪同三司,封建王。璩称皇侄,授判大宗正事,置司绍兴府③。高宗经过长期的考察,最后选定了瑗为自己的接班人。正如高宗在手诏中说:瑗"自幼鞠于宫闱,嶷然不群,聪哲端重,亢于宗藩。历年滋多,厥德用茂,闻望之懿,中外所称。"④透露出他选立皇子的良苦用心。本来,高宗想及早禅位给皇子,不巧金军再度南侵,因而暂时中辍。到绍兴三十二年五月,高宗决定进一步册立皇子为皇太子,改名昚。六月,高宗宣布"闲退"之意,举行内禅的仪式,由皇太子继位,是为孝宗⑤。

孝宗较早注意确定皇储。乾道元年(1165年),册立22岁长子愭为皇太子,并以其妻广国夫人钱氏为皇太子妃。但不幸的是愭在乾道三年七月中暑,东宫医官用错了药,病势加重,3天后去世。孝宗对愭极其宠爱,愭的突然病死打乱了他的建储计划⑥。按理孝宗应继立次子恺为皇太子,但孝宗认为第三子惇"英武类己",且"仁孝严重,积有常德"⑦。就在乾道七年决定立恭王惇为皇太子,还亲自替皇太子物色"师傅",委任王十朋和陈良翰为太子詹事,刘惇为国子司业兼太子侍

① 《建炎以来系年要录》卷58,卷89。
②⑥ 《宋史》卷246《宗室三》。
③ 《建炎以来系年要录》卷184;《宋史》卷246《宗室三》。
④ 《建炎以来系年要录》卷184;《建炎以来朝野杂记》乙集卷1《壬午内禅志》。
⑤ 《建炎以来系年要录》卷199,卷200;《宋史》卷33《孝宗一》。
⑦ 《建炎以来朝野杂记》乙集卷2《己酉传位录》。

读。孝宗认为:"三代长且久者,由辅导太子得人所致。末世国祚不永,皆由辅导不得其人。"表示十分重视对皇太子的教育①。两个月后,又命惇判临安府,几天后改领临安府尹。淳熙十四年(1187年),高宗病死,孝宗决意逐步准备内禅,颁布手诏:"皇太子可令参决庶务,以内东门司为议事堂。"规定在内寺监、在外守臣以下官员的任命,由皇太子与宰执议定后奏申。十五年正月,皇太子开始赴议事堂"决庶务";遇孝宗登内殿视事时,命皇太子侍立。次年二月,孝宗经过周密的准备,正式举行内禅的仪式,传位给皇太子②。

高宗和孝宗立储和内禅,是有宋各朝选择和培养皇帝接班人最为成功的两次。但孝宗立储,也带来了一些矛盾。一是引起孝宗的次子、光宗之兄恺的不满。在册立光宗为皇太子的隔天晚上,高宗召恺"宴宿宫中",第二天恺返回王府,则"储册已行"。恺又入宫见高宗,说:"翁翁留恺,却使三哥越次做太子。"高宗一时"语塞",只好说:"儿谓官家好做,做时烦恼去。"二是光宗25岁当皇太子,18年后即43岁才继位。他对孝宗迟迟不让位十分不满,希望孝宗早日内禅。他私下让皇太后劝孝宗及时禅位,孝宗认为"孩儿尚小,未经历,故不能即与之"。皇太后将孝宗的话转告他,他答道:"臣已白发,尚以为童,则罪过翁翁。"意谓高宗是在孝宗36岁时禅位的,而他自己已超过此龄了③。光宗对此事一直耿耿于怀,也影响他即位后与孝宗的关系。

光宗受禅的那一年,其第二子扩已22岁,拜扩少保、武宁军节度使,进封嘉王,委任沈清臣为翊善。绍熙五年(1194年),孝宗逝世,光宗患病,由太皇太后吴氏决策,命皇子嘉王即皇帝位,光宗退闲④。

宁宗曾生数子,皆早夭。庆元六年(1200年),听从宰执京镗的建请,取太祖10世孙、6岁的与愿入宫,改名曈,授神州观察使。次年,开

---

① 《皇宋中兴两朝圣政》卷50《孝宗皇帝十》。
② 《宋史》卷35《孝宗三》,卷36《光宗》。
③ 佚名:《朝野遗记》;(明)田汝成:《西湖游览志·志余》卷2《帝王都会》。
④ 《宋史》卷36《光宗》,卷37《宁宗一》。

资善堂,使曦入堂听读。迁威武军节度使,封卫国公。开禧元年,册立曦为皇太子,拜开府仪同三司,进封荣王。宁宗登殿视事时,命皇太子侍立;宰执们每天赴资善堂"会议";宰辅大臣皆兼师傅或宾客。随后,皇太子出居东宫,改名询。嘉定十三年(1220年),病逝,年仅29岁①。第二年,宁宗以"国本未立",决定从太祖10世孙中物色15岁以上者加以教育,乃下诏立皇侄、福州观察使贵和为皇子,改为竑,授宁武军节度使,封祁国公。嘉定十五年,进封济国公。竑痛恨丞相史弥远专权误国,预谋在即位后将予严惩。史弥远买通了竑身边一名善鼓琴的美人,发觉竑的用意,日夜想法对付。嘉定十七年,宁宗病危,史弥远矫诏立另一名宗室子、邵州防御使贵诚为皇子,改名昀,授武泰军节度使,封成国公。宁宗去世,史弥远派人告诉杨皇后,宁宗"遗旨"以皇子竑为开府仪同三司,进封济阳郡王,判宁国府;子昀嗣皇帝位。竑在惶惑不安中被史弥远剥夺了皇位继承权,被迫迁往湖州居住②。

　　理宗在位长达41年,无子。从淳祐六年(1246年)开始,注意物色自己的继承者。同年,以太祖11世孙、7岁的一位皇侄祺为贵州刺史,赐名孟启,入内小学就读。次年,授宜州观察使,就其父的王邸"训习"。九年,迁庆远军节度使,封益国公。宝祐元年(1253年),立为皇子,改名禥,授崇庆军节度使、开府仪同三司,进封永嘉郡王。建成资善堂后,以宗正少卿蔡抗兼翊善。五年,授镇南、遂安军节度使。景定元年(1260年),立为皇太子,命杨栋和叶梦鼎为太子詹事。随后,皇太子迁入东宫,举行册礼。理宗对皇太子的家教甚严,皇太子每天早晨鸡鸣就要向理宗问安,再鸣回宫,三鸣赴"会议所""参决"日常国家事务。然后回到讲堂,先听讲官讲经,再听讲史,"终日手不释卷"。到下午,皇太子又要到理宗榻前请安,理宗问皇太子今天讲什么经,皇太子回答得对,则赐坐赐茶;否则,替皇太子反复剖析;再不通,则生气,规定明天再讲一次。第二年,册永嘉郡夫人全氏为皇太子妃。五年,理宗病死,

---

① 《宋史》卷246《宗室三》,卷37《宁宗一》,卷38《宁宗二》。

② 《宋史》卷41《理宗一》,卷246《宗室三》。

皇太子受遗诏,即皇帝位①。

度宗生有数子,但自己 35 岁即死,来不及立储。咸淳十年(1274年)度宗死后,由平章贾似道作主,立 3 岁的次子显为帝②。此时,南宋亡国在即。

从宋太宗到度宗,共立皇太子 15 人。宋朝的皇储制度较为完善。一、基本实行嫡子继承制。统治者从国家的长治久安考虑,根据实际情况出发,不强调嫡长子继承制的实行。所以,在 18 位皇帝中,仅神宗和钦宗两人以嫡长子继位,而真宗和仁宗、哲宗、光宗、宁宗、帝㬎以第二子以下诸子继位,英宗和孝宗、理宗、度宗则以皇侄或宗室子继位,太宗和徽宗、恭帝、帝昰、帝昺,更依兄终弟及制继位。这种继承制克服了嫡长子继承制的局限性(即选择余地较小),而增加了选择余地,保证了皇储的素质和能力。二、皇帝之子必须被册立为皇子或皇太子,才正式成为皇储。三、举行隆重的册立仪式,颁发玉册③。四、皇储受册后,立即迁入东宫居住,随后设置一整套东宫官员。东宫官包括太子太师、太傅、太保和少师、少傅、少保(以上为"师傅"),太子宾客、詹事、左右庶子、左右谕德,太子侍读和侍讲,太子中舍人和舍人。"师傅"和太子宾客一般由宰执兼任,其他东宫官由他官兼任,或专设一至二员④。东宫官见皇太子,自称"臣";其他官员见皇太子,自称姓名⑤。五、开设资善堂。资善堂的官属,北宋时设翊善和赞读、直讲,南宋时增设说书、皇太子宫小学教授、资善堂是皇子的"肄业之所",翊善等负责替皇子讲授经史⑥。六、皇太子常常兼任开封府或临安府长官,即该府的"尹"或"牧",叫做"判南衙"⑦。借以训练皇太子治理政事的能力,积累行政管理的经验,这也是皇帝考察皇储品德和能力的一个机会。七、编纂供给

---

① 《宋史》卷 46《度宗》;《宋季三朝政要》卷 3《理宗》。
② 《宋史》卷 47《瀛国公》。
③ 袁褧:《枫窗小牍》卷下。
④⑥ 《宋史》卷 162《职官二》。
⑤ 陈模:《东宫备览》卷 5《辨分》。
⑦ 王观国:《学林》卷 4《牙衙》。

皇太子学习的书籍。宁宗时，秘书省正字兼实录院检讨官陈模编成《东宫备览》6卷，提供皇太子学习，内容从始生、入学、立教、师傅、讲读、宫僚、择术一直到监国，共20部分。总之，宋朝的皇储制度比较讲究实效，一切措施都围绕保证物色到合格的皇储人选，而后加以精心培养，进行接位前的训练。在形式上。如东宫官属"极苟简"，不像《唐六典》规定的东宫官制那样犹"如一小朝廷"①。

第四节 宫 廷 制 度

宋朝统治者吸取汉、唐的历史教训，注重"治内"，严防后妃干预朝廷政事，建立起一套比较严密的宫廷制度。其中包括皇后和妃嫔、宫人的编制和人选，宫廷管理机构，嫔妃和宫人的官阶、俸禄、恩例，约束机制等。

皇后和妃嫔的编制——皇后和妃嫔是皇帝的妻妾。宋朝承袭唐制，设置1名皇后和4名妃子，4妃的名称从上而下为贵妃和淑妃、德妃、贤妃。此外，还有嫔御，到仁宗初年后，嫔分十七级，从上到下为太仪、贵仪、淑仪、淑容、顺仪、顺容、婉仪、婉容、昭仪、昭容、昭媛、修仪、修容、修媛、充仪、充容、充媛。嫔以下，还有婕妤和美人、才人、贵人四级。四妃，皆正一品；十七嫔，正二品；婕妤，正三品；美人，正四品；才人，正五品；贵人，无视品②。

各朝皇帝同一时间只能立一名皇后，如果皇后去世或被废黜，则允许另立一位皇后。至于妃子，同一时间大都没有满员。史称妃子"累朝多缺"，神宗元丰间"才有二员"。唯有风流天子徽宗，在政和（1111—1118年）后，"册妃至六七人"。据初步统计，政和六年徽宗仅贵妃就有4名，为两名王氏和乔氏、崔氏，皆曾替徽宗生儿育女多名③。

---

① 《朱子语类》卷112《朱子九·论官》。
② 《宋会要》后妃4之1—2。
③ 章如愚：《山堂群书考索》后集卷20《后妃》；《宋会要》后妃3之9。

　　宫廷管理机构和宫人的编制——宋初,宫廷内仿照外廷设置称为"内省"的管理机构。太宗时,改内省为"尚书内省"。真宗乾兴元年(1022年)后,宫人的女官和职员的编制、品级、职掌较为系统化,共计六尚、二十四司、二十四典、二十四掌:六尚为尚宫、尚仪、尚服、尚食、尚寝、尚功。各尚之下皆设四司。如尚宫之下,设司记和司言、司簿、司闱;尚仪之下,设司籍和司乐、司宾、司赞。各司之下,设典、掌和女史。如司记之下,设典记、掌记和女史;司言之下,设典言、掌言和女史。各尚的长官各设2人;各司的长官除司乐设4人外,皆设2人。各典、掌一般也皆设2人,仅典乐、掌乐、典膳、掌膳各设4人。各司所设女史,最多达10人,一般4至6人,少者2人。此外,还设宫正1人、司正2人。司正之下,设典正和女史各4人。以上宫人的官员和职员共282人,以下还有普通的宫人。尚宫的职掌是导引皇后,管辖司记和司言、司簿、司闱,兼总管其他五尚的物品出纳等事。司记掌管大内各司的文书出入目录,负责记录、审核、付行、监印等事;典记和掌记、女史是其助手。司言掌管传达圣旨和奏事,司簿掌管宫人的花名册和俸禄事务,司闱掌管宫门的管钥事宜。尚仪掌管礼仪、起居,兼管司籍和司乐、司宾、司赞;尚服掌管司宝和司衣、司饰、司仗的事务;尚食掌管御膳,进食时先试尝,管辖司膳和司酿、司药、司饎;尚寝统辖司设和司舆、司苑、司灯之事;尚功掌管女红,统辖司制和司珍、司綵、司计。宫正总管宫内的格式,纠正过失和审理、处罚等。司正的职掌与宫正相同,典正和女史是其助手①。

　　此后,又陆续另外设置一些机构。如仁宗晚年"欲广继嗣",创立了十阁。英宗后各朝继承此制,"既名阁分,则异嫔御,供具之外,仍置官管勾"②。总管十阁的宫官称"提举十阁分事",常由管勾大内公事(南渡后改称主管大内公事)、知尚书内省事兼任此职,共设2人。宁宗时,曾命主管大内公事、知尚书内省事兼提举十阁分事冯从顺升转四

①　《宋会要》后妃4之2—3。
②　《国朝诸臣奏议》卷29,吕海《上神宗乞罢十阁之制》。

字的国夫人；主管大内公事、知尚书内省事杨从慧除兼提举十阁分事，升转两字的国夫人；知尚书内省事卫从正除主管大内公事，升转国夫人；何从谨除知尚书内省事①。此外，还设置听宣、尚字、宫字、司字、掌字、典字、直笔、宜笔、殿直、小殿直、知内库等职②。

　　尚书内省的六名"尚"字女官，为正五品；二十四司的司正、彤史，为正七品；二十四掌，为正八品；女史，为流外勋品③。

　　徽宗政和三年（1113 年），改革尚书内省体制，设内宰 2 人、副宰 4 人，总辖内省的六司，"率其属，以听内治"；掌管外省六曹奏申之事。下设都事和主事各 6 人，录事和令史各 12 人，书令史和书史各 24 人。内省的六司，为司治、司教、司仪、司政、司宪、司膳，其职掌顺次视外省的吏、户、礼、兵、刑、工部。六司各设官内史和治中各一人，吏令史各 2 人，书令史各 4 人，书史各 6 人④。南宋时，没有实行此制，可能是高宗初年废除的。

　　宫人一般是为皇室提供服务的，与后妃等不同。宋初，后宫的人数在 200 至 300 人之间。从真宗朝起，逐渐增多。到仁宗时，更是"十倍增人，已逾二三千"人，"私身养女数复过之"。嘉祐间（1056—1063 年），更激增至 10 000 人以上。嘉祐五年，不得不参照仁宗初年的人数，立出定额。徽宗时，内宫人数再度大增。钦宗时一次星变，减放了宫女 6 000 多人。由此推算，此时宫女又达到了 10 000 人以上⑤。

　　皇后和妃嫔等的人选——宋朝选择皇后和妃嫔以及宫人也有一定的标准。一般把门第（族姓）放在首位，其次是女德，再次是皇帝的宠爱程度、生育能力等。如太宗的第一任皇后，是淄州刺史李处耘之女，太宗即位后立为皇后；贵妃孙氏，系左金吾卫大将军孙守斌之女。真宗立宣徽南院使郭守文之女为皇后。郭皇后死后，继立银匠龚美（后改

①　《宋会要》后妃 4 之 28—29。
②　《宋会要》后妃 4 之 9—29。
③　《宋会要》后妃 4 之 2。
④　《宋会要》后妃 4 之 10—11。
⑤　司马光：《涑水记闻》卷 1；《长编》卷 145，卷 191；庄绰：《鸡肋编》卷下。

姓刘）之义妹为皇后，"大臣多以为不可"，但"帝卒立之"。真宗的一位嫔御李氏，系左班殿直李仁德之女，原为司寝，因生仁宗，由才人晋升婉仪。仁宗亲政后，追封李氏为皇太后。南渡后，皇后的出身要求出现降低的趋向。高宗的吴皇后，其父吴近，似是平民，其女入宫后，才屡迁至武翼郎。孝宗的夏皇后，其父和祖父均无官位。夏皇后去世后，继立贵妃谢氏为皇后，谢氏"幼孤，鞠于翟氏，因冒姓焉"。宁宗的韩皇后，其6世祖是北宋忠献王韩琦，但其父、祖皆无官位。韩皇后死后，继立杨贵妃为皇后，杨氏"少以姿容选入宫，忘其姓氏，或云会稽人"。显然也不是名门之后①。

　　妃嫔和宫人的出身与皇后相差无几。英宗初年，直集贤院韩维上疏，提议为皇子颖王择妃，应从"勋望之家，谨择淑哲之媛"②。知谏院司马光也提出，"祖宗之时，犹有公卿大夫之女在宫掖者"，"其始入宫，皆须年十二三以下，医工诊视，防禁甚严"。但到这时，此制已被破坏，"内中下陈之人，竞置私身，等级浸多，无复限极，监勒牙人使之雇买，前后相继，无时暂绝"，以致有军营、市井"下俚妇人，杂处其间，不可辨识"。于是一些出身低微的少女被选入宫，并有可能因受皇帝宠爱或生育、积年苦劳等逐级晋升为妃嫔。哲宗初年，高太后为他物色了100多名"世家女"入宫。孟氏在16岁时被选入宫，受到太后的宠爱，"教以女仪"，后来被册为皇后。仁宗的修容冯氏，"以良家女，九岁入宫"，在生下2名公主后，被封始平郡君，后累迁至修容③。

　　后妃和宫女的等级和俸禄、封赠等待遇——皇后是内廷的主宰者，自然无需品级。其余"内命妇"，据宋人佚名《趋朝事类》记载，分为五大等，第一等分两类，一类是自上而下为4妃，贵仪和贵容、淑仪等17嫔，还有婕妤和美人、才人，共二十四级；另一类是侍御郡夫人、郡夫人、十字国夫人、八字国夫人、六字国夫人、两国四字夫人、四字国夫人、两

---

① 《宋史》卷242—243《后妃上、下》。
② 《国朝诸臣奏议》卷27，韩维：《上英宗乞不泛于诸臣家为颖王择妃》。
③ 司马光：《温国文正司马公集》卷27《后宫等级札子》；《宋史》卷242—243《后妃上、下》。

国两字夫人、两字国夫人、国夫人，共十级。第二等分两类，一类是自上而下为"尚"字、"司"字、"典"字、"掌"字以及红霞帔，共二十九级；另一类是知尚书内省事、仙韶使、仙韶副使、小殿直都知、小殿直押班，共五级。第三等为紫霞帔、尚书省都事、大侍御、小殿直第一等长行、仙韶都头，共五种。第四等为听宣、尚书省内事、录事、小殿直第二等长行、仙都色长行，共五种。第五等为殿直、散直、散手、书省（直?）、小侍御、皇后阁祗候、小殿直第三等长行、著绯著绿女童，共八种。其中第一等第二类和第二等至第五等，均可统称"宫人"或"殿内人"、"宫内人"。宫人在升转等级时，经常"超转"即越级升转。如高宗绍兴十年（1140年），命刘氏为红霞帔，十三年转司记，十六年封才人，十七年进封婕妤，二十四年册封贵妃①。

皇后、皇太后和内命妇皆有俸禄，且形成制度。高宗绍兴十三年，下诏规定皇太后俸钱，每月 10 000 贯，冬年和寒食、生辰各 20 000 贯，生辰增加绢 10 000 匹，春、冬、端午绢各 3 000 匹，冬季增加绵 5 000 两，绫和罗各 1 000 匹。宁宗嘉定元年（1208 年），皇后要求减少自己的俸给，以"助国用"②。妃嫔也按"禄令"领取俸禄。如神宗时，沈贵妃每月料钱 800 贯。高宗初年，每月供应贤妃以下月料炭 980 秤，其中一半支本色，一半折支价钱。宫人则依"宫人禄格"支取俸禄。其中国夫人又有"国夫人请给则例"等。如孝宗时，一名国夫人每年俸禄近 2 000 贯、银 150 两、米 45 石、绫 125 匹、绢 600 匹等。宫人的每月俸禄总数，在仁宗时曾达 4 000 贯，后增至 12 000 贯③。此外，还有"节料钱"等。

皇后、皇太后和内命妇还享受封赠亲属的优待。太祖初年，规定太皇太后和太后、皇后的曾祖母、祖母、母皆封国太夫人，其父辈三代则封王；诸妃的曾祖母、祖母、母皆封郡太夫人，婕妤的祖母、母皆封郡太君，

---

① 《宋会要》后妃 4 之 29、27、17。
② 《宋会要》后妃 2 之 28、2、8。
③ 《宋史》卷 179《食货上一》；楼钥：《攻媿集》卷 29《缴李氏等依宫人例支给请给》；孔平仲：《谈苑》卷 2。

贵人之母封县太君;其父辈三代也封相应的官称①。据《趋朝事类》"官品令"记载,四妃皆封赠三代,分别为十字、八字、六字。贵仪、贵容、淑仪等封赠三代,分别为六字两国、两字。昭仪、昭容等封赠三代,分别为四字、两字两国。婕妤封赠二代,为四字两国。美人封赠一代,一国。才人封赠一代,一郡。"司"字和"典"字、"掌"字,红、紫霞帔、听宣和听直、书直,不能封赠亲属。这些是遇朝廷举行南郊大礼的"恩例"内容之一。被封赠者的直系子孙在法律上"皆得用荫",且可减免本户的差科输纳等负担。

皇后和皇太后、内命妇还享受恩荫待遇。神宗时,中书门下制订太皇太后等恩荫条法,规定每次南郊、圣节或生辰,太皇太后"逐次并录亲属四人恩泽",皇后2人。每次南郊,诸妃奏补亲属2人,婉容以下1人(有服亲),才人以上1人(小功以上亲)。还规定了亲属关系和补官的具体等级②。皇后等被册立或去世后,其亲属也"合行推恩"。如高宗绍兴十三年,册立吴氏为皇后,其弟吴益因而除正任团练使,吴盖除正任刺史,另给予其他亲属25人"恩泽"。神宗元丰三年(1080年),仁宗曹皇后病死,其弟曹佾和侄6人、侄孙14人、侄曾孙5人、从弟1人、从侄30多人、从侄孙81人,以及侄女、弟妇等女性亲属40人,皆受到"恩泽",已有官者升转官阶或加封,无官者授官等③。

约束机制——宋朝逐步完善对女后和妃嫔等的约束机制,使之程序化和法制化。这表现于:

第一、确立"治内之法",严格限制内廷与外朝的联系。唐朝"宫禁之制"不严,宫嫔可与外朝官员相见,《入阁图》还留有昭容的座位,直到末年才采取措施使宫禁和外朝隔绝。宋朝承袭唐末之制,力使"宫禁严密,内外整肃"。仁宗时,知谏院孙沔提出:"宫禁严,则中阃之事绝于众口,而朋党不结于外矣。"防止后妃与外戚、大臣勾结,危害朝

---

① 《宋史》卷170《职官十》。
② 《长编》卷237。
③ 《宋会要》后妃2之9;《长编》卷303。

政。神宗曾命内侍召见太皇太后曹氏(仁宗皇后)之弟曹佾入宫,曹氏立即加以阻止,说"外戚"从来不可随意进入禁掖,不能从我开始破坏规矩。光宗末年,高宗吴皇后垂帘听政,要求其侄吴琚从此少出入内廷,免得引起人们的猜疑①。

第二、限制内宫的人数,以减轻财政负担。知谏院孙沔在前一奏疏中向仁宗提出,现今内宫人数已超过二三千人,每月俸给比前朝增加十倍,私身养女"数复过之",建议索取宫中各院的宫人和私身养女的总数,"呈取进止",同时减放多余的宫人,并减半支付宫人的请给。英宗初年,司马光奏申仁宗"享国日久",内廷"冗食颇众",建议凡仁宗后宫除曾生子和位号稍贵并职掌文书之人以外,其余皆给与装奁,放遣出外。英宗立即检放了宫人335人,各令归其亲戚。②在宋朝,凡是官员论及内宫的人数,必定希望加以限制或者减少。

第三、限制后妃的权力。宋朝严防后妃干预朝廷政事,一般地说,在皇帝健在时,尚能实现。但在新皇帝年幼的情况下,不免又需太后垂帘听政,北宋时就曾四次出现、每次连续十年左右的太后实际行使皇权的局面。不过,每次又总是在朝廷官员的督促下,使太后及时还政给业已初步具备执政能力的新皇帝,顺利地完成了皇权的交接过程。真宗晚年久病,刘皇后"居中预政,太子虽听事资善堂,然事皆决于后,中外以为忧"。真宗去世,参知政事王曾起草遗诏,写明由刘皇后"辅立皇太子,权听断军国大事"。王曾坚持在遗诏中写上"权"字,以防刘皇后长期擅权③。景祐元年(1034年),美人尚氏派内侍韩从礼等向开封府传达"教旨",命令放免工匠单庆等六人的"本行差遣事"。开封府判官庞籍向仁宗揭露此事,仁宗处罚了韩从礼等人,并下诏诸司:"今后宫闱旨,并不得施行。"④由于朝廷官员的不断抵制,限制了后妃的权力。

---

① 周煇:《清波别志》卷下;《容斋随笔》卷4《翰苑亲近》;《长编》卷480;《国朝诸臣奏议》卷29,孙沔:《上仁宗论宫禁五事》;岳珂:《愧郯录》卷12《宫禁进见》;《四朝闻见录》乙集《吴云鏊》。

② 《温国文正司马公集》卷27《放宫人札子》;《长编》卷201。

③ 《宋史》卷310《王曾传》。

④ 《国朝诸臣奏议》卷29,庞籍:《上仁宗乞序正宫掖》;《宋史》卷10《仁宗二》。

第四、朝廷大臣干涉宫人的挑选和后妃的废立。英宗初年,司马光上奏札提出后宫补充宫人,应"定立制度","依约古礼,使后宫之人共为几等,等有几人"。如果人数未足,暂时虚其员数;满员之后,不可再增。凡是初次入宫,必须都是年幼、尚未许配人者;如物色乳母,也应选择"良家性行和谨者",方准入宫。他要求将这一制度"传之子孙,为万世法"①。有些官员还提出了皇妃的人选标准,包括家世、女德等(见前),还提出了"博议"的主张②。元祐间,为哲宗挑选皇后,太皇太后高氏告诉大臣们:"今得狄谘女,年命似便,然为是庶出过房,事须评议。"枢密直学士王岩叟乃引《礼经·问名篇》说,在举行婚礼时,女家要回答"臣女夫妇所生及外氏官讳",不知道今天狄家将何以对答。于是取消了册立狄谘之女的动议③。仁宗在天圣二年(1024年),由刘太后作主,立故中书令郭谘之女为皇后。刘太后的用意是"选于衰旧之门",以免他日外戚"或挠圣政"④。刘太后死后,仁宗以郭皇后"无子,愿入道"为理由,加以废黜。诏书传出,满朝沸腾,台谏官联名提出反对,但仁宗不予理睬。真宗也曾不顾大臣们的反对,立银匠之家出身的德妃刘氏为皇后⑤。朝廷大臣干预后妃废立的事件,虽然大都以皇权的胜利而告终,但在一定程度上对后妃形成了约束。

第五、建立起一套比较严密的管理制度,并在外廷设有台谏和封驳官员的监督系统。诸如妃嫔的叙迁、俸禄、恩荫等皆有一定的管理制度,甚至使皇帝也受此约束。仁宗后期,嫔御们久不升迁,"屡有干请",仁宗答以"无典故,朝廷不肯行"。有的妃嫔不信,说:"圣人出口为敕,批出谁敢违?"仁宗笑道:"汝不信,试为汝降旨。""政府果执奏无法。"这一"圣旨"就此告终。后来又有嫔御乞求"降御笔进官",仁宗戏书"某宫某氏特转某官"。众人"喜谢而退"。但到给俸之日,"有司不

①　《温国文正司马公集》卷27《后宫等级札子》。
②　《国朝诸臣奏议》卷27,范祖禹:《上宣仁皇后论纳后宜先知者四事》。
③　(明)黄淮、杨士奇:《历代名臣奏议》卷75《内治》(明永乐本)。
④　《长编》卷102。
⑤　《长编》卷113;司马光:《涑水记闻》卷7。

敢遵用"全部退回给本人①。内宫嫔御叙迁，按照规定，皆由皇帝下令，到中书门下（北宋前期）命词。但中书门下的官员对内廷的情况所知甚少，如只约略知道"尚书内省官"是"长年习事者"，司字、典字、掌字是"主守之微者"，至于红霞帔和紫霞帔、郡国夫人则无法探知其年龄和爵列。有一次，高宗特意对权中书舍人洪适说："昨有宫人宫正者，封夫人，乃宫中管事人，六十余岁，非是嫔御，恐卿不知。"②由于内命妇的升迁，必须经过中书门下书写官诰，如果违反制度，命词的中书舍人可以封还词头，拒绝草制。如果内命妇不由中书门下颁给诰命，则为非法。仁宗嘉祐四年（1059 年），知谏院范师道上疏说：内宫"诸阁女御，以周、董育女主，御宝白制，并为才人，不自中书出诰，而掖廷觊觎迁拜者甚多。"他警告仁宗："诰命之出，不自有司，岂盛时之事耶？恐斜封墨敕复见于今日矣。"③光宗时，起居郎兼中书舍人楼钥多次抵制内廷的一些非法要求。在《缴皇后宅恩泽》奏札中，他针对皇后宅李孝纯等人的奏请，提出皇后册宝亲属推恩原定 25 人，后来两次裁减为 10 人，现在李孝纯等却要求增加到 18 人。他认为所增 8 人"止许奏本宗亲"，另外"所有录黄，臣未敢书行"。在《缴皇后宅门客亲属补官》奏札中，他针对皇后归谒家庙亲属推恩的人数内，门客蒋孝曾白身补将仕郎，亲属张景诜等 3 人白身补承信郎，认为"求之故事，既无此例；比之众人，最为太优"。他要求追回蒋孝曾补将仕郎的指挥，并将 3 名亲属在以上 8 人名额内"奏补"④。众多官员不断地抵制皇后和妃嫔等违反法制的行为，保证了各项制度的实施，强化了外朝对内廷的约束机制。

第五节　宗室与外戚制度

宋朝统治者吸取唐末五代的历史教训，也将宗室和外戚视为严加

① 周辉：《清波别志》卷下。
② 《容斋三笔》卷 15《内职命词》。
③ 《国朝诸臣奏议》卷 29，范师道：《上仁宗论女御以御宝白制除才人》。
④ 楼钥：《攻媿集》卷 27。

防范的对象。建立起一套既给予优厚待遇而又多方限制的制度。

宗室制度——详见本卷第四章第三节。

外戚制度——宋朝的外戚,又称"戚里"、"国戚"、"外姻"、"近戚",是指皇帝的后、妃的亲戚以及皇室的驸马都尉。史称:"在法,称'戚里'者,谓三后四妃之家。"①所谓三后,是太皇太后和皇太后、皇后,四妃是皇帝的贵妃和淑妃、德妃、贤妃②。"三后四妃之家",包括这些后、妃的本宗和异姓亲属,一般是指缌麻以上亲属的男子和妇女③。此外,还包括下嫁的公主之家,包括驸马都尉的亲属以及他和公主的子女。《宋史·外戚传》中,符惟忠以其外祖母贤靖大长公主之荫补官,柴宗庆娶太宗之女鲁国长公主,王贻永娶真宗之女郑国公主,李遵勖娶真宗之妹万寿长公主,张敦礼娶英宗之女祁国长公主。《王贻永传》说:"当时无外姻辅政者,贻永能远权势。"《张敦礼传》记载,神宗向皇后说:"戚里何必预知朝廷事。"即指张敦礼不该在哲宗元祐初上疏称赞朝廷重用司马光十分正确。可见公主和驸马都尉及其亲属皆归入外戚的范围。

官阶——宋朝一般只授给后妃之家和公主之家的亲属以武官官阶,不授给文资。据说,这是为了防止姻戚干预当朝政事。茶商马季良娶真宗刘皇后兄刘美之女,改官授文资京官的最低阶——秘书省校书郎。仁宗初年,刘太后临朝,马季良步步高升,首迁光禄寺丞,再迁太子中允、太常丞等,直至兵部郎中。刘太后死后,仁宗亲政,马季良被依"祖宗之法",改换武阶为濠州防御使,并令离京赴濠州上任④。外戚向综,历任通判和知州,累官至中散大夫(文臣升朝官的官阶之一)⑤。哲宗孟皇后之兄孟忠厚,高宗建炎初年除显谟阁学士(文臣的馆职之一),引起朝臣的反对,"台谏交章论列"。高宗碍于孟太后的情面,感

---

① 《皇宋中兴两朝圣政》卷54《孝宗皇帝十四》。
② 《宋会要》后妃3之1—17。
③ 《宋会要》后妃2之3。
④ 《宋史》卷463《外戚上·马季良传》。
⑤ 《宋史》卷464《外戚中·向综传》。

到为难。事情传到孟太后的耳朵,立即命孟忠厚改为武秩,于是改授常
德军承宣使,干办皇城司①。可见充当文臣的外戚是极少的,可谓凤毛
麟角。外戚还按照亲等授予一定的官阶。太祖建隆三年(962年),授
杜太后的兄弟杜审琼为左龙武军大将军,杜审肇为左武卫上将军,杜审
进为右神武大将军。杜审肇和杜审进皆为"起家"即初授的官阶。杜
审琼之子杜彦圭"起家"为六宅副使(诸司副使的第四阶),杜审进之子
杜彦钧"起家"为供奉官(小使臣的第一、二阶)。开宝间(968—976
年),杜彦圭之子杜守元补左班殿直(小使臣的第五阶)。真宗刘皇后
之兄刘美,在真宗即位后,初次授官为三班奉职(小使臣的第七阶)。
刘美之孙刘永年,四岁即授内殿崇班(大使臣的第二阶)。太宗李皇后
之兄子李昭亮,也在4岁授东头供奉官。仁宗曹皇后之弟曹佾,初次授
官也只是右班殿直(小使臣的第六阶)②。逢圣节或后、妃去世,其近亲
皆获得"恩泽",主要是升转官阶,其次是优先注授差遣、加封等。高宗
绍兴元年(1131年),隆祐太后(即哲宗孟皇后)去世,她的期亲、侄女孺
人孟氏4人,与加封两等;大功亲、侄子孟忠厚之妻嘉国夫人王氏,加封
次国夫人。其余本宗的缌麻以上亲戚,各与升转一官;选人依转循资或
改官;白身人与补初品官。异姓缌麻以上亲戚,皆各转一官,选人比照
升转。其中本宗、异姓的缌麻以上亲戚,已有封号的妇女加封一等,未
有封号的妇女与封孺人。无服亲、侄女之夫,承事郎燕仰之和通仕郎魏
希哲,各转一官;选人比照升转;进士陈似,与补初品文资。绍兴三年,
隆祐太后大祥,再次授予其亲戚"恩泽":本宗的缌麻以上亲戚,各特与
转两官,其中亲侄之子孟毅夫等3人各再赐绯章服。白身2人,与补初
品官。未有差遣人,令吏部准予占射差遣一次;应堂除人,与合入差遣。
异姓的缌麻以上亲,各特与转一官。其中本宗、异姓缌麻以上亲命妇,
皆各加封一等③。外戚生前的最高官阶可以达到节度使兼同中书门下

---

① 《宋史》卷465《外戚下·孟忠厚传》。
② 《宋史》卷463—464《外戚上、中》。
③ 《宋会要》后妃2之3。

平章事,或开府仪同三司。如李用和曾迁至彰信军节度使、同中书门下平章事、景灵宫使,加兼侍中①。后妃的亲属"该恩得官者",统称"捧香",是"七色补官人"之一②。

宋太祖和太宗朝,承袭汉朝非刘氏不封王的制度,对于外戚,即使"赠典,亦不轻用"。至真宗大中祥符元年(1008 年),开始追赠一代,只封郡王。是年,追封太宗元德李皇后之父李英为检校太尉、安国节度使、常山郡王③。至仁宗天圣三年,开始追封一字王。是年郊祀,追封真宗刘皇后之父刘通为郑王。天圣五年,再次郊祀,进封刘通为魏王④。从此,外戚生前封为郡王和死后被追封为一字王者不乏其例。如曹佾生前已被封为济阳郡王,死后追封沂王。吴益和吴盖生前也被封为太宁郡王和新兴郡王,死后追封卫王和郑王。

驸马都尉的官阶也有一定的制度。一是无任何官职之人可以直接授官,即一步登天。仁宗时,谏官李柬之指出当时"皇亲纳婿,皆得白身授官"⑤。二是初次即授将军或大将军。神宗熙宁八年(1075 年)以前,驸马都尉初次皆授小将军,而不论其妻为大长公主或长公主、公主。宋制,凡皇帝的姑母称大长公主,皇帝的姐妹称长公主,皇帝的女儿称公主⑥。如太祖开宝三年(970 年),以使相王审琦之子王承衍为左卫将军、驸马都尉,娶昭庆公主。开宝五年,以故使相石守信之子石保吉为左卫将军、驸马都尉,娶延庆公主。真宗咸平三年,以柴宗庆为左卫将军、驸马都尉,娶鲁国长公主。神宗熙宁二年,以王诜为左卫将军、驸马都尉,娶舒国长公主。熙宁八年,崇信军节度使钱惟演之孙钱景臻娶许国大长公主,授左军卫大将军、驸马都尉;侍卫亲军马军都指挥使曹琮之孙曹诗娶邠国大长公主,授左领军卫大将军、驸马都尉。从此开

①　《宋史》卷464《外戚中·李用和传》。
②　赵昇:《朝野类要》卷3《入仕·捧香》。
③　《长编》卷69。
④　岳珂:《愧郯录》卷15《外戚赠王爵》;《宋史》卷463《外戚上·刘美传》。
⑤　《长编》卷181。
⑥　《宋会要》帝系8之1。

始，驸马都尉"选尚"公主和长公主，皆除"小将军"（即诸卫的将军）；结婚之日，升为刺史。"选尚"大长公主，皆除"大将军"（即诸卫的大将军）；结婚之日，升为团练使。如钱景臻和曹诗在成婚之日，各被授秀州团练使和成州团练使①。三是驸马都尉只授武阶。哲宗元符元年（1098 年），驸马都尉韩嘉彦上言，他"家世以儒进"，请求换取一个近下的文资。绍圣间（1094—1098 年），再次请求，哲宗皆不予理睬②。因为"祖宗之法"规定："后族戚里，不得任文资，恐扰法而干政也。"只在徽宗朝，因"奸臣秉政"，"戚里""公然请托，内降御笔日以十数"，所以出现了皇后之父"至为太师"，"帝女之夫，乃作侍从"的现象③。四是升官的限期。熙宁八年以前，规定武官每十年升迁一次，包括驸马都尉在内。熙宁八年，特诏驸马都尉满七年升迁一次，至时"取旨"，"仍著于令"。神宗颁布此诏的目的，不仅是表示优待，而且是为了杜绝他们的"非理干请"。元丰六年（1083 年），又进一步下诏吏部，驸马都尉达七年即磨勘迁官，不再"取旨"④。

差遣——宋初，已允许外戚出任知州、知府或领一州的刺史，在朝担任三衙等军职。如太祖时，以杜审琼领富州刺史，后兼点检侍卫步军司事（步军帅）。杜审肇曾出知澶州。杜彦钧在太宗时为永兴军驻泊钤辖，真宗时历知河中府和邠、庆、延、凤四州，历任天雄军副都部署、西京水南北都巡检使、并代副都部署。刘美在真宗时曾历任监军、自京至陈颍巡检、提点在京仓场和东西八作司、同勾当皇城司、龙神卫四厢都指挥使、侍卫马军都虞候。杨景宗历任郓州兵马都监、扬州兵马钤辖、兖州兵马总管、天雄军副都总管、领军头引见司、知磁州、提举万寿观、提举四园苑、提举在京诸司库务⑤。李用和在仁宗时历任提点在京仓草场、考城县兵马都监、领八作司、同领皇城司、鄜延路马步军副都总

---

① 《宋会要》帝系 8 之 1、46、47、50、51、53。

② 《宋会要》帝系 8 之 54。

③ 《建炎以来系年要录》卷 11。

④ 王林：《燕翼诒谋录》卷 4《驸马都尉迁官》；《宋会要》职官 8 之 50；《长编》卷 264。

⑤ 《宋史》卷 463《外戚上》。

管、侍卫亲军步军马军副都指挥使、殿前副都指挥使等。郑兴裔在孝宗时历任福建路兵马钤辖、福建路提刑、金国贺生辰副使、江东路提刑、知阁门事兼干办皇城司兼枢密副都承旨、知扬州以及知明州兼沿海制置使等①。

　　宋仁宗庆历二年至三年（1042—1043 年），杜衍为枢密使时，"择外戚子弟试外官"，乃以外戚、济州防御使、群牧副使李端懿出知冀州②。到孝宗乾道八年（1172 年），下诏命"应戚里缌麻亲，不以出嫁、降等，并与放行添差"③。规定凡属缌麻亲的外戚，不管出嫁或者降等，都允许担任各种添差官。绝大多数的外戚添差官都是属于"不厘务"即不管实际职务的官员。各州、军均分摊到一定的名额，如光宗时福建路兴化军即有"戚里添监不厘务"官员 1 名，当然比宗室官员要少，宗室官员则有"祠禄"官 5 员和"监税不厘务"2 员④。显示到这时外戚出任外官，大都是担任不管实事的挂名官员或编外官员。理宗时，内侍董宋臣和卢允升一度专权，"又用外戚子弟为监司、郡守"。后来贾似道入朝，排挤掉董、宋，也不再允许外戚子弟出任监司和郡守⑤。如果早在北宋时，董、宋的做法并不违反制度，但到南宋时就不符合规定，所以贾似道入朝后在赶走董、宋的同时，又否定董、宋的做法。根据景定三年（1262年）都省的札子，浙西路安抚司属下，设添差参议官一员，系堂缺，"以备差戚里之家"；添差机宜一员，"留待戚里"；添差干办公事一员，"留待戚里"；添差主管文字 2 员，留一员"备差戚里"；添差干办公事 2 员，留 1 员"备差戚里"。浙西路安抚司盐事所属下，设添差主管文字 1 员"留待戚里"；添差干办公事 2 员，留 1 员"备差戚里"。犒赏所属下，设添差干办公事 2 员，留 1 员"备差戚里"；添差主管文字 2 员，留 1 员"备差戚里"。与添差官员相对的是正任官员，各类正任官员，作为堂缺、

---

① 《宋史》卷 464—465《外戚中、下》。
② 《宋史》卷 464《外戚中·李端懿传》。
③ 《宋会要》后妃 2 之 15。
④ （明）周瑛等：《兴化府志》卷 1《叙官》。
⑤ 《宋史》卷 474《贾似道传》。

部缺,或者选差缺,都不委任外戚①。

俸给——外戚都依照自己的官阶和差遣领取一定的俸给。《宋史·职官十一》记载:"皇亲"(包括宗室和外戚)任诸卫大将军领刺史,月俸80贯;将军刺史,60贯;各春、冬绫7匹、春绢12匹,冬绢13匹,绵50两。将军,30贯;春、冬绫2匹,绢5匹,罗1匹,冬绵40两。率府率,20贯;副率,15贯;春、冬绫各2匹,绢5匹,罗1匹,绵40两。"皇族"任节度使同中书门下平章事,并散节度使带王爵,其月俸同节度使,另春、冬各加绢各100匹等。任节度观察留后(元丰改制为承宣使),月俸300贯,另加春绢20匹等。任观察使,月俸300贯,春、冬绢15匹等。任防御使,月俸200贯,另加春、冬绢各15匹等。任团练使,月俸150贯,另加春、冬绢各15匹等。这是北宋前期的月俸制度。元丰改制后,节度和承宣、观察、防御、团练等使的月俸与北宋前期相同,另外刺史的月俸为100贯②。

在具体执行时,外戚的俸给还有一些优待。如李昭亮的官阶为淮康军节度观察留后,差遣为知定州,仁宗命给其节度使俸,"以褒其功"。驸马都尉李遵勖,真拜均州团练使,特给观察使的俸禄③。杨景宗授徐州观察使时,朝廷给予节度观察留后的月俸;晋升建宁军节度观察留后时,又给予节度使的月俸④。南宋时,外戚担任添差官,虽然"不厘务"即不担任实职,但请给和人从一依正官的标准⑤。

获得刺史以上武阶的外戚,还每年可领取公用钱。刺史为1 500贯至500贯,共三等。团练使为2 000贯至1 000贯,共三等。防御使为3 000贯至1 500贯,共四等。观察使为3 000贯至2 500贯,共二等。节度观察留后为5 000贯至2 000贯,共四等。节度使为10 000贯至3 000贯,共四等。节度使兼使相,最高为20 000贯,其次为10 000贯至

① 《永乐大典》卷14622《部字·吏部九》。
② 《宋史》卷171《职官十一》。
③ 《宋史》卷464《外戚中》。
④ 《宋史》卷463《外戚上》。
⑤ 《宋会要》后妃2之16。

7 000 贯，共四等①。刺史以上所得公使钱，允许"私入"即进入自己腰包。如李用和将所得节度观察留后的公使钱，"悉用为军费"，因而受到人们的称赞②。

约束机制——宋朝统治者对外戚采取激励机制的同时，又采取严格的约束机制，并使之初步程序化和法制化。宋光宗绍熙五年（1194 年），吏部侍郎彭龟年上疏说："祖宗待外戚之法，远鉴前辙，最为周密，不令预政，不令管军，不许通宫禁，不许接宾客，不惟防禁之，使不害吾治，亦所以保全之，使全吾之恩也。"③看来宋朝对外戚实行多方位的限制和约束，将他们的活动控制在一定的范围内。现分述如下：

第一、不准干预朝政。宋朝中央行政体制实行中书门下（北宋前期）或中书省（元丰改制后）掌管政事的制度，因而"外戚不得扰，宦官不得与"④。皇祐元年（1049 年），仁宗张贵妃世父张尧佐开始担任三司使之职。次年，侍御史知杂事何郯上疏说：张尧佐在庆历三年不过礼部散郎，不到五六年，从权知开封府，迁三司使。"前古外戚成败之间，其鉴不远，崇宠过当，则不免祸咎；抑损得所，则必能安全。"现今用张尧佐为三司使，"已是预政事，况欲进处二府，则天下之议当以为如何？"可据从前朝的历史经验论证外戚不能担任三司使⑤。不久，仁宗改任张尧佐为宣徽南院使、淮康节度使，同时下诏："后妃之家，毋得除二府只任。"⑥驸马都尉王贻永，自仁宗康定元年（1040 年）任同知枢密院事 枢密副使，至庆历五年（1045 年）迁枢密使，前后"在枢府十四年"。此前，"本朝外姻未有辅政者"。王贻永"自言宠过盛，愿罢枢密使、侍中还第"⑦。宋人自诩"前代外戚多预政事，常致败乱。本朝皇后

① 《宋史》卷 172《职官十二》。
② 《宋史》卷 464《外戚中·李用和传》。
③ 彭龟年：《止堂集》卷 5《论韩侂胄干预政事疏》。
④ 罗璧：《罗氏识遗》卷 1《有国二权》。
⑤ 《长编》卷 169。
⑥ 《宋会要》仪制 6 之 11；《长编》卷 169。
⑦ 徐自明：《宋宰辅编年录》卷 5；《长编》卷 176。

之族皆不预事"云云①,并不完全符合事实。王贻永就是其中一例。徽宗崇宁二年(1103 年),还曾规定"自今戚里、宗属勿复为执政官,著为令"②。至大观四年(1110 年),徽宗决定立郑贵妃为皇后,郑贵妃一再推辞,说其族侄郑居中"擢秉枢衡",应予回避。郑居中从大观元年(1107 年)除同知枢密院事,三年迁知枢密院事。前后"执政凡三年"。郑贵妃屡次上表,"不欲使之(郑居中)预政事"。徽宗下手诏说:"中宫累有坚请,以居中后族,不宜居台省要职,可除龙图阁学士、提举醴泉观。"郑贵妃乃受命称谢③。高宗初年,重申"后族自今不许任侍从官,著为甲令"。外戚孟忠厚原授显谟阁学士,属侍从官之一,臣僚屡有论列,高宗决定命孟忠厚换授常德军承宣使、干办皇城司④。高宗即位前,纳邢焕之女为妃,即位后邢焕升右文殿修撰,又迁徽猷阁待制。有官员指出"后父不当班从臣",于是改授邢焕武阶光州观察使⑤。孝宗时,戚里钱端礼从隆兴二年(1164 年)任签书枢密院事,一月后迁参知政事。钱端礼不自量力,"窥相位甚急",因此"馆阁之士上疏斥之"。钱端礼派门客密告大臣陈俊卿说自己即将任相,"当引共政",希望陈俊卿助己一臂之力。陈"深拒不听",反而在第二天给孝宗讲解《宝训》时说:"本朝家法,外戚不预政,有深意,陛下宜谨守。"孝宗"首肯"。不久,钱端礼"以避东宫亲嫌",罢参政之职,改授祠禄官⑥。钱端礼试图突破外戚不能彻底干预政事的"祖宗之法",终于未获成功。

　　第二、不准执掌兵权。宋初,由于统一各国的需要,外戚掌兵者并不罕见,如杜审琼、贺令图、王继勋等。真宗时,屡次准备重用刘皇后之兄刘美,"委之兵柄",因刘皇后的"恳让,中辍者数四"。但后来还是授予龙神卫四厢都指挥使,又改为侍卫马军都虞候⑦。南渡后,高宗坚持

① 《长编》卷 480。
② 《宋史》卷 19《徽宗一》。
③ 《宋宰辅编年录》卷 12;《宋会要》后妃 1 之 22—23。
④ 《宋会要》后妃 21 之 1—2。
⑤ 《宋史》卷 465《外戚下·邢焕传》。
⑥ 《宋史》卷 383《陈俊卿传》,卷 33《孝宗一》;《宋宰辅编年录》卷 17。
⑦ 《宋史》卷 463《外戚上·刘美传》。

执行外戚不得掌兵之制。建康军帅边顺病重,留守吕颐浩提议由外戚韦渊代之,高宗"不欲以戚里管军,不许"①。高宗对另一外戚中"最号贤者"的孟忠厚,也不赞成其掌管军队,说:"朕深不欲以国戚任军旅及朝廷之事,万一有过,治之则伤恩,释之则废法。如太后家子弟,但加以爵禄奉祠而已。"②孝宗时,外戚张说在枢密院连续担任正、副长官达两年多,也因许多官员上疏反对外戚"掌兵柄",最后改授太尉、提举隆兴府玉隆观③。

第三、不许外戚与在朝执政大臣往来。仁宗初年,下诏规定驸马都尉等,自今不得与清要权势官私第往还,如果公事,即赴中书、枢密院"启白"。同时,命令御史台"常切觉察,如有违犯,纠举以闻"。这一诏书还编入《皇祐一司敕》内,成为部门法典的内容之一④。后来,这一法制扩大为驸马都尉之家"有宾客之禁,无由与士人相亲"⑤,不准与一般士人往来。徽宗崇宁二年(1103 年),下诏重申:"应官员不得与宗室、戚里之家往还。"还规定其门客也要申报尚书省"保明",选择"行义纯正之人"充当⑥。

第四、限止出入内宫。汉、唐宫禁不严,大臣可以入宫会见嫔妃。宋朝的"家法最为严备,群臣虽肺腑,无得进见宫禁者"。有一天,神宗命内侍在便殿召见外戚曹佾,然后带曹佾去庆寿宫。慈圣太后(即仁宗曹皇后)见到曹佾不觉"愕然",立即加以阻止,说:"外戚自来未有辄入禁掖者,安可以我开其端!"神宗解释说:"聊以慰骨肉之情,他人固不可也。"宫宴结束后,神宗派人以御前红烛送归⑦。徽宗时,宫禁被完全突破。宰相王黼深入内宫,与徽宗戏谑。"宫中使内人为市,黼为市

---

① 《宋史》卷465《外戚下·韦渊传》。
② 《建炎以来系年要录》卷170。
③ 《宋宰辅编年录》卷18;《宋史》卷390《李衡传》。
④ 《宋会要》帝系8之48、51。
⑤ 《宋会要》帝系8之49。
⑥ 《宋会要》刑法2之43。
⑦ 岳珂:《愧郯录》卷12《宫禁进见》。

令,若东昏之戏。"①蔡京之子蔡攸与王黼一起参加宫中的"秘戏","或侍曲宴,则短衫窄裤,涂抹青红,杂倡优侏儒,多道市井淫媟谑浪语,以盅帝心。"蔡攸之妻宋氏也经常"出入宫掖"②。不遵守"祖宗家法"的结果,是宋室南渡,徽宗等客死北方。

第五、皇帝和皇后、皇太后的约束。前述真宗朝,刘皇后不赞成由其兄刘美执掌兵权,便是皇后约束自己亲戚的事例之一。仁宗初年,皇太后以"手书"赐中书门下,决定选已故中书令郭崇的孙女为皇后,同时告诉宰辅说:"自古外戚之家,鲜能以富贵自保,故兹选于衰旧之门,庶免他日或扰挠圣政也。"③说明挑选皇后的门第标准,尽量避免以后出现干预政事的现象。外戚李珣向仁宗乞求阁门通事舍人之职,仁宗当即拒绝,说:"爵赏所以与天下共也,倘尽用亲戚,何以待勋旧乎?"一年后才授予此职④。哲宗初年,高太后临朝。史称:高太后能够"绳检族人,一以法度",将本家亲戚之事全部托付外戚高遵惠;高遵惠也能够"躬表率之,人无间言"⑤。徽宗时,郑皇后获悉其父郑绅和族侄、知枢密院事郑居中"时复往还,不胜恐惧"。她对徽宗说:"执政大臣等并掌机密,自来不许与后妃之家往还;朝廷大政亦非私里所当与闻。"要求"止绝"郑绅与郑居中弟兄子侄交往⑥。高宗时,孟太后再三叮嘱其兄孟忠厚"避远权势,不敢以私干朝廷"⑦。光宗末年,高宗吴皇后垂帘听政,告诫外戚吴琚说:"垂帘非我志也,不比大哥(原注谓孝宗)在时。汝辈自此少出入,庶免干预内廷之谤。"⑧皇帝等时时注意约束外戚,其用意在于防止外戚擅政,以免危害赵宋的统治,同时为了保证外戚长久富贵,免蹈前朝的覆辙。

第六、台谏系统和封驳系统的监督。宋朝官员对于外戚越轨行为

① 佚名:《朝野遗记》。
② 《宋史》卷472《奸臣二·蔡攸传》。
③ 《长编》卷102。
④ 《宋史》卷464《外戚中·李珣传》。
⑤ 《宋史》卷464《外戚中·高遵惠传》。
⑥ 《宋会要》后妃1之23—24。
⑦ 《宋史》卷465《外戚下·孟忠厚传》。
⑧ 叶绍翁:《四朝闻见录》乙集《吴云壑》。

的反对意见,往往由台谏官和封驳官出面表达。仁宗时,张贵妃的伯父张尧佐进拜三司使,立即引起朝廷的一场轩然大波。知谏院包拯和吴奎、陈升之等人上疏指责张尧佐在任失职,致使"诸路困于诛求,内帑烦于借助,法制刓敝"。随后,张尧佐改任宣徽南院使,包拯等又上疏说:陛下"擢用尧佐,群口窃议",以为"其过不在陛下,在女谒、近习与执政大臣",要求"断以大义,亟命追寝",以便"合天意,顺人情"。御史中丞王举正甚至提出"留百官班,欲廷议"此事。这自然得不到仁宗的批准,但迫使张尧佐自己提出辞呈①。仁宗时,另一外戚李端懿晋升宁远军节度使、知澶州。御史中丞韩绛上奏指出,李端懿"无功,不当得旄节",于是改以节度观察留后、知澶州②。神宗初年,以南阳郡王赵惟吉的女婿向传范为知郓州兼京东西路安抚使。谏官杨绘上言"传范后族,不当领安抚使",否则"无以杜外戚侥求之源"。神宗十分赞赏杨绘的奏章,说:"谏官如此言,甚善,可以止他日妄干请也。"立即取消安抚使的任命③。高宗时,外戚孟忠厚除显谟阁直学士,"台谏交章论列",于是改易为武阶。另一外戚邢焕进徽猷阁待制,谏议大夫卫肤敏也上言"后父不当班从臣",于是也改换武阶④。

第七、社会舆论的监督。宋朝统治者提倡外戚不预政事、不握兵柄、不通宫禁、不见宾客等,赞扬能够做到这几点的外戚;反之,加以谴责。驸马都尉王贻永"能远权势,在枢密十五年,迄无过失,人称其谦静"⑤。外戚李用和,平时谢绝宾客,"罕所荐";"进朝或不议论,不敢知,故无党,无党则权不往"。虽然"列位将相,能小心静默,推远权势,论者以此称之"⑥。曹佾在朝"语不及公事",神宗在大臣面前夸奖他

①　《长编》卷171;《宋史》卷463《外戚上·张尧佐传》。
②　《宋史》卷464《外戚中·李端懿传》。
③　《宋史全文》卷10《宋英宗》;《宋史》卷464《外戚中·向传范传》。
④　《宋史》卷465《外戚下·孟忠厚传、邢焕传》。
⑤　《宋史》卷464《外戚中·王贻永传》。
⑥　宋祁:《景文集》卷56《李君王墓志铭》;《宋史》卷464《外戚中·李用和传》。

"虽用近亲贵,而端拱寡过,善自保,真纯臣也!"①杨次山也被认为"能避权势,不预国事","时论贤之"②。统治者掌握社会舆论的导向,极力把外戚塑造成符合自己要求的模样。

第八、惩处严重违法者。《宋史·外戚传序》说,"宋法待外戚厚",但外戚"怙势犯法,绳以重刑,亦不少贷"。宋太祖王皇后之弟王继勋,在解除兵柄后,"常怏怏,专以脔割奴婢为乐,前后多被害"。事发,被削夺官爵,勒归私第。不久,分司西京,更加残暴,强买民家子女供役使,"小不如意,即杀食之",而棺其骨弃野外。太宗即位后,有人告发。经审讯,王继勋供认从开宝六年(973 年)四月至太平兴国二年(977年)二月,亲手杀死奴婢 100 多人。太宗乃命将王继勋处以死刑③。仁宗时,外戚马季良遭到御史中丞范讽的弹劾,降为屯卫将军,滁州安置。开封府也劾奏马季良"冒立券,庇占富民刘守谦免户役",仁宗下诏命马季良"自陈,以地给还"④。徽宗时,有人告发外戚向宗回的阴私事,徽宗命开封府负责"鞫实",御史中丞吴执中"临问",向宗回被褫夺官爵,流放郴州。不过,仅"行二日,听家居省咎"⑤。高宗时,外戚韦渊"出言诋毁"显仁太后(高宗之母,韦渊之姊),高宗即命侍御史余尧弼在其家中审讯,韦渊招认"诬罔",责授宁远军节度副使,袁州安置。几年后,恢复原职⑥。在宋朝,像王继勋这样毫无人性而被处极刑的外戚是绝无仅有的。一般违法乱纪的外戚在受到惩处后,过一段时间也会官复原职。这显示外戚享受比一般官员为优厚的待遇。

第六节　内　侍　制　度

宋朝的宦官通常称为内侍,又称"中人"、"中官"、"内臣"、"寺

---

① 《宋史》卷 464《外戚中·曹佾传》。
② 《宋史》卷 465《外戚下·杨次山传》。
③ 《宋史》卷 463《外戚上·王继勋传》。
④ 《宋史》卷 463《外戚上·马季良传》。
⑤ 《宋史》卷 464《外戚中·向宗回传》。
⑥ 《宋史》卷 465《外戚下·韦渊传》。

人"、"内竖"等，与前朝有一些不同：宋朝的宦官皆娶妻、妾，组织家庭；并不全部入宫居住，一些高级内侍居住在宫外的深宅大第中；出门则又可乘大轿，"都与常人无异"①。此外，还与文、武官员一样，实行俸禄制度，使宦官的管理制度完全官僚制度化。同时，宋朝统治者吸取唐朝宦官弄权的惨痛教训，防微杜渐，多方限制，使宋朝基本成为没有宦官祸害的一个朝代。

内侍人数——宋太祖"初定天下，掖庭给事不过五十人"。朝廷限制阉宦的人数，内侍省的内侍必须 30 岁以上并现在朝廷系职，才准许养一子为后，仍旧要将姓名申报宣徽院。同时，禁止臣僚之家私蓄阉人，民间有阉割男童货卖者皆处死等②。从而初步控制了内侍人数的任意增长。真宗时，随着郊祀恩荫任子的积累，内侍的人数逐渐增多，"皆十数岁小儿"。到仁宗皇祐五年（1053 年），限定内侍省的人数，从内侍供奉官至黄门，共 180 人③。但这一编制不包括入内内侍省在内。据李元纲记载，仁宗晚年，"内臣"共 4 000 余人④。嘉祐四年（1059 年），因入内内侍省内臣员数过多，下诏令暂停进养子入内⑤。至英宗治平元年（1064 年），又恢复内侍养子的规定，允许遇圣节和南郊时内侍养子食禄⑥。神宗元丰初（1078 年），在全国现任官员 24 549 员中，内臣达 586 员⑦，还不包括大批没有品级的低级内侍在内。至哲宗元祐二年（1087 年），再次压缩内侍省内侍编制，规定自供奉官至黄门，以 100 员为额。遇圣节，准许收进养子 2 人；待内侍出现缺额，即从上拨 2 人食禄。⑧但"流弊之久，终不能改"，至徽宗时，内侍人数骤增，"动以千

---

① 《朱子语类》卷 127《本朝一·高宗朝》。
② 《建炎以来系年要录》卷 200；《宋史》卷 466《宦者一》；《长编》卷 12。
③ 《长编》卷 175。
④ 李元纲：《厚德录》卷 3。
⑤ 《长编》卷 189。
⑥ 《长编》卷 203。
⑦ 方勺：《泊宅编》卷 10。
⑧ 《长编》卷 396。

数"①。南渡初,一时草创,内侍人数大为减少。后来逐步增多。至孝宗初年(1163 年),内侍以 200 员为额。乾道三年(1167 年),因高宗夫妇的住地德寿宫也需 44 员内侍,乃将内侍定编为 250 员②。

组织机构和编制、人选——北宋初年,内侍机构有内班院和内中高品班院。太宗淳化五年(994 年),各改为黄门院和入内黄门班院(入内内班院)。几个月后,又各改称内侍省内侍班院和内侍省入内内侍班院。真宗景德三年(1006 年),再次各改为内侍省和入内内侍省,从此成为定制。内侍省号称"前省",别称"南班";入内内侍省简称"入内省",号称"后省",别称"北司"③。高宗绍兴三十年(1160 年),撤销内侍省,并归入内内侍省④。

宋真宗景德三年前,内侍省的前身承袭唐制,设置监和少监、内侍、内常侍、内给事、内谒者、内寺伯、宫教博士以及掖庭、宫闱、奚官、内仆、内府五局的令、丞。景德三年,改置左右班都都知、左班都知、右班都知、左班副都知、右班副都知,选差诸司使和诸司副使充任。另最初设左班押班和右班押班,后来只设押班,选差内殿崇班以上内侍充任。大中祥符二年(1009 年),改定其属官有内东头供奉官、内西头供奉官、内侍殿头、内侍高品、内侍高班、内侍黄门六等。另设前殿祗候、高班内品、祗候内品、后苑内品、北班内品、散内品以及寄班供奉、侍禁、殿直、奉职、小底。其中内府的五局令、丞成为它们的加官,从小黄门以上都有加官,到内常侍为止。凡内侍初补称"小黄门",经恩迁补则为"内侍黄门"。如犯罪而被贬出,则降为洒扫院子,即北班内品和散内品⑤。入内内侍省,设置都都知、都知、副都知、押班、内东头供奉官、内西头供奉官、内侍殿头、内侍高品、内侍高班、内侍黄门。大中祥符二年,改定其官属六等,与内侍省同。另设祗候殿头、祗候高品、祗候高班内品、祗

① 王栐:《燕翼诒谋录》卷 5。
② 《宋会要》职官 36 之 27。
③ 《宋会要》职官 36 之 1;《宋史》卷 166《职官六》;《文献通考》卷 57《职官十一》。
④ 《宋会要》职官 36 之 26。
⑤ 《职官分纪》卷 26《内侍省》;《宋会要》职官 36 之 1。

候小内品、贴祗候内品、入内内品、把门内品、后苑内品、后苑散内品等①。

内侍省和入内内侍省的直属机构，有御药院和内东门司、合同凭由司、管勾往来国信所、后苑造作所、军头引见司、翰林院等。御药院，太宗至道三年（997年）置于崇政殿后，设勾当官3员，选差入内内侍充任，参用士人。仁宗天圣间（1023—1032年），增设"上御药"和"上御药供奉"，多达9员；明道二年（1033年）撤销。元丰改制，设勾当宫4员，皆选差入内内侍②。内东门司，最初称内东门取索司，景德三年改此名。设勾当官2员，后增至4员，选差入内内侍③。合同凭由司，在宣祐门为东庑，设监官2员，选差入内内侍充任④。管勾往来国信所，设管勾官2员，选差都知、押班充任。南渡后，改称主管往来国信所，设主管官2员，选差内侍⑤。后苑造作所，在皇城北。原分设造作所和后苑作，真宗咸平三年（1000年）将前者并入后者，称此名。设监官3员，选差内寺⑥。军头引见司，最初称"御前忠佐引见军头司"，简称"军头司"，设勾当官5员，选差阁门通事舍人以上或内侍省都知、押班充任。元丰改制，改称军头引见司，其长官编制和人选仍旧⑦。南渡后，其勾当官改称干办官。绍兴三十二年（1162年），下诏将由知阁门官兼任的军头司干办官改称"提点"官。而由阁门宣赞舍人和阁门祗候充任的干办官名称依旧⑧。翰林院，在宣祐门内东廊，设提举官一员，选差内侍官。元丰改制，设勾当官一员，以内侍省押班或都知充任，分设天文和书艺、图画、医官四局⑨。

---

①　《职官分纪》卷26《内侍省》。
②　（日）友永植：《御药院考》，《别府大学短期大学部纪要》第6号，1987年1月。
③　《宋会要》职官36之28。
④　《宋会要》职官36之31。
⑤　《宋会要》职官36之32。
⑥　《宋会要》职官36之72、73。
⑦　《宋会要》职官36之77、81。
⑧　《宋会要》职官36之90—91。
⑨　《宋会要》职官36之95。

职掌——内侍省掌管"内朝供奉之事"，凡内侍迁官、任子、选授给使等皆仿照入内内侍省制度。日值禁省，则视其多寡而轮流担任守卫、洒扫等杂役；皇帝"行幸"，则携带其服装等相随；后省缺官，则承旨选补本省的押班以上。自左右班都都知至押班，为本省正、副长官（并不全设），统辖本省事务。寄班供奉和侍禁、殿直、奉职、小底也"日奉内朝，以备乘传急诏"；遇皇帝"巡幸"，即"执乘舆服御"。入内内侍省，与皇帝的关系"尤为亲近"，史称"通侍禁中，役服褒近"。其职掌具体有：凡三司和合同凭由司等处，据各处支遣过物品，取索核实是否相符；"非泛""传宣行遣公事"，出札子付给各处；在内库务和造作所使用的物品，列具账目，核实销账；各王的宫院和公主、郡县主宅，奏乞物品；皇城司六个指挥和翰林仪鸾司、御厨、御辇院"宣给特支"；皇亲下聘礼、嫁女、迎娶，颁发尚书内省札子，索取物品入内；等等。从都都知至押班为本省的正、副长官，主管本省的职事①。

内侍省和入内内侍省的直属机构的职掌，御药院负责按验医药方书，修合药剂，以待供给皇帝和宫内服用。凡药品，皆勾当官先试尝而后供进②。内东门司，负责宫中人、物出入之事；接受机密的实封奏疏；向各库务调拨宝货，即记录其名称和数量而后留底；贡献物品和购买物品，则皆登记其数量或价值，而后交纳给宫中。还负责颁给皇亲的衣服和节料物品，以及宫中修造和举办宴会等事③。合同凭由司，负责对宫中宣索的物品，发给"要验"（凭据）；凡特旨赐予，皆开列名称和数量的"凭由"（凭据），交给有关机构支付④。管勾往来国信所，北宋时负责契丹使臣交聘的事务，南宋时主要负责安排接待金朝的贺生辰和正旦使人到京的事务以及本朝遣发奉使金朝的贺生辰和正旦使人出国的事务⑤。

---

① 《职官分纪》卷26《内侍省》；《宋会要》职官36之4。
② 《宋史》卷166《职官六》。
③ 《宋会要》职官36之28；（日）友永植：《内东门司考》，《史学论丛》第21号，1990年6月。
④ 《宋会要》职官36之31。
⑤ 《宋会要》职官36之32。

后苑造作所，负责制造宫内和皇属婚娶的物品①。军头引见司，负责供奉便殿禁卫各军的入见之事；应成还和选阅分隶，则列具名籍以进；凡皇帝"行幸"，有自诉者，审诘事状禀奏②。翰林院，负责以观测天象、书写诏命、绘画、医药为皇帝服务③。

内侍还经常被皇帝或朝廷临时或长期委以各种外任差遣，如走马承受公事、各种武职、提举京师诸司库务、管勾左右春坊、元帅府主管机宜文字、经略安抚制置使、宣抚使、宣抚制置使、监某州酒税、山陵都监、外都水丞、某路勾当公事、监在京榷货务、各个机构的承受等④。南宋后期，内侍官的各种外任差遣也纳入了吏部的管辖范围。《吏部条法》"尚书右选令"规定："诸内侍官年三十，非事故责降到选者，与亲民"差遣。又规定："诸内侍官应入小处或监当而无缺者，与前班通注。"如果各选的内侍官缺少，没有应格之人，可以不限举主的人数。如果应差内侍官暂管而无人可差，则牒报入内内侍省⑤。显示内侍官可以赴尚书右选选注有关窠缺，担任相应的外任差遣。

品阶和俸禄——唐朝宦官的散阶与文官相同，权贵者的阶官达到金紫光禄大夫、正议大夫。宋朝内侍省和入内内侍省所辖内侍，则有独自的品阶体系，"不以内侍溷清流"⑥。神宗元丰改制，规定内侍省的左、右班都知，副都知，押班，皆正六品。入内内侍省的都都知，从五品；都知、副都知、押班，皆正六品。两省的内东、西头供奉官，从八品；殿头、高品，皆正九品；高班、黄门、内品，皆从九品⑦。宋徽宗政和二年（1112 年）前共有九阶，政和二年改制增为十二阶。现据《宋史·职官志九》列成下表⑧：

---

① 《宋会要》职官 36 之 72。
② 《宋会要》职官 36 之 81。
③ 《宋会要》职官 36 之 95。
④ 《宋史》卷 466—469《宦者一一四》；陆游：《老学庵笔记》卷 3。
⑤ 《永乐大典》卷 14620《部字·吏部七》。
⑥ 《文献通考》卷 64《职官十八》。
⑦ 《宋会要》职官 36 之 13、14。
⑧ 《宋史》卷 169。

	政和二年前	政和二年改制
1	内东头供奉官	供奉官
2	内西头供奉官	左侍禁
3	殿头	右侍禁
4	高品	左班殿直
5	高班	右班殿直
6	黄门	黄门
7	祗候殿头	祗候侍禁
8	祗候高品	祗候殿直
9	祗候高班内品	祗候黄门
10		内品
11		祗候内品
12		贴祗候内品

政和二年前,从内东头供奉官到黄门共六阶,为"内侍班",内侍省和入内内侍省相同。同时,又有"祗候班",内侍省从上而下有祗候高品、祗候高班内品、祗候内品、贴祗候内品、内品、把门内品和后苑内品、后苑勾当事内品、北班内品、散内品、后苑散内品;入内内侍省从上而下有祗候殿头、祗候高品、祗候高班内品、祗候内品、祗候小内品、贴祗候内品、入内内品、把门内品、后苑内品、后苑勾当事内品、后苑散内品、北班内品。内侍省和入内内侍省都知和押班的官阶有五,从下而上为昭宣使和宣庆使、宣政使、延福宫使、内客省使。政和二年,改革上述官阶,据《宋史·职官六、职官九》列成下表:

	政和二年前	政和二年改制
1	内客省使	通侍大夫
2	延福宫使	正侍大夫
3	景福殿使	中侍大夫
4	宣庆使	中亮大夫
5	宣政使	中卫大夫
6	昭宣使	拱卫大夫

从内客省使到内侍省内品,是政和二年前"内侍官"的全部官阶①。

宋太祖时,吸取南汉主刘铱的教训,规定内侍的官阶不得超过供奉官。因为刘铱当国时,宫中宦者至7 000多人,还有晋升至三师、三公的,以致亡国②。真宗时,限定内臣的官阶最多可迁为节度观察留后,不准迁为节度使。如真宗宠信的内侍刘承规,便以安远军节度观察留后致仕,死后才追赠镇江军节度使③。一般情况下,内侍官"领遥郡",至观察使为止④,甚至不准晋升为团练使,即使有勋劳,也另立昭宣、宣政等使"以宠之"⑤。至徽宗时,宦官势盛,开始突破有关"止法",竟然多人晋升为节度使、开府仪同三司。如童贯累迁为武康军节度使,又除开府仪同三司,封广阳郡王。梁师成拜节度使、太尉、开府仪同三司。杨戬也拜彰化军节度使,迁检校太傅,死后追赠太师、吴国公⑥。南宋时期,严格遵行内侍官阶升迁的"止法",没有出现一名内侍生前得以迁至节度使的情况。

内侍的俸禄,宋朝也订出了一套制度。真宗大中祥符元年(1008年),下诏定出入内内侍省从供奉官至小黄门的俸料,规定两省的供奉官俸钱7贯500文,殿头4贯,高品3贯,高班2贯500文,黄门1贯500文。供奉官、殿头,米3石;高品、高班、黄门,2石5斗。供奉官至高班,春、冬各绢5匹;黄门4匹。供奉官,冬加绵20两;其余,各15两⑦。入内内侍省和内侍省的俸禄略有不同,在北宋前期,内侍省的内常侍和供奉官,月俸10贯,春、冬绢5匹(内常侍春加罗1匹),冬绵15两(供奉官20两)。殿头,5贯;高品、高班,3贯;春、冬绢各4匹,冬绵各20两。黄门,2贯,春、冬绢各4匹,冬绵15两。殿头内侍、入内高品,2贯,春、

①　王益之:《职源撮要》;《庆元条法事类》卷4《职制门一·官品杂压》。
②　邵博:《邵氏闻见后录》卷22。
③　《长编》卷81。
④　《长编》卷165。
⑤　《宋史》卷351《张商英传》。
⑥　《宋史》卷468《宦者三》。
⑦　《长编》卷68;《宋会要》职官57之27。

冬绢各 3 匹、钱 2 贯。高班内品，1 贯 500 文。黄门内品在京人事，
1 贯，春、冬各碧罗、碧绫半匹，黄绢、生白绢各 1 匹，绵 8 两。寄班小底，
2 贯，春、冬绢各 10 匹。入内小黄门，前殿祗候内品，北班内品，外处拣
来并城北班、后苑、把门内品，扫洒院子和西京内品依北班内品，依旧在
西京收管，700 文。西京内品，500 文。以上春、冬绢各 5 匹，绵各 15 两
（仅入内小黄门和前殿祗候内品，春、冬绢各 4 匹）。郢、唐、复州内品，
300 文，春、冬绢各 2 匹，布半匹，钱 1 贯。入内内侍省的都知、副都知、
押班（不带遥郡诸司使充任者），25 贯，春绢 7 匹，冬绢 10 匹，绵 30 两。
诸司副使充任者，20 贯，春绢 5 匹，冬绢 7 匹，绵 20 两。供奉官，12 贯，
春绢 5 匹，冬绢 7 匹，绵 30 两。殿头，7 贯；高品、高班，5 贯；春绢 5 匹，
冬绢 6 匹，绵 20 两。黄门，3 贯，春、冬绢各 5 匹，绵 15 两。祗候殿头、
祗候高品、祗候高班内品、祗候内品、祗候小内品、贴祗候内品、入内内
品、后苑内品、后苑散内品，700 文，春、冬绢各 5 匹，绵 15 两。云韶部内
品，700 文，春、冬绢各 4 匹，绵 15 两。入内内品，2 贯；奉辇祗应，1 贯
500 文；打牧祗应，1 贯；春、冬绢各 5 匹，绵各 15 两。内侍省和入内内
侍省的都知和押班，还可按照其阶官，领取相应的月俸：内客省使，
60 贯。延福宫和景福殿、宣庆、宣政、昭宣等使，27 贯。更高的官阶，如
节度观察留后，300 贯；观察使，200 贯①。

内侍官的禄米：内侍省供奉官，每月 3 石。殿头、高品、高班，2 石。
黄门，1 石 5 斗。以上皆给粳米。黄门内品在京人事，2 石 5 斗。北班
内品，前殿祗候内品，外处拣来并城北班、后苑、把门内品，扫洒院子和
西京内品依北班内品，依旧在西京收管，西京内品、郢、唐、复州内品，
2 石。入内小黄门，1 石。寄班小底，4 石。殿头内侍和入内高班，各
1 石（米、麦各半）。入内内侍省的供奉官，4 石。殿头、高品，各 3 石。
高班、黄门、入内内品、管勾奉辇祗应、入辇祗应，各 2 石。打牧祗应，
1 石 5 斗。以上皆给粳米。祗候殿头、祗候高品、祗候高班内品、祗候内

① 《宋史》卷 171《职官十一》；《宋会要》职官 57 之 2—3、6—7。

品、祗候小内品、贴祗候内品、入内内品、后苑内品、后苑散内品，各 3
石。云韶部内品，1 石。两省的都知、押班，如官阶为通侍大夫遥领者，
25 石；诸卫大将军、将军遥领者，10 石；节度观察留后或观察使者，
100 石①。

两省的都知、押班，还按照官阶领取僕人的衣粮。如都知、押班，官
阶带诸司使领节度观察留后者，50 人；带横行领观察使者，15 人；带诸
司使，5 人。僕人的餐钱，内侍官分为 17 贯至 3 贯，共九等②。

两省的内侍出任外官，规定担任从都大提举管勾修护河堤到监捉
贼，按照自供奉官至黄门的官阶，"各比本官走马承受一等"，供奉官每
月钱 7 贯、米 2 石、面 3 石、羊 2 口、僕 3 人、马 2 匹。高品，钱 5 贯；高班
至内品，钱 4 贯；米、面等皆同上。黄门和内品，钱 3 贯，马 1 匹，米、面
等皆同上。诸军副使、都监，除馆券外，还每月"添支"5 贯③。

约束机制——有宋一代，与汉、唐大为不同的，是宦官基本没有造
成严重祸患。这是宋朝政治制度的特点之一。《宋史》"宦者"传，列有
宦官 53 人。其中北宋 43 人，因典兵而立有边功者达 27 人。尽管到徽
宗时出现了童贯、梁师成等宦官，他们"穷奸稔祸，流毒四海"④，加速了
北宋的灭亡，但尚未达到弑君立帝和篡夺皇权而恣意发号施令的最严
重的境地。

究其原因，是宋朝统治者对宦官建立了一套监督制约机制，并使之
不断运转，发挥效能。

第一，是宋初皇帝重视对宦官的约束和限制，后来便成为"祖宗之
法"的一个组成部分，被各朝皇帝所遵行，并且编入法典。宋太宗淳化
五年（994 年），宦官王继恩因率军镇压川峡王小波、李顺起义有功，中
书门下拟晋升为宣徽使。太宗不允，提出："朕读前代史书多矣，不欲

---

① 《宋史》卷 171《职官十一》；《宋会要》职官 57 之 8。
② 《宋史》卷 171《职官十一》。
③ 《宋会要》职官 57 之 13。
④ 《宋史》卷 468《宦者三·童贯传》。

令宦官干预政事。宣徽使,是充任执政之前一步。只可授以它官。"宰相恳求说王继恩有"大功","非此不足以赏"。太宗大怒,"深责"宰相等人,因而命翰林学士张洎和钱若水商议另立宣政使官名,序立在昭宣使之上,授给王继恩①。翰林学士张洎"善事内官",曾引唐朝"故事",奏请太宗任命内供奉官兰敏政为学士使,内侍裴敏为副使。太宗说:"这是唐室的弊政,朕岂可蹈此覆辙!卿言不对。"②真宗曾与宰相王旦等说:"前代内臣恃恩恣横,蠹政害物,朕常深以为戒。至于班秩、赐予,不使过分;有罪不曾宽贷,他们常也畏惧。"王旦等人说:"前代事迹昭然,足以为训。陛下言及此事,是社稷之福。"③大中祥符六年(1013年),还下诏说,凡内臣出外任职而干预州县公事,以及所在官吏不立即奏申朝廷,"并置于罪"。同时,重申"祖宗旧制":凡内臣出使,"皆责知委状,敢妄奏他事者,当伏军令"④。至此,政事皆归中书门下,宦官不得干预,也不得充当将帅⑤。仁宗时期,也曾发布过限制内臣养子的数量和内臣奉使江、淮只能坐驿马而不许乘官船等诏令⑥,但总的来说仍没有充分发挥皇权对内侍的威慑力量,因此一些内侍活跃于政治舞台,引起许多官员的非议。神宗时,"始令王中正、李宪稍预边事"⑦。入内内侍省押班李宪受命赴陕西,以"秦凤、熙河路计议措置边事司"为名,军前诸将皆受"节制",其实是"大帅"⑧。神宗也曾颁布一些诏令,如规定内侍两省对三省用"申状",对尚书六曹用"牒",不隶属御史台六察,但委托御史中丞和言事御史负责"弹纠"⑨。哲宗时,曾下诏严禁宗室与内侍家"联姻"⑩,以防宗室与内侍势力合流干政。

① 《长编》卷 36。
② 《宋史》卷 267《张洎传》。
③ 《长编》卷 65。
④ 《长编》卷 80。
⑤ 罗璧:《罗氏识遗》卷 1《有国二权》;曾肇:《曲阜集》卷 1《上哲宗论君道在立己知人》。
⑥ 范纯仁:《范忠宣集》卷 15《司空康国韩公墓志铭》;《长编》卷 100,卷 178。
⑦ 赵汝愚:《赵忠定奏议》卷 1《乞罢陈源添差总管奏》。
⑧ 《长编》卷 279;《宋史》卷 467《宦者二·李宪传》。
⑨ 《宋会要》职官 36 之 17—18。
⑩ 《宋史》卷 17《哲宗一》。

　　南渡后,屡次下诏禁止内侍不得干预军政和朝政。如建炎元年(1127 年),下诏禁止两省内侍与统制官、将官等"私接见往来,同出入";"如违,追官勒停,编管远恶州军"。建炎二年,内侍邵成章"不守本职,辄言大臣",高宗下诏将其除名勒停,送南雄州编管。另一内侍王嗣昌也因"好大言,议国政",高宗特下诏令离开内宫,"送吏部与差遣"①。建炎三年,又下诏说:自徽宗崇宁(1102—1106 年)以来,"内侍用事,循习至今,理宜痛革"。自今内侍不准与"主兵官""交通、假贷、馈遗"以及"干预朝政";"如违,并行军法"②。绍兴三年(1133 年),下诏命内侍官不得出门会见或在家接见宾客,并且令敕令所立法。后来的《庆元条法事类》即规定:"诸内侍官辄与外朝官非亲戚往还,或出谒接见宾客者,并流二千里,量轻重取旨编置。"③孝宗时,也曾下诏规定自今内侍"不得兼兵职"④。宁宗时,在《庆元条法事类》中明确规定:诸内侍官乞求"提领外朝官职事,干预朝政者",流 2 000 里,视情节轻重"取旨编置"。其他转归吏部管辖的内侍(包括寻医侍养、随侍、随行指教、丁忧服缺之类),"辄往边守及有上文违犯者",除名勒停⑤。

　　第二,是各级官员为保证国家的长治久安,不时要求皇帝或朝廷制裁某些越轨的内侍,以维护"祖宗之法"。真宗时,内侍刘承规以忠谨得到宠信,病重,要求真宗授予节度使。真宗对宰相王旦解释说,刘承规正等待这一官告以便瞑目。王旦说:"陛下若听从承规的请求,以后必有邀朝廷要求当枢密使者。此必不可。"真宗才算作罢⑥。仁宗时,虽然皇权放松了对内侍的约束,有些内侍公然干预朝政和军事,但许多官员弥补了皇权的不足,纷纷上疏要求制裁这些内侍。范仲淹知开封府时,有内侍阎文应"怙势作威,倾动中外"。郭皇后暴卒,朝野皆怀疑

---

① 《宋会要》职官 36 之 23—24。
② 《建炎以来系年要录》卷 22。
③ 《宋会要》职官 36 之 25;《庆元条法事类》卷 4《禁谒》。
④ 《宋史》卷 392《赵汝愚传》。
⑤ 《庆元条法事类》卷 4《臣僚陈请》。
⑥ 《长编》卷 81。

阎文应放毒谋害致死。范仲淹乃"抗疏列其罪"。范仲淹在递呈此疏前,心情极其紧张,连续几晚"环步于庭,以筹其事",将家中所藏书籍中有"预言兵者"一概烧光,还告诫长子范纯祐说:"我今天上疏指斥皇帝身边的小人,必定得罪以死。我死后,你不要再做官,只在坟边教书为业。"奏疏呈上后,仁宗采纳,罢黜了阎文应①。知审刑院丁度反对派内侍负责审理诏狱,认为应该委派御史②。知制诰胡宿抵制仁宗恢复葛怀敏"内职"的命令,封还中书门下送到的"词头",拒绝草制。胡宿在奏疏中指出:原入内内侍省副都知、管勾皇城司公事葛怀敏,"宿卫不谨,致逆徒窃变,震惊宫闱"。葛怀敏既因失职受罚,解除"内职","令居外任"。但现在乘奏事之机,突然受命恢复内职,就将恢复原在入内内侍省的职事。按照"条制":内臣居都知、副都知之职,有过失而降充外任者,便不准再任旧职。请求命令有关机构"检详旧制,追浸今命"。知制诰刘敞也曾拒绝起草入内内侍省押班石全斌晋升为入内内侍省副都知的告词③。入内内侍省、内侍省都都知王守忠,以"东宫旧恩",几次向仁宗要求真授"留后";仁宗也赞成,但枢密使高若讷坚持不可,乃作罢。王守忠患病,又要求当节度使,宰相梁适说:"宦官没有除真刺史的,况真节度使乎!"仁宗说:"朕已答应了守忠。"梁适说:"臣今日备位宰相,明日除一名内臣为节度使,臣虽死有余责。"仁宗乃授王守忠为武信军留后,同时声明他人"毋得援例"④。有的地方官还自发起来抑制宦官。知并州杨偕对于本州胆敢干"预军事,素横"的"中官"监军"一绳以法,命率所部从副都部署赴河外",且告诫说:"遇贼将战,一切皆禀副部署节度。"监军不服,持檄争辩,杨偕叱责说:"你知道违反主帅之命即斩吗?"监军骇怕,不觉堕笏,次日告假⑤。南渡初,元

① 王得臣:《麈史》卷上《忠谠》。
② 《长编》卷147。
③ 赵汝愚:《国朝诸臣奏议》卷61;胡宿:《上仁宗论葛怀敏复内侍名职》;刘敞:《上仁宗论石全斌不当除入内副都知》。
④ 《长编》卷176。
⑤ 《长编》卷129。

帅府马步军都总管马扩也曾向高宗上奏,说:"自唐以来,用中贵人监军,专权掣肘,每致败事。"要求"罢差中贵监军"。取得高宗的同意①。绍兴末年,中书舍人、直学士院虞允文不赞成三衙管军用宦官充当承受,指出"三衙交结中官"的危害性,高宗"大悟",立即下令停罢承受的任命②。理宗时,内侍董宋臣、卢允升"窃弄权柄",权臣贾似道入相,"谈笑之顷,出之于外,余党慑伏,惴惴无敢为矣"③。相权的增重,必然抑制了内侍的政治活动。

第三,是台、谏官对内侍实行严密的监督和无情的弹劾。在宋朝,台、谏官是约束监督内侍的主要力量,尤其是在皇权放松对内侍约束的时期。仁宗时,虽然也有一些官员对内侍的违法参政、升迁等予以抵制,但主要依靠台、谏官进行弹劾。南宋赵汝愚所编《国朝诸臣奏议》"百官门·内侍",百官上仁宗的 24 篇奏疏中,只有 3 篇系知制诰和审刑院详议官所撰,其余 21 篇都是台官和谏官奏申的。如景祐三年(1036 年),在谏院供职的右司谏韩琦上疏,提出入内内侍省副都知张永和因主管建造睦亲宅有功,特授遥郡团练使,接着,内侍省都知以下也"优加使额"。韩琦认为这些做法"皆涉无名","众论益以怀疑",要求"亟急追寝"。庆历八年(1048 年),侍御史知杂事何郯连上数疏,指出仁宗批准入内都知、昭宣使王守忠晋升为景福殿使,又赐节度观察留后的月俸,违反了"祖宗之制"。他说:"内臣领遥郡,祖宗之制止于观察使,然非积劳,未尝妄授。"而如今王守忠虽然不授两使留后,但得其俸禄。他建议只授王守忠宣庆节,停发所有两使留后的俸料。同时,他提出王守忠不能参加紫宸殿的宴会,因为根据"阁门仪制",只有正刺史以上凡遇宴位坐次,方许列在殿上,而带刺史、节度观察留后皆系遥郡,不得与正官同等待遇。本来,王守忠已被安排参加紫宸殿的宴会,等到何郯呈上奏疏,"自知未允,宴日,辞而不赴"。皇祐五年(1053

---

① 《建炎以来系年要录》卷 15。
② 《宋史》卷 383《虞允文传》。
③ 周密:《癸辛杂识后集·贾相制外戚抑北司戚学校》。

年），御史中丞孙抃上疏，奏论"内降诏旨"除授王守忠节度使不当。他说，唐制，节度使"所以尊严将领，专制军事，安危成败，一以系焉，岂宜中官得处其任！"太宗朝王继忠"平剑南，有大功"，也不过授宣政使。"陛下"不应对王守忠"假大官秩，以逾祖宗法典"，免"取天下四夷之笑"。嘉祐七年（1062年），监察御史里行傅尧俞曾六次上疏，揭露内侍朱颖士"干求内降"，入内都知李允恭"公违制敕"奏荐其孙永昌为入内黄门。英宗时奏弹内侍的七篇奏疏和神宗时十三篇奏疏，更全部是台、谏官所撰。如治平元年（1064年），知谏院司马光列数内侍任守忠十大罪状。钦宗时，监察御史余应求上疏指出"自古中人预军政，未有不为患者"。"国家近年边事专委童贯、谭稹，终成大祸，几危社稷"。他认为委派内侍为承受，"其实监军也"，主帅反而不专军政，"而关决于承受"。他主张撤销这些随军承受①。台、谏系统约束监督机制的正常运转，比较有效地限制了内侍势力的膨胀，并将其政治等活动控制在一定的范围以内。

第四，是爱国军民自发起来惩处内侍，成为削弱内侍势力的最有效方式。徽宗朝的25年，是有宋一代内侍恃宠而骄、专横跋扈的时期。内侍童贯和谭稹"互掌兵柄二十余年，赏罚不明，号令失信，西则侵凌夏国，北则契丹败盟，致将帅解体，士卒不用命"②。另一内侍梁师成"阴主上文书，遂行宰相事，俾王黼在外表里之，内务关决"③。宰相蔡京为保持自己的权位，与内侍交结并"尊宠之"，"内外政事无大小，未有不关内侍者"。内侍们"或建节旄，或领师傅，又有领三馆者，有封侯王者"，宰相"往往其门生"，执政大臣"顺意者荣华，逆旨者枯槁"④。内侍们还在京城横行不法，欺压百姓，积怨甚深。钦宗靖康元年（1126年），金朝兵临开封城下，宋朝守城兵力不足，命百官与军士上城，相杂

---

① 《国朝诸臣奏议》卷61—63《内侍上、中、下》。
② 《三朝北盟会编》卷128。
③ 《三朝北盟会编》卷32。
④ 《三朝北盟会编》卷34。

守御，而以内侍官分部统率。金兵"丛矢射城上"，内侍下令守城者不得回击。有一军士激于义愤，自引炮石击打金兵，一发击杀数人，内侍官反而将这名军士杀死，宋军由是不敢动。以陈东为首的太学生300人眼见形势危急，相率伏阙上书，力陈李纲等人无罪而罢官，"乞请复之，以慰人望"。一时军民数十万人聚集于宣德门外，群情激愤，"凡见内侍，皆撕擘杀之，死者二百余人"。随后，百姓又闯入内侍之家，"所遇辄杀，掠其财物"，搜获兵器不计其数。钦宗无奈，下令复用李纲和种师道，并将城上守御和城门监守的内侍全部撤走。这场军民惩处内侍的运动，最终取得了胜利①。

南宋初年，高宗小朝廷迁至扬州，其"藩邸"旧人、入内押班康履恃恩用事，"颇忽诸将"，"诸将多奉之，而台谏无敢言者"②。及至转移至浙西，路过吴江，内侍们以射鸭为乐。到杭州后，又赴江下观潮，营帐堵塞街道。这时，军民骨肉相散失，沿路都贴满了寻人的榜子。因此，"军人皆愤惋不平"。统制、鼎州团练使苗傅和威州刺史刘正彦对康履等内侍尤为"切齿"，说："汝辈使天子颠沛至此，犹敢尔耶？"至建炎三年（1129年），苗傅和刘正彦发动兵变，首先杀死由宦官推荐而新任签书枢密院事的武将王渊，张贴榜文说明将"为民除害"，"应大臣罪恶显著，及内侍官等，并待诛戮"。苗傅厉声对高宗说："陛下信任中官，赏罚不公，军士有功者不赏，内侍所主者乃得美官。"大臣黄潜善和汪伯彦"误国至此，犹未远窜"。王渊遇敌不战，因交结康履，乃迁枢密院。要求杀康履和蓝珪、曾择，"以谢三军"。高宗回答说："内侍有过，当流配海岛，卿可与军士归营。"并许愿苗、刘晋升为都统制和副都统制。苗、刘手下的将官"扬言"："我辈如欲迁官，只须控两匹马送给内侍，何必来此！"高宗被迫交出康履，苗傅等立即将康腰斩。此举，苗、刘率领军士杀死内侍100多人③，给予内侍势力极其沉重的打击。从此，内侍

---

① 《三朝北盟会编》卷34、卷36引沈良《靖康前录》。
② 《建炎以来系年要录》卷10。
③ 《建炎以来系年要录》卷21；《朱子语类》卷127《本朝一·高宗朝》。

势力一蹶不振,长期受到严格的约束。

宋朝君臣之间在内侍问题上,大部分时间能够互相监督,互相牵制;君臣共同对付内侍,严防其专权不法。同时,内侍也失去藩镇与之结援。只有在徽宗朝,由于君臣携手约束监督宦官的机制失调,因此内侍得以左右朝廷,导致北宋亡国。

第七节　经 筵 制 度

宋朝重视对皇储的培养,所以在即位后大都具有较高的文化素养,通晓古代经典,能书会画,有的还擅长赋诗谱曲。尤其重要的是,大都具有管理军国大事的才干。为了保证在即位后继续讲求"先王之道"和通晓"前世之成败",统治者还设立讲读官(经筵官)即家庭教师,建立起经筵制度。

唐朝玄宗开元间(713—741 年)已有"讲读之职",后来又设"翰林侍讲学士"。五代时期,各国统治者崇尚武功,"不暇向学",所以此职废罢。宋太祖和太宗"崇尚儒术"。太祖曾召宗正丞赵孚到后殿,命讲解《周易》。讲毕,太祖对左右说:"孚讲解精博,亦可赏也。"知制诰李穆推荐王昭素,召见便殿,赐坐,命讲解《易》乾卦。太祖因而向他打听民间之事,王昭素照实回答,太祖颇为满意①。太宗太平兴国八年(983年),在统一各国之后,"以听政之暇,日问经史,求人以备顾问"。几次召著作佐郎吕文仲和吴淑、杜镐等进入大内,命读古碑及《文选》江、海诸赋。于是任命吕文仲为翰林侍读,与侍书王著轮流值宿御书院,而书学葛湍也在禁中值日②。端拱元年(988 年),太宗视察国子监,召国子博士李觉讲《周易》的泰卦,近臣皆列坐。李觉阐述"天地感通,君臣相应"的道理,太宗听后对近臣们说,李觉所讲"文义深奥,足为鉴戒,当

---

① 彭百川:《太平治迹统类》卷 27《祖宗圣学》。

② 《长编》卷 24。

与卿等共遵守之"①。淳化五年(994年),太宗再次去国子监,召直讲孙奭讲《尚书·说命》三篇,说:文王得太公、高宗得傅说,"天以良弼赉商,朕独不得耶!"叹息再三②。此时,尽管正式任命像吕文仲等为翰林侍读,"以备顾问",但"名秩未崇"。真宗即位初年,"敦尚文雅",常常召诸王府侍讲邢昺和国子监直讲孙奭等入宫讲说,"质问经义,久而方罢"。咸平元年(998年),真宗召国学讲书崔颐正至景福殿讲《尚书》,在苑内讲《大禹谟》,还经常命他赴御书院"侍对"。同年,真宗首置翰林侍读学士之职,"班秩次翰林学士",俸禄相同。委任原枢密副使夏侯峤为翰林侍读学士兼秘书监。咸平二年,又委任兵部侍郎杨徽之和户部侍郎夏侯峤皆为翰林侍读学士,国子监直讲邢昺为翰林侍讲学士,翰林侍读吕文仲也改为翰林侍读学士③。真宗物色翰林侍读、侍讲学士的标准是"耆儒旧德",以秘阁为值日之所,白天供给宫中上等膳食,晚间则轮流住宿。由宦官刘崇超每天从内东门呈报值宿官员的姓名,以便随时"召对询访"④。此后,真宗又委任冯元为翰林侍读,不带"学士";委任高若讷为侍读,马宗元为侍讲,都"不加别名,但供职而已"⑤。景德四年(1007年),以翰林侍讲学士邢昺知曹州,"职如故","迁其班在翰林学士上"。天禧二年(1018年)。以参知政事张知白为翰林侍读学士知天雄军。⑥宰辅以杂学士的身份出任藩镇,同时,以翰林侍读学士或翰林侍讲学士出任外官,都从此开始。

　　宋仁宗少年即位,急需学习各种基本知识,同时在刘太后指导下学习处理军国大事的统治技能和各种礼仪。乾兴元年(1022年)规定,每逢单日在崇政殿或承明殿"视事",逢双日"虽不视事,亦当宣召近臣入侍讲读,冀不废学"⑦。十一月,初次赴崇政殿西阁,召翰林侍讲学士孙

---

① 《长编》卷29。
② 《长编》卷36;《太平事迹统类》卷27《祖宗圣学》。
③ 《宋宰辅编年录》卷3;《太平事迹统类》卷27《祖宗圣学》。
④ 《长编》卷45。
⑤ 《宋会要》职官6之56;《宋史》卷162《职官二》。
⑥ 《长编》卷66,卷92。
⑦ 《长编》卷98。

奭和龙图阁直学士兼侍讲冯元讲《论语》,侍读学士李维和晏殊列席。但这时的仁宗常常不能专心听讲,"或左右瞻瞩,或足敲踏床",每逢出现这种情况,孙奭必定"拱立不讲,体貌必庄",于是仁宗不得不"竦然改听"①。天圣二年(1024年),召集辅臣至崇政殿西庑,听冯元讲解《论语》。刘太后对宰相说:"比择儒臣侍上讲读,深有开益。"宰相乘机推荐工部郎中马宗元"通经有行义,可使入奉经筵。"于是命马宗元为直龙图阁②。天圣四年,再次召集辅臣至崇政殿西庑,听侍读学士宋绶等人讲解《唐书》。此前,侍读学士只在侍讲学士讲读时,"侍立而已",并不替皇帝讲书③。宋绶请求免除其勾当三班院的兼职,以便"专事劝讲"。刘太后命宋绶挑选前代"可资孝养、补政治者,以备帝览"。宋绶遂录进唐朝谢偃《惟皇诫德赋》,又录进《孝经》和《论语》的重要内容以及唐太宗所撰《帝范》二卷,唐玄宗朝臣僚所献《圣典》三卷、《君臣政理论》三卷④,为仁宗选定了一些参考读物。仁宗"每御经筵",必设架子搁置书策外向,以便讲读官讲读。侍读学士孙奭年高目昏,遇天色阴晦,仁宗即将座位搬到阁外。孙奭每次讲到前代"乱君亡国",必定反复"规讽",仁宗也"悚然听之"。仁宗和刘太后见孙奭,"未尝不加礼"。直到孙奭以年逾70,再三请求致仕,才批准以工部尚书出知兖州⑤。景祐元年(1034年),为加强经筵的师资力量,开始设置崇政殿说书一职,首命都官员外郎贾昌朝和屯田员外郎赵希言、崇文院检讨王宗道、国子博士杨安国4人担任此职,每天命两人轮流入宫讲说。这4人是孙奭致仕时向仁宗推荐,而且特地在中书门下试讲过的⑥。崇政殿说书的职责是"进读书史,讲释经义,备顾问应对"。学士、侍从有学术者,即

---

① 《长编》卷99。
② 《长编》卷102。
③ 《宋会要》职官6之57。
④ 《长编》卷104。
⑤ 《长编》卷110。
⑥ 《长编》卷114。

称"侍讲"或"侍读";其官低资浅而可充当讲说者,则称"说书"①。四年,命贾昌朝等4人皆兼天章阁侍讲②。从宋初以来,御史中丞没有兼任经筵官者。到庆历二年(1042年),仁宗以权御史中丞贾昌朝擅长讲说,特命"侍讲迩英阁"③。庆历七年,又命御史中丞高若讷"入侍经筵"④。经筵官的编制没有一定,仁宗以前不过一二人。但到嘉祐三年(1058年),经筵官增至14人,其中翰林侍读学士10人。由于员数过多,"外议皆云经筵无坐处矣"。这是因为近来相承凡翰林学士必兼侍读学士的缘故⑤。

经筵官为皇帝讲解时,从宋初后,一直可以坐着。真宗天禧间(1017—1021年),还规定"侍臣皆赐坐,讲者别设本于前,列座而听"。乾兴元年(1022年)后,皆先坐赐茶,"彻席立讲,讲毕复坐,赐汤"⑥。据说,此制由刘太后提议,为讲读官"便于指示",所以规定全部"立侍"。皇祐三年(1051年),仁宗屡次告诉讲读官要"详悉询说""经史义旨",但又怕他们"烦倦",乃又规定迩英阁讲读官在讲读时要"立侍敷时",其余讲读官"皆赐坐于阁中"。还下诏此后作为"永制"⑦。

宋神宗元丰官制改革,不再专设翰林侍读学士和侍讲学士,只设侍读和侍讲,正七品,作为侍从以上的兼职,官低资浅者称为崇政殿说书,从七品。每年春季二月至端午日,秋天八月至冬至日,逢单日"入侍迩英殿,轮官讲读"。元丰八年(1085年)五月,命资政殿大学士兼侍读吕公著兼提举中太一宫兼集禧观,是为宫观官兼侍读之始。七月,命资政殿学士韩维兼侍读,仍提举中太一宫并集禧观。哲宗元祐元年(1086年),端明殿学士范镇致仕,提举中太乙宫兼集禧观公事,兼侍读,但允

---

① 《宋史》卷162《职官二》。
② 《长编》卷120。
③ 《长编》卷135。
④ 《长编》卷160。
⑤ 《长编》卷187。
⑥ 苏颂:《苏魏公文集》卷16《驳坐讲义》。
⑦ 程大昌:《考古编》卷10《立讲》;《长编》卷171。

许不赴经筵。同年,冯京兼侍读,充太乙宫使,也特免经筵进读。原来还规定两省、台端以上才得兼任侍讲之职,元祐间特免司马光之子司马康以著作佐郎兼侍讲,而程颐则以布衣任崇政殿说书①。元祐四年,侍读定编为3员②。元祐七年,复设翰林侍讲学士,委任翰林学士范祖禹任此职,并兼修国史。元符元年(1098年),撤销此职③。

南渡初,高宗设置4员讲读官,从侍从中选差,以便在"万几之暇,就内殿讲读"④。但此后高宗多年疲于逃命,实际无暇,也无内殿开经筵听讲读。直到定居临安后,才稍稍恢复经筵制度,陆续任命朱胜非和张浚、谢克家、赵鼎、万俟卨等为万寿观使兼侍读。绍兴五年(1135年),特命宗正卿范冲和秘书少监朱震兼翰林侍讲学士,是以"庶官兼侍讲"。从仁宗庆历以来,御史中丞多兼侍读,但"谏长未有兼者"。绍兴十二年,委任御史中丞万俟卨兼侍讲,左谏议大夫罗汝楫兼侍读⑤。从此,"每除言路,必兼经筵",成为惯例。绍兴二十五年,正言王珉和殿中侍御史董德元皆兼侍讲,这是不以御史中丞和谏议大夫而"以侍讲为称"者,从此开始。同年秦桧死去,停止执行台谏官"必兼经筵"之制,所以从此年十月至绍兴三十二年,"台丞、谏长兼经筵者止三人"⑥。孝宗时,台谏官"犹或兼'说书'",如隆兴二年(1164年)台官尹穑,乾道九年(1173年)谏官詹元宗。宁宗庆元(1195—1200年)以后,台丞、谏长、副端(殿中侍御史)、正言、司谏以上,绝大多数皆预经筵,而且"并以侍讲为称,不复兼(崇政殿)说书"。此外,从朱震开始以修注官兼任"说书",以后修注官"多得兼侍讲"。宁宗开禧元年(1205年),娄彦开由谏官迁太常卿兼权中书舍人,也"以史院易经筵","遂为定例"⑦。讲

① 《宋史》卷162《职官二》。
② 《长编》卷413,卷426。
③ 《长编》卷475;《宋会要》职官6之58。
④ 《建炎以来系年要录》卷11。
⑤ 《建炎以来系年要录》卷144;《宋史》卷162《职官二》。
⑥ 《宋史》卷162《职官二》;《建炎以来朝野杂记》乙集卷13《祖宗时台谏不兼经筵》。
⑦ 《建炎以来朝野杂记》乙集卷13《修注官以史院易经筵非故典》。

筵官每逢单日,早、晚"进讲"。如遇当天放假,或者大寒大暑,皆停止讲课①。

经筵官替皇帝讲读的内容甚为广泛,可分为几类,一是古代经典,如《尚书》、《春秋》、《毛诗》、《左氏春秋》、《周礼》、《孝经》等。二是前朝史书,如《前汉书》、《(旧)唐书》等。三是当代史书,政书,如《三朝宝训》(吕夷简编,记宋太祖、太宗、真宗三朝皇帝"宝训")、《正说》(记真宗的"训言")、《祖宗圣政录》、《经史规鉴事迹》(讲读官丁度、李仲容编)、《三朝经武圣略》等。以上只是仁宗朝经筵官的部分讲读教材,这些教材的选择主要着眼于可供"规戒"或"监戒"②。经筵官在讲解前,都认真写好"讲义",以便详细讲解,称为"经筵讲义"③。

为皇帝讲读的场所,在仁宗庆历初(1041 年)以前,称"说书所",寓资善堂。庆历初,改称"讲筵所"④。讲筵所常设祗应御书和手分、投送看管洒扫兵士等各数人⑤。

---

① 朱熹:《朱文公文集》卷 14《乞不以假故逐日进讲札子》。
② 《皇宋通鉴长编纪事本末》卷 29《仁宗皇帝·讲筵》。
③ 王十朋:《梅溪王先生文集》后集卷 27《杂文·经筵讲义》。
④ 《宋会要》职官 6 之 74。
⑤ 《宋会要》职官 6 之 75。

第三章　中央决策体制

宋朝的中央决策体制是以皇帝为中心,辅以宰相、执政、侍从、台谏等构成的。中央最高决策机构有皇帝定期或不定期的坐殿视朝听政,次高决策机构有宰执在二府理政和议政、朝廷官员集议,还有一些临时组成的决策机构。决策的依据和信息传递渠道,主要是各级官员的奏章、经筵官的议论、士民的上书等。宋朝形成了一套中央决策和政策贯彻执行的程序、方式,前后还进行过一些改革,使之逐步完善。在中央决策机构的运转过程中,主要形成外朝对内廷的约束机制,朝议与廷争的竞争机制,奏审与封驳等监督机制,在大多数时间里坚持了皇帝的最终裁决权。宋朝国家长期的稳定和社会经济、文化的发展,正是中央决策机构一系列正确决策的结果,而一些重大的错误决策,则导致了两宋的灭亡。

第一节　中央决策机构

宋朝中央的决策机构,分为几个层次,最高决策机构是皇帝坐殿视朝听政,次高决策机构是宰执在二府理政和议政、朝廷官员集议,以及一些临时设置的决策机构如制置三司条例司、国用司等。严格地说,皇帝坐殿视朝听政和朝廷官员集议,并不是一种常设机构,但因为它们定期或不定期举行活动,而且参加的成员相对稳定,因而也是一种最高决策层的组织形式。

(一) 皇帝坐殿视朝听政

宋朝的最高决策机构是皇帝坐殿视朝听政。宋朝承袭唐、五代旧制,皇帝经常坐殿视朝听政,随事决策。实际上,每次皇帝坐殿视朝听政,就是召开一次御前会议,参加者有中书门下(元丰改制前)或三省(元丰改制后)和枢密院的长官即两府大臣。皇帝坐殿时还接受在京文武升朝官的参见。朝参分为前殿视朝和内殿视朝、内殿"百官大起居"等部分。北宋前期和元丰改制以后,皇帝的视朝听政制度出现了许多变化。

前殿视朝听政——宋朝皇帝每天赴文德殿(又称前殿、正殿之一,又称外朝)视朝。中书、门下两省,御史台,文、武百官,皆赴殿立班,由一员宰相押班。常朝官如果有诏旨免常朝,以及"勾当更番宿者",可以不赴殿立班。如果遇到放假3天以上,即"横行参假",宰相和参知政事以及免赴常朝者均要参加。如果因为公事紧急,赴横行不及,牒报御史台知悉。宰相、亲王以下的官员向皇帝见、谢、辞者,都赴正衙。是日,文官尚书和武官上将军以下,都先序立在殿门之外,东、西相向(文班一品和二品官不序立)。正衙见、谢、辞的官员,立在大班(以宰相为首的官员班位)之南。右巡使和御史台官员皆就本班班位。揖毕,台官和左巡使首先入殿,各就位。接着,南班和右巡使入殿。随后,见、谢、辞的官员,两省官,文班一品和二品,依次入殿。宰相由东上阁门就位。通事舍人一员立在阁门外,北向;四色官立其后。通事舍人宣布"承旨奉敕不坐",四色官急趋至放班位,传达此旨,官员们皆再拜而退①。这一仪式称为"常朝"。官员们连续休朝假3天以上后,也应赴文德殿集合,站成横队朝参,称"横行参假",简称"横行"。从宰相和亲王以下官员应见、谢、辞者,皆先赴文德殿朝参,称"过正衙"②。

这一"常朝"之制,不过是神宗元丰四年(1081年)以前的情况,而

---

① 《宋会要》仪制4之1—3。
② 庞元英:《文昌杂录》卷3;《宋会要》仪制4之7。

且这一时期还发生许多变化，以至完全流于形式。太祖乾德二年（964年）以前，规定凡官员辞、见及谢者，要先赴正衙毕，御史台开具其官位和姓名，报告阁门，才准许"入对"。乾德二年，发生关南总管张仁谦入朝后，因正值朝假，正衙无班，无法"入对"。于是改为文、武官员自外任返京，先赴内殿面对（当面汇报），然后赴正衙辞谢。实在出使急速，乃可免去"衙引"；中、外官员除拜和"假使出入"，也须在正衙辞、谢。真宗大中祥符初年，"始诏循故事"：宰相在文德殿押班[1]。仁宗"皇祐编敕"较为详细地规定：应正衙常朝和横行，皆须宰臣立班。常朝日，中书门下轮派宰相一员押班。但久而久之，原应"每日并集"的台、省、寺、监在京厘务官，常常以"妨废职事"为理由，要求免予常参，于是只剩下审官院待缺阶官和御史台官员[2]。同时，原应每日押班的宰相，由于前殿退朝晚和中书聚会见客、每天有急速公事商量，来不及轮赴文德殿押班，便由赞引官传达"宰臣更不过来"了事。神宗即位初，宰相韩琦和曾公亮因不赴文德殿押班而遭到御史中丞王陶的弹劾，韩、曾也上疏解释，并指出宰臣因公事"不及轮往押班，已是积有岁年，即非自臣等始"。后来，经过反复商议，决定宰臣"一依国朝旧制押班"，但每年春分、秋分后，"并遇辰正牌，上垂拱殿视事未退，宰臣更不过文德殿押班"[3]。

　　从宋太祖开始，还仿照唐朝"入阁"之制，经常逢每月的朔日（初一），举行入阁的仪式。唐时，皇帝每天坐前殿会见群臣，称为"常参"。每逢单日，改坐便殿（紫宸殿，也称"上阁"）视朝；同时，每月朔、望（十五日）"荐食诸陵寝"，"有思慕之心，不能临前殿"，也坐便殿会见群臣，称为"入阁"。前殿（正衙）设立仪仗队，皇帝改坐便殿，即招呼仪仗队由东、西阁门而入，"百官候朝于衙（按指前殿）者，因随入以见"皇帝，所以称为"入阁"。唐末五代时，皇帝不能每天会见群臣，正衙仪仗废

---

① 《宋史》卷116《礼十九》。
② 庞元英：《文昌杂录》卷3。
③ 《宋会要》仪制4之5—6。

弃不用,反而朔、望入阁有仪仗。久而久之,"遂以入阁为重","至出御前殿,犹谓之入阁。①"太祖曾五次坐崇元殿(前殿之一,后改称大庆殿)视朝,文武百官"入阁",并设置待制和候对(后改称"转对")官。又曾坐文明殿(前殿之一,后改称文德殿)入阁。太宗时,逐渐"以文德殿正衙权为上阁",不时遇朔日举行入阁仪式。淳化二年(991年),命史馆修撰杨徽之和张洎按照入阁旧图校定仪注。张洎认为现今朝廷以文德殿正衙为上阁,"甚非宪度",建议改以长春殿为上阁,因该殿正与文德殿相对,可以作为只日"立仗视朝之所"。但太宗不予采纳,此后多次坐文德殿入阁,并命令有关官署增设黄麾仗,文、武百官随中书门下"横行起居",仪式结束后还赐百官"廊下餐"②。真宗大中祥符七年(1014年),根据东上阁门使魏昭亮的意见,命有关官署依照"新定仪注"重画《入阁图》,将图上所写唐朝职官名品,全部改写,"永为定制"③。

　　从宋太祖到真宗,逐渐修定的文德殿入阁仪式如下:在决定月朔举行入阁前,由阁门预先举奏,待皇帝下诏批准,立即举行。前一天,有关官署供帐于文德殿。是日,先列文、武官于殿庭的东、西,陆续引导各官署官员"分班序立",阁门版奏官员"班齐"。皇帝穿靴着袍,乘舆,上长春殿,停舆,枢密使以下"奉谒,前导"到文德殿上。皇帝升座后,文、武百官拜见。南班中有辞、谢者再拜先退,再引各官署的官员分班序立,最后由中书门下诣香案前奏:"中书公事,臣等已具文。"奏毕,乃退下,揖殿门出。接着,刑法官和待制官奏事毕,皆出归本班。弹奏御史出殿,如阁门有失仪者,按式弹纠。最后,左、右史出。阁门使宣布"放仗",百官皆再拜,赐给廊下食。又再拜,阁门使奏"阁内无事"。文、武官出殿后,皇帝回宫④。这一仪注至仁宗景祐三年(1036年),由知制诰李淑等重加修定,比旧"颇省去繁文"⑤。到神宗熙宁三年(1070年),

---

① 赵彦卫:《云麓漫钞》卷3;江邻几:《杂志》;司马光:《涑水记闻》卷8。
② 《宋会要》仪制1之21—23;《玉海》卷70《淳化文德殿入阁图》。
③ 《长编》卷82;《玉海》卷70《祥符入阁图》。
④ 《宋会要》仪制1之19—21。
⑤ 《宋会要》仪制1之24—26。

右谏议大夫、编修阁门仪制宋敏求上疏说：本朝以来，皇帝只在入阁时坐文德殿视事；如今不用入阁之仪，文德殿就缺少视朝之礼。请求命两制和太常礼院，参考唐朝皇帝坐宣政殿制，"裁定朔、望御文德殿仪，以备正衙视朝之制"。于是翰林学士韩维等人以《入阁图》"增损裁定"。新定的仪式规定，前一天有关官署供帐于文德殿，至当天皇帝先赴垂拱殿，由内侍省都知、押班等"祗应"，进读臣僚奏目。然后由枢密使等前导，至文德殿后阁。待司天监奏时刻，阁门奏"班齐"，皇帝从后阁出殿，升榻，然后文、武百官向皇帝就位四拜起居，等等。次年五月初一，"视朝于文德殿"①。

　　内殿视朝听政——宋朝皇帝除节假日以外，每天清晨赴垂拱殿受朝听政。垂拱殿是当时的内殿之一，常称"垂拱内殿"②，有时也称前殿③。至时，宰相、枢密使以下"要近职事者"和武班，即文臣待制以上，武臣诸司使以上皆赴殿朝参，称为"常起居"④。皇帝初出宫门，首先，带御器械、御龙亲从官"起居"（向皇帝请安或问候），诸班都虞候以下齐奏"圣躬万福"毕，在前引导皇帝至殿庭，分立东、西两边，皇帝升座。客省使至阁门副使等奏"圣躬万福"。随后，四厢都指挥使以上武官、改赐章服者、应告谢官等告谢，军头司祗候员僚"起居"。最后，群臣分班升殿奏事，先是宰相，接着是枢密使，再后是三司、开封府、审刑院、群臣等依次奏事。这一程序总称"内殿起居"。在各司公事处理结束后，内侍奏告"门外无公事"，皇帝即起身离座，算是结束了一次"早朝"⑤。

　　唐、五代时，宰相赴早朝，上殿命坐，有军国大事则与皇帝一起商议，"常从容赐茶而退"。其他命令，如除拜官员、刑赏、废置，事无巨细，皆拟进熟状，皇帝亲自在纸尾批示，加盖御宝，批准其奏，称为"印画"，交付朝廷奉行。到宋初，范质和王溥、魏仁浦同时为相，虽然太祖

①　《宋会要》仪制 1 之 30—34。
②　庞元英：《文昌杂录》卷 3。
③　《宋会要》仪制 4 之 5。
④　宋敏求：《春明退朝录》卷中。
⑤　《宋史》卷 116《礼十九》；《宋会要》仪制 1 之 1。

对他们十分信任,但范质等自以为"前朝旧相"而颇为自卑,又害怕太祖"英睿",凡事必具札子当面请太祖决定"进止"。退朝后,范质等"各疏某事所得圣旨",他们再"同署字以志之"。他们小心翼翼,竭"尽禀承之方",力"免妄误之失",博得了太祖的信任。但随着皇权的加强,官员们"奏御浸多",太祖从早到晚忙于审批,以致"啜茶之礼寻废,固弗暇于坐论矣"①。这是宋朝皇帝视朝听政制度与唐、五代的主要不同之处。

　　不过,从宋初到神宗元丰改制前,皇帝内殿视朝听政的制度前后略有变化。真宗时,曾每天赴崇政殿坐朝视事。天禧四年(1020年),以"狱讼颇清,事机尤简"为理由,决定减少皇帝临轩听政的时间,改为只日视朝听政,地点为长春殿(即垂拱殿)或承明殿(即延和殿),命入内内侍省临时取旨。不久,又改为只日在承明殿视朝,遇五日起居,即赴长春殿。入内内侍省在坐朝前的一天,将决定传达给阁门。仁宗时,最初双日也不坐朝;至明道二年(1033年)和景祐五年(1038年),两次宣布从今后每天在前殿视事。数年后,又规定每天前殿奏事的官员不得超过五班,其余班次,延至后殿。在仁宗晚年病重期间,一度恢复单日视朝制度,而且仅二府得以奏事,开封府和台谏官、审刑院则不能上殿引对。英宗和神宗元丰五年前,再度恢复正常,皇帝每天前殿视事②。

　　后殿视事——宋朝皇帝在前殿坐朝视事后,一般退至后殿,继续处理军国大事,听取内侍近职、诸路走马承受奏报情况,或者阅读馆阁所进呈的新修写的书籍、仓库衣粮、器物之式等,称为"后殿再坐"③。常朝遇雨,皇帝即改坐后殿。④在皇帝不坐前殿视事的时间,恰遇节假日如小节、旬假,也改坐后殿。真宗时,每年端午,百官休务,皇帝不坐前殿,仅宰臣和枢密院长官赴承明殿奏事。到天禧二年(1018年),礼仪

---

①　江少虞:《宋朝事实类苑》卷27《官职仪制·宰相上殿命坐赐茶》。
②　《宋会要》仪制1之3—12。
③　《宋会要》仪制1之1。
④　赵昇:《朝野类要》卷1《班朝》。

院认为现今"边警宁静,刑讼稀简",不妨在端午日停止奏事,皇帝"不御后殿,著为定式"。又决定每月的旬假和上巳,春、秋二社,重阳、三伏,皆休务一天。其中旬假,皇帝不坐前、后殿;其他节日,百官不入,仅中书和枢密院长官赴后殿"起居"。如遇皇帝不坐前、后殿的节假日,中书和枢密院以及诸司有"急速公事须面奏者",可"特取进止",即听取皇帝的批准。天禧四年,真宗取消了双日坐前、后殿的制度,要求百官如遇"急切大事须面奏"而又不能让二府知道时,允许"即时请对";一般日常事务,皆送二府附奏。仁宗时,因一度患病,逢双日或单日坐后殿视事,暂停正衙辞见等仪式。康定二年(1041 年),改为大节日,各给官员放假一天;其他小节、旬休,均赴后殿奏申公事。英宗即位后,复行旧制:皇帝每天前殿坐朝视事后,又坐后殿视事。神宗时,一度在大热之日,暂停后殿决事[1]。皇帝在内殿"引见(接见)"官员,一般来说,可以"少延时刻",有时赐官员坐下谈话,还可以免去穿执,称为"内引"[2]。

宋朝皇帝遇假日,一般也坐崇政殿(后殿之一),审理前殿的公事;完毕后,移座,临轩,审理后殿的公事。太祖和太宗时,除非明确规定旬假皇帝不视朝,一般皆赴讲武殿(即崇政殿)视事。仁宗初年,皇帝逢单日坐前殿听政,如当天放假或其他原因不坐朝,则只在崇政殿或承明殿视事。还规定每天与前殿一样,只接见五班官员谈话,如果时间至中午,皇帝入内进食,然后再坐,继续接见。英宗和神宗时,基本沿袭此制[3]。皇帝假日后殿视事时,仅有中书和枢密院的长官前赴,而且也要在一员阁门祗候带领下序班,向皇帝跪拜[4]。

百官内殿大起居——北宋前期,皇帝每 5 天一次坐内殿(一般在垂拱殿即长春殿),接受文、武朝臣不论厘务或不厘务者的朝参,称为"百

---

① 《宋会要》仪制 1 之 4—12。
② 赵昇:《朝野类要》卷 1《班朝》。
③ 《宋会要》仪制 1 之 1—12。
④ 《宋会要》仪制 2 之 10。

官大起居"①。真宗晚年,仅单日坐承明殿视朝,"遇五日起居,即御长春殿。"仁宗初年,刘太后摄政,沿袭真宗晚年"近制",每 5 日百官一赴前殿起居。后来,大起居之日如适值雨雪,即改作常朝。大起居的时间,如适值放朝假,则从放朝假之日算起,另实理 5 天。大起居和垂拱殿常朝同天进行的时候,宰相和中书舍人、直龙图阁以下至知起居注、皇城内监库藏官便不赴垂拱殿,皆随"大班"(指由宰相押领的百官班子)起居②。

　　文、武官员参见皇帝时的礼节,依照内殿视朝和朔、望文德殿视朝、横行等而有不同的规格。凡内殿参见时,官员仅向皇帝两拜;朔、望或连续放假 3 天后,官员皆"舞蹈";大起居,官员皆七拜;自十月朔至二月朔,每次"大起居",皆赐官员茶、酒,序班于殿门外,再拜后,集中于朝堂③。官员在每天赴朝时,要提前到宫门之前的待漏院(又称"待班阁子"),等候宫门打开及阁门"呼报排班",然后"穿执而入"④。升朝官以上的文臣和使臣、殿直以上的武臣,如已入犯罪而尚未审判,其间不计罪行轻重,皆由开封府牒报阁门,停止该官朝参;待公事"断遣了日",方准许依旧⑤。

　　神宗元丰间皇帝视朝制度的改革——北宋前期,皇帝的视朝制度存在许多弊病,主要是常朝和横行、过正衙、百官大起居等仪式重复举行,而在京的厘务官"例以别敕免参"即以种种理由躲避常朝,宰相也不再前赴押班,加上武卫诸班不经常设置,所以平时参加常朝的,只有御史台官员和审官院的待缺阶官而已。宰相和宰相以下的官员既然已每天赴垂拱内殿朝见皇帝,而文德殿常朝依旧不废,这无异是"舛误倒置"。元丰四年(1081 年),侍御史知杂事满中行指出了上述现象,且主张加以改革。详定官制所经过研究,认为:现今皇帝每天听政于垂拱

---

① 宋敏求:《春明退朝录》卷中。
② 《宋会要》仪制 1 之 6、9, 2 之 14、1—2。
③ 《宋会要》仪制 2 之 2;《宋史》卷 116《礼十九》。
④ 赵昇:《朝野类要》卷 1《班朝》。
⑤ 《宋会要》仪制 2 之 10。

殿，"以接执政官及内朝之臣"，而再在别殿"宣敕不坐"，实在是"因习之误"。同时，有职事的升朝官每五天一赴内殿起居，而没有职事的官员反而每天参见，"疏数之节，尤为未当"。此外，辞、见、谢的官员已自入见皇帝，则前殿正衙的对拜"自为虚文"；"连遇朝假"，百官自应赴大起居，则"不当复有横行参假"。最后，建议停止常朝和正衙、横行①。随后，制订出新的朝参制度，分为日参和六参、两参（望参和朔参）共四种。规定门下省起居郎和中书省起居舍人（即左、右史）及尚书省侍郎、御史中丞以上，即侍从官以上，为"日参官"（又称常参官）；三省和御史台官、寺监正副长官以上，即京师百司升朝官以上，为"六参官"（逢一日、五日朝参者）；寺监丞、大理评事以上，即在京升朝官以上，包括暂无差遣者，为"两参官"（即朔参官和望参官）。还规定今后除朔、望参外，每月定以五日、十一日、二十一日、二十五日为"参日"。遇假日即停罢。契丹使臣见、辞日，皆特行"起居"，该天前后 3 天内原定的"起居"暂停②。日参的地点在垂拱殿，六参和朔参、望参的地点在紫宸殿③。元丰八年（1085 年），稍稍改变望参和朔参的官员范围，凡职事官、赤县丞以上、寄禄升朝官在京厘务官，为望参官；不厘务者，为朔参官。哲宗元祐四年（1089 年），又作了较大的改动，即朔参官兼赴望参，望参官兼赴六参④。绍圣四年（1097 年），否定元祐之政，完全恢复元丰间朝参制度，朔参官不再赴望参，望参官不再兼赴六参；同时，规定外任官到京师朝见毕，皆令赴朔、望参。徽宗政和间（1111—1118 年），将六参改为四参。四参官为宰执、侍从，武臣正任，文臣卿监员郎、监察御史以上，四参的地点是垂拱殿。此外，皇帝再坐也规定在垂拱殿，假日起居则在崇政殿⑤。

　　南渡初，朝参制度名存实亡。虽有日参官，但正衙"既不日御，又

①　《长编》卷 320；《宋会要》仪制 4 之 7。
②　戴埴：《鼠璞·正衙常参》；庞元英：《文昌杂录》卷 3。
③　叶梦得：《石林燕语》卷 2。
④　《宋会要》仪制 2 之 18—19。
⑤　《宋史》卷 116《礼十九》。

无入阁之制",内殿又"废起居之礼";遇到"四参"之日,正值大暑或严寒、风雨沾湿,以及节假等,官员多免常朝,所以朝参的日子不多。绍兴和议后,朝参制度渐趋正常。孝宗乾道二年(1166年),规定垂拱殿四参仪式:皇帝升座后,阅读臣僚奏章目录。武臣和皇太子、亲王、使相等分班"常起居"(向皇帝两拜)后,宰执和两省官、文武百官入殿,相对立定,一起向北立,"大起居"(向皇帝七拜)。三省官升殿侍立。两省官和殿中侍御史分班退出。三省和枢密院长官开始奏事,结束后,见、谢、辞官员参见皇帝,其他官员奏事,最后皇帝起座离殿①。宁宗嘉定间(1208—1224年),朝参制度不受重视,"每日改常朝为后殿,四参之礼亦多不讲,正殿、后殿、四参间免",同时,常朝的仪式仅有从臣参加,而后殿的仪式从臣不预,四参最多也只有卿、郎参加,而且"累月仅或一举"。所以,有的官员在指出这一弊端后,建议宁宗"严常朝、后殿、四参之礼,起群下肃谨之心,彰明时励精之治"②。但这种情况直至嘉定末年仍然没有得到改善,有些官员要求"申严"朝参制度,指出寄禄官通直郎以上的官员想参加朔参和望参而不可得,因为朝廷一如既往地"参日多免"③。

神宗元丰改制后的常朝仪式,规定官员的排列方位:文官东班,武官西班,亲王、环卫官南班。宰相和枢密院长官上殿奏事,不需礼拜。宰相、参知政事站在殿上东壁,枢密院长官以下站在西壁。首先是宰相与枢密院长官"同对",结束后,枢密院长官退待于西壁。其次是宰相开始"进呈"公文奏事,如果是"除目"(官员任命名单),用片纸读奏疏,皇帝颔首赞同,有时提出一些问题,宰相回答完毕,退立东壁。第三是枢密院长官"进呈"公文奏事,也照样退立西壁。阁门再领一员或两员上殿,或者带领台、谏官入奏。官员上殿奏札,规定要呈送一式两份。

① 《宋会要》仪制2之22—23。
② 《宋史》卷116《礼十九》。
③ 戴埴:《鼠璞·正衙常参》。

奏事可行者,一份留中,一份转发有关官署①。

宋朝皇帝坐殿听政,往往当场决定许多事情,此类例子很多。真宗景德元年(1004年),中书门下缺宰相,真宗心想擢升三司使寇准,同时先委任年高德重的翰林侍读学士毕士安为参知政事。毕士安进殿向真宗致谢时,真宗说:"还没有到头,很快就要封卿为相,谁可以与卿同进呢?"毕士安乘机说:"寇准天资忠义,能断大事,臣所不如。"真宗说:"听说寇准性情刚正,好发脾气,怎么样?"毕士安答道:"寇准忘身徇国,秉道嫉邪,所以不被流俗所喜。现今天下之民,虽然承蒙休德,涵养安佚,而北敌(按指契丹)跳梁未服,像寇准这样的人才正宜使用。"不到一个月,真宗就任命毕士安和寇准一起为宰相②。这是皇帝坐殿与大臣商定最重要的用人即宰相任命问题。神宗熙宁三年,已委任秦凤路都钤辖向宝兼提举秦州西路缘边蕃部,王韶则加"同事"。这是听从枢密使文彦博和陈升之(旭)建议的结果。参知政事王安石发现后,独自提出:"向宝一直沮坏王韶做事,王韶上言有两个族不能招抚,是因为向宝阻挠的缘故。现今命与王韶共事,又居于王韶之上,恐怕王韶难以成事。"陈升之说:"向宝虽带此名,但只在城中,对王韶有何妨碍?"王安石反驳说:"向宝既然为长官,他手下的官吏都害怕他,其威势足以沮事,怎么会没有妨碍? 兼因边事出城,就更足以乱王韶之事。"这时,适逢李中师递呈奏札说:"用王韶提举,而不令向宝都大提举,即会失去向宝之信而不肯尽节。"于是陈升之也以李中师的话为是。王安石说:"朝廷用一个王韶,对向宝有什么亏损,乃不肯尽节? 像汉高祖得陈平于亡虏,便令尽护诸将,诸将又何尝不尽其力?"神宗坐殿时再次与枢密院商议,文彦博坚持前说,神宗因而令撤销向宝的任命,派急脚递追回使者③。这是皇帝坐殿与两府大臣商议边疆大吏的任命问题。哲宗时,曾布曾任知枢密院事。今存《曾公遗录》,扼要地记录了

① 方回:《续古今考》卷27《天子治朝之位》;叶梦得:《石林燕语》卷5。
② 《长编》卷56。
③ 《长编》卷210。

元符二年至三年(1099—1100年)哲宗与朝廷大臣商议决策的情况。元符二年九月丁巳,曾布与三省长官一起见哲宗,哲宗对患病两日的曾布"问劳甚详"。然后,两府"同呈夔州路走马程允武信,言转运司差人吏根括地土不便"。"以奏报后时",决定罚铜10斤(每斤铜折铜钱120文足)。接着,吕惠卿"奏乞以回降夏国诏旨,戒诸路边将,非西人作过,不得出兵过界",哲宗赞同。熙河路修筑东北冷牟寨竣工,哲宗决定赐银合茶药。泾原路要求特予曲悦礼免解,哲宗照准。最后,庆州俘获夏国的监军讹勃罗,用槛车运至东华门,押入崇政殿,哲宗立即传旨"贷命",并令松绑,送都亭驿安顿。闰九月甲申,立冬,哲宗坐崇政殿。由于皇子正患病服药的缘故,哲宗心情不宁,下令停止接见上殿的官员和处理各类公事。见到两府的长官,哲宗告诉他们皇子惊悸的症状,曾布提出有"伏火丹砂"可以治愈。哲宗命进10粒,众官"亦以为宜服"。同天,在都堂"会食",曾布封进该药,要求"令众医官评议供应"。元符三年五月乙酉(这时哲宗已病死,徽宗即位仅5个来月),徽宗坐殿视事,首先是三省和枢密院同呈"边奏"。接着是与大臣们"再对",决定"放罢"(停罢)融州巡检杨懋,令广西详细调查杨懋所陈述之事;撤销胡田统制之职;依照哲宗朝所颁降的旨意,以程建和黄忱"措置备御蛮事"。第三是下令诸路走马承受公事两员处,各由礼部造给朱记一枚。第四是三省以蔡卞为资政殿学士、知江宁府;撤销董必的郎官之职,送吏部;撤销舒亶无为军之职,授与监岳庙。[①]乾道八年(1172年),孝宗有一天坐殿,主要是解决马军司买地置都教场事。马军司李显忠奏申"乞兑换民田充都教场",但有关官署申报"民间不愿",李显忠准备每亩以铜钱5贯文收买。孝宗说:"马司诸军皆未有教场否?"左丞相虞允文答道:"虽有之,但未有都教场。"孝宗说:"建康府营军马,自有大教场,每遇合教,可以暂时教阅。"虞允文询问:"岂非圣意不欲取民田否?"孝宗答道:"然"[②]。淳熙二年(1175年)四月初一日,孝宗坐内殿,

①　曾布:《曾公遗录》卷8、卷9。
②　《皇宋中兴两朝圣政》卷51《孝宗皇帝十一》。

两府进呈淮东和淮西两总领各请求用金、银兑换成会子支用。孝宗提出疑问："纲运既以会子中半入纳,何故如此缺少?"右丞相叶衡和参知政事龚茂良答道："这是因为朝廷用金、银换收会子桩管不用,而金、银价低,军人支请亏折,所以思用会子。"孝宗说："何幸得会子被人看重,但更要考虑所以缺用的原因。"此事当天并未作出决定。初三日,孝宗坐殿,问起此事。叶衡回答说："户部岁入一千二百万,其中一半为会子,而左藏南库以金、银换收进四百余万,于是流通于外者仅二百万,怎能不少呢?"孝宗说："此是户部的数字,不知两总领所分数入纳如何?两处暂各给三十万,兑换金、银。"钱良臣奏申："民间入纳,缺少会子。两淮收换铜钱,已用完会子,请再行给降。"孝宗说："会子竟如此缺少!"龚茂良答道："听说商旅往来贸易,争用会子,一为免纳商税,二为节省脚乘(劳力),三为不再贬值亏损,因此十分流通。"孝宗下令供应金、银给淮东、西总领所,又吩咐两府大臣说："卿等仔细讲究本末,考虑为善后之计。"①以上这些皇帝坐殿视事的事例,只是宋朝历史中的极小部分。这些事例反映,宋朝皇帝一天坐殿解决的事情有大有小,既有民政,也有军政和财政以及任命官员、立法等等。同时,皇帝坐殿时参加参预决策的官员主要是两府大臣,也有其他官员。第三,在决策时,官员可与皇帝争论(如前述史浩与孝宗争论居民不能律以军法),皇帝也可否定官员的提议,等等。这种定期召开的"御前会议",是宋朝中央决策机构的主要形式。今存的壁画中,还保存有宋朝皇帝的坐殿图:一位皇帝头戴无翅幞头,穿着公服,坐于殿上。左右有手持扇的童女各1人外,两旁侍立重戴的官员2人,戴折上巾的官员2人,皆端笏②。

(二) 宰执在二府理政和议政

在皇帝坐朝听政以外,宋朝的次高决策机构是宰执在各自的官署

---

① 《皇宋中兴两朝圣政》卷54《孝宗皇帝十四》。
② 《文物》1979年第2期,第2页图七。

理政和议政。

北宋前期,宰执乃指中书门下的宰相和参知政事以及枢密院的枢密使、枢密副使、知枢密院事、同知枢密院事、签书枢密院事、同签书枢密院事,不包括三司的官员①。实际上,就是中书门下(东府)和枢密院(西府)的二府大臣们。他们除每天五鼓早朝外,还赴各自的官署办公,处理政事。有时还同赴枢密院南的专设议事厅或中书门下内宰相们办公议事的厅堂"政事堂"(一称都堂)议事。

宰执们赴政事堂,必有穿朱衣的两名中书直省吏骑马在前引导;遇到假日,则推迟至黎明始赴中书门下,由中书直省吏从私宅引导,称为"宅引入堂"②。宰相和参知政事在中书门下的日常事务,主要有两类:

第一类是接见百官,了解情况。宋初,统治者"不喜人附会权势",大臣不准在私宅会见宾客,百官也极少登门,而只诣中书门下请谒,每天不下 100 人。太宗淳化二年(991 年),左司谏、知制诰王禹偁提出,自今百官会见宰相和枢密使,皆须朝罢后到都堂(即政事堂)请见;宰相和枢密使不得在本官厅"延揖宾客,以防请托"。太宗赞同,并令御史台"宣布中外"。但左正言、直史馆谢泌立即上疏表示异议,认为"疑则勿用,用则勿疑"。"辅臣"如果不去接见百官,就难以悉知外事。如果只令在都堂"候见",则"百官请见、咨事无时",这样"大臣常须有执事于朝堂,无解衣之暇"。即使杜绝了公堂的请谒之礼,但还有私室;堵塞了相府请求之门,还有其他途径。这不是陛下"推赤心以待大臣,大臣展四体以报陛下之道"。太宗欣然同意,立即下令追回前一诏书。尽管不再禁止宰相在本厅接见宾客,但前赴中书门下求见宰相的官员过多,以致应接不暇,动辄到中午还不能就食,同时,"敕牒或未印署,堆积几案,政事停壅",而求见的官员中"干以私者"占 8/10③。原则

———————————

① 《宋史》卷 210—214《宰辅表一—五》。
② 庞元英:《文昌杂录》卷 3;赵昇:《朝野类要》卷 5《余记·宅引》。
③ 《长编》卷 32。

上,百官以公事至政事堂或枢密院议事,称为"巡白"①。官员凡有公事取复宰执,称为"白堂"。尚书省和枢密院属官在入局之日,分持所议公事上都堂禀白宰执,而后施行,称为"过堂"。②在都堂上,宰相即据案而坐,京官以上北向而坐,选人则只能站着说话。③前二府大臣前来议事,宰相即撤案,叙宾、主之礼,面东、西而坐,称为"掇案"④。翰林学士至政事堂与宰相议事,允许系鞋登堂,据说这是一种客礼⑤。仁宗嘉祐六年(1061年),同知谏院司马光递呈奏札,要求仁宗早立皇嗣,认为这是"国家至大至急之务"。仁宗首肯,并令司马光将所言交付中书。当天,司马光又反映"江淮盐贼事",赴中书门下禀议。宰相韩琦问司马光:"今日复何所言?"司马光暗思这是国家大计,不可不使韩琦知道,就答道:"所言宗庙社稷大计也。"韩琦领会其意,不再说话。10天后,司马光再次至中书,见到韩琦等人,说:"诸公不及今议,异日夜半禁中出寸纸以某人为嗣,则天下莫敢违。"韩琦等皆连连点头称:"敢不尽力。"⑥哲宗元祐间,朝廷决策放弃河、湟,通直郎王厚上疏陈述"不可"的理由,而且亲自诣政事堂与宰相面谈,但不被采纳⑦。神宗熙宁间,王安石为扩大改革派的力量,凡言水利、理财、更改的利害者,不论胥吏或者商贾、农民、囚犯、因罪废者,"或召至中书,或赴司农",献计献策⑧。熙宁四年(1071年),审刑院详议官、殿中丞朱大简等上言:"昨定审官西院差澶州都巡检康异不如法",御史台反而弹劾朱大简"迁延不决",只因遇赦才被减轻处罚为"冲替"。其实是朱大简由于准备赴中书门下、枢密院"巡白","以故稽期",并非"弛于职","而枢密院按置以法"。神宗乃下诏审刑院和大理寺,今后凡中书和枢密院"送定公

①　王得臣:《麈史》卷下《谐谑》;《宋会要》职官15之8。
②　《朝野类要》卷4《杂制》。
③　朱彧:《萍洲可谈》卷1。
④　魏泰:《东轩笔录》卷8。
⑤　《长编》卷177。
⑥　《长编》卷195。
⑦　《宋史》卷328《王厚传》。
⑧　《长编》卷240。

事,依条定夺,毋得巡白"①。宋朝还规定,官员非因公事而入中书,是"起居失仪"的 16 条中的一条,犯者罚一个月的俸禄②。元丰五年(1082 年),在实行官制改革前夕,神宗又下诏规定百官求见执政官,三省的给事中、舍人、侍郎以上,寺、监长官和待制、横行以上、赴府;其他官员皆赴三省和枢密院"聚厅处"。如属请召而来以及执政的属官、亲戚,则不用此法③。

第二类是"奏审"(申报复审)和执行皇帝的命令以及审批各种官府公文。北宋前期,皇帝的敕旨皆批转中书门和门下枢密院复审和执行。元丰改制后,中书省长官面奉皇帝的旨意,另用黄纸记录下来,中书令和侍郎、舍人"宣奉行讫",录送门下省为"画黄";承受皇帝"批降若复请得旨",以及进呈"熟状"而得到皇帝的画可之事,也另用黄纸记录,"宣奉行讫",录送门下省为"录黄"。枢密院也照此办理,不同的是用白纸录送,当面得旨者为"录白","批奏得画者"为"画旨"。门下省收受录黄和画黄、录白、画旨,"皆留为底,详校无舛,缴奏得画",用黄纸书写,再由侍中、侍郎、给事中"省审读讫",录送尚书省施行。中书和门下、尚书省承接的敕旨和"内降"实封文书,皆登记在册④。在宰执审批的各种官府公文中,包括百官的奏章、同级官署关报的公文、下级官署和各地申报的公文等。百官的奏章,一般经由进奏院和阁门,先由皇帝审阅,由他裁决,批转有关官署处理,在北宋前期主要是批转中书门下和枢密院。尤其是官员"面对"皇帝时的奏章,皇帝"不自批章",均转送中书门下和枢密院⑤。神宗元丰改制后,各地实封的奏章,除由皇帝"内降"(批转)指定付给三省、枢密院及中书、门下、尚书省外,其余奏章都付给中书省,再由中书省分送所属的曹、省⑥。在北宋初年,

---

① 《宋会要》职官 15 之 8。
② 《宋会要》仪制 8 之 29、26。
③ 《长编》卷 325。
④ 《长编》卷 323。
⑤ 《宋史》卷 311《庞籍传》。
⑥ 《长编》卷 326。

宰相赵普当政时,官员上殿前,皆须事前赴中书门下"供状,不敢诋斥时政",方许登殿面对。表明赵普要负责对每一个上殿奏事官员的奏章进行审查。直到田锡担任谏官,对此提出异议,才稍稍放松一些①。不过,直到神宗元丰五年(1082年)前,中书门下和枢密院有权将自认为不合适的官员上殿札子留下,不"进呈"皇帝。直到这一年,才下诏从今以后官员的上殿札子,三省和枢密院不得擅自扣压,而必须全部"进呈取旨"②。哲宗元祐元年(1086年),司马光指出,尚书左、右仆射即左、右相,亲自主管尚书省事务,"自朝至暮,省览文书,受接辞状,未尝暂息"③。

北宋前期,宰相的阶官在仆射以上,在朝廷发布的敕尾只署名而不书姓,阶官在吏部尚书以下则皆著姓。神宗元丰改制,以左右仆射为宰相,所以不计寄禄官的高下,一例去姓④。

中书门下(或三省)和枢密院负责颁布的圣旨、札子、批状,凡由中书门下(或三省)颁布的称为"敕",凡由枢密院颁布的称为"宣"⑤。在这些公文上面,中书和枢密院的长官各须在末尾签押。今存的宋朝敕牒文字,均保留有宰执的签押。如徽宗大观四年(1110年)的《封顺民侯牒》,末尾有尚书左仆射兼门下侍郎何执中、门下侍郎吴居厚、给事中□涣之的押字,这是该牒文由门下省"省审"的记录,随后又有尚书左仆射何执中、尚书右仆射张商英、尚书左丞侯蒙、尚书右丞邓洵仁等人的签押,皆不著姓,这是该牒由尚书省执行的记录,所以牒文的最后有"奉敕如(右),符到奉行"一句⑥。理宗淳祐六年(1246年)和宝祐四年(1256年)两次加封太学土地为正显昭德文忠侯的《敕牒碑》,淳祐六年敕牒末尾,有右丞相游侣、知枢密院事兼参知政事赵葵、同签书枢密

① 魏泰:《东轩笔录》卷14。
② 《长编》卷328。
③ 《国朝诸臣奏议》卷58,司马光:《上哲宗乞六曹长官专达》。
④ 周必大:《二老堂杂志》卷2《本朝宰相书敕著姓》;徐度:《却扫编》卷上。
⑤ 《长编》卷286。
⑥ 《文物》1959第12期,第65—66页。

院兼权参知政事陈韡等人的签押,仍不著姓,这是三省和枢密院执行的记录;宝祐四年敕牒末尾,有右丞相程元凤、参知政事贾似道、参知政事蔡抗等人的签押,这是三省执行的记录;牒文最后皆有"奉敕如右,牒到奉行"一句①。太宗端拱元年(988年)的《改赐终南山宫观名额牒》,末尾有户部侍郎、参知政事王沔和辛仲甫,中书侍郎兼户部尚书、平章事吕蒙正的签押,皆著姓,牒文最后有"奉敕如前,牒至准敕,故牒"②。这些都是宰执每天赴厅理政时签押的有关公文。

中书门下或三省和枢密院长官还经常举行会议,一起商讨国家大事。从宋初开始,每遇边事和边臣的任命、移易,中书门下和枢密院的长官一般皆进行"聚议"。真宗咸平四年(1001年),边臣请求绥州筑城,大规模积谷屯兵,以遏制党项。在朝官员"互执利害,久而未决"。真宗命中书和枢密院"会议"。宰相吕蒙正和参知政事王旦、王钦若认为"修之不便";另一宰相李沆主张"修之便,但恐劳民";另一宰相向敏中,知枢密院事周莹和王继英,同知枢密院事冯拯和陈尧叟,都提出"修之便"。最后由真宗决断:绥州"境上遐邈,不可遥度其事",命直史馆洪湛和阁门祗候程顺奇"同往按视",再作决定③。至仁宗康定元年(1040年),由于西夏元昊军队不断侵扰边境,宋军屡败,为改变宰相不预边事的旧制,开始规定枢密院遇有边事,皆须与宰相张士逊和章得象"参议"。随后,仁宗又下诏中书门下另置厅于枢密院之南,作为专与枢密院商议边事的场所④。称为"开南厅"⑤。从庆历二年起,为进一步加强朝廷决策机构对边防的统一指挥,开始以宰相兼任枢密院的长官,委任宰相吕夷简判枢密院,另一宰相章得象兼枢密使,而枢密使晏殊加"同平章事"即宰相之职⑥。至庆历五年,宰相贾昌朝和陈执中以"西夏

①　(清)阮元:《两浙金石志》卷12《宋淳祐、宝祐加封敕牒碑》。
②　(清)王昶:《金石萃编》卷133《宋十一》。
③　《长编》卷50。
④　《长编》卷126。
⑤　王明清:《挥麈录·后录》卷1。
⑥　《长编》卷137。

来庭,防边有序",请求罢兼枢密院之职,终于得到仁宗的批准,但仍然要求枢密院"凡军国机要,依旧同(宰臣)商议施行"。这时,枢密院主动请求今后进退管军臣僚、极边长宫、路分钤辖以上,皆与宰臣同议。这都得到仁宗的赞同①。英宗治平三年(1066 年),建立起中书门下和枢密院长官定期聚厅会议的制度,规定二府每逢朔和望会于南厅②。但二府同议,并非合而为一,所以时有异同。治平四年九月,二府商议边事多有抵牾。赵明与西夏人作战,中书对其赏功,枢密院却颁降"约束"之令;郭逵修堡寨,枢密院刚诘问,而中书却已下褒诏。所以,御史中丞滕甫上言:"战守,大事也,安危所寄。今中书欲战,密院欲守,何以令天下? 愿敕大臣,凡战守、除帅,议同而后下。"对此,神宗十分赞同。此后,凡枢密院比较大的公事,皆与中书一起商议,然后一起上殿奏稟,枢密院长官先退下,待中书长官奏毕,再上殿进呈本院的"常程公事"。二府一起奏稟的公文,开头皆称"三省、密院同奉圣旨"云云③。但在王安石执政并推行新法的前期,二府议事往往不合,甚至尖锐对立。在神宗熙宁二年至六年(1069—1073 年),枢密使文彦博激烈反对新法,屡屡与王安石发生激烈争论,但王安石多次获胜。直到熙宁八年文彦博罢枢密使出朝以后,这场争论才告结束。神宗元丰改制,规定军政之事分为大、小,大事由三省和枢密院"同议进呈画旨",称"三省、枢密院同奉圣旨",三省官皆在公文上签押,交付枢密院执行;小事则由枢密院单独取旨,执行后关报三省④。哲宗时期,尽管二府大臣在边事上往往议论不合,但二府遇军政大事同议和同进呈的制度仍照常执行,其聚议的地点往往在都堂⑤。只在徽宗时期,二府这一制度逐步遭到破坏。首先是内侍童贯领枢密院,集握兵与发兵之权于一身。至宣和三年(1121 年),童贯领兵镇压两浙方腊起义,更是控制了枢密院的军政大

---

① 《长编》卷 157;《挥麈录·后录》卷 1。
② 《宋会要》职官 1 之 77。
③ 《挥麈录·后录》卷 1。
④ 叶梦得:《石林燕语》卷 5。
⑤ 《宋史》卷 17《哲宗一》;曾布:《曾公遗录》。

权。次年,宰相王黼在三省设经抚房,专治边事,边防军政不再与枢密院有关①。

南渡后,金朝和蒙古(元)军队的接连南侵,二府分掌兵、民大政,显然不合时宜。高宗即位初年,依旧设置二府,另设御营司总管军政,而以宰相兼枢密使,枢密院"几无所干预"。建炎四年,废御营司,而仍以宰相兼知枢密院事。权相秦桧从绍兴七年(1137年)起,两次入相兼枢密使,专政18年,枢密院实际沦为宰相的下属机构,二府定期聚议的制度自然形存而实亡了。枢密院的长官不再属宰相之列,而只能与其他执政如参知政事等为伍②。秦桧死后,宰相不再兼枢密使之职,二府聚议制度逐渐恢复③。但每遇北境重开战火,宰相便兼任枢密使;战争停息,则又免兼。此后,在宁宗时期,韩侂胄和史弥远连续专权,理宗和度宗时期贾似道专权,枢密院被降为宰相的附属机构,甚至三省也形同虚设,二府聚议制度被破坏殆尽④。

(三)朝廷官员集议

宋朝统治者遇到军国大事或比较复杂的事情,难于独断,往往召集有关官员开会商议,参加会议的人数较多,称为集议。集议是宋朝朝廷初步决策的一个重要方式。

北宋初年,集议是这样进行的:凡遇朝廷典礼之事应该集议者,由皇帝下诏尚书省的人吏,"以告当议之官,悉集都堂"。都堂即尚书省正厅。参加会议的官员,规定为尚书省左、右丞,各部尚书和侍郎,门下省和中书省的侍郎,以及左、右散骑常侍和给事中,左、右谏议大夫,中书舍人,知名表郎官,左、右司郎中和员外郎,各部郎中和员外郎,起居郎和左、右司谏,左、右正言,御史中丞和三院御史,或者左、右仆射和御

---

①　《宋史》卷22《徽宗二》。
②　《宋史》卷213《宰辅四》。
③　《挥麈录·后录》卷1。
④　参阅梁天锡:《宋枢密院制度》下册第一章。

史大夫。此外,还设监督集议的御史,称"监议御史";负责将所商议之事的公文授给有关长官的郎官,称"知名表郎官"。与会官员按"杂坐图"就座,座位的位置和方向皆有一定。如果召集参加的还有其他官员,则重新安排座位,这样,诸司三品就坐在侍郎之南,东宫一品坐在尚书之前,武官二品在谏、舍之南。入座时,官位低者先就席。在左、右丞升厅时,尚书省吏人大声揖群官就座,知名表郎官将所议事"授所司捧诣左、右丞"。右丞"执卷展读"毕,交给御史中丞,御史中丞授给尚书、侍郎,顺次读毕,再交回给知名表郎官。会议由判都省官"主席"。商议即将结束,左、右丞"捧笔叩头揖群官",用一张纸书写所商议的事节,书押其下,再交给四座。监议御史命吏人告诉群官,所见不同者请不必书押。书押时,官位高者在前①。宋初以后基本沿袭此制。

需要集议时,常由"朝廷出别旨"或者"徇官司旧规"②。参加集议的官员,范围并不一定,由"诏旨临时指定"。有时仅"循常例",召集尚书省的五品以上官员和知杂御史;有时为两制、两省五品,尚书省五品,御史台知杂御史以上官员;有时为翰林学士、丞、郎、大两省、御史台知杂御史以上官员;有时为翰林学士、两省官、御史台官、员外郎以上官员;有时为文武百官;等等。诏书中"不特言其官"者,即不赴会。召集文武百官商议时,两省官和学士等不须参加③。集议的地点一般在尚书省,有时在朝堂(文德殿门外)或中书省,有时在延和殿。有时分头在几处召开,朝廷官员仍在尚书省,六曹官员在吏部尚书厅,侍从、两省官在后省,如果台谏官预会,即在御史台召开。这是孝宗淳熙三年(1176年)的一份诏书中规定的④。

宋太祖建国伊始,为建立宗庙,下诏文武百官赴尚书省集议。建隆三年,又下诏尚书省集议徒、流、笞、杖用常杖制,参预商议的官员限于

---

① 《宋会要》仪制8之1;《宋史》卷120《礼二十三》。
② 《宋会要》仪制8之9。
③ 《宋会要》仪制8之10、11、8。
④ 《宋会要》仪制8之21;王得臣:《麈史》卷上《朝制》。

尚书丞、郎、郎中和员外郎①。太平兴国七年(982 年),太宗为消除其皇位的主要潜在威胁——其弟秦王廷美,而新复任宰相的赵普也为报复另一宰相卢多逊,太宗和赵普便决定联手惩治廷美和卢多逊。赵普访查到卢多逊与廷美"交通"之事,告诉了太宗,太宗大怒,责授卢多逊兵部尚书,下御史狱,逮捕了中书门下和秦王府的一些吏人,命翰林学士承旨李昉等 4 人一起审理。随后,又下诏说:秦王廷美与卢多逊"结构奸谋,情状显露","比今鞠劾,多逊具伏者",命令文武常参官集议于朝堂。太子太师王溥等 74 人经过商议,向太宗奏呈集议的结论:卢多逊承认屡次派遣堂吏赵白以中书机密公事密告秦王廷美。去年九月中,又命赵白告诉廷美说:"愿宫车(按指太宗)早万岁,尽心事大王。"廷美又派樊德明报告多逊说:"丞相言正会我意,我亦愿宫车早晏驾。"此外,卢多逊曾接受廷美私赠弓箭等。王溥等人"谨按":"兵部尚书卢多逊身处宰司,心怀顾望,潜遣亲吏,交结藩王,通达语言,咒诅君父,大逆不道,干纪乱常,上负国恩,下亏臣节,宜行诛灭,以正刑章。"提议对卢多逊"削在身官爵,准法诛斩"。按照"贼盗律"规定,"谋反大逆",父、子年 16 以上,皆绞;15 以下及母、女、妻妾子、妻、妾、祖、孙、兄弟等皆没收入官;伯叔父、兄弟之子,皆流 3 000 里。秦王廷美"伏请并同卢多逊处分",中书吏赵白、廷美、樊德明"并请处斩"。王溥等人最后说:"臣等谨具议定以闻。"算是这次集议的结束语。次日,太宗正式下诏卢多逊在身官爵和三代封赠、妻子官封,"并宜削夺","追毁"所有加官晋爵的文书,全家亲戚皆配隶崖州,充当"长流百姓",终身监禁;其期周以上亲戚,皆配隶边远州郡监禁。廷美"勒归私第"。赵白、樊德明等 6 人皆处斩②。在王溥等人常参官集议这一案件的过程中,太宗已在最初定下调子,将台狱的审讯结果告诉王溥等人,王溥等人只是依此量刑,提议如何惩处而已。

---

① 《长编》卷 1;《宋会要》仪制 8 之 9。
② 《长编》卷 23;《宋会要》仪制 8 之 1—2。

　　宋真宗咸平元年(998年),下诏尚书省召集文武常参官,讨论户部尚书张齐贤和监察御史王济"互陈删定编敕利害"。这是因为张齐贤和王济在删定国家的法规"编敕"时意见相左,张认为"小民犯盗者众,欲宽其赃,冀多全宥"。王则反对,认为"宽则犯者益众,以死惧之,尚不畏,况缓其死乎"? 王"强抗,词气甚厉",甚至攻击王为"腐儒不知适时之要"。于是真宗出面命"都省详议,并劾(王)济"。不久,张齐贤晋升参知政事,为树立自己的威望,"不欲与庶僚校曲直",主动要求停止集议。真宗"欣然嘉纳",王济也免遭处罚①。

　　宋钦宗靖康元年(1126年),金朝大军压境,向宋朝提出割让太原、真定等三镇的要求。钦宗一时难于决断,便下诏召集百官至延和殿商议三镇之事,各给笔、纸,文、武官分列廊庑,共100多人。从范宗尹以下70人赞成割让三镇,梅执礼等36人反对,双方各抒己见。范宗尹等人提出,朝廷"尝许(金朝)三镇,今反不与,是中国失信于夷狄。若姑且与之,纵复猖獗,则人怨神怒,师出无名,可不战而屈也"。范宗尹甚至"伏地流涕,乞予之以纾祸"。梅执礼等人指出,朝廷经三世的努力才得河东,且"陵寝在焉"。河北是全国的四肢,四肢卸去,"吾不知其为人"。"人民贡赋,皆其末也"。而况"天下者,太祖之天下,非陛下之天下。石敬瑭故事,岂可遵乎"? 两派意见相持不下。后来,钦宗派内侍带着范宗尹等人的章疏示众说:"朝廷已有定议,不得异论。"于是决定将三镇割给金朝②。

　　宋宁宗嘉定元年(1208年),朝廷又一次进行重要的集议。开禧三年(1207年),权臣韩侂胄在一场政变中被杀。金朝得悉这一情况后,于开禧元年正月打发宋朝使臣、监登闻检院王枏从河南回到临安。王枏携带了金朝行省牒文,赴三省、枢密院,求取韩侂胄的首级③。宁宗下诏侍从、两省、台谏官诣朝堂"集议以闻",签书枢密院事林大中和吏

①　《宋会要》仪制8之3。
②　《宋会要》仪制8之17。
③　《宋史》卷39《宁宗三》。

部尚书楼钥、兵部侍郎倪思主张"和议重事,待此而决,奸凶(按指韩侂胄)已毙之首,又何足惜!与其亡国,宁若辱国!"倪思"主之尤力",还说"在朝有受其恩、欲为之地者",暗指章良能以前曾接受过韩侂胄的优遇,现在准备为韩辩护。章良能对这种谬论"抗词力争",说:"韩首固不足惜,而国体为可惜。"又说:"今日敌要韩首,固不足惜,明日敌要吾辈首,亦不足惜耶?"但无人支持韩良能的意见。最后,采纳林大中等人的主张,由省吏拿出黄纸,写上:"今据礼部侍郎倪思议到,奸凶已毙之首,又何足惜!"①这次集议前后开过两天,议定后,得到宁宗的依从,立即派遣临安府副将伊明斫开韩侂胄的棺柩,割下首级,运送至江淮制置大使司,转送金朝②。当时,朝外很多有识之士反对这种丧权辱国的决策,但"当路者畏懦,惟恐稍失其(按指金朝)意,乃听其恐喝,一切从之"③。

宋朝朝廷通过官员集议而后决策的事情甚多,包括皇帝的尊号,皇帝和皇后、大臣的谥号,选择帅臣,接见外国使臣的礼仪,纳后仪注,刑法,删定编敕,等等④。有时,一次集议所要解决的问题众多。如约孝宗时,三省"同奉圣旨,令侍从、台谏、两省官集议"监察御史徐谊和徐庆胄所奏"繁冗虚伪弊事",然后申报尚书省。经过集议,官员们一致认为徐谊所"条具"的各项中,有些已有"现行条法、该载明备者",只需有关官署"检举申严","自不须集议"。此外,有几项为"条法未尽、施行未备"的事件,理应集议,其中有知州和通判官缺的选注、官员酬赏和铨试制度、风俗侈靡、恩荫奏荐亲属和门客、祠禄制度、添差官注授厘务和不厘务差遣、简汰冗冒之兵、核实诈伪补官者、销落帐目上之虚数、制止搢绅奔竞之风,共十大项⑤。集议这一初步决策的方式,其长处在

---

① 叶绍翁:《四朝闻见录》乙集《函韩首》,载章良能力主函韩首送金,独王介"抗议"。周密:《齐东野语》卷3认为"此非事实"。
② 《建炎以来朝野杂记》乙集卷7《开禧去凶和敌日记》。
③ 《齐东野语》卷3。
④ 《宋会要》仪制8之1—24。
⑤ 韩元吉:《南涧甲乙稿》卷9《集议繁冗虚伪弊事状》。

于集合朝廷精英的大部分,有利于集思广益,找到最佳的解决方案。缺点是皇帝往往定下基调,参加集议者只是据此查出法律依据和理论根据,然后作出结论。

（四）制置三司条例司、国用司、讲议司、机速房等官署的兴废

出于进行全面改革、筹集经费、加强对外战争的领导等目的,宋朝临时设立了一些官署,诸如制置三司条例司、国用司、讲议司、机速房等,一度集中了其他官署的一些权力,发挥了一定的作用。

制置三司条例司——宋神宗熙宁二年至三年（1069—1070 年）,以王安石为首的变法派成立了统一领导实行新法的领导机构,称"制置三司条例司"。熙宁二年二月,神宗命知枢密院陈升之和参知政事王安石"取索三司应干条例文字看详,具合行事件闻奏",另设官署名"制置三司条例司"①。其职权范围是"经画邦计,议变旧法,以通天下之利"②。委任陈升之和王安石为"同制置三司条例",兼领该司。此前,中书门下和枢密院的长官不能预闻朝廷财政大计,造成民政和军政、财政三者脱节,严重影响财计的规划。为了克服这种弊端,"以讲求理财之术",遂创建这一官署。

条例司陆续设置检详文字、相度利害官、勾当公事官等以及各类吏人。首任检详文字官者是集贤校理吕惠卿,王安石对他十分倚重,凡条例司"事无大小必谋之",王安石"凡所措请章奏"皆由吕惠卿执笔。吕惠卿成为王安石推行新法的得力助手③。接着,又委任前权大名府留守推官苏辙为检详文字官,但五个多月后,苏辙以"每于本司商量公事,动皆不合"为理由,辞去了这一差遣。随后担任检详文字官者,有秘阁校理李常,前许州司理参军、国子监直讲王汝翼;担任相度利害官

---

① 《皇宋通鉴长编纪事本末》卷 66《神宗皇帝·三司条例司》。
② 《宋史》卷 161《职官一》。
③ 《宋史》卷 471《吕惠卿传》。

者,有殿中丞、知冤句县张复礼,前明州司法参军李承之等①。

条例司创立之初,神宗即命"讲求"职役的名目之一衙前的"利害""立法",以免除其重负。陈升之和王安石等人经过商议,认为"除弊兴利,非合众智,则不能尽天下之理"。建议下令三司判官和各路监司以及内外官员"有知财用利害者",讨论有关问题;同时,准许有志于改革的"诸色人"到条例司陈述意见,或在所属州军投状,缴申条例司。又选派刘彝和谢卿材、王广廉、侯叔献、程颢、卢秉、王汝翼、曾伉等 8 人,往各路"相度农田水利、税赋、科率、徭役利害",试图通过调查研究来制定切实可行的政策。从熙宁二年七月起,条例司推行了均输、青苗法和"农田利害条约"②。确立了"使民出钱雇役"的职役雇募的基本原则③,还计划编定三司每年经费预算和南郊的经费预算④,使新法得以初步实行。

然而,新法的推行一开始就充满了矛盾和斗争。首先是条例司的主要领导人之一陈升之,在熙宁二年十月晋升宰相后,立即改变了积极支持变法的初衷,"于条例司事,遂不复肯关预"。他提出既然身为宰相,理应"无所不统","所领职事,岂可称司"! 所以,他以后"难以签署"有关条例司的公文。提议令"孙觉、吕惠卿领局,而升之与王安石提举"。王安石认为"此事但可如故,无可改者"。神宗提出,以前陈升之在枢密院,现在都在中书,"并归中书何如"? 陈升之支持神宗的意见。王安石不赞成合并,理由是"分为一司,则事易商议,早见事功";如并归中书,则必等正、副宰相 4 人"无异议,然后草具文字。文字成,须遍历四人看详,然后出于白事之人,亦须待四人皆许"。这样,不免"事积而难集"。而且条例司所奏请之事"皆关中书审复,然后施行"。神宗想叫王安石独自领导,王安石又不同意,他坚持必须中书和枢密院

---

① 《皇宋通鉴长编纪事本末》卷 66《三司条例司》。
② 《宋史全文》卷 11《宋神宗一》;《宋会要》食货 1 之 27—28,职官 5 之 1—2。
③ 《宋史》卷 177《食货上五》。
④ 《宋会要》食货 5 之 4—6。

各差 1 人,最后他建议愿与韩绛同领其事。于是至十一月,改命枢密副使韩绛"同制置三司条例"。陈升之前后在条例司近 9 个月①。其次是一些守旧者极力攻击青苗等法,指责条例司重用大批"急于功利"的"刻薄小人"和"新进少年","专以聚敛苛刻为政,而务新奇",致使"天下骚然"②。判大名府韩琦连续数次上奏章提出反对实行青苗法的理由,又说条例司"虽大臣主领,然终是定夺之所",凡事"不关中书、枢密院,不奉圣旨,直可施行者,如此则是中书之外又有一中书也"③。一时,御史中丞吕公著,右正言孙觉和李常,监察御史里行张戬和王子韶、程颢,侍御史知杂事陈襄等纷纷上疏要求停止实行青苗法,甚至公开要求撤销条例司④。文彦博等元老重臣以及司马光也"皆请罢制置条例司"。神宗虽然将反对青苗等法的台谏官一一撤职降官,但又告诉文彦博:"俟群言稍息,当罢之。"意谓"不欲亟罢,恐伤王安石意故也"。至熙宁三年五月,神宗下诏宣布:"近设制置三司条例司,本以均通天下财利,今大端已举,惟在悉力应接,以促成效,其罢归中书。"接着,为了说服王安石支持此举,"又以手札谕安石"。条例司的结束工作拖延较久⑤,其吏人拨归中书为额外堂后官,枢密院者为副承旨,三司勾复官皆晋升供奉官。条例司的职权改归司农寺,由司农寺长官"兼领农田差役水利事"⑥。于是司农寺成为推行新法的决策机构之一。制置三司条例司的撤销,是宋神宗向守旧派妥协的结果。

　　国用司——宋孝宗隆兴初年(1163 年),有官员针对朝廷准备对金用兵,三衙、御营使司、都督府等计划扩军 20 万人,上疏提出:"近以宰相兼枢密使,盖欲使宰相知兵也。宰相今虽知兵,而财谷出入之原,宰相犹未知也。必待户部供具,然后方及知尔。"希望陛下效法唐制,委

---

① 《皇宋通鉴长编纪事本末》卷 66《三司条例司》。
② 邵伯温:《邵氏闻见录》卷 11、20。
③ 《宋会要》食货 4 之 29。
④ 《宋会要》食货 5 之 4—5。
⑤ 《皇宋通鉴长编纪事本末》卷 66《三司条例司》。
⑥ 《长编》卷 211。

派宰相兼领三司使的职事,"财谷出纳之大纲,宰相领之于上,而户部治其详"。请求将户部现在的收支、缺欠数目告诉都督府,使之知悉,"庶几戮力一心,共体国事"。孝宗肯定这些建议,命令秘书省"讨论来上"①。到乾道二年(1166 年)十二月,正式下诏说:"朕惟理国之要,裕财为重。"以往的两三名大臣"专务简忽,至于用途浸广,漫不加省,因循滋久,殊无变通"。自今宰相可"带兼制国用使",参知政事可"同知国用事"。次年正月,宰相叶颙等向孝宗汇报宰执们的商讨结果,主要内容为:一、新官署以"三省户部国用司"为名。二、有关公文皆依三省的体式,仍用尚书省印。三、日常公文,"自行下户部施行";"取会"外路监司和州军有关财计利害的公文,"立号置籍","候回报到,逐一勾销"。四、所有州军应该起发的上供等钱物,仍由户部依法"逐时举催,应副支使"。如有每年"经常非泛杂支"以外"用度"的钱物,以及"经画利源节省事务",并由本部"措置拟定,申取旨挥施行"。五、各路州军应起发的上供等钱物,每年分上、下半年,由户部比较最"稽违拖欠"的州军,具名按劾,申报国用司"取旨挥,重作黜责"。如有"起发足办,别无违滞"的州军,也申报国用司"取旨挥,优加推赏"。六、在三省各房内,选差点检文字 2 人、主管文字 5 人、掌管簿书守缺 2 人、书写文字 10人,作为国用司的吏人。等等。孝宗一一依从。二月,孝宗下诏规定自今每月初五日,国用司负责将宫禁内人和百司官吏、三衙将校军兵等前月请给数目和人数开具进呈。外路军马由各总领所逐月开具以上数目和"非泛支用"的数目进呈,并规定"永为定式"②。乾道五年二月,撤销国用司,所行事务皆并归三省户房③。乾道八年,改定丞相官名,遂下诏说:"丞相事无不统,所有兼制国用事,与参政更不入衔。"④

　　宋宁宗嘉泰四年(1204 年),权臣韩侂胄在筹画北伐金朝时,再度

①　《建炎以来朝野杂记》甲集卷 10《制国用使》;《宋会要》职官 6 之 20—21。
②　《建炎以来朝野杂记》甲集卷 17《国用司》。
③　《宋会要》职官 6 之 21—22。
④　《建炎以来朝野杂记》甲集卷 10《制国用使》。

将全国财权集中到宰相手中,重设国用司。是年十二月由宁宗下诏说,
"祖宗"时"委任三司,专总邦计",所以"能周知源委,出入有常"。现今
的财赋,"名归户部,而事权散紊,不复相通"。有关官署"出纳,莫可稽
考";"吏或苛取,重困吾民"。因此,决意遵照孝宗的"典故",由宰相兼
国用使,参知政事同知国用事,另外从侍从、卿监中选择"才识通练、奉
公爱民者"2 人为其官属,"俾专其职,参考内外财赋所入、经费所出,会
计而总核之",以便"名实不欺,用度有纪"①。于是委任右丞相陈自强
兼国用使,参知政事兼知枢密院事费士寅和参知政事张岩兼同知国用
事。此外,又委任兵部侍郎薛叔似兼参计官,太府卿陈景思同参计
官②。次年即开禧元年(1205 年)正月,中书门下省议定:一、国用司使
用都堂之印,参计官另铸"国用参计之印"。二、由临安府物色空闲房
屋设局。三、国用司设承受兼提点文字 2 员,从三省户部选差;点检文
字 1 员、主管文字 9 员、开拆发放文字 2 员、攒算 2 员。四、以前国用司
的案籍、簿书、帐目并已造会计录,令往有关官署索取,"参酌去取,重
新详尽立式施行"。五、国用司发付外路官署"关会"帐目的文书,外路
官署申报国用司的帐目文书,皆由都进奏院承领转交。国用司设开拆
司,差进奏官 1 员和铺兵 2 员,具体负责此项工作。六、国用司"取会"
户部、各官署和总领所、各路监司、州郡的帐目文书,如有延期不报或报
不以实,允许参计官将当职官员具名申奏,及处罚有关公吏。等等③。
新的国用司的规模比孝宗时还要大,其主要职责是掌握在京和外路官
署的帐目,了解财赋所入和经费所出。二月,负责"总核内外财赋"的
国用司,受命对各路转运司"立考核财赋之法"④。至开禧三年十一月,
韩侂胄在一场政变中被害,陈自强也以"阿附充位",罢免右丞相之职,
国用司随之撤销⑤。

---

① 佚名:《两朝纲目备要》卷 8《宁宗》。
②⑤ 《宋史》卷 162《职官二》。
③ 《宋会要》职官 6 之 25—26。
④ 《两朝纲目备要》卷 8《宁宗》;《宋史》卷 38《宁宗二》。

　　讲议司——宋徽宗朝,蔡京等人以复行神宗时新法为名,两次设置讲议司,研究解决当时的重大政事。早在哲宗绍圣元年(1094 年),担任户部尚书的蔡京就已上疏,要求"参酌"神宗熙宁初设置条例司的"旧制","上自朝廷大臣,下选通达世务之士,同共考究,庶几成一代之业,以绍万世"。徽宗崇宁元年(1102 年),由宰相蔡京提议,决定仿照条例司体制,在都省设置讲议司。委任蔡京为提举,侍从官、户部尚书吴居厚和翰林学士张商英、刑部侍郎刘赓 3 人为详定官,卿监、起居舍人范致虚和太常少卿王汉之、仓部郎中黎𫐓、吏部员外郎叶某为参详官。同时,设置 21 名检讨官,负责商讨"政事之大者",如宗室、冗官、国用、商旅、盐泽、赋调、尹牧等问题,委任朝奉郎、少府监丞强浚明、太常寺主簿李诗、宣教郎鲍贻庆 3 人,主持宗室问题的研讨;朝散郎李琰和陶节夫,承议郎吴储,主持冗官问题的研讨;承议郎家安国、朝散郎王觉、奉议郎崔彪,主持国用问题的研讨,等等,基本上是每 3 名官员负责一个问题。此外,又分讲议司的武备房设置枢密院讲议司,委任知枢密院事蔡卞提举,恩州防御使、枢密都承旨曹诱为详定官,左司员外郎曾孝蕴为参详官,研讨训练民兵、增置兵额等事。蔡京和蔡卞兄弟分领朝廷民政和财政、军政三个方面重大问题的"考究"和"修讲"。到崇宁三年三月,蔡卞递申奏札说,设置枢密院讲议司后,训练民兵、增兵等事已经实行,其余武备,可以"随事补葺",分属枢密院的各房执行,不必专设司局。他建请撤销枢密院讲议司,限期半月结束工作。四月,蔡京也上疏提出,现今都省讲议司"文字不多,理当归之省部,付于有司",限期一月结束工作。徽宗全部赞同。宣和六年(1124 年),再度在尚书省设讲议司,委任太师致仕蔡京兼领,"听就私第裁处,仍免签书"。随后,又任命户部尚书唐恪和工部尚书李梲皆兼讲议司详议官。新设的讲议司主要负责开具"不急之务"和"无名之费",借此"省冗员,节浮费,重爵赏,以裁抑侥滥"。宣和七年,讲议司根据徽宗的批示和官员的建议,"看详"了"紊乱官制"的官员"出身"问题,提出吏职入仕或进纳、杂流之类补官之人,往往"攀援陈情,改换出身",今后其迁转和请给、奏荐的"恩例"、"止官",皆依原来的"入仕本法施行"。此其一。命各路尽行开具神宗元丰后"所增事务,尽行开具原创置年月指挥全文",以及前后"节次增损因依"、现在"施行次第"、是否可以裁减或存废的理由等。此其二。针对边镇帅臣不时以"犒军"为名,奏请金帛动以万计,"多是帅臣及监司并属官机幕之类分受入己,将士所得蔑如"的现象,规定各路帅臣所管犒赏金帛物色,"不得妄作名目非泛犒设";在犒设将士时,帅臣不准超过都统制和统制官的数量,监司、廉访依照同统制官,属官、机幕依照将官,"等第支送,岁终具数以闻"①。在蔡京再次致仕后,讲议司由太宰白时中和少宰李邦彦兼领。白、李"辟亲戚故旧,坐糜禄廪,迁延岁月,未尝了一事"。到钦宗靖康元年(1126 年)四月,在金军兵临东京城下之时,再次在尚书省设置详议司,"讨论祖宗旧法",以太宰徐处仁和少宰吴敏、知枢密院李纲任提举,侍从官梅执礼等为参议,张确等人为检讨,分成六房,"使各讨论",限期半年结局。详议司设置后,立即遭到一些官员的非议。左司谏陈公辅上疏指出,白时中和李邦彦所设讲议司"未尝了一事,至今以为非"。现今朝廷"知其非","故避讲议之名,以为详议",甚为"可笑"。陛下如"体祖宗之意,一切以厚民为念",即"取今日削民之法尽与废罢",由陛下与宰执大臣共同讨论,"参诸谋议,断以圣裁,然后举而行之矣",不必另设详议司②。此时北宋统治者理应以主要精力用于防御金军而保卫东京,详议司的存废实际只是细枝末节。半年多后北宋亡国,详议司也就不撤自销。

经抚房——宋徽宗宣和四年(1122 年),宰相王黼等决策联金灭辽,出兵北伐燕京,特在三省设置经抚房,"专治边事","不复以关枢密院",从而把枢密院的军权架空。至宣和六年撤销③。

机速房——宋高宗建炎四年(1130 年)六月,撤销御营使司,并归

---

① 《宋会要》职官 5 之 12—18;《宋史》卷 161《职官一》。
② 《宋会要》职官 5 之 19—20。
③ 《宋史》卷 161《职官一》,卷 470《王黼传》。

枢密院为机速房,"就差御营使司人吏充机速房人吏"①,共 31 员(后精简为 22 员)。原置干办官 4 员,皆改为计议官;同时,设主管文字官②。机速房的职权范围是"昼夜专一行遣边防军机文字",收藏国书的正、副本和有关文书③等。至绍兴四年(1134)三月,枢密院提议:三省事繁,请机速房的公文,宰相与院官"轮日当笔,庶免稽滞"。高宗赞同④。说明此时宰相已与枢密院长官共同负责机速房的公事。六月,有的官员曾向高宗提出:"今日国家之急莫过于边事,大臣任责亦莫先于边事,正须众智协谋。"建议参照仁宗康定间"故事",凡枢密院"边事之大者",命参知政事"同议,仍令书检"。于是高宗下诏:"今后枢密院边防兵机等事,令三省官通书检。"⑤呈现出三省长官干预机速房职事的趋向。绍兴二十九年(1159 年),撤销机速房,其职事依旧归枢密院各房分"认科目掌行"⑥。绍兴三十一年,为抵御金主完颜亮率军南侵,又复设机速房,称"三省、枢密院机速房"。至孝宗乾道八年(1172 年),又撤销这一官署,其职事中有关钱粮,归隶三省;有关边防、兵政,归隶枢密院⑦。

宋宁宗开禧间(1205—1207 年),韩侂胄当政,开设机速房于私第。度宗咸淳间(1265—1274 年),权臣贾似道也曾置机速房于中书。

第二节　决策的依据和信息传递渠道

宋朝皇帝和宰执、百官决策的依据和传递渠道,大致有二府分班或合班奏事、臣僚章疏、大臣留身奏事、台官的"月课"、监司和帅司以及

① 《宋会要》职官 3 之 32。
② 《宋会要》职官 3 之 33、41。
③ 《建炎以来系年要录》卷 85,卷 68。
④ 《建炎以来系年要录》卷 74。
⑤ 《建炎以来系年要录》卷 77。
⑥ 《宋会要》职官 3 之 42。
⑦ 《建炎以来朝野杂记》甲集卷 10《三省枢密院赏功司》;《宋会要》兵 18 之 46。

走马承受的奏报、经筵官的议论、士民上书等。这些都是法定的正式决策依据和信息渠道。此外，尚有皇子的报告、皇城司的探报等。

（一）二府（或三省和枢密院）分班或合班奏事

二府（北宋前期）或三省和枢密院（元丰改制后）的分班或合班奏事，是皇帝决策军国大政的主要依据。前述宋初开始规定，中书门下和枢密院分管民政和兵政；同时，在殿上分班奏事，所言各不相知。皇帝赖此"以闻异同"，可以掌握更多的情况，获得更多的信息①。至仁宗康定元年，二府开始合议边事，不过宰相不须在枢密院的公文"检"上签署。次月，要求参知政事同议边事，而且"书检"②。庆历元年（1041年）至四年，二府除各自独奏外，还一起合奏有关边防之事。庆历元年六月，中书独奏已招置淮南等路各州军宣毅指挥，充当本城禁军，新近添差的弓手"须议减放"。七月，中书和枢密院合奏说，昨降宣命，陕西三路屯聚重兵。朝廷去年差拨军马赴陕西约3万人，已从河北和河东"多方划那"，如今"实难抽点"。请求命陕西都部署夏竦从各路新募及续配的兵士来防守城寨，"更易精卒屯聚"。仁宗同意。半月后，双方又合奏，请求将陕西缘边蕃部归降者，命部署司考察其向背迁往内地，给予闲田安置。也得到了仁宗的批准③。八月，中书和枢密院两次合奏关于京西路招军和河北路增调军队之事④。庆历二年七月，宰相开始兼任枢密使，二府不时各自独奏本司主管的公事，有时又合奏较为重要的边防军政之事。庆历三年七月，仁宗特准中书和枢密院臣僚除"常程奏事"外，如果另有所陈，或者皇帝临时特令留下谈话者，不限时刻⑤。同年春天，仁宗还特命平章军国重事吕夷简与中书、枢密院一起商议"军国大政"。九月，谏官欧阳修弹劾吕夷简，说"风闻"吕近日"频

---

① 《挥麈录·后录》卷一。
② 《长编》卷126。
③ 《长编》卷132。
④ 《长编》卷133。
⑤ 《长编》卷142。

有密奏",偷偷通过御药院向仁宗递呈公文①。在二府合班奏事时,既准许二府奏申双方意见一致的公事,又允许各方畅所欲言,充分表达对双方公事的意见。如枢密副使韩琦在二府合奏时,必定将话讲完;"事虽属中书",也能对仁宗"陈其实"。对此,韩琦的同僚"尤不悦",而仁宗十分欣赏,夸奖说"韩琦性直"②。庆历五年十月,命宰相罢兼枢密使。翰林学士张方平上疏提出,两相罢兼枢密使后,不再签书枢院的公文,枢院各房事务也罢呈禀;退朝后不再聚厅,与枢院官员"便如路人往来杜绝"。现在"虽有处分,凡干军国机要及边陲事宜,令依旧共同商量施行"。但因"朝廷举动惜体,中外人情易摇",一旦"三边忽有小虞",两府又须聚议,便是"非常之事,远动四方之疑"。张方平提议凡边防奏报军马机宜,依旧时常聚厅,"每事并皆同议"③。此后,凡涉边事,二府必定至南厅聚议,而后一起奏呈。但双方处理公事,"终不相照"④。神宗熙宁间,二府动辄相悖。熙宁六年,神宗批示中书和枢密院聚议后一起进呈,但枢密院却在殿上单独进呈。退朝后,宰相王安石问枢密使文彦博"何独进呈",文彦博"乃阳为不审"⑤。元丰改制,规定兵事之大者,三省与枢密院同议,然后一起进呈画旨。三省和枢密院独班奏事时,每天不超过三班;遇三省独班奏事之日,如枢密院有紧急公事,则更展一班⑥。此后,在宰相兼任枢密院长官的时期,三省和枢密院同班奏事⑦,遇边防军政,更是上殿"同进呈"公文,自不待言;在宰相不兼枢密院长官的时期,三省和枢密院有时各自单独进呈奏札,有时又一起进呈公文⑧。

　　中书门下(三省)和枢密院进呈的公文,既有经过这些官署的长官

---

① 《宋史》卷311《吕夷简传》;《长编》卷143。

② 《长编》卷153。

③ 张方平:《乐全集》卷20《请不罢两府聚厅商量公事》。另见《国朝诸臣奏议》卷46。

④ 《挥麈录·后录》卷一。

⑤ 《长编》卷244。

⑥ 《长编》卷328。

⑦ 洪适:《盘洲文集》卷33《盘洲老人小传》。

⑧ 《长编》卷365,卷368,卷373;曾布:《曾公遗录》卷8。

受皇帝之命合议和单独议定而草拟的民政和军政之事,又有百官的奏札。皇帝一般都当场表示意见,或予采纳,或批转有关官署。在单独进呈方面,如孝宗淳熙元年(1174 年)三月,三省进呈浙西路帅、宪司"保明进士施浦等各出米五千石赈济,欲遵格补官"。孝宗指出:"朕不鬻爵,以清入仕之源。今之赈济补官,却是为百姓。"表示赞成授予施甫等官爵。五月,进呈臣僚的一份札子,建议六部及诸寺监官共同讨论勘当文字,"令所辖所隶官司会议供申",以免临时取办而"考究未尽,供报稽缓"。孝宗指出:"此用西汉故事,甚为得体,便可施行。"表示赞同①。淳熙十年六月,三省进呈太府寺丞勾昌泰的奏札,奏札说蜀中制置使一员,身负 60 州的安危。本人或有疾病、迁动,从朝廷除授,动经年岁,方才到任。愿在从臣中常储一二人于蜀中,命做安抚使,一旦制置使缺员,便可就地除授。"其于思患预图,最系国家大事。"孝宗听后,对宰执说:"此正在卿等留意。今后欲除蜀帅,须是选择可备制置使之用者,庶几临时不至缺事。"给宰执规定了选择蜀帅的标准②。淳熙十二年正月,三省进呈汤思谦除授六院的差遣。孝宗表示:"(汤)思退退缩,其弟不可与在内差遣。"宰相王淮等奏:"思谦作两郡,皆有可称,不知与提举如何?"孝宗答道:"在外不妨。"又说:"编修官汤硕亦可与外任。"③淳熙十三年七月,三省进呈"监司具到州县弊事",孝宗下诏转付给(事中)、(中书)舍(人)"看详"。十月,三省进呈刘贵妃之侄刘允中请求添差差遣。孝宗认为:高宗朝添差差遣,少曾放行。比如吴益兄弟,"最是戚里近亲,亦不轻与,何况其他?"刘允中"止令具正缺陈乞"④。表示不予批准。淳熙十四年二月,枢密院进呈赵汝愚和李大正奏报黎州买马,"乞照旧法,不拘尺寸"。孝宗指出:"所引旧法,是绍兴间旧法,或京师旧法。"参知政事黄洽等奏:"系是祖宗时旧法。"孝宗

---

① 《皇宋中兴两朝圣政》卷 53《孝宗皇帝十三》。
② 《皇宋中兴两朝圣政》卷 60《孝宗皇帝二十》。
③ 《皇宋中兴两朝圣政》卷 62《孝宗皇帝二十二》。
④ 《皇宋中兴两朝圣政》卷 63《孝宗皇帝二十三》。

说："祖宗时，有西北马可用，黎马止是羁縻。今则黎马分作战马，如何不要及格尺？所乞难行。"没有批准赵、李的请求①。在共同进呈方面，如哲宗元符二年（1099 年）三月，三省和枢密院同呈双方一起草定的致辽朝"国书"和所答白札子。哲宗阅后"皆称善"，表示批准。四月，二府同呈"国信馆伴所"的语录（金朝使臣的谈话记录），宋方两次邀请金使会食，金使不赴，说："事未了，不敢饮酒听乐。如前日札子，只得'自新'两字，北朝所言八字并不曾答，虽饿杀亦不敢受此札子。"显然，二府向孝宗呈报了金朝使臣与宋朝谈判时的态度②。北宋后期的知枢密院事曾布在其所撰《曾公遗录》中，扼要地记录了元符二年三月至徽宗元符三年七月之间的朝廷政治活动，其中有三省和枢密院"同呈"的边奏（边报）、枢密院官员的任命、臣僚札子、二府同议事的札子等。

（二）臣僚章奏

臣僚章奏，是指宋朝在京文武官员和各路、州、军官员向朝廷申报情况、提出建议等的公文。这些公文的书写格式、形式、传递手续、审阅程序等都有一些具体规定，前后也有一些变化。

宋初，各路、州、军官员中，只允许转运使和知州、通判向朝廷上书奏事，幕职州县官则不允许。至太平兴国九年（984 年），太宗"虑下情壅塞"，下诏幕职州县官"或知民俗利害、政令否臧，并许于本州附传置以闻"③。至道元年（995 年），又重申此诏，还声明将委派中书舍人"阅视可否"④。从此，几乎所有官员都有权向朝廷上书言事。据司马光说，百司长官和各路监司、各州长官皆得"专达"即奏呈皇帝，或者申奏朝廷，或者只申中书门下、枢密院⑤。此外，还对某些官员作出了定期奏事的规定。如仁宗时，规定阁门祗候以上任知州、军者，任满回朝日，

---

① 《皇宋中兴两朝圣政》卷 64《孝宗皇帝二十四》。
② 曾布：《曾公遗录》卷 7。
③ 《长编》卷 25；《宋会要》帝系 9 之 1。
④ 《长编》卷 37。
⑤ 《国朝诸臣奏议》卷 47，司马光等：《上哲宗乞两省为一》。

各上边机、民事三至五条。南渡后,扩大到所有知州、军到任半年,就要列出本州的民间利病或边防五事奏报朝廷,以便朝廷了解各地情况①。

宋朝对官员上书言事,有一些限制。诸如官员奏事,必须书写真名实姓,不得用匿名札子;不得在奏札中要求皇帝"留中(留在宫中)不下"。提出这类要求者,往往皆是"攻人之短,发人阴私,而不欲明行弹纠者"②。有时还规定内外官员不得越职论事,不得在奏章中要求皇帝特批免予"执奏"(朝廷官员抵制)③。在外官员除非得旨,不准自行要求赴京师奏事④。

官员的奏章,可以分为两大类,一是札子,二是奏状。宋朝规定,凡前宰执(在外)和大两省(在内)。包括门下省和中书省的左右散骑常侍、给事中、中书舍人、左右谏议大夫等五品以上)官员,上殿向皇帝奏事的官员,沿边的守臣、帅臣、漕臣、郡守、主兵官如事涉兵机者,皆使用札子;其他官员则使用奏状或表状⑤。朱熹在孝宗朝知南康军时,曾用札子要求减免星子县的税钱,后因台谏官指出违反制度,便具奏状向尚书省自劾,要求罢黜自己⑥。太康县驻泊巡检、右侍禁张宇,擅自以札子奏事,"直达御前",因而得罪,被降为雅州卢山县都监⑦。奏状有一定的格式,不得违反⑧。

奏章还按内容的重要程度而分为两种不同的封装规格,即实封和通封。凡官员奏呈的札子和表状,其内容涉及机密、灾异、妖术、狱案、被旨分析事状,皆须实封(密封),即将札子和表状封皮粘住,两端盖印,无印者写官员姓名(花押),封皮不贴黄。在外官员奏呈者,只贴"系机密"或"急速"字样。南宋时,规定奏报机密军期情况、朝政缺失

---

① 《建炎以来朝野杂记》甲集卷6《便民五事》;《宋会要》仪制6之8、7之32。
② 《宋会要》帝系9之5—7。
③ 《宋史》卷19《徽宗一》;《宋会要》仪制7之27。
④ 《宋会要》职官72之22。
⑤ 《宋会要》仪制7之32、30、31。
⑥ 朱熹:《朱文公文集》卷22《自劾不合用札子奏事状》。
⑦ 周煇:《清波别志》卷中。
⑧ 《庆元条法事类》卷16《文书门一·文书》。

利害、公私利济和军国重事,皆经登闻检院,用园实封;官员陈乞、奏荐再任,已得指挥恩泽,除落过名,论诉抑屈事情、本处不公等事,在京官员不法等事,皆经登闻鼓院,用折角实封。以上两院的状封,皆长八寸①。其余平常小事、官员私事,则只能用通封,封皮还要贴写奏章的内容提要②。

官员向上递呈奏章的正式渠道,共有阁门和通进、银台司,登闻、理检院,进奏院等处,是当时的主要"言路"③。非正式的渠道,有入内内侍省和内侍省等④。一、都进奏院:负责收接各地的章奏、案牍、状牒,登记事目呈报银台司。神宗熙宁三年(1070年),进奏院每天要将各路州军400—500道奏状转交银台司⑤。二、通进司:负责收接银台司所领全国章奏、案牍以及阁门、在京百司的奏牍、文武近臣的表疏,进呈皇帝,然后颁布外廷。三、银台司:负责承接全国奏状、案牍,抄录其目,进呈皇帝;"批凿事宜,发赴中书、枢密院、三司"⑥。四、登闻院和理检院:宋初设匦院,宋太宗太平兴国九年(984年)改为登闻院。雍熙三年又设理检院,其后撤销,仁宗天圣九年(1023年)复置。真宗景德四年(1007年),改登闻院为登闻检院。宋初还设鼓司,景德四年改为登闻鼓院⑦。登闻检、鼓院负责收接文武官员和士民章疏。凡论朝政得失、公私利害、军期机密、陈乞恩赏、理雪冤滥以及奇方异术、武臣改换文资、改正过名,不能通过正常途径上呈者,允许先经鼓院进状。如受鼓院所抑,则可赴检院投诉⑧。如受检院压制,再可赴理检院投状⑨。五、阁门:其官署正式称"阁门司"。文武百官也可经阁门递呈奏章,阁门"画时进

---

① 赵昇:《朝野类要》卷4《文书·进状》。
② 《宋会要》仪制7之25、26、20。
③ 《长编》卷173。
④ 《宋会要》职官2之47。
⑤ 《宋会要》职官2之39。
⑥ 《宋会要》职官2之26、37。
⑦ 《宋会要》职官2之62—66。
⑧ 《宋史》卷161《职官一》。
⑨ 《宋会要》职官2之69。

内"①。宋初，谏官的奏疏都投阁门，至真宗天禧元年（1017 年）改投通
进司②。此外，在非常时期，规定由入内内侍省收接有关经制、统制军
马的奏状（包括奏禀探报急速公事），其他奏状由通进司收接。至和平
时期，诸军的奏状、札子则仍改至通进司实封投状③。有时，也允许流
内铨收接选人的表疏文书，然后转呈朝廷④。

（三）臣僚上殿奏事

宋朝官员除可通过以上各个途径向皇帝、朝廷（包括宰执）递呈奏
章外，还可登殿当面向皇帝奏事。自然，上殿奏事有很多限制，不是每
一名在京官员都可随意登殿的。官员上殿奏事有多种方式，其中主要
有日常奏事、召对、请对、轮对等。

一、日常奏事：宋初规定，文臣知制诰、待制、三司副使、侍御史知
杂事以上，武臣上将军以上，内职阁门副使以上，以及宣庆和宣政、昭宣
使，有事欲升殿者，"先奏取旨"。京朝官使臣、大将军以下任大藩以及
制置、茶盐、转运、提刑、安抚等使、府界提点公事等见、辞，皆准上殿奏
事。仁宗庆历间（1041—1048 年）后，尚书左、右丞、侍郎、给事中、谏议
大夫、秘书监以及枢密都承旨、谏院、御史里行等也允许上殿。具体范
围前后也有一些变化⑤。太祖时，官员"有所论列"而必须面奏者，由阁
门吏人即时引对。太宗时，在京"诸司事无巨细，悉上殿取旨"，太宗几
乎应接不暇。于是开始加以限制。真宗时，由于长春殿奏事的官员班
次过多，一度限定每天上殿奏事不得超过五班。如有急速公事，允许去
崇政殿。官员上殿札子，要准备好一式两份，如所言可用，一份留在宫
中，另一份批付有关官署；否则，皆留中不予答复。各个官署的正副长
官，如有大事，允许一起上殿，但事前必须"论定，不得临时异同"。有

---

① 《宋会要》帝系 9 之 4。
② 《宋会要》仪制 7 之 20。
③ 《宋会要》仪制 7 之 27、28、30。
④ 《宋会要》仪制 7 之 20。
⑤ 《宋会要》仪制 6 之 1—3。

些州军长官,在接受任命和任满返京时,均要上殿见、辞,至时也可上殿奏事。河北和河东沿边安抚副使、都监等回京奏事,限定在京 10 天,不得"妄作名目住滞"京城。仁宗后,每遇皇帝坐朝之日,在中书门下和枢密院奏事后,再引官员三班上殿;如遇假日,则只引两班①。

二、召对:指皇帝下诏召请某些官员面谈,一般由皇帝随意决定。太宗时,益州路转运使魏廷式入殿奏事,太宗对他说:"有事当白中书。"魏说:"臣三千七百里外乘驿而至,以机事上闻,愿取断宸衷,非为宰相来也。"太宗"即不时召对,问方略称旨","令还任"②。真宗时,翰林学士李迪正在家休息,忽然传诏召对内东门。真宗拿出三司使马元方所呈当年财政收支数目给李迪看,这时连年蝗旱,真宗问怎么办。李迪提议拨内藏库"以佐国用",这样便能"赋敛宽,民不劳"。后来,又召李迪至龙图阁谈话,命李起草诏书③。哲宗绍圣初(1094 年),下诏三省和枢密院草拟在京的文臣开封府推官和判官,武臣横行使、副使,在外的文臣诸路监司、藩郡知州,武臣知州军以上的名单,以便日后"取旨召对"④。算是确定了一个召对的范围。不过,在大多数情况下,召对的对象皆临时确定,具有随意性。

三、请对:指官员请求面见皇帝奏事。北宋前期规定,请对有两种方式:第一是"即时请对",凡大两省以上在京担任差遣者遇有公事,允许即时请对。第二是先申请,等待批准,等候排定班次。即其他官员"受使出入要切者,欲回奏事,则听先进取旨"⑤。这类外地官员请对,先要"送中书引问",符合规定,才准予上殿⑥。仁宗庆历二年(1042 年),下诏命三馆臣僚呈上封事及准予请对⑦。神宗熙宁初,规定遇开

①　《宋会要》仪制 6 之 3—14。
②　《宋史》卷 307《魏廷式传》。
③　《宋史》卷 310《李迪传》。
④　《宋史》卷 118《礼二十一》。
⑤　《宋史》卷 116《礼十九》。
⑥　范镇:《东斋记事》卷 3。
⑦　《长编》卷 136。

经筵之日，只接见一班官员。如有紧急公事和言事官"请对"，即申报取旨，待经筵结束后引对。御史台官员提出要求，依谏官之例，有事奏告，可直牒阁门求对；遇有急速公事，即准许越班登对。三衙遇有急奏，允许进入后殿登对；如另有奏陈，则申报牒门，按常规请对。哲宗和徽宗时，遇有假日，如有臣僚请对，皇帝特登便殿听纳①。但有的时候，遇皇帝心情不佳，即使官员连日请对，也不获批准②。

四、轮对：又称转对、次对、轮当面对，是皇帝坐殿分批接见百官。从宋初开始，遇内殿每五天一次起居之日，命在朝文班朝官和翰林学士等依次转对，限为二人。官员的封章从阁门进呈。官员上殿后，再行鞠躬，宣读奏章，然后拜舞而出殿。官员的奏章必须指陈时政缺失、明举朝廷急务，或有刑狱冤滥、百姓疾苦，"并听采访以闻"。如果"事干要切"，还可"非时诣阁上章，不必须候轮次③。但没有始终坚持实行此制。到太宗淳化二年（991年），下诏恢复百官次对。真宗咸平三年（1000年），在下令"举行转对"的同时，允许没有轮到面对的群官上章奏事，而被允许转对的官员的章疏，则要另录一副本在宫内④。大约第二年，又停止百官转对。因为到咸平五年，侍御史知杂事田锡上疏指出："内殿起居，近罢转对，封章迭送，今已逾年。"⑤所以，到景德三年（1006年），再次恢复转对⑥。仁宗时，转对制度仍然没有走上正轨。天圣七年（1026年）二月恢复百官转对，至次年九月御史台报告"百官起居日令转对奏事，今已周遍"，因此下诏暂停⑦。到皇祐三年（1051年），天章阁待制梅挚提议恢复百官"进对"，仁宗回答说："今朝廷得失、军民利害，自公卿至于士庶，皆许指事而陈之。纵涉缪妄，亦未尝加

---

① 《宋史》卷118《礼二十一》；《宋史》卷20《徽宗二》。
② 《宋史》卷392《赵汝愚传》。
③ 《长编》卷3；《宋会要》职官60之1。
④ 《长编》卷47；《宋会要》仪制7之19、职官60之1。
⑤ 《长编》卷53。
⑥ 《长编》卷47注文。
⑦ 《宋会要》职官60之2。

罪,何用此纷纷也?"加以拒绝①。皇祐五年,再度下令恢复转对制度,诏书规定两省、台谏官、三馆带职、省府推判官等"次对言事",凡朝政得失、生民利病、灾异时数,皆要"直言无隐,不得徇私挟情,抉摘阴细,无益治道,务在公实"。观文殿以下学士至待制,应直牒閤门上殿者允许请对,其他官员则递呈奏章②。神宗即位初,重申实行百官转对制度,增加每次转对官员的名额至4员,在两省和文武官内官位高者中从上轮流。熙宁元年(1068年),规定授外任差遣的官员,如转对的资序、班次不到,允许提前转对,然后朝辞③。哲宗元祐七年(1092年),采纳吏部尚书王存的建议,特免侍从官转对,以便"专责以朝夕论思之效"。次年,又免除权侍郎以上的职事官的转对。于是只剩下在京卿、监、郎官依例转对。绍圣四年(1097年),推翻元祐之政,规定皇帝视朝百官转对恢复神宗元丰以前的条制。徽宗时,转对制度不受重视,由每五天一次改为每月初一举行一次,参加转对者也由升朝官缩小到待制以上④。宋朝南渡后,自高宗绍兴二年(1132年)开始,复行百官转对制度。规定行在的百官每天轮流一人面对,必须"指陈时政得失,举朝廷急务"。在部厘务官暂免转对。绍兴五年,特准侍从官免予轮日面对⑤。次年,允许患病官员免对,代之以实封投进文字。秦桧当政后,长期"恶闻人言",于是官员"当对者,多托疾不上"。为此,绍兴十七年还下诏"自今当对而在告(请假)者,俟疾愈日上殿,命吏部约束之"。但所对者,不过大理寺官十多人,"姑应故事而已"。孝宗即位,"垂意人才",士大夫"抱才气者皆以得见上为喜,而碌碌者颇以转对而忧"。有些士大夫不受大臣所喜者,往往在其即将轮至当班时,预先调任他职,以致有在朝超过一年而无法面对的,这是因为轮对只"轮其官而不轮其人"⑥。光宗

---

① 《长编》卷170。
② 《长编》卷174。
③ 《宋会要》职官60之4;《宋史》卷118《礼二十一》。
④ 《宋会要》职官60之5、6。
⑤ 《宋会要》职官60之6、9。
⑥ 《建炎以来朝野杂记》甲集卷9《百官转对》。

即位初,实行孝宗初年的轮对制度,即每天命一名职事官轮对,待周遍后,复用每五天一轮的制度。孝宗和光宗时,每五日轮对一次的时间,由原来的一、五日改为三、八日,一度也用三、六日①。淳熙十五年(1188年),为避免上殿轮对官"连章累札,猥及细微,率皆常事",白白浪费笔墨和时间,规定每次不能超过三札。如涉及"军国利害、事大体重者",可"不拘于此"②。

官员上殿时奏对的文书,俗称奏札,又称"殿札"。知州以上受命后见、辞,皆用这种形式的文书③。朝廷对官员上殿奏事的内容有一定的限制,主要是时政缺失和人民疾苦、刑狱冤滥、军马未便、事涉机密等,其他"寻常细务",可至阁门进状④。仁宗景祐元年(1034年),开始要求上殿奏事的官员在前一天进呈本人家状一份,写明年龄、出身、历任过犯、转官章服年月等⑤,看来是皇帝在听取该官员奏事时,还想了解他的经历和家庭情况。如属官员请求上殿者,其奏札应先赴通进司投进,而不允许交给都堂⑥。官员上殿后,在皇帝面前宣读自己的札子,下殿后又要向阁门申明自己不曾陈述私事和提出非份要求⑦。官员不准向皇帝要求将其上殿札子直接批付三省或枢密院,更不准要求"直批圣旨送诸处"⑧。

此外,还有一些特殊的官员上殿奏事的规定。如侍从、左右史(起居郎和起居舍人)、枢密副都承旨,可以"直前奏事"。即每遇皇帝常朝的日子,这些官员如有奏禀职事,允许直接上殿。如孝宗即位初,周必大授起居郎,直前奏事,孝宗对他说:"朕旧见卿文,其以近作进。"⑨三

---

① 《宋会要》职官60之13、14。
② 《宋会要》仪制7之32、职官60之11。
③ 《朝野类要》卷4《文书》。
④ 《宋会要》帝系9之5。
⑤ 《宋会要》帝系6之10,仪制6之9。
⑥ 《宋会要》仪制7之30。
⑦ 《皇朝中兴两朝圣政》卷47《孝宗皇帝七》;《建炎以来系年要录》卷63。
⑧ 《长编》卷365;《宋会要》刑法2之42。
⑨ 《宋史》卷391《周必大传》。

衙的大帅奏事,称为"执杖子奏事"。如果有急速公事,或者不是奏本司的公事以及在后殿祗应,允许免杖子窄衣上殿。在外的执政、侍从,则称为"内引"。台、谏官每月缴进,称为"本职公事"(见后)①。

(四) 大臣留身奏事

宋朝皇帝在坐殿接受百官朝见或听取奏事后,有时还单独留下一人或数人继续谈话,称为"留身"。留身一般都是一名大臣独自与皇帝谈话,所以也称"独对",即独员奏事。但有时皇帝留下两三名大臣深谈,就不能称为独对了。仁宗初,刘太后摄政,宰相丁谓和枢密使曹利用"各欲独见奏事",翰林学士晏殊表示反对,丁、曹都没有达到目的②。这类独对不能算作"留身"。仁宗亲政后,宰执每天上殿奏事,除非"留身"请求罢免,皇帝不曾"从容相见,以详讲治道"。为此,殿中侍御史吕景初提议仁宗经常召见他们③。神宗后,宰执经常留身与皇帝商讨国事。如熙宁五年(1072 年)五月,在一次朝退后,宰相王安石留身,向神宗辞职,要求担任东南一郡的长官。王安石说:"久劳乏,恐职事有隳败,累陛下知人之明。"神宗颇出意外,说:"卿有何病,必有所谓,但为朕尽言。天下事方有绪,卿若去,如何了?……卿,朕师臣也,断不许卿出外。"王安石又讲出乞去的理由。在王告退时,神宗又再三挽留,再三劝王不要递呈乞退的文书。王答道:"臣领圣旨,未敢入文字,候一二日再乞对。"神宗说:"勿如此,终不许卿去。外人顾望,恐害事。"④同年闰七月,有一次,神宗批付王安石说:"闻市易买卖极苛细,市人籍籍怨谤,以为官司浸淫尽收天下之货自作经营。可指挥,令只依魏继宗元(原)擘画施行。"于是王安石留身,与神宗详细讨论了市易法的实施问题⑤。元丰五年(1082 年),规定六部尚书和侍郎奏事时,郎中和员外

① 陈世崇:《随隐漫录》;《宋会要》仪制 6 之 10。
② 《宋史》卷 311《晏殊传》。
③ 《长编》卷 176。
④ 《长编》卷 233。
⑤ 《长编》卷 236。

郎随班上殿,"不得独留身"。侍郎以下,仍旧不准"独乞上殿"。秘书监、殿中省、各寺监的长官比照尚书,副长官以下比照侍郎①。哲宗末年,宰相章惇频繁留身,与哲宗共商朝政,因而引起知枢密院事曾布的不满。曾布在日记中记载,元符二年(1099 年)八月丙申,"自乙未爨(宰相的别称,指章惇)连日留身奏事,是日有三札留御榻上"。九月丁未,哲宗立刘贤妃为皇后,"是日宣制。惇自初议,凡五日留身,众皆哂之,唯恐他人之与闻也"。闰九月辛巳,"右丞(黄履)留身奏事,有四札子留御榻上。余再对,上语笑如常"②。显然,在章惇、黄履留身奏事后,曾布接着留身,所以看到御榻上放着章、黄的札子。过多的留身奏事,使原已不和的大臣间,更加互相猜忌。到徽宗重和元年(1118 年),有官员上言指出,近年"二三大臣奏对留身,谗疏善良,请求相继,甚非至公之体"。徽宗乃下诏今后仅蔡京允许每五日一朝留身,其余大臣除非除拜、迁秩、因谢以及请求罢免,皆不许"独班奏事"③。

南渡初,侍御史辛炳曾上疏激烈反对大臣留身。他说,"每见朝殿进呈,宰执有留身奏事者。"天下的大利害,政事的大因革,人才的黜陟,赏罚的劝惩,大臣们"相与敷陈于陛下之前","不容不公"。但"留身之际,何所不有"。他提议今后二府"朝殿进呈讫,不得留身,违者许御史台弹奏"。高宗下诏依阁门现行的条法执行④。一个月后,高宗又下诏自今执政官允许按宰相例留身奏事。表示宰臣和执政官可以留身奏事,其余臣僚则不可⑤。绍兴三十年(1160 年),在宰相和枢密院奏事完毕后,留下知院事王纶和同知院事叶义问谈话,向他们透露了立普安郡王为皇储的决定⑥。此后,宰执大臣不时留身奏事,借此向皇帝反映情况和提出要求,而皇帝也有机会与之深谈,既可了解情况,又可探讨

① 《长编》卷 327。
② 曾布:《曾公遗录》卷 8。
③ 《宋史》卷 21《徽宗三》,卷 118《礼十八》。
④ 《建炎以来系年要录》卷 67。
⑤ 《建炎以来系年要录》卷 68;《宋会要》仪制 6 之 23。
⑥ 《建炎以来朝野杂记》乙集卷 1《壬午内禅志》。

一些政策措施。

(五) 台谏官的"本职公事"

御史台和谏院作为皇帝的"耳目之司",是宋朝皇帝的一个重要信息渠道。在每5天一次轮对的侍从以下官员中,也包括台、谏官上殿奏事,称为"有本职公事"①。从宋初至仁宗庆历四年(1044年)以前,台、谏官上殿奏事受到不同的待遇:谏官可以"直牒阁门",不须提供本人的家状;台官要提供本人的两份家状,再"具奏候旨"。有的台官从申请上殿到正式"引对",经历7天之久。庆历四年,殿中侍御史赵祐提出,台、谏官"俱职言事",不应"事体有殊"。于是仁宗批准台官"免供家状"②。仁宗朝,至少出现过台、谏官三次"相率上殿"奏事的事件,台、谏官联合一致反对仁宗废黜郭皇后、弹劾大臣张尧佐和宰相陈执中,但被朝廷视为"非太平美事",结果台、谏官不是被贬逐,就是下令阁门今后台、谏官相率上殿,"并申中书门下取旨",还要"轮日入对"③。至神宗熙宁二年(1069年),监察御史里行张戬和程颐上言,指出"每有本职公事,欲上殿敷奏,必奏候朝旨"。及至准许上殿,"伺候班数,动经旬日"。由此导致两个方面的消极影响,一是如遇"朝政或缺"和"外事有闻,系于机速,不容后时",这样拖延,则"已无所及"。二是使之"往复待报,必由中书",万一"事干政府",则"或致阻滞"。他们要求依谏官例,"牒阁门即许登对"。于是神宗下诏,允许三院御史和里行遇有公事,"直申阁门上殿"④。台官终于取得与谏官同等的优先上殿奏事的待遇。

南渡后,台谏官奏事更受优待。高宗绍兴二年(1132年),准许谏官"有合奏禀事,不拘早晚及假,并许入"内殿,而且改由入内内侍省接

---

① 《朝野类要》卷1《轮对》。
② 《宋会要》仪制6之10。
③ 《长编》卷113,卷169,卷179;《宋会要》仪制6之9—12。
④ 《宋会要》仪制6之15—16。

引①。此后,又陆续规定:台、谏官的上殿次序,被安排在侍从之前,在侍从上殿后,才轮到其他的"面对官"。每遇六参日,在官员上殿班数已经决定的情况下,如果台、谏官"乞对",即隔下"面对官",留待明日上殿②。孝宗时,在台、谏官"有本职公事"时,也允许次日具奏状引对③。反映出统治者对台、谏监督系统的较为重视。有关台、谏系统的监督活动,详见本卷第七章。

(六)监司和帅司的奏报

宋朝的监司,包括一路的转运使司(漕司)和提点刑狱司(宪司)、提举常平茶盐司(仓司),是朝廷的派出机构。帅司,是指安抚使司。这四司既单独设置而又互不统属,分管本路的财计、审讯刑狱、察访官吏、常平茶盐、兵将盗贼等。

监司和帅司向朝廷奏事的方式,基本有两种,一种是实封附递奏呈朝廷,另一种是入京向皇帝面奏。太宗淳化元年(990年),规定各路转运使不准借庆贺寿宁节之名随便赴阙,也不得进献文章;有关民间利害和废置、改革等事,只令实封附递上奏;必须面奏的话,即先将事宜入急递闻奏,听候朝旨,才能赴阙。淳化三年,又命诸路转运使和副使"觉察"部内的知州和通判、监当场务、京朝官、使臣、幕职州县官等,如"显有劳绩"或"慢公不理"等罪犯,皆应"划一闻奏"。至道元年(995年),要求诸路"同勾当转运司事"到达本路治所后,日常公事与转运使"联书施行",遇"非常事,许乘驿入奏"④。真宗时,朝廷为洞悉"天下物宜,民间利弊",命令"周知"这些情况的转运使"更互赴阙,延见询访"⑤。在转运使和副使任满得替之日,要将任期内所做兴利除害和所奏部内官员、使臣迁改职任、不尽职守等,"件件诣实,编写为策",俟朝见时,

---

① 《建炎以来系年要录》卷61;《宋会要》仪制6之22。
② 《宋会要》仪制6之23—24。
③ 《宋会要》职官60之11。
④ 《宋会要》食货49之7—8。
⑤ 《宋会要》职官45之18。

在阁门递呈。同时,规定有的路的安抚司每半年入京奏报一次,急切公事还可随时入京①。神宗时,特准河北和陕西、河东三路的转运使、副使"如有要切公事,须合面奏者,即取旨候",派一员"乘急递赴阙",仍要保证"不妨本职公务"和在京停留不得超过十天②。哲宗和徽宗时,允许各路监司在朝辞之日,上殿奏事,方得到官;初次担任监司之人,在任期满后,也要上殿奏事③。朝廷还不时发出指令,要求各路监司奏报一些情况。如在元符三年(1100 年)十二月,命令各路转运司在一季内奏报本路财赋缺乏的原因和应如何拘催税租、如何关防检察各种场务等课利、如何经画措置有关财用等④。崇宁五年(1106 年),命监司到所部半年,或者到京奏事,允许荐举部内两名官员。宣和末年(1125 年),命帅臣和监司"各条具所部无名之费、不急之务"奏报朝廷⑤。

　　南渡后,朝廷再三督促各路监司加强向朝廷奏报情况。高宗建炎元年(1131 年),命各路监司亲自巡历被烧劫过的州县,一年内走遍,并将所经过的地点和时间、所采取的措施申报尚书省。建炎三年,要求各监司按察官每年一次列出发摘过的赃官姓名,申报尚书省登记在册。次年,又要求监司采访本路的军民疾苦或刑政未便事件闻奏。绍兴二年(1132 年),规定监司每季要奏报本路州县执行朝廷"宽免朝旨"的情况。三年,重申监司提举官(除两浙路以外)因事到行在所,皆令"引对",不准免除奏禀;同时,"凡可以救时济治者,悉许敷陈"⑥。这时,朝廷还要求监司与守臣一样,到任半年,即条具民间利病五事⑦。此后,又屡次下诏监司和帅臣限期将知州中的职事修举、治状显著者"连衔保明闻奏"⑧。孝宗乾道元年(1165 年),对已授监司之职而待缺者,规

①　《宋会要》食货 49 之 10,职官 41 之 83。
②　《宋会要》食货 49 之 17。
③　《宋史》卷 118《礼二十一》;《宋会要》职官 45 之 14。
④　《宋会要》食货 49 之 24。
⑤　《宋会要》职官 45 之 4。
⑥　《宋会要》职官 45 之 15—18。
⑦　《宋会要》帝系 9 之 30。
⑧　《宋会要》职官 45 之 20、23—24。

定要在缺期将到的半年前,赴临安奏事毕,然后上任。数年后,对于在川、广任职的监司,如未曾上殿,准许先赴任,待任期满后,再赴临安奏事,这样,"方得再有除授"①。至淳熙八年(1181年),鉴于四川监司免予上殿奏事,朝廷对其"贤否皆不可知",于是改变办法为今后久任四川监司之人,"更迭为东南差遣",而且在任满后还应到京奏事,"始得别与除授"。淳熙十六年(1189年),再度规定川、广监司连任者,如第二任满期,必须赴京奏事,然后"再有除授见(现)缺取旨"②。这样,朝廷加强了对川、广监司的考核,尽力避免因"天高皇帝远"而带来的一些弊病。

(七) 经筵官的议论

经筵官即讲读官的职责原来只是为皇帝讲读经、史,并没有议论当代政事的任务,更不需要替皇帝出谋献策。从宋神宗元丰间开始,规定侍讲官在"讲读书内,或有所见,许读毕,具札子奏陈"③。于是讲读官在讲解后,允许递呈札子详述有关该书的见解。当然,各朝皇帝往往不满足于书本,而希望通过经筵官了解朝廷和民间的一些情况,并且在某些重要问题的处理上征询这些饱学之士的意见,真正发挥他们作为皇帝私人顾问的作用。对于经筵官而言,他们期望向皇帝宣讲自己的思想理论和政治学说,反映朝廷和民间的各种情况,提出解决的种种办法。于是经筵官的议论就成为皇帝的一个重要信息渠道。

庆历五年(1045年),经筵官丁度在迩英阁为仁宗讲读《汉书·元帝纪》,丁度乘机对仁宗说:最近"臣下不知大体,务相攻讦,或发人阴私,以图自进"。又称赞仁宗"圣明觉悟",因此"比来此风渐息"。他还说:"凡此皆谓小忠,非大忠也。"④丁度所谓臣僚互相"攻讦",乃指参知

---

① 《宋会要》职官45之26、28。
② 《宋会要》职官45之32、34。
③ 《宋会要》职官6之59。
④ 《长编》卷154。

政事范仲淹等人领导的"庆历新政"前,"士大夫持(范仲淹与吕夷简)二人曲直,交指为朋党";在庆历新政推行的过程中,反对者又"谤毁浸盛,而朋党之论滋不可解"①。此后,杨安国也曾为仁宗讲读多年。皇祐二年(1050年),杨安国讲《易》无妄卦时,对仁宗说:"今河水圮决历五十年,役天下兵民,耗天下财用,未尝息,大河亦未尝复故道也。……恐民不堪命,国力不继。"他要求仁宗像尧、舜那样,"务顺民心,顺时修德,其灾自息"②。有一次,仁宗还不赞成杨安国对饥民持仗抢粮实行严惩的方针。杨安国在讲《周礼》"大荒大札,则薄征缓刑"时,提出"缓刑"的提法不对,"当岁歉则赦之,闵其穷也"。"今众持兵仗劫粮廪,一切宽之,恐不足以禁奸"。仁宗答道:"不然。天下皆吾赤子也,一遇饥馑,州县不能存恤,饿莩所迫,遂至为盗。又捕而杀之,不亦甚乎?"③在仁宗与杨安国切磋《周礼》之时,一项对饥民持仗抢粮的惩处方针就此确定下来。

经筵官与皇帝议论时,通常是随问随答,经筵官不能乘机另外递呈奏札。孝宗时,侍读周必大进读《三朝宝训》,内容为真宗曾物色广南转运使,因之对近臣们说:"交广之民去朝廷远,当选操心平允,能安远人者任之。自今凡命远官,尤须谨择。"周必大读到这里,孝宗发表感想说:"于所不闻知处,尤当留意。"④表示对边远地区的官员任命要进一步重视。

宋光宗绍熙五年(1194年),宁宗刚即位,朱熹被任命为焕章阁待制兼侍讲。宁宗还下诏"经筵官开陈经旨,救正缺失"⑤。朱熹首先为宁宗讲解《大学》,"以平日所论著者,敷陈开析,坦然明白,可举而行"。在一次晚讲后,朱熹请求暂留,向宁宗面奏还内(要求宁宗回大内居住)、过宫(要求宁宗赴泰安宫向光宗请安)、朝纲(要求宁宗下令"左右

①　《长编》卷150。
②　《长编》卷169。
③　《长编》卷177。
④　《皇宋中兴两朝圣政》卷54《孝宗皇帝十四》。
⑤　《宋史》卷37《宁宗一》。

勿预朝政")、山陵(选定孝宗陵墓问题)等四事①。朱熹共为宁宗讲读
七次,"内引留身奏事者再"。过多、过急地干预朝政,激怒了权臣韩侂
胄②,也使宁宗感到厌烦。宁宗说:"初除某(按指朱熹)经筵尔,今乃事
事欲与闻。"又说:"朱某所言,多不可用。"于是撤销朱熹经筵之职,改
授宫观官③。可见经筵官的议政,也有一定的限度;否则,引起皇帝的
反感和大臣的怀疑,就难以为继了。

　　宋理宗淳祐间(1241—1252年),侍左郎官兼崇政殿说书徐元杰入
宫讲读④。有一次晚讲结束,宁宗赐徐元杰喝茶后,问徐元杰:"边头无
他警否?"回答说:"臣颇闻人言,今岁未有警急之报。况陛下已戒饬将
帅,严固备御,以防叵测。此其责全在边臣,惟时谨饬之,幸甚。"理宗
说:"是。"理宗又问:"外间士论有何说?"徐元杰答道:"但见士论惊喜,
一朝而易四台谏……皆曰陛下英明,即艺祖之复见也。"接着谈到"边
患"和"边备"问题,理宗问:"为今之计何先?"徐元杰回答,首先是要像
太祖"安制三边"那样,军队皆归枢密院统率,"增重枢庭之选","举任
边阃有声望之重臣,为缓急之倚仗"。其次是要下诏"开谕将帅、士卒
与义勇、土豪之心,欠缺者补之,怨望者补之,流离者招之",依此"保境
安边"。理宗"首肯"。又有一次"进讲",理宗问徐元杰:"日来楮愈轻,
无(何)策可救?"回答说,应由陛下与大臣商讨,"且如住造官会";同时
还要"严伪造之禁"。理宗说:"伪造之禁不严,则真伪莫辨,其直(值)
愈损。"徐元杰说:"臣意正谓此。"理宗又问:"内地钱绝少,如何?"答
道:"正缘人间不肯放楮,故楮无所归,而钱日以匮。况乎钲销漏泄,禁
亦甚弛。"⑤通过徐元杰,理宗进一步了解宋、蒙战争情况,士论,备边对
策,会子政策等,其内容涉及军事和政治、经济等,然后提出解决的
办法。

---

① 《朱文公文集》卷114《经筵留身面陈四事札子》。
② 李心传:《道命录》卷7上《晦庵先生罢待制仍旧宫观诰词》。
③ (清)王懋竑:《朱子年谱》卷4上。
④ 《宋史》卷424《徐元杰传》。
⑤ 徐元杰:《楳埜集》卷1《十二月二十三日进讲》、《进讲日记》。

(八) 士民的上书

宋朝统治者一般欢迎士民依照法定的手续上书,而不鼓励他们采用激烈的"伏阙"方式。士主要是指尚未做官的应举士人和正在读书的太学生等,他们享受不到国家给予官员的种种优待,但因为是读书人,又不全同于一般农民和工匠、商人,他们还可获得一些优待,如果是得解的举人,就可免除丁役或夫役;如果参加过礼部试;犯公罪徒和私罪杖,允许赎罚①。由于他们没有官位,因此在社会上只属于平民阶层。

宋初,经历长期战乱,国家百废待举,统治者广开言路,网罗人才。太宗时,一名"草泽"上书议论时政,太宗还亲自接见,即使这名"草泽"出词"狂勃",太宗也不加罪,反而"慰谕以慰之"②。这种皇帝虚怀若谷地对待士人的态度,自然成为一种美谈。仁宗宝元三年(1040 年)正月,西夏侵宋延州,生俘宋副都总管刘平和石元孙,宋朝大受震动。二月,仁宗决定改元为康定元年,并"悉许中外臣庶上封议朝政得失"。但一时"群下犹未有所献",所以至三月再次"申诏中外言缺政"。于是"吏民上书者甚众",延州百姓还"诣阙告急"。知谏院富弼向仁宗建议,在中书设局,详考吏民上书所言可用者用之③。庆历元年(1041 年)三月,却又下诏禁止举人"以进献边机及军国大事为名","妄希恩泽"④。神宗即位后,汲汲于革新图治,屡次下诏号召官、民上书言事,其中布衣呈上封事可采者,命有关机构召问,"委有可取,即与量才录用"。命令"中外臣庶"限期一月,实封"条陈差役利害"。所以,这时"布衣"纷纷上书⑤。北宋末年,金朝军队兵临宋汴京城下,宋钦宗倒行逆施,撤销爱国大臣、亲征行营使李纲之职,继续与金议和。此举激起

---

①　王林:《燕翼诒谋录》卷 2《贡士得赎罪》;《宋史》卷 200《刑法二》。

②　《宋会要》帝系 9 之 1—2。

③　《长编》卷 126。

④　《长编》卷 131。

⑤　《宋会要》仪制 7 之 24,帝系 9 之 19、21。

了太学生陈东等及汴京军民数万人"伏阙"(在宣德门前)上书,要求复用李纲等人。一时汴京士民不期而集者数十万人,呼声震天动地。钦宗被迫复李纲为尚书右丞、京城防御使,随后又下令禁止士民"伏阙"上书①。南渡初,高宗竟然听信投降派黄潜善的鬼话,杀害了陈东和另一位在钦宗时曾上三章的爱国士人、崇仁布衣欧阳澈②。直到绍兴三年(1133 年),江阴军进士李韬和苏白上书,但被高宗认为"辄违诏旨,不诣检院而伏阙",以"御笔"下令临安府"差人押归本贯"。高宗还对宰执们说,李韬所述"皆细务,衣有诋讦之语",但不该伏阙。又说:"向来靖康伏阙之风,皆李纲辈启之,卒成变乱"③。把北宋亡国的责任全推到李纲头上。孝宗时,依然鼓励平民上书,对太学生规定可经登闻检、鼓院"献陈",但不准伏阙④。理宗时,太学生动辄伏阙上书。伏阙上书,成为士人们表达自己政见的一种主要方式,皇帝也从中掌握朝廷和民间的一些信息。

　　宋朝官、民上书言事,还有两项规定,一是上书者要向接受的官署交费。据《客语》(疑即晁说之撰《晁氏客语》)记载:"凡投匦有费。谓如投匦,亲事官每名两贯文,大率费不下一、二万。而两院(登闻检、鼓院)及亲事官等不喜人来投,多深藏匦,置人所不见处。"这种陋习后来有所改变,进状者"多只是实封投通进司,自有接受御前文字者,乃以匦盛之,因内六尚以通"⑤。二是上书者要找人作保。北宋时,"臣民投匦上书者,皆从检院押出召保,乃许自便"。直到高宗绍兴三年(1133年)秋,发生地震,高宗诏"求直言"。太常少卿唐恕应诏呈递封事,登闻检、鼓院官员以"故例"对待。侍御史辛炳认为"有亏礼意",高宗乃下诏:自今行在职事官及厘务官上书,并实封用公文印记,缴牒检、鼓院

① 《建炎以来系年要录》卷 1;《宋史》卷 358《李纲传》,卷 455《陈东传》。
② 欧阳澈:《欧阳修撰集》卷 7 邓名世撰《墓表》。
③ 《宋会要》职官 3 之 68;《建炎以来系年要录》卷 68。
④ 《宋会要》仪制 7 之 30。
⑤ 《永乐大典》卷 9762《丞》字。

投进,"不在召保知在逐便之数"①。于是取消了上书人找人作保和申报住所而后逐便的规定。

此外,宋朝皇帝还从皇城司的探报、皇太子的报告等得到许多信息。

第三节　决策和政策贯彻执行的程序、方式

宋朝在皇帝和朝廷的决策以及政策的贯彻执行方面,逐渐形成一套比较严密的程序和方式,既要尽量减少各个环节上的漏洞,又要提高效率,确保政策的顺利贯彻执行。

(一) 圣旨的形成和颁布

作为最高决策者,宋朝皇帝通过各个信息传递渠道,基本掌握和了解各地区和各官署所发生的情况,然后作出相应的决定。皇帝的决定在最初,并不立即成为具有法律效力的"圣旨",因为其间还有一个形成书面文件的过程。从宋初开始,皇帝在坐殿视朝听政时,听取官员宣读奏札,与他们商议一些重要事情,然后做出口头指示;有些章奏,并不亲自处分,而分转中书门下和枢密院②。回宫后,再审阅官、民的言事封章,做出书面批示。根据章奏的内容和不同的奏事者,做出不同的批示,诸如留中,批送中书门下或枢密院、三司等机构,指定宰执集议,指定部分官员看详或详定,指定某一机构"相度"或"稽考",等等③。真宗即位初,每天审读不下一百多个章奏。高宗初年,在退朝后,阅览群臣和各地的章奏;晚上,则阅览投匦封事④。英宗处理章奏的办法是,凡事关机密留中不出,事关政体者批付中书门下,事关边防兵机者批付枢密院⑤。神宗

---

① 《建炎以来朝野杂记》甲集卷8《朝士投匦免知在》。
② 《宋史》卷311《庞籍传》。
③ 《宋会要》仪制7之33。
④ 《宋会要》帝系9之4;《建炎以来系年要录》卷65。
⑤ 王称:《东都事略》卷76《郑獬传》。

时,对于中书门下所奏公事,如完全同意,即批"可"字;对于枢密院所奏公事,则批"依"字①。在任命宰执大臣和台、谏官时,皇帝将自己确定的人选,书写在纸上,称为"词头",命当制官员起草正式委任书。以上是北宋前期皇帝处理军国大事的大致情况。

中书门下和枢密院、三司遇有重要事情,必定奏告皇帝,或各司、各地的奏章"进呈取旨",由皇帝裁决。中书门下的日常公事,一般由宰相和参知政事提出初步意见,写成札子,进呈皇帝,皇帝画"可",然后施行,称为"熟状"。遇到紧急公事,实在来不及奏呈,则先予执行,"具制草奏知",称为"进草"。熟状是用白纸书写的,宰相押字,其他执政列署姓名;进草是用黄纸书写的,宰相和执政都在状的背面押字②。"草"是中书门下草拟的文稿,枢密院的文稿则称"底",三司的文稿称"检"③。其余较小的公事,中书门下、枢密院、三司可以"批状直下本司、本路、本州、本人"④。

皇帝的指令,不论事情的巨细,原则上"非经二府者,不得施行"⑤。史称:"初,国制,凡诏令皆中书门下议,而后命学士为之。"⑥这种以皇帝命令方式颁布的公文,统称"朝旨"或"圣旨札子批状",如由中书门下颁布即称为"敕",由枢密院颁布则称为"宣"⑦。

这一时期,皇帝的批示直接由内宫颁出者,称为内批降指挥或内降指挥、内降文字、"中批"、"内批"、"中旨"等,简称"内降"。原则上,一切"诏令"都应出于中书门下和枢密院。仁宗景祐间(1034—1038年),还下令废除"内降"⑧。允许"百司执奏,毋辄行"⑨。但有时有些官署

---

① 《长编》卷278。
② 《宋朝事实类苑》卷27《官职仪制·宰相自草奏拟状》。
③ 宋敏求:《春明退朝录》卷下。
④ 《国朝诸臣奏议》卷47,司马光等:《上哲宗乞合两省为一》。
⑤ 《国朝诸臣奏议》卷47,蔡承禧:《上神宗论除授不经二府》。
⑥ 《宋史》卷472《蔡京传》。
⑦ 《长编》卷286。
⑧ 文天祥:《文文山文集》卷3《对策·御试策一道》。
⑨ 《宋史》卷12《仁宗四》。

不敢"执奏",对"内降"照样奉行不误①。到神宗熙宁元年九月,下诏"自今内批指挥,并作奉圣旨施行"②,使"内降"不经中书门下"共议",而直接成为"圣旨"。这时,改革家王安石尚未进入宰辅集团。

神宗元丰改制,撤销了中书门下,中书、门下、尚书三省成为最高政务机构。新制以《唐六典》为蓝图,规定三省的职责是中书省取旨,门下省复奏,尚书省施行。凡宫内颁降的文书和各处所上奏状、申状,到达门下省和中书省者,大抵皆转送尚书省。由尚书省下达六曹,六曹交付各案"勘会检寻文书,会问事节",近则往寺、监,远则往州、县,待"一切齐足,然后相度事理,定夺归著",再申报尚书省。尚书省转送中书省,中书省进呈皇帝取旨。中书省既已得旨,则转送门下省"复奏画可",然后"翻录",送至尚书省。尚书省再将公文下达六曹,"方符下诸处"③。三省以及枢密院在"圣旨"的形成和颁布的过程中,各司其职,具体的过程是这样的:中书省长官"面奉宣旨"公事,另外用黄纸书写,由中书令(一般不设)、中书侍郎、中书舍人"宣奉行讫",录送门下省,称为"画黄";承受皇帝批降或复请得旨,以及进呈"熟状",得到皇帝画"可",也另以黄纸书写,"宣奉行讫",录送门下省,称为"录黄"。枢密院也依此行事,只另以白纸录送,面得旨者称为"录白",批奏得画"依"者称为"画旨"。门下省承受中书省和枢密院移送的录黄和画黄、录白和画旨,皆留为底本,"详校无舛",再"缴奏得画",用黄纸书写,侍中和门下侍郎、给事中"省审读讫",录送尚书省施行。三省将所承受的敕旨以及内降实封文书,全部登记在册④。在三省中,中书省的地位最为重要,成为专司"造命"的机构,因为"造命可否、进退,皆由之也",门下省虽有"缴驳",但仍须经由中书省取旨,所以中书省的职权最重。比如任命官员,先由宰执共同议定,当笔宰执判"过中",由中书省的吏人

① 《宋会要》仪制8之31。
② 《宋史全文》卷11《宋神宗一》。
③ 《国朝诸臣奏议》卷47,司马光等:《上哲宗乞合两省为一》。
④ 《长编》卷323。

写成熟状进呈皇帝,皇帝审查后画"可",再颁付中书省"造命",中书省转门下省"审读"。或有不当,中书省有舍人"封缴",门下省有给事中"封驳",然后再转付尚书省施行①。徽宗时,蔡京当国,为避免不同政见者议论他,"故作御笔密进,而乞徽宗亲书以降,谓之御笔手诏,违者以违制坐之"。于是"事无巨细,皆托而行,至有不类帝札者,群下莫敢言"②。这种御笔手诏,无需中书省"造命"和门下省"审读",直接交付有关执行机构,任何人和任何机构都不得阻拦,因为具有最高的法律效力。

以上由二府颁布的敕和宣以及直接付外的御笔手诏等,都属于"圣旨"文书,都可称为"制书"③。哲宗元符间,知枢密院事曾布在日记中记载,他有时在朝退后"作圣旨"。如元符二年十月己亥"作圣旨,令新知河州种朴星夜赴任,计会苗履等过河讨荡作过蕃部"。有时在朝退后与三省一起"作圣旨"。如同年十月壬寅,"同三省作圣旨:将士并与特支七百。苗履等所统续度(渡)河者五百。"④这些"圣旨"文书,在正式颁布时,则称敕或宣。这时,三省和枢密院在上殿奏事完毕退下后,"径批圣旨",不再进呈请皇帝复审。至孝宗时,发现殿前指挥使王琪谎称受"密旨"增筑新城若干尺,经与孝宗核实,发现并无其"旨"。于是韩彦古等提出,自今三省和枢密院撰成"圣旨"文字后,再送达"禁中详观,乃付出"。他们的建议得到孝宗的批准。从此,每件公事必定在奏目后贴上黄纸,书写"得旨"云云,在朝退后实封呈上,由皇帝复看,"改则改,留则留,遂以为常"⑤。这种二府复奏朝殿所得圣旨的制度,使皇帝的出令更加慎重。

(二) 各级官府的执行程序

宋朝逐步形成了各级官府执行"圣旨"的比较严密的程序。这套

---

① 《朱子语类》卷128;曾敏行:《独醒杂志》卷8。
② 《宋史》卷472《蔡京传》。
③ 《朝野类要》卷4《文书·制书》。
④ 《曾公遗录》卷8。
⑤ 周必大:《二老堂杂志》卷3《三省、密院复奏朝殿所得旨》。

程序在宋初,还十分简单易行,但随着中央集权制的逐步建立,变得越来越严密和繁琐。

宋太祖时,"圣旨"的执行程序比较简单。南宋人朱熹曾见到太祖朝的一卷枢密院公案,"行遣得简径"。这一公案记录了蜀中一州发生兵变之事,该州"复申来乞差管摄军马"的武臣(兵马监押)。枢密院列具"已经差使使臣及未经差使"的姓名,其中一人姓樊,在下面注:"樊爱能孙。只有一人。"又注:"此人清廉可使。"太祖便在此人的姓上点了一点,在下面批了四个字说:"只教他去。"后面有"券状"说:"杂随四人,某甲某乙。"太祖又在此下批示说:"只带两人去。"券状说:"小底二人,某童某童,大紫骝马一匹,并鞍辔;小紫骝马一匹,并鞍辔。"太祖又批在下说:"不须带紫骝马,只骑骝马去。"该州又要求批下铨曹,"作速差知州"。后面便有铨曹拟差某人为该州知州之状。大约只隔一两天,又收到这名知州到任的申状。该州的兵马监押才到任上的时候,知州也到了。朱熹不免叹息这时行政效率之高,说:"其行遣得简径健速如此!"①但是,随着版图的扩大,官员和国家财赋等的增加,皇帝"圣旨"的大量发布,各级官署对"圣旨"的执行必然逐步规范化和程序化。前揭引述杨万里《诚斋集》记载,太祖想弄一只薰笼,等了好几天,毫无影踪,十分生气,觉得还不如不当皇帝时方便。一名官员给他解释说,此事要经尚书省和本部、本寺、本局的逐级审批,向皇上复奏,得画"依",才能制造、送上。赵普进一步指出这一条贯不仅是为陛下制定、而是替陛下子孙安排的,可以防止子孙奢侈浪费。显然这时已开始在行政方面按照一定的程序进行工作,尽管执行这套程序必然会降低一些行政的效率,但也是必要的。

宋太祖以后,又历经太宗、真宗、仁宗三朝,这套程序逐步严密起来,每当某个环节出现漏洞,便会不用多久被人发现并采取措施加以补救,从而使程序更加严密。首先,逐步加强对内侍向朝廷各库务传达

---

① 《朱子语类》卷127《本朝一·太祖朝》。

"圣旨"的程序的管理。真宗时,内侍向朝廷各司"传宣取物,止是口传诏旨"。景德四年(1007年),开始"令库务具名数押署,逐司方得给付"。各司在拨给物资后,连同内侍的文字,实封送交三司登记在册。三司每旬将两份进呈,一份留中,一份颁付尚书内省,发给用印的凭由销帐①。天禧三年(1019年),开始在入内内侍省置传宣合同司,三司置承受御宝凭由司。内廷需要调拨外廷物资,将合同凭由一份交付有关库务。有关库务拨出物资后,将凭由缴申三司。御宝凭由司负责核对、销帐②。在负责"传宣"的内侍和承受"圣旨"的三司之间,设置了两个专门机构,由专人主管,以防内侍冒领贪污。但至仁宗初年,这一程序又被弃置一边,"禁中需金帛,皆内臣直批旨取之,无印可验"。所以主管内藏库的韩琦要求复行旧制,设置传宣合同司,"以相防察"③。此后,这套程序还进一步规范化。其次,逐步加强内侍向二府传达"圣旨"的程序的管理。真宗天禧四年(1020年),规定"中使"即内侍"传宣赍手诏谕文字赴中书、枢密院",如系升迁官阶加恩之事,皆先赴入内都知司登记在册,向皇帝复奏毕,再"给付施行"。同天,又进一步明确规定,自今内侍"传宣处分公事",中书门下和枢密院"并须复奏"④。把复奏的范围扩大到所有"传宣"给二府处理的公事。仁宗庆历七年(1047年)二月,权三司使张方平提出,近日内侍"传宣诸司,颇为烦数,其至三司,日或数次"。这种"屑屑冗微之事",不应"动烦宣下"。有关官署既已承受圣旨,其中"有不可奉行者,又须禀复,或却寝罢",于是"下成废命,上为损威,习以为常,恬不知怪"。张方平建议今后除了"有指挥中书、枢密院事,特降中使外",其他的"细务",应下三司提举司和开封府等处者,"只乞传宣中书、枢密院札下逐处有司,或敢违慢,自应合行勘责"。如有"急速"公事,"不容留滞",即请"宣付入内内侍

省相度事体缓急",须立即施行者,"具录宣旨报下所司",庶使"出纳有常,上下得体"①。十月,三司又指出:准诏书,今后每有"传宣"和"内降指挥",应等"面奏"毕,"方得施行"。因"有系急速"公事应及时应副者,担心"面奏不及",也有"体例分明者"。现相度,除系入纳钱物并"生事"(即日生公事),应等候"面奏"施行外,其他"体例分明"和急速公事,请求依旧实封复奏。仁宗同意三司的建议②。至和元年(1054年),仁宗又下诏自今内侍"传宣","先令都知札报被受者复奏"③。神宗元丰改制,规定中书省和枢密院"面奉宣旨"公事和"受批降若复请得旨及入熟状得画"公事,分别用黄纸和白纸书写,录送门下省。经门下省"缴奏"皇帝复审,得到批准后,再用黄纸书写,经门下省长官审读毕,录送尚书省施行④。高宗建炎元年(1127年),接受北宋末年的惨痛教训,下诏各执行机构凡有使臣等"传宣",皆要密具该使臣等职位和姓名、所传宣旨,实封复奏。如果"事有未便",允许开具"未便事理执奏"。如果所差使臣等自己不亲赴该处,而转托他人传宣文字的,皆不得收接,"亦具因依闻奏"。同天,还下诏如果传宣或颁降指挥,以及官府奏请虽然得旨"依奏",但原来无"条贯"规定的,中书省和枢密院都要复奏取旨⑤。

　　在北宋前期,凡皇帝批准的民政公事,皆由中书门下负责转牒有关机构执行。元丰改制后,改由尚书省负责。这种由中书门下或尚书省转发敕书的公牒,又称"敕牒"。太祖建国伊始,建隆元年二月,由中书门下颁发给凤翔府的一份牒文,开头写道:"中书门下牒凤翔府:准显德二年五月七日敕文。"以下引述敕文的内容。接着,又说:"牒奉敕,访闻诸处多有山门……其州县军镇城郭、村坊经停废寺院,一依元敕处分。牒至准敕,故牒。"随后,记录时间为"建隆元年二月十二日牒"。

① 　张方平:《乐全集》卷25《请止中使传宣诸司》;《长编》卷160。
② 　《长编》卷161。
③ 　《长编》卷177。
④ 　《长编》卷323。
⑤ 　《宋会要》仪制7之27。

最后三行为中书门下 3 名长官的结衔,但没有姓名①。这是今存宋朝最早的一份敕牒牒文。真宗时,由中书门下颁给京东转运司的一份敕牒,开头也写道:"中书门下牒京东转运司。"以下引述知通进银台司兼门下封驳事王钦若的奏札内容,接着是中书门下的处理意见是:"候敕旨,牒奉敕,宜令逐路转运司,遍指挥辖下府州军监,依王钦若所奏施行,牒至准敕,故牒。"随后记录时间为"景德三年二月十六日牒"。最后为中书门下的两名长官的系衔和姓名:"刑部侍郎、参知政事冯拯,尚书左丞、参知政事王旦。"②此牒表明中书门下命令各路转运司,指挥所辖府、州、军、监修建文宣王庙。神宗熙宁元年(1068 年),中书门下颁发给河南府的一份牒文,开头也写道:"中书门下牒河南府。"以下引河南府奏章的内容。接着,是中书门下的处理意见:"牒:奉敕如前,宜令河南府翻录敕黄,降付逐寺院,依今来敕命所定名额。牒至准敕,故牒。"随后记录时间为"熙宁元年二月二十八日牒。"最后四行为 3 名参知政事和 1 名平章事的结衔和姓氏(平章事不书姓氏)。在此牒文之后,还附有河南府偃师县的一道帖子,其内容如下:"偃师县帖:寿圣院准河南府帖,准敕节文,为伊阳等一十三县有无名额寺院,并赐寿圣院为额。数内偃师县□□院,仰翻录敕黄降付本院,依今来敕命所定名额者。"以下又记载:"右具如前。当县今翻录到敕黄一道,头连在前,事须帖付本院,准此照会。熙宁元年四月初三日帖。"最后两行是该县县尉兼主簿张某和知县刘某的系衔和姓氏(不署名,可能用押字)③。这一敕牒反映了中书门下和河南府、偃师县逐级执行神宗的敕旨的整个过程:中书门下将敕牒颁发河南府,河南府颁帖各县执行,各县又翻录这一敕牒(敕黄)颁发本地有关寺院。翻录制敕的制度,一直到南宋依旧执行,如规定只能用黄纸翻录,翻录时书写有时限等④。

---

① （清)王昶:《金石萃编》卷 123《宋一·凤翔府停废寺院牒》。
② 《金石萃编》卷 126《宋四·敕修文宣王庙牒》。
③ 《金石萃编》卷 137《宋十五·寿圣禅院敕牒》。
④ 《庆元条法事类》卷 16《文书门一·诏敕条制》。

　　神宗元丰改制后,尚书省成为全国的最高执行机构。据徽宗政和八年(1118年)的"崇佑观牒",该牒开头节录陕府西路都转运司的奏状,奏状说:"据同州申,据朝邑县申,本县耆老人户贾□等状。"转运司的奏状最后说:"本司保明是实,伏候敕旨。"接着是"尚书省牒:同州朝邑县崇佑观牒,奉敕,宜赐崇佑观为额,牒至准敕,故牒。"以下是宰相的系衔和姓氏:"通议大夫、守左丞王(押),起复少傅、太宰(押),少保、少宰(押),太师、鲁国公(不押)。"①这一敕牒显示从县、州、路、尚书省逐级申报,又从尚书省、路、州、县各级官署执行的程序。南渡后,高宗绍兴二年(1132年)的建康府嘉惠庙牒,开头为"尚书省牒:建康府嘉惠庙"。紧接着是"礼部状,准都省付下江南东路转运司奏:建康灵泽天人,祠宇祈求显应。欲望睿慈,特赐加封,仍赐庙额。本司寻复行审究得委有上项显应……"随后是礼部的处理意见:"本部寻行下太常寺勘会去后。今据本寺申……伏乞朝廷详酌指挥施行,伏候指挥。"以下又是"牒奉敕,宜赐嘉惠庙为额。牒至准敕,故牒。"最后记录颁牒的时间为"绍兴二年十一月□牒。"还有四行,为两名参知政事和两名宰相的系衔和姓氏(宰相不书姓氏)②。此牒也显示了尚书省、礼部、太常寺、江南东南转运司、建康府逐级研究和执行的整个程序。

第四节　运 行 机 制

　　宋朝的中央决策系统,实行最高决策层即皇帝的独裁机制,次高决策层即二府长官和在朝官员的竞争机制,以及外朝对内廷、大臣对皇帝、监察系统对大臣的监督机制,等等。

(一) 内廷与外朝

　　内廷,乃指皇帝的大家庭,包括皇后、皇太后、嫔妃、宫女以及内宫

---

①　《金石萃编》卷147《宋二十五·崇佑观牒》。
②　《金石萃编》卷148《宋二十六·建康府嘉惠庙牒》。

的管理机构尚书内省。外朝,主要指朝廷。在宋朝,外朝充分运用约束机制,从各个方面对内廷实行限制,尤其是限制内廷在决策方面所起的作用。

宋朝习惯称皇帝的指示或命令为"圣旨",皇后和皇太后的指示或命令为"教旨",皇太子的指示或命令为"令旨"。仁宗天圣初(1023年),因刘太后垂帘听政,也称其指示或命令为"圣旨"①。明道二年(1033年),刘太后离世。仁宗遵照刘太后遗诰,册杨太妃为皇太后,称其指示为"教旨"或"懿旨"②。南宋时,孝宗即位初期,高宗尚健在,太上皇后吴氏的指示也可称为"圣旨"③。但有宋一代,皇后的指示或命令从未起到举足轻重的作用。皇太后的指示或命令只在她摄政期间,才可与皇帝的"圣旨"同日而语,但在正常情况下,其作用也十分有限。比如前述的仁宗景祐元年(1034年),后宫的尚美人派内侍韩从礼等赴开封府,传达"教旨",令放免工匠单庆等6人的本行差遣。开封府判官庞籍向仁宗递呈封奏,提出"祖宗以来,未有美人称'教旨'下府者"。仁宗以韩从礼等违法,处以杖刑,并"切责美人,诏有司自今宫中传命,毋得辄受"④。几个月后,又下诏各处承受宫闱的教旨,不准施行。其中理应上殿处,"仰次日审奏取旨";不应上殿处,即当天"同具事由,实封申中书、枢密院取旨"。不久,将尚美人逐出宫外,去做道士⑤。这表明外朝在正常情况下可以依法抵制内廷的指示或命令。外朝对内廷的这种抵制,自然必须取得皇帝的支持才能获得成功。

外朝大臣还干预内廷的一些活动,极力把内廷置于外朝的监督之下。仁宗时,刘太后始终不让仁宗了解他系真宗的顺容李氏所生的真相。李氏死后,内廷最初尚未操办丧事,宰相吕夷简在上殿奏事时,顺便说:"闻有宫嫔亡者。"刘太后陡然一惊,瞧了吕夷简一眼,说:"宰相

---

① 岳珂:《愧郯录》卷2《圣旨、教、令之别》。
② 《长编》卷112。
③ 《愧郯录》卷2《圣旨、教、令之别》。
④ 《国朝诸臣奏议》卷29《帝系门》,庞籍:《上仁宗乞序正宫掖》;《长编》卷114。
⑤ 《长编》卷115。

亦预宫中事邪?"说完,带着仁宗退回殿后。过一阵,刘太后独自走出,坐在帘下,说:"一宫人死,相公云云,何欤?"吕夷简说:"臣待罪宰相,事无内外,无不当预。"刘太后勃然说:"相公欲离间吾母子耶!"吕夷简答道:"陛下不以李氏为念,臣不敢言;尚念刘氏,则丧礼宜从厚。"刘太后立即领会吕夷简的用意,怒气稍稍平息,说:"宫人,李宸妃也,且奈何?"后来,经吕夷简再三坚持,终于依一品礼治丧,殡寄洪福院。刘太后懂得仁宗早晚会知道事情的真相,如丧事过简,将来必然会对自己刘家的亲属不利①。有一次,内宫晚上遇火。第二天早晨,百官上朝,但宫门不开,辅臣们请求会见皇帝,仁宗登拱辰门,百官皆在楼下跪拜,只有宰相吕夷简不肯下拜。仁宗派人问吕,吕说:"宫廷有变,群臣愿一望清光。"仁宗命人揭帘,吕看清后,才下拜②。吕夷简提出宰相要干预内廷之事,表达了外朝大臣的共同意愿。

宋朝还建立起一些由外朝管理内廷部分事务的制度,如妃嫔叙迁、俸禄、恩荫等人事制度,内廷财务管理制度,等等,这也限制了内廷的权力。

宋朝不断强化外朝对内廷的约束机制,其根本目的是要防止女后专权,剥夺女后的最高决策权,在正常时期极力限制乃至取消内廷对外朝发号施令的权力;在非常时期,则要尽快结束皇太后摄政的时间,让皇太后交出政权,顺利完成老皇帝与新皇帝之间权力的过渡。

(二) 朝议与廷争

宋朝统治者洞悉帝王的统治术,在朝廷尽量听取官员的各种不同意见,为不同意见的官员提供发表的机会,藉此实行竞争机制,以激励官员畅所欲言,从而为朝廷提供最佳决策方案,并藉此选拔合格的宰辅官员。

朝议与廷争,几乎每朝皆有。前述仁宗初,宰相吕夷简坚持要求厚葬仁宗的生母李宸妃,他对摄政的刘太后说:"臣位宰相,朝廷大事,理

---

① 《长编》卷 111;《宋史》卷 242《后妃上》。
② 《宋史》卷 311《吕夷简传》。

当廷争。"还表示如果刘太后不同意,他将不退朝。由于吕夷简的再三
坚持和说理,刘太后终于同意厚葬李宸妃。此事表明宰相把廷争作为
己责,不管争论的对方是作为最高决策者的皇太后,还是皇帝或其他官
员。仁宗时,官员张方平在一份奏札子中指出,最近"中书奏事,争辩
御前,连日纷哗,中外喧骇。其于事理,必有曲直。"张方平因为没有参
加这些争论,不了解具体情形,所以只是从道理上提出"中书政本,其
所拟议,即为命令",中书的长官不应"各徇所执",这样"何以适治"
呢①? 神宗熙宁间,为推行新法,以王安石为首的中书门下与以文彦博
为首的枢密院,不断进行激烈的廷争。熙宁五年(1072 年),二府在神
宗面前讨论"夏国事势",枢密院只认为边界长,"彼能聚兵,我不能,所
以无如之何"。王安石反驳说,"胜负不在此"。现今以陛下的"聪明齐
圣"来对付夏国的一个"稚子",这是一胜。朝廷"用人不择亲疏远近,
惟才是择",及至"谋国事,议边计,总领一方",尚且感到缺人;夏国"所
用谋国者",不是梁氏的叔伯,便是梁氏的弟兄,这些人岂皆能胜其任?
这是二胜。此外,对方虽然倾国以 10 万之众来犯我边境,而老幼疲惫
不能者皆在其间,我方如有一二万精兵就足以战胜他们。但我方将帅
如今"亦非其人",皆是得过且过,"兵虽众而不训练,朝廷举动往往不
合事机",这就是我方不能战胜对方而不是对方无法战胜的缘由②。王
安石以雄辩的语言,透彻的敌我双方实力的分析,驳倒了枢密院的谬
见。几天后,在内侍押班邓德诚迁为内侍右班副都知问题,王安石与文
彦博在御前进行了一场争论。王安石认为,旧制规定押班 5 年即可迁
副都知,邓德诚任押班已 7 年。同时,条法规定,入内内侍省人员有定
编,内侍省不定编。对此,枢密院表示异议,该院进呈入内内侍省条法
说:"此无条合迁,又有四员之限。"王安石说:"限四员乃入内内侍省
条,内侍省初无定员也。"文彦博又说,原来就没有用年限升转都知的
规定。神宗说:"与德诚转,便可立为条。"王安石说:"久例合如此,不

----

① 《乐全集》卷 20《论中书议事》。
② 《长编》卷 231。

须别立条。"神宗表示同意。王安石还指出，文彦博在枢密院，进拟内侍官职，"多违条妄与"。及至同中书门下一起进呈，却必乱引条法加以阻碍，这类事已非一次。其目的不过想"阴激怒近习，使归怨中书"①。几个月后，执政同进呈河东保甲公事，枢密院主张只称义勇、强壮，"不别名保甲"。于是王安石又与文彦博、冯京在御前进行争论。王安石据理力争，使神宗最后采纳他的意见②。一个月后，王安石又与文彦博等在神宗前争论"夏国进表不依旧式，但谢恩而不设誓，又不言诸路商量地界事"问题和契丹涿州牒文问题③。同年十二月，枢密院论"金汤之役"，前知庆州李复圭"尽取赵余庆所得首级系之（将官李）克忠"，他自河洛川归庆州，李克忠部又半路被敌军冲断。神宗对李复圭的欺诈行为十分生气，王安石则"独明其不然"，说"复圭虽得罪，克忠等功自当赏。"神宗说："余人已赏之矣，克忠乃别坐罪。"王安石认为神宗判定李克忠罪太重，因而对李克忠的功、罪作了详细分析，最后建议命李复圭解释清楚御史奏章中所指出的那些事情。神宗表示同意④。此外，王安石还与文彦博等人多次廷争有关市易、青苗等法，文彦博等人对新法往往采取攻击一点而不及其余的手法。可以这样说，在熙宁间的部分时间里，新法就是在王安石等变法派与文彦博等守旧派的不断争论中推行的，文彦博等人的意见在客观上有助于变法派逐步完善各项新法。及至熙宁六年四月文彦博免除枢密使之职而出判河阳，王安石与文彦博之间的廷争才告一段落。元丰五年（1082 年），熙河经制李宪请求神宗再次发兵进攻夏国。神宗因为去年曾发陕西、河东等五路之兵，大举伐夏，但行军千里，无功而返，一直耿耿，"念未有以复其志者"。于是征求宰辅的意见，他对宰相王珪说："西师再举，趣以期上。"王珪随声附和，说："比朝廷捐钱钞五百万，以佐军食。既有备矣，

---

① 《长编》卷 231。
② 《长编》卷 236。
③ 《长编》卷 237、卷 238。
④ 《长编》卷 241。

复何虞?"表示既已准备好了军粮,便不必担心。尚书右丞王安礼针锋相对地指出:"珪所言特文具耳,陛下诚听之,恐必误国家事。"王安礼进一步分析:钞不可吃,必须变成钱,钱再变成粮草。现在已经五月,假使至七月出兵,则不容易办到。神宗看着王安礼说:"卿亦知灵州事耶?"王安礼答道:"臣固不知灵州事,然以今揆之,未可再举。"神宗说:"姑徐议之。"十几天后,神宗拿出一策给执政们看,说:这是措置熙河路事的公文,其实由李宪所做。神宗还说:"(李)宪云:'昨欲行军,糗粮已具,下至士卒药石,无不有也。一闻罢师,士皆丧气。'宪,宦者,犹欲立事,分朝廷忧,卿等独无意乎?"神宗还引述唐宪宗时淮西之乱为例,暗示宋朝的公卿大臣不能像宦官李宪那样为朝廷出谋划策。这时,"群臣"听了神宗这一席话,不禁"相视无以为对"。只有王安礼出来说:现今夏国之强,非淮西可以相比;李宪之庸,非唐宦者之匹。又指出:"自军兴以来,士卒羸耗,器械散亡几尽,当议所以蕃息之,用兵非策也。且异时陛下固尝遣宪,而宪辄辞。今诚知其不可,而强欲请行,此为奸言以钓其上,不可不察。"于是神宗"怅然感悟,不复议再举事"[1]。但事隔不久,神宗又听从沈括、种谔之策,决定"尽城横山,以瞰平夏",兴筑永乐城。夏军一举攻下永乐,宋军损失将校几百、士兵和役夫二十多万人。孝宗时,同知枢密院事刘珙与其他官员一起,要求"圣旨"皆经三省和枢密院"奏审",孝宗先是赞成,后又反悔。刘珙等人与孝宗"争辩激切",孝宗颇为不快。刘珙因为"言尤激切",被孝宗以"手诏"罢职为端明殿学士,在京宫观[2]。

　　宋朝统治者通过朝廷大臣的朝议和廷争,广泛听取官员的意见,从而作出比较正确的决策。

(三) 执奏与封驳制度

　　宋朝最高决策层和次高决策层作出决策后,要求台、谏机构进行监

---

① 《长编》卷 327。
② 朱熹:《朱文公文集》卷 97《刘珙行状》;《宋史》卷 383《陈俊卿传》。

督,并要求封驳机构进行复审。此外,还允许各级执行机构和官员对中央不正确的决策和不符合法定程序的决策进行抵制,当时称为"执奏"或"奏禀"。

宋仁宗朝是官员们"执奏"圣旨最多的时期。这是由于这一时期仁宗发布的不合法定程序的指令或违犯法制的指令最多,又由于仁宗有时支持官员"执奏",有时不支持官员"执奏"。庆历六年(1046年),权三司使王拱辰受命出知亳州。次日,因王拱辰暗中"营求",仁宗"内降指挥,留拱辰侍经筵",但中书门下"执奏"而拒不执行。王拱辰因而请求改知郑州,仁宗同意。侍御史贾黯和监察御史何郯等弹劾王拱辰"营求内降,乞正其罪",但仁宗不予理睬①。皇祐二年(1050年),下诏:'内降指挥,百司执奏毋辄行,敢因缘干请者,谏官、御史察举之。"仁宗告诉辅臣们说,最近有贵戚、近习,"夤缘请托,以图内降",他虽"颇抑绝",但不免"时有侵挠",所以下诏"严切禁止",以便"澄清宿弊,示信天下"②。至和元年(1054年),殿中侍御史马遵上疏,要求仁宗在"清闲之宴",召对执政大臣,"以尧舜君臣相戒敕之义,丁宁宣谕",凡今后"事有未便,理有未安",或者"逾祖宗之制度",或者"失先王之典礼","并须再三执奏,不得一切奉行,以归当为限"③。次年,仁宗对宰相刘沆说:"凡传宣内降,其当行者自依法律赏罚外,余令二府与所属官司执奏。"刘沆依据仁宗的这一指令,提出近臣保荐官吏和近臣陈乞亲属、叙劳干进等三弊,要求下诏二府,今后凡此三事"毋得用例,余听如旧"。仁宗虽然赞同刘沆的建议,但"众颇不悦,未几复故"④。一个月后,知谏院范镇上疏指出,虽然最近颁布指挥要求二府等"执奏",但"今一日之中,内臣无名改转者凡六七人,俱是过恩,不合法律,中书、枢密院大臣并不执奏"。他要求"明正"二府大臣之罪,"以

---

① 《长编》卷159。
② 《长编》卷169;《宋会要》刑法2之29。
③ 《国朝诸臣奏议》卷46,马遵:《上仁宗论谏诤乃大臣之任》。
④ 《长编》卷178。

正天下"①。嘉祐二年(1057年),知谏院陈旭上言,指出近日"内降营求恩赏者甚多,虽许执奏,而有司时有奉行"。建议自今请"令中书、枢密院推劾,以正干请之罪"。仁宗不仅听从,还把这一建议在御史台和閤门张榜公布②。嘉祐三年,权知开封府欧阳修进呈札子,说他任职不到两个月,已十次接到"内降",不过是府司后行、宫院姨媪、内官及干系人吏等,"以求私庇",或"自图免过","本府每具执奏,至于再三,而内降不已"。他请求今后"应有因事敢干求内降者,依旧许本府执奏"外,还要"根究因缘干求之人,奏摄下府勘劾,重行责罚"。如果本府人"自行干请者",也请求"一就勘鞫,加元(原)犯本罪二等断遣"③。嘉祐年间(1056—1063年),仁宗还从内閤颁降"密敕",规定:"近以女谒纵横,无由禁止。今后应内降批出事,主司未得擅行,次日执奏定可否。"这一密敕表示仁宗决意杜绝"内降"。但不过几天,开封府正在审讯一名有犯罪嫌疑的老兵,突然一名小内侍急传旨命予以释放,且命将其财宝"进呈"。开封府尹魏瓘也不用执奏法,将人放走。谏官唐介得悉此事,连上三疏,要求重贬"不顾执奏之法"的开封府长官,收捕犯者审查;否则,"今执奏之敕既为无用,乞下诏收之,免惑天下"。魏瓘因此被贬知越州④。综观仁宗一朝,"内降"圣旨禁而不止,官员的"执奏"时断时续,呈现出一种十分可笑的局面。仁宗鉴于各方面的不合理要求太多,但又情面难却,只得借助外廷大臣的力量,加以阻止;有时实在无法,也就不顾大臣的"执奏",照样施行。

　　神宗后,尤其徽宗时,皇帝常常将其"内降"指令以"御笔"的方式颁布,禁止朝廷任何机构和官员加以审核、抵制。甚至不准拖延时刻。从而破坏了原有的皇帝和朝廷正常的决策程序,降低了最高决策的正确性。

---

① 《长编》卷179。
② 《长编》卷186。
③ 《欧阳修奏议集》卷5《请今后乞内降人加本罪二等札子》;《长编》卷187。
④ 释文莹:《续湘山野录》。

南渡初年，统治者吸取北宋亡国的教训，加强朝廷对内侍传达圣旨的管理，允许大臣"执奏"；有关圣旨皆须经二府下达。高宗建炎元年（1127年），下诏今后承受内侍"传宣"者，皆要"当时密具所得旨实封以闻"，如果"事有未便者，许执奏"。又下诏凡宣旨和官司奏请之事，原无条贯规定的，皆由中书、枢密院取旨；未经三省、枢密院者，官司不得接受。这实际上是恢复北宋的"旧典"[①]。绍兴二年（1132年），再次下诏说，最近所颁降的"御笔处分事"，"多系宽恤及军期等事"，与以前的指挥"事体不同"，皆经由三省、枢密院；如或不当，"自合奏禀"，仍准许给、舍缴驳和台、谏论列以及"有司申审"；如"奉行违慢，止依违圣旨科罪"[②]。同样是"御笔"，已与神宗后的情况大不相同，新的"御笔"必须经过三省、枢密院的一套程序，才能付外执行。孝宗后，"御笔"或"内批"又频繁出现于朝廷，同时也不时遭到以宰相为首的官员们的抵制。光宗绍熙四年（1193年），内批除"椒房之亲"李端友为郎官，左丞相留正将御笔缴还，光宗不肯接受，留正"执奏"坚不奉诏，便将御笔搁在御榻上而退[③]。诸如此类，不胜枚举。

（四）皇帝的最终裁决权

宋朝的皇帝在整个决策过程中，拥有毋庸置疑的最终裁决权。大多数皇帝以国家的长治久安为重，勤于政事，并且能在基本遵照法定的决策程序的前提下，行使最终裁决权，进行发号施令。

宋真宗和仁宗是两位守成的皇帝。宋朝的许多制度都是在真宗朝基本确立，而至仁宗朝进一步完成的。诸如旧制规定，"士庶家僮仆有犯，或私黥其面"。真宗在咸平六年（1003年）认为"今之僮使本佣雇良民"，乃做出决定，下诏："有盗主财者，五贯以上，杖脊、黥面、配牢城，

---

①　《建炎以来系年要录》卷10。

②　《建炎以来系年要录》卷58。

③　《宋宰辅编年录》卷19绍熙元年。

十贯以上奏裁,而勿得私黥涅之。"①咸平六年,真宗在便殿召集辅臣开会,研究河北边防问题。真宗提出,河北已屯大军,而边将屡奏"敌未有隙",且"聚军虚费",这样"民力何以充给"? 朕考虑不如"因其所制置以为控扼之利"。真宗主张在静戎军和顺安军先开挖营田河道,可以扼守黑卢口等路,同时得以疏通极边的漕运。应下令依此开浚,使河道达到军城。敌军如阻挠我方此役,即合兵击杀。宰相李沆等都说:"设险兴功,守边之利。沿边守臣,苟渐为之制,以增边备,善莫大焉。"真宗说,营田的河道,从来都被将帅阻止,都说"甲马雄盛,不宜示弱"。殊不知"不战而屈人兵,法之善者"。何况国家训练兵卒,"大为之备,亦非全恃此险"。李沆说,功之难成,是因为"人人互执所见"。"参验而行,实为至便"。于是作出决议,下诏命内侍阎文庆与静戎军王能、顺安军马济"共督其事",同时,调莫州路部署石普屯军顺安之西,与威房军魏能、保州杨延朗、北平田敏"犄角,以为防遏"②。其余如与契丹订立澶州之盟,给予契丹岁币的数量,进行东封西祀等,都是真宗自己做出的决策。仁宗在明道二年(1033 年)四月亲政后,立即在人事上进行一次重大的变动,将刘太后摄政时依附刘太后的全部宰相和执政罢免,其中有宰相吕夷简和枢密院张耆,枢密副使夏竦,参知政事陈尧佐和晏殊,枢密副使范雍和赵稹。仅宰相张士逊一人继续留任。据记载,仁宗这次宰执大调动,最初只与吕夷简商量,以张耆、夏竦皆太后所任用,全部罢去。仁宗退朝后,将此事告诉郭皇后,郭皇后说:"吕夷简独不附太后耶? 但多机巧,善应变耳。"于是并罢吕夷简。到第二天"宣制",吕夷简正在押班,听念到自己的姓名,大惊,不知是何缘故③。皇祐五年(1053 年),武将狄青平定广西侬智高事件立了大功,仁宗想晋升其为枢密使、同平章事。宰相庞籍表示异议,他以太祖时慕容延钊和曹彬率军攻取荆湖和江南,不过迁官加爵邑和赐金帛,没有授予枢密使

①　《长编》卷 54。
②　《长编》卷 55。
③　《长编》卷 112。

或使相为例,指出狄青之功远不及慕容和曹,如用为枢密使、同平章事,他日更立大功,将以何官赏给他? 同时,枢密使高若讷没有过失,凭什么罢他的官? 仁宗答道:此前台、谏官说他荐举官员有失误,他的前导者殴人致死,怎可说没有过失? 庞籍解释说,高若讷以上两件事业已妥善处理,且台、谏官所说,"陛下既已赦之矣,今乃追举以为罪,无乃不可乎?"参知政事梁适不赞成庞籍所说,认为文彦博平定王则贝州之乱,回朝当上宰相;侬智高骚扰两广,狄青加以讨平,"为枢密使,何足为过哉!"庞籍又反驳梁适的话。相互争论累日,仁宗才赞同庞籍的意见。各人退殿后,梁适密奏,说狄青"功大赏薄,无以劝后"。又秘密派人把在仁宗面前争论的话告诉狄青,还告诉入内押班石全彬,让他在宫中"自讼其功"以及说狄青和孙沔所赏太薄。仁宗既然日日听到这些话,不能不信,于是在两府进殿商谈时,突然对庞籍说:"平南之功,前者赏之太薄。"现决定以狄青为枢密使,孙沔为副使,石全彬先给观察使之俸,再等一年迁观察使。高若讷升一官,加近上学士,任经筵官。召张尧佐回宣徽院。仁宗在宣布这一决定时,"声色俱厉",庞籍不禁"错愕",答道:"容臣等退至中书商议,明日再奏。"仁宗说:"勿往中书,只于殿门阁内议之,朕坐于此以俟。"庞籍乃与同僚在殿门阁内商议,"具奏皆如圣旨"。再次入殿回复,仁宗"容色乃和"①。从宋初以来,严密防范武将,成为"祖宗之法"的内容之一。仁宗决定重赏狄青,授以枢密使、同平章事,以激励后人,但不免违犯了"祖宗之法"。庞籍实际上维护此法,反对狄青担任这一要职。但皇帝毕竟拥有最终裁决权,庞籍等宰执几乎是在仁宗的威逼下作出决议,一致同意"圣旨"。神宗更是一名有为的君主,善于使用自己的最终裁决权,"事多亲决",执政大臣"大率奉行成命"而已②。在其统治期间,不断直接对军国大事进行批示,作出决断。如熙宁五年五月,一次"批付中书",说最近连续据雄州缴奏,北界涿州来牒文,理会白沟增修馆舍和增驻兵马之事,不知原

---

① 《长编》卷174。
② 《国朝诸臣奏议》卷47,吕公著:《上哲宗乞三省事同上奏稟》。

因、虚实,可令缘边安抚司勾当公事李舜举和提点刑狱孔嗣宗"密切仔细体量,诣实事状,速具闻奏,仍各实封札与"。又一次,"批付中书"说:"保甲浮浪无家之人,不得令习武艺。"①元丰五年(1082 年),知开封府王安礼上言"三院狱空",并"以狱空揭诸府门"。辽朝使臣路过见到,"叹息称为异事"。但侍御史知杂事满中行揭露王安礼在府狱空时,"密谕畿邑,使暂停解送公事"。神宗听后十分不快,说:"岂不知狱空朝廷美事乎?"反而批示:"(满)中行奏事不实不当,落侍御史知杂事,以直集贤院知无为军。"②将满中行贬责出朝了事。同年五月,神宗决定实行官制改革,神宗因见《唐六典》,"遂断自宸衷,锐意改之,不日而定,却不曾与臣下商量"。王安石时在建康府,见新官制之书,大惊。说:"上平日许多事,无不商量来,只有此一大事,却不曾商量。"③表明神宗利用皇权,独自作主,推行了一次重大的职官制度改革。

南渡初,因为抗击入侵金军的需要,相权得到了加强,同时皇帝的最终裁决权并没有受到削弱。凡重大军事行动和将帅的任免皆由高宗最后作出决定。绍兴十一年(1141 年)十二月,抗金名将岳飞被高宗赐死于大理寺。对于岳飞这样战功卓著、威名赫赫的将领,宰相秦桧不可能隐瞒真相,矫诏将其杀害。这就是说高宗不仅完全知情,而且亲自导演这幕悲剧。首先是高宗传下"圣旨"逮捕岳飞父子,送至大理寺"根勘";后来是高宗亲自传下"圣旨",将不该处死的岳飞"特赐死",张宪和岳云"并依军法施行",等等④。此事详见本卷第六章第二节。绍兴和议后,宋、金之间战争基本停息。此后,宰相秦桧长期执政,培植私人势力,网罗党羽,逐渐控制朝政。直到绍兴二十五年(1165 年)秦桧死后,才有官员告诉高宗,说:"近来诸路监司、郡守以事达朝廷,止云'申尚书省取指挥',殊失经意。"高宗答道:"此乃大臣任意所为,不欲朕知

---

① 《长编》卷 233。
② 《长编》卷 325。
③ 《朱子语类》卷 128《本朝二·法制》。
④ 《建炎以来系年要录》卷 143。

天下事耳。"①数天后,高宗对辅臣们说:"向来指挥监司、守臣到任半年,令条具民间利病上之,已委官看详。"但如今数年未尝进呈,"是取宰相意旨,民事不欲令朕见也。"②此处所谓大臣和宰相都是指秦桧。但高宗依然十分赞赏秦桧在与金媾和中的"功绩",对参知政事魏良臣等说:"两国和议,秦桧中间主之甚坚。卿等皆预有力,今日尤协心一意,休兵息民,确守勿变,以为宗社无穷之庆。"表示今后继续"确守"与金媾和的方针。魏良臣等"唯唯奉诏"③。这是高宗在秦桧死后的新形势下所作出的对金关系方面的决策。孝宗即位初,锐意恢复中原故土,曾立定遣兵北伐,但功亏一篑。后倚虞允文、王淮等以谋恢复,但终无成效。淳熙间(1174—1189 年),范成大受命出使金朝,孝宗令口奏金帝,说:"河南乃宋朝陵寝所在,愿反侵地。"范成大对孝宗说:"兹事至重,合与宰相商量,臣乞以圣意谕之,议定乃行。"孝宗首肯。既而宰相认为不能这样做,但孝宗执意不回。范成大无奈,乃自己另写一书,记述"圣语",准备至金朝与国书一起进呈④。这时孝宗坚持在外交方针上行使自己的最终裁决权。

　　以上这些情况表明,皇权虽然受到多方面的约束,但在宋朝多数时间和正常情况下,皇帝均拥有最终的裁决权,仍然是国家的最高决策者,并非一种象征性的偶像。自然,宋朝也有少数皇帝不顾国家的安危,安于琼楼玉宇和锦衣玉食,拱手将最终裁决权让给某些大臣,导致皇权旁落。比如徽宗和理宗、度宗皆是不务正业的皇帝,荒耽酒色,却好大喜功,胡乱决策。徽宗在宣和初(1119 年)"有意征辽",在蔡攸、王黼、童贯等人的支持下,不顾很多官员和百姓的反对,轻率作出联金灭辽的重大决策,以致引狼入室,最后弄得国破家亡⑤。理宗朝,陆续重

①　《建炎以来系年要录》卷 170;《宋会要》仪制 7 之 29。
②　《宋会要》仪制 7 之 29。
③　《建炎以来系年要录》卷 170。
④　罗大经:《鹤林玉露》甲编卷 1《范石湖使北》。
⑤　《挥麈后录》卷 4;王明清:《玉照新志》卷 1;邵伯温:《邵氏闻见录》卷 5。

用史弥远和丁大全、贾似道等人,听任他们"窃弄威柄"①。最初,拒听一些有远见卓识的官员的忠告,无视北宋的亡国教训,作出联蒙灭金的错误决策,结果金朝虽然灭亡,却面临一个更加强大的敌人蒙古。后来,又完全信任丞相贾似道,听任其胡作非为。度宗更是"耽于酒色"②,无心治理朝政,"委政"太师、平章军国重事贾似道,自己则称贾为"师臣"而不敢直呼其名,把贾当做"救星",唯贾之命是从,完全放弃了自己的最终裁决权。"不学无术"③的贾似道一旦得志,"益以骄肆,远违君父,养傲湖山,自号半闲老人,而遥制朝廷之命"④。在理宗死后的第二年,元军便灭亡了南宋。

第五节　决策的特点与效应

宋朝统治者吸取前代的历史教训,并不断总结本朝的经验,尽可能限制危害统治的一些社会群体参预最高决策层,保持最高决策层和次高决策层的稳定性;同时,力求最高决策的正确性和及时性,避免差错,减少失误;提高政策执行的效率,等等。

(一) 决策的特点

宋朝统治者的决策机构和程序、运行机制等具有以下一些特点:

第一,宋朝统治者自始至终组成了一个以皇帝和高级文臣为核心的最高决策集团。这个集团带有排他性,即原则上排斥女后和内侍、武将、外戚、宗室等参加最高层的决策活动,尽可能减少他们在最高决策活动中的作用。宋太祖"杯酒释兵权"的真正用意,固然主要在于剥夺那些统率禁军的主要将领的兵权,但也在于将他们排除在最高决策层

①　《宋史》卷 45《理宗五》赞。
②　《南宋杂事诗注》。
③　(元)刘埙:《隐居通议》卷 23《冯初心诸作》。
④　黄震:《古今纪要逸编》。

之外。仁宗时,武将狄青虽然因功晋升枢密副使,随后又因仁宗的坚持而晋升枢密使,但随即成为众矢之的,许多文臣上疏表示反对。御史中丞王举行认为,狄青出身武人而成为执政,为"本朝所无,恐四方轻朝廷"。左司谏贾黯认为,本朝从来没有像狄青"起兵伍,登帷幄者",贾黯还提出狄青充当执政有五个"不可"①。在狄青担任枢密使的 4 年多时间里,正如翰林学士欧阳修所说"未见过失",但欧阳修认为狄青以"武臣掌国机密而得军情,岂是国家之利"! 他把狄青看作国家的"未萌之患"②。狄青充当枢密院的长官,自然成为执政官之一,跻身最高决策层,这在文臣们看来完全违犯了祖宗旧制,有很大的危险性,所以千方百计甚至不惜造谣中伤,也要将他排挤出外③。南宋初年,因为抗金斗争的需要,各地自然形成了几支比较强大的武装。但就在各支抗金武装在民族斗争中逐渐壮大的同时,有许多文臣向高宗提议"渐销诸将之权",说如今"诸军之骄,枢密院已不得而制矣"④。高宗在绍兴元年(1131 年)的一份"御笔"中指出:"近诏臣僚条具当今切务,其应诏者,多言将帅侵预朝权。"⑤但直到绍兴十一年(1141 年),高宗采用秦桧、范同之策,下诏命三大将即韩世忠和张俊、岳飞回临安,且各授枢密使、副之职,才借此解除三人的兵权。这次事件颇似宋初的"杯酒释兵权",但不同的是韩世忠等三人皆任命为枢密使的长官,可以参预最高层的决策活动。不过,同时又改变了三省和枢密院同班奏事的制度,而重新实行两府分班奏事制度⑥,以免枢密使韩世忠等掌握和干预朝廷大政。但这种情况维持不久,岳飞即遭到迫害致死,韩世忠和张俊也很快相继被罢去枢密使之职,被挤出了最高决策层。女后在平时不能正式参预最高决策,但她们毕竟与皇帝朝夕相处,在一定程度上会给予

---

① 《长编》卷 172。
② 《长编》卷 183。
③ 魏泰:《东轩笔录》卷 10。
④ 《三朝北盟会编》卷 145 中书舍人汪藻上书。
⑤ 《建炎以来系年要录》卷 43。
⑥ 《建炎以来系年要录》卷 140。

皇帝的决策带来影响。如真宗时刘皇后有一定的政治才能,真宗审阅全国章奏常至半夜,刘皇后"皆预闻"①。仁宗亲政初,听了郭皇后的一句话,使他决意将先受刘太后重用、后又投靠他的宰相吕夷简罢职。女后们只在皇帝病重时期,或皇帝离世而新皇帝年幼的情况下,暂时摄政。刘太后摄政11年,也只是暂时行使皇权,虽然晚年稍稍重用外戚和内侍,但也不敢乘机自作皇帝。英宗初年,患病,由曹太后暂时"同处分军国事",登内东门小殿听政。大臣每天奏事"有疑未决者",曹太后总说"公辈更议之","未尝出己意"。哲宗初年,太皇太后高氏摄政9年,陆续废除各项新法,有些新法在推行中本来就存在许多弊病,需要重新改革②。哲宗死后,向太后在决策立端主赵佶为帝时,起了决定性的作用。但向太后摄政仅6个月,就还政给徽宗③。对于内侍,宋朝一般不准授予宰执的差遣,以免他们干预朝政和参预最高层的决策活动。太宗所以不愿授给镇压王小波、李顺起义有功的宦官王继恩以宣徽使,是因为宣徽使下一步就可晋升为执政。此外,从多方面对内侍进行限制。宗室从神宗朝开始允许担任外官,此后人才辈出。孝宗时,宗室赵汝愚参加省试,擢进士第一,历任幕职官、知州、吏部尚书等。光宗绍熙四年(1193年),迁同知枢密院事,监察御史汪义端立即上疏说:"祖宗之法,宗室不为执政。"还说赵汝愚"植党沽名"。给事中黄裳不赞成汪义端对赵汝愚的弹劾。不久,赵汝愚又迁知枢密院事。光宗病重,赵汝愚和韩侂胄一起拥立宁宗。赵汝愚晋升右丞相。但不久,韩侂胄即指使其党李沐攻击赵汝愚"以同姓居相位,将不利于社稷,乞罢其政"。赵汝愚即被罢相④。对于外戚,宋朝确曾建立起较为严密的约束机制,但在南宋后期这一机制遭到了破坏。韩侂胄之父韩诚娶高宗吴皇后之妹为妻,韩侂胄实际是一名外戚。他在宁宗前期受到重用,以致控制朝政,前后达14年之久。理宗中期,另一名"戚里婢婿"丁大全,也一度担

①② 《宋史》卷242《后妃上》。
③ 《宋史》卷243《后妃下》。
④ 《宋史》卷392《赵汝愚传》。

任执政和右丞相兼枢密使,但在另一名外戚即理宗的贾贵妃之弟贾似道回朝后,即被贾似道所取而代之。贾似道当国后,可笑的是竟然还下令禁止外戚不得担任监司和郡守。贾似道在度宗时,以"师臣"自居,实际掌握最终的裁决权,他的第宅成为最高决策机构。他的所作所为,将宋朝统治者费了300多年时间建立起来的一套中央决策程序破坏殆尽,最后终于葬送了宋王朝。

第二,宋朝统治者重视决策程序中的皇帝最终裁决权。在多数时间里,皇帝在整个决策程序中都牢牢地掌握着最终裁决权,皇帝的活动仍然是这一时代政治史的主体,而没有被象征化。只在少数时间里,由于皇帝的无能和怠于政事,宁愿将最终裁决权让给某些大臣,自己只管在公文上签押和加盖御宝而已。遇到这种情况,如徽宗和理宗、度宗时,某一宰相自然成为这一时期政治史的主体,但是这名宰相以外的其他大臣并没有掌握多少权力,所以也并没有形成群臣专政即百官集体决策的局面。

第三,宋朝统治者实行"上下相维之法"①,即充分运用监督机制,在出令前由朝廷各机构层层把关,在执行中又允许各级官员"奏稟"。在北宋前期,最高决策层和各次高决策层作出决策后,在形成正式文书的过程中,起草制书的知制诰和翰林学士如认为违犯制度,可以拒绝书写。银台司的勾当公事官或知门下封驳司在收到制书后,也可进行"封驳"。神宗元丰改制后,中书舍人和翰林学士在起草制书时,有封驳之权;门下省的给事中则专司驳正制书中的失误。在皇帝、朝廷出令前和在执行过程中,如前所述,如发现问题,大臣还可"执奏"或"论思"、奏稟,台、谏官可以劾举,等等。甚至对于皇帝,也要求"凡一政事,一委任,必使三省审议取旨,不降御批,不出特旨","使权固在我,不蹈曩日专权之患"②。这些程序尽可能地保证中央决策机构出令的正确性,避免出现失误。

---

① ② 《陈亮集》卷2《中兴论·论执要之道》。

第四,宋朝统治者为适应新的情况,多次改革中央决策机构和决策程序。太祖和太宗、真宗时期,主要针对中唐以后至五代时期宦官专权、武将跋扈、外戚不法等情况,建立起新的中央决策机构和新的决策程序。在这一新的中央决策机构中,由皇帝主持御前会议是最重要的组织形式;在新的决策程序中,皇帝拥有最终裁决权。但皇帝并不因此成为独裁者。有人曾劝仁宗"以收揽权柄,凡事皆从中出,勿令人臣弄威福"。仁宗答道:"卿言固善,然措置天下事,正不欲专从朕出。若自朕出,皆是则可,有一不然,难以遽改。不若付之公议,令宰相行之。行之而天下不以为便,则台谏公言其失,改之则易。"①仁宗有权可以使自己成为独裁者,但他宁愿不这样做,目的是要减少决策的错误。这不能不是仁宗的高明之处。但这一时期的决策程序尚有许多不尽人意之处,如宰相和枢密使、三司使各不相议,机构重叠设置等,所以神宗在元丰间决意仿照《唐六典》实行全面的职官制度改革。元丰改制撤销了中书门下等宋初以来增设的机构,理顺了中书省和门下省、尚书省的关系,恢复了三省和六部的职权。但也出现了新的问题,即中书省取旨和门下省复奏、尚书省施行的体制,以及三省各为一班上殿奏事的制度,从决策到具体执行,效率太低,正如司马光等人在哲宗元祐元年(1086年)所指出的那样,"文字繁冗,行遣迂回",有些公事"近者数月,远者逾年,未能结绝",如有"四方急奏待报,或吏民辞讼求决,皆困于留滞"②。南宋时,朱熹也认为这种公文旅行,导致"事多稽滞"③。同时,三省皆不设长官,以左、右仆射兼中书、门下两省侍郎,二相既然分班进呈,从此由次相"取旨",首相只是"行事",反而"不复与朝廷议论"。所以,司马光等人建议合并中书和门下两省,以都堂为政事堂,三省公事合班进呈取旨,退殿后"分省治事"。这一制度迄北宋末不改④。这次

---

① 《陈亮集》卷2《中兴论·论执要之道》。
② 《国朝诸臣奏议》卷47,司马光等:《上哲宗乞合两省为一》。
③ 《朱子语类》卷128《本朝二·法制》。
④ 《国朝诸臣奏议》卷47,吕公著:《上哲宗乞三省事同上奏禀》;《建炎以来系年要录》卷22。

改革又把神宗所推行的中央决策机构和决策程度的改革深入了一步。南渡初年,有的官员提出,既然三省长官一起商议并一起进呈公事,门下省却又负责封驳,"则不应自驳已行之命",是以"东省(按即门下省)之职可废"。宰相吕颐浩等人经过研究,也赞成"合三省为一",尚书左、右仆射皆同中书门下平章事,门下、中书侍郎皆为参知政事,撤销尚书左、右丞①。从此,左、右相兼掌三省的职事,二相之权较为均衡②。应该说,每次改革总是促使中央决策机构和决策程序得到进一步的改善。

(二) 后果

宋朝统治者在吸取前代历史教训的基础上,建立起适合本朝需要的中央决策机构和决策程序,并且不断加以改革,取得了一定的成效。但是,随着统治阶级的日趋腐败和腐朽,破坏了正常的中央决策程序,也暴露了宋初决策的弱点,最后终于难敌北方强大的邻国,以致家破国亡。

宋朝的中央决策机构和决策程序的最大成功之处,在于北宋和南宋各维持了长达一个半世纪多的统治,尽管存在着不可避免的阶级矛盾和统治阶级内部矛盾,但基本上能够保持全社会的相对稳定。仁宗时,苏洵指出:宋朝的统治从下而上有县令,有郡守,有转运使,"以小系大,丝牵绳联,总合于上,虽其地在万里外,方数千里,拥兵百万,而天子一呼于殿陛间,三尺竖子驰传捧诏,召而归之京师,则解印趋走,唯恐不及"③。哲宗元祐六年(1091年),礼部侍郎兼侍讲范祖禹也上疏说:"本朝之法,上下相维,如身使臂,如臂使指",百姓自徒罪以上,官员从罚金以上,"皆一出于天子"。"藩方守臣,统制列城,付以数千里之地,十万之师,单车之使,尺纸之诏,朝召而夕至,则为匹夫"。范祖禹认为

---

① 《建炎以来系年要录》卷22。
② 《朱子语类》卷112《朱子九·论官》。
③ 苏洵:《嘉祐集》卷1《几策·审势》。

这正是当时宋朝 130 多年"天下宴然"的原因①。宋朝皇帝握有中央决策程序中的最终裁决权,所以杜绝了政出二门或各自为政的现象。政令的统一,使百官们"奉法遵职",外戚们只"奉朝请",内侍们只"供扫洒"②,等等,因此消除了女宠和宦官、外戚、武将等历来造成国家乱与亡的隐患。

宋朝统治者还进行了几次改革。仁宗庆历间,参知政事范仲淹草拟的十项革新纲领即《答手诏条陈十事》中,第十事为"重命令"。范仲淹指出,现今国家每次颁布宣敕条贯,"烦而无信,轻而弗禀,上失其威,下受其弊"。这是因为朝廷采纳百官的"起请",往往失于考虑,轻率颁行,随即更改;同时,官员虽是"故违""海行条贯",也只"皆从失坐,全乖律意,致坏大法"。他建议"特降诏书",今后百官"起请条贯",命中书和枢密院"看详、会议","必可经久,方得施行"。当职官吏故违制书、条贯者,皆依违制罪惩处③。庆历四年五月,司勋员外郎吕绍宁要求朝廷将现行的编敕年月以后续降宣敕,命大理寺检法官依照律的门类,分成 12 卷,颁行全国,以便检阅,防止出入刑名。仁宗同意了他的要求。这就是推行"重命令"的措施之一。虽然"庆历新政"似昙花一现迅速失败了,但"重命令"方面的措施仍然继续实行。至庆历八年(1048 年)四月,终于删定了天圣编敕以后直至庆历三年的续降宣敕,共 20 卷④。神宗时期的一系列新法,也包括神宗对中央决策机构和决策程序的重大改革。但这一改革并非尽善尽美,所以到哲宗元祐初和高宗初年,又进行过两次改革,使中央决策机构和决策程序更加符合实际的需要。此外,宋朝统治者还不时在这方面"因时制事,微有变更"⑤,使之更加完善。

正是在宋朝统治者不断改革中央决策机构和决策程序的基础上,

---

①　范祖禹:《范太史集》卷 22《转对条上四事》;《长编》卷 468。
②　曾肇:《曲阜集》卷 1《上哲宗论君道在立己知人》。
③　范仲淹:《范文正公集·奏议》卷上;《长编》卷 143。
④　《宋会要》刑法 1 之 5。
⑤　叶适:《水心别集》卷 2《进卷·国本上》。

尽力保持决策的正确性和及时性,两宋的社会经济、政治、思想文化、科学技术等才都取得了很大的发展。

然而,宋朝统治者在暗自庆幸本朝"百年无事"之时,终于在北宋末年和南宋后期,做出了两次错误的决策,即联金灭辽和联蒙灭金,终于引进了两个强大的敌人。面对强敌,又暴露出宋初统治者决策的一个致命失误,即朝廷中央"尽收威柄,一总事权,视天下之大如一家之细"①,严重削弱了州郡的权力。正如朱熹所说,宋初尽夺藩镇之权后,"兵也收了,财也收了,赏罚、刑政一切收了,州郡遂日就困弱","卒有变故,更支撑不住"②。到南宋后期,统治者仍然没有在这一方面吸取教训,找出对策。所以,文天祥上疏指出:宋初的集权,"一时虽足以矫尾大之弊,然国亦以浸弱,故敌至一州则破一州,至一县则破一县,中原陆沉,痛悔无及"③。文天祥又说,南渡初,曾有官员"识循环救弊之法,盖有建为方镇之议者矣",但没有受到足够的重视,所以"因循至今日,削弱不振,受病如前。及今而不少变,臣不知所以为善后计矣"④。

总之,一部宋朝兴亡史,展示了宋朝统治者所建立的中央决策机构和决策程序以及所作的许多重大决策的成功和失败。

---

① 《水心别集》卷15《应诏条奏六事》。
② 《朱子语类》卷128《本朝二·法制》;卷108《朱子五·论治道》。
③ 《宋史》卷418《文天祥传》。
④ 《文天祥全集》卷3《己未上皇帝书》。

第四章　中央行政体制

　　宋朝的中央行政体制,设置了比较有效地实施民政、外事、宗教、民族、财政、外贸、司法、交通、教育等方面的行政管理机构。同时,还根据政治、军事等方面形势的变化,多次进行调整,使之逐步趋向于完善。

第一节　宰辅制度

　　宋朝的"朝廷",在北宋前期,是指最高国务机构中书门下和枢密院。神宗元丰改制后,改为门下、中书、尚书三省和枢密院。靖康元年(1126年),余应求上书钦宗说:"三省、枢密,是之谓朝廷,陛下与谋议大事,出命之所也。"①南宋末年,文天祥也指出:"三省、枢密院,谓之朝廷,天子所与谋大政、出大令之地也。"②中书门下和枢密院以及元丰改制后的三省长官,即正、副宰相和枢密院的正、副长官,即宰相和执政官,统称"宰辅"。三司曾是最高财政机构,但宰辅中从不包括号称"计相"的三司使③。宰辅的职位,决定它们在当时的中央政治体制中占有至关重要的地位。宋朝的宰辅制度,几经厘革,达到了更加完善、缜密、成熟的程度。

---

① 《国朝诸臣奏议》卷23,余应求:《上钦宗论御笔中旨》。
② 《文天祥全集》卷3《御试策一道》。
③ 《宋史》卷210—214《宰辅表一—五》。

(一) 中书门下,元丰改制、三省合一后的宰辅体制

中书门下——宋初,承袭唐、五代旧制,在禁中朝堂(文德殿)之西设置中书门下,题榜称"中书",印文行敕称"中书门下",是为宰相办公的机构①。以中书令和门下侍中、同平章事为宰相。但中书令极少除授;门下侍中虽有除授,却不预政事,所以只是名义宰相。实际上,只有同平章事才是真正的宰相。同平章事全称同中书门下平章事,是中书门下的长官②。同平章事的人选,与其他官员稍稍不同:同平章事没有绝对严格的资序限制,即"不应循循历阶而升",又"不以内外、高卑为主",完全由皇帝"惟意所属"即个人决定。真宗景德元年,宰相李沆去世,这时没有其他宰相,另有2员参知政事王旦和王钦若,真宗嘱意三司使寇准,但又不放心他"素刚,难以独任",于是决定先委任翰林侍读学士毕士安为参知政事,一个月后,再同时委任毕士安与寇准为同平章事,而毕士安居寇准之上。王旦和王钦若只是升迁官阶而已③。太宗太平兴国六年(981年),平章事薛居正去世,这时卢多逊和沈沦在相位,太宗却委任只有太子太保散阶的前任宰相赵普为司徒兼侍中兼昭文馆大学士,成为正宰相④。真宗咸平四年(1001年),李沆任平章事兼集贤殿大学士,却又委任前宰相吕蒙正及参知政事向敏中皆为平章事,吕蒙正还兼昭文馆大学士⑤。宰相的编制,在太祖建国之初,曾达3员,即守司徒兼侍中范质,守司空兼门下侍郎、同中书门下平章事王溥,尚书右仆射兼中书侍郎、同中书门下平章事魏仁浦。范、王、魏3人罢相后,由赵普一人独相。此后,只设一至二员宰相。至真宗初,以李沆和吕蒙正、向敏中同时为相,开始设3员宰相。到仁宗至和二年(1055

---

① 《宋会要》职官1之16—17。
② 徐度:《却扫编》卷中。
③ 《容斋三笔》卷4《宰相不次补》,《容斋五笔》卷10《祖宗命相》;《长编》卷56、卷57。
④ 《容斋五笔》卷10《祖宗命相》;《长编》卷22。
⑤ 《容斋五笔》卷10《祖宗命相》;《长编》卷48。

年），以文彦博和刘沆、富弼为宰相，再度同时设置三相①。从太祖乾德二年（964年）到神宗元丰五年（1082年）改革官制以前，宋朝实际推行三相制，宰相还各兼馆、殿之职：第一宰相兼昭文馆大学士，简称"昭文相"；第二宰相兼监修国史，简称"史馆相"；第三宰相兼集贤殿大学士，简称"集贤相"。如果暂缺第二宰相，则由第一宰相在兼昭文馆大学士的同时，暂兼监修国史②。诸如文彦博和刘沆、富弼3人同时为相时，由文彦博任礼部尚书、同平章事、昭文馆大学士兼译经润文使，刘沆任兵部侍郎、同平章事、监修国史，富弼任户部侍郎、同平章事、集贤殿大学士。次年十二月，刘沆罢相出知应天府，即委任文彦博加监修国史之职。又过半年，文彦博罢相出判河南府，富弼即晋升为礼部侍郎、昭文馆大学士、监修国史兼译经润文使，前枢密使韩琦升为同平章事、集贤殿大学士③。

　　宋太祖乾德二年，朝廷只有赵普一人为相。决定另设2员参知政事为其副手。首任参知政事之职者，乃枢密直学士、兵部侍郎薛居正和吕余庆。开宝五年（972年），又以端明殿学士、兵部侍郎刘熙古为参知政事④。参知政事的编制，一般为一至二员，最多时达4员。南宋时人李心传记载："参知政事，自（太祖）乾德以来，止除二员或一员而已。"⑤参知政事的人选，寄禄官一般在员外郎以上、六曹尚书以下，一般为左、右谏议大夫和给事中、六曹侍郎；其差遣为知开封府、御史中丞、枢密副使、签书枢密院事、三司使等⑥。

　　在北宋前期，宰相和参政的编制，并不完全固定，大体总数不超过5员：太祖时赵普独相，在设置参知政事后，一度薛居正和吕余庆、刘熙古3人同任参知政事，出现"一相三参"的局面。赵普罢相后，以薛居

①　宋敏求：《春明退朝录》卷上。
②　吕颐浩：《忠穆集》卷3《条具兼提举修国史札子》；《长编》卷5。
③　《宋史》卷211《宰辅表二》。
④　《长编》卷5，卷13。
⑤　《建炎以来朝野杂记》乙集卷13《参知政事并除三员》。
⑥　《宋史》卷210—211《宰辅表一、二》。

正和沈义伦为相，卢多逊为参政。太宗即位后，卢多逊也晋升宰相，连续 6 年保持了"三相而无一参"的状态。至道三年（997 年），吕端独自为相，而吏部尚书温仲舒和兵部侍郎王化基、工部尚书李至、户部侍郎李沆 4 人同时为参政。此后，"颇以二相二参为率"①，即同时委任 2 员宰相和 2 员参政。

唐朝后期，常以宰相兼任节度使。五代时，节度使多带宰相衔，但无具体职事。宋初承袭此制，凡亲王、枢密使、留守、节度使兼侍中、中书令、同平章事者，皆称"使相"。使相不参预政事，不签署敕书，仅在除授官员的宣敕末尾保留其官衔而已②。使相是授予贵族、高官的一种荣誉职位，并非真正的宰相。

中书门下的属员称为"宰属"，北宋前期有堂后官、检正官等。这时，中书门下的直属机构有五房，即孔目房和吏房、户房、兵礼房、刑房，另有生事房和勾销房。五房各置堂后官 3 员，共 15 员。"堂"即中书门下内宰相们办公议事的厅堂"政事堂"。太宗淳化四年（993 年），压缩堂后官编制，每堂各设一员，另设"都提点五房公事"一员，享受枢密院副承旨的待遇。另新置录事 5 员，而主书、守当官仍旧 25 员。具体编制是孔目房和吏房、兵礼房，各设录事、主书、守当官各一员，户房设录事一员、主书 3 员、守当官 4 员，刑房设录事一员、主书 3 员、守当官 5 员。另外，生事房设主书一员掌管；勾销房设守当官一员掌管。堂印，设守当官 2 员掌管。③真宗咸平三年（1000 年），五房各置主事一员。"凡中书堂后官以下所处吏舍"，即中书门下的各房办公处，总称曰"制敕院"④。堂后官俗称"堂吏"，是朝廷高级吏员，最初从在京各司选用人吏充任。至开宝六年（973 年），太祖为革除堂后官长期任用而"擅中书权，多为奸赃"的弊病，决定改用士人，首以前武德县尉姜宣义为眉

---

① 《容斋三笔》卷 1《宰相、参政员数》。
② 《宋史》卷 161《职官一》；《宋会要》职官 1 之 16。
③ 《宋会要》职官 3 之 22—23。
④ 《长编》卷 43。

州别驾,充堂后官。接着,又得新成州录事参军任能等 3 人,皆授诸州上佐官充堂后官。但吏部流内铨选拔堂后官总不及额,不得已仍旧参用原堂后官充任。这时,还限在现任令录、判司簿尉中选拔①。至太宗雍熙元年(984 年),又以将作监丞李元吉和丁顾言为堂后官,开始参用京官充任此职②。堂后官如士人出身,连任 10 年无过失,可改官为通判;如流外出身,则无此例③。仁宗景祐元年(1034 年),规定堂后官的寄禄官迁至员外郎者,皆授予外任差遣④:允许选注各州通判,但不得充任知州。堂后官都不愿外任,而愿以所升转的官阶转授子孙,所以至嘉祐八年(1063 年),又允许升迁至员外郎的堂后官依旧供职,如"职事修举",可晋升为"诸房提点";如"弛慢不职",则予堂除知州外任⑤。神宗熙宁三年(1070 年),在裁减"不习事"的守当官 5 员、主事 2 员、录事 3 员的同时,为改变中书门下"所置吏属,尚仍旧制"的状况,决定新设检正中书五房公事(简称"都检正官")一员,每房各设检正公事(简称"逐房检正官")2 员,皆以升朝官充任。检正中书五房公事的官位在都提点五房公事之上,各房检正公事的官位在各房提点(堂后官)之上⑥。都检正官和逐房检正官享受三司判官的待遇⑦。如以京官或者选人充任,即称"习学公事"⑧。元丰元年后,精简为 4 员,户房 2 员,兼管礼房;孔目房和吏房一员,刑房一员⑨。

　　神宗熙宁二年,朝廷另设制置三司条例司,由知枢密院事和参知政事各一员掌管,次年罢归中书门下。熙宁七年,在中书门下设置三司会计司,由一员宰相"提举",次年撤销⑩。

---

① 《长编》卷 14。

② 《长编》卷 25。

③ 《宋会要》职官 3 之 24。

④ 《长编》卷 114。

⑤ 王林:《燕翼诒谋录》卷 4《堂吏不得为知州》;《宋会要》职官 3 之 24—25。

⑥ 《长编》卷 215。

⑦ 《职官分纪》卷 5《总三师、三公、宰相官属》。

⑧⑨ 《宋会要》职官 3 之 46。

⑩ 《宋史》卷 161《职官一》。

元丰改制后的宰辅体制——神宗元丰五年(1082 年),开始实行官制改革,首先是撤销中书门下,恢复唐初的三省制度,设置三省长官——尚书令、中书令和侍中。不过,这三个官位只是虚设,从不授人。又仿照唐制,用尚书省的官职尚书左仆射和尚书右仆射代行尚书令的职权,再用尚书左仆射兼门下侍郎,代行侍中的职权,尚书右仆射兼中书侍郎,代行中书令的职权,他们是正宰相。同时,增设 4 员副宰相:门下侍郎、中书侍郎、尚书左丞、尚书右丞。撤销了参知政事这一官职①。这是宋朝中央行政体制一次重大的变革。

在元丰改制前,宰相在中书门下内的政事堂办公议事。元丰改制后,宰相办公议事的场所便改在新建的尚书省内。新尚书省仿照唐制,分为都省和六曹两部分,都省在前,六曹在后。都省的中间为尚书令厅,左边依次为左仆射厅、左丞厅、左司郎中厅、员外郎厅,右边依次为右仆射厅、右丞厅、右司郎中厅、员外郎厅②。唐制,尚书省居中,左、右分司③,元丰改制后的尚书令厅,从其位置看,应该就是代替政事堂的都堂,即宰相们退朝后治事的场所④。

元丰改制,还将使相的旧官阶即节度使兼侍中、中书令或同平章事,改为"开府仪同三司",但仍保留节度使的称号。如元丰八年,韩绛以开府仪同三司加检校太傅、镇江军节度使,出判大名府⑤。

哲宗元祐元年(1086 年),又开始增设"平章军国重事"、"同平章军国重事"的职位,用以安排德高望重的老臣,位居宰相之上,每 5 天或 2 天一朝,非朝日不赴都堂。首任此职者是历任四朝而"勋德著明"、八十二岁的太师文彦博⑥。元祐三年,再以尚书右仆射兼中书侍郎吕公著为司空、同平章军国重事,规定每月三赴经筵,2 天一朝并至都堂议

---

① 《宋史》卷 161《职官一》。
② 庞元英:《文昌杂录》卷 3。
③ 叶廷珪:《海录碎事》卷 11 上。
④ 孟元老:《东京梦华录》卷 1《大内》。
⑤ 《宋史》卷 169《职官九》,卷 164《职官四》。
⑥ 《宋史》卷 17《哲宗一》,卷 212《宰辅表三》。

事。这也是考虑到吕公著年老,难以胜任中书和尚书二省的日常事务,且不副"尊待老臣之意",而仍可参预三省和枢密院有关军国大事的讨论决策①。应该说,这是妥善安排年昭德高的元老勋旧,并且继续保持他们的威望和发挥他们作用的重要措施。

元丰改制,撤销中书门下的检正房官编制,其职务分归中书舍人和给事中、左右司郎官②。

徽宗时期,第二次对宰辅制度实行改革。政和二年(1112 年),权相蔡京复出,依旧担任太师,每 3 天一次赴都堂治事。数月后,决定重新改革宰辅制度:宋初以来,一直以太师和太傅、太保为"三师",太尉和司徒、司空为"三公",作为宰相和亲王使相的一种加官;如系特拜者,则不参预政事。除授时,由司徒晋升太保,自太傅晋升太尉。此时,决定改以太师和太傅、太保为"三公",用作真宰相的官位;撤销原三公,改以少师和少傅、少保为"三少"或"三孤",用作 3 员次相的官位。于是蔡京首以三公(即其中的太师)担任真相③。同时。又改侍中为左辅,中书令为右弼,尚书左、右仆射为太宰和少宰,撤销尚书令。何执中自尚书左仆射加少傅,为太宰兼门下侍郎④。尚书左丞和右丞则依旧未变。

钦宗靖康元年(1126 年)十一月,在金朝大军围攻汴京城的时候,下诏更改三省长官的名称,恢复了元丰旧制,废除太宰和少宰,改用尚书左、右仆射⑤。同时,保留了三公和三少的政和新制。

三省合一后的宰辅体制——南渡后,宰辅体制第三次发生变革。自元丰改制以后,门下和中书、尚书三省都不置长官,而由左、右仆射兼门下、中书两省侍郎,两员宰相既然分班奏事,因而"首相不复与朝廷议论"。哲宗元祐间,宣仁太后垂帘听政,大臣深感此制不便,始请求

① 《长编》卷 409。
② 《宋会要》职官 3 之 46。
③ 《宋史》卷 161《职官一》。
④ 《宋史》卷 21《徽宗三》,卷 212《宰辅表三》。
⑤ 《宋史》卷 23《钦宗》。

三省"合班奏事,分省治事"。此制历绍圣间直至徽宗崇宁间(1102—1106年),"皆不能改"。不过,有的官员认为,既然三省"同进呈公事",门下省官员"则不应自驳已行之命","是东省(按即门下省)之职可废也"。到高宗建炎三年(1129年),尚书右仆射兼中书侍郎吕颐浩等人提议将三省合并为一,并下命尚书左、右仆射皆带同中书门下平章事,为正宰相;又将门下侍郎和中书侍郎改为参知政事,为副宰相;同时,取消了尚书左、右丞的官称。①大致上恢复了宋初的制度,但不同之处是三省实际合而为一。

乾道八年(1172年),孝宗以为现有宰相名称使用不当,是"以仆臣而长百僚",决定"厘而正之",下诏将尚书左右仆射、同中书门下平章事为左、右丞相,参知政事照旧,废除虚而不设的侍中、中书令、尚书令等官职。首以大臣虞允文为左丞相,梁克家为右丞相,皆兼枢密使;曾怀参知政事。张说和王之奇皆签书枢密院事②。这是宋朝宰辅体制的第四次变革。

宁宗开禧元年(1205年),朝廷在只置右丞相陈自强一员,而左丞相虚位的情况下,为提高权臣韩侂胄的地位,特命其自太师、永兴军节度使、充万寿观使、平原郡王拜平章军国事,立班丞相之上,3日一朝并赴都堂治事。三省之印"并纳其第","宰相不复知印",还"自置机速房于私第"③。韩侂胄的平章军国事衔,省去"重"字,用意在于以后"所与者广",而又省去"同"字,用意在于"其体尤尊"、"所任者专"④。度宗咸淳三年(1267年),也是在朝廷只有右丞相兼枢密使贾似道而左丞相虚位的情况下,加封贾似道太师,特授平章军国重事,一月三赴经筵,3天一朝并赴都堂治事。随后,又先后委任程元凤和叶梦鼎为右丞相兼枢密使⑤。这样,平章军国事或平章军国重事独揽军、政大权,丞相即

---

① 《建炎以来系年要录》卷22。
② 《皇宋中兴两朝圣政》卷51《孝宗皇帝十一》。
③ 《宋史》卷474《韩侂胄传》。
④ 《建炎以来朝野杂记》乙集卷13《平章军国事》;《宋史》卷161《职官一》。
⑤ 徐自明:《宋宰辅编年录·续录》卷19《度宗》;《宋史》卷474《贾似道传》。

真宰相反而屈居副宰相的地位了。参知政事的编制,在宁宗嘉泰二年(1202年),许及之任参知政事,随后命陈自强以知枢密院事兼此职,又命袁说友任参政,出现了3员参知政事并用的新现象。这是因为朝廷尚未置相的缘故。嘉定初年,娄机和楼钥、雷孝友同时为参政,又出现了3员参知政事的状况。从此,形成为制度。①这是宋朝宰辅体制的第五次变革。此后不久,宋朝就亡国了。

元丰改制以后的宰辅,其属官、属吏编制和人选、下属机构等,分属三省,详见下一节。

总之,宋朝的宰辅包括两府的大部分长官,其中属于中书门下或三省的有同平章事、尚书左右仆射兼门下侍郎或中书侍郎、太宰、少宰、尚书左右仆射兼同平章事、左右丞相、平章军国事、平章军国重事、参知政事、门下侍郎、中书侍郎、尚书左右丞等,属于枢密院的有枢密使、枢密副使、知枢密院事、同知枢密院事、签书枢密院事、同签书枢密院事等②。其中执政官主要从担任三司使和翰林学士、知开封府、御史中丞四种职务的官员中晋升,俗称"执政四入头"③。宰辅是宋朝最高的官僚集团,绝大部分由文臣担任。武臣如狄青、韩世忠、岳飞等人一度出任枢密院的正副长官,但实在是凤毛麟角,而且常常受到文臣们的猜忌。宰辅在位时虽然地位和威望都很高,正如南宋人洪迈所说:"祖宗朝宰辅,名为礼绝百僚,虽枢密副使,亦在太师一品以上。"但在罢职归班后,其地位立刻"与庶位等"。如李崇矩自枢密使罢为镇国军节度使,不久改左卫大将军,遂为广西道都巡检使,又移海南四州都巡检使,都不是降黜。赵安仁曾任参知政事,而判登闻鼓院。张锡曾知枢密院,而后来改任监诸司库务。张宏和李惟清皆自现任枢密副使,徙御史中丞。其他还有数人,从前任执政而为三司使或御史中丞的。元丰改制后,"犹多除六曹尚书"。直到徽宗崇宁(1102—1106年)后,才改变这

① 《建炎以来朝野杂记》乙集卷13《参知政事并除三员》。
② 王益之:《职源撮要》;《职官分纪》卷7。
③ 《容斋续笔》卷3《执政四入头》。

种曾任宰辅而后来可出任较低级差遣的制度①。

（二）枢密院的编制、人选、下属机构及其职权范围

唐朝后期，始设枢密使，由宦官充任。此时尚无固定机构。五代时，枢院屡经变化，逐渐成为常设机构，且官吏编制和职权逐渐增大；枢院正副长官多用皇帝心腹的士大夫，预议军国大事，因而"政事皆归枢密院"，"宰相但行文书而已"②。宋朝沿袭此制，设置枢密院。在北宋前期，枢密院与中书门下；元丰改制后，枢密院与门下、中书、尚书三省，皆为中央最高机构，号称"二府"。

编制和人选——枢密院的长官为枢密使或知枢密院事，副长官为枢密副使、同知枢密院事、签书枢密院事、同签书枢密院事。太祖建隆元年，承后周之制，设枢密使一员。太宗淳化二年（991年）起，设知枢密院事兼枢密副使一员、同知枢密院事兼枢密副使2员③，枢密使和知枢密院事、枢密副使和同知枢密院事开始交错设置。真宗时，以王钦若和陈尧叟并为枢密使，由是成为"故事"，设2员④。至神宗熙宁元年七月，以陈升之为知枢密院事，文彦博和吕公著为枢密使，韩绛和邵亢为枢密副使，知院和枢使同时设置3员⑤。熙宁二年十月，陈升之改任同中书门下平章事。元丰四年（1081年），枢密使冯京因病辞职，随后朝廷决定撤销枢密使和枢密副使这两个职位，只设知枢密院事和同知枢密院事各一员⑥。此后，长达56年不设枢密使⑦，至高宗绍兴七年（1137年）正月，为加重事权，依"祖宗故事"，复置枢密使和副使，于是张浚自兼知枢密院事改兼枢密使⑧。绍兴十一年，韩世忠、张俊和秦桧

① 《容斋续笔》卷10《祖宗朝宰辅》。
② 王铚：《默记》卷上；洪迈：《容斋三笔》卷4《枢密称呼》。
③ 《长编》卷32。
④ 《建炎以来朝野杂记》甲集卷10《枢密使》。
⑤ 《宋史全文》卷11《宋神宗一》。
⑥ 《长编》卷311，卷320。
⑦ 详见梁天锡：《宋枢密院制度》，黎明文化事业公司1980年版。
⑧ 《建炎以来系年要录》卷108。

同时任枢密使,岳飞任枢密副使。从此,枢密使和知枢密院事或者并置,或者交错设置。孝宗隆兴(1163—1164年)后,知枢密院事和枢密使长期并置,知枢密院事则居副长官的地位。如光宗绍熙五年(1194年),陈骙自参知政事除知枢密院事,而赵汝愚以辞不受相印而改授枢密使①。高宗绍兴十一年岳飞被害后,历孝宗至度宗五朝不设枢密副使。元丰四年后至宋末,同知枢密院事长期为枢密院的副长官。太宗太平兴国四年(979年),始设签书枢密院事一员,从此除授不常其制。元丰改制,撤销此职。哲宗元祐三年(1088年),复置,首以户部侍郎赵瞻枢密直学士任此职②。南渡后,以此职权位较低,经常除授,一般为一员。英宗治平三年(1066年),始置同签书枢密院事,以殿前都虞候郭逵任此职,次年罢职。从此,长期不设。至徽宗政和七年(1117年),以宦官童贯宣抚陕西、河东、河北三路,带同签书枢密院。随后,以既非元丰官制,又权位不重,改为"权领枢密院"③。南渡后,以权位较低,继续除授,每任一员。

　　枢密院长官的人选较为复杂。枢密使的正职人选,寄禄官为谏议大夫以上至六部尚书,元丰改制后为中大夫至金紫光禄大夫,差遣要在参知政事和枢密副使以上;枢密使的兼职人选,必定是宰相。知枢密院事的正职人选,寄禄官与枢密使相同,元丰改制后为朝奉郎至特进,差遣为参知政事和枢密都承旨以上;知枢密院事的兼职人选,必定是参知政事。枢密副使的正职人选,寄禄官为右正言至右丞,差遣为参知政事、枢密承旨、同知枢密院事等;兼职的人选,皆为同知枢密院。同知枢密院事的正职人选,寄禄官为起居舍人以上至六部侍郎,元丰改制后为朝奉郎至宣奉大夫,差遣为参知政事、枢密副使、签书枢密院、枢密都承旨等;同知枢密院事的兼职人选,皆为参知政事。签书枢密院事的正职人选,寄禄官为给事中和员外郎、起居舍人,元丰改制后为朝奉郎至宣

① 洪迈:《容斋三笔》卷9《枢密两长官》。
② 《宋史》卷17《哲宗一》,卷162《职官二》。
③ 《宋史》卷162《职官二》。

奉大夫(高宗时降低至通直郎),差遣为参知政事、枢密都承旨、同知枢密院等;兼职的人选,皆为参知政事。同签书枢密院事的正职人选,寄禄官为奉议郎至宣奉大夫,差遣为同知枢密院、六部尚书和侍郎等①。

枢密院的属官有承旨、都承旨、副都承旨、副承旨、诸房副承旨、逐房副承旨、检详官、计议官(干办官)、编修官、详复官、编修文字、都统制和副都统制等。宋初承五代旧制,设枢密承旨 1 至 2 员,为承旨司长官,通掌各房公事。太宗太平兴国七年(982 年),以翰林副使杨守一充枢密都承旨②。枢密承旨遂加"都"字,并成为枢密院属官之首,设 1 至 2 员。哲宗元祐间(1086—1094 年),复设枢密承旨③。真宗咸平元年(998 年),始设枢密副都承旨一员,首以枢密院兵房副承旨张质任此职④。从此,较常除授。宋初,还沿袭五代旧制,设枢密诸房副承旨,除授不常。真宗景德三年(1006 年),以礼房副承旨尹德润迁任此职⑤。宋初,承旨司下设兵、吏、户、礼四房,各设副承旨 1 至 2 员,共 5 员,统称逐房副承旨⑥。神宗元丰改制,设 3 员。孝宗隆兴元年,仍定 5 员为额⑦。神宗熙宁四年,枢密院为编修《经武要略》,设检详枢密院诸房文字 4 员⑧。元丰元年,一度增至 6 员,随即定以 3 员为额。元丰改制,撤销此职。高宗建炎三年,复设 2 员,绍兴二年减少一员⑨。建炎四年六月撤销御营使司,并归枢密院为机速房,设干办官 4 员。十一月,改称"计议官"。绍兴十一年(1141 年),减省⑩。北宋时,枢密院还随事设官,不予定编。哲宗元祐四年(1089 年),为编修枢密院诸房条例,始置编修官 4 员。绍圣四年,编修刑部、军马司事,命都承旨和副都承旨兼

---

① 详见梁天锡:《宋枢密院制度》。
② 《长编》卷 23。
③ 孙逢吉:《职官分纪》卷 12《都承旨》。
④ 《宋会要》职官 6 之 2。
⑤ 《宋会要》职官 6 之 2—3。
⑥ 《职官分纪》卷 12《逐房副承旨》。
⑦ 《宋史》卷 162《职官二》;《宋会要》职官 6 之 12。
⑧ 《长编》卷 227;《宋会要》职官 6 之 5。
⑨ 《宋史》卷 162《职官二》。
⑩ 《建炎以来系年要录》卷 34、卷 39、卷 140。

领。徽宗政和七年，编修《北边条例》，又另设详复官。高宗绍兴间，复设编修官2员。从此，常设1至2员①。

枢密院承旨、都承旨和逐房承旨、副承旨等，最初是院吏的名称，可依次递迁为承旨、都承旨。太宗太平兴国七年，始以杨守一为西上阁门使任此职，此后必用阁门使以上或大将军的武臣。真宗时起，专用院吏。至神宗熙宁三年，以东上阁门使李评为都承旨，又以皇城使、端州团练使李绶为副都承旨，从此改用士人。熙宁五年，以同修起居注曾孝宽兼都承旨。从此参用文臣②。哲宗元祐初，又专用文臣，并限定为待制以上充任，享受权侍郎待遇。徽宗崇宁后，专用武臣。高宗绍兴初，再次改用文臣，仍限以两制以上充任。孝宗乾道初，曾用武臣，因颇久用事，至淳熙九年（1182年）复用士人③。都承旨的正职人选，寄禄官，文臣为通直郎、朝奉郎，武臣为阁门使以上或右武大夫；差遣文臣为礼部尚书、各部侍郎、枢密副都承旨等④。枢密副都承旨，也是武臣和文臣参用。其人选的寄禄官，武臣为武功大夫至翊卫大夫；其差遣，武臣为东京留守、统制官、都钤辖、马步军副总管、知州等，文臣为太府卿等。逐房副承旨的人选，由本院各房主事（人吏）升任。如枢密院兵房主事李景先晋升吏部副承旨，另一主事王露晋升兵房副承旨⑤。各房检详官初设时，其人选的寄禄官为秘书丞、著作佐郎、大理寺丞，甚至县令⑥，品阶较低。南渡后，其人选的寄禄官为朝请郎，差遣为监察御史、各司员外郎、郎中、提刑等，品阶较高，享受都司员外郎的待遇。计议官（干办官）的人选，其寄禄官自修职郎至奉议郎，差遣为枢密院编修官、安抚司干办公事等。编修官的人选，其寄禄官自迪功郎至通直郎，差遣为教授、司直、太学录、干办官等⑦。

---

① 《宋史》卷162《职官二》。
② 徐度：《却扫编》卷下；《宋会要》职官6之4。
③ 《建炎以来朝野杂记》甲集卷10《枢密院属官》；《宋史》卷162《职官二》。
④⑤ 《永乐大典》卷10116《旨字》。
⑥ 《长编》卷227。
⑦ 《建炎以来朝野杂记》甲集卷10《枢密院属官》；以上未注出处者，皆参见梁天锡：《宋枢密院制度》。

枢密院的人吏有主事、令史、书令史、贴房等。宋初，设主事 8 员、令史 25 员、书令史 34 员①，枢密院下属机构银台司有贴房 11 员②。仁宗至和三年（1056 年），枢密院有破食贴房 60 员，"习学得成，即与给食"。贴房有缺额，即从守缺贴房的前 3 名中，拣试优者充填③。神宗元丰改制，设主事 5 员、守缺主事 2 员、令史 13 员、书令史 15 员。哲宗元祐间，增设令史为 14 员、书令史 19 员，另外创设正名贴房 18 员。徽宗大观间，增设正名贴房达 28 员，另外又创设守缺书令史 3 员。④南渡后，主事基本保持为 5 员，撤销守缺主事，令史为 12 至 14 员，书令史和守缺书令史约 20 员，守缺贴房 100 至 266 员，正名贴房 20 至 28 员⑤。

枢密院的主事和令史、书令史是中央高级吏员。神宗熙宁四年（1071 年）前，主事皆由本院令史或书令史迁补而来，或由本院官吏调任，带"诸卫将军"官衔。从神宗熙宁四年起，也可选差懂法的三班使臣充任。令史可由书令史递迁而来，书令史及令史也可从贴房选迁。从熙宁五年开始，参用三班使臣和流外选人，以 10 员为额。同年，还实行守缺贴房保引法和守缺贴房试补破食贴房法、守缺贴房试补贴房法⑥。

下属机构——枢密院的下属机构颇多，有各房、司、院等。

宋初，枢密院下设兵、吏、户、礼 4 房。神宗时，陆续增设刑和北面、河西、支差、在京、教阅、广西、兵籍、民兵、知杂、时政记 11 房。哲宗元祐间，增设支马和小吏 2 房。高宗时，又陆续增设写宣和揭贴、大吏、生事、内降、实封、发递、检详 8 房，共 24 房。孝宗隆兴元年，达 25 房。乾道六年，合并为兵和吏、礼、刑、工 5 正房。各房皆隶属承旨司，设副承旨和检详官、主事、守缺主事、令史、书令史、贴房等，员数不定⑦。

---

①　《宋会要》职官 6 之 1。

②　《宋会要》职官 2 之 37。

③　《宋会要》职官 6 之 3—4。

④　《宋史》卷 162《职官二》。

⑤　《宋会要》职官 6 之 10—17、21，3 之 41。

⑥　《宋会要》职官 6 之 1—6。

⑦　《宋史》卷 162《职官二》；《宋会要》职官 6 之 1、11、12—13。

　　宋初,枢密院设置承旨、兵马、银台、通进 4 司①。银台、通进 2 司,后改隶门下省给事中。徽宗时,有编修文字所,后称编修司。崇宁元年,以尚书省讲议司武备房归枢密院,称讲议司;三年,撤销机构②。孝宗乾道六年,在合并各司的同时,又创设院杂司③。承旨司设枢密都承旨、副都承旨、承旨、副承旨以及由各房人吏兼任的吏职 8 员④,另设左右押衙、左右副知客各一员,承引官行首一员、副行首一员,承引官 4 员,军将 10 员,大程官 100 员等⑤。兵马司选差副承旨和主事以下掌管。银台司设主事 2 员、书令史 8 员、贴房 11 员。通进司选差内侍 2 员掌管,另设令史 4 员⑥。

　　南宋高宗时,枢密院内另设宣旨院和省马院。宣旨院设法司 3 员、贴司 2 员、守缺贴房 26 员。孝宗时,增设外差法司 3 至 4 员⑦。

　　枢密院还陆续设置检详和皮剥、御前弓马子弟等所,宣敕和宣旨、机要、架阁等库。

　　此外,南渡后,枢密院与三省还共设一些机构,有激赏库和激赏寄造酒库、架阁库、纸库、机速房、赏功司、赏功房(看详赏功房)、客司房等。三省枢密激赏库和酒库,创设于高宗绍兴初,用以备边,如犒赏将士的钱物和金带、官告绫纸以及省院府吏员的供给等。各设监官 2 员,选差武臣,宁宗后改任选人⑧。宁宗嘉定八年(1215 年),设三省枢密院架阁库,配备主管文字一员,选差选人或京朝官⑨。机速房于高宗建炎四年由御营司改置,最初隶属枢密院,绍兴二十九年撤销,三十一年复建,隶属三省和枢密院。设主管文字若干员⑩。高宗建炎元年,李

①　《宋会要》职官 6 之 1, 2 之 37、29。
②　《宋史》卷 162《职官二》。
③　《宋会要》职官 6 之 13。
④　《宋会要》职官 6 之 17。
⑤　《宋会要》职官 6 之 1。
⑥　《宋会要》职官 6 之 1, 2 之 37、26。
⑦　《宋会要》职官 3 之 32、41, 6 之 11、17。
⑧　《建炎以来朝野杂记》甲集卷 17《三省枢密院激赏库》;《宋史》卷 162《职官二》。
⑨　《宋史》卷 162《职官二》。
⑩　《宋会要》职官 3 之 42、33;《建炎以来朝野杂记》甲集卷 10《御营使》。

纲为相,始设三省、枢密院赏功司。三年,撤销①。绍兴元年,设三省、枢密院赏功房,有点检文字2员、主管文字6员、书写文字10员。孝宗乾道六年,并入枢密院兵房②。宁宗时,已设置三省、枢密院客司房③。

职权范围——枢密使和知枢密院事,作为一院之长,协助皇帝掌管全国的军政;枢密副使和同知枢密院事、签书枢密院事,则皆为副长官。凡边防、军队的日常事务,与中书门下(北宋前期)或三省(北宋后期至南宋)分班向皇帝禀奏;事关国体,与宰相和执政官联合禀奏;遇重大祭祀活动,轮流担任献官;主管国防机密、兵符、军籍、选差路分都监以上及将官、诸班直、内外禁军等事④。

都承旨和副都承旨,系枢密院属官之首,主管"承宣旨命"即传达皇帝的命令,通管本院的各房公事。如侍立便殿,阅试禁卫兵校或蕃国使臣入见,则随事禀奏,承接所得圣旨以授有关机构。检察主事而下的功过和升迁之事⑤。逐房副承旨,分管各房公事⑥。检详官,分管检详各房文书。编修官,负责编修本院例册、条例等⑦。

各房的职掌:兵房,掌管兵、马的名籍和兵校升补、修筑城垒、防戍战守等事;吏房,掌管阁门祗候以上升补的名籍,王公和将帅迎受恩命及盗贼等事,后改为掌管选差将领充任知州军、路分都监以上,及选差内侍官的文书;户房,掌管钱粮、马草出纳之事;礼房,掌管礼仪、国信等事⑧;刑房除掌管有关兵校"断案"(参见本卷第六章)外,还掌管这些兵校的功赏、叙复和迁补等事;工房掌管兵器事务、支移、兴造等事⑨;北面房,掌管河北和河东路的吏卒,北界的边防、国信之事;河西房,掌管

---

①　《建炎以来朝野杂记》甲集卷10《三省枢密院赏功司》;《建炎以来系年要录》卷6。

②　《宋史》卷26《高宗三》;《宋会要》兵15之7,职官3之41、47、6之12。

③　《宋会要》食货52之21。

④　《宋史》卷162《职官二》;《职官分纪》卷12《枢密使》。

⑤　《宋史》卷162《职官二》;《宋会要》职官6之4。

⑥　《宋会要》职官6之1。

⑦　《宋史》卷162《职官二》。

⑧　《职官分纪》卷12《主事、令史、书令史》。

⑨　《宋会要》职官6之15。

陕西路、麟州等地的吏卒,西界的边防、蕃官之事;支差房,掌管调发军队,湖北路的边防及京东、京西、江、淮、广东南路的吏卒,迁补殿侍,选用亲事官;在京房,掌管殿前步军司之事,支移兵器,川峡路的边防,畿内、福建路的吏卒,军头、皇城司的卫兵;教阅房,掌管内外军队校习,封桩缺额薪饷,催督驿递及湖南路的边防;广西房,掌管招军、捕盗、赏罚,广南西路的边防及两浙路的吏卒;兵籍房,掌管各路将官,差发禁兵,选补卫军的文书;民兵房,掌管三路保甲、弓箭手;知杂房,掌管杂务;支马房,掌管内外马政及坊院监牧的吏卒、牧马、租课;小吏房,掌管两省内臣的磨勘、功过、叙用,大使臣以上的历任事状,及校尉以上的改转、升迁差遣[①];时政记房,掌管承受皇帝"圣旨",予以编修[②];等等。

　　枢密院讲议司,掌管训练民兵、增设兵额等事[③];院杂司,通掌本院杂务[④]。检详所,协助承旨检详各房文书,请领外路官兵的功赏、差遣等宣札[⑤];皮割所,掌管割剥已死的马、牛、驴、骡,将皮革送交军器所[⑥];御前弓马子弟所,掌管招收子弟,训练武艺,选拔人才[⑦]。

（三）宰相事权分割到集中的过程

　　宋朝的宰相事权,经历了一个先分割、后集中的过程。这是适应形势的发展而采取种种措施以后的必然结果。

　　从太祖建国、太宗统一全国,到真宗治国,确立了高度的封建专制主义中央集权制度,基本上奠定了宰相主管民政和枢密院长官主管军政、三司使主管财政的三者鼎立的格局。太祖初年,只设正宰相,未设副宰相,相对来说,宰相的事权尚多。乾德二年,始设参知政事,作为副

①　《宋史》卷 162《职官二》。
②　《宋会要》职官 6 之 31—32。
③　《宋会要》职官 5 之 13。
④　《宋会要》职官 6 之 13。
⑤　《宋会要》职官 4 之 25—26。
⑥　《宋会要》职官 6 之 35—36。
⑦　《宋会要》职官 6 之 33。

宰相。但此时太祖并没有以此来分割宰相赵普事权的意图。所以,规定参知政事"不宣制,不押班,不知印,不升政事堂",只令在宣徽使厅办公,殿廷另设专位在宰相之后,诏敕末尾签押低于宰相数字,月俸、杂给皆只给宰相之半。《太宗实录》认为赵普"在相位几十年,独断政事,太祖疑其专恣,欲用薛居正、吕庆余为相"。其实,以薛、吕为参政,离赵普任相不过三个月,何来"几十年"! 所以,太祖初设参政,并非意在削夺宰相之权①。至开宝六年(973 年)六月,赵普独相已近 10 年,在朝大臣多不满他过于专权,太祖遂决意罢除其相位。太祖第一步命两名参政薛居正和吕余庆"升都堂,与宰相同议政事"。第二步命薛、吕与赵普"更知印、押班、奏事,以分其权"。第三步罢免赵普的相位,授予河阳三城节度使、同平章事即"使相"的官衔出朝②。到太宗时,参政的职权和地位一度获得大幅度的提高。雍熙四年(987 年),正式在文德殿前设置参政的砖位,在宰相之后。淳化五年(994 年)到至道二年(996年),寇准任参知政事,"复与宰相轮日知印、正衙押班",其砖位也与中书门下一班,书敕并排列衔,街衢并马;如宰相与使相议事,以及处理日常公事,都允许登政事堂。但到寇准罢免参政职位后,太宗立即下诏自今中书门下只令宰相押班和知印;殿廷另设砖位以处参政,在宰相之后;除非讨论军国大事,不得登政事堂;如宰相和使相议事,不得同升政事堂。祠祭和行香、署敕,也依开宝六年六月的一份诏书实行③。参政的职权和地位受到了不小的削弱,相对来说,宰相的职权和地位则获得一些提高。

　　宋太祖设置枢密院,究其用意,显然是为了与中书门下对掌军、民大政,所谓"势均中书,号为两府"④,以枢密院的长官来分割宰相的掌兵之权。赵普为相,与枢密使李崇矩"厚相交结",李以其女嫁赵之子,

---

①　《长编》卷 5。
②　《长编》卷 14。
③　宋敏求:《春明退朝录》卷中;《长编》卷 40。
④　《长编》卷 124。

太祖知道后甚为不满。李与赵一起"候对长春殿,同止庐中",太祖也令互相隔开。李崇矩因此被罢职,出为镇国军节度使①。有关边事兵机,太祖多用枢密院长官的建策。如建隆元年,太原李筠反叛,太祖用枢密使吴廷祚之言遣军进讨。随后,征剿扬州李重进,问计于枢密副使赵普。乾德四年,采纳枢密使李崇矩的建议,释放西川"贼党"妻、子②。太宗淳化元年(990年),规定自今凡政事送中书,机事送枢密院,财货送三司,"复奏而后行"。从此,枢密院公事,宰相不得与闻;中书政事,枢密使不得与议③。此外,每次上殿奏事,枢密院长官与宰相们分为先后,"所言两不相知","祖宗亦赖此以闻异同,用分宰相之权"④。太祖后各朝,有关宰相是否应该预闻军政乃至掌握兵权,朝廷一直有些争议。太宗后期,吕端任相,他向枢密副使寇准提出:"边鄙常事,端不必与知。若军国大计,端备位宰相,不可不知也。"⑤要求宰相参预军国要事的决策。真宗景德元年(1004年),朝廷得悉契丹图谋南侵,真宗与宰相毕士安、寇准等商议对策,拟定至时真宗将"亲征决胜",进兵澶州。这时,真宗"每得边奏,必先送中书",还告诉毕、寇说:"军旅之事,虽属枢密院,然中书总文武大政,号令所从出。"要求他们"详阅边奏,共参利害,勿以事干枢密院而有所隐也"⑥。及至契丹大举入侵,真宗在便殿召集大臣讨论计策,毕、寇各条具备御的意见,且"合议请真宗幸澶渊",真宗一一依从⑦。至仁宗宝元二年(1039年),因西夏元昊称帝反宋,西部战事骤起。战争形势要求二府同心协力,以抵御入侵的西夏军队。康定元年二月,下诏枢密院,自今边事皆与宰相张士逊和章得象"参议之"。明确规定二府一起商议"军旅重务"。这时,知谏院富弼

---

① 《长编》卷13。
② 《长编》卷1,卷7。
③ 《长编》卷31,卷43。
④ 王明清:《挥麈录·后录》卷1。
⑤ 《宋史》卷281《吕端传》。
⑥ 《长编》卷57。
⑦ 《宋史》卷281《毕士安传》。

还建议恢复"国初"的办法,"令宰相兼枢密使"。宰相张士逊接到命其"参议""边事"的诏书后,一时不知如何是好,即将诏书退还仁宗说:"恐枢密院谓臣等夺权。"富弼说:"此宰相避事尔,非畏夺权也。"再三坚持,张士逊等才不敢推辞。三月,仁宗先是"手诏"命二府和执政旧臣"条上陕西攻守之策"。随后又下诏,命参知政事"同议边事"。接着又令中书门下另设厅与枢密院商议边事,于是在枢密院之南设厅①。庆历初,在西夏军队的进攻面前,宋军连续战败,契丹也乘机派使臣来宋要求割地。庆历二年,知谏院张方平上言,指出二府"对秉衡轴"的弊病在于"分军、民为二体,别文、武为两途,宣敕并行,议论难一,事无责任,更相顾望"。建议"通枢密院之职事于中书"②。仁宗采纳此见,立即命右相吕夷简判枢密院,同知枢密院事章得象为宰相兼枢密使,枢密使晏殊自枢密使加同平章事③。到庆历五年,西部战火逐渐停熄,宰相贾昌朝和陈执中主动向仁宗提出要求罢兼枢密之职,得到批准,但仁宗仍下诏枢密院"凡军国机要",依旧与中书"同商议施行"。枢密院随后也要求今后进退管军臣僚、极边长吏、路分、兵马钤辖以上,皆与宰臣共同商议。这一建议也得到仁宗的批准④。接着,张方平又上言,宰相已罢兼枢密院,则不再聚厅商议。但万一边界稍有动静,两府又须聚厅,"便是非常之事,远动四方之疑"。他建议两府执政大臣经常聚集,"同议朝务,讲求得失"。至于边防处置、将帅迁改,"中书治本,所当关预";凡稍干大事,"并从参议而行"⑤。从此,平常公事则枢密院专行,至于涉及边事,则两府聚议,称"开南厅"。尽管如此,两府"行遣"公事,始终不相关照。神宗熙宁初年,御史中丞滕甫上言指出,中书和枢密院"议边事多不合"。如赵明与西夏军队作战,中书决定赏功,而枢密院颁降"约束"的命令;郭逵修保栅,枢密院刚诘问,而中书已下达褒诏。战守是

---

① 《长编》卷126。
② 张方平:《乐全集》卷20《论事·论请通中书枢密院事》。
③ 《长编》卷137。
④ 《长编》卷157。
⑤ 《乐全集》卷20《请不罢两府聚厅商议公事》、《请令两府聚厅商议公事》。

大事,国家安危所寄。现今中书欲战,枢密院欲守,这样"何以令天下"?希望命令大臣们,凡战守、任帅"议同而后下"。神宗肯定他的建议,后来规定凡遇大事,枢密院与中书一起向皇帝奏禀,然后枢密院长官退下,待中书退后,再进呈本院"常程公事"。由是出现了"三省、密院同奉圣旨"的公文①。至此,宰相正式获得了与枢密院长官一起商定重要军政的权力。徽宗宣和四年(1122年),宰相王黼在三省设置经抚房,"专治边事,不关之枢密"②,完全取得军政大权,而将枢密院架空。南渡初,因设置御营使,为应付高宗"行幸","总齐军中之政",乃以宰相兼领此职,因此"遂专兵柄,枢密院几无所干预"。后来虽然撤销御营司,但从建炎四年宰相范宗尹兼知枢密院事开始,后来宰相"悉兼右府"。绍兴八年(1138年)后,秦桧连续独相十五年,都自兼枢密使之职。直到秦桧死后,沈该和万俟卨拜相,才"除去兼带",中书与枢密又分管民、兵③。孝宗即位后,再度恢复宰相兼带枢密使之职。从此,成为定制④。

宋太祖和太宗时,三司制度尚未一定,因而或以参知政事"点检"三司,或用宰相为"提举",显然中书还有主管财政的权力⑤。从真宗朝起,三司理财体制逐步建立,三司使总管"国计",各地"贡赋之入,朝廷未尝预焉,一归三司"⑥。只有在皇帝需要宰相或参知政事出面解决某些财政问题时,才允许他们参预"经度"。仁宗时,知谏院范镇上疏论述"中书主民,枢密主兵,三司主财,各不相知"的弊病,提出"请使二府通知兵民大计,与三司同制国用"的建议⑦,要求由宰相和枢密院长官分割三司使的财权。到神宗熙宁间,王安石任相,他自著《周礼义》"以符合新法,故持冢宰掌邦计之说,谓宰相当主财计,遂以三司分权":凡赋税、常贡、征榷之利,归给三司;摘山、煮海、坑冶、榷货、户绝没纳之财,"悉归朝廷"⑧。熙宁二年至三年(1069—1070年),王安石设置"制

---

①③ 《挥麈录·后录》卷1。
② 《宋史》卷470《王黼传》,卷162《职官二》。
④ 《宋史》卷213、卷214《宰辅表四、五》。
⑤ 王辟之:《渑水燕谈录》卷5《官制》。
⑥ 徐自明:《宋宰辅编年录》卷7。
⑦ 《宋史》卷337《范镇传》。
⑧ 《宋宰辅编年表》卷7。

置三司条例司","使美利之源通流而不竭"①,实际上由自己掌管财政。元丰改制,撤销三司,其职权主要分归户部,而户部直属尚书省,因而宰相实际上正式掌握了财权。

宋太宗在宫中设置审刑院,规定凡案件"中覆,下丞相必又以闻,始论决"。其目的一是为防止刑部和大理寺吏"舞文巧诋"②,二是"患中书权太重,且事众,宰相不能悉领理",故分中书刑房为审刑院③。审刑院在审理奏覆的一般案件时,以黄贴子写:"刑名已得允当,乞付中书门下施行。"④剥夺了中书门下的复审权,反使中书门下成为这类案件的执行机构。神宗元丰三年,将审刑院并归刑部,宰相再度取得了奏案的部分终审权。据南宋初人庄绰记载,"凡天下狱案瓛",在卷宗前贴一寸见方的小纸,当笔宰相阅卷后,在纸上书判。刑房吏员节录案卷内容,粘宰相所判之纸,加盖尚书省官印。结案后,"具所得旨,付刑部施行",尽管关系到人命以百计,也只用一、二字判决:得"上"字者,皆宽贷;得"下"字者,依法执行;得"中"字者,奏请皇帝裁决。如难以决断,判"聚"字,则随左、右相所兼省官商议;判"三聚"字,则聚集三省官员同议⑤。显示宰相手中握有这些奏案的终审大权。

从宋初到南宋,宰相的事权包括兵权、财权、司法权出现了由分割到集中的过程。这一过程反映出一种历史的必然,即相权的分割不利于抵御周邻族国的侵扰,不利于提高国家机构的效能,不利于宰辅集团的团结,所以反而出现宰相事权强化的趋势。

(四) 相权和皇权的关系

宋初,统治者吸取唐末五代的历史教训,为严密防范权臣、武将、宦官、女后等人专权跋扈,采取了一系列分权和集权的措施。分割相权,

---

①　《宋会要》职官 5 之 1。

②　王林:《燕翼诒谋录》卷 2《置审刑院于禁中》。

③　司马光:《涑水记闻》卷 3。

④　《宋会要》职官 15 之 30。

⑤　庄绰:《鸡肋编》卷中。

强化皇权,是这些措施的核心。这些措施有利于社会的稳定和国家的安全,看来是必要的。但其中不免矫枉过正,而且随着社会的发展,越来越不能适应新的形势,因此必须重新调整关系,分配权力。

有宋一代,除较短时间出现少数宰相,如北宋蔡京、南宋秦桧、贾似道等专权弄法外,大多数时间实行以宰相为首的宰辅集体领导制度。尽管宋初相权受到削弱,但从真宗起,相权逐步得到强化,皇权反而受到种种限制。真宗时,社会经济获得初步发展,国库"盈溢","其名数皆籍于三司,其总数在三司使得知之"。真宗屡次想知道其统计数字,但宰相李沆始终不肯命三司使提供,他担心真宗知道了库藏量而随便花费①。李沆还经常将各地的水旱灾情和"盗贼"情况奏告真宗,使"少年天子","知人间疾苦"②,从而巧妙地抵制了真宗扩大财权的企图,实际上限制了皇权。景德元年,在契丹发兵南侵前夕,宋朝君臣已预先获得情报。真宗与宰相毕士安、寇准等人决议,到时御驾亲征,"驻跸澶渊"。及至契丹大军深入河北,宋朝大臣中有人提议真宗南迁金陵"且避其锐",真宗举棋不定。寇准告诉真宗现今"寇已迫近,四方危心,陛下惟可进尺,不可退寸"。于是真宗决意率军向澶州进发。到达澶州南城,真宗仍然犹豫,在殿前都指挥使高琼的催促之下,才勉强通过浮桥,进驻黄河北岸的澶州北城③。在这种情况下,真宗似乎全无主见,只是由坚持抗战的大臣们所推动,才迈出了"亲征"的步子。仁宗庆历间,杜衍为宰相。他"务裁侥幸,每内降恩,率浸格不行,积诏旨至十数,辄纳帝前"。有一次,仁宗告诉谏官欧阳修,外面人知道杜衍封还内降吗?"凡有求于朕,每以衍不可告之而止者,多于所封还也。"④此处所谓内降恩,主要是指皇帝指定授给某人某种优便的差遣,属于用人权范围。杜衍抵制这些内降诏旨,并以自己的威望促使真宗减少行使皇帝

---

① 《宋宰辅编年录》卷7。
② 《长编》卷56。
③ 《长编》卷58。
④ 《长编》卷152。

的人事权,显然是以相权约束了皇权。英宗即位初年,患病不能视朝,大臣请曹太后垂帘听政。英宗康复后,曹太后准备立即"下手书复辟"。但宰相韩琦尚嫌缓慢,奏请台谏已有章疏请求太后还政。曹太后从帘中听到,立即起身。这时,韩琦急令仪鸾司撤帘,迫使曹太后完全还政给英宗①。徽宗时,蔡京控制朝政。为了不使"言者议己",他"故作御笔密进",让徽宗亲自书写,颁降朝廷,称为"御笔手诏";违反者将被论以"违制"之罪。事情不分大小,都假托徽宗的意旨,致使官员们都不敢说话②。南渡后,皇帝的"御批"或"御笔"受到宰相抵制者,不乏其例。高宗绍兴七年(1137年),御史中丞周秘弹劾右仆射张浚"轻脱寡谋,失机败事",导致郦琼率数万人叛变降金。高宗"内降中丞周秘等弹章,后批:[张浚]散官安置岭表"。宰相赵鼎"特留未行",次日退朝留身,恳求高宗从轻发落张浚,高宗乃下令张浚"分司居永州"③。孝宗时,常从宫中直接下达"密旨"给诸军,"朝廷多不与闻"。起初,参知政事陈俊卿等人发现此事,奏请"自今百司承受御笔处分事,宜并须申朝廷奏审,方得施行"。孝宗不予理睬。接着,又发现殿前指挥使王琪"被旨按视两淮城壁,诈传圣旨,增筑州城"之事,陈俊卿等再次奏请,孝宗"乃悦而从之"④。光宗绍熙四年(1193年),留正任相。有李端友其人,因后妃之亲而"内批除郎",留正将御笔退回给光宗。光宗拒绝接收,留正"执奏不奉诏,遂纳之御榻而退"。后来,光宗又传旨召原太子宫左右春坊旧人姜特立回朝,留正立即提出反对,光宗不予采纳。留正"遂出国门,乞解机政",双方僵持近5个月,光宗乃醒悟,撤销了召回姜的圣旨。绍熙五年,孝宗去世,光宗病重,不能治理朝政。知枢密院事赵汝愚等人说服高宗吴皇后赞同由皇子嘉王(赵扩)即皇帝位,尊皇帝(光宗)为太上皇帝。皇子正式接位后,光宗才向外颁布"禅位手诏"⑤。

---

①　邵伯温:《邵氏闻见录》卷3。

②　《宋史》卷472《蔡京传》。

③　《宋宰辅编年录》卷15。

④　《宋宰辅编年录》卷17。

⑤　《宋宰辅编年录》卷19。

从维持赵宋王朝长治久安的目的出发,宰辅集团极力制定一套完整严密的皇帝行使权力的制度,要求皇帝遵照制度行事,不能随意突破。这是一种充满了官僚统治阶级自我约束能力的机制。为了保证这种机制的运转,宰辅不时对皇帝随意扩大皇权加以抵制,从而维护了相权。反之,有些皇帝不满足于已有的权力,每每试图主宰一切,这种意图一旦得逞,就会破坏上述机制,导致社会发生动荡。

第二节　中央行政机构及其职能

唐朝中期以前,门下省和中书省、尚书省分掌定策和封驳、执行的职权,是朝廷处理政务的主要机构。唐朝后期,政事堂成为三省长官联合办公的机构。宋朝则颇为不同。北宋前期,在宫内设中书门下,在宫外设三省六部;三省长官非宰相者一般不得登政事堂,实际上剥夺了三省议政和决政的职权。神宗元丰改制,三省才真正成为中央行政机构,拥有应有的职权。南宋时,三省合为一体,宰相办公的官厅称为"三省都堂"或"都堂"。

(一) 三省六部二十四司和各寺、监、局的编制、人选

北宋前期,三省的排列次序是门下省和中书省、尚书省;元丰改制后,中书省改居门下省之上[1]。

门下省——又称"左省"。北宋前期,以中书门下平章事为宰相之职,乃以门下侍中为门下省的长官,但很少委任过,实际上有名无职。副长官是门下侍郎。又另外委派一员给事中任"判门下省事",真正掌管本省的职事。如果缺少合适人选,则以谏议大夫或翰林学士、中书舍人"权领"[2]。元丰改制,设官 11 员,为侍中、侍郎、左散骑常侍各一员,

---

[1]　陆游:《老学庵笔记》卷 4。
[2]　《宋会要》职官 2 之 1。

给事中4员,左谏议大夫、起居郎、左司谏、左正言各一员①。

北宋前期,门下省的下属机构不多,有白院、画院、甲库。白院设令史12员,画院令史3员,甲库令史2员,赞者、驱使各4员②。元丰改制,恢复门下省的职事,其下属机构骤增。这些机构的编制和人选如下:

1. 房:北宋前期,门下省不另设房。元丰改制,将原属中书门下的七房分属三省,门下省设置十房,为吏、户、礼、兵、刑、工、开拆、章奏、制敕库等房。共设吏49员,内计录事和主事各3员,令史6员、书令史18员、守当官19员。门下外省设吏19员,内有令史一员、书令史2员、守当官6员、守缺守当官10员。元丰八年,以门下、中书外省为后省,门下外省复置催驱房。哲宗元祐三年(1088年),复设点检房。③元祐四年,重定吏人编制:录事4员,主事2员、令史5员、书令史10员、守当官14员、守缺主事一员、守缺书令史4员。绍圣三年(1096年),另设守缺守当官100员④。高宗建炎三年(1129年),三省合而为一,门下省保留录事和主事、令史、书令史、守当官共46员,另设守缺守当官60员⑤。

元丰改制,门下后省的给事中,分管吏、户、礼、兵、刑、工六房,又设上、下、封驳、谏官、记注五案。

2. 司:有封驳、通进等司。北宋前期,一度设封驳司,由门下省编内的给事中掌管。后来封驳司改隶通进银台司。元丰改制,正式将封驳司划归门下省,改称封驳房,隶属本省给事中。同时,还将原隶枢密院的通进司拨给给事中。高宗时,通进司下设监官和奏禀使臣各2员,选差内侍充任;亲从、亲事官及发敕官若干员;主管文字4员,选差后省当职人吏兼管⑥。

---

① 《宋史》卷161《职官一》;《宋会要》职官2之3。
② 《宋会要》职官2之1。
③④ 《宋史》卷161《职官一》。
⑤ 《建炎以来系年要录》卷22;《宋史》卷161《职官一》。
⑥ 《宋会要》职官2之33—34。

3. 院：有都进奏院。宋朝设都进奏院，隶给事中或门下后省。都进奏院设监官2员掌管，选差京朝官和三班使臣充任。另设诸州进奏官120员①。

中书省——又称"右省"、"西掖"。北宋前期，以中书令为其长官，但极少授人，实际上也有名无职。副长官是中书侍郎。又另外委派一名中书舍人任"判中书省事"，真正掌管本省职权。元丰改制，与门下省一样，设官11员，为中书令、侍郎、右散骑常侍各一员，中书舍人4员，右谏议大夫、起居舍人、右司谏、右正言各一员②。

北宋前期，中书省的下属机构也不多，有白院、甲库、玉册院。白院设令史6员，甲库设令史2员、驱使官3员，玉册院设镌字官和玉册官、金册官、彩画官各一员。另有私名26至11人。以上都是人吏③。元丰改制，恢复中书省的职事，其下属机构骤增。这些机构的编制和人选如下：

1. 房：北宋前期，中书省不另设房。元丰改制，将原属中书门下的七房分属三省，中书省分设八房，为吏、户、兵礼、刑、工、生事、班簿、制敕库房。元丰六年，增设点检房。哲宗元祐间后，析兵、礼为二房，又增催驱房，共十一房。共设吏45员，内计录事3员、主事4员、令史7员、书令史14员、守当官17员。中书外省设吏19员，内有令史一员、书令史2员、守当官6员、守缺守当官10员。徽宗大观间（1107—1110年），中书省吏人编制略有增加，有录事6员、主事4员（内一员守缺）、令史9员、书令史10员、守当官14员、点检诸房文字2员。制敕库房另设法司2员、贴司一员，架阁库房设手分一员，纸库设提举本库录事一员、管纸库手分2员。各房合设编写条例守当官或守缺守当官各一员。专写入进和进呈文书的守缺守当官，吏房左选设6员、右选5员，户房6员，礼房5员，兵房4员，刑房上房6员、下房7员，工部5员，知杂房一员。

① 《宋会要》职官2之44、48—49。
② 《宋会要》职官3之1；《宋史》卷161《职官一》。
③ 《宋会要》职官3之1。

发录黄、画黄并签书呈纳中书舍人文书,以及管抄写修销点检催驱房文簿的守缺守当官,各 4 员。①哲宗绍圣三年,另设守缺守当官 100 员②。高宗建炎三年,三省合而为一,中书省保留录事和主事、令史、书令史、守当官,共 43 员,另设守缺守当官 90 员③。度宗咸淳九年(1273 年),贾似道当政,在中书省设机速房,"以革枢密院漏泄兵事、稽迟边报之弊"④。设置属官 2 员、统制和统领 10 员、使臣 90 员、行遣提点文字 4 员、书写文字 4 员、监印官 2 员⑤。

2. 院:有舍人院。舍人院的编制和人选,详见本卷第七章第二节。元丰改制后,舍人院用"中书外省"官印,故又称中书外省⑥。

门下后省和中书后省:神宗元丰八年(1085 年),以门下、中书外省为后省,门下后省的官员编制是左散骑常侍、左谏议大夫、左司谏、左正言各一员,给事中 4 员,起居郎一员,符宝郎 2 员。下设上、下、封驳、谏官、记注、符宝共六案。中书后省的官员编制是右散骑常侍、右谏议大夫、右司谏、右正言各一员,中书舍人 6 员,起居舍人一员。下设上、下、制诰、谏官、记注五案⑦。散骑常侍和谏议大夫、司谏、正言原分隶门下和中书两省班籍,通称"两省官"。高宗建炎间(1127—1130 年),一度将谏院独立设置,不隶两省;又撤销符宝郎。后来,复设门下后省,以 4 员给事中为长官。下设上、下、封驳、记注四案,置令史一员、书令史 2 员、守当官 5 员(原 10 员)、守缺守当官 2 员(原 10 员)。同时,复设中书后省,以 6 员中书舍人为长官(实际常设 2 员)。下设吏房左选右选、兵、工、礼、刑上下等房以及上、下、制诰、记注四案。下设点检一员、令史 2 员、守当官 5 员(原 6 员)、守缺守当官 2 员(原 10 员)⑧。到孝宗

---

①　《宋会要》职官 3 之 3—6。

②　《宋史》卷 161《职官一》。

③　《建炎以来系年要录》卷 22;《宋史》卷 161《职官一》。

④　《宋史》卷 46《度宗》。

⑤　周密:《癸辛杂识别集》卷下《机速房》。

⑥　《宋会要》职官 3 之 13。

⑦　《宋史》卷 161《职官一》;《宋会要》职官 1 之 78。

⑧　《宋会要》职官 1 之 78—79。

隆兴元年(1163年),门下、中书后省各设的守缺守当官已增为5员,是年还各精简法司一员。乾道六年,两后省各减人吏3员。淳熙十三年(1186年),再次裁减两后省守当官和御厨工匠、把门兵士、剩员、长行共8员①。

中书省和门下省的共设官员:高宗建炎三年,因"中书别无属官",宰执疲于审阅各地公文,乃恢复神宗熙宁旧制,设置中书门下省检正诸房公事官3员②。次年撤销。到绍兴二年(1132年),复置检正官一员。检正官的机构称检正房,孝宗乾道六年(1170年)改称检正所。下设令史、书令史、守当官、守缺守当官、私名各一员,后裁去私名、守缺守当官各一员③。

尚书省——又称"南省"。北宋前期,其长官名义上是尚书令,还有左右仆射、左右丞、左右司郎中、员外郎,但尚书令从不委任。实际上另外委派诸司三品以上的官员或学士一员任"权判尚书都省事"。尚书省中间设置都堂和左右丞、左右司郎中、员外郎厅事,东、西两廊设置尚书、侍郎厅事及二郎中、员外郎厅事。都堂是尚书省长官办公议事的场所,易与中书门下的办公厅政事堂的别称"都堂"相混④。神宗元丰改制,尚书省长官的编制依旧,而以尚书左仆射兼门下侍郎,尚书右仆射兼中书侍郎,为正宰相,又以尚书左、右丞为副宰相,仍与尚书省本身的职事相关⑤。高宗建炎三年,裁减左、右司郎官2员。次年,依旧。孝宗时,左、右郎官又有增减⑥。

尚书都省(相对六部即"列曹"而称),北宋前期设置都事、主事、令史、驱使官、散官五等人吏,人数较少。真宗景德元年,仅设令史3员和

---

①　《宋会要》职官1之81—83。
②　《建炎以来系年要录》卷23。
③　《宋会要》职官3之46—47。
④　《宋会要》职官4之1。
⑤　《宋会要》职官4之9。
⑥　《宋史》卷161《职官一》。

散官一员、驱使官 3 员、私名 7 员①。元丰改制,设吏、户、礼、兵、刑、工、开拆、都知杂、催驱、制敕库共十房,后又陆续增加奏钞、班簿、案钞、御史、封赃、印六房。人吏总额为 64 员,计都事(正八品)3 员、主事(从八品)6 员、令史(从八品)14 员、书令史(从八品)35 员、守当官 6 员。哲宗绍圣三年,增设守缺守当官 150 员。徽宗时,都事增为 7 员、守当官 16 员②。高宗建炎三年,重定尚书都省房分,共设吏、户、工、刑、监印、奏钞、知杂、开拆、制敕库等十房。后来增为十五房,为催驱三省、催驱六曹、御史、刑、封桩、户、营田、工等房,吏额自都事而下共 224 员,其中守缺守当官仍 150 员③。

徽宗朝,尚书都省曾经设置讲议司和议礼局、礼制局等机构,由宰相或执政兼领,设置详定官(选差侍从官)、参详官(选差卿监)、检讨官,或设详议官(选差两制)。事成即结局④。

尚书省常设的直属机构有都司、六部、二十四司以及各寺、监等。

都司:即左司和右司。北宋前期,左、右司郎中和员外郎都作为寄禄官使用,与都司无关。神宗元丰改制,左、右司各设郎官和员外郎一员,共 4 员。元丰六年,设御史房。都司下属人吏较少,最初仅有手分和书奏各 4 员。后来稍稍增多。到孝宗隆兴元年(1163 年),左司有令史和知杂案书令史,右司令史和知杂案书令史,各一员,都司四案守当官 4 员,茶盐案守当官 2 员、守缺守当官一员,额外私名一员。乾道六年,又将吏额 12 员精简为 10 员⑤。

六部——是指吏、兵、户、刑、工、礼部,直属尚书都省。北宋前期,六部按此顺序排列,称为"分行"。元丰改制,采用唐制,改以吏、户、礼、兵、刑、工部的顺序⑥。仁宗景祐元年(1034 年),将六部及其所辖二

---

① 《宋会要》职官 4 之 1、4。
② 《宋史》卷 161《职官一》;《宋会要》职官 4 之 4—5。
③ 《建炎以来系年要录》卷 22。
④ 《宋史》卷 161《职官一》;《宋会要》职官 5 之 12—18、21—23。
⑤ 《宋会要》职官 4 之 19、24、25。
⑥ 高承:《事物纪原》卷 5《分行》。

十四司分为左、右名曹和左、右曹。以吏部和户部、礼部为左名曹,司封、司勋、考功,度支、金部、仓部,祠部、主客、膳部为左曹;兵部和刑部、工部为右名曹,职方、驾部、库部,都官、比部、司门,屯田、虞部、水部为右曹①。以下按照元丰改制的六部顺序叙述各部的编制和人选。

　　吏部:在宋初,设"判吏部事"2 员,选差带职京朝官或无职事升朝官充任②。太祖时,沿唐制,设立吏部南曹,委任"判吏部南曹"一员,选差一任知州的升朝官或一任通判的馆职人充任③。同时,又设立流内铨,委任"权判流内铨事"2 员,选差知杂事侍御史以上资序人充任。下设令史 11 员、选院令史 6 员、驱使官 3 员④。太宗时,增设三班院,委任"知三班院事"或"勾当三班院",编制不定,选差两制以上文臣或诸司使以上武臣充任。下设勾押官一员、前行 3 员、押司官一员、后行 11 员⑤。又设磨勘京朝官院和磨勘幕职州县官院,总称"磨勘院"。还增设京朝官差遣院。淳化四年二月,改磨勘京朝官院为审官院,幕职州县官院为考课院。同年五月,将考课院并入流内铨,京朝官差遣院并入审官院⑥。神宗熙宁三年(1070 年),设置审官西院,又改原审官院为审官东院,各设知院官和同知院官各一员、主簿 2 员⑦。熙宁五年,将吏部南曹并入流内铨⑧。神宗元丰改制,作为全面改革官制的措施之一,是铨注之法全归吏部,撤销审官东院而改为吏部尚书左选,撤销流内铨而改为吏部侍郎左选,撤销审官西院而改为吏部尚书右选,撤销三班院而改为吏部侍郎右选⑨。吏部的长官是尚书,设一员;副长官是侍郎,设 2 员。其下有本部郎中和员外郎各 2 员,选差知府以上资序人充当郎中,

① 《长编》卷 114。
② 《宋会要》选举 23 之 1。
③ 《宋会要》职官 8 之 3。
④ 《宋会要》职官 11 之 56。
⑤ 《宋会要》职官 11 之 57。
⑥ 《长编》卷 34,卷 22。
⑦ 《长编》卷 211;《宋会要》职官 11 之 1—5。
⑧ 《宋会要》职官 8 之 4。
⑨ 《宋史》卷 158《选举四》。

通判以下资序人为员外郎。此外,各子司司封、司勋、考功也各设郎中和员外郎各一员。哲宗元祐初,设"权尚书",享受"守侍郎"的待遇;"权侍郎",享受谏议大夫的待遇,选差未历给事中、中书舍人及待制以上人充任。高宗建炎四年,复设权侍郎,任满2年转为真侍郎。绍兴八年,复设权尚书,"以处未应资格之人"。有时命官兼摄,仅称"左选侍郎"或"右选侍郎"不加"吏部"二字。光宗绍熙三年(1192年),由谢深甫和张叔椿兼摄,开始有"侍左侍郎"和"侍右侍郎"之称①。

吏部尚书等所辖机构及其人吏编制,元丰改制时为:尚书左选,分八案,设吏30员;尚书右选,分六案,设吏16员;侍郎左选,分十五案,设吏43员;侍郎右选,分八案,设吏47员。以上吏分为主事和令史、书令史、守当官四种。南渡后,尚书左选分为六品、七品、八品、九品、注拟、名籍、掌缺、催驱、甲库、检法、知杂、奏荐赏功司十二案,下设主事一员、令史2员、书令史9员、守当官11员、正贴书16员、私名12员、楷书2员、法司一员。尚书右选分为大夫、副使、修武、注拟掌缺、奏荐赏功、开拆、名籍、甲库、法司、知杂十案,下设主事、令史、书令史人数皆同左选,守当官12员、正贴司8员、私名10员、法司一员。侍郎左选分序丞、职官、入官、县尉、格式、主簿上下、开拆等十三案,设吏82员。侍郎右选,分从义、忠训、成忠、承节、承信、进武、差注、生事上下等十五案,也设吏82员②。

吏部的直属机构有官告院。北宋前期,设"提举官告院"官一员,以知制诰充任;"判官告院"一员,以带职京朝官充任。元丰改制后,设主管官一员,选差京朝官。下设令史15员③。

户部:户部的人吏编制,在元丰改制时,规定左曹五案设吏40员,右曹五案设吏56员。高宗初年,裁减吏额,左曹40员,右曹30员。元丰改制时,度支六案,设吏51员。后合并为度支和发运、支供、赏赐、知

---

① 《宋史》卷163《职官三》。
② 《宋会要》职官11之57;《宋史》卷163《职官三》。
③ 《宋史》卷163《职官三》。

杂五案。金部分设左藏、右藏、钱帛、榷易、请给、知杂六案,一度精简吏额为 60 员。仓部分设仓场、上供、粜籴、给纳、知杂、开拆六案,一度精简吏额为 25 员①。

　　礼部:宋初不管礼仪之事,而归太常礼院主管。礼院名义上属太常寺,实际"专达"朝廷②。设判院和同知院 4 员③。真宗时,增设礼仪院,委任判院一员,选差枢密使或参知政事充任;知院一员,选差诸司三品以上人充任。主吏不定编制,选差三司、在京各司胥吏充任④。仁宗天圣元年(1023 年),撤销礼仪院,其职事并归太常礼院⑤。至于礼部本身,从宋初起,只设判部事 1 至 2 员,选差两制和带职升朝官充任。下仅设令史 3 员⑥。元丰改制,撤销太常礼院,其职事划归礼部。礼部设尚书、侍郎、本部郎中、员外郎各一员,子司祠部、主客、膳部也各设郎中和员外郎各一员。尚书下设礼乐和贡举、宗正奉使帐、封册表奏宝印、检法五案,又设知杂、开拆二案。下设人吏编制,为主事和令史各一员。此外,礼部本部和子司祠部、主客、膳部共设书令史、守当官 27 员、贴司12 员⑦。侍郎分设十案,下设人吏 35 员。本部郎中和员外郎通置吏 54员⑧。南宋时,吏部人吏时有增减。孝宗隆兴元年,本部有主事和令史各一员,书令史 9 员、守当官 4 员、贴司 12 员、私名 3 员⑨。

　　兵部:宋初设"判部事"2 员,选差京朝官充任。真宗朝起,减为一员,选差两制充任。仅设令史 9 员和甲库令史 2 员、驱使官一员。神宗熙宁八年(1075 年),始设"同判"一员、主簿 2 员、勾当公事官 10 员。次年,精简勾当公事官 5 员。元丰三年,撤销勾当公事官。元丰改制,设官 10 员,为尚书、侍郎各一员,本部和职方、驾部、库部三子司的郎中和员外郎各一员。本部分设赏功和民兵仗卫、厢兵、人从看详、帐籍告身、武举、蕃官、开拆、知杂、检法十案。下设人吏:主事和令史各一员,

①④⑧　《宋史》卷 163《职官三》。
②⑥⑦　《宋会要》职官 13 之 1。
③　《宋史》卷 164《职官四》。
⑤　《宋会要》职官 22 之 24。
⑨　《宋会要》职官 13 之 7。

书令史 6 员、守当官 10 员、贴司 20 员、私名 5 员、守缺习学 9 员①。职方分设三案,下设人吏 5 员;驾部分设六案,下设人吏 13 员;库部分设四案,下设人吏 9 员②。孝宗隆兴元年,并省前的人吏编制,为兵、库部主事一员,兵部令史一员,库部令史一员,书令史 6 员、守当官 11 员、贴司 21 员、私名 5 员。是年略有精简③。

刑部,其官吏的编制和人选以及下设各案情况详见本卷第六章第二节。

工部:宋初也只设"判部事"一员,选差两制以上官员充任。元丰改制,设尚书和侍郎各一员,工部本部及其三个子司屯田、虞部、水部郎中和员外郎各一员。本部分设工作和营造、材料、兵匠、检法、知杂六案,又专立御前军器案。下设人吏 42 员。屯田分设三案,下设吏 8 员;虞部分四案,下设吏 7 员;水部分设六案,下设吏 13 员。高宗绍兴间,四司共设吏 33 员。工部的直属机构有军器所和文思院。④军器所原属军器监,绍兴间改隶工部。全称"制造御前军器所"。设提点官 2 员,提辖和监造官各 2 员,干办、受给、监门官各一员等。文思院设提辖官一员、监官 3 员(其中一员必用文臣京朝官)、监门官一员⑤。

六部的共设官员,有六部监门官和主管架阁库。高宗绍兴二年(1132 年),始设六部监门官一员,选差文臣升朝官充任。六部在徽宗宣和间以前,设管勾架阁库官,宣和间撤销。高宗绍兴十五年复置,吏部和户部各差一员,礼部和兵部,刑部和工部各合差一员,称"主管尚书某部架阁库"⑥。

二十四司——元丰改制后,尚书省六部及各部所设三个子司,共有二十四司。按照二十四司的分行情况,排列成下表⑦:

---

①　《宋会要》职官 14 之 3—4、1。

②④⑥　《宋史》卷 163《职官三》。

③　《宋会要》职官 14 之 8。

⑤　《宋会要》职官 16 之 4—6;《宋史》卷 163《职官三》。

⑦　高承:《事物纪原》卷 5《分行》、《子司》。

分行	左名曹	左　　曹			右名曹	右　　曹		
前行	吏部	司封	司勋	考功	兵部	职方	驾部	库部
中行	户部	度支	金部	仓部	刑部	都官	比部	司门
后行	礼部	祠部	主客	膳部	工部	屯田	虞部	水部

各部子司的官员编制和人选,已见各部。吏部的三个子司,在北宋前期,各设"判司事"一员,选差无职事的升朝官充任。司封和司勋下各设令史2员,考功下设令史5员。元丰改制后,司封设封爵和知杂、检法五案,人吏有主事和令史各一员,书令史和守当官各2员,正贴司4员、私名2员。司勋设功赏和勋赏、检法、知杂、开拆等十案,人吏有主事和令史各一员,书令史6员,守当官4员,正贴司8员,私名5员。考功设六品、七品、八品、曹掾、令丞、从义、成忠、资任、检法、校定、知杂、开拆十二案,人吏有主事2员,书令史和守当官各10员,正贴司8员,私名10员①。户部的三个子司,在北宋前期,其长官的编制、人选与吏部相同。北宋前期,金部只设令史2员。元丰改制,金部分设七案,下设人吏72员。徽宗时,分设左藏和右藏、钱帛、权易、请给、知杂六案,下设主事2员、令史7员等共93员。后不断有所增减②。度支分设度支和发运、支供、赏罚、知杂五案,孝宗乾道间置人吏50员。仓部分设仓场和上供、粜籴、给纳,知杂、开拆六案,高宗绍兴后置吏25员③。礼部三个子司的长官编制和人选也与吏部相同。北宋前期,祠部设令史4员,膳部令史2员,主客部令史和驱使官各一员。元丰改制后祠部所设各案及直属机构、人吏,详见本章第三节。膳部分设七案,有人吏主事和令史各一员,手分3员、贴司一员。下属机构有御厨、翰林司、牛羊司④。主客部分设四案,有主事一员,本部人吏兼令史一员,

---

① 《宋会要》职官9之3, 10之1、20。

② 《宋会要》食货56之1—8。

③ 《宋史》卷163《职官三》。

④ 《宋会要》职官13之43。

手分和贴司各 2 员①。兵部三个子司的长官,各设一员,选差升朝官充任。元丰改制后,职方分设三案,有人吏 5 员;驾部分设六案,有人吏 13 员;库部分设四案,有人吏 9 员②。刑部三个子司的官吏编制和人选等,详见本卷第六章第二节。工部的三个子司,北宋前期,其长官编制和人选,与吏部相同③。元丰改制后,屯田分设三案,有人吏 8 员;虞部分设四案,有人吏 7 员;水部分设六案,有人吏 13 员。高宗绍兴间,并省吏额,本部和三个子司共设人吏 33 员④。

各寺——宋朝设置太常和宗正、光禄、卫尉、太仆、大理、鸿胪、司农、太府等九寺。

太常寺,北宋前期设"判寺事"为长官,不定员,选差两制以上官员充任;丞一员,选差久任、官高的礼官充任。仁宗康定元年(1040 年),增设"同判寺事"。元丰改制,设卿和少卿、丞各一员,博士 4 员,主簿和协律郎、奉礼郎、太祝各一员。分设五案,下设人吏 11 员。孝宗时,分设礼仪、祠祭、坛庙、大乐、法物等九案,下设赞引使 2 员、正礼直官 2 员、副礼直官 2 员、正名赞者 7 员等人吏。附属机构有提点管干郊庙祭器等所、教坊及钤辖教坊所、诸陵祠所、太医局等⑤。

宗正寺,北宋前期,设判寺事 2 员,以两制以上的宗室充任;如缺员,则以升朝官以上的宗室任知丞事。主簿一员,以京官充任。下设人吏:楷书 4 员、府史 2 员、驱使官 9 员、庙直官一员、太庙后庙宫闱令 3 员,以入内内侍充任。元丰改制,设卿和少卿、丞、主簿各一员,"不专用国姓"。分设属籍和知杂二案,下设人吏为胥长一员,胥佐和楷书、贴书各 2 员⑥。附属机构有玉牒所,高宗时,以 1 至 2 员宰相或执政为"提举"官,以一员侍从"兼修",宗正卿和少卿"同修纂"。分设五案,下置人吏 10 员。南渡后,宗正卿常由太常卿兼⑦。

---

① 《宋会要》职官 13 之 46。
② 《宋会要》职官 14 之 20;《宋史》卷 163《职官三》。
③ 《宋会要》职官 16 之 1—3。
④ 《宋史》卷 163《职官三》。
⑤⑦ 《宋史》卷 164《职官四》。
⑥ 《宋会要》职官 20 之 1;《宋史》卷 164《职官四》。

光禄寺,北宋前期,设判寺事一员,选差升朝官以上充任。光禄卿和少卿只用作寄禄官的官阶。设府史4员、驱使官2员、供官15员。元丰改制,设卿和少卿、丞、主簿各一员。分设五案,下置人吏8员。附属机构有八至十局,计法酒库、内酒坊、御厨、翰林司、牛羊司、乳酪院、油醋库、外物料库以及太官令和太官物料库。高宗建炎三年,并归礼部,孝宗后改隶太常寺①。

卫尉寺,北宋前期,设判寺事一员,选差郎官以上官员充任。下设府史2员。元丰改制,也设卿和少卿、丞、主簿各一员,分四案,下设人吏10员。附属机构有十三所,为内弓箭库、南外库、军器弓枪库、军器弩剑箭库、仪鸾司、军器什物库、宣德楼什物库、大礼板木库、左右金吾街司、左右金吾仗司、六军仪仗司等②。高宗建炎三年,撤销寺的建制,并归兵部③。

太仆寺,在北宋前期,也设判寺事一员,选差升朝官以上充任。元丰改制,设卿和少卿、丞、主簿各一员。分设五案,下设人吏12员。附属机构有十二个,为群牧司、车辂院、左右骐骥院、鞍辔库、差象所、驼坊、车营、致远务、牧养上下监等。南渡后,撤销太仆寺,车辂院及其以下机构皆并入兵部④。

大理寺:详见本卷第六章第二节。

鸿胪寺,在北宋前期和元丰改制后的长官编制和人选,与太仆寺相同。

司农寺,在神宗朝前,设判寺事2员,选差两制或升朝官以上充任;主簿一员,选差选人。下设人吏有府史一员,驱使官4员,常平案前行一员、后行8员。神宗熙宁三年,为进一步推行新法,将“常平新法”由制置三司条例司改付司农寺主管,增设同判寺事一员,选差两制充任。

①　《宋会要》职官21之1—2、7;《宋史》卷164《职官四》。
②　《宋会要》职官22之1—4;《建炎以来系年要录》卷22。
③　《宋会要》职官22之4;《宋史·职官四》作并入工部,误。
④　《宋史》卷164《职官四》;《宋会要》职官23之1、12。

又增设丞一员,选差通判以下、非川广人担任。熙宁五年,陆续增置丞和主簿5员、勾当公事官4员。熙宁九年,撤销勾当公事官,共设丞4员和主簿3员。元丰四年六月前,除设帐司外,分设市易和淤田、水利①三局十二案,由丞4员和主簿6员主管。六月,精简丞和主簿各3员。元丰五年,实行官制改革,司农寺官员编制未见变动。分设六案,下置人吏18员。此后,似撤销其正副长官编制,所以至哲宗元祐三年(1088年)下诏复置长贰。元祐五年,又命以主簿兼检法。绍圣四年(1097),裁减一员主簿,增差一员丞。南渡初,一度撤销司农寺,以其事务并隶仓部。绍兴四年(1134年),恢复寺的建制,仍置卿和少卿②。附属机构有五十所,包括二十五所仓、十二处草场、四排岸司、四处园苑、下卸司、都麹院、水磨务、内柴炭库、炭场③。高宗至孝宗初年,该寺人吏大致为胥长一员、胥史2员、胥佐5员、贴司4员④。

太府寺,在宋初,也设判寺事一员,选差常参官充任,后改为选差两制或带职升朝官充任;另设同判寺事或同管勾当官一员,选差京朝官充任;领斗秤务监官2员,选差三班或内侍充任。下设府史3员、驱使官一员、后行2员、法物都知2员。元丰改制,设卿和少卿各一员,丞和主簿各2员。分设九案,下置人吏65员。南渡初,一度撤销寺的建制,以其事务拨归金部。从绍兴元年起,复设太府寺长贰,丞达3员。孝宗时,分设第一、第二至第六、监交等七案,人吏为胥长一员、胥史2员、胥佐17员、贴司4员、书状司一员。北宋时,附属机构有二十五所,为左藏东西、内藏、奉宸、祗候、元丰、布、茶、杂物等库,粮料院、审计院、都商税务、都提举市易司、杂买务、杂卖场、榷货务、交引库、抵当所、和剂局、惠民局、店宅务、石炭场等。南宋时,减为粮料院、审计司、左藏东西库、交引库、祗候库、和剂局、惠民局、左藏南库等⑤。

---

① 《宋会要》职官26之12。
② 《宋会要》职官26之1—18。
③ 《宋史》卷165《职官五》。
④ 《宋会要》职官26之19。
⑤ 《宋会要》职官27之1—2;《宋史》卷165《职官五》。

各监——宋朝先后设置国子、少府、将作、军器、都水、司天等六监。

国子监:在北宋前期,设判监事2员,选差两制或带职升朝官充任。最初,另设"讲书",不定员。太宗末年,改称"直讲",选差京朝官充任。嗣后,又有"讲书"、"说书"的名目,皆差选人。仁宗皇祐间(1049—1054年),开始定编为直讲8员,选差京官或选人充当。丞和主簿一员,选差京朝官或选人充任。监生,不定编,皆有荫的官员子弟或京畿人。神宗熙宁初,监生增至2 800员。国子监分设八案,下置人吏8员。元丰三年,改直讲为太学博士,每经设2员。元丰改制,设祭酒和司业、丞、主簿各一员,太学博士10员,正和录各5员,武学博士2员,律学博士和正各一员。徽宗崇宁间(1102—1106年),大兴学校,改国子祭酒名为太学司成,增设国子博士4员等。南渡初,将国子监并归礼部,不久下诏依旧招生。高宗绍兴十三年(1143年),重建太学,设置学官。至孝宗时,设祭酒和司业、正、录、书库官,又定国子博士一员,太学博士3员,正、录共4员,监门官一员。分设厨库和学案、知杂等三案,下设人吏有胥长和胥史各一员,胥佐和贴书各6员。国子监附设太学和武学、宗学、书库等①。

少府监和将作监:在北宋前期,各设判监事一员为长官,选差升朝官以上充任。元丰改制,各设监和少监各一员、丞一员;少府监主簿2员,将作监主簿一员。少府监分设四案,人吏8员;将作监分设五案,人吏27员。南渡初,皆并归工部。从绍兴三年起,逐渐恢复监的建制。少府监的直属机构有文思和绫锦、染、裁造、文绣等五院。将作监的直属机构有修内司、东西八作司等②。

都水监:原属三司的河渠案,仁宗嘉祐三年(1058年),始置此监。设判监事一员为长官,选差员外郎以上充任;同判监事一员为副长官,选差升朝官以上充任;丞2员和主簿一员,皆以京朝官充任。另外,在澶州置局,称为"外监"。元丰改制,设使者一员为长官,丞2员和主簿

① 《宋史》卷165《职官五》;《宋会要》职官28之1。
② 《宋史》卷165《职官五》。

一员。又设南、北外都水丞各一员,都提举官 8 员、监埽官 135 员。元丰八年(1085 年),拨提举汴河堤岸司隶本监。哲宗元祐四年(1089年),复置外都水使者。分设七案,下置人吏 37 员。高宗绍兴十年(1140 年),撤销此监,其职事皆归工部。直属机构有街道司。

军器监:北宋前期,有关兵器的职事皆归三司胄案。神宗熙宁六年(1073 年),撤销胄案,正式设置此监。元丰改制,始设监和少监各一员、丞 2 员、主簿一员。分设五案,下置人吏 13 员。南渡初,一度将此监并归工部。绍兴三年后,逐步恢复监的建制。直属机构有四所,为东西作坊和作坊物料库等。

司天监:在北宋前期,设置监和少监、丞、主簿、春官正、夏官正、中官正、秋官正、冬官正、灵台郎、保章正、挈壶正各一员。如缺监和少监,则置判监事 2 员,从五官正中选差。另设礼生和历生各 4 员。元丰改制,撤销建制,另立太史局,隶属秘书省①。

(二)职能分工及其变化

北宋前期,三省六部二十四司和各寺、监的职能分工承袭晚唐五代之制,较为复杂,且大多数机构职权较小。元丰改制,使各个机构的职责分明,颇有面目一新之感;同时,大多数机构相应地扩大了职权。南宋初年,一度并省一些机构,使各机构的职能分工出现了许多复杂情况;不过,不久又恢复正常。以下是各机构的职能分工及其变化的情况。

门下省——北宋前期,因另置"中书门下"机构,门下省的职事较少。"权判门下省事"掌管"供御宝,亲祀、大朝位设位版,赞拜拜表,外官及流外[官]较考,诸司覆奏挟名,年满斋郎转补,覆奏文武官母妻叙封,覆麻请画",以及承"受中书[门下]宣黄画敕,及僧道赐紫衣师号"等。元丰改制,原中书门下的部分职事划归门下省,门下省的职权范围

---

① 《宋史》卷 165《职官五》。

扩大很多。门下省掌管"受天下之成事,审命令,驳正违失,受发通进奏状,进请宝印"。凡中书省的画黄和录黄,枢密院的录白和画旨,留下底稿;尚书省六部所上"有法式事,皆奏覆审驳"。门下侍中掌管辅佐皇帝商议大政,审查内外出纳事宜;主持大祭祀、大朝会等仪式。门下侍郎为侍中的副职。左散骑常侍和左谏议大夫、左司谏、左正言"同掌规谏讽谕",凡朝政缺失、大臣至百官任用不当,三省到百司事有违失,皆有权谏正。给事中分管六房,掌管内外出纳和主管后省的公事;如政令有失、除授不当,则予以论奏驳正;每天记录官员章奏的题目缴进,以考察其稽违而加以纠治。十房的职责是,吏、户、礼、兵、刑、工六房按其房名分管尚书省六部二十四司所上的公事;只有班簿、本省杂务归吏房掌管。其余职事,由开拆房主管收接每天出现的公事,章奏房主管收发章奏,制敕库房主管供检编录敕令格式和拟定官爵、封勋黄甲、架阁库①。通进司,负责收取三省和枢密院、六部、寺监等机构的奏牍,文武近臣的表疏和章奏房所管全国章奏案牍,开具事目进呈,而后颁布全国。都进奏院,负责收取诏敕和三省、枢密院的宣札,六部和寺监等机构的符牒,颁布各路。凡章奏到院,即开具事目进呈门下省;如案牍和申禀文书,则分发各有关机构等②。

　　中书省——北宋前期,中书省职事甚少,判省事只掌管提供郊祀和皇帝的册文,幕职州县官考校,斋郎、室长、各司人员年满覆奏,文官改赐章服、僧道紫衣师号、举人出身、寺观名额等③。元丰改制,原中书门下的部分职事划归中书省,中书省的职权范围扩大很多。中书省掌管"进拟庶务,宣奉命令,行台谏章疏、群臣奏请兴创改革,及中外无法式事应取旨事"。同时,掌管省、台、寺监正副长官以下以及侍从职事官,外任监司、节镇、知州军、通判,武臣遥郡横行以上的除授。各房的职责为,吏房负责官员的除授和考察、升黜、赏罚、废置、荐举、假故、一时差

---

① 《宋会要》职官 2 之 1—3;《宋史》卷 161《职官一》。
② 《宋史》卷 161《职官一》。
③ 《宋会要》职官 3 之 1。

官文书及本省杂务;户房负责废置升降郡县、调发边防军需、给借钱物;礼房负责郊祀陵庙典礼,后妃、皇子、公主、大臣封册,科举考官,"外夷"诏书;兵房负责除授"诸蕃国"王爵、官封;刑房负责颁布赦宥、审核刑狱、官员贬降叙复;工部负责计度营造和开塞河防;生事房负责收发文书;班簿房负责官员名籍和人数;制敕库房负责编录供检敕令格式及架阁库事宜,开拆房负责收复日生公事;催驱房负责催督各房审理文书拖拉之事;点检房负责检查各房文书差失之事①。

门下后省和中书后省的设置,实际上将谏院和原起居院一分为二,又将给事中划给门下后省,中书舍人划给中书后省。

门下省和中书省的共设官员"检正官",其中一员负责"验察检举"吏、礼、兵房的公文,另一员负责"验察检举"户、刑、工房的公文②。

尚书省——北宋前期,尚书省职权较少,其长官"权判尚书都省事""总领省事"及集议定谥、祠祭受誓戒、在京文武官员封赠、注甲发付选人、出雪投状、二十四司吏员迁补等事。元丰改制,并省了一些机构,尚书省的职权范围扩大很多。掌管"施行制命,举省内纲纪程式,受付六曹文书,听内外词诉,奏御史失职,考百官庶府之治否,以诏废置、赏罚"。六部皆隶属本省。所设十房的职能分工为,吏、户、礼、兵、刑、工六房各按其房的名称分管六部各司所行的公事;开拆房负责收发文书;都知杂房负责进呈制敕目录、官员班簿和人数,考核都事以下的功过而予以迁补以及本省杂务;催驱房负责监督六部文牍的迟缓和失误;制敕库房负责分类编排敕令格式以供检阅等③。

徽宗朝,尚书都省所设讲议司,负责研讨有关宗室、冗官、财用、商旅、盐铁、赋役、州县官等法度④。议礼局负责研讨礼制本末,礼制局讨论古今宫室和车服、器用、冠婚、丧祭的沿革制度⑤。

---

① 《宋会要》职官 3 之 1—5;《宋史》卷 161《职官一》。
② 《宋会要》职官 3 之 46—47。
③ 《宋会要》职官 4 之 1—5;《宋史》卷 161《职官一》。
④ 《宋会要》职官 5 之 13—18。
⑤ 《宋史》卷 161《职官一》。

都司:掌管"受付六曹诸司出纳之事,而举正其[文书]稽失,分治省事"。左、右司的职能分工是:左司掌管吏和户、礼、奏钞、班簿等房,右司掌管兵和刑、工、案钞等房,而开拆、制敕、御史、催驱、封桩、印等六房则左、右司一起掌管,如"有稽滞,则以期限举催"①。都司御史房负责对御史的监察工作实行监察,并置簿统计本房的工作情况。

六部——北宋前期,因其他相关机构的纷纷设置,六部的职权大为减少,有的部甚至无本职可做。吏部,在北宋前期,因文官的品阶等事"一出于中书[门下]",本部只掌管京朝官叙章服、申请摄官、讣吊祠祭以及幕职州县官的格式、缺簿、辞谢,拔萃举人,兼管南曹、流外铨、甲库的公事。南曹掌管考核选人优劣写成公状,转送流内铨关试、勾黄给历。甲库掌管承受制敕黄甲,付给签符优牒,选人改名废置等事。流外铨掌管考试附奏的在京各司人吏②。而京官以上官员,专由中书门下注授差遣,称"堂除"。自节度判官以下州府判司、诸县令佐的注拟、对易、磨勘功过等事,则由流内铨掌管③。三班院掌管从借职以上到供奉官等三班使臣的差遣及其考核等事④。审官东院(原审官院)掌管对京朝官的考课、升迁等事,审官西院掌管对阁门祗候以上诸司使的考课、常程差遣等事⑤。流内铨和三班院、审官东院、审官西院系独立设置的机构,不受吏部的长官"权判吏部事"的管辖。

元丰改制,撤销了以上独立设置的各个人事机构,经过梳理,其职事皆拨归吏部,因而吏部的职权大增。吏部掌管文、武官员的选试和拟注、资任、叙迁、荫补、考课的政令,封爵和策勋、赏罚高下的法规。文武百官皆以品阶高低分属于四选:尚书左选,分管文臣京朝官以上(即自朝议大夫以下至承务郎以上)和职任自大理正以下而非中书省除授的官员;尚书右选,分管武臣升朝官以上(即自皇城使以下至武翼郎以

① 《宋会要》职官4之19;《宋史》卷161《职官一》。
② 《宋会要》职官8之1。
③ 《职官分纪》卷9《流内铨》。
④ 《宋会要》职官11之57。
⑤ 《宋会要》职官11之55—56。

上）和职任自金吾街仗司以下而非枢密院除授的官员；侍郎左选，分管从初任到幕职州县官（即迪功郎以上）；侍郎右选，分管自副尉以上到从义郎（即承信郎、校尉以上），即借差、监当至供奉官、军使①。凡有关这些官员的注拟和升移、叙复、荫补及酬赏、封赠等事，随所隶机构审验合格，即编甲以呈尚书省。文臣中散大夫和武臣左、右武大夫（即原阁门使）以上，则开具其叙迁资级和时间、功过上呈中书省或枢密院，获得画旨，即命词发给告身②。

　　吏部的直属机构官告院，北宋前期负责吏、兵部和司勋、司封四司所管的告身，以授予妃嫔和王公、文武品官、内外命妇以及封赠，各在告身上加盖本司的告身印。文臣用吏部，武臣用兵部，王公和命妇用司封，加勋用司勋。元丰改制，四选皆加盖吏部官印，仅蕃官则用兵部印记③。

　　户部的职权，详见本卷第九章第二节。

　　礼部，在北宋前期因礼仪之事主要由太常礼院掌管，礼部所管职事不多，仅负责科举，补奏太庙郊社斋郎、室长、掌座，都省集议，官员谢贺章表，各州申报祥瑞，出入内外的牌印等事，兼领贡院。元丰改制，撤销太常礼院后，礼仪之事全归礼部。礼部掌管全国的礼乐和祭祀、朝会、宴飨、学校、贡举的政令。凡礼乐制度有所损益，小事与太常寺商议，大事则聚集侍从官、秘书省正副长官或百官议定闻奏。全国考选士人，登记于簿籍，负责每3年举行一次贡举考试，以及学校试补三舍生。主管后妃和亲王以下恩赐，公主下嫁，宗室冠婚、丧葬的制度，以及赐旌节、章服、冠帔、门戟，旌表孝行的办法等④。南渡初、礼部的职权更加扩大：鸿胪和光禄两寺并归该部，而太常寺和国子监也隶属于下⑤。

　　兵部：北宋前期，因全国兵籍和武官选授以及军帅卒戍的政令皆归

---

① 《宋史》卷163《职官三》；赵昇：《朝野类要》卷3《差除·参选》；《宋史》卷158《选举四》。
② 《宋史》卷158《选举四》。
③ 《宋会要》职官11之60；《宋史》卷163《职官三》。
④ 《宋会要》职官13之1；《宋史》卷163《职官三》。
⑤ 《宋史》卷163《职官三》；《宋会要》职官13之6。

枢密院统辖,三班使臣的选授又归三班院,故该部的职事也不多,仅掌管车驾仪仗和卤簿字图、春秋释奠武成王庙、武举,每年年终向朝廷申报义军和弓箭手寨户的数目。北宋初,还掌管过千牛备身和殿中省进马(皆荫补出身)的簿籍。元丰改制,兵部的职事略有增加,掌管兵卫和仪仗、卤簿、武举、民兵、厢军、土军、蕃军,周邻族国的授官、承袭事宜,以及车马、器械之政,全国郡县地图。南渡初,太仆寺隶属于其下①。

刑部:其职能分工情况详见本卷第六章第二节。

工部:北宋前期,有关城池土木工役都隶属三司修造案,本部反而无所职掌。元丰改制,掌管全国城池、宫室、船车、器械、符印、钱币等事宜以及山泽、苑囿、河渠、屯田等政令。南渡后,职权更为增加:少府和将作、军器监并归工部,文思院也隶属于下②。工部的直属机构军器所,负责指挥工匠,聚集材料,制造兵器;文思院负责制造金银、犀玉工巧的器物,金彩绘素、装钿的饰品,将舆辇、册宝、仪物、器服等供给皇室和各官府使用③。

六部的共设官员即六部监门官,掌管六部各门的钥匙;主管架阁库,负责管理各该部的帐籍、文书档案仓库④。

二十四司——六部的二十四司,在北宋前期,总的来说,职事都不多,甚至全无职事,所以仁宗时有的官员提出"尚书省二十四司既为虚名,所以官冗员众",如"欲正官制",则"当罢三司,复二十四司"⑤。元丰改制后,除各部的本部职权已见上述外,其实还剩十八个子司。吏部所属的司封,分管官员的封爵、封赠、承袭等事。爵分九等,内命妇分五品,外命妇分十四级,等等。司勋分管官员的功勋酬奖,审复赏格。勋级共十二等,规定每三年升迁一等。考功分管文武官员的选叙和磨勘、

---

① 《宋会要》职官14之1—2;《宋史》卷163《职官三》。
② 《文献通考》卷52《职官六》。
③ 《宋会要》职官16之4—7、29之1。
④ 《宋史》卷163《职官三》。
⑤ 《国朝诸臣奏议》卷69,刘敞等:《上仁宗论详定官制》。

资任、考课的政令。规定以"七事"考核监司，以"四善三最"考核守令[1]。户部的子司金部，分掌全国各方面上交的钱币，统计每年所交的数量，转交收贮的库藏（包括主管内藏库受纳宝货及其支借拘催等事）[2]，以待国家使用；颁布制造升、斗、尺、秤的标准[3]。度支分掌制定军国财政计划，量贡赋税租之入以为出；每年年底，统计各路财用出入的数字奏呈皇帝，以其副本申报尚书省。仓部分掌全国的仓库储积及其出纳事宜；每年将应用刍粟前期报告度支，以便均定支移和折变的数量[4]。礼部的子司祠部，分掌全国的祀典和道释、祠庙、医药的政令；每月奏告祠祭和国忌、休假的日子；管理各地僧尼、道士等名籍，发给剃度受戒文牒，颁降宫观、寺院的敕额等。主客分掌各"蕃国"的"朝贡"，制定接待如郊劳和授馆、宴设、赏赐的规格等。详见本章第四节。膳部分掌牲牢和酒醴、菜肴等事，前期预算所需物品，报告度支等[5]。兵部的子司职方，分掌全国各州的图籍，以了解方域的大小和镇寨道里的远近。各州每三年编造一次"闰年图"上报职方，"闰年图"记载一州的土产和风俗、古今兴废。周邻少数族"归附"，负责安置其生活。驾部分掌辇舆和车马、驿站、监牧之事。库部分掌军器和仪仗、卤簿、供帐之事，兼管武库[6]。刑部三个子司的职能分工详见本卷第六章第二节。工部的子司屯田，分掌屯田和营田、职田、学田、官庄的政令以及租入、种刈、兴修、出纳等事；虞部分掌山泽和苑囿、场冶等，辨别各地所产而为之厉禁等；水部分掌沟洫和桥梁、舟楫、漕运等事，兼管修筑堤防、疏导河底等[7]。

各寺：北宋前期，除大理寺以外，各寺虽然设置一至 2 员长官，但大部分已成为闲官。太常寺的职能被礼院所替代。元丰改制，始专其职，掌管礼乐和郊庙、社稷、坛壝、陵寝之事。卿为长官，少卿为副长官，丞

---

① ④ ⑦ 《宋史》卷 163《职官三》。
② 《国朝诸臣奏议》卷 58，上官均：《上哲宗乞令户部、太府检察内藏诸库》。
③ 《宋会要》食货 56 之 1；《宋史》卷 163《职官三》。
⑤ 《宋会要》职官 13 之 16、43—44、46。
⑥ 《宋会要》职官 14 之 10、2—3；《宋史》卷 163《职官三》。

"参领"本寺职事,博士掌管讲定五礼的仪式、撰定官员谥文、监视祭祠仪物等,主簿掌管稽考簿书,协律郎掌管指挥乐队,奉礼郎掌管奉币帛授给初献官等,太祝掌管宣读册辞。提点管干郊庙祭器所等,掌管收藏祭祀和朝会的器用和冠服。教坊及钤辖教坊所掌管练习音乐,以备宴享时演奏。太医局掌管培养九科医生,治疗太学生和各营将士①。宗正寺,元丰改制前,其主要职掌被大宗正司所分割,实际仅掌管诸庙、诸陵的荐享之事和管理宗室的名籍。元丰改制后,其职掌详见本章第三节②。光禄寺,在北宋前期,仅掌管供应祠祭的酒、醴、水果、柴炭、点心等物品。元丰改制,掌管祭祀和朝会、宴飨的酒、醴、菜肴之事。法酒库和内酒坊负责按照标准提供造酒的原料和法酒,翰林司负责供应酒、茶、水果等③。卫尉寺,在北宋前期因武库、武器皆归内库和军器库掌管,内宫守卫也归仪鸾司,故无所职掌。元丰改制后,掌管仪卫的兵器、甲胄等政令。内弓箭库等,负责收藏兵杖和器械、甲胄;仪鸾司负责供给幕帟供帐等事④。太仆寺,在北宋前期因国家牧马、车舆之政分隶群牧司和骐骥院,故只掌管皇帝的五辂、属车和后妃、王公的车辂等。元丰改制后,掌管车辂和牧养的政令⑤。大理寺的职权和变化情况,已于本卷第六章第二节详述。鸿胪寺,在北宋前期只管祭祀朝会时部分官员、蕃客、进奉官、僧道等陪会以及官员去世时赙赠等事。元丰改制后,掌管周邻各族国的朝贡、宴劳、赏赐、迎送等事,以及国家的凶仪和中都祠庙、道释籍帐除附的禁令⑥。详见本章第三节。司农寺,在北宋前期,仅掌管供应籍田九种,祭祀时供应豕和蔬果等,以及平粜利农之事。神宗熙宁三年,将新法交付司农寺主管,于是农田水利和免役、保甲等法,皆由司农讲行,成为推行新法的主要执行机构。元丰五年改制,依照"寺监不治外事"的原则,司农寺"旧职务悉归户部右曹",职权范围

————————————————

①⑤　《宋史》卷164《职官四》。

②　《宋会要》职官20之1、5。

③　《宋会要》职官21之1—3;《宋史》卷164《职官四》。

④　《宋会要》职官21之1—2;《宋史》卷164《职官四》。

⑥　《宋会要》职官25之1—2;《宋史》卷165《职官五》。

大为缩小,掌管有关仓储委积的政令(侧重于粮草),园囿和库务的出纳事务,安排皇帝亲耕籍田的仪式,造卖酒曲等①。太府寺,在北宋前期,因财货廪藏贸易、各地贡赋、百官俸给等事务皆归三司,故仅掌管为祠祭提供香币、帨巾、神席以及制造、校正斗秤升尺而已。元丰改制后,职权范围扩大甚多,成为职掌最为繁重的一个机构,掌管国家财货的政令(侧重于钱帛)和库藏(包括奉宸库、内藏库)、出纳、商税、平准、贸易、官员俸禄等事。孝宗初年所设七案中,第一、第二案掌管批给官员俸禄的文历、宗室孤遗的钱米和各司局所的俸禄,直属机构有粮审院。第三、第四案掌管支买三省、枢密院、六部等处所需钱物,直属机构有杂买务、杂卖场、编估局、打套局、交引库、祇候库等②。

　　各寺的职事颇为忙闲不均。徽宗时有人记述:太府寺所隶场务众多,号称"忙卿";司农寺掌管仓库,供给军饷,疲于奔命,号称"走卿";光禄寺掌管祭祀供应酒食,号称"饱卿";鸿胪寺掌管周邻族国"朝贡",职少事简,号称"睡卿"③。

　　各监:国子监,在宋初尚未设置太学的时候,是全国最高学府。仁宗时设立太学,国子监便成为掌管全国学校的总机构。直讲负责向学生讲授经术,丞掌管钱谷出纳,主簿掌管簿籍以检查其出纳。元丰改制后,祭酒和司业是正副长官,掌管国子学和太学、武学、律学的政令;丞则参领监事;博士负责讲授各种课程;正、录,负责执行学规④。少府监,在北宋前期,因提供帝后的器玩、服饰、雕刻错綵工巧之事分属文思院和后苑造作所,故只掌管制造门戟、旌节、牌印、朱记等事,以及提供祭器等。元丰改制,掌管百工技巧的政令,包括皇帝的服御、宝册、符印、旌节、度量权衡之制以及提供祭祀和朝会的器物。直属机构文思院,负责制造金银和犀玉工巧之物,金采、绘素装钿之饰,以供给舆辇、

①　《宋史》卷165《职官五》。
②　《宋会要》职官27之1。
③　王得臣:《麈史》卷下《谐谑》。
④　《宋史》卷165《职官五》;《宋会要》职官28之1。

册宝等器服使用。绫锦院,负责织造锦绣,以供给皇帝的服饰使用。染院,负责染丝织物。裁造院,负责裁制服饰。将作监,在北宋前期,因土、木工匠的政令、京都修缮皆属三司修造案,故只掌管祠祀的少数职事。元丰改制,扩大职权范围,掌管宫室、城郭、桥梁、舟车营缮之事以及土、木工匠板筑造作的政令。直属机构修内司,负责宫城和太庙的修缮事宜。东西八作司,负责京城内外的缮修事宜,等等。都水监,最初只轮派丞一员外出治河埽事宜。元丰改制,使者掌管全国川泽和河渠、桥梁、堤堰的疏凿浚治事宜,丞负责“参领”。直属机构街道司,负责管理道路人兵;如皇帝外出,则预先修治,疏导积水等。军器监,掌管监督缮治兵器杂物事宜。从孝宗淳熙二年(1175 年)起,各监正、副长官可以外带出任总领官,实际并不管本监职事。司天监,掌管观察天文祥异、钟鼓漏刻、编造历书等①。

(三) 机制运转方式

　　宋朝中央行政体制的机制运转方式,可以分为三个阶段。第一阶段,即元丰改制前的北宋前期。这一阶段的中央行政体制,实行分散事权的管理机制和彼此限制的约束机制。宋初,承袭唐末五代旧制,在中央设置中书门下和枢密院、三司分掌民政和军政、财政,分割了门下和中书、尚书三省的主要职权。按照唐朝制度,凡中书省所出制敕,皆经门下省审复,然后尚书省颁发告身。但这时仅由中书门下发敕,实际完全“虚置三省官名”②。同时,又陆续分设一些职能机构,如管理官员人事的流内铨、三班院、磨勘京朝官院、磨勘幕职州县官院、审官东院、审官西院等,分割了原属吏部和兵部的职权;如复审刑狱的审刑院,监督汴京刑狱的纠察在京刑狱司,分割了原属刑部的职权;如主管朝廷礼仪的太常礼院,分割了原属礼部的职权;如主管城池土木工程的三司修造案,分割了原属工部的职权。至于原属户部的主管全国财计的职权,皆

---

① 《宋史》卷 165《职官五》。
② 《国朝诸臣奏议》卷 65,刘敞等:《上仁宗论详定官制》。

被三司所分割。各寺、监的一些职权,也被另外一些机构所分割。如太常礼院名义上属于太常寺,实际上直属朝廷,且分割了太常寺的主要职权。宗正寺的大部分职权,被大宗正司所分割。卫尉寺的全部职权,被内库和军器监、仪鸾司所分割。太仆寺的大部分职权,被群牧司和骐骥院所分割。太府寺的大部分职权,则被三司所分割。各监的职权,也多被另外设置的同级或上级机构所分割。

这种中央行政体制中的中层和基层机构的多元化倾向,虽然充分体现了这些机构之间彼此限制的约束机制,但削弱了这些机构的管理机制。宋朝中央行政体制犹如一台大型的工作母机,中书门下和枢密院、三司如同 3 只大型齿轮,门下和中书、尚书三省如同 3 只中型齿轮,尚书省六部及其子司如同 24 只次中型的齿轮,而审官院、三班院、审刑院、太常礼院、大宗正司、群牧司、军器监等如同一组小型齿轮。在这台母机中,3 只大型齿轮和一组小型齿轮在充分地运转,而 3 只中型齿轮和 24 只次中型齿轮却被废置一边,或者被处于半工作半休息的状态。这样的母机虽然也可照常运转,但显然要白白消耗许多能量。确实,叠床架屋设置的机构,增加了大量的冗官和冗吏,不仅加重了国家的财政负担,而且降低了中央行政体制的办事效能。

宋仁宗嘉祐三年(1058 年),翰林学士胡宿和知制诰刘敞针对这一状态,从改革现有官制的角度,提出了十条建策。他们建议的主要内容有:一、唐制以尚书和门下、中书三省长官为宰相,但"尚书、中书之名本非宰相之实",如欲改正官制,便应另设政事府,如"丞相府"之类。二、唐制公卿不任枢密使,到五代时用兵,才与中书"对掌机密"。应该将枢密院职事归还中书和尚书兵部。三、尚书省二十四司"既为虚名,所以官冗员众"。应该撤销三司,恢复二十四司和九寺官员的编制。四、大理寺审判全国的刑狱,刑部复审,"于事已足"。"又加审刑院,则为骈衍"。应该将审刑院职事及其官属归还刑部。五、吏部尚书和侍郎"分领铨事","则当差以轻重,分别流品"。现今审官院掌管京朝官磨勘、差遣,而流内铨只管幕职州县官,"体制不伦"。应该将审官院的职事归还尚书铨,幕职州县官归还侍郎铨。六、群牧司、提举司、纠察司之类,"皆古无此职",应该省罢,归还给尚书省和九寺。七、唐制,中书省出制敕,皆经门下省审复,然后尚书省颁行。现今只由中书门下"发敕","虚置三省官名",应该复行唐制。八、旧制,九寺卿之职不隶属尚书省。现今卿、监职事由"三司关领者",应该"取还寺监,亦省侵官之类"。仁宗虽然没有将这一建策付诸实践①,但却成为后来神宗元丰改制的滥觞。

第二阶段,即元丰改制后的北宋后期。神宗元丰五年(1082年)实行的官制改革,并非神宗一人独居深宫闭门造车的结果,而是经过长期的酝酿,适应社会的需要而出现的。胡宿和刘敞的十条建策,元丰改制时绝大部分被采纳。元丰改制,撤销了中书门下和三司,将其职权分归中书省和门下省以及尚书省有关部、寺、监,仅保留了枢密院。中书、门下和尚书三省上升到与枢密院相同的地位,尚书省六部二十四司的职权绝大部分得到恢复,各寺、监的职权也绝大部分得到恢复。基本上确立了新的中央行政管理机制:"以三省统六部,以六部统九寺五监,尊卑上下秩然有不可紊之序。"②这就是说,元丰改制基本上改变了北宋前期中央职能机构多元化和事权分散化的旧管理机制,而实行事权相对集中和减少互相牵制的新管理机制。这毫无疑义比较充分发挥了中央行政体制的效能。

但是,新的管理机制并不是完美无缺的。唐玄宗时所撰《唐六典》,虽然机构和官员设置十分"齐整",但当时并没有照此实行,是优是劣尚未经过实践的检验。宋神宗偏爱此书,"一一依此定官制"③。不久,就暴露出新的管理机制的几处薄弱环节。第一,降低了三省的办事效率。凡"内降文书"和各处所上奏状、申状到门下省和中书省,大抵皆送尚书省,尚书省下六部,六部交给各案"勘会","检寻文书,会问

① 《国朝诸臣奏议》卷69,刘敞等;《上仁宗论详定官制》;《长编》卷188。
② 《皇宋中兴两朝圣政》卷14《高宗皇帝》。
③ 《朱子语类》卷112《朱子九·论官》。

事节"。各案近则向寺、监"勘会"，远则往州县，一切齐足，然后"相度事理，定夺归著"，申报尚书省。尚书省再送转中书省取旨。中书省得旨后，转送门下省复奏"画可"，然后"翻录"下达尚书省。尚书省再下达六部，"方符下诸处"。这样的公文旅行，自然是"文字繁冗，行遣迂回"，近者几个月，远者超过一年，"未能结绝"。有时遇有"急奏待报"，或者官吏的词讼求决，"皆困于留滞"。第二，设置门下省的目的是"封驳"中书省的录黄和枢密院的录白，如果门下省尽职，"日有驳正"，不免"争论纷纭，执政大臣遂成不协"。所以，设置门下省以后"驳议甚少"。同时，门下省不得直接取旨行下，虽然驳议，必须移送中书省取旨。如果中书省坚持前见，则再予改易。此外，"内批文字"和各处奏请文字"多降付三省同共进呈"，这样，门下省官员"已经商量奏决"，如果再有"驳正"，则不免为"反复"。至哲宗元祐初年，中书省有"急速"文书，往往不送门下省，这样，门下省官员"殆为虚设"，反而使"吏员倍多，文书繁冗，无益于事"①。第三，在三省体制中，门下省只管"省审封驳"，尚书省只管"奉行"，"故命令所出，必自中书"；"宰相进拟差除及应干取旨施行者，亦由此而始"②。同时，左相和右相分班奏事，由于左相兼任门下侍郎，反而不能参预朝廷的议论③。于是，兼任中书省长官的右相职权，反比左相要重④。这也不利于三省管理机制的正常运转。第四，在财政管理上，虽然撤销了三司，改变了从前财权过分集中的状况，但原属三司的事务，皆分散给六曹和各寺、监，户部所获财权不多。户部以下的五部有权决定动用钱物，有关机构接到五部的符牒，必须立即应付，而户部不得干涉。"申发帐籍"，也不全归户部。户部既然不能总领全国财赋，无从知悉钱粮出纳和现存的数字，就难以量入为出。此其一。五部和内外百官"各具理财之法申奏施行"，户部不能一一

---

① 《国朝诸臣奏议》卷47，司马光等：《上哲宗乞合两省为一》。
② 庄绰：《鸡肋编》卷中。
③ 《建炎以来系年要录》卷22。
④ 《朱子语类》卷112《朱子九·论官》。

"关预"，无从尽究其中的利弊。此其二。现今户部尚书就是原来的三司使之职，但左曹隶属尚书，右曹则不隶属尚书。于是一国的财用"分而为二"。由于"利权不一"，"虽使天下财如江海，亦恐有时而竭"。此其三。所以，到哲宗元祐元年，左相司马光提出了进一步改革财政管理机制的建策，要求：一、由户部尚书兼领左、右曹，而户部侍郎则分职而治。右曹所管钱物，不经尚书奏请得旨，不得擅自动用。二、各州钱粮和金帛隶属提举常平仓者，每月必须具帐向户部申报。三、六部和寺、监欲支用钱物，必须前期关报户部，符下才可支拨；不准单方面向朝廷"奏乞直支"。各掌管钱物机构，不看到户部之符，不准应副。四、原三司所管钱谷财用事务，有分散在五部及各寺、监者，建议收归户部。五、将户部所掌不重要的"冗末事务"交给"闲曹比司"兼领，而"通隶户部"。这样，便能"利权归一"。五个多月后，朝廷采纳并实行了司马光这一方案的主要内容①。

　　新的行政管理体制还存在机构重复设置的缺点。正如哲宗元祐三年(1088年)，右正言刘安世上言提出，现今刑部尚书和大理卿，工部尚书和将作监，礼部尚书和礼仪使，虞部郎中和都水使者，其实是一事两职，机构重复设置。元祐初年，为裁节浮费，将膳部归并给主客，虞部归并给屯田；同时，估量事务的闲剧，以定官员的编制，六部减官19员。但现今各寺、监的官员人数，反比过去增多：太仆、鸿胪、光禄、太府寺各置2卿，军器、将作、少府监各置2监，丞和主簿等官属还不计其内。此外，各司"申陈"有关公事，必定要经过寺、监，而其正副长官"鲜敢予夺，悉禀六曹"，不仅虚烦文书，拖延时间，而且省、寺"指挥""间有异同"，各有关机构"艰于遵守"。他建议将各寺、监之职可以归给六部的，可以全部并省；不然，也要减少冗员②。刘安世的这一建议后来是否实行，不得而知。但反映出在元丰改制后，朝廷官员针对新的管理体制不够完善的环节，不断提出进一步改革的方案。

① 《国朝诸臣奏议》卷58，司马光：《上哲宗论户部钱谷宜归一》；《长编》卷368。
② 《国朝诸臣奏议》卷58，刘安世：《上哲宗论寺监之职有当省者》；《长编》卷408。

　　第三阶段,即南宋时期。从南渡初年起,继续进行从北宋后期开始的中央行政管理新、旧机制的转换工作。高宗建炎三年,完成了哲宗初年宰相司马光的未竟之业,将门下和中书、尚书三省合并为一,于是左相和右相兼掌三省职事,"两相之权均矣"①。当然,这并不是取消三省各自的机构,而是在保留各自机构的同时,三省长官一起议决朝廷重要事情,并一起联名向皇帝奏报请示。由于"执政事皆归一",从而消除了以前的"事多稽滞"的致病弱点②。这时,还并省了一些机构,减少许多冗员。如并省尚书省各部及其子司的郎官,规定礼部兼管子司主客,祠部兼领膳部;兵部兼领子司职方,驾部兼领库部;刑部的子司比部兼领门门;工部郎官兼领虞部,屯田郎官兼领水部③。各寺、监也大规模实行并省,但此后又有部分陆续重新设置④。大致上,至此为止,宋朝新的中央行政管理机制正式确立。

第三节　宗室和宗教事务管理制度

　　宋朝在承袭前朝宗室和宗教事务管理制度的基础上,适应本朝的形势,逐步建立起一套比较完整的宗室和宗教事务管理制度。

(一) 组织机构

　　宗室事务管理机构——宋朝的宗室是赵家皇族。从宋初到南宋亡国,随着宗室的不断繁衍,人数逐步增加。为了加强管理,又增设了管理机构,并规定了机构的编制和人选。

　　宗正寺:宋初,沿袭唐制,在朝廷设置宗正寺,作为管理宗室的最高机构。设置判寺事2员,选差两制以上的宗室充任;缺此人选,则选差

升朝官以上的宗室"知丞事"。主簿一员,选差京官充任。楷书4员、府史2员、驱使官9员、庙直官一员。太庙、后庙、宫闱令3员,选差入内内侍充任。修玉牒官,不定员。真宗大中祥符八年(1015年),为陵庙行礼设置官员,始以兵部侍郎赵安仁兼宗正卿,改判宗正寺事赵世长为知宗正寺事。次年,正式设大宗正卿一员,少卿和丞各2员,主簿一员。同时,又规定宗室中的丞、郎以上兼卿,给事中、中书舍人以下兼少卿,郎中以下兼丞,京官兼主簿。如缺卿,则丞以下主管寺事,而无"知"、"判"的名义①。元丰改制,宗正寺设卿和少卿、丞、主簿各一员,其品级依次为正四品和从五品、从七品、从八品。但从不委任卿和少卿,实际由丞主管本寺事务。分设属籍和知杂二案,下置胥长、胥史等人吏6员。元丰六年(1083年),规定宗正寺卿和少卿依旧选用"国姓"外,其余的丞和主簿等"自今更不专差国姓官"②。徽宗政和六年至七年(1116—1117年),又开始允许"国姓"以外的官员出任宗正少卿③。南渡初,将宗正寺并归太常寺,宗正卿不常设,由太常少卿一员兼宗正少卿。高宗绍兴三年(1133年),复置太常少卿一员。绍兴五年,恢复宗正寺的建制,复置太常丞一员。绍兴十年,复置太常寺主簿一员④。孝宗隆兴元年(1163年),并省主簿一员,但次年又命宗正寺丞和主簿"并依旧制"。此时,仍分设二案,下置胥长和胥史各一员,胥佐和贴书、楷书各2员,以及手分等⑤。

大宗正司:宋仁宗景祐三年(1036年),因宗室人数增多,为加强管理,特设大宗正司,以皇兄、宁江军节度使、濮王赵允让任"知大宗正事",皇侄、彰化军节度观察留后赵守节"同知大宗正事"。又规定自今从太祖和太宗之后各选一员充当"知宗正事"⑥。神宗熙宁三年(1070

①　《宋会要》职官20之1—4;《宋史》卷164《职官四》。
②　《宋会要》职官20之5—6。
③　《宋会要》职官20之8—9。
④　《建炎以来系年要录》卷22;《宋史》卷164《职官四》。
⑤　《宋会要》职官20之14—15、12—13。
⑥　王栐:《燕翼诒谋录》卷4《创大宗正司》;《宋会要》帝系4之4。

年）二月，设睦亲宅和广亲宅，始以异姓朝官二员知丞事。五月，撤销上述二宅，废置管勾睦亲、广亲并提举郡县主宅所，将其职事并归大宗正司。元丰改置，仍设"知事"和"同知事"各一员，选差团练、观察使以上、有德望的宗室充任；丞2员，选差京朝官以上文臣充任。同时，规定大宗正司不隶属于六部，其丞属由中书省奏差。其官属有记室一员，讲书、教授12员。分设士、户、仪、兵、刑等五案，下置主押官和押司官、前后行、贴司等人吏11员①。南渡后，宗室迁居江、淮，大宗正司先移至江宁府，随后迁至广州，最后移至临安府②。

外宗正司：徽宗崇宁元年（1102年），因宗室人数增多，京城难以容纳，乃命秦王赵德芳位下的子孙出居西京（河南府），称"西外宗正司"；太祖位下的子孙出居南京（应天府），称"南外宗正司"；各置敦宗院。各选差一位贤能的宗室担任"知宗"；在本州通判、幕职官内选差2员担任丞和主簿之职。大观三年（1109年），撤销两处外宗正司；政和二年（1112年）复旧。南渡后，南外宗正司迁至镇江府，最后定留在泉州；西外宗正司迁至扬州，最后定留在福州。其丞仍由本地通判兼任，主簿由签判兼任。另设主管敦宗院、宗学教授各一员。此外，绍兴府又新设大宗正行司，孝宗乾道七年（1171年）一度准备迁蜀，未果，最后并归行在大宗正司③。

玉牒所：宋太宗至道初年，始设该所，并建造玉牒殿，命刑部郎中张洎和驾部郎中、史馆修撰梁周翰同编"属籍"。真宗大中祥符九年（1016年），委任知制诰刘筠和夏竦为修玉牒官。此后，置一至2员。元丰改制，分隶宗正寺官。南渡后，至高宗绍兴十二年（1142年），在临安府重建玉牒所。设"提举"一至2员，选差宰相和执政；"兼修"一员，选差侍从官；宗正卿和少卿则充任"同纂修"。分设五案，下置胥长等

---

① 《宋会要》职官20之17、20—21。《宋史》卷164《职官四》。
② 《宋会要》职官20之21—23；《建炎以来系年要录》卷62。
③ 《宋会要》职官20之33、32；《淳熙三山志》卷7《公廨类一》。

人吏 10 员①。

宗教事务管理机构——宋朝统治者扶植佛教和道教。徽宗时,一度禁佛崇道,佛教受到打击,但不久便恢复原状。宋朝中央主管宗教事务的机构有礼部的子司祠部和鸿胪寺。

祠部:北宋前期,祠部设判司事一员,选差无职事的升朝官充任。下置令史 4 员。元丰改制,设郎中和员外郎各一员,分设道释和详定祠祭太医帐二案,又设制造窠和知杂、开拆二司。下设主事、令史、手分、贴吏等人吏 19 员。直属机构有度牒库。南渡初,并省机构,祠部郎官一员兼管膳部,人吏也精简一半②。

鸿胪寺:北宋前期,鸿胪寺设判寺事一员,选差升朝官以上充任。下设府史 3 员、驱使官一员。元丰改制,设卿和少卿、丞、主簿各一员。分设三案,下置人吏 9 员。直属机构有往来国信所,都亭西驿及管勾所,礼宾院,怀远驿,提点寺务所,建隆观、中太一宫等提点所,传法院,左、右街僧录司,同文馆及管勾所等。南渡初,撤销鸿胪寺建制,其职事并入礼部③。

(二) 职掌

宗室事务管理机构的职掌——宗正寺:在设置大宗正司以前,宗正寺是唯一主管全国宗室事务的机构。负责各庙、各陵的荐享事务和管理宗室的名籍。设置大宗正司后,掌管宗室的赐名、立名、生死、嫁娶注籍,以及纂修三位祖宗即太祖和太宗、秦王赵德芳位下子孙的牒谱图籍之事。这些牒谱图籍分为五种,一是皇帝玉牒,用编年纪述皇帝的世系和朝廷有关政令的因革。二是宗支属籍,按照亲疏次序排列同姓的五属。三是谱,列具其官爵和功罪、生死以及宗妇族姓与男、女。四是宗藩庆系录,追溯其所自出,至于子孙,列具其名位。五是仙源积庆图,考

① 《宋史》卷 164《职官四》;《宋会要》职官 20 之 55。
② 《宋会要》职官 13 之 16、27;《宋史》卷 163《职官三》。
③ 《宋会要》职官 25 之 1、5;《宋史》卷 165《职官五》。

定世次、枝分派别而归于本统。规定每一年编"录",每3年造"图",每10年修"牒"和"谱"、"籍"①。

大宗正司:掌管有关宗室的教法和政令,团结族属而教以德行和道艺;接受其诉讼,而纠正其愆违,犯轻罪则先予判决,而后奏闻;如法、例有疑问而不能决断的,则同上殿听取裁决。宫邸官员因事出入,每天登记在簿,每季末类聚奏报,还负责将每年的宗室存亡之数,报告宗正寺。记室,掌管撰写笺奏。讲书、教授,分位讲授,兼管小学的事务②。

南外和西外宗正司:分别掌管居住在本地的宗室。两外宗正司官员,每年往来商议职事一次。大宗正司判决的犯罪宗室子弟,逢双日送往"西外",逢单日送往"南外"③。

玉牒所:掌管修纂"皇帝玉牒"和"仙源类谱"等④。

宗教事务管理机构的职掌——祠部:在北宋前期,掌管的宗教事务有各州僧、尼、道士、女冠、童行的名籍,颁发剃度受戒的文牒即度牒。元丰改制,其分设的道释案,负责官员申请坟寺,遇圣节赐紫衣师号,颁发或出售、填写、翻改空白度牒。详定祠祭太医帐案,负责佛道神祠加封赐额,拘摧各路僧道帐籍等。度牒库负责制造度牒,然后桩管,应副支用⑤。

鸿胪寺:北宋前期,鸿胪寺所掌宗教事务不多,仅管祭祀和朝会时的僧、道陪位之事。元丰改制,掌管都城的祠庙和道、佛籍帐除附的禁令。直属机构中的提点寺务所,负责都城各寺庙葺修之事;建隆观、中太一宫等提点所,负责各殿宇斋宫的器用仪物、陈设钱币之事;传法院,负责译经润文;左、右街僧录司,负责寺院的僧尼帐籍和僧官补授之事⑥。

---

① 《宋会要》职官20之1、5。
② 《宋会要》职官20之17;《宋史》卷164《职官四》。
③ 《宋会要》职官20之33。
④ 《宋会要》职官20之42。
⑤ 《宋会要》职官13之16、40—41。
⑥ 《宋会要》职官25之1、2;《宋史》卷165《职官五》。

（三）运行机制

宗室事务管理机构——宋朝对全国宗室实行由国家全部供给其衣、食、住的制度。同时,长期对宗室采取不准参预政事、不准领兵和"不教、不试、不用"等的约束机制;从神宗朝起,转换成以激励机制为主,鼓励宗室子弟读书和应举、出外做官,但依旧不提倡宗室参政和带兵。

在宗室的生活费方面,宋初就规定,宗室之子年达 5 岁,即"官为廪给"。仁宗皇祐二年(1050 年),判大宗正事赵允让请求放宽至 3 岁即予"廪给",仁宗"以为太过",但还是放宽至 4 岁便"官为给食"。到理宗淳祐间(1241—1252 年),又限为 5 岁①。年满 15(后改为 14 岁),"即令裹头,赴起居",领取"例物"②。在赐名授官和领取俸禄方面,宋初规定宗室子孙年满 7 岁,即赐名授官③。所谓赐名,是由主管机构(最初由宗正寺,后改由大宗正司)按照行第连名,为各个宗室撰名④。所谓授官,是指授予寄禄官,即可领取俸禄。宋初规定,宗室近亲初次授官,凡宣祖和太祖、太宗之孙授诸卫将军,曾孙和玄孙则只给殿直、侍禁、供奉官。而皇侄的俸给,初次授官月给 30 贯,稍加至 50 贯,再加至 70 贯。仁宗嘉祐六年(1061 年),限定宗室年满 15 岁,才允许计年转官⑤。从神宗熙宁初年开始,按照亲等来限制一些宗室所享受的国家特殊优待。规定祖免(五服以外的远亲)以外,不再赐名授官。而祖免子,则授予右班殿直;年满 15 岁,开始领取月俸。同时,对于宗室女,规定祖免女,未嫁,每天给食钱;出嫁时,领取料钱 3 贯。祖免亲媳妇,也每天支食钱;夫亡无子孙食禄者,依旧领取料钱、衣赐。祖免以外的宗

---

① 《燕翼诒谋录》卷 5《宗室廪给》;《长编》卷 168。
② 《宋会要》帝系 4 之 8。
③ 《宋会要》帝系 4 之 6。
④ 《宋会要》职官 20 之 7—8。
⑤ 《宋会要》帝系 4 之 12—14、3。

室自今"只令应举"①。在参加贡举考试方面,从宋初到英宗朝,一直不准宗室子弟应举。据苏轼说,各朝皇帝"执谦,不私其亲,干国治民不及宗子,虽有文武异材,终身不试"。到神宗时,"慨然欲出其英髦,与天下共之,故增立教养选举之法"②,开始准许未授官的非祖问亲子弟参加贡举考试,已授官的祖问亲子弟则参加锁厅试③。统治者在宗室的管理方面引进了激励机制,以功名利禄来刺激祖问以外宗室子弟来参加贡举考试。在注授差遣即出任外官方面,从宋初到英宗朝,基本上不准宗室出任官职。只在真宗朝,宗室赵湘和赵稹曾知兴元府和知通州,看来是不多见的事例④。仁宗庆历四年,枢密副使富弼也曾上疏提出命"宗室子补外官"即"干当在京诸司"的建议⑤。到神宗熙宁初年,开始准许"祖宗"的祖免亲出任外官⑥,但不准许注授川、峡地区的差遣⑦。换授外官的宗室,要除去"皇属"的头衔,名字前著姓氏⑧。宗室初次参选,只授予监当官的差遣,但可享受不拘名次和路分而指定要某一差遣的优待⑨。宗室官丁忧或宗室选人待缺,依旧领取俸禄⑩。南宋时,各地添差宗室极多,成为当地的沉重负担。神宗以后,改变不准宗室应举和注授差遣的旧政策,允许宗室子弟读书做官,使这些"生长富贵,不出宫邸"的寄生群体得以接触社会,发挥其中的一些"宗英"的才能,不失为一种积极的措施。所以,到南宋时,宗室中"名公卿辈出,与庶姓相颉颃,而反过之矣"⑪。

　　对宗室女的婚姻及其丈夫的官职,宋朝也作了专门的规定。仁宗

①　《宋会要》帝系4之19—20。
②　苏轼:《苏东坡奏议集》卷11《荐宗室令時状》。
③　《咸淳临安志》卷11《学校·宗学》。
④　《宋会要》职官20之2。
⑤　真德秀:《真文忠公文集》卷44《赵邠武墓志铭》。
⑥　《国朝诸臣奏议》卷32,富弼:《上仁宗乞令宗室勾当在京诸司》;《宋会要》帝系4之32。
⑦　《挥麈录·余话》卷1、卷2。
⑧　庄绰:《鸡肋编》卷中。
⑨　《宋会要》帝系5之7、8。
⑩　《朱子语类》卷111《朱子八·财》。
⑪　《永乐大典》卷14608《簿字》。

初年规定,宗室子年 18、女年 15,命管勾宫宅所申报宗正寺,移牒入内内侍省,差"勾当婚姻人"与本宫宅商议,寻访"衣冠士族,非工商杂类及曾犯罪恶之家",考察对方的人材、年龄相当,即开具姓名和乡贯、住址以及三代官衔,回报宗正寺。宗正寺再审访核实奏申,等候圣旨、即送至入内内侍省引见①。尚未取得一官半职的"白身人"如要娶宗室女,必须三代有官,或者父、祖曾任升朝官而告敕现存,还要召京、朝官担保;如正在任上,则三代虽不皆有官也允许②。宗室袒免亲女出嫁、丈夫系"白身人",取得文解的资格者,授将仕郎(即选人的最低阶迪功郎);否则,授承节郎和承信郎(武臣的最低阶)。妻子死后,其夫做官如故③。宗室女跟随丈夫出任外官后,不准私自至京城④。到徽宗朝,由于宗女增多,大宗正司特聘官媒几十人,专管议婚,"初不限阀阅"。于是富室"多赂宗室求婚,苟求一官,以庇门户,后相引相亲"。京城的富人如"大桶张家",至有三十多个县主⑤。哲宗时,为限制宗室女夫凭借官阶的不断升迁而获得高位,规定以后"娶宗室女得官者,毋过朝请大夫、皇城使"⑥。这是"止法"的内容之一。宗室女本身被封为郡、县主者,皆有月俸钱、米和春冬绢、绵,其数甚多⑦。

　　宋朝的"祖宗之法",规定"宗室不得参预机政"⑧。所以,尽管从神宗朝允许宗室出外任官,但尚无担任宰执的。神宗元丰时,皇弟嘉王赵頵,"数上疏论政事"。他的一位记室劝阻说:"大王为天子弟,无狗马声色之好,游心方册,固是盛德,而数干廷议,非所以安太后也。"嘉王突然醒悟,以后就只读医书,朝廷果然"贤其好古",下诏褒奖⑨。光宗

① 《宋会要》职官 20 之 4。
② 《长编》卷 187;《宋会要》职官 20 之 5。
③ 洪迈:《容斋三笔》卷 16《郡县主婿官》。
④ 《长编》卷 141。
⑤ 朱彧:《萍洲可谈》卷 1。
⑥ 《宋史》卷 17《哲宗一》。
⑦ 《容斋三笔》卷 14《夫人宗女请受》。
⑧ 《宋会要》职官 73 之 21。
⑨ 《萍洲可谈》卷 1。

绍熙四年（1193 年），宗室赵汝愚晋升为同知枢密院事。监察御史汪端义立即上疏提出："祖宗之法，宗室不为执政"，要求罢免赵的新职。光宗没有采纳。宁宗初，赵进拜右丞相。权臣韩侂胄为排斥赵，指使其党羽攻击赵"汝愚以同姓居相位，将不利于社稷，乞罢其政"。危言耸听，逼迫赵不安其职，遂罢右相①。赵汝愚是突破不准宗室参政的约束机制的第一人，他基本获得成功，但最后还是以罢相而告终。这一情况与唐朝以宗室身份担任宰相者达十二人相比，显得更加突出②。宋朝还不准宗室领兵，掌握兵权。南宋张端义说："本朝故事，宗室不领兵。"理宗绍定三年（1230 年），李全率军进犯淮东，宗室赵善湘受命担任江淮制置使，"开金陵制府"，"专讨"李全，并"许便宜行事"。诛杀李全后，赵善湘以功晋升兵部尚书，但所谓识者"有宗室不领兵之议"，赵善湘"遂有行宫之谤"③。

　　宋朝还对宗室在许多方面加以约束。如单设一套专供高级宗室叙迁之用的官阶，这套官阶从下到上共十四阶，为太子右内率府副率、太子右监门率府率、右千牛卫将军、右监门卫大将军、遥郡刺史、遥郡团练使、刺史、团练使、防御使、观察使、节度观察留后、左右卫上将军节度使、节度使同中书门下平章事、节度使兼侍中。又如规定不准宗室当面向皇帝祈求"恩泽"，违者停发一月俸给，停止朝谒。不按时朝参，也要罚俸，由三司在料钱内扣除④。不准居住外地的宗室私自酿酒和卖酒⑤。禁止宗室与内侍之家联姻⑥。还不准各路宗室应募押运粮纲⑦。对于违法的宗室，宋朝也绳之以法，但轻罪由大宗正司判决，命本位尊长决打小杖进行"庭训"，或者监押外宅，或者散禁；稍重者奏申皇帝裁

---

①　《宋史》卷 392《赵汝愚传》，卷 36《光宗纪》。

②　王观国：《学林》卷 3《唐史疑》。

③　张端义：《贵耳集》卷上；《宋史》卷 413《赵善湘传》。

④　《宋史》卷 169《职官九》；《宋会要》帝系 4 之 9。

⑤　《宋会要》食货 20 之 10；《庆元条法事类》卷 28《榷禁门》。

⑥　《宋史》卷 17《哲宗一》；《宋会要》帝系 5 之 7。

⑦　《宋会要》帝系 5 之 31。

决。如仁宗时宗室赵世清以自己的病马偷换官马，被发觉后，计赃 16 匹，"其罪合听裁"。仁宗说："虽然宗室，可废国法乎？"特罚铜 40 斤①。尽管如此，还是从轻发落了。神宗时，宗室赵宗说因罪免官，被关押在外宅。另一宗室赵不欺，因父赵士会被大宗正司"追证"赵士慧诉骂一案，怀藏奏表，闯入垂拱殿，"唐突自陈"。按法，赵不欺犯了死罪，仁宗"悯其情，薄责之"②。徽宗自诩：宗室犯罪，不认亲疏、有无官爵、罪犯轻重，"从来循例与常人同法"③。当然并不符合事实。南宋时，思想家朱熹说过，宗室犯了杀人罪，法律规定不予处死。这是因为"祖宗时宗室至少，又聚于京师，犯法绝寡，故立此法"。宗室可以杀人不死，显然与"常人"不同。朱熹又说，现今宗室"散于四方万里，与常人无异，乃纵之杀人，是何法令？"他认为这种杀人不死的法令"不可不革"④。

宗教事务管理机构——宋朝对宗教事务实行国家统一管理的制度。其具体措施主要有，一、凡兴建佛寺或道观，必须向国家办理登记手续，得到批准，由朝廷赐给敕额，才算合法。真宗大中祥符间（1008—1016 年），统一改换全国寺名⑤，实际是对全国寺观实行重新登记，改换有些地区五代以来旧的名称，统一颁赐敕额，以便加强管理。元丰改制后的祠部即专管此事。二、各路每年剃度僧、尼有年龄等的限制。真宗时，规定僧和道士、女冠年满 18，尼年 15，获得了剃度受戒的资格⑥。此后，每逢一年一度的"诞圣节"即当朝皇帝的生日，参加本州的考试。由各州选差本州的判官和录事参军在长官厅举行，应试者童行念经百经，或读五百纸；长发念七十纸，或读三百纸，为合格，才允许发给官方证明文件——度牒⑦。三、限制剃度人数和度牒发放数量，以控制僧、

① 《长编》卷 173。
② 《长编》卷 277，卷 280。
③ 《宋会要》帝系 5 之 28。
④ 《朱子语类》卷 87《礼四》。
⑤ 蔡襄：《蔡忠惠公文集》卷 25《临安海会寺殿记》。
⑥ 《宋会要》道释 1 之 17—18。
⑦ 《宋会要》道释 1 之 13。

尼人数。太祖开宝间(968—976年),规定僧、尼每100人剃度一人。太宗至道元年(995年),改为每300人剃度一人①。在太宗太平兴国元年(976年)以前,承袭晚唐之制,凡沙弥、童行领取剃度文牒,要交纳一定的价钱。至这一年开始,取消了每道要费100贯文的做法②。英宗治平四年(1067年),朝廷赐陕西转运司1 000道度牒,以买谷赈济,再次出售度牒。神宗熙宁元年(1068年),采纳知谏院钱公辅的建议,今后祠部遇岁饥、河决,"鬻度牒以佐一时之急",皆减少一半③。从此,宋朝政府出售度牒渐趋经常化和制度化,每年立有定额,价钱也有定格。史称:"新法既行,献议者立价出卖,每牒一纸,为价百三十千,然犹岁立为定额,不得过数。"最初每年售3 000至4 000道。至元丰六年(1083年),限为一万道。每道定价130贯文。夔州路转运司增价至每道300贯文,后渐减为190贯文④。依此推算,宋朝每年财政收入达100万贯。哲宗时,度牒价格上涨,每道达200贯文⑤。徽宗时,一度毫无节制地出售度牒,祠部一年卖度牒近3万道,使每道价钱降至不到90贯文,以致全国僧尼激增。后来加以整顿,甚至下令暂停3年至5年出卖,才稍有限制⑥。南渡后,推行"新法度牒",价格渐从60贯文增至100贯文。从高宗绍兴十二年(1142年)至三十一年(1161年),近20年停卖度牒,致使"僧徒消烁殆尽,福建诸寺多用保甲看管"。绍兴三十一年,为了筹集军费,恢复制造和出卖度牒,每道定价500贯文⑦。孝宗朝,降到300贯文,后又陆续增加到500贯文,最高达700贯文。这时,"朝廷谨重爱惜,不轻出卖,往往持钱入行都,多方经营,而后得之。"后来又下"停榻之令",准许客人增出100贯文兴贩,又增至每道800贯文。此

---

① 《宋会要》道释1之15。
② 《宋会要》道释1之14。
③ 李心传:《旧闻证误》卷2。
④ 王栐:《燕翼诒谋录》卷5《出卖僧道度牒》;《长编》卷336、卷340。
⑤ 苏轼:《苏东坡奏议集》卷14《乞降度牒修定州禁军营房状》。
⑥ 《宋会要》道释13之23—24。
⑦ 赵彦卫:《云麓漫钞》卷4。

后,朝廷给降度牒转多,各州不得不降价推销①。通过按额剃度僧尼和定额出售度牒,宋朝在一定程度上有效地控制了全国僧、尼的人数。真宗天禧五年(1021 年),僧、尼和道士、女冠共 479 191 人。仁宗景祐元年(1034 年),共 454 388 人。神宗熙宁元年,减为 273 982 人。熙宁十年,又减为 251 785 人②。徽宗宣和七年(1125 年),聚增至 1 000 000 人③。南渡后,到高宗绍兴二十七年(1157 年),减少至 210 000 人④。在宋朝人口不断增长的情况下,使僧、尼的人数保持在 200 000 人略多的程度,显示了限制度牒发放数量所取得的成效。四、建立一套僧官和道官制度。神宗以前,各大佛寺均由朝廷授予宣敕,差补主首(住持),远地大庙多用黄牒选补。神宗后,改由祠部给帖⑤。一般寺观的僧、道正副及寺规主首、主事,由本州的僧、道正司审察补授。各州的僧、道正,由知州和通判从现管僧、道中从上选差;如上名人不能胜任此职,即从以下名次人中拣选有名行经业和没有过犯、为众所推、可以胜任者,申报转运司审核,由本州军差补。京师设左街和右街僧正、僧录、副僧录、鉴义、额外守缺鉴义等,道教也设相应的左街和右街道录、副道录、都监、首座、鉴义等,分管本街教门公事。真宗景德二年(1005 年),曾亲临便殿接见京师各寺院的主首,询察其行业,优长者补为左、右街僧官⑥。大中祥符三年(1010 年)前,僧职逐级迁补,由开封府负责,但"滥选者众"。是年,改命知制诰李维等在中书门下出经题考试左、右街僧官,依成绩序迁。两个月后,又命考试道官⑦。哲宗绍圣四年(1097 年),凡迁补僧职,皆要考试大义七道、墨义三道,取文理优长者充任⑧。徽宗政和三年(1113 年),为避用"主"字,下令全国道士不准

---

① 《燕翼诒谋录》卷 5《出卖僧道度牒》。
② 《宋会要》道释 1 之 13、14;方勺:《泊宅编》卷 10。
③ 《燕翼诒谋录》卷 5《出卖僧道度牒》。
④ 周晖:《清波杂志》卷 7;《建炎以来系年要录》卷 177。
⑤ 岳珂:《愧郯录》卷 10《寺观敕差住持》。
⑥ 《宋会要》道释 1 之 11—12。
⑦ 《长编》卷 73;《宋会要》道释 1 之 11。
⑧ 《长编》卷 489。

称为"宫主"、"观主",而一律改称"知宫观事"。女冠也依此改称。僧、尼不准称寺主、院主、庵主、供养主之类,皆改院主为"管勾院事",副院主为"同管勾院事",供养主为"知事",庵主为"住持",等等①。次年,专设道官二十六阶②。第一阶为六字先生太虚大夫,其官阶视文臣中大夫;第二阶为四字先生清虚大夫,其官阶视中奉大夫;第三阶为二字先生紫虚大夫,官阶视中散大夫;第四阶为六字法师碧虚大夫,官阶视朝议大夫;第五阶为都道录冲虚大夫,官阶视奉直大夫;第二十四阶为行守缺校仪南华郎,官阶视从政郎;第二十五阶为守守缺校仪丹林郎,官阶视修职郎;第二十六阶为试守缺校仪金坛郎,官阶视迪功郎。政和八年,仿照文臣带贴职,设置道职十一等,第一等为冲和殿侍晨,官阶同中大夫;第二等葆光殿侍晨,官阶同中奉大夫;第六等葆光殿校籍,官阶同朝散大夫;第十等蕊珠殿授经,官阶同朝奉郎;第十一等凝神殿授经,官阶同承议郎。此外,将道官的职事名称一一改换新称③,详见下表:

	旧　　称	新　　名
1	都道录	知左右街道录院事
2	副都道录	同知左右街道录院事
3	左街道录	知左街道录院事
4	右街道录	知右街道录院事
5	左街副道录	同知左街道录院事
6	右街副道录	同知右街道录院事
7	左街都监	签书左街道录院事
8	右街都监	签书右街道录院事
9	左街副都监	同签书左街道录院事
10	右街副都监	同签书右街道录院事

重和二年(1119年),改称佛为"大觉金仙",其余为"仙人"、"大士";僧

---

① 吴曾:《能改斋漫录》卷13《御笔宫观寺院不得称主》。
② 周晖:《清波别志》卷中;《宋史》卷21《徽宗三》。
③ 《宋大诏令集》卷224《改定道阶等御笔手诏》。

为"德士",改换服饰,称姓氏。改女冠为"女道",尼为"女德"。次年,"复德士为僧。"宣和七年,撤销道官①。宋朝还对有名望的僧人授予二字或四字、六字"大师"或"禅师"的称号;授予道士二字或四字"真人"称号;另外,或赐给紫衣②。五、重视佛经的翻译和佛、道经典的雕印。鸿胪寺最初设译经院,后改称传法院。又设印经院。皇帝亲自组织佛经翻译,制作序文。真宗时,还委派宰相兼译经使,其他大臣如参知政事和知枢密院事为润文官。朝廷不时发布诏令,要求将新译佛经全部刻版摹印,以广流布。还曾由三馆校定道藏经③。六、建立一套法律制度,详尽地规定了"试经拨度"、"师号、度牒"、"违法剃度"、"受戒"、"住持"、"行游"、"供帐"等方面的条法,诸如规定一般僧人和道士犯杖以下的私罪,僧录和道录犯杖赃私罪或徒以下公罪,皆允许赎。圣节试度童行,道士和女冠每 50 人各度一人,僧和尼每 100 人各度一人。各戒坛不遇圣节,而擅自开坛受戒,连同受戒者,各徒二年;临坛的主首,与之同罪。各童行,皆留发,仍于本户收其身丁钱米。收童行的本师,要申报主首,到造帐时,主首保明入帐,等等。七、宋朝对于佛、道以外的民间宗教,基本采取禁止的态度。对于被视为"妖教"的"吃菜事魔"教即摩尼教的秘密支派,更视为洪水猛兽,严加禁绝。徽宗时,两浙地区爆发方腊起义,吃菜事魔教也随之响应。此前,政府对"吃菜事魔"的"禁令太严",一经有人告发,即没收其信徒的财产,全家流放。由于判刑太重,其信徒"必协力同心以拒官吏",州县不敢去管,"反致增多"④。方腊起义失败后,宋朝对于在温州等地传播的摩尼教的公开支派"明教",下令将其所建斋堂等全部拆毁;收捉"为首之人","依条施行";"严立赏格,许人陈告"⑤。南宋时,对于在福建地区活动的"明教",宋朝地方政府则长期听之任之。明教刻有经典,信徒中有士人和

---

① 《宋史》卷 22《徽宗四》。
② 《宋会要》道释 1 之 1—10。
③ 《宋会要》道释 2 之 5—9。
④ 庄绰:《鸡肋编》卷上。
⑤ 《宋会要》刑法 2 之 78。

宗室子弟,信徒们还声称该教不同于"吃菜事魔教",与之划清界线①。

第四节　少数民族和对外事务管理制度

宋朝与周邻许多国家和少数民族有着不同程度的政治、经济和文化方面的联系。北宋前期,宋朝统治者采用"重北轻南"的边疆治理方略。宋太祖至真宗初年,宋朝和辽朝之间战争频仍,到景德元年(1004年)双方订立"澶渊之盟",此后宋、辽两国连续百年基本相安无事。直到徽宗朝决策联金灭辽,宋军进攻燕京,宋、辽边境再燃战火,不久辽国被金灭亡,北宋也难逃覆国的厄运。宋和西夏之间从宋太宗朝起,不断发生战争,至仁宗庆历四年(1044年)双方议和,取得了短时间的和平。神宗元丰四年(1081年)、五年,宋军两次攻夏,均遭惨败。此后,宋、夏时战时和,直至夏崇帝亲政,采取对宋和解的方针。金朝在灭辽和北宋后,连续十多年攻扰南宋,至绍兴十一年(1141年)金、宋订立"绍兴和议",双方维持了20年的和平。绍兴三十一年(1161年),金海陵王撕破和约,发兵南侵,遭到宋军的阻击,金营内乱,海陵王被杀。此后,宋朝几次派兵北伐,均遭失败。宋朝对西北部和西南部少数民族基本实行不同的管理体制,尽力维持边境的安宁。从英宗治平四年(1067年)十月种谔收复绥州开始,掀起拓边的高潮。熙宁间,采纳王韶《平戎策》断西夏右臂的战略方案,发兵战败熙、河、洮、岷、宕等州吐蕃部落。同时,派员"经制"荆湖南北路、夔州路、梓州路等地,用"招纳"和军事进攻两法使许多少数民族归附。徽宗时期,继续实行"拓土开边"政策,"西开青唐,以反夏国;南筑溪洞,以及丹州;西南则建祺、祥等州,皆不毛之地,而驱赤子蹈锋镝,死者不计其数,生者竭其膏血"②。达到了宋朝的顶峰。

---

① 陆游:《老学庵笔记》卷10。
② 《三朝北盟会编》卷59。

（一）组织机构

宋朝掌管少数民族和外国事务的管理机构和官员,有鸿胪寺、礼部主客郎中、兵部职方和驾部郎中、客省、引进司、四方馆、阁门司等。

鸿胪寺和礼部主客郎中、兵部职方和驾部郎中的官员编制和人选,详见本章第三节。

客省:北宋前期,在阁门之西置客省。设"判客省事"和"管勾客省公事"为本省的长官。同时,以客省使和客省副使为武官叙迁之阶。元丰改制,改以客省使和客省副使为本省的长官,各设2员。徽宗政和二年(1112年),改革武官的官阶,以客省使和副使为中亮大夫和中亮郎①。另设知客省事2员②。

引进司:北宋前期,设引进司,以"知引进事"等为本司的长官。元丰改制,改设引进使和副使各2员。另置引进使和副使,为武官的叙迁之阶,徽宗政和二年改为中卫大夫和中卫郎。引进司则以知引进事为长官,共2员。如缺引进司使,则由客省或四方馆互兼。南渡初,并归阁门和客省③。

四方馆:宋初,在朝堂门外设四方馆,以检校官任"判四方馆事"。太宗淳化四年(993年),改置四方馆使,为武官的叙迁之阶。四方馆则由知阁门事或阁门使、副使兼管。元丰改制,四方馆设使2员。下设主管文字使臣、承受行首、承受、典书、贴书等吏人11员。南渡初,并归阁门和客省④。

阁门司:宋朝在紫宸殿前南廊设阁门司。北宋前期,设知阁门事为其长官。元丰改制,设东上阁门使和西上阁门使各3员,东上阁门副使和西上阁门副使各2员,阁门通事舍人10员,阁门祗候12员,看班祗

---

① 《宋史》卷166《职官六》,卷169《职官九》;《职官分纪》卷44《客省》;《宋会要》职官35之1。
② 《宋会要》职官35之6。
③ 《宋史》卷166《职官六》;《宋会要》职官35之10。
④ 《职官分纪》卷44《四方馆》;《宋会要》职官35之1、21、6、10。

候 6 员。分设二房，下置人吏 8 员。徽宗政和二年，改设知东上阁门事 6 员、知西上阁门事 2 员。南渡初，将西上阁门并归阁门和客省①。

（二）职掌

鸿胪寺：直属机构中的往来国信所（国信司），负责辽朝使臣交聘之事。都亭西驿和管勾所，负责河西蕃部事宜。礼宾院，负责回鹘和吐蕃、党项、女真等国朝贡、馆舍、设宴、互市、译语等事。怀远驿，负责交州和龟兹、大食、于阗、甘州、沙州、宗哥等国贡奉事宜。同文馆和管勾所，负责有关高丽的使命②。

礼部主客郎中、兵部职方和驾部郎中：礼部主客郎中，掌管以客礼接待来宋"朝贡"的"四夷"，负责慰问、安排食宿、赏罚等。兵部职方郎中，掌管归附的少数民族，负责将其安排至邻近各州，授给钱粮和田、屋。驾部郎中负责向少数民族购买马匹。

客省：在有关少数民族和外国事务方面，掌管"四夷""朝觐贡献之仪"，接受其礼品而以客礼相待，负责其饮食；俟其回去，则颁发诏书，"赐予"礼品。同时，掌管国信使辞别时的接见和设宴饯行、授与礼品等③。

引进司：掌管蕃国进奉礼物事宜。

四方馆：掌管拟定郊祀和大朝会时外国使臣的名单。

阁门司：在有关少数民族和外国事务方面，掌管辽朝使臣以下朝见、辞谢等事④。

（三）运行机制

宋朝的少数民族和外国事务管理机构相对较多，职掌分散。其管

---

① 《职官分纪》卷 44《东西上阁门》；《宋会要》职官 35 之 4、6、22。
② 《宋史》卷 165《职官五》。
③ 《宋史》卷 165《职官五》；《宋会要》职官 35 之 3。
④ 《宋史》卷 166《职官六》。

理机制的正常运行,表现在以下几个方面:

第一、逐渐形成了一套繁琐的"岁币"交割制度。宋朝对于辽朝和夏国、金朝这三个与己势均力敌的邻国,在军事失败或外交失利的情况下,采取输纳岁币的办法,以换取和平。宋向辽输纳岁币,前后共 117 年,计银 1 963 万两、绢 3 133 万匹。向夏输纳岁币,共 58 年,计银 350.4 万两、绢 729.6 万匹、茶 144 万斤。向金输纳岁币,共 67 年,计银 1 485 万两、绢 1 485 万匹、铜钱 300 万贯文。在每年向对方交纳这些岁币时,逐渐形成了一套详细的移交制度。如光宗绍熙间(1190—1194 年),宋向金输纳的岁币为银 20 万两、绢 20 万匹。绢的品种和重量如下:红绢 12 万匹,每匹重 10 两;浙绢 8 万匹,每匹重 9 两。枢密院派 4 员使臣管押银纲,户部派 12 员使臣管押绢纲。会同左藏库的库子、秤子,在前一年腊月下旬,搬运到盱眙军"岁币库"下卸。然后派一员将官,部押 300 员军士,保护渡过淮河。"交割官"正使,照例差淮南转运司官属;副使则差盱眙军通判或邻州通判充当。在元旦前 3 天,先带 100 铤银、500 匹绢作为样品,运过淮河交给金朝。"交币正使",由金朝南京转运司官属充当,副使则委派各州同知。在所带银、绢中,选白绢 6 匹和银 6 铤,分作三份:命走马使人将一份送到燕京,一份送到汴京转运使司"呈样",一份留在泗州"岁币库","以备参照"。宋朝交绢之初,金朝方面必定从中刁难,十退其九,因为金人尺秤无法,加上胥吏勒索的缘故。几个月后,胥吏得到满足,"方始通融",但仍十退其四五。按规定,"用开岁三日长交,通不过两月结局"。从初交直到结局,共支付金朝交币官吏廉费银 1 300 余两;金 35 两、木绵 36 匹、白布 62 匹、酒 340 石,共折银 620 两;本色酒 2 600 瓶;茶果杂物等另计,都由淮东转运司提供。还有贴耗银 2 400 余两、每年例增添银 200 余两,都由淮东转运司负责支付。宋朝正、副使及官吏的饮食之类,由淮东转运司应办。甚至官吏住宿的棚屋、厨、厕等,都从盱眙运竹木到对岸盖造,金朝概不参预。盱眙军还每天派倚郭知县部押丁夫搬运银、绢过淮,兼办杂务。被金方拣退的银、绢,即连夜运回,到盱眙岁币库交收。

此外,每年元旦和金朝皇帝生日,宋朝必定派遣使臣前往祝贺,每次礼物共金器1 000两、银器10 000两、彩缎1 000匹、龙脑、香、茶等,还有"私觌"香、茶、药物、果子等①。

第二、对于愿意臣服的外国,宋朝封其国主为国王或郡王,赐予最高荣誉官衔。如太祖时,封高丽国主王伷为检校太保、玄菟州都督、大义军使、高丽国王,封交阯丁部领为开府仪同三司、检校太师、交阯郡王。徽宗时,封占城国王杨卜麻叠为金紫光禄大夫,领廉、白州刺史,后晋封为检校司空兼御史大夫、怀远军节度、琳州管内观察处置使、占城国王②。封大理国王段和誉为金紫光禄大夫、检校司空、云南节度使、上柱国、大理国王。高宗时,封阇婆国主为怀远军节度、琳州管内观察处置等使、金紫光禄大夫、检校司空、使持节琳州诸军事、琳州刺史、兼御史大夫、上柱国、阇婆国王。仁宗时,封于阗国王为特进、归忠保顺䂵鳞黑韩王(按黑韩即可汗)③。从宋初开始,逐渐形成一定的制度:凡高丽老国王去世,其嗣主即位,宋朝"待其请命",然后封以为高丽国王。占城和三佛齐、阇婆诸国,则"待其入贡",而后封之为国王。安南方面,宋朝分为三个程序,一是其嗣子始立,封为交阯郡王;二是数年后,进封南平王;三是死后追赠南越王。宋朝认为,安南原是"交州内地,实吾藩镇,因仍世袭,使护安南一道",与其他"自有土地、人民,不尽臣"的"外夷"不同,所以采取"渐此封爵,时示恩荣"的"羁縻制御之道"④。对于愿意留居的外国士人,宋朝量才录用。宋太宗时,高丽派遣士人金行成入宋留学于国子监,太平兴国二年(977年)进士登第,被授以升朝官,担任通判之职。另一高丽士人康戬,宋太祖时随宾贡肄业国子学。太平兴国五年也登进士第,释褐授大理评事,知湘乡县,迁著作佐郎,知江阴军、江州。改官后,任广西转运副使,转度支员外郎、户

---

① 周密:《齐东野语》卷12《淳绍岁币》。
② 《宋史》卷487《外国三·高丽》,卷488《外国四·交阯》,卷489《外国五·占城》。
③ 《宋史》卷488《外国四·大理国》,卷489《外国五·阇婆国》,卷490《外国六·于阗国》。
④ 韩元吉:《南涧甲乙稿》卷9《蔡洸等集议安南国奏状》。

部判官，又为京西转运使①。

第三、对于较为友好、愿意臣服的邻国使臣等，宋朝提高接待规格，给予优遇。北宋前期，宋朝开辟登州港，允许高丽使臣等经此往返。神宗熙宁七年（1074 年）起，根据高丽方面远避契丹的要求，改为明州港。从明州至汴京沿途州县接待高丽使臣等费用，由朝廷立式公布，全由官府供给。接待高丽使臣的馆舍称同文馆。熙宁九年，仿照都亭西驿另建馆舍。徽宗政和间，将高丽使臣升格为国信使，接待的规格高于夏国，与辽朝使臣事宜皆隶枢密院负责；接待高丽使臣的引伴和押伴官，也升格为接、送、馆伴②。

第四、在外国侨民集中的地区设置蕃坊，以便管理。宋朝外侨甚多，为便于管理，不准其与宋人"杂处"，而在其集中地设置蕃坊，每坊委派蕃长一员，管理本坊事宜。北宋后期，广州设蕃坊多处，而本州设"蕃长司"以统辖。神宗熙宁五年（1072 年），大食勿巡国使臣辛押陀罗捐献钱粮以协助宋朝修筑广州城，同时申请由他"统察"蕃长司③。泉州聚居了许多大食商人，他们死后，由官府在城外专辟墓地安葬，称"蕃人冢"。允许外侨与留居地妇女（不包括宗室女）通婚，以及雇人做人力和女使，但不准带他们出国入蕃④。还制订了"蕃商犯罪决罚条"，具体规定外国船主和曾受宋朝官衔以及其他人犯罪时处理办法⑤。

第五、宋朝对西北部和西南部的少数民族采取不同的管理体制和政策。宋朝境内外有很多少数民族，有些单独立国；有些与宋朝没有隶属关系，其地区为"生界"，其居民称"生户"；有些与宋朝有一定的隶属关系和经济联系，其地区为"熟界"，其居民称"熟户"、"熟夷"；有些隶属正辖州县，其地区为"省地"，其居民称"省民"。对于生户，如果"寇掠边界"，拒绝"招谕"，宋朝即调兵讨平，同时"禁不得与汉民交通，其

①　郑麟趾等：《高丽史》卷 2《景宗》；《长编》卷 17；《宋史》卷 487《外国三·高丽》。
②　《宋史》卷 487《外国三·高丽》。
③　《长编》卷 234。
④　《庆元条法事类》卷 78《蕃蛮出入》。
⑤　《长编》卷 72。

地不得耕牧"。有时,宋朝采用讨除和招抚两策,使当地少数民族首领"纳款",进而"籍其民",分为主、客户,均定田税,"使岁一输",从而一步跃而成为"省民"①。

对西北部的内属少数民族,宋朝保留其原有的部族帐落的组织形式,任命本族首领为长官,隶属各州县管辖。在这种部族体制之下,建立了一整套蕃官和蕃兵制度。宋初,蕃官的任命和迁转尚未形成制度。从真宗到神宗朝,逐步形成一定的制度。蕃官的名称从上而下有都指挥使、副都指挥使、都军主、军主、副军主、都虞候、指挥使、副指挥使、军使、副兵马使等②,全由军职组成。这些蕃官既是各该部族的首领,又是代表宋朝统辖本部族军队的将领。这些蕃官还各带相应的武官官阶,如刺史、诸司使、诸司副使、内殿承制、内殿崇班、供奉官到殿侍等③。蕃官的子孙、弟侄,年满 17 岁和本族达 2 000 户者,在蕃官本人去世后,可以降一等承袭其职名④。蕃官每月领取俸料,包括俸钱、添支等,但数量不多。如英宗时,蕃官中的军主和都虞候每月给俸仅二贯文⑤。蕃官基本上规定每 7 年磨勘升迁一次官阶⑥。蕃官的地位远低于同等资序的汉官,而且一般不得换授汉官的差遣。宋朝又将西北部的内属少数民族壮丁编成军队,称为"蕃兵",使之成为一支强大的地方正规军。

对西南部的内属少数民族,宋朝承袭唐制,采用羁縻州管理体制,并且不断加以完善。在成都府路,黎、雅、茂、威州之下皆有一些羁縻州,黎州之下有 54 州,雅州之下有 44 州,茂州之下有 10 州,威州之下有 2 州。在潼川府路,戎州之下有 30 州,泸州之下有 18 州。在夔州

---

① 《宋史》卷 494《蛮夷二·梅山峒蛮》。
② 《长编》卷 132,卷 341。
③ 《宋史》卷 191《兵五》。
④ 《长编》卷 184。
⑤ 《国朝诸臣奏议》卷 125,吕海:《上英宗请重造蕃部兵帐》。
⑥ 《长编》卷 167。

路,黔州之下有 49 州(南宋时有 56 州),渝州之下有 1 州①。这些州的少数民族首领一般被任命为本州的刺史或知州,或授以大将军、将军、郎将、司阶、司戈、司候等官爵②。在荆湖南、北路,北江蛮彭氏的溪州,分为上、中、下 3 州,以下又有龙赐、天赐、忠顺等 17 州,共 20 州,各州皆设刺史。其中的下溪州刺史兼任"都誓主",即总盟主;其余 19 州皆隶属其下,称"誓下"州。南江蛮舒氏统辖叙、峡、中胜、元 4 州,田氏统辖奖、锦、懿、晃 4 州,向氏统辖富、鹤、保顺、天赐、古 5 州,这些州皆隶属辰州③。在广南西路,邕州之下有 44 州、5 县、11 峒,宜州之下有 10 州、1 军、2 监,融州之下有 1 州④。邕州左、右江溪峒大首领,被任命为知州、权州、监州、知县、知峒;副首领则被任命为同发遣或权发遣⑤。各羁縻州的长官实行世袭制,一姓相传,较为稳定。如荆湖南、北路的北江蛮,其 20 州的刺史承袭,由都誓主"率群酋合议,子孙若弟、侄亲党之当立者,具州名移辰州为保证,申钤辖司以闻,乃赐敕告、印符"。有些州的长官死后,由其子弟承袭,"奉行州事,抚遏蛮人",任及五年,安抚司才为其奏给敕告⑥。这些蕃官在注授差遣时,还授予一定的武官官阶,如大使臣、小使臣等;散官阶,如怀化将军、归德将军,等等。广南西路的溪峒壮丁,称为"洞丁",是边区半农半兵的部族民兵。川峡地区组织部族丁壮为"义军",受地方官府的管辖⑦。

第六、建立接待外国使臣和派遣使臣出国的制度。宋朝派遣出国的使臣,有多种名目,如"北朝(或大辽)国信使",遇契丹太后生日,宋朝即派"契丹国母生辰国信使"前赴祝贺。遇本朝新皇帝即位,则派"皇帝登宝位北朝国信使"或"告登位国信使"、"皇帝登宝位报金国信使"前往报告。遇辽朝皇帝去世和新皇帝继位,则派"辽国贺登位国信使"、"辽国祭奠国信使"、"辽国吊慰国信使"三批使臣。遇宋朝太后去

① 《宋史》卷 89《地理五》。
②⑦ 《宋史》卷 496《蛮夷四》。
③⑥ 《宋史》卷 493《蛮夷一》。
④ 《宋史》卷 90《地理六》。
⑤ 范成大:《桂海虞衡志·志蛮》。

世,则派"奉使金国皇太后告哀使"。遇需向对方"通问"情况,则派"金国通问国信使"。这些使臣也可简称正旦使、祭奠使、通问使、报谢使等①。接待外国使臣的官员,也有几种名目。如契丹派使臣前来祝贺承天节,宋朝则派出官员,分别担任"接伴契丹贺承天节使",前往雄州迎接;在契丹使臣返国时,这批官员即改充"送伴使"。契丹使臣到达汴京,由开封府推官暂摄判官、郎中携带知府的书信和物品至城郊迎接和慰问;契丹使臣离开汴京准备回国,则由开封府判官暂摄少尹,在上德桥为之饯行②。契丹使臣在汴京停留,则安排其下榻于都亭驿,再派出馆伴使相陪。馆伴使必定选差尚书或学士③。凡国信使、接伴使和副使,皆由中书门下和枢密院"择才进名",不准官员"陈乞"④。从神宗熙宁间开始,正式允许"入国使、副"即到达对方国土的正、副使臣,以及接伴使、副,可以携带自己的一名亲属充当"小底"随行,后"著为通法"⑤。在正式任命前,应严加审察使、副的问答语言和见闻事件,并"觉察"随行人从,"务令整肃"⑥。

宋朝对入国和接、送、馆伴使、副及其随从,采用严格的"约束"和激励机制。如规定这些使臣及其随从,不得与北朝人"私相交易"和"传达事情",一切礼仪不得违背旧章,饮酒不得致醉等。如有人私与北朝人交易或传达事情,或不遵守礼仪旧章,或"肆言亵狎,有损国威"等,都要受到降官或罚铜等处惩⑦。如果充当使臣及其随员,圆满完成任务后,即可获得重奖。高宗绍兴三年(1133 年),委任同签书枢密院事韩肖胄和试工部尚书胡松年为金国军前通问使和副使,其三节人从,由六部和各司官员中指名抽调或辟差,事前规定:上、中节内"有官

---

① 《宋会要》职官 51 之 46—49。
② 《宋会要》职官 51 之 45。
③ 叶梦得:《石林燕语》卷 7。
④ 《宋会要》职官 51 之 1。
⑤ 《宋会要》职官 51 之 5、6。
⑥ 《宋会要》职官 51 之 16。
⑦ 《宋会要》职官 51 之 3、5、6、8、9。

人"，在出行前先升转四阶官资，"白身人"即无官人补承节郎，进士补迪功郎。待回国时，各依"军功法"，"特添差合入差遣一次"。下节内军兵，在出行前先升转三资，待回国时再转一资。各节随员，包括都辖、指使、书表司、礼物官、引接官、医候、职员、亲属亲随、执旗信、小底、御厨工匠等，都逐人支付起发绢和钱、银。其中"有官人"准许领取新、旧、现任月俸；如有月俸，准许每月领取赡家钱 30 贯，每天领取食钱 500 文。军兵每月领取赡家钱 8 贯，每天也领取食钱 500 文①。在宋、金绍兴议和后，出使金国的使臣及其随员所得"支赐之物"和"恩例"比前略有减少②。

第七、宋朝将少数民族和外国事务管理制度订立专法，以便严格照章办事。《庆元条法事类》专列"蛮夷门"，分为入贡、归明任官、归明恩赐、归明附籍约束、蕃蛮出入、招补归朝归明归正人六类。其中"入贡"类"进贡令"规定：诸少数民族和外国派人入贡，初至州，具录其国号和人数、姓名、年龄、所携物品名称，申报尚书省礼部和鸿胪寺。入贡之人沿路所过之州，"待遇如礼，并预相关报"；仍各具到发时间和供张、送馈、馈设之礼，申报鸿胪寺。初次入贡者，要询问其国家的远近、大小、强弱，以及已入贡何国等。"杂敕"规定：诸管押伴送"蕃夷外国贡使"，要计算行程，无故延迟一天，杖 100；一天加一等，至徒 2 年为止。如借此兴贩或乞取骚扰者，计赃加两等；赃轻者，徒 2 年。归明恩赐类"职制敕"规定：凡敲诈勒索诸新归顺蕃族熟户的财物者，徒 2 年；2 贯，徒 3 年；每 10 贯，加一等；至 100 贯，斩。如无故"勾呼追扰"者，徒 2 年；"禁留拘系"者，加罪一等；3 天以上，又加一等。蕃蛮出入类"卫禁敕"规定：诸蕃商娶中国人为妻及雇为人力、女使而携带入蕃者，徒一年；将国中所生子孙入蕃者，减罪一等。又规定：诸随"化外人"出中国者，徒 3 年，配淮南；尚未过界者，减罪一等，淮南编管。其往西北界者，仍奏裁。"赏格"规定：诸色人，如能"接引""化内人"从"蛮夷"

① 《宋会要》职官 51 之 11—12。
② 《宋会要》职官 51 之 13。

溪峒还归者,每一人赏钱 3 贯。"蛮夷"溪峒人接引"化内人"还归者,同此赏。又规定:在"蛮夷"入界作过时,诸色人"不因战阵"而能杀死和抓获者,每一人赏绢 10 匹。等等①。此外,宋朝还制订一些更为专门的法规。如太宗淳化间制订的秦州蕃汉关系法,规定宋朝将官和人吏不得擅自越过蕃界;军人和百姓不得与蕃人交易和买卖,不得侵占蕃人田土;蕃人带货物入汉界买卖,命汉户牙人等与之商量和买,不得侵欺蕃人;等等。真宗景德间,又对此法进行修改,取消了军人和百姓不准与蕃人交易的禁令,准许"诸色"汉人都可与蕃部买卖②。神宗熙宁间制订的"黔州法",规定蕃、汉人相犯,按宋常法论处;蕃人彼此相犯,杀人者罚钱 150 贯,伤人者分别罚钱 60 贯至 20 贯共五等;盗窃、强盗罪,据所盗财物数,罚纳两倍;允许用畜产、器甲计价折充罚纳的钱币③。

---

① 《庆元条法事类》卷 78《蛮夷门》。
② 《宋会要》兵 27 之 23。
③ 《长编》卷 263。

第五章 地方行政体制

宋朝的地方实行府州军监、县、镇、寨以及乡都里保等多层次的行政管理体制,借以贯彻执行朝廷的政策法令,保持社会的安定,发展生产,征调赋役,严密控制城乡居民。同时,又在府州军监之上设置路一级的多元派出机构,以代表朝廷从各个方面对府州军监实行管辖和监督。这些派出机构正处于逐步向行政机构转化的过程中。

第一节 地方行政系统

严格地说,宋朝的地方实行州、县两级建制。州级行政系统包括府、州、军及领县的监,县级行政系统包括县、军使及隶属于州军的监。县以下的城镇则设镇,乡村则起初实行乡、里制,后来改行保甲制、乡都保甲制。

（一）府州军监、县镇寨、乡里等的设置

北宋前期,地方行政系统基本沿袭唐、五代旧制。从神宗时期开始,出现了较多变化。

府、州、军、监——一般地说,宋朝在地方设置府、州、军、监一级行政机构。北宋初,共设府、州、军、监 139 个。仁宗初,设 322 个。神宗熙宁八年(1075 年),减为 287 个[①],徽宗时,增至 351 个[②],南宋

---

① 王应麟:《通鉴地理通释》卷 3《宋二十三路》。
② 《宋史》卷 85《地理一》。系徽宗宣和四年数。

190 个①。

府:唐朝的府设置较严,如果不是为了提高都城的地位,便是为了将皇帝驻跸之地予以升格。尽管唐朝设府不过 10 处,但开启了后世府制的先河,对后代的地方制度发生重要影响。宋初承袭唐制,也在地方实行府制,但置府条件放宽很多,只要属于军事上或经济上比较重要的城市,都尽量设府加以统治,而且与日俱增,以致府在地方行政上的地位和功能,与普通州、军几乎没有两样。

北宋最多时共有府 34,其中为京府 4,次府即普通府 30②。四京府为东京开封府(都城汴京)、西京河南府(洛阳)、南宋应天府(宋城)、北京大名府(大名、元城)。东京系沿后周之制,西京因后梁和后晋之旧,南京则在宋真宗大中祥符七年(1014 年)升建,北京在仁宗庆历二年(1042 年)升建。次府如颍昌、真定、太原、京兆、河中、凤翔、江宁、江陵、成都、兴元等府。四京府的地位在普通府、州之上。南宋时,共设42 府③。

宋朝还实行“藩府”制,将行在府和陪都以及一些重要的府州定为藩府。神宗熙宁间,大藩府有三京(除汴京以外),京兆、成都、太原、荆南、江宁府,延、秦、扬、杭、潭、广州,共 14 处。南宋时,藩府有三京、颍昌(即许州)、京兆、成都、太原、建康(即江宁)、江陵、延安、兴仁(即曹州)、隆德(即潞州)、开德(即澶州)、临安府,秦、扬、潭、广州,共 18处④。藩府较“节镇”稍高一等,在大臣出任地方官和官员的职田方面有密切关系。

州:宋初承袭唐制,在比较重要的城市设州。北宋初,设州 297 个。神宗熙宁八年(1075 年),减为 242 个⑤。

宋朝州的等级大致有两种划分,第一种是分为节镇(节度州)和防

①　《读史方舆纪要》卷 7《历代州域形势七》。
②　《宋史》卷 85《地理一》。系徽宗宣和四年数。
③　商文立:《中国历代地方政治制度》。
④　《宋史》卷 172《职官十二》。
⑤　王应麟:《通鉴地理通释》卷 3《宋二十三路》。

御州、团练州、刺史州四个等级，不仅表明州的重要程度，而且决定州的官厅设置；此外，这些等级名称又作为官称，用做一些武官的官阶，与各州实际毫无关系。第二种是分为雄、望、紧、上、中、下州六个等级。凡4万户以上者为上州，2万户以上者为中州，不满2万户者为下州①。另外，还有称为"化外"的羁縻州②。

军：宋朝承袭唐、五代旧制，在军事要地设置军。五代后梁和后晋为了防制契丹，或加强对某一地区的控制，个别设置军。后周时，设军6次，皆寄治于县，隶于州③。宋朝开始较多设军，神宗熙宁八年达27处④。军的地位略低于州，所谓"地要不成州而当津会者，则为军"⑤。军分为两个等级，即军和军使。两者的区别在于，军与府、州、监同级，而军使实际只是县级行政单位，因为种种原因，需要增加事权，才加军额，其行政长官仍为知县。所以，实际上是"知县兼军使"⑥。但军使毕竟地"当津会"，事权重于县。所以，军使的地位"在县之上，军、监之下"⑦。此其一。军与府、州、县一样，隶属于路；军使则隶属于府、州。如枣阳军原为随州枣阳县，升为军后，又降为军使，只令知县充军使，仍隶属于随州⑧。此其二。军之下有一二属县，而军使一般则仅辖倚郭县⑨。此其三。军和军使，都是当时的地方行政单位之一。

监：宋朝沿袭唐、五代旧制，在坑冶、铸钱、制盐、牧马之地置监。五代时，因这类监官的职权往往超过县令，乃有以监兼领县政的制度。于是监逐渐成为地方行政单位的名称。宋朝又进一步扩大其管辖区域，设置属县，增加其行政权力，使之成为与府、州、军同级的行政单位。神

---

①　《职官分纪》卷40。

②　赵昇：《朝野类要》卷1《故事》。

③　王应麟：《通鉴地理通释》卷3《五代所有州》。

④　王应麟：《通鉴地理通释》卷3《宋二十三路》。

⑤　高承：《事物纪原》卷7《镇》。

⑥　《事物纪原》卷7《镇》；《建炎以来系年要录》卷127。

⑦　《朝野类要》卷2《称谓·军使》。

⑧　《宋会要》方域5之20。

⑨　李昌宪：《宋代的军、知军、军使》，载《上海师范大学学报（哲社版）》1990年第3期。

宗熙宁八年,仅设 4 监,后来逐渐增多①。元丰时,增至 56 监②。宋朝的监可以分为三个等级:第一等是同下州的监,第二等是隶属于府、州的监,第三等是隶属于县的监。第二等监实际只是县级行政单位。神宗元丰时,同下州的监有 4 处,如荆湖南路的桂阳监,成都府路的陵井监,梓州路的富顺监,夔州路的大宁监。这一等的监一半除有倚郭县外,还有属县以及户口。如桂阳监有平阳和蓝山两县,共有主户 90 866 户、客户 9 982 户。这一等监的另一半没有属县,但也有户口。如富顺监共有主户 2 991 户、客户 8 193 户;大宁监共有主户 1 301 户、客户 5 329 户。表明这些监还管辖许多居民,显然还有治理民政的职责。隶属于府、州的监则没有属县,但也带有民户。如西京阜财监、徐州利国监、兖州莱芜监、卫州黎阳监等,共 33 处。隶属于县的监,仅处于乡、镇的地位,只是一些规模较小的矿冶、制盐场所。如商州上洛县阜民监和洛南县铁钱监,杭州钱塘县盐监和盐官县盐监等,共 19 处③。

县、镇、寨——宋朝在府、州、军、监之下又设置县一级行政机构,是地方行政区划两级建制中最基层的一级。县以下,在居民稠密和工商业稍为发达或地形险要之地设置镇、寨。

县:宋朝承袭唐、五代旧制,以县为地方行政的最低层级。宋太祖开宝九年,共有县 1 806 个;仁宗初,共 1 262 个;神宗熙宁八年,合并为 1 135 个④。将县分为赤、畿、望、紧、上、中、下七个等级。宋太祖建隆元年,分为八等,中等增加中下等。京都所治之地称赤县,京城的旁县称畿县,4 000 户以上称望县,3 000 户以上称紧县,2 000 户以上称上县,1 000 户以上称中县,不满 1 000 户称中下县,500 户以下称下县⑤。后来取消中下县这一个等级,将不满 1 000 户以下都列为下县⑥。

镇、寨:宋沿隋、唐之制,各县在居民稠密、交通重要、工商业稍为发

①④ 《通鉴地理通释》卷 3《宋二十三路》。
② 据王存等《元丰九域志》统计。
③ 均见《元丰九域志》。
⑤ 《长编》卷 1。
⑥ 廖行之:《省斋集》卷 5《统县本末札子》。

达的地点设置镇。最初实行镇将制,每防 500 人为上镇,300 人为中镇,不满 300 人为下镇。后收回镇将之权归于县,另由朝廷委派镇官。宋朝著名的镇,如东京祥符县陈桥镇、密州板桥镇、秀州华亭县青龙镇、无为军庐江县昆山镇、真州扬子县瓜步镇、通州海门县崇明镇、濠州定远县藕塘镇、建州建阳县麻沙镇、太平州黄池镇、饶州浮梁县景德镇等①。

　　在地形险要、必须驻兵扼守防御的地点,不论是平原,或是山区、沿海,都设置寨或要冲城。如南宋绍兴府余姚县的眉山和三山、庙山各寨,"皆系沿海控扼去处"。黎州的安静寨、要冲城、盘陀寨,也分设在本州各"形势控扼处",与少数族接境的"紧靠边界瘴烟之地"②。

　　宋朝还继承和发展了五代的巡检司制度。在重要地区和边远、险僻地段普遍设置巡检司。巡检司的设置不限境土,不分城里城外,不分路府界至。最大的巡检司可以统辖一路以上,如北宋时福建路巡检司、两浙路都巡检司、江南诸州巡检司。其次者可以统辖两州以上至十州。如真宗景德三年(1006 年),置京东五路巡检司,将京东路 17 府州分划成五路,每路管辖 3—4 府州,各设一所巡检司。再次者统辖一县至数县。如仁宗庆历三年(1043 年),开封府诸县各设一所巡检司。再次者只管一镇或一市、一场、一寨。如南宋嘉兴府华亭县,在青龙镇设管界水陆巡检司,又在县城外金山和戚漴、杜浦三处各设一所巡检司③。此外,又在沿海、沿江河海等设置巡检。如沿江有刀鱼船战櫂巡检,沿江河淮海有捉贼巡检④。

　　乡、里等:北宋前期,沿袭唐和五代后周的乡村制度,大多数地区乡村实行乡、里制,少数地区乡村实行乡、团、里制。宋太祖开宝七年(974年),撤销乡的建制,改设"管"。后来由"管"而演化出"耆"的建制。神宗时实行保甲法,全国乡村陆续改行都保、保、甲制。南宋时,乡村普

① 《宋会要》方域 12 之 18—21。
② 《宋会要》职官 48 之 89—90。
③ 《绍熙云间志》卷上《镇戍》。
④ 《职官分纪》卷 35《都巡检使、巡检使、巡检》。

遍实行乡、都、保、甲制,封建统治比前更加严密。每一都下设若干保,每一保设若干甲,每甲 5 户①。有些地区如福建、四川泸州等,实行乡、里、耆、都制,有的地区还继续设"团",相当于原来的乡②。

宋朝州县坊郭内,地域较大者实行厢、坊制,厢下分设许多坊。地域较小者实行隅、坊制③。神宗时实行保甲法,撤销坊的建制。

(二) 编制和人选

府、州、军、监——宋朝府、州、军、监的官吏编制大同小异,各类官员分署而治,而官员的人选可以有较大的差距。下面试以州的官吏编制和人选加以说明,兼及府、军、监的相异之处。

一州的官吏编制和人选是随各个机构而有所不同的。一州的官吏机构甚多,有州治、通判厅、签厅、签判厅(判官厅)、教授厅、节推厅、察推厅、录事厅、府院、司理院、司户厅、司法厅、路钤廨、州钤厅、路分厅、支盐厅、巡辖递铺厅等,神宗元丰改制前、后也略有变化。

州治:又称州衙,是一州之长即知州的办公地点。知州的全称为"权知某州军州事",别称"州将"。一般每州一员。宋太祖"始削外权,牧伯之缺,止令文臣权莅"。据王琪记载,太宗曾问宰相赵普:"唐室祸源在诸侯难制,何术以革之?"赵普答道:"列郡以京官权知,三年一替,则无虞。"④于是分命朝臣出守列郡。后来,参用文、武官⑤,但以文臣为多。二品以及兼带中书、枢密院、宣徽院职事者,称"判某府、州、军、监"⑥。

河南和应天府、大名府是宋朝的陪都,它们的知府必兼"留守司公事"。太原府和延安府、庆、渭、熙、秦州的知府或知州,则兼经略安抚司

---

①　杨简:《慈湖遗书》卷 16《家记十》。
②　叶梦得:《石林奏议》卷 1《奏严州淳安县管孙众等结集凶徒状》;《宋史》卷 46《度宗》。
③　《州县提纲》卷 2《备举火政》。
④　王琪:《国老谈苑》卷 1。
⑤　《宋会要》职官 37 之 11。
⑥　《宋史》卷 167《职官七》。

使、马步军都总管。定州、真州府、瀛州、大名府、京兆府的知州、知府，则兼安抚司使、马步军都总管。泸、潭、广、桂、雄州的知州则兼安抚司使、兵马钤辖。颍昌府，青、郓、许、邓州的知府和知州则兼安抚司使、兵马巡检①。一般知州也必兼本州提举或主管学事、提举数州兵甲巡检公事。有时少数府、州同时有三名长官。如仁宗庆历初，夏竦最早被任命为判永兴军府兼都部署、经略招讨使，随后陈执中又被任命知永兴军府兼同都部署、经略使，但两人议论边事，意见不合，因而在"分出按边"时，夏竦屯鄜州，陈执中屯泾州。不久，又以范雍为知永兴军府。于是一府出现3名知府或知军，"公吏奔趋往来，想不胜其扰，自昔未尝有也"②。当然，这是特殊情况。

担任知州者，有一定的官阶和资历的限制。已在朝廷担任官职而出任知州者，必须是殿试前三名或省元，太学释褐状元，在朝任官较久者；其他未曾任县官之人，不是三丞（太常丞、秘书丞、殿中丞）或二著（著作郎、著作佐郎）、权郎，就只能授予通判差遣③。但从神宗时，为了提拔新进，任用一些资序在通判以下的人出任知州，则称"权发遣知州"；如再升迁，则落"权"字④。仅有监当资序的官员，不得除授郡守⑤。年龄则限定在70岁以下⑥。孝宗初年，规定武臣中正任观察使以上差充知州、府者，称为"知某州、府"；通侍大夫至右武大夫差充知州者，称"充某州"。如系应差文臣待制以上人知州、府，称为"权知"；武功大夫至武翼大夫带遥郡差充知州者，则也称为"权知某州"。如系应差文臣待制以下人知州、府，称为"权发遣"；武功大夫至小使臣差充知州、府者，也皆称"权发遣"⑦。南宋后期的"吏部条法"，规定凡经历

①　《宋史》卷167《职官七》。
②　周密：《齐东野语》卷8《一府三守》。
③　刘克庄：《玉牒初草》卷2《宁宗皇帝》。
④　司马光：《涑水记闻》卷16。
⑤　《宋会要》职官1之51。
⑥　《宋会要》职官45之36—37。
⑦　《宋会要》职官47之39—40。

两任通判终满,才准许注授知州差遣;如果缺人选注,可以注授第二任通判资序或初任通判之人,但都须从未犯过赃、私罪①。

通判厅:唐朝尚未出现"通判"的官称,府、州的长官尹和少尹、别驾、长史等"以纲纪众务,通判列曹"②,含有统辖之意。早在宋太祖建隆元年二月,就已出现卫某所担任泰州"通判官兼签署两监屯田等公事"的官职③。建隆四年,命刑部郎中贾琬等充荆南道各州通判,又命各道州、府长官与通判共议公事。乾德元年(963年)平定荆湖,再度命各州皆设通判。通判全称为"权通判某州军州事",简称"倅"。一般府、州只设一员通判,大府、大州则设2员甚至设3员。北宋西京、南京、天雄、成德、益、郓、荆南、潭、广、秦、定等府、州各设两员④。又如南宋临安府、绍兴府设通判北厅、南厅、东厅,显然共设3员通判⑤。小州(不满10 000户者)或者不置。武臣即正刺史以上及诸司使、副使担任知州者,虽是小州,必置通判一员,兼任管内劝农使⑥。广南两路的小州,也有命试秩通判兼任知州的⑦。此外,从徽宗时开始,为安置多余的官员,设立"添差通判"一职,并都有官厅,为各州编制以外的通判。添差通判一般不理本州政事,如特许干预,则结衔上说明"仍厘务"⑧。南宋时,一州的添差通判有达3员的⑨。加上编内的通判,临安府的通判和添差通判有时共达5员⑩。

宋仁宗时,因为避讳,一度改称"同判"。南宋时,还将新收复的通判称为"同知州",简称"同知",后来复称通判⑪。

担任通判者,不限文臣或武官。宋太祖、太宗时,虽然开始规定担

① 《永乐大典》卷14621《部字·吏部八》。
② 《旧唐书》卷44《职官三》;高承:《事物纪原》卷6《通判》。
③ 刘昌诗:《芦浦笔记》卷8《卞氏二牒》。
④⑥ 《宋会要》职官47之58、59。
⑤ 潜说友:《咸淳临安志》卷53《官寺二》;施宿:《嘉泰会稽志》卷4《军判廨舍》。
⑦ 《宋史》卷167《职官七》。
⑧ 赵昇:《朝野类要》卷3《职任·不厘务》;陈耆卿:《嘉定赤城志》卷5《公廨门二》。
⑨ 汪应辰:《文定集》卷3《论添差员缺》。
⑩ 《宋会要》职官47之71。
⑪ 《宋会要》职官47之68。

任通判的资任为现任令、录两考以上成资者,以及判、司、簿、尉中两任五考应晋升令、录而 55 岁以下者①。但对资任的要求还比较宽:军、监的判官可兼任通判。同时,曾任知州或知府者,也可改任通判,这并非贬降②。后来情况逐渐发生变化,军、监的判官不得兼任通判,又规定任馆职者可以带职出任通判;京朝官两任或三任知县者,乃可升任通判③。徽宗时规定,凡武臣担任知州者,不得选差宗室为通判。三省的吏人出职,不得同任一州的知州和通判④。南宋后期的"吏部条法",详细规定了担任通判者的资序:一是知州,二是第二任通判,三是初任通判,四是第二任知县。凡锁厅及第、赐出身、特旨予亲民官、酬奖改官人,必须担任监当官一任满,即理为第二任知县资序,可以关升为通判资序,拟注通判的差遣。各地视该州的重要程度,决定任用何种资序的官员。此外,还有一些破格通判的官缺,允许更低资序者充任⑤。有关通判的编制和人选,详见本卷第七章第四节。

　　签厅:又称"都厅"。为一州各幕职官"职事合治"的场所⑥。各州不一定设置。南宋时,签厅的官员增多,各州设置"兼签厅者,动辄三两员,或四五员",这还都不算是添差的官职⑦。

　　签判厅:签署判官厅公事的办公处。英宗时,因避御讳,改签署为"签书"。签书判官厅公事,简称签书判官或签判,高宗初年复旧。有些小州不设通判,则晋升一员判官为签书判官⑧。南宋时,有些州增设添差签判。如湖州即有添差签判一员⑨。担任签书判官的官阶要求较高,必须是升朝官或京官,其中以京官最多;如由选人充当,则只能称为

_____

①③　《宋会要》职官 47 之 58—60;王明清:《挥麈录·前录》卷 3。
②　　洪迈:《容斋四笔》卷 13《知州、转运使为通判》。
④　　《宋会要》职官 47 之 64。
⑤　　《永乐大典》卷 14620、14621。
⑥　　《嘉定镇江志》卷 1《签厅》。
⑦　　《宋史》卷 167《职官七》。
⑧　　《历代名臣奏议》卷 170《选举》曹彦约奏札;《宋史》卷 167《职官七》。
⑨　　谈钥:《嘉泰吴兴志》卷 8《公廨·州治》。

"节度判官"或"观察判官"①。南宋后期的"吏部条法"规定了担任签判的资序为：一、通判，二、第二任知县，三、初任知县，四、第二任监当。其中根据正格差注和破格差注、注缺和选缺、现缺和非现缺以及各州的重要程度，决定应该具备的资序。此外，进士第一人在初及第时，也可注授签判差遣。还规定年龄60以上和恩科出身的人，不得担任两广的签判②。

　　签厅如果不设签判，则由判官或推官主管③。

　　节推厅：即节度推官的办公处④。节度推官也是幕职官之一。每个节度州最多设一员。幕职官本身又是低级文官的阶官总称，所以节度推官也只会选差同阶的官员，但可以任用无出身人⑤。

　　节度掌书记厅或察推厅：节度掌书记或观察推官的办公处。观察推官原称观察支使，因为避讳，改用此称。北宋初，节度使设置掌书记，观察使设置支使。太宗太平兴国六年（981年），命各道节度州也置观察支使一员。节度掌书记和观察支使不并设，地位在判官之下、推官之上。节度掌书记以有出身人充当，观察支使以无出身人充当⑥。有的州不专设观察支使，由节度推官兼任⑦。

　　各府、州因等级的差别，所设幕职官的官厅不尽相同。如南宋平江府和福州设置签判厅和节推厅、察推厅⑧，汀州设置签判厅和判府厅、推官厅⑨，建州设置观察判官厅和节推厅、观察推官厅⑩，台州设置签厅和判官厅、推官厅，歙州设置军事判官厅和推官厅⑪，湖州设置签判东厅和添差签判西厅、节度掌书记厅⑫，临安府设置都厅、签判厅和观察判官厅、节推厅、观察推官厅⑬，不一而足。概括而言，大州设置四至五

①　王益之：《职源撮要》。
②　《永乐大典》卷14621《部字》。
③⑦　《宋会要》职官48之11。
④⑧　范成大：《吴郡志》卷6《官宇》；梁克家：《淳熙三山志》卷7《公廨类一》。
⑤　《宋会要》职官48之15。
⑥　王益之：《职源撮要》；《宋会要》职官48之4。
⑨　《永乐大典》卷2789《汀字》。
⑩　（明）范嵩：《（嘉靖）建宁府志》卷20《古迹》。
⑪　陈耆卿：《嘉定赤城志》卷5《公廨门二》；（清）张佩芳：《（乾隆）歙县志》卷2《公署》。
⑫　谈钥：《嘉泰吴兴志》卷8《公廨·州治》。
⑬　潜说友：《咸淳临安志》卷53《官寺二》。

所幕职官的官厅,一般设置三所,较少者两所。

录参厅:又称录事参军厅。录事参军,简称"录参",为州的曹官之一。一般选差选人充任。有些"京邑大府",以京、朝官领其职事,则称为"知录事参军";有的不是京、朝官而资深考久者,也可用此称①。至于各府,称为司录。不满万户的州,不设录事和司户、司法②。徽宗政和二年(1112年),以选人通仕郎以下任曹官为"掾官",改录事为士曹,南宋初复旧③。

州院:一州的审讯机构和监狱。府称府院,军称军院。由录事参军兼管。下设推级、杖直、狱子等吏人若干名。

司理院或司理厅:一州的另一个审讯机构和监狱。其长官为司理参军,简称"司理"。五代以来,各州皆设马步狱,以牙校充当马步军都虞候、判官。宋太祖开宝六年(973年),改各州军巡为司寇参军,始差新及第九经、五经及资序相当的选人充任。后改称"司理参军"④。徽宗政和三年,改左、右司理院为左、右狱,又改司理参军为仪曹掾,南宋高宗初复旧。全国大府、大州共16处,可设置左、右两所司理院⑤。有的小州,省去州院,只设一所司理院⑥。南宋时规定,司理参军必须由经任及试中刑法之人充任⑦。南宋后期的"吏部条法"规定,担任司理参军者,必须未满60岁、无赃罪,具体资任为:一、曾历刑狱的差遣,或曾任司法,无失出入人罪;二、曾试中刑法而获得推恩,律学公试考中上、中等应曾推恩,铨试断案得中上等(以上都称"经任人");等等⑧。司理院下设推院、杖直、狱子等人吏若干名。

司户厅:司户参军的办公处。司户参军简称"司户"。徽宗政和三年,改称户曹掾,南宋高宗初复旧。小州不遍设曹官,或由司户兼

① 高承:《事物纪原》卷6《录事》。
② 《职官分纪》卷10《总州牧》。
③ 《文献通考》卷63《职官十七》。
④ 王林:《燕翼诒谋录》卷1《置司理参军》。
⑤ 张栻:《南轩文集》卷11《潭州重修左右司理院记》。
⑥ 《宋会要》职官47之74。
⑦ 《宋史》卷167《职官七》。
⑧ 《永乐大典》卷14621《部字》。

录参、司法①。南宋后期的"吏部条法"规定,担任司户参军的资序为:
一、初次任官或经任而获得恩例;二、流外出身经任;等等②。

　　司法厅:司法参军的办公处。司法参军简称"司法"。设一员。小
州或不设司法,而由司户兼任。徽宗政和三年,改称刑曹掾,南宋初复
旧。司法与司理参军作为一州的法官,南宋时规定必须由经任和试中
刑法之人充当③。南宋后期的"吏部条法"规定,担任司法参军必须是
年龄未满60、未犯赃罪,具体资序为:一、曾试中刑法而获得推恩,曾历
刑狱的差遣而无差失,曾任司法;二、铨试断案考入中上等(以上都称
"经任人"),初出官而试中刑法、得到推恩与经任两考;三、经任两考与
流外出身经任两考④。

　　教授厅:北宋时,各府、州逐步兴建官办学校。每州设置教授一至
数员,主管州学。教授厅为其办公处。宋仁宗时,委托各路转运司及本
州长官在幕职州县官中推荐,或由本州举人推选有德艺者充当。这时,
教授尚未隶属朝廷⑤。神宗时,开始由中书门下选差五路(京东、陕西、
河东、河北、京西)的已仕或未仕而有经术、行谊者,充任权教授,其他
州、军皆命两制、两省等荐举现任京朝官和选人"有学行可为人师者",
由中书门下审核,堂除各路官职,令兼本州教授⑥。同时,开始设立教
授厅⑦。州学教授从此成为州级官员之一。元丰元年(1078年),全国
共设53员,诸路仅大府、大州设置,其余军、监尚未全置。哲宗元祐元
年,命齐、庐、宿、常等州各设教授一员。从此,各州多有教授⑧。徽宗
时,规定州学都差一员教授,学生100人以上可以添置;不拘资序。又
在大州设置"添差八行教授"⑨。一时各州教授人数大为增多,如越州、
吉州为两员,建州、福州达三员⑩。南宋时,各州州学多设一员。

---

① 《宋会要》职官48之7、14。
②④ 《永乐大典》卷14621《部字》。
③⑧ 《宋史》卷167《职官七》。
⑤ 《文献通考》卷63《职官十七》。
⑥ 《长编》卷220。
⑦ 《淳熙三山志》卷7《公廨类一》。
⑨ 《宋会要》崇儒2之7、29。
⑩ 《淳熙三山志》卷23《秩官类四·州司官》。

州学教授成为朝廷命官之初,大多由各州长官自行物色现任官员兼任,然后由国子监核准①。学官的最低年龄限为 30 岁②,学历为进士出身及经明行修人③。理宗景定间(1260—1264 年)重定的充任诸路州军府教授的资格为:一、曾试中词学兼茂科,曾试中内外学官,殿试第一甲,省试前十名,旧法太学上舍或公试前三名,国子监取解前三名,曾任太学和辟雍、宗学官,依此为先后,都不限资序和名次、考任、年甲、过犯,优先挑选应格数多的人。二、太学内舍,宗学上舍,曾任教授经任人,进士上舍出身而 30 岁以上、曾历任人。在注授教授差遣时,还根据官缺的非次、经使、残零等等级,决定官员必备的资格。三、在选差教授而没有应格之人时,优先注授承务郎以上的官员;候官缺满一个月,才准许通差选人。四、节镇的郡学,必选注承务郎以上官员,不得通差选人充任④。

诸武官厅:各州依据其在政治、经济上的地位,驻扎不同兵种、番号、人数的兵马,因而设置的武官官厅略有不同。北宋时,凡帅府设置路分钤辖厅,望郡设置路分都监厅,各置路分钤辖、路分都监一员。南宋初,各重要府州的长官带兵马钤辖,次要府州带兵马都监,又各以武官担任副职,称为副总管、副钤辖、副都监。后来,取消重要和次要府州长官所带的兵职,命各路副总管改充路分都监。各州的钤辖置废不一。光宗初年,规定诸州、军的兵马都监,独员之处只选差才武和曾任主兵官之人⑤。福州的武官官厅,有兵马钤辖厅、驻泊兵马都监厅、兵马都监厅、兵马监押厅、将官厅等。兵马钤辖厅,设州钤辖一员。驻泊兵马都监厅,常设驻泊兵马都监一员。高宗时,一度添差至五人,后规定正官为一员。兵马都监厅,设兵马都监 4 员;如果由小使臣任职,则称兵马监押。神宗时,实行将兵制,福州以都监厅为东南第十副将公廨,设

①　《长编》卷 337。
②　《文献通考》卷 46《学校七》。
③　《宋会要》崇儒 2 之 6。
④　《永乐大典》卷 14620、14621《部字》。
⑤　《宋史》卷 167《职官七》。

副将。高宗时，改为正将厅①。

　　宋朝的都城和军、监在官员编制和人选方面，与州郡尚有一些差别。北宋初，东京开封府设置尹和少尹各一员。太宗、真宗为皇子时都曾任开封府尹，总领府事。如无人任尹，则设"权开封府事"一员，选差待制以上官员充任。其属官有判官、推官4员，另有司录参军、功曹、仓曹、户曹、兵曹、法曹、士曹参军各一员；左右军巡使、判官各一员。开封府城内外分设左、右等厢公事所，各设厢官，以京、朝官曾历通判、知县者充任②。南宋临安府的长官和属官的编制、人选与开封府大致相同，临安府城内外分为左右南北厢，在城八至九厢，由吏部分差大、小使臣主管；城外的城南左厢和北右厢，选差亲民资序的京朝官主管各公事所③。有些军的军使，北宋前期由中书门下选差京朝官和阁门祗候以上充任④。元丰改制后，归侍郎右选注拟⑤。南宋后期的"吏部条法"规定，担任军使的文臣资序为：一、通判；二、第二任知县；三、初任知县、酬奖改官未经任人。担任军使的武臣资序为保义郎以上经亲民人（军班、伎术、流外、进纳并恩科出身及55岁人，不得注拟）⑥。同下州的监，设知监一员为其长官，一般不设通判⑦。隶州的监虽然也设知监，但只归入监当官一类。

　　县、镇、寨——县、镇、寨的官员，是宋朝最基层的一部分"亲民官"，朝廷较为重视其人选的资历和年龄等。

　　县：宋朝各县设置知县事厅事（或县令厅事）和丞厅、主簿厅、尉厅（或尉司）等。

　　知县事厅事（或县令厅事），或称县衙，是知县（或县令）的办公处。

───────────

① 《淳熙三山志》卷23《秩官类四》，卷7《公廨类一》。
② 《文献通考》卷63《职官十七》；《职官分纪》卷38《左右厢公事所》。
③ 周淙：《乾道临安志》卷2《在城八厢、城南北二厢》；潜说友：《咸淳临安志》卷19《疆域四·厢界》。
④ 《宋会要》职官47之62、1。
⑤ 《宋史》卷158《选举四》。
⑥ 《永乐大典》卷14621《部字》。
⑦ 《宋会要》职官47之67—68。

五代时,忽视对县令的选拔,往往将龌龊无能者注为县令,致使地方政治腐败。宋朝吸取这一教训,从太祖建隆三年(962年)开始,大县和驻有兵马的县,选派一员升朝官和京官(文臣)或三班使臣(武臣)担任知县事;小县选派一员选人作县,则称县令。真宗咸平间(998—1003年),规定知县兼领兵马者,升朝官为兵马都监,京官和选人为兵马监押①。南宋时,担任知县的官阶降低,从政郎(元丰改制前为录事参军和县令)以上即可为知县事;从政郎以下,才为县令②。从神宗熙宁十年(1077年)开始,还规定选人磨勘改为京朝官后,必须担任知县一职,称为"须入"③。南宋孝宗淳熙七年(1180年),规定武臣知县、县令的资序和年龄等,具体为经任、有举主、关升亲民人,年龄不满60、无疾病人,识字能书知晓文义人,不曾犯赃或私罪情节严重人,当官考试书判二道④。南宋后朝的"吏部条法"规定,担任知县的资序为:一、改官后,考试书、判合格;二、奏补京官曾历两任、年30以上、无过犯、有监司知州荐举;三、使臣试换京官,曾历两任四考。65岁以上和恩科55岁之人,不准注授知县差遣。沿边州县的知县,不准选差60岁以上之人⑤。

　　丞厅,为县丞的办公处。县丞是一县的副长官。宋太祖和太宗时,尚未设县丞。仁宗天圣四年(1026年),开封府两县始各置丞一员,地位在主簿和尉之上,选差有出身的幕职、令、录者充当。仁宗皇祐三年(1051年),规定赤县之丞皆除授新改京官人。神宗熙宁四年(1071年),为顺利推行免役等新法,命2万户以上的县都增设县丞一员,选差幕职官和县令资序者充当。还以京朝官任县丞,称为"知县丞"⑥。徽宗崇宁二年(1103年),重行熙丰之政,即使小县也置丞。南宋初,仅保留仁宗嘉祐(1056—1063年)以前丞的员缺和达一万户处的县丞。宁

①　《文献通考》卷63《职官十七》;鲍廉等:《重修琴川志》卷3《县令》。

②　谈钥:《嘉泰吴兴志》卷7《官制》。

③　王栐:《燕翼诒谋录》卷3《京朝官须入知县》。

④　《宋会要》职官48之42。

⑤　《永乐大典》卷14621《部字》。

⑥　高承:《事物纪原》卷6《县丞》。

宗嘉定(1208—1224年)后,小县一般不专设丞,而以主簿兼任①。徽宗时,规定担任县丞者,年龄必须在60岁以下。在承务郎以上知县处,丞的资序为:一、承务郎以上(即京官和升朝官)亲民人;二、新改官应入知县者;三、第二任监当有举主人②。南宋后期的"吏部条法",将上述规定作为县丞正格"选缺"的资序要求。另外,"破格差注"的"选缺",要求担任县丞的资序为:一、初任知县;二、第二任监当无举主人;等等③。

　　主簿厅,是县主簿的办公处。宋太祖开宝三年(970年),命令1 000户以上县各置令和主簿、尉;400户以上县各置令和尉,由令兼知主簿的职事;400户以下县各置主簿和尉,由主簿兼知县的职事。真宗咸平四年(1001年),批准川峡地区5 000户以上县,都置主簿;其他县仍由尉兼其职。此后,川蜀和江南各县普遍增设主簿,有些大县还皆设两员④。南宋后期的"吏部条法"规定,担任"正格"缺主簿的资序为:一、初次作官;二、经任有恩例人。担任"残零"缺主簿的资序为:一、初次作官;二、经任无恩例人⑤。

　　尉厅:或称尉司,是县尉的办公处。五代时,以军校充当县尉,"大为民患"。宋太祖建隆三年,各县开始复置尉一员,选差初次贡举登第之人担任⑥。仁宗至和二年(1055年),开封、祥符两县各增置一员。宋朝以前,每县设尉较多。唐朝上县不止两尉。宋朝因另设巡检,所以即使赤县尉,也只设两员⑦,常称东尉和西尉。神宗元丰元年(1078年),批准沧州清池等18县,由三班院选差使臣为尉。元丰五年,规定实行"重法"的地区,县尉一律任用使臣。开始文臣和武臣通差。哲宗初

---

① 《文献通考》卷63《职官十七》;《宋会要》职官48之53—58。
② 《宋会要》职官48之54。
③ 《永乐大典》卷14621《部字》。
④ 《宋会要》职官48之66、72—73。
⑤ 《宋史》卷167《职官七》;《永乐大典》卷14622《部字》。
⑥ 王栐:《燕翼诒谋录》卷1《复置县尉》。
⑦ 赵与时:《宾退录》卷3。

年,恢复仁宗时旧制,除沿边的县尉选差使臣外,其余皆差选人。徽宗崇宁二年(1103 年),再次依元丰法选差县尉①。南宋时,逐渐形成县尉"通差文、武臣"制,而且许多重要县都设置两员县尉。孝宗淳熙元年(1174 年),规定担任县尉的资序为,其中选缺县尉是:一、官缺公布五日内,先注应材武亲民人;二、满五天,无人应选,准许经任应材武监当人指射。皆考试书札 100 字,试中,许差。不注癃老疾病、年龄 60 以上人。注缺县尉是:年未 60、不经体量怯弱弛慢、并非有病不任捕盗之人。淳熙七年,规定年龄 60 的恩科出身人,不得充当县尉②。南宋后期的"吏部条法",承袭了这些规定,并且更为详尽。其中对于选人而应选正格县尉缺者,规定是初次任官,或者经任有恩例、年龄不到 60 之人。进纳人不得注县尉差遣。对于小使臣而应选县尉缺者,规定是武举、军功、获贼奏补出身,有才武,经任,识字,各年龄不到 50 之人。又规定不得注吏职、杂流、进纳补授之人③。

镇、寨:北宋初设镇将、副将兼都虞候、镇典各一员,人吏"所由"若干员④。镇将有时也称"镇主"⑤。镇将、副将原由节度使委派亲随充当,宋太宗太平兴国二年(977 年)开始规定必须委派本州的衙吏,也有由朝廷"宣补"的⑥,每三年为一任⑦。后来,镇的官员逐步改为监镇,但直到南宋宁宗时仍然保留镇将的官职⑧。各镇一般设置监镇官一员,少数大镇则设两员。设一员者,大都委派幕职州县官充当,有时也委派京朝官⑨。但镇上"有词讼"和"税有告捕害民"者,就不能委派进纳出

①　《文献通考》卷 63《职官十七》;《宋会要》职官 48 之 64、66。
②　《宋会要》职官 48 之 76—77、79。
③　《永乐大典》卷 14622《部字》。
④　《宋会要》职官 48 之 92—93。
⑤　(清)陆耀遹:《金石续编》卷 13《卧龙寺钟款》。
⑥　《长编》卷 18。
⑦　《长编》卷 13。
⑧　《宋会要》方域 12 之 31。
⑨　《宋会要》方域 12 之 19。

身的官员①。设两员者,往往一员为文臣,另一员副职为武官②。少数重要的镇还由本县县尉兼管。如南宋嘉兴府嘉兴县一名东尉,"兼魏塘镇兼烟火公事"③。监镇官或由本路转运司依格法差注,或由堂除,或由吏部选差④。

各寨或要冲城都设知寨、兵马监押、主簿各一员,有时另设税官一员。南宋时,知寨常由本路安抚制置司物色"有材武人",经过"铨量按试"而后差充;有时也由朝廷直接差注⑤。有些重要的寨官,必须由朝廷侍郎右选负责选注"亲民、有材武、谙海道、经任无过犯、年未六十人"充任;如果注缺的当天,有大、小使臣指射,便优先差派大使臣,然后轮及有"亲民"资历者,最后才选派有监当资历者。有时为了便于统一指挥,在各寨官之上设置"总辖"。如南宋后期,两浙东路安抚司属下的绍兴府余姚县三山寨官和庙山寨官之上,又设置"两浙东路安抚司水军统辖、绍兴府余姚县眉山寨驻扎、兼统辖三山庙山寨"⑥。

各巡检司设置都巡检使或巡检使、巡检一员。北宋前期,凡委派阁门祗候以上到诸司使、将军或者内侍充当者,即称都巡检使和同都巡检使;东、西头供奉官以下即小使臣充当者,则不称"使",如诸州都同巡检、京城四面巡检等⑦。南宋后期的"吏部条法"规定,大使臣而注巡检的资序是:一、年龄不到 60、材武、有举人、亲民资序;二、经任监当资序;三、军功补功人已历两任指使、一任监当。小使臣而注巡检的资序是:武举、军班、军功、获贼奏补出身,有材武,各年龄不满 60 之人。其中军班出身,必须先历添差准备差使一任;军功出身,必须先历指使两任、监当一任,才许差注⑧。

乡、里等:北宋前期实行乡、里制时,各乡设里正一员。宋太祖时改

---

①③⑥⑧　《永乐大典》卷 14622《部字》。

②　《宋会要》方域 12 之 18,职官 48 之 88;《绍熙云间志》卷上《镇戍》。

④　《宋会要》方域 12 之 21。

⑤　《宋会要》职官 48 之 89—91,方域 19 之 43。

⑦　《职官分纪》卷 35《都巡检使、巡检使、巡检》。

乡为"管",每管设耆长和户长共 3 员,俗称"三大户"①。太宗淳化五年(994 年),规定以人丁和物力轮差第一等户充当里正,第二等户充当户长②。当时还规定,"自公卿以下,无得免(三大户之役)者"③。里正之下设乡书手,北宋初以"有行止"的税户轮差,并"勒典押、里正委保"。仁宗天圣(1023—1032 年)后,因上户职役负担过重,改差第四等户。神宗熙宁四年(1071 年)实行募役法,改用第三等以下户,免纳本户役钱④。耆长之下设壮丁,轮差第四、第五等户。仁宗至和二年(1055 年),废罢里正,增差户长⑤。有些地区乡村所设的"团",相当于原来的乡,设团首或团长⑥。

州县坊郭内,北宋初各坊设坊正一员。隅设隅长,隅之下也设坊⑦。宋神宗时撤销坊正,将每 20—30 户编成一甲,设甲头一员,一税一替⑧。

(三) 职权范围

宋初,统治者为了从根本上消除藩镇割据势力,削弱各节度使之权,采取了一系列措施。据朱熹记述,有"削其支郡,以断其臂指之势",当时至有某州、某县直接隶属京师,而不属节度使的;设置通判,"以夺其政";任命都监和监押,"以夺其兵";设置仓、场、库、务之官,"以夺其财"。这些措施成效卓著,"向之所患,今皆无忧矣"⑨。宋太祖和太宗的这些措施,基本确定了宋朝州、县级官员的职权范围。

府、州、军、监——各府、州、军、监全面管辖本区域的政事和民事以

① 《宋会要》职官 48 之 25;《淳熙三山志》卷 14《版籍类五·州县役人》。
② 《长编》卷 35。
③ 苏辙:《栾城集》卷 35《制置三司条例司论事状》。
④ 《嘉定赤城志》卷 17《吏役门·县役人》;《淳熙三山志》卷 4《版籍类五·州县役人》。
⑤ 赵彦卫:《云麓漫钞》卷 12。
⑥ 《宋史》卷 46《度宗》。
⑦ 《州县提纲》卷 2《备举火政》。
⑧ 《长编》卷 257,卷 263。
⑨ 《朱子语类》卷 110《朱子七·论兵》。

及部分军事等,拥有比县更多的理财、司法等权力。但从宋神宗时开始,新法派"以郡之兵权太重而轻之,郡之财用太专而收之"。州的兵权和财权大为减少。

知州,作为一州的长官,有权总理州政。《哲宗正史·职官志》记载,知州负责向辖境的百姓宣布朝廷条制,用教育的方法来引导他们向善,而用刑罚来纠正邪恶。"岁时劝课农桑,旌别孝悌"。依照朝廷的法制,管理户口和赋役、钱谷以及审理案件。"凡兵、民之政皆总焉"。此其一。属县的公事,如果县令和丞不能决定,则负责决断;如果自己也不能决断,则禀告所隶监司及朝廷省部裁定。有关朝廷法令条制,先弄清其意义,认真执行,再发付各县。此其二。遇有朝廷赦宥,则率领官吏宣读,而后颁布全境。遇朝廷举行祀典,考察所属官员的德才,予以推荐;如发现官员无能、懈怠或违法,则随职事奏劾。遇到水旱等天灾,按照规定赈济和安集流亡人户。州县出现祥瑞和百姓有孝义值得称道者,根据事实向上申报。此其三①。看来知州的职权范围是相当广泛的,几乎无所不包。在政治上,因为各州直隶京师,知州有权直接向朝廷奏事②。在财政上,知州也是主财计者。北宋前朝,各州上供朝廷和转运司调拨的钱物尚无定额,二税也按一定的比例留给州郡使用,知州的财政管理尚有一定的独立性。但从神宗时起,先是将各州上供钱物额猛增一倍,随后又创立"无额上供"。到徽宗时,重修上供额,各路比神宗时又增加至十数倍(详见本卷第九章)。这样,知州在财计上只是催督二税、收取各种课利等财赋,以便按照定额上供朝廷和本路转运司(南宋时还有总领所),甚至受命调拨给邻州和邻路。从高宗时开始,规定在知州任满离职时,必须将现管钱物向新任交割,并且要将交割的钱物数目,依照钱物的经常、余羡、支用、起解、桩积、增亏等类,分别各种窠名;在交割时,不仅要开具数目和窠名,还要说明各项钱物的

---

① 《宋会要》职官47之12。
② 王林:《燕翼诒谋录》卷1《藩镇属州直隶京师》。

用途,如用于今后桩管或合充支遣、合行起纲。这些情况都要申报省部①。在司法上,宋朝知州的职责比唐朝中期以前为繁重,而神宗以后则又为减轻。中唐以前,州的长吏不亲"监决"。到宋太宗时,规定凡决徒罪,各州长吏必须亲临②。在神宗元丰改制以前,知州有权审核属县报呈的徒以上案件之权,也有权判决包括死刑的大小案件。元丰改制后,加强了监司对州县的监督,取消了知州的大辟终审权,规定必须申报本路提刑司核准,方可执行。(详见本卷第六章)在军事上,北宋前期的知州握有一定的兵权,尤其是兼任本路安抚使、马步军都总管或兵马钤辖、兵马巡检、提辖兵甲等差遣者。但在神宗兵制改革以后,兵马改隶正将和副将,"是守无兵权也"。到南宋时,州、县的所有禁军、厢军,甚至弓兵之籍都归帅司,于是知州的兵权减少到最低限度③。

通判,在宋初设置时,只是为了加强对知州的监督,所以既非知州的副职,又非知州的属官,而是一名专职的监察官,地位与知州不相上下。后来,不断增加其行政职务,逐渐向一州的行政长官转化,地位也略逊于知州。宋初人张咏指出,"今之通判,古之监郡,郡政之治,助而成之。……其辑兵、绥民、御侮、致饷,判与守牧相为表里。"④李攸认为,宋初就已将"一州之财,置通判掌之"⑤。太宗末年,规定通判要参预司法方面徒刑和杖刑以下的量刑工作⑥。此后,又陆续增添了许多行政事务。如每逢各州常平仓出粜时,通判必须天天"在仓提举,多方约束,以绝奸弊"⑦。广州的两员通判,要兼管本州的市舶司职事,充当"市舶判官"或"主辖市舶司事"⑧。负责"点检"本部巡检的武器、盔甲

---

① 《宋会要》职官47之51、43、33。
② 王栐:《燕翼诒谋录》卷3《州长吏亲决徒罪》。
③ 林駉:《古今源流至论》卷7《郡守》;《宋史》卷167《职官七》。
④ 张咏:《乖崖先生集》卷8《麟州通判记》。
⑤ 李攸:《宋朝事实》卷9《官职》。
⑥ 《长编》卷37。
⑦ 《宋会要》食货53之7。
⑧ 《宋会要》职官44之1、4、5。

及本州武器材料仓库①。到神宗元丰改制时,初步确立了通判在州的第二长官的地位及其职权范围。到哲宗时,承袭此制。所以,《哲宗正史·职官志》记述,通判掌管"倅贰郡政,凡兵民、钱谷、户口、赋役、狱讼听断之事可否裁决,与守臣通签书施行。所部官有善否及职事修废,得刺举以闻。"②在通判的职权中,行政事务居于首位,对本州官员的监察则降至第二位。此后,通判除继续"佐守而治,巡行州县,号按察官"并每天赴长官厅议事和赴都厅签押公文③外,其行政职事还在不断增多。如兼管茶、盐、香、矾的榷卖,应付军队的钱粮④,"点检"粮料院所"批勘"的官吏和军兵请受是否准确⑤,拘收官府的房廊钱⑥,拘收和"点检"经总制钱⑦,专一主管归正官,管理押解路经本州的配军,充当乡试的监试官⑧,稽考核实各县主簿是否"勾销"税钞⑨,等等。朱熹在漳州做官时,注意到"本朝立法,以知州为不足恃,又置通判分掌财赋之属。……通判厅财赋极多"⑩。可以看出,最迟至光宗时,通判实际成为一州的第一主财长官。

幕职官,作为知州和通判的助手,负责"助理郡政,分案治事,其簿书、案牍、文移付受、催督之事,皆分掌之。凡郡事,与守、倅通签书"⑪。其中签书节度判官职位最高,平时主管各司钱物,在本州暂缺通判时,实际往往担任通判的职事,行使通判的职权⑫。其他幕职官也与通判、签判一样,每日赴长官厅议事,并赴长官厅或都厅签书当天的公文;分管签厅的当直司职事⑬;兼管仓库⑭,管理军器的材料,兼掌铸钱监或措

---

①② 《宋会要》职官47之62。

③ 《历代名臣奏议》卷162,胡寅:《轮对札子七·论州置通判》;《宋会要》职官47之63—64。

④ 《宋会要》职官47之65。

⑤ 《宋会要》职官57之50。

⑥ 《宋会要》崇儒2之34。

⑦ 《建炎以来系年要录》卷63;《庆元条法事类》卷30《经总制》。

⑧ 《宋会要》职官45之29—30,刑法4之54—55,选举6之12。

⑨ 《永乐大典》卷14609《簿字》。

⑩ 《朱子语类》卷106《朱子三·外任》。

⑪ 《宋会要》职官48之8。

⑫ 洪迈:《夷坚志支乙》卷6《复州防库犬》;《宋会要》职官48之13。

⑬ 《宋会要》职官48之11。

⑭ 《庆元条法事类》卷4《职掌》。

置铸钱①；更多的是审理刑事和民事案件②。

各曹官，作为知州和通判的属官，分管各曹职事。他们不须每日赴长官厅参预议事并签押公文。他们中，录事参军的职位最高，录事参军掌管州院，并监督其他各曹。州院（或府院、军院）是监狱兼审讯机构，负责拘押案犯和证人，受理词讼，审讯刑事案件。宋太宗时，钱若水任同州观察推官，有一名富室的女婢逃亡，不知去向。女婢的父母控告富人杀死女奴，知州便命录事参军审理此案。录事参军曾向富人借钱而遭到拒绝，于是趁机报复，判决这名富人父子共杀女婢，理应处死。结案后，本州复审同意初审结论。推官钱若水怀疑其中有诈，故意搁置案卷，却暗中寻找到那名女婢，使富民父子得到昭雪。度宗咸淳间（1265—1274 年），抚州乐安主簿叶茂卿控告叶仲二劫财杀人，知州即将叶仲二"押赴司理院，勘问是实，斩首于市"③。司理参军和司法参军是专职法官。司理参军负责狱讼审讯，兼管拘押囚犯和证人，但不可兼任他职④，尤其不得兼管钱谷⑤。北宋时，齐州设置两所司理院，皆属司理参军管辖，院为"囚系常满，多屠贩盗窃而督偿者"⑥。此外，司理参军还专门负责本州涉案的人证和物证的检验事务⑦。司法参军，实际是法官中的检法官，不参预审讯犯人，只负责议法判刑，"检断狱事"⑧。这体现了宋朝司法机构鞫、谳分治的原则。各州公事需要检法时，司法参军要与录事参军一起签押；如有妨嫌，则免予签押⑨。司户参军，掌管一州的户口帐籍、赋税、仓库钱物出纳等事。神宗元丰改制，规定司户"专主仓库"。又规定粮料院厂缺专门官员，由司户、录事"同知"，

---

① 《宋会要》职官 48 之 8、12。
② 谢维新：《古今合璧事类备要》后集卷 77。
③ 赵善璙：《自警篇·狱讼》；佚名：《夷坚续志》前集卷 1《人伦门·母子重见》。
④ 王益之：《职源撮要》。
⑤ 《宋会要》职官 48 之 15—16。
⑥ 赵善璙：《自警篇·政事》。
⑦ 《宋会要》职官 3 之 77。
⑧ 《宋会要》职官 48 之 14。
⑨ 《庆元条法事类》卷 73《检断》。

"仍分掌给纳"。南宋高宗时,再次增加司户职务,要求"同书狱事"。小州不设录事和司法参军,常常由司户来兼录参和司法,甚至兼本州的推官厅公事①,兼管州学②。

　　教授,作为一州的学官,掌管州学,用经术、行义训导学生,负责考试、纠正违犯学规者。不准兼任其他职务③。南宋孝宗后,州学教授多兼本州书院的山长④。

　　诸武官,掌管本地屯驻、兵甲、训练、差使等事,并负责捉捕盗贼⑤。

　　县、镇、寨——宋朝的县和镇、寨的行政机构比前代有所增加,官职的设置大为增多,而各个机构的职权划分较细,所以各名官员的职权相对减少。

　　县:县级机构的地位不高,权力不大,但责任较重,"凡朝廷所行之政多在焉"⑥。

　　知县或县令作为一县的长官,掌管全县的政事和民事、部分军事等。《哲宗正史·职官志》规定,知县或县令"总治民政、劝课农桑、平决狱讼,有德泽禁令,则宣布于治境"。凡是本县的户口和赋税、徭役、钱谷、赈济、财赋出纳等事,都负责管理;同时,按时编制户籍簿书,催理二税。遇到水旱等灾,及时申报,争取蠲免;百姓因水旱而流亡,负责安置,不使失去生路。民间有孝悌行义著名于乡里者,整理事实申报本州,借以激励风俗⑦。知县或县令的日常工作,实际主要是"管勾簿书,催督税赋",完成每年向州衙上缴定额和额外的财赋的任务;"理婚田词讼",审理杖罪和杖罪以下的各种民事案件⑧。徽宗政和二年(1112年),为促进农业的发展,朝廷制订出县令"劝课农桑"十二条,为敦本

---

①　《宋会要》职官39之22,48之7。
②　(清)王昶:《金石萃编》卷141《游师雄墓志》。
③⑤　《宋史》卷167《职官七》。
④　《宋史》卷45《理宗五》。
⑥　《宋会要》职官48之32。
⑦　《宋会要》职官48之29。
⑧　《宋会要》职官48之27;司马光:《涑水记闻》卷6。

业、兴地利、戒游手、谨时候、诚苟简、厚蓄积、备水旱、戒宰牛、置农器、广栽植、恤佃户、无妄讼。要求县令在境内"亲诣田畴,劝谕勤惰,以为力田之倡"①。南宋宁宗嘉泰二年(1202年),规定县令"当以十二事为戒",这十二戒为:自己不贪财,子弟不预政,官物不预借,公事不科罚,保正不催科,户长不代纳,簿帐不关销,税苗不失割,公人不下乡,推吏不鬻狱,差役不偏曲,推排不漏滥②。以上的十二条和十二事,都成为考核县令政绩的一种标准,也反映了县令的职责。随着社会关系的日渐复杂和社会矛盾的日益尖锐,以及苛捐杂税的逐步增加,县令越来越难做。宋朝士大夫经常谈到"当今作吏之难,莫若近民之官。于民尤近者,作县是也"③。所以,宋朝再三强调知县或县令差遣的重要性,要求初改为京朝官者必须第一任做知县。与知州、通判不同的是,知县或县令没有对属官的"黜陟之权"④。

县丞,作为一县的副长官,协助知县或县令通管辖境的政事和民事、部分军事等,同时主管常平和坑冶、农田水利等事⑤。徽宗时,宰相蔡京在要求各县复置丞一员时,向皇帝指出:农田如荒闲可耕凿,瘠卤可变膏腴,陆可为水,水可为陆之类;水利如陂塘可修,灌溉可复,积涝可泄,圩堤可兴之类;山泽如铜铅金银铁锡水银坑冶及林木可养,斤斧可禁,山荒可种植之类,皆命县丞"以掌其事"⑥。孝宗淳熙十二年(1185年),规定各县的财政收支,必须经丞审核"通签",而丞所管财赋,"必使知县检察"。有些地区也命县丞负责"催理税赋,受接民讼"⑦,看来这些县是不设县令的小县,县丞实际成为一县的长官。

主簿,掌管出纳官物,勾稽簿书,销注税钞,推排家业等事。同时,

---

① 《宋会要》职官48之31—32。
② 《宋会要》职官48之46。
③ 《宋会要》职官48之49。
④ 胡太初:《昼帘绪论·僚采篇第四》。
⑤ 《文献通考》卷63《职官十七》。
⑥ 《宋会要》职官48之54。
⑦ 《宋会要》职官48之57、58。

也通管本县之事。宁宗时规定,各县的"省簿"（官方帐册）置柜封锁在长官厅事之侧,主簿每天去长官厅,取簿批销,然后封锁在柜中,不得携归主簿厅。主簿还负责保管本县 10 年内的二税版簿。有时,主簿受命审理刑事案件,或者主管州学,这属于"差出"勾当,不是县丞的本职①。太宗时,王禹偁指出县的主簿是各种主簿中地位"卑冗之魁者","是以古人或耻之"。县主簿的职责固然是理簿书和课农事、供赋调、求考绩,但在许多方面也能"裨赞"令长。比如在遇有斗讼相高、婚田未决、畜产交夺、契券不明的情况,可以帮助令长细察情伪、辨正曲直而作出决断,使量刑适当,使辖区的百姓知措手足。在发现奸猾、悍独、堕农、无赖、不孝、不悌的行为,可以协助令长加以劝阻和诱导、惩激,使辖区的百姓知耻而改变风气;在出现力田、孝悌、义夫、节妇的时候,可以帮助令长申报推荐,予以优待、旌别,使辖区的百姓知劝而改变习俗②。

县尉,掌管一县弓手的训练和管理,缉捕盗贼,维持治安。北宋初年,县尉只管督捕乡村的盗贼,城郭以内则归镇将负责。此后,各县普遍设置巡检司,乡村地区治安一般划归巡检管勾,县尉反而只管县城内的社会治安。到神宗元丰四年（1081 年）,曾命令开封府界"诸县尉惟主捕县城及草市内贼盗,乡村地分并责巡检管勾"③。当然,县尉作为一县的长官之一,还可"通管县事"④。但是,后来最迟至徽宗政和间（1111—1118 年）,又规定县尉要下乡巡捕,还定出巡遍本县乡村的限期⑤。南宋宁宗时的法典《庆元条法事类》,规定县尉每月要遍诣各处巡捕;地界阔远的县份,县尉要与巡检"更互分巡"。在出巡时,县尉要计算弓手人数,分批带行,同时必须留部分人在司⑥。此外,还要求县尉兼管巡捉私贩茶、盐、矾等。不过,宋朝统治者也考虑到县尉专管捕

---

① 《永乐大典》卷 14609《簿字》。
② 王禹偁:《小畜集》卷 16《单州成武县主簿厅记》。
③ 《长编》卷 311。
④ 《宋会要》兵 12 之 29。
⑤ 《宋会要》职官 48 之 68。
⑥ 《庆元条法事类》卷 7《巡尉出巡》。

盗,所以对其职权范围作了限制:真宗初年就已规定各县尉司不得置狱①,即无权关押和审讯犯人。大中祥符二年(1009 年),因光化军发生差县尉"鞫治"一名临刑翻案囚犯之事,刑部在发现后指出县尉"元是捕盗官,事正干碍",乃立法今后遇类似情况必须选差"不干碍明干官吏复推"②。同时,规定自农事方兴的"入务"即二月初一后,至九月底,尉司不准"理索"佃户拖欠地主租课案件,也禁止弓手下乡。当然,到南宋时,县尉违反这些规定随意带领弓手下乡骚扰农民的情况屡见不鲜③。尤其到南宋后期,还出现了"两词互属,必属差尉司躬亲追捕","以规破坏其家产"④的现象。

镇、寨官:五代的镇将权力颇大,可与县令分庭抗礼,公事可专达于州。宋太祖建隆二年(961 年),设置县尉,维持乡村秩序;镇将只管城郭以内,并归本县管辖。镇典掌管文案,所由供给役使。真宗景德二年(1005 年),下诏川蜀四路的镇将不得捕捉乡村盗贼和受理词讼⑤。设置监镇官后,监镇官掌管本镇警捕盗窃和烟火之禁,兼征商税和榷酒的出纳会计。哲宗元祐元年(1086 年),规定诸将兵在镇而无将官驻扎者,监镇官"依知县法司管公事"⑥。监镇官握有本镇一定的司法权:审理杖罪以下的案件。杖罪以上和情节严重者,必须解送本县。但在南宋高宗绍兴十四年(1144 年)前,各镇官往往"擅置牢狱,械系编氓,事无巨细,遣吏追呼,文符交下",犹如成为第二名县令。是年,乃命刑部立法,重申监镇官只领"烟火公事",其余婚田词诉,一概不准受理;擅置牢狱者,将从重惩处。同时,根据监镇官的官阶高低而给予不同的司法职权,即凡小使臣或选人任职者,杖罪皆解送本县;文、武京官以上者,准许决断杖罪和杖罪以下的公事,或准许决断杖 100 以下罪的公事。南宋后期,明确立法,监镇带烟火公事之处,才"得以受理民讼"⑦。

①　《宋会要》职官 48 之 61。
②　《宋会要》刑法 3 之 55。
③　黄震:《黄氏日抄》卷 70《再申提刑司乞将理索归本县状》。
④　黄震:《黄氏日抄》卷 70《申转运司乞免行酒库受诬告害民状》。
⑤⑥　《宋会要》职官 48 之 92。
⑦　《宋会要》方域 12 之 20;《永乐大典》卷 14620《部字》。

凡一镇设置两员以上监官者,一般由文臣为正监官,管勾镇事或主管烟火公事,兼管酒税;武官则主管监税或专管酒税,或兼监闸,或兼巡检,以"招集商贾,往来巡警"①。监镇官的职事必须在朝廷任命时写进官衔,不然就无此职权。如徽宗时,湖州安吉县梅溪镇监官"不管辖镇中烟火",因而"居民略无畏惮",乃由朝廷明确规定"本镇监官就兼烟火公事"②。南宋理宗绍定四年(1231年),吏部侍郎左选所定的监当窠缺中,有监临安府仁和县临平镇、兼烟火公事,监安吉州嘉兴府乌青镇税、兼兵、兼主管烟火公事,监安吉州长兴县四安镇酒务、兼管广德军般运盐事、兼烟火公事,监福州古田县水口镇管干商税、兼烟火公事,监福州福清县海口镇税、盐仓、兼烟火公事,监安庆府枞阳镇监辖仓库、兼烟火公事、兼兵,等等。概括起来,南宋后期监镇官的职权因时因地而异,有主管烟火公事,兼烟火公事,管干商税或渡口船场、装纲运,监酒务或税务、酒税、盐仓、盐税、合同场,监辖仓库,兼矾场或兵、户部赡军酒库,弹压盗贼,主管圩岸或本镇大军给纳仓等③。

寨主,掌管招收土军,训练武艺,防御盗贼;催收赋税;决遣杖罪及杖罪以下词讼,其余解送本县审理④。有的知寨还兼管统率当地民兵。如光宗时,广西万安军调器寨知寨除兼地烂、博敖烟火盗贼公事外,还兼带该两地的忠义民兵。兵马监押,专掌土兵的训练。主簿,掌管勾考帐册,也通管民事。税官专管征催商税,"勿与寨事"⑤。

巡检司掌管本地区土兵、禁军的招募和训练,巡逻州县,捕捉盗贼,控制溪峒,兼管巡捉私茶盐矾、私铸铜器和铁钱,或搜捉铜钱下海出界等。各所巡检司的职权范围都反映在巡检使或巡检的结衔上,如"安吉州荷叶浦巡检,巡捉私茶盐矾、私铸铜器,兼催纲","淮安州淮安县马逻巡检,兼催纲,巡捉私茶盐矾铜钱、私铸铁钱铜器,搜捉铜钱下海出

---

① 《宋会要》职官48之88、92,方域12之18、20、19。
② 《宋会要》方域12之18—19。
③ 《永乐大典》卷14622《部字》。
④ 《宋史》卷167《职官七》;《宋会要》方域19之43。
⑤ 《宋会要》职官48之91、90。

界""融州管都巡检使,专切主管融江寨,临溪文村浔江堡宜良江口驻扎,搜捉铜钱下海出海、私铸铜器"等①。表明巡检司的职权还比较广泛。

乡、里等:在北宋前期,里正主管催征赋税,参预推排本乡户等,编造五等丁产簿。改乡为"管"后,耆长负责防捕盗贼、处理词讼、烟火、桥道等公事②。户长也负责征税。乡书手负责书写和保管租税帐册等文书,参预编造五等丁产簿。壮丁为耆长役使,解送公文等③。

州县坊郭的坊正,主管本坊征税事宜。宋神宗后,甲头也负责催督租税、常平和免役钱④。

(四) 保甲制

北宋前期,各地实行松散的"伍保"法。宋初的"户令"规定:各户皆以邻聚相保,以相检察,勿做违法之事。如有远方客人过往住宿,及保内之人有所行动,并通知同保⑤。还规定每五户为一保⑥。但直到仁宗庆历四年(1044 年),"虽然有此令文,州县多不举行。"各地只是零零星星地"结保"。如浚州的黎阳和卫县在这一年稍前,"各将乡村之人,五家结为一保"。在结保之后,"绝无逃军、贼盗,公私简静"⑦。汝州襄城县尉孙永,在当地"修保伍相司之法,而宿奸侨寇为之屏远"⑧。蔡挺在知博州后,也"申饬属县,严保伍"⑨。陈良器在知曹州时,"又修律令'五家为保'之法,故盗往往逃去之它境"⑩。士大夫们视保伍法为维持乡村社会秩序的良法,互相仿效,各地州县较多实行。吕南公指出:

---

① 《永乐大典》卷 14622《部字》。
② 《宋会要》食货 65 之 100。
③ 李元弼:《作邑自箴》卷 7《榜耆壮》。
④ 《长编》卷 257、263。
⑤⑦ 《欧阳修全集·河北奉使奏草》卷上《五保牒》。
⑥ 宋祁:《景文集》卷 28《乞修复陂塘古迹札子》。
⑧ 《苏颂集》卷 53《资政殿学士通议大夫孙公神道碑铭》。
⑨ 《宋史》卷 328《蔡挺传》。
⑩ 王安石:《临川集》卷 88《司农卿分司南京陈公神道碑》。

"夫联邻伍为保甲,以检责奸偷,讥诃逋逃,此熙宁以前,县大夫间亦行之,而民间晓此甚熟矣。"①在这种情况下,一种新的地方基层组织便应运而生了。

宋神宗熙宁四年(1071年),作为由王安石和宋神宗所主持推行的新法之一的保甲法,开始在开封府界实行。按照"畿县保甲条制"规定:一、每10家组织成一保,50家为一大保,10大保即500家为一都保。选派主户中有才干和心力者一人担任保长,最有心力和物产最高者一人为大保长,最有行止和心力才勇为众人佩服、物力最高者2人为都保正、都副保正。二、主户和客户每家有2丁(满15岁)以上者,抽一人为保丁。单丁、老幼、患病者、女户等,皆命就近附保;其中才勇为众所服和物产最高者,也要充当本保的保丁。除禁止行使的兵器外,其他弓箭等允许从便自置,以便习学武艺。三、每一大保,逐夜轮差5人,在本保界至内往来巡警;遇有贼盗,限时击鼓,报告大保长以上头领,同保人户立即救应追捕。如贼盗逃入别保,即递相击鼓,应接袭逐。捕获贼盗,酌情给赏。四、同保内发生犯强窃盗、杀人放火、强奸抢人、传习妖教等,知情不报,依"伍保法"连坐治罪。五、保内如有人户逃移、死亡户绝,并令具状申报县衙。如同保人户不到5户,准许并入别保。本保内户数增加,暂令附保,待满10户,再另设一保。如有外来人户迁入本保居住,须申报县衙,收入保甲。如一保内有外来行踪不明的人,必须觉察,收捕送官。六、各保置牌,登录各户和保丁的姓名。如有申报本县的文书,由保长轮差保丁解送。七、选派官员在开封、祥符两县团成保甲,候成次序,逐步差官员到各县实行②。

随后,依照开封府界保甲法的经验,开始推广到河北东路和河北西路、河东路、永兴军路、秦凤路等五路。其他各路也相继团成保甲③。

最初,保甲隶属于司农寺。熙宁八年(1075年)改隶兵部,增设官

---

① 吕南公:《灌园集》卷14《与张户曹论处置保甲书》之2。
② 《长编》卷218;《宋会要》兵2之5。
③ 《宋史》卷192《兵六》。

员编制,分派至各州检察;保甲的政令则由枢密院掌管①。

保甲制本来只是地方基层政权组织,但后来逐步增加军事色彩,变成一种类似民兵的准军事组织。熙宁四年,始命对开封府界内保丁轮番隶巡检司训练武艺。熙宁九年,全国各地共管义勇、保甲、民兵712 028人,其中已经教阅的民兵、保甲为560 827人,未经教阅的达6 203 374人②。同年,又命保甲按"结队法"结队,以3人为一小队,3小队为一中队,5中队为一大队。作战时,一人在前领队,一人执刀紧跟在后,2人居左右,一人执旗居中③。元丰二年(1079年),开始在开封府界对大保长进行集训,22县设十一所教场,共有2 825名大保长参加。元丰三年,集训结束,制订"团教法",以大保长为教头,分散教阅保丁。然后,推广到河北、陕西、河东。元丰四年,改河北等五路的义勇为保甲,还对这五路的保正长、壮丁691 945人进行"会校"④。变法派准备用经过军事训练的保丁来"代逐处巡检、县尉下兵士、弓手巡捕"⑤。

宋神宗在元丰八年三月病死。同年四月,规定府界和三路保甲中,凡本户只有两丁、患病、不该出丁、确实不能从事生产者,以及第五等以下不满20亩者,都免予轮番参加军训。此法"推行之后,人以为便。"⑥同月,司马光请求废除保甲制,但没有得到采纳⑦。七月,还派官检阅三路保甲。随后,撤销提举钱粮官,改为每年正月至十月分四番教阅;撤销提举保甲司,命各路提刑兼领,只实行冬教3个月;撤销监教官;第五等户有两丁者,免除冬教⑧。应该说,保甲法这一地方基层行政组织并没有被废除,元祐时期只是对其进行改革,淡化其军事色彩。绍圣年

① 《宋史》卷192《兵六》。
② 《宋会要》兵2之12—13。
③ 《长编》卷275。
④ 《宋史》卷192《兵六》。
⑤ 王安礼:《王魏公集》卷4《义勇戍边事宜札子》。
⑥ 陈次升:《谠论集》卷1《上哲宗乞保甲地土不及二十亩者免冬教》。
⑦ 《长编》355。
⑧ 《长编》卷361。

间(1094—1098年),哲宗亲政,再次对保甲法进行改革,一是保甲法原规定每保由保丁轮充甲头催税,都是等第最下户。"人既不服,事率难集"。现改为撤销甲头,改用大保长催科①。二是元祐以来保甲的冬教,只是具文。绍圣三年,决定依照义勇法,恢复三路保甲"教试"②。但直至元符二年(1099年),开封府界保甲始终难以复行教阅法③。

宋徽宗即位后,逐步恢复了京畿等路保甲的教阅。到崇宁四年(1105年),因京畿保甲纷纷投牒要求免除教阅,乃下诏京畿、三路保甲并于农闲时教阅,原来的"月教指挥勿行"④。政和三年(1113年),再次下令京东东、西路和京西南、北路将"点择"主户重行编排,"团成教阅保甲"⑤。宣和二年(1120年),停罢京东和京西四路的保甲,其他各路皆遵依神宗元丰旧制。宣和五年,针对当时各地保甲法实行中的弊病,命每路选差提刑或提举常平一员,专职督责各县令佐执行元丰旧制⑥。

南宋时,保甲法在形式上依旧实行,但发生许多变化。一是进一步推广保甲法。高宗建炎四年,出于抗金的需要,命在东南沿海各州,将拥有海船的民户和曾做水手之人,暂行籍定,5家为保,不准发船到山东⑦。此后,又命将营田的佃客每5家或10家编为一甲,运纲的兵梢每3艘船编为一保,湖北实行经界法时以附近5家结为一保,各州军盐纲户和渔户、沿江船户、钱监工匠等也以5家结成一保或一甲⑧。二是保甲系统的多样化。各地大都将每五家编排为一保或一甲的⑨。但又有将屯田人户每6人结为一甲,每10甲合为一保⑩;也有人将5家编为一保,5保合为一甲,6甲合为一队,几个队合为"总",设总首和副总首统

①　陈傅良:《止斋文集》卷21《转对役法札子》。
②　《皇宋通鉴长编纪事本末》卷100《绍述》。
③　《长编》卷518。
④⑥　《宋史》卷192《兵六》。
⑤　《宋会要》兵2之39—40。
⑦　《建炎以来系年要录》卷36,卷89。
⑧　《庆元条法事类》卷32《鼓铸》。
⑨　《宋会要》刑法2之109—110;《州县提纲》卷2《户口保伍》。
⑩　《宋会要》食货63之54。

率①；也有以 10 家编为一小甲，100 家为一大保，置大甲头一名②。三是职役与保甲法紧密结合，有时径称保甲法为"差役法"③，有时又称为"保役"法④。为了保证税收，早在神宗时就实行甲头催税法：以乡村10—30 户每料轮差一名保丁充当甲头，催纳租税、免役等钱物；同时，废除户长和壮丁、耆长⑤。后来又废除催税甲头，复行户长催税。高宗建炎初，因很多地区差保正、副代户长催税，多致破产，乃再度废除催税户长，复行甲头催税法。至绍兴初，又因担任甲头者都为贫穷的农民，弊端更严重，于是废罢甲头，改命大保长负责催税⑥。此后，实行大保长代户长催税或者甲头催税两种办法，还出现过一些反复。

第二节　中央派出机构及其机制转换

唐朝后期，凡设置节度使和观察使的地区，都称为"道"。随着节度使和观察使权力的不断扩大，举凡"兵甲、财赋、民俗之事，无所不领"，"权势不胜其重"⑦，道成为府、州之上的行政和军事区域，地方行政体制变为道、府州、县三级。道有时也称"路"，见于唐朝的制书⑧。入宋后，虽然也设置了一些道或路级的机构，但只具有中央派出机构的性质，代表朝廷对地方实行监督。不过，随着这些机构的机制逐步转换，又出现了路向行省演变的趋势。

（一）路的设置

宋太祖时，承袭唐制，将全国分为若干道。太宗太平兴国四年（979

---

① 《建炎以来系年要录》卷 192。
② 《宋会要》兵 2 之 43。
③ 《宋会要》食货 65 之 78。
④ 《宋史》卷 173《食货上一·农田》。按：宋哲宗时已出现"保役"之称。
⑤ 《长编》卷 263。
⑥ 《宋会要》食货 14 之 17—19。
⑦ 洪迈：《容斋三笔》卷 7《唐观察使》。
⑧ 《唐大诏令集·诸王·除亲王官下》。

年),宋军平定北汉,结束了五代十国以来中原分崩离析的状况,实现了新的统一。至道三年(997年),将全国分为15路,为:京东、京西、河北、河东、陕西、淮南、江南、荆湖南、荆湖北、两浙、福建、西川、峡、广南东、广南西①。此后屡有分合,京东、河北、淮南、江南路各分为东、西,京西路析为南、北,陕西分为永兴军、秦凤,西川、峡路析为成都、梓州、利州、夔州②。至神宗元丰八年(1085年),就增为23路。

南宋境土不到北宋的4/10,设置200州③。宋、金绍兴和议后,共分17路。两浙路分析为东、西两路,两浙东路以绍兴府为治所,两浙西路以临安府为治所。利州路也细分为东、西两路,利州东路以兴元府为治所,利州西路以沔州(今陕西略阳)为治所。梓州路改名为潼川府路。其余京西南路、淮南东路、淮南西路、江南东路、江南西路、荆湖南路、荆湖北路、成都府路、夔州路、福建路、广南东路、广南西路的建制依旧不变④。各路转运司的治所稍有变动。

宋朝还有一些因军事需要而设置的路,如仁宗庆历元年(1041年)后,逐步将陕西沿边分为秦凤、泾原、环庆、鄜延、熙河、永兴军六路⑤。仁宗庆历八年(1048年),将河北划分为大名府、高阳关、真定府、定州四路⑥。南宋初,以江、池、饶、信四州为江州路,建康府和太平、宣、徽州、广德军为建康府路,后又设鄂州路,成为江南东、西路内的三个小路⑦。以上各路各设经略安抚使司或安抚使司,不是一种常设机构。

(二) 路的漕司和宪司、仓司、帅司及饷司的设置

宋朝路级的机构呈现逐步增多的趋势。出现这种趋势的原因有

---

① 《长编》卷42。

② 《宋史》卷85《地理一》。

③ 《宋史》卷393《黄裳传》。

④ 《宋史》卷89《地理五》。

⑤ (清)钱大昕:《十驾斋养新录》卷11《分天下为路》;《宋史》卷87《地理三》。

⑥ 《宋史》卷86《地理二》。

⑦ 《宋会要》职官41之98—99。

二,一是统治者为了分割路级长官的事权,防止地方官专权不法。二是社会经济和政治生活的发展,以及抵御外敌的需要。于是陆续设置了一些路级机构,如转运司、发运司、制置司、招讨司、提点刑狱司、提举常平茶马市舶等司、提举学事司、安抚司、总领所等。以下叙述其中的主要机构情况。

转运使司——简称"漕司"。唐朝中期始见"转运使"的官称:玄宗先天二年(713年),以李杰为陕州刺史,充水陆发运使。开元十八年(730年),裴耀卿始为江淮转运使①。这些转运使都是根据特殊需要而由朝廷任命办理一道或者数道财计事务的临时性差遣。宋初承袭此制。太祖开国伊始,即命户部侍郎高防和兵部侍郎边光范为前军转运使。此后,常命一、二员大臣为随军转运使或随驾转运使、某道转运使等,官高者则为某路计度转运使,所到之处,筹集军饷,事成即罢②。开宝五年(972年),李符受命"知京西南面转运事",太祖亲书"李符到处,似朕亲行"八字赐之,揭于大旗,常以自随③。这时,转运使尚未形成制度,也缺少权威。到太宗时,一方面为了支持战争、征运军粮,继续临时委任一些官员充当某路转运使或行在转运使、勾当某地诸州水陆转运使事等,官高者则兼提点三司某数路诸州转运使事或提点转运使事。另一方面,在取消节度使所领支郡的同时,正式设置各路转运使,以削夺各节度使的财权。如太平兴国二年(977年),分陕西转运使为二司,即陕西河北诸州转运司和陕西河南诸州转运司。三年,又分京西转运司为二司。六年,选留朝臣10员,分任河东、西川、峡、广南、河北、淮南、荆湖、江南、两浙路的转运使,并且授予各路转运司"察访部下官吏"的职责。此后,又陆续规定转运使的纪律、考核办法等④,初步确立了各路设置转运使司的体制。转运使的全称为"某路诸州水陆计度转

---

① 高承:《事物纪原》卷6《转运》。
② 《宋会要》职官49之3—4;李攸:《宋朝事实》卷9《官职》。
③ 《长编》卷13。
④ 《宋会要》食货49之3—8。

运使"①,其官衙称"转运使司"。

南宋时,因为抵抗金、蒙战争的需要,转运使司体制略有变化。高宗绍兴二年(1132年),设置江浙、荆湖、广南、福建路都转运使司,设司于湖州,后迁常州、抚州。绍兴五年,各路改设都转运使司,次年撤销②。

提点刑狱司——宋初,统治者重视狱讼的审理。统一各国后,各路刑狱公事由转运司主管③;同时,朝廷又不定期地遣使去各地审理刑狱。太宗在雍熙间(984—987年),接连三次派遣官员分路"按问刑狱",授权"小事即决之,大事趣令速了。事有可了,而官吏故违稽缓者,鞠其状以闻。"④但这种措施局限性很大。为了加强各路司法官的力量,遂决定为各路设置专管刑狱的官员。淳化二年,始分派10员常参官充当"诸路转运司提点刑狱公事",要求各州每10天一次向提刑供报囚帐,遇有疑难的刑狱便立即前往审视。如发现州县拖延刑案长期不决,或审判不公,即奏申朝廷。这时的提刑司只是转运司的一个子司。提刑只是转运司的一员属官,并没有单独设置机构⑤。四年,因其在刑狱方面"未尝有所平反",乃下诏省罢,"归其事于转运司"⑥。真宗初年,仍然不定期地遣使巡抚各路,疏决在押囚犯,纠察官吏⑦。景德四年(1007年),真宗担心各路"刑狱官吏未尽得人",而转运使"地远无由知",决定效法太宗亲选朝官为河北、陕西等路提点刑狱,以使臣为其副⑧。新设的提刑"以三年为任",因而必定有常设机构,提刑不再是临时派遣的官员;同时,有权受理"已经转运使批断未允"的案件;"增给缗钱,如转运使之数"⑨,取得了与转运使同等的待遇。显然,新

---

① 《两浙金石志》卷5《宋杭州放生池碑》。
② 《宋会要》食货49之39、42。
③ 《文献通考》卷61《职官十五》。
④ 《宋大诏令集》卷200《政事五十三·刑法上》。
⑤ 《皇宋通鉴长编纪事本末》卷14《听断》。
⑥ 《长编》卷34。
⑦ 《宋大诏令集》卷201《政事五十四·刑法中》。
⑧⑨ 《长编》卷66。

的提刑成为一路的最高司法官员。到仁宗天圣六年(1028年),因为有的官员提出各路提点刑狱朝臣和使臣"过为烦扰,无益于事",乃再次撤销,将"本职公事"移交给转运使和副使①。天圣八年,复置各路提点刑狱官,但不到十天,"又废不行"②。明道二年(1033年),仁宗亲政,认为撤销提点刑狱后,各路刑狱"转运司不能一一躬往谳问,恐浸至冤滥",应选"贤明廉干不生事者委任之,则民受其赐矣",于是再度设置提点刑狱官,并参用武臣③。从此,各路设置提刑司成为定制,不再有大的变动。

提举常平茶盐司——宋太宗淳化间(990—994年),命各地建立常平仓,但并不普遍。真宗景德三年(1006年),又命各地重建常平仓,由转运使派员掌管,总隶朝廷司农寺。仁宗景祐元年(1034年),命各路转运使荐举所部官专领,但仍隶属于转运使④。神宗熙宁初,先派官提举河北、陕西路常平⑤。熙宁二年(1069年),在京东、淮南等路设置常平广惠仓,遂差官分诣各路"提举常平广惠仓兼管勾农田水利差役事"⑥。哲宗元祐元年(1086年),采纳司马光的建议,撤销各路提举官,将提举常平司职事并入提刑司,青苗和免役等法随之停罢。绍圣元年(1094年),全面恢复新法,各路重新委派提举常平等事官。元符(1098—1100年)后,成为固定的机构⑦。徽宗崇宁间,东南和河北因行钞盐和茶引法,分设提举盐事司和茶事司,尚非路级监司,后来一度废罢。政和元年(1111年),命江、淮、荆、浙六路合置提举茶盐司官一员。既而各路皆置⑧。政和元年后,各路皆设提举盐香茶矾事官,是路级监司之一。宣和三年(1121年),河北、京东路各置提举官一员⑨。宣和

---

① 《长编》卷106。
② 《长编》卷109。
③ 《长编》卷113。
④⑨ 《文献通考》卷61《职官十五》。
⑤⑧ 《宋史》卷167《职官七》。
⑥ 《宋会要》职官43之2。
⑦ 《宋会要》职官43之6。

七年,改提举盐香茶矾事司为提举茶盐公事司。南渡初,将各路提举常平司并归提刑司,钱谷等起发赴行在所。绍兴二年(1132 年),复置诸州常平主管官,隶属提刑司,"实使之行常平司事,但避提举官之名"①。随后,又命各路诸提刑司官衔内皆添"兼提举常平等事"。绍兴五年,将提举常平司并入茶盐司,通称"提举常平茶盐司";无茶盐的路分,依旧由提刑兼领。绍兴九年,设置江淮荆浙闽广等路经制使司,即改主管常平官为"经制某路干办常平等公事";经制司撤销后,再度恢复旧称。绍兴十五年(1145 年),命各路提举茶盐官改充提举常平茶盐公事;四川和广西由提刑司兼领,淮西和京西命现兼提举茶盐官兼领②。

转运使司、提点刑狱司、提举常平茶盐司是当时的路级机构,统称"监司"。

安抚使司——俗称"帅司"。唐初派遣 13 员安抚大使"巡省天下",后来每遇各州水旱则设"巡察"、"安抚"等官。宋真宗时,始设西川安抚使、峡路安抚使,泾、原、仪、渭、邠、宁、环、庆等 12 州军安抚经略使,鄜延路缘边安抚使,青、淄、潍等州安抚使和郓、齐、濮等州安抚使,河北沿边安抚使。此后,凡各路遇到水旱天灾或边境用兵,都特派"体量安抚",事成则罢。仅河北、河东、陕西、广东、广西等路常置安抚使司③。南宋前期,各路都设置安抚使司,仅广东和广西两路依旧加"经略"两字。各路安抚使司的治所为:两浙东路在绍兴府(今属浙江),两浙西路在临安府(今浙江杭州),江南东路在建康府(今江苏南京)、江南西路在隆兴府(今江西南昌)、淮南东路在扬州(今江苏扬州)、淮南西路在庐州(今安徽合肥)、荆湖南路在潭州(今湖南长沙)、荆湖北路在荆南府(今湖北江陵)、福建路在福州(今属福建)、京西南路在襄阳府(今湖北襄樊)、广南东路在广州、广南西路在静江府(今广西桂林)、成都府路在成都府(今属四川)、利州路在兴元府(今陕西汉中)、潼川

---

① 施宿:《嘉泰会稽志》卷 3《提举司》。
② 《宋会要》职官 43 之 13—29。
③ 《建炎以来朝野杂记》甲集卷 11《安抚使》;《宋会要》职官 41 之 79、81、90。

府路在泸州(今属四川)、夔州路在夔州①。此外,还跨数路或在一路内设置安抚使司。如淮南西路既设安抚使司,以庐州为帅府(治所),又以知寿春府带管内安抚使。知颍昌府也兼管内安抚使。这是为增重各府、州长官的事权而临时设置的官称。又如曾在岳州和江州、镇江府设置三所沿江安抚使司,由三处的知州、府带"沿江安抚使"官称②。利州路因屡次分为东、西两路而又复合,东路的治所在兴元府,西路的治所在兴州(又称沔州,今陕西略阳)③。

总领所的设置——总领所是宋朝创设的特殊路级机构。北宋末年,河北兵马大元帅康王(高宗)驻军济州,命令随军转运使梁扬祖"总领措置财用",但尚未以此为官名。高宗建炎初,曾委任朝官"总领"都督府、宣抚司财赋④。建炎三年(1129年),宣抚处置使张浚以同主管川、陕茶马赵开为随军转运使、专一总领四川财赋⑤,置所系衔,总领官从此开始⑥。绍兴三年(1133年),委派户部侍郎姚舜明往建康府"专一总领应干都督府钱物粮斛"。六年,听从都督诸路军马张浚的建议,委派户部侍郎刘宁止前赴镇江府置司,"专一总领"都督府宣抚司财赋,以保证三宣抚司的钱粮供应。同年,命户部郎官霍蠡前往鄂州置局,"专一总领岳飞军钱粮"⑦。其后,宋军在江上,或遣派户部长官或太府、司农寺卿少调发钱粮,都督以"总领"为名,而四川总领所则改为都转运。绍兴十一年,收回诸大将的兵权,以为御前军,屯驻诸处,三处皆置总领,委派朝官充当,衔内皆带"专一报发御前军马文字"⑧。首命胡纺为司农少卿、总领淮东军马钱粮,吴彦璋为太府少卿、总领淮西江东军马钱粮,曾慥为太府卿、总领湖广江西京西路财赋、湖北京西军

① 《宋会要》职官41之79—80。
② 《宋会要》职官41之98、110、104、106。
③ 《建炎以来朝野杂记》乙集卷9《利帅东西分合》。
④⑧ 《文献通考》卷62《职官十六》。
⑤ 《宋史》卷374《赵开传》,卷25《高宗二》。
⑥ 《建炎以来朝野杂记》甲集卷11《总领诸路财赋》。
⑦ 《宋会要》职官41之44、45。

马钱粮。绍兴十五年,撤销四川都转运司,在四川路宣抚司下设总领司,专掌财赋,以赵不弃为太府少卿、总领四川宣抚司钱粮所①。绍兴十八年,罢四川宣抚司,以汪召嗣为总领四川财赋军马钱粮、专一报发御前军马文字②。从此,全国共置四处总领所:淮东总领所,设在镇江府,掌管镇江各军的钱粮;淮西总领所,设在建康府,掌管建康和池州各军钱粮;湖广总领所,设在鄂州,掌管鄂州和荆南、江州各军钱粮;四川总领所,设在利州,掌管兴元府和兴州、金州各军钱粮。孝宗乾道六年(1170 年),因淮东已设转运司,乃将淮东总领所并入淮西,称总领两淮、浙西、江东财赋军马钱粮所。次年,复置淮东总领所③。

(三) 编制和人选

宋朝各个路级机构逐步形成一定的人员编制和一定资序的人选。

转运使司——转运使司设置转运使和转运副使、转运判官。宋太宗太平兴国二年(977 年),任命吏部郎中边翊和祠部郎中李符同知广州兼广南诸州转运使,右拾遗赵晟和右赞善大夫周渭为转运副使④。是为宋朝设置转运副使之始。太祖开宝五年(972 年),任命许九言为岭南转运判官。太宗太平兴国三年,又设置各道转运判官,始以著作佐郎戴允诚等充任。是为设置转运判官之始⑤。宋初,原则上规定转运使、副使、判官皆选差升朝官以上官员充当。真宗天禧四年(1020 年),全国共设 18 路,其中京东和京西、河北、河东、陕西、淮南、两浙七路、每路置正使、副使各一员,其他路不设副使。大致上设两员者,为正、副使,或者皆为正使、皆为副使,或者以一员为同转运使、判官。两省五品以上官员充任此职或掌管两路以上者,称为"都转运使"。转运判官的停罢置复不常,转运使和副使皆兼劝农使。南宋前期,各路都转运使的

①　《宋会要》职官 41 之 45—46。
②　《建炎以来朝野杂记》甲集卷 11《总领诸路财赋》;《宋会要》职官 41 之 47。
③　《文献通考》卷 62《职官十六》。
④　《宋会要》食货 49 之 1—3。
⑤　高承:《事物纪原》卷 6《运副》、《运判》;《宋会要》食货 49 之 4。

除授不常,正、副使和判官照旧设置①。光宗绍熙(1190—1194年)后,正、副使和判官"始不双除"②。南宋后期,各路一概不设转运使,大多数路只设转运副使和转运判官各一员,如两浙、江东、江西、福建、湖南、湖北、淮东、广东、广西、成都府、夔州、利州路;少数路只设转运判官一员,如定襄、淮西路;潼川府路只设转运副使一员③。

　　各路转运司的属官,有勾当公事和管勾文字官。河北和陕西、河东三路各设勾当公事两员,其他路各一员。管勾文字官每路各一员。勾当公事和管勾文字官,入南宋后,因避高宗"御讳",改称干办公事和主管文字官。另外,各路还设准备差遣(文臣)和准备差使、指使(武官)、守次押纲官、催促起发行在物斛官,各若干员。徽宗崇宁四年(1105年),全国各路转运司共设属官109员,平均每路5至6员(以共19路计);是年九月,命各裁减1/3④。属官之下配备人吏,有勾押官、前行、后行,随各路的需要而设。勾押官南宋时改称主押官⑤。

　　转运司官员的人选,宋初没有一定的制度。因为征战的需要,有时还委派宰辅担任转运使。如太祖开宝五年(972年),由参知政事薛居正兼"提点三司淮南、湖南、岭南诸州水陆转运使事",吕余庆兼"提点三司荆南、剑南诸州水陆转运使事"。又由知广州、山南东道节度使潘美和保信军节度使尹崇珂兼领"岭南转运使"⑥。次年,薛居正升任门下侍郎、平章事,"仍兼提点转运使事"。同时,另一员宰相即中书侍郎、平章事沈义伦"兼提点荆南剑南转运使事"⑦。统一各国后,逐渐形成制度,原则上规定转运使和转运副使、转运判官都要常参官(升朝官)以上的官阶;同时,还要求实历知州和通判。真宗以后,进一步规

---

①　《宋会要》食货49之1、2。
②　佚名:《元丰官制》。
③　《永乐大典》卷14627《部字》。
④　《宋会要》职官45之3。
⑤　《宋史》卷167《职官七》;《宋会要》食货49之2、43。
⑥　《长编》卷13。
⑦　《宋会要》选举27之2、4。

定担任转运使和副使、判官者必须具有通判以上资序。如仁宗嘉祐五年(1060年)已规定,入选转运判官的资序为一、第二任知州;二、初任知州、第二任通判①。南宋后期的"吏部条法",显然继承了元丰改制以后的制度,规定河北和陕西、河东三路的转运使"合差"第三任转运使资序人,三路转运副使和各路转运使"差合入"第三任提点刑狱资序人,各路转运副使"差合入"第二任提点刑狱资序人,各路转运判官"差合入"第二任通判资序人②。南宋时,还规定担任转运使、提刑等监司者的年龄不得超过70岁③。神宗熙宁初,还规定了各路转运使司负责"奏举"京朝官知县资序人充当本司的勾当公事和管勾文字官。哲宗元右五年(1090年),除三路而外,各路权添差准备差遣2员,选差大使臣充当④。南宋时,基本承袭此制⑤。

　　提刑司——一般每路设置提点刑狱1至2员。凡设置两员提刑的地方,另一员必定为武臣提刑,称"同提点刑狱"。武臣同提刑自设置以后,朝野舆论褒贬不一,因而废置不常,孝宗乾道六年(1170年)在各路重置一员时,除去"同"字,从而提高了地位,增加了职权。到淳熙末年(1189年),又省罢不置⑥。从此,取消了武臣提刑一职。提刑司的属官有检法官和勾当公事、缉捕盗贼、指使。自神宗熙宁二年(1069年)撤销武臣提刑后,各路仅一员提刑,但刑事繁多,难于"省阅",于是在六年设置各路提刑司检法官各一员⑦。徽宗宣和二年(1120年),又增设各路提刑司勾当公事一员至2员⑧,南宋时改称干办公事。徽宗崇宁四年,全国各路提刑司共设属官18员,平均每路近一员;是年九月,命裁减1/3⑨。

----

① 《宋会要》食货49之16。
② 《永乐大典》卷14628《部字》。
③ 《宋会要》职官45之36—37。
④ 《宋会要》食货49之17、22;《职官分纪》卷47《勾当管勾官》。
⑤ 《永乐大典》卷14622《部字》。
⑥ 施宿:《嘉泰会稽志》卷3《提刑司》;《建炎以来朝野杂记》甲集卷11《武臣提刑》。
⑦ 《长编》卷243。
⑧ 梁克家:《淳熙三山志》卷25《秩官类六》。
⑨ 《宋会要》职官45之3。

属官之下配备一定名目和数量的人吏①。

　　提点刑狱原则上以升朝官（文臣）和阁门祗候（武官）以上充当②。后来又逐步具体规定，升朝官任提刑者的资任必须是"曾任知州及实经两任通判以上人"③。哲宗元祐元年（1086 年），规定提刑必选差曾任知州以上、实历亲民差遣、所至有政绩之人④。南宋后期的"吏部条法"，规定担任提刑者的资序是"合入"第二任知州资序人⑤。同提刑或武臣提刑的任职资序，仁宗时曾陆续规定为必须历任知州、军而未犯过失者，或者未犯赃私罪而曾历任两监者，或者历任未犯赃私罪和不曾出入人罪、升转大使臣后经三任亲民官者⑥。宋朝禁止曾任中书门下和枢密院各司吏人及伎术官出职者担任提刑或同提刑，一旦被人告发，即被撤职⑦。提刑司的检法官初设时，候选人要经过考试断案、刑名约 7 件以上、10 件以下，及格者方能除授⑧。南宋后期的"吏部条法"规定，担任提刑司检法官的资序是一、承务郎以上；二、选人（皆历任大理寺断刑官）中，曾任此职（指在职两年以上，不是因本职过犯而离任者），考中刑法第三等中以上，曾为律学生而公试三次考试得第一名，考中刑法第三等下者（以上皆指经任人），等等。又规定曾经犯失入徒上以已决，死罪未决，或者"三色官"（流外、进纳、摄官），都不得充当此官。提刑司的干办公事官，选注"知县满替人"⑨。

　　提举常平茶盐司——提举常平茶盐司的官吏编制，因其机构废置不常，且出现过各种名称的机构，其长官或不置而由他司长官兼领，所以情况较为复杂。一般每路设提举司长官一员。有些路因所部阔远或

①　《庆元条法事类》卷 52《公吏门》。
②　《职官分纪》卷 47《诸路提点刑狱》。
③　张方平：《乐全集》卷 30《准敕举提点刑狱朝臣》。
④　《宋会要》职官 45 之 1。
⑤　《永乐大典》卷 14628《部字》。
⑥　《长编》卷 160；《乐全集》卷 30《准敕提点刑狱朝臣》；《长编》卷 189。
⑦　《长编》卷 188，卷 134。
⑧　《长编》卷 243。
⑨　《永乐大典》卷 14622《部字》。

户口众多,如河东、永兴军、两浙路,设置两员①。初设时,提举官往往破格选拔"年少资浅轻俊之士"担任此职,或者委任通判、知县、监当官资序的官员,或者委任选人,冠以"权发遣"之名②。元丰元年,规定选差升朝官资任者充当,资序与转运判官相同。高宗绍兴六年(1136年),提高担任提举茶盐常平官者的资序,规定必须"资历已深,呈(诚)实素著之人",或者在郎官以上的官员③。南宋后期的"吏部条法"规定,各路提举常平茶盐官与转运判官一样,选差"合入"第二任通判资序人担任④。提举司的属官,有勾当官和管勾官、准备差遣。南渡后,管勾官先改称主管官,高宗绍兴十五年(1145年),又改称常平司干办公事。后又增设主管官。神宗和哲宗时,每州10县以下,提举常平司各置管勾官一员;10县以上,各置管勾官两员分治。高宗时,每路设常平主管官一员,选差通判、幕职官充当⑤。南宋后期的"吏部条法"规定,各路提举茶盐司的干办公事,应选差以下资序的官员:一、第二任知县;二、初任知县(已经历任);三、第三任监当⑥。提举常平茶盐司还配备一些人吏,如贴书等。

安抚使司——各路安抚使司设置安抚使一员为长官,一般由本路最重要的州、府长官兼任。官阶必须在太中大夫(神宗元丰改制前为左、右谏议大夫)以上,或者曾任两制、侍从官者(必须曾经担任过知州或通判),一般升朝官则必须曾任提举官或转运使而"实有治绩,宿负时望者"⑦。品阶低者,只能称"主管某路安抚使司公事"。南宋时,凡职名稍高者出守,都可兼安抚使;二品以上官员,即称安抚大使⑧。广东和广西、荆南、襄阳沿袭北宋旧制,仍加"经略"两字。如广东路带

---

① 《宋会要》职官43之4。
② 司马光:《温国文正司马公文集》卷51《乞罢提举官札子》。
③ 《宋会要》职官43之4、7、24。
④ 《永乐大典》卷14628《部字》。
⑤ 《宋会要》职官43之29、4、5、7、25。
⑥ 《永乐大典》卷14620《部字》。
⑦ 《宋史》卷167《职官七》;《宋会要》职官41之117、91。
⑧ 《宋会要》职官41之99。

"主管经略安抚司公事"，广西路带"经略安抚使"。同时，凡一路的安抚使大都带本路的"马步军都总官"之职，仅广西和成都府、潼川府、夔州路带本路的"兵马都钤辖"之职①。安抚司的附属机构有签厅和都厅、印书库等②。其官属名目和人数较多，有参谋官、参议官、勾当公事（南渡后改称干办公事）、管勾机宜文字（南渡后改称主管机宜文字）、管勾书写机宜文字（南渡后改称主管书写机宜文字）、准备将领、准备差遣（文臣和武臣）、准备差使（武臣）、准备使唤、指使、听候使唤、听候差使、亲兵统领③、措置招捉捕盗官、兵马副总管、兵马钤辖、兵马都监、将、副将、准备将领、队将、押队、训练官等④。其中参谋官和参议官，必须选差通判以上资序人充当，其余选差令、录以上资序人充当。准备差遣和准备差使，选差大、小使臣充当。各路安抚司的属官编制不等，徽宗崇宁四年，全国经略安抚司共设属官 113 员，平均每路近 6 员（以共19 路计）；是年九月，决定各减 1/3。南宋又较北宋增多。如高宗建炎四年（1130 年），规定各路帅司可差置准备将领 2 员、准备差遣 5 员、准备差使 10 员⑤。两浙西路安抚大使司设置了参谋、参议、主管机宜文字、主管书写机宜文字各一员，干办公事官 5 员。其中参谋官和参议官以提举茶盐官例支给月俸；主管机宜文字和主管书写机宜文字、干办公事以上，如系京朝官便依通判例支给月俸，如系选人便依签书判官例支给月俸。这也反映出参谋等官的资序⑥。孝宗淳熙二年（1175 年），尚书右选所定差注格法，规定各路安抚司的主管机宜文字和主管书写机宜文字，选差：一、通判资序人；二、第二任知县资序、曾经历任亲民人。各路安抚司的干办公事选差：一、通判资序人；二、第二任知县资序人。

---

① 《宋会要》职官 41 之 80。
② 赵与时：《宾退录》卷 1；《淳熙三山志》卷 7《公廨类一·府治》。
③ 《永乐大典》卷 14620《部字》。
④ 《淳熙三山志》卷 23《秩官类四》。
⑤ 《宋会要》职官 45 之 3、41 之 107、106、102。
⑥ 《宋会要》职官 41 之 99、101。

浙西路安抚司的指使大使臣一员,选差无赃罪的监当资序人,等等①。

　　总领所——四总领所各设总领官一员,为本所长官。委派户部侍郎、户部郎官,太府卿、少卿,司农卿、少卿等朝官即朝廷"金谷官"充当。仅孝宗淳熙间,宇文子震受命为淮东总领,但他尚未担任过州的长官,乃命以著作郎兼权金部郎官出任此职②。总领官的序位在转运副使之上。其官属有干办公事、准备差遣、准备差使、主管文字、催纲使臣、监官和监门官等。如四川总领所设置主管文字和干办公事各两员,准备差遣和准备差使各一员(一度裁减两三员)。淮西、江东总领所设干办公事 2 员,后增为 3 员,另增准备差遣一员。淮东总领所还特设催纲使臣 3 员。在孝宗乾道七年(1171 年)以前,总领所属官皆差选人充任。到乾道七年,因四川总领所提出这些选人"资望太轻,难于号令",乃全部选差京官。催纲使臣则在小使臣内选差。淳熙二年(1175 年),规定淮东西、湖广、四川总领所的干办公事,选差:一、通判资序人;二、第二任知县资序,曾经历任亲民人③。

　　各总领所均设有一些机构。诸如淮东和淮西总领所下设分差粮料院审计司、榷货务都茶场、御前封桩甲仗库、大军仓、大军库、赡军酒库、市易抵当库、惠民药局;湖广总领所下设给纳场、分差粮料院审计院、御前封桩甲仗库、大军仓、大军库、赡军酒库;四川总领所下设分差粮料院审计院、大军仓、大军库、拨发船运官、赎药库、籴买场。各机构大多以属官兼任,由户部长贰,太府、司农卿少"通行荐举";少数机构,如淮东、湖广总领所甲仗库的监官由本所长官辟差;淮东、淮西总领所粮院审计司监官,由都督府选差通判兼任;湖广总领所大军库监官一员由朝廷选差,监门官一员由现任指使中选差,等等。

　　各总领所的人吏编制为,淮东 9 人,淮西、湖广各 10 人,四川 20人。湖广总领所在乾道二年前,只差拨户部的人吏任职;到乾道二年,

---

①③　《永乐大典》卷 14620《部字》。

②　《建炎以来朝野杂记》甲集卷 11《馆职为总领》。

每当户部派员前来"会问"，"并是本处人供报本部人，即供报不行"，乃皆令发回户部，另从监司、州军吏人中物色人选。其他总领所也依此选用人吏①。

（四）职掌

随着路级机构设置的逐步增多，各机构的职掌愈益细分化；同时，随着社会政治和经济的发展，各机构的职权范围出现了不断扩大的趋向。此外，各机构又仍都负有一些共同的职责。

转运使司——宋初临时设置转运使，其职责只是"专主粮饷"，供应军队②。太宗太平兴国六年（981 年），曾下诏要求各道转运司"察访部下官吏，有罢软不胜任，简慢不亲事，及黩于货贿、害及黎元者，条其事状以闻，当遣官鞠劾。其有清白自守、干局不苟者，亦须明扬，必加殊奖。"只是要求转运司监察本道的官吏。至道二年（996 年），因发现各路转运使、副因循旷职，又下诏要求自今都须尽心察访所部和"提举钱帛粮食，无令积压损恶，及信纵欺隐官物，并淹延刑禁"。除对本路官实施监察外，还担负了计度钱物和审理刑狱两项职责。淳化三年（997 年），再次在两份诏书中界定转运使、副在财计、民政、司法、监察等方面的职掌为：一、规划本处场务的课利增盈，二、更改公私的不便之事，三、除去民间的弊病，四、按问雪活冤狱，五、在沿边水陆运输粮草不扰于民，六、觉察部内知州、通判、监当场务、京朝官、使臣，幕职州县官等的政绩③。转运司职权的逐步膨胀，到真宗初年更为明显。咸平元年（998 年），增加了转运使、副的职责，如招复流徙、劝课田畴、提领簿书。二年，真宗在诏书中规定："朝廷以州郡之事，委漕运之臣提其纪纲、按以条法。"明确把州郡置于转运使、副的管辖之下。从这时起，到仁宗明道二年（1033 年）各路复置提点刑狱司前，转运使、副"于一路之事无

---

① 以上见《宋会要》职官 41 之 44—70。
② 《文献通考》卷 61《职官十五》。
③ 《宋会要》食货 46 之 6—7。

所不总"①，实际掌握一路的大权，是一路的最高长官；转运司则成为一路的最高行政机构。它的职掌主要有四项：一、主管一路财计；二、审讯刑狱；三、察访官吏；四、了解公私利害，从长施行②。在财计上，每年核算本路财赋的有无和盈亏，决定调拨上供朝廷的钱粮和州县的经费；每年巡行所部，检察储积，稽查帐册③。在明道二年复置各路提刑以后，转运司的职权开始削弱，地位更大受影响。不过，在一些时候也一度添加给转运司某些职事。如神宗熙宁元年（1068 年），命河北路转运使、副要以边防为急务，具体任务是察将佐、训义勇、治器甲、完城守。哲宗元祐元年（1086 年），命各路转运司兼管赈济灾民和捕捉贼盗④。南渡后，供馈军队给养，成为转运司的重要职责，有时转运司长官亲自随军移运，或另设随军转运副使或判官专门应办钱粮⑤。在北宋前期，各路转运司隶属于户部；神宗元丰改制后，隶属于尚书省的户部左曹⑥。属官中的管勾文字官，负责"点检一路财赋"，保管本司财务帐册⑦。

提刑司——提刑司初设时，其职权限于审理案件和按劾违法官吏。正如《宋史·职官志》记载，提点刑狱公事"掌察所部之狱讼而平其曲直，所至审问囚徒，详复案牍，凡禁系淹延而不决，盗窃逋窜而不获，皆劾以闻，及举刺官吏之事"⑧。但在确立提刑司制度后，其职权范围又有不断向外延伸的倾向。提刑司是一路的最高司法机构，总管所辖州、军的刑狱公事，与州、县不同的是本身不设监押犯人的牢狱。北宋前期，提刑司负责监督州、县依法审判；州、军审理大辟案件有疑难，申报提刑司审核，再奏申大理司详复。神宗元丰改制后，取消了州、军的死刑终审权，规定必须申报提刑司核准后方能执行，表明提刑司取得了奏谳案件以外的各种案件的终审权。提刑司还负责每季向朝廷申报一次

---

① 《文献通考》卷 61《职官十五》；《历代名臣奏议》卷 161《建官》元祐元年司马光疏。

② 《宋会要》食货 49 之 10。

③⑤⑧ 《宋史》卷 167《职官七》。

④ 《宋会要》食货 49 之 17、22。

⑥ 王应麟：《玉海》卷 186《宋朝三司使等》。

⑦ 《宋会要》食货 49 之 31、34。

本路刑、禁多寡的情况①,负责每年检察各地监狱的各种情况②。提刑司又是一路的最高监察机构之一,有权对本路的其他监司官员实施监察,更有权对下属的州、县官员实施监察(详见本卷第七章第三节)。

从北宋到南宋,提刑司增加得最多的是经济方面的一些职责。诸如一、负责管辖常平广惠仓。神宗熙宁二年设置各路提举常平广惠仓官后,提刑仍有权对各州支用情况加以监督。哲宗元祐初撤销提举常平司后,提举司的职事包括所有常平仓钱物全归提刑主管③;提刑司负责以一路的宽剩助役钱"通融移用",保证各州职役差、雇法并行④。二、兼管河渠公事。仁宗嘉祐四年(1059 年),规定各路提刑朝臣和使臣"并带兼提举河渠公事"⑤。神宗熙宁九年,在分划一路提举司和转运司、提刑司的职权范围时,将"河渠非为农田兴修者,依旧属提点刑狱司"⑥。三、劝课农桑,检括漏税。真宗天禧三年(1019 年),因"诸路租赋欺隐至多,官私土田侵冒亦甚",命各处提刑朝臣负责"管勾"。四年正月,改各路提点刑狱为劝农使、副使兼提点刑狱公事,要求所到之处视察居民版籍,劝恤耕垦,招集逃亡,检括隐税。各路"劝农提点刑狱官"向朝廷奏申户赋农田时,用劝农司的名义;刑狱格法则用提点刑狱的名义⑦。同年十一月,又改为提点刑狱劝农使、副⑧。仁宗天圣四年(1026 年),撤销各路劝农司,但提点刑狱与转运使仍领劝农使⑨。四、拘收起发无额上供钱物和拘收封桩部分钱物。神宗元丰元年,命各路提刑司拘收缺额禁军的月给钱粮,"于所在别封桩"⑩。宁宗时,规定

---

① 《建炎以来系年要录》卷 153。
② 《庆元条法事类》卷 73《病囚》。
③ 《长编》卷 368。
④ 《宋史》卷 178《食货上六》。
⑤ 《长编》卷 189。
⑥ 《长编》卷 279。
⑦ 《宋会要》职官 42 之 2;《长编》卷 95。
⑧ 《宋会要》职官 42 之 3;《长编》卷 96。
⑨ 《宋会要》职官 42 之 3;《长编》卷 104。
⑩ 《宋会要》食货 64 之 70。

朝廷封桩钱物和禁军缺额封桩钱物，提刑司每半年差官点检已、未封桩数目，申报枢密院和尚书省①。神宗时，始立无额上供钱额。后来立法，由提刑司负责拘收各州军所收无额上供钱物，"具帐供起发"。南宋时，承袭此制②。五、拘催经总制钱。徽宗宣和三年（1121 年），创立经制钱。经制钱实际也是无额上供钱物的一部分。高宗绍兴五年（1135 年），创立总制钱。从建炎三年（1129 年）开始，命令提刑司兼领经制钱的拘催和管理事务，由提刑委派属官亲赴各州每季起发运往行在所③。绍兴六年，命令提刑司负责"检察"各州通判拘收总制钱④。绍兴三十年，始立经总制钱岁额，并"行下诸路提刑司，每岁如数拘催，不管拖欠"⑤。经总制钱成为南宋的重要财政来源，催督经总制钱成为提刑司的主要职责⑥，负责每月抽查各州经总钱物帐册，拘催检察，申报户部⑦。此外，提刑司还握有一定的兵权，兼管巡检盗贼公事。南宋时，提刑司掌管本路的土兵和弓手。在出现"盗贼"时，往往受命"即时躬亲起发前去，措置收捕"⑧。

　　提举常平茶盐司——北宋时，分设提举常平司和提举茶盐司。提举常平司初设时，掌管一路的常平钱谷和庄产、户绝田土、保甲、义勇、农田水利、差役、坊场、河渡等法的实行。哲宗绍圣二年（1095 年），增添主管免夫钱的催收以及推行市易、抵当等法。徽宗初，又增加了管勾坑冶的职事（原隶转运司）。政和七年（1117 年），撤销陕西和河东、京畿、京西提举香茶矾事司后，其职务划归各该路提举常平司兼管⑨。《宋史·职官志》记述其职责为一、掌常平、义仓、免役、市易、坊场、河

① 《庆元条法事类》卷 31《封桩》。

② 《宋会要》食货 64 之 64。

③ 《会要》食货 64 之 86。

④ 《建炎以来系年要录》卷 106。

⑤ 董煟：《救荒活民书》卷 1。

⑥ 叶适：《水心别集》卷 14《外稿·监司》。

⑦ 《庆元条法事类》卷 30《经总制》。

⑧ 《宋会要》兵 13 之 33。

⑨ 《宋会要》职官 43 之 4、7—9。

渡、水利之法,依照每年农业的丰歉而加以敛散,"以惠农民"。其中役钱,根据乡户产业的多少而决定征收数量;月给人吏的俸禄,也视职役的重难轻易而决定等级。其中商人有滞销的货物,则由官方收购,再卖给百姓,以平物价。以上职事,常平司"皆总其政令"。二、"专举刺官吏之事",即对本路官吏实施监察①。提举茶盐司掌管"摘山煮海之利,以佐国用。"南宋时,通置提举常平茶盐司,掌管常平和义仓、免役的政令。其中对官田产和坊场、河渡的课利,负责依照定额拘收;收籴粮食储积,及时敛散,以方便百姓;依据乡户产业高低,均差职役②。绍兴十五年,恢复提举常平茶盐官的"监司"地位,给予荐举官员的岁额;"官员有不职,则按以闻"③。宁宗以后,常平钱都被调拨充作赡军之用,提举常平茶盐司只掌管义仓和水利、役法、赈济等事务而已,"无复平籴之政矣"④。

安抚使司——初设安抚使司,只是在各地出现天灾或边境用兵时,都特派使安抚百姓而已。真宗咸平三年(1000 年),以王钦若和梁颢分别为西川和峡路安抚使,规定其职责为:所至录问系囚,除十恶至死,官员犯正枉法赃而致杀人,劫杀、谋杀、斗杀(皆为已杀人)不减刑外,其余死罪减为流,流减为徒,徒减为杖,杖以下皆释放,等等⑤。其职责还限于复审在押囚犯,减轻部分罪犯的刑罚。此后,逐步增加职事,如抚恤灾民,减免赋税,减价籴粮,讨逐盗贼。西、北边境的安抚司,负责关报契丹的事宜,管理两属人户,辨正疆界,了解榷场利弊,塘泊水位增损⑥。神宗元丰改制,规定安抚使主管一路兵、民之政:总辖诸将,统率军队,察治奸恶,以肃清一路;领导所部州、军,听取狱讼,颁布禁令,决定赏罚,依法检查其钱粮和武器出纳的帐册等。如果事情难以专决,则奏申朝廷;事关机密急速边防和士兵犯罪,允许"便宜裁断"。边境的

①② 《宋史》卷 167《职官七》。
③ 《宋会要》职官 43 之 29;《宋史》卷 167《职官七》。
④ 《建炎以来朝野杂记》甲集卷 11《提举常平茶盐》。
⑤ 《长编》卷 47;《宋会要》职官 41 之 81。
⑥ 《宋会要》职官 41 之 93。

安抚司,负责辖境安靖和抵御辽、夏,抚宁疆域;兵马屯戍时的粮饷馈运,则视其缓急增亏而移用;掌管战、守之事①。南宋前期,各路安抚使仍然拥有"便宜行事"之权②。高宗绍兴十年至十四年,张焘连续四年担任知成都府兼本路安抚使,"戮贪吏,薄租赋;抚雅州蕃部,西边不惊;岁旱则发粟,民得不饥;暇则修学校,与诸生讲论"③。成为张焘出任一路帅臣的主要业绩,也体现了一路安抚使的职责。同时,安抚司还掌管一路的军队。孝宗淳熙七年(1180年),广西提刑徐谊指出:"一路兵权尽在帅司"④。刘光世担任两浙西路安抚大使时,还创建背嵬亲随军,"皆骛勇绝伦,一以当百者"⑤。当时各路帅臣多握有相当数量的亲兵⑥。到宁宗嘉泰二年(1202年),安抚使的职权范围已被大幅度减缩,以致几乎成为一个个空头司令。据史家李心传说,这时的"兵事皆属都统,民政皆属诸司,安抚使特虚名而已。"⑦理宗时,福建安抚使李鸣复也说:"帅臣事务最简"⑧。安抚司属官的具体职事分工,不甚清楚,仅知有的参议官被委以兼提举本路营田公事之职⑨,有的干办公事被委以营田司营田文字之职⑩,有的准备差遣被委以监赡军酒库⑪。

　　总领所——总领所是介于朝廷户部和各路转运司之间的一级专门理财机构,其职掌主要有二,一是措置移运、应办各军钱粮,二是"与闻军政"⑫。总领所专门负责向有关地区屯驻御前大军提供钱粮,但并不掌管有关地区的全部财计。总领所掌握的财赋,大部分是原来隶属朝

---

① 《文献通考》卷61《职官十五》。
② 赵昇:《朝野类要》卷4《帅幕·安抚》。
③ 《宋史》卷382《张焘传》。
④ 《宋会要》兵13之33。
⑤ 《宋会要》职官41之100。
⑥ 《宋会要》职官41之106、116。
⑦ 《建炎以来朝野杂记》甲集卷11《安抚使》。
⑧⑪ 《历代名臣奏议》卷162《建官》福建安抚使李鸣复奏札。
⑨ 《宋会要》食货63之107。
⑩ 《宋会要》职官41之117。
⑫ 《宋会要》职官41之44。

廷或户部的州县上供钱米、榷酒收入等,每年由朝廷按额科拨。四个总领所长期拥有巨额财赋。据叶适记述:"略记四总领之所给,岁为钱六千余万缗,而米、绢犹不预。"①但其支配财赋的权力也有一定的限度:"为总领者,但能拘收出纳而已,固非能以通融取予之术行乎其间也。"②四川总领所因离朝廷路途遥远,钱币又不通,所以"无事之际,计臣得以擅取予之权,而一遇军兴,朝廷亦不问。"③"东南三总领皆仰朝廷科拨,独四川总领专制利源"④,但长期"不与兵事"⑤。表明四川总领所在财政上有一定的独立性。此外,各总领所还有"互举改官之人"和"按发违慢官"的职责⑥。

(五)机制转换

唐朝后期,节度使实际成为一道的最高长官,道也成为府、州之上的行政和军事区域。宋初设置转运使和副使时,转运使司只是临时性的机构,职权范围极为有限。及至各路正式设置转运使司后,转运使、副的职掌遂不断扩大。到仁宗明道二年各路复置提点刑狱司前,转运使、副实际掌握一路的大权,转运使司成为一路的最高行政机构。这一时期,依照转运使司的管辖范围划分的各个路分,是一级行政区划。在各路设置提点刑狱司、提举常平茶盐司、安抚使司等路级机构后,转运使司的权力受到削弱,地位也大为下降。转运使司和提点刑狱司、提举常平茶盐司都成为一路"监司",与安抚使司即"帅司"并立,都带有朝廷派出机构的性质。南宋时,帅司和监司的职权范围是这样划分的⑦:

---

① 叶适:《水心别集》卷16《后总》。
② 《建炎以来朝野杂记》甲集卷17《淮东西湖广总领所》。
③ 《建炎以来朝野杂记》甲集卷17《四川总领所》。
④ 《建炎以来朝野杂记》甲集卷11《总领诸路财赋》。
⑤ 《宋会要》职官41之66。
⑥ 《宋会要》职官41之48、52。
⑦ 《宋会要》职官45之42。系宁宗嘉定十一年(1218年)情形。另见《庆元条法事类》卷4《职掌》。

路级机构名称	职权范围
转运司	婚田、税赋
提刑司	狱讼、经总制钱
提举司	常平、茶盐
安抚司	兵将、盗贼

除此以外,各司的共同职责是对本路官员的举刺,举即荐举,刺即按劾。

各路这种帅司和监司并立的局面,表面上一直维持到南宋亡国。但是,宋朝地方统治的运行机制也出现了两个方面的变化。

第一,是越来越多的官员对各路同时设置几个机构表示怀疑,甚至极力反对,他们主张减少路级机构,甚至主张只设一个机构、一个长官。早在哲宗元祐元年(1086年),司马光在《乞罢提举官札子》中提出,仁宗天圣间(1023—1032年),各路只设转运使一员,也没有提点刑狱,只有河北和陕西因地重事多,各置转运使两员。当时,转运使总管一路之事,"按察官吏,荐贤发奸,爱养百姓,兴利除害"。转运使体制的成效显著:"官少民安,事无不举,公私饶乐,海内晏清。"后来复置提点刑狱,有时又设转运判官。从王安石执政以来,各路始设提举常平广惠农田水利官,后来每事各置提举官,"皆得按察官吏,事权一如监司"。又增设转运副使和判官几员。司马光认为,各路提举官至今还在"春首抑配青苗钱,勒百姓供情愿状,别作名目占免役宽剩钱"。所以,这些提举官是"病民之本源"。他要求尽罢各路提举官,各路除河北、陕西和河东以外,只设一员转运使;提点刑狱分成两路者,合为一路,共差文臣两员。凡本路钱谷财用事务全委转运使,刑狱和常平、兵甲、贼盗事务全委提点刑狱掌管①。南宋孝宗时,太子詹事王十朋在《上殿札子》中指出:"官冗之患,莫如今日。"现今的监司"有漕有宪,常平茶盐则有提举,坑冶铸钱则有提点,其职甚备",但"治不加于昔"。他认为,"监司之职愈多,而州县之扰愈甚,于治无益也"。最近提点刑狱增设武

---

① 司马光:《温国文正司马公文集》卷51。

臣,这是多余的。如果由他来"详刑",则"一道之使,固有其职,未见废事";如果由他来"训练士卒",则已有总管、铃辖、路分都监。"置之而无用,废之而不为缺,是官之设岂不为冗哉?"他认为各级官员的设置应该遵循这个原则,即"官不虚设,事得其当,而人各安其职"①。乾道六年(1170年),有的官员反映,各路监司"徇私党局,凡有施行,不相照应"。州县官员无所适从,"从漕司则违宪司,从宪司则违提举司"②。十多年后,叶适论述"监司之害"说,朝廷对监司"操制"过严,唯"恐其擅权而自用",比如规定"非时不得巡历",每次"巡历不得过三日","所从之吏卒,所批之券食,所受之礼馈,皆有明禁"。这样,监司"何足以防州郡哉?"此其一。转运司只是"划刷"州郡的财赋,"为一司岁计之常";提举司只是督责茶盐,"用法苛惨",至于常平义仓和农田水利,则"置而不顾";提刑司只是以催促经总制钱和印发僧道免丁由子为职事,而刑狱冤滥和词诉繁滞,则"或莫之省焉"。监司的这些"不法不义"的措施,甚于州郡,所以州郡的官员们相聚时就"嗤笑监司之所为"。此其二。转运司只是每年向朝廷户部申报上供的数字,根本不做"转输运致"的工作;提举司只是"揞留"榷货务都茶场的剩利,掌管住卖,督促煎煮,为其索欠理债而已;提刑司只是向知州和通判颁发文件,"收索季帐,稽考纲解",保证州郡"各以趁办"经总制钱上供,然后申报户部。此其三。他认为,各路的"三司"以此为职,"徒养资考多人,徒凭意气作声势,以便其私可也,国纪民命何赖于此?"他要求归还转运司的职权,"以清户部之务";撤销提举司之事,"以一转运之权"③。约淳熙间,蔡戡在《乞选择监司奏状》中,也提出了类似叶适的意见。蔡戡认为,监司"号为'外台',耳目之寄,其权任亦重矣"。"一路之间,多至五六人"。如果任用"有风节才力者为之,一二人足矣,何以多为?"不然,"重为民害"④。朱熹认为:"监司

①　王十朋:《梅溪王先生文集·奏议》卷4。
②　《宋会要》职官45之28。
③　叶适:《水心别集》卷14《外稿·监司》。
④　蔡戡:《定斋集》卷2。

太多,事权不归于一。"①他对门徒们说:"今诸路监司猥众,恰如无一般。不若每路只择一贤监司,其余悉可省罢。"他的改革方案是每路只置一人,恢复刺史之职,正其名曰"按察使","令举刺州县官吏"。其下设置判官数员以为副手,如转运判官和刑狱判官、农田判官之类,农田专管婚、田,转运专管财赋,刑狱专管盗贼,而由刺史总管。各判官之下再设置几员属官,像幕职官之类。稍稍增重各判官的职权,资序视通判,而刺史视知州。判官有事要奏申朝廷,则刺史代为发奏;如刺史不肯发奏,准许判官自行直申御史台或尚书省,以分割刺史的事权。因为刺史之权独专,则又不方便;如其一昏浊,就贻害一路,"百姓无出气处",所以又要略增判官之权②。朱熹的这一方案是对门徒们讲的,没有奏告朝廷。到宁宗时,彭龟年上奏章说:"近日监司皆无缺员,间有一事而分为两司,一司而辖以二人者。其间职掌不同,好恶亦异,外假举刺,内示趣向,同一讼也,而有是非焉;同一吏也,而有能否焉。"因此,各路的"号令难于奉行,往来疲于迎送"。他与朱熹一样,提出将所在的监司加以并省,使之"总于一员";担任此职者,"或文或武"都可以,但"不必于并置"。这样,便于州县官吏"易于趋向",朝廷的政令"有所总一",而且"员数不多,亦易选贤"③。

司马光和王十朋、叶适、蔡戡,尤其是朱熹、彭龟年等人对路级体制的议论,反映了从宋哲宗开始到南宋孝宗和宁宗时在士大夫间形成了一种省并监司而实行一元化领导体制的愿望。

第二,宋朝在路级机构实行互不统属而又互相监察的运行机制的同时,又逐步采取了增加帅司和监司或者几个监司联合行动的措施。仁宗庆历三年(1043年),下诏命河北路转运司和提刑司、安抚司一起"提举修完城垒"④。哲宗元祐六年(1091年),三省上奏章阐述职役实

---

① 朱熹:《朱文公文集》卷11《戊申封事》。
② 《朱子语类》卷112《朱子九·论官》。
③ 《历代名臣奏议》卷162《建官》彭龟年论监司奏。
④ 《宋会要》方域8之3。

行"差、募兼行"法的各项措施,最后谈到各县每年将色役轻重和乡分宽狭、有无余欠雇役钱款,各以其实申报州衙。州申报监司,"监司聚议,连书上户部,仍别具一路移用及宽剩县分钱数,致之户部"①。南渡后,监司与帅司以及监司之间一起议事和联合上奏札的活动逐渐增多。高宗绍兴二十九年,淮南路转运司和提刑司联合上奏札,提出依旧在无县丞处允许主簿差出②。绍兴三十二年,广西路经略安抚司与提刑司向朝廷合申招募水军事宜及打造战船、配备将官等③。同年,高宗在诏书中对各路发出监察指令,要求"诸路帅臣、监司,限两月,悉具部内知州治行臧否,连衔闻奏"④。孝宗乾道五年(1169年),京西路安抚司、转运司申请依旧设置房州房陵县尉,藉以巡捕弹压⑤。六年,成都府路钤辖和转运、提刑三司合奏隆州贵平籍镇复还县额后,要求精简井研县丞和仁寿县主簿各一员⑥。同年,福建路安抚司和提刑司一起申奏,要求汀州武平县尉依旧选差文臣;下诏命令淮南东、西路的监司和帅守考察本部沿边县令,"职事修举者,保明闻奏"。八年,荆湖北路的安抚和转运、提刑、提举常平茶盐四司合奏,申请将常德府守臣带"提举鼎、澧、辰、沅、靖州兵马盗贼公事"衔。九年,荆湖北路的四司又合奏,申请将峡州长阳县旧汉寨,依照东南县例,设置文官西尉一员⑦。淳熙十一年(1184年),福建路安抚司和提刑司合奏有关讨捕汀州"贼"姜大老等立功的官属、将佐、军兵名单⑧。光宗绍熙元年(1190年),广南西路经略安抚和转运、提刑三司一起上言,要求复置石康县盐仓和回环库官缺,由吏部选差识字的小使臣⑨。路级机构的这种联合行动呈现出逐

---

① 《宋史》卷178《食货上六》。
② 《宋会要》职官48之73。
③ 《宋会要》方域18之2。
④ 《宋会要》职官45之24。
⑤ 《宋会要》职官48之75。
⑥ 《宋会要》职官48之56。
⑦ 《宋会要》职官48之75,45之29,47之37,48之76。
⑧ 《宋会要》兵13之34。
⑨ 《宋会要》职官43之44。

步增多的趋势。

宋朝越来越多的官员主张减少路级机构的设置,甚至要求只设立一个机构和一个长官;同时,各地路级机构越来越多地一起讨论决定或向朝廷申报。这些都标志着路级机构的机制在逐步转换,正酝酿着建立一个统一的路级机构——"行省"。早在宋仁宗时,已有人称转运司为"行台"①。到孝宗至宁宗时,陆游在一首诗中写道:"往者行省临秦中,我亦急服叨从戎。"②开始出现了"行省"一词。到元朝除将河北和山东、山西3省作为"腹里"归中书省直辖外,将其他地方划分为11个(后10个)行中书省,简称"行省"。元朝行省制的确立,表明终于完成了宋仁宗以后路由地方监察区向行政区的转变。

第三节　地方行政体制的特点

宋朝地方行政体制,是唐朝中期以后政治体制不断变革的产物,朝廷中央通过路级机构来监督府、州、军、监,又通过府、州、军、监来统治县、镇等。它具有不同于唐朝的一些特点。

(一)帅、漕、仓、宪等互不统属

宋朝路级机构的设置甚多,主要是安抚司和转运司、提举司、提刑司等四司。四司的职能从总体而言,是实施对本路的管辖,掌管军政和民政、财政、司法等;同时,又各有所侧重,如安抚司主管军政,转运司主管财政,提举司主管部分财政,提刑司主管司法;此外,各司都有共同的职责,即监察本路的官吏,又彼此监督。

安抚司和转运司、提举司、提刑司是路级并行的机构,互不统属。各司都单独设置机构,如两浙转运司设置东厅和西厅,其下设主管文字厅和添差主管文字厅、干办公事厅、干办公事西厅、主管帐司厅、签厅

---

① 魏泰:《东轩笔录》卷8。
② 陆游:《剑南诗稿》卷14《夜观秦蜀地图》。

等。浙西安抚司也设厅事,其下各属也单独设置机构,如主管机宜文字厅、干办公事厅、签厅①。福建转运司也设置东厅和西厅,其下各属也设置东厅和西厅,其下各属也设置签厅、公使库、类试院等②。景祐元年(1034 年)五月,仁宗对辅臣们说:"诸路转运、提点刑狱官廨宇同在一州,非所以分部按举也,宜析处别州。"于是下诏命"诸路提点刑狱司廨舍与转运使、副同在一州者,并徙他州"③。提刑司与转运司分在两州设治后,彼此行使职权更增加独立性。安抚司与各监司之间,虽然并不规定必须分在两州设治,但明确规定彼此不相统属。南宋高宗建炎四年(1130 年),下诏命令各路安抚使兼知州者,安抚司"事干监司,系职事不相统摄,合用关牒";有本州公事"事干监司,其知州官系太中大夫、观察使以上,应用申伏(状)者,书检不系名衔";知州官阶未到太中大夫、观察使,应使用"申状"④。监司之间互不统属,帅司与监司之间也互不统属,都是独立的平行的路级机构,各自直接向朝廷的某部门负责。如神宗开始规定转运司隶属尚书省户部的左曹,常平司隶尚书省户部的右曹⑤,而提刑司则一直隶属御史台。

(二) 府州军监的军权、财权、司法权的逐步减少

宋初为削弱节度使的兵权,授予府、州、军、监的长官以较大的军权。在官称上,知府或知州都带"知军事"的官衔,表示有权管辖本州的军政;其副手都带"通判军事"的官衔,表示有权协助长官管辖本州的军政。各府、州建造军营,招兵买马。大府或大州,往往掌管几十指挥禁、厢军,中府或中州 5—7 指挥,小府或小州 3—5 指挥。每 1 指挥大约 400—500 人。这些军队的兵饷全部由本路转运司发付,而"统制"军马之权则归知府或知州、通判。知府或知州、通判平时负责"统治军

① 潜说友:《咸淳临安志》卷 53《官寺二》、52《官寺一》。
② (明)范嵩:《(嘉靖)建宁府志》卷 20《古迹》。
③ 王象之:《舆地纪胜》卷 55《荆湖南路·衡州》;《长编》卷 114。
④ 《宋会要》职官 41 之 101。
⑤ 《玉海》卷 186《宋朝三司使等》。

旅训练、教阅,以督捕盗贼,而肃清治境"。还掌管各指挥的名籍和赏罚等事。知府或知州、通判对待军兵,"平时犒劳,得其欢心;一旦有警,可忘其死"。统治者并非不知道府州长官"得专军政,其权若重也",但从维护宋朝的长治久安的目的出发,借"以屏翰王室,保固边境,以此为之备耳"。一般武将反而没有独立的指挥权。仁宗庆历间,禁军皆被抽调戍边,府州的强壮兵士也被选配各禁卫,剩下一些老弱残兵,提供役使和官员导从而已。所以"军贼"王伦几十人、几百人竟能从沂州起事,转战青、齐、楚、泗、真、扬等州境,"历数千里,若蹈无人地"①。高邮军知军晁仲约,因缺少兵将抵抗,大开城门犒赏王伦等,使之离去②。到神宗时,王安石实行"将兵法","籍州郡兵,通一路团结五千人为一将,置将、副专领"。实际将府州长官所掌管的军队改隶正将和副将,州郡长官不得干预。同时,又将原属府州长官主管兵额改隶提刑司,府州长官也不得过问。这样,府州长官丧失了原有的大部分兵权③。北宋末年,晁说之指出,将兵法的实行,"州虽有兵之营幕,而窘于月食、时衣;其号令之所加、进退之所系,则在将而不在守臣。以都监而领剩员、厢军之外,不知将司一事也。将兵视州民如胡越,将官待守臣如寇仇。"④到南宋时,州、县的"所谓兵者,特兵籍而已",所有的禁军和厢军,甚至弓兵的名籍都"见在帅司",于是府州的长官几乎没有兵权了⑤。

北宋前期,府州的长官拥有较多的财权。每一府州的财赋,大致有三部分,一是赡军,二是系省,三是上供。赡军和上供的钱物,全部上缴转运司,以备三司(元丰改制后为户部,南宋后增加各地总领所)所负责的百官、军兵的俸给和犒赏的费用。系省的钱物,本府州"可留以廪

① 张方平:《乐全集》卷21《论州郡武备二道》。
② 《朱子语类》卷108《朱子五·论治道》。
③ 《古今源流至论》续集卷7《郡守》。
④ 晁说之:《嵩山集》卷3《负薪对》。
⑤ 《古今源流至论》续集卷7《郡守》。

给用度",这部分钱物"别有府库贮藏,听知、通备用非常"①。各府州的禁军常保留一部分缺额,这些缺额禁军的粮饷、衣赐全归府州。仁宗时,府州的财赋已在逐步减少②。神宗时实行新法,以为府州的"财用太专而收之",二税的收入必须全部上缴朝廷,不再留部分给府州。禁止公使库酿酒销售取利③。又增加上供的定额,创立"无额上供"。还规定各府州的禁军缺额,本府州不再招填,每年桩留这些缺额禁军的粮饷和衣赐等钱物,命各路提刑司主管,称"封桩缺额禁军钱",而拨归朝廷所有。"如此煞得钱不可胜计"④。到徽宗后,供府州长官自己调配的财赋更加减少,而催督赋税和上供朝廷的责任则更加繁重。

北宋前期,府州在司法上的职权范围大致包括五个方向,一是设置监狱和审讯机构(州院和司理院),受理百姓和官员等的词诉,审理刑事案件。二是定期审核属县申报的各县司法情况。如规定各县每旬开具现禁人数、犯罪情况、断遣刑名、月日,"申州点检"。州对其中的"可断不断,小事虚禁,淹延不实"等情况实行"举勘"⑤。三是审理属县递呈的徒刑和徒刑以上案件。因为各县只有判处杖刑的司法权力,而徒刑和徒刑以上的案件就必须由州官决断。四是有权判决各种民事和刑事案件,其中包括死刑的大案,都具有法律效力。五是定期向朝廷的司法机构申报司法情况。如太宗太平兴国六年(981 年),规定各州每月向朝廷申报禁放罪犯人数和审问情况⑥。太平兴国九年以后,连续多次下诏命各州每旬开具囚犯帐籍、犯罪情况、关押天数等申报刑部(后改为申报审刑院);如有大辟案件,还必须当天申报转运司和提刑司⑦。神宗熙宁间,"始罢闻奏之法,止申刑部"。元丰改制,又取消府州申报刑部,只申报提刑司"详复",刑部负责抽摘一部分案卷审核⑧。同时,

①③　《古今源流至论》续集卷 7《郡守》。
②④　《朱子语类》卷 108《朱子五・论治道》。
⑤　《宋会要》刑法 6 之 55—56。
⑥　《长编》卷 22。
⑦　《文献通考》卷 166《刑五》;《长编》卷 47,卷 79。
⑧　庄绰:《鸡肋编》卷下。

又规定各府州判处的大辟案件,必须经本路提刑司审核,得到批准,而后执行。这标志着府州长官的司法权从此大为减少。

大致上,在北宋前期,知府或知州拥有比较完整的治理府州的权力,能够比较顺利地推动府州内的一切庶政。同时,各府州直属朝廷中央,表明宋朝将地方的权力完全收归中央。但从神宗时期开始,府州的军权和财权、司法权呈现出逐步减少的趋势,而这些被减少了的权力增加到了路级机构身上,使路级机构增加了行政的职能。当然,府州的军权和财权的过分减少,也带来了一些弊病:府州因无兵少财,难以应付突发事件,如镇压农民起义,抵抗叛乱武装,抗击周邻少数族侵掠等。南宋孝宗时,朱熹知南康军,见到该军原有禁军定额 1 000 人,但实有200 人,而且缺少军饷供应。该军每年所收二税的粮食除上供朝廷,剩余的 7 000 石被转运司下令"桩留"在本军,"不得侵支颗粒"。实际是年年"侵使",因为粮仓"全无颗粒",如果不支此粮,就难于养兵①。

(三)同级长官互相牵制

宋朝为防范路级或府州军监级的某一长官专权独裁,实行了同级长官互相牵制的办法。

路级长官互相牵制之法,主要表现于帅司、监司的互察制度。宋朝屡次重申各路监司"互相察举如法","或庇匿不举,以其罪罪之"②。如神宗元丰七年(1084 年),广西转运判官许彦先向朝廷奏申仓司修建廨舍,用去官钱 10 000 缗,而转运使张颉等"不切觉察",朝廷乃处分转运使、副使、判官,"皆罚铜二十斤"③。同时,采用监司之间复查的方式。如仁宗庆历四年(1044 年),淮南转运使邵饰奏劾知润州席平"为政不治及不教阅兵士等",朝廷"以饰为未足信","又下提刑司再行体量"。这种做法曾引起右正言、知制诰欧阳修的反对,他认为转运使和提刑

---

① 《朱子语类》卷108《朱子五·论治道》。
② 《宋会要》职官45之4。
③ 《宋会要》方域4之14。

"俱领按察",而"朝廷寄任重者为转运,其次乃提刑尔",如今不相信寄任重者,反而让寄任较轻者去复查重者①。此后,朝廷还不时下令由提刑复查转运使的事务。徽宗政和四年(1114年),下诏命各路转运司,各将近三十年以来每年的收支和泛支数字开列出来,委托提刑司"复按的确,结罪保明闻奏"②。这成为路级机构互相牵制的又一方式。

府州长官之间更是实行严密的互相牵制的办法。各府州设置通判的目的,就是为了监督和牵制知府或知州。宋初规定,府州的公文要在辖境内颁行,必须长官和通判共同签押③。对于武臣知州,更是强调"必赖倅贰协赞,不致缺失"。但在实行过程中,有些边区知州往往"欲事权出于一己",担心通判"相侵","率不谋于同列,自为剖判",因而"曲直失当,不合事情"。至于"郡佐"们又"多远嫌疑,柔怯巽避"。因此,朝廷屡次下诏命令郡守系武臣去处,凡狱讼、财赋,必须"倅贰同心并力,公共事行",并且规定有功"守倅均赏",有过"守倅同罚"④。还规定知府或知州"无得擅断,徒、杖刑以下,听与通判官等量罪区分"⑤。后来又规定,凡"州郡行下事,须幕职官签押","如有不是,得以论执"⑥。据王明清记述,北宋时,"一兵之寡,一米之微,守臣不得而独预,其防微杜渐深矣"。凡节度州有三枚官印,一是节度使官印,随本使,如本使在朝廷,则上缴有关机构保存。二是观察使官印,由知州使用。三是州印,白天交付录事参军掌管和使用,到晚上归还给知州。凡节度使在镇,兵杖之类,由观察使的属官用本使的官印"判状";田税之类,由观察使的属官用本使的官印"签状";按刺属县,则用州印,由本使"判状"。所以,调兵遣将时必定称为"某军节度"、"某州管内观察等使"、"某州刺史",必须"具此三者"。其中,"言'军'则专制军旅,言

---

① 《欧阳修全集·奏议集》卷9《论任人之体不可疑札子》。
② 《宋会要》食货49之30。
③ 《宋会要》职官47之58。
④ 《宋会要》职官47之72。
⑤ 《长编》卷37。
⑥ 《朱子语类》卷128《本朝二·法制》。

'管内'则专总察风俗,言'刺史'则治其州军"。这是"祖宗损益唐制,军民之务、职守之分,俾各归其实"的结果①。

路级和地方同级长官互相牵制的办法,限止了长官的权力,有利于防止长官专横不法,而且能发挥同寮参预州政的积极作用。

(四) 运行机制的特点

路级和府州军监、县级机构的运行机制,表现在官员们商议和决策、执行、申报等一系列程序方面。

各级机构的官员,除非赴京或差出、患病、丁忧等,一般都须按时到本官厅签到,办理日常公务。仁宗庆历间,王安石初及第时,任秘书省校书郎、签书扬州判官厅公事,经常通宵达旦地读书,"略假寐,日已高,急上府,多不及盥漱",知扬州韩琦怀疑他"夜饮放逸"②。各县县官和吏人、公人也都要每天准时上班。李元弼《作邑自箴》记述,各类公人,每天要到县衙唱喏报到,县衙各有关机构都置历,由公人自己书写姓名;如不会书写,则由吏人代笔。官员坐在厅首,吏人先将历呈上,官员察看,对缺席者"申纠",称为"卯历"③。

各级机构的官员,每天除处理一般公事外,遇重要或疑难公事,大都与同级官员或召集下级官员一起商议。"职制令"规定:"诸州通判、幕职官,县丞、簿、尉,并日赴长官厅议事。通判、幕职官仍于长官厅或都厅签书当日文书。""诸经略安抚、总管、钤辖司,召所部官议事(谓非本州者)。"④神宗初年,京东西路监司建议对南京应天府实行酒禁,停止出售官麴,而由官府酿酒专卖。这时转运司正为财赋不足而发愁,转运判官章楶听到这一消息不免大喜,亲自到南京,召集官吏商议。应天府签书判官苏辙提出,南京允许百姓卖官麴与建都载在同一敕,现今都

---

①　王明清:《挥麈录·后录余话》卷1。
②　邵伯温:《邵氏闻见录》卷9。
③　《作邑自箴》卷2《处事》。
④　《庆元条法事类》卷8·《职制门五·评议公事》。

邑依旧而停止卖麹,不便之一。以前南京、西京都卖麹,近年西京已经榷酒,转运司据此以为先例。但西京麹户经营亏损,列状请求歇业,官府不得已而批准。如今南京麹户未曾欠官一文钱,无故勒令他们停业,不便之二。如果改用新法,而官府获得厚利,不顾一切而实行,勉强可以。但官酒务的监官、衙前等与麹户,"若较其忠志,公私相远",恐怕榷酒之利还不如卖麹,不便之三。苏辙最后说:"今不顾三害而决,为之奈何?"章篯不能反驳,只是说:"本司窘迫,万一有利耳。"当时,商议没有结果①。王安石任扬州签判时,与知州韩琦"议论"多不合②。各州遇有刑狱词诉不能决定,或者同僚之间意见相左,允许到对方厅事商议。如前述一名同州录事参军不能依法审理一件大辟案,推官钱若水怀疑其中有诈,留下案卷数日不决,那位录事参军便直接到推官厅事与钱若水商议,引起争议③。各府、治的都厅(签厅)正是幕职官一起商议公事的场所。各县的知县或县令,平时将"公事分委佐厅,俾之书判",或与同僚有不同意见,即"过厅面议"④。

在商议和决策后,便是执行和向上级有关机构申报情况。真宗时,规定府州申报转运使、副的公文,如知府州的资序在知制诰或观察使以上,知府州在公状申"并止书案检",而命通判及幕职官在状后列衔;如大两省以上官充当转运使,官阶高于知府州者,则仍依旧制⑤。各县申报本州的公文称"申状",前面填写到发日期,由押录与对读(校对)在状检上盖印,长官与同僚们聚厅签押,然后发出。县衙还要定期向州衙申报各种帐目,按期限划分的帐目有年终帐状、半年帐状、每季帐状、月帐状、旬申帐状、夏秋税管额帐等,都要按限定的日期申发⑥。

---

① 苏辙:《龙川志略》卷4《议卖官麹与榷酒事》。
② 魏泰:《东轩笔录》卷6。
③ 赵善璙:《自警篇·狱讼》。
④ 胡太初:《昼帘绪论·僚采篇第四》。
⑤ 《宋会要》职官47之4。
⑥ 李元弼:《作邑自箴》卷5《规矩》。

第四节　中央与地方的关系

　　宋朝的朝廷中央与地方的关系,经历了事权集中和逐步被分割的演变过程,而在这一过程中又充满着许多争斗,呈现出十分错综复杂的局面。

(一) 集权和分权的演变

　　宋初针对唐朝地方行政体制的缺点,采取各种措施削弱节度使的权力,首先是给予各府州的长官以统一完整的治理本府州的权力,其次是给予转运使、副以统一完整的治理本路的权力。由于府州和路都直属朝廷中央,因此地方政府的权力完全收归中央。

　　府州长官的权力,到仁宗时期已经明显的削弱。这是因为面对西夏的不断侵扰和辽朝的威胁,宋朝被迫从各府州调兵遣将以加强西、北两边的防御,又陆续新招了大批士兵。与此同时,用各种名义从各府州征拨大量财赋,借以供养日益庞大的军队和官僚队伍。所以,当在陕西、京西等地连续爆发小规模的农民起义和兵变时,暴露出府州兵力和财赋的极度空虚。此时,包拯向朝廷提出:"四方藩郡,兵伍绝少,多者不逾数百辈,皆厮役羸卒,又骄堕难用。"[1]范仲淹则提出疑问:"一路州郡,无兵之援,何以守御?"[2]欧阳修也提出,"州郡素无守备",不得不从京师发兵追捕,但往往"误事后时"。去年所设置的宣毅乡兵、弓手,也"皆不堪使用"[3]。这时,枢密副使富弼听说有的地方官在"盗贼"临城的情况下,放弃抵御,开门犒赏,大怒说:"岂有任千里之寄,不能拒贼,而反赂之!"欲诛守臣。参知政事范仲淹在仁宗面前提出反对,他认为:"州郡无兵无财,俾之将何捍拒? 今守臣能权宜应变,以全一城之

---

　　①　《包拯集》卷5《请速除京东盗贼》。
　　②　《范文正公奏议》卷下《奏乞发兵往荆南捉贼》。
　　③　《欧阳修全集·奏议集》卷4《论京西贼事札子》、《再论置兵备御札子》。

生灵,亦可矣;岂可反以为罪耶?"①府州也缺少财赋。到神宗时,实行将兵法和增加各府州财赋上供额等,府州长官所能掌管的军队和财赋进一步减少,其兵权和财权大为缩小。府州的司法权,到神宗元丰改制后,也大为削弱,原来拥有的死刑终审权被剥夺,而改属本路的提刑司。从此,府州不再是具有比较完整的治理本境的行政单位,而府州被削弱了的权力则被集中到路级机构。

宋初的转运使,实际是汉朝的刺史、唐朝的藩镇和各道观察使在新的历史条件下的变种。与唐朝的藩镇相比,转运使不掌握兵权;与汉朝的刺史、唐朝的各道观察使相比,转运使以掌管一路的财计为主要职责。宋太祖、太宗时期,转运使逐渐拥有比较统一完整的治理一路的权力,成为一路的最高行政长官。从真宗时期开始,转运使握有一路大权的局面被打破:景德四年,开始常设提点刑狱官,主管一路的刑狱,成为一路的最高司法长官。虽然,设置提点刑狱官一直要到仁宗明道二年才正式定制,转运使的司法权要到这时才被最后分割,此前只是酝酿阶段,但景德四年显然是转运使的司法权被分割的开始。到仁宗时,各路设置安抚司,"以知州带一路安抚、钤辖等名目,自领军队"②,转运司原有的不多的兵权被转移给安抚司。又到神宗熙宁间各路设置提举常平官,徽崇政和间各路正式设置提举茶盐官,转运使原有的主管一路常平仓和茶、盐的职权被分割出去。南渡后,设置总领所,转运使原来负责替驻军筹措钱粮的职权被分割出去。于是各路出现了两至三个管理财赋的机构,尽管转运使仍然掌管一路的大部分财赋,负责"催科征赋、出纳金谷、应办上供、漕輂纲运数事"③,但已经不再是完整统一的财权了。应该说,各路的财权出现了由集中到分割的过程。

对于提点刑狱而言,在神宗元丰改制后,增加了一路的死刑终审权;南渡后,又增加了兼领拘催经总制钱的职权。应该说,提刑的职权

①　《朱子语类》卷108《朱子五·论治道》。
②③　《文献通考》卷61《职官十五》。

范围逐步有所扩大,出现了一个集权的过程。

(二) 集权与分权的争斗

　　宋朝的路级和府州军监级、县级机构在集权和分权的演变过程中,经历了错综复杂的集权和分权的争斗。这些争斗主要表现在财权方面。

　　早在宋初转运司逐渐集中一路的最高行政权力于一身的时候,统治者就"疑其权太重,复置朝臣于诸路,为承受公事,是机察漕臣也"①。宋太宗至道二年(996年),曾下诏令各府州军监对本路转运使、副不尽心职事而"无事端坐"者"密具闻奏"②。借此来限制转运使、副职权的过分集中。在分设提刑司和提举司以及安抚司后,更是要求彼此互相监察,这也是防止过分集权而维持分权的一个重要措施。

　　从北宋末年开始,因军队和官僚队伍的日益增员,朝廷财政支出不断扩大,朝廷和户部、各路转运司、各府州之间在分割财赋方面出现了激烈的集权和分权的争斗。自哲宗后期到徽宗即位初,因西部边境累年用兵,国家财政严重困难。以往的元丰库,贮积财帛甚多,此时因"关边支遣殆尽"。正如陈次升说:"国家今日之患,在于财用不足,府库空虚,仓廪匮乏,诸路皆然,而陕西、河北尤甚"。户部左、右曹和各路漕司、常平司都"财用空匮"③。为了改变这一窘境,徽宗和蔡京决定采取弱外以实内的措施,尽量将各地的财赋收归朝廷和御前。崇宁元年(1102年),下诏命各路"诸司,将诸县应见管金数,并尽数发赴元丰库送纳"。三年,命户部将改铸当十钱而增收额钱,200万贯送纳内藏库,100万贯送纳元丰库④。又命全国"坑冶金银复尽输内藏"⑤。崇宁后,除将各路封桩的缺额禁军钱拨归三路外,将常平、坊场、免役等钱物,

---

① 《文献通考》卷61《职官十五》。
② 《宋会要》食货49之7。
③ 陈次升:《谠论集》卷2《上徽宗论中都费用状》、《论收湟州状》、《论常平司钱物状》。
④ 《宋会要》食货52之15。
⑤ 《宋史》卷19《徽宗一》。

"并输元丰库"①。更有其甚者,这时将茶、盐之利全部收归朝廷,随后又进一步收归御前。李纲在要求修改茶盐之法并将 1/3 课利归还州县的札子中说:"祖宗之时,茶、盐之利在州县,则州县丰饶。"崇宁、大观(1107—1110 年)以来,"茶、盐之利在朝廷,则朝廷富实"。其后"悉归于御府,以为玩好宴游赐予之物,则天下利源竭矣"②。钦宗靖康元年(1126 年),有的官员还在说由于"近年以来,费用无节,内帑之积久虚,太仓之粟不给……公私空竭,闾里萧然"③。但次年正月,金军占领汴京后,派官"检视"宋朝库藏,仍然有绢 5 400 万匹,大物表缎 1 005 万匹、金 300 万铤、银 800 万铤④。看来,御前财赋并不空虚,而"空竭"的是朝廷和户部、各地的财赋。

钦宗靖康元年,显然因为各路转运司经常以各种名义挪用各州上供钱物,所以下诏"转运司,于诸州除依格上供数外,不得以'移用钱物'侵占。"⑤这一诏书本想维护各府州的财权,但此时已是北宋亡国前夕,为时已晚。南渡初期,财权再度分散,出现了朝廷和户部、御前以及地方之间财赋重新分配的新局面,表现为在财权方面的集权和分权的再次争斗。高宗建炎元年(1127 年),在一份诏书中透露:"帅司那(挪)移军马,全藉漕臣支拨钱粮应副",但东南各路的监司"陵轹"帅司,"漕司全不应副"。同年,规定各路转运司不得"不经粮审院勘验",随意支取本司或随行另置库局的钱物;违者,徒两年。建炎三年,两浙转运副使王琮等上言,本路的利源,仅酒税和买扑坊场课利钱所收最多,最近朝廷命令本路将这些钱分批起发"应副车驾巡幸支用",但各州"多占充一州使用,不肯桩拨"。于是朝廷再次下令,各县委派丞和主簿,各州委派通判,每月将"二分收到钱""拘收",另置库、历,"桩管类聚,津发赴左藏库送纳"。如果州县"桩占借兑",则以"违

①　《宋史》卷 179《食货下一》。
②　李纲:《梁溪先生全集》卷 63《乞修茶盐之法,以三分之一与州县札子》。
③　《靖康要录》卷 6。
④　《建炎以来系年要录》卷 1。
⑤　《宋会要》食货 49 之 34。

制"论处①。两浙路各州与朝廷这次财权之争,以朝廷得胜而告终。绍兴三年(1133年),户部开始采取措施"检核"各路转运司的"移用钱"。原来,以前漕司所收的移用钱,皆专门委托各州军主管本司钱物官在本厅置库拘收,遇转运司取拨,立即起发,"州郡并不干预,略无关防",也无人"检核"。新的办法是:转运司每季开具支使的窠名申报户部,户部检查其严重违法者,"按劾以闻";各州军每季也开具本处有无转运司取拨移用赴某处支使的文状,申报户部;户部由此"互换比照检察"。同时,规定转运司所管系省钱,皆须依法赴军资库交纳和收支,不同窠名者各置帐册拘管;凡通判和主管司等处送纳钱物,皆停罢②。从此,户部加强了对各路转运司财赋的控制,削弱了转运司的财权。

　　各地府州常常采取各种方式保留部分财赋,反映了集中财权与分权的斗争。各地州军采取的方式,可以概括为如下几种:一是先以"借拨"的名义支用常平司钱物,经隔若干年后,寻找理由要求朝廷"特与除破",免予补还③。二是各地府州直接截留上供等钱物。如高宗绍兴六年(1136年),"诸郡多截用总制钱,申乞除破"④。绍兴二十三年,户部上言,近年以来,"州军往往冒法轻费妄用"上供钱物,要求采取措施,严加防止⑤。三是各地府州用移花接木的方法应付朝廷调拨财赋。绍兴二十八年,已发现不少州军为向朝廷上缴"无额上供钱",却将其他各色的官钱"兑那凑数",致使"有额合起钱数拖欠"⑥。四是各地府州拖延起发上供等钱物。孝宗乾道六年(1170年),户部尚书曾怀上言:各州军起发户部的各种官钱和上供钱物,虽然各有窠名,但州军往往"妄于名色上有分紧慢,不为尽数发纳,或虚申纲解,致误指拟"⑦。

────────────

① 《宋会要》食货49之35、36。
② 《宋会要》食货49之39—40。
③ 《宋会要》职官43之24。
④ 《建炎以来系年要录》卷106。
⑤ 《宋会要》食货64之52。
⑥ 《宋会要》食货64之56。
⑦ 《宋会要》食货64之57。

朝廷针对各地州军的这些手法,也采取了对策。其具体办法是督促各州军的通判"悉心拘收"这些钱物,"依限起发";如果违反,将予严惩。同时,要求监司尤其是提刑司加强"检察"。此外,增加对知州军的奖惩。如绍兴二十三年,规定对"违戾侵借"上供钱物者,"除依法断罪外,仍乞今后更不差注知州军差遣";后任官员如能采取措施补还前任官员擅支的钱物,每达 10 000 贯以上,准与减 1 年至 5 年磨勘①。这些对策自然会取得一些成效,不过,各地州军又会变换手法来保留尽量多的财赋。

① 《建炎以来系年要录》卷 106;《宋会要》食货 64 之 52。

第六章 立法和司法制度

　　唐朝中期以后到宋朝,社会经济的逐步发展和阶级结构的剧烈变动,导致社会经济和政治诸关系更加纷繁复杂。为适应社会的发展变化,封建统治阶级频繁地进行立法活动,逐步制订一系列新的条法,借以调节封建国家与官僚机构之间的关系,各级、各类官僚机构之间的关系,封建国家与居民之间的关系,官僚机构与居民之间的关系,居民彼此的关系等,尽量维护官僚地主阶级的长远利益。

第一节 立 法 制 度

　　法律作为一种政治上层建筑,是一定的社会关系在统治阶级的意志和意识中的反映,并且反过来积极地维护统治阶级的利益。但这种反映总是落后于现实生活的。宋朝统治阶级为了保持自己统治的长治久安,直觉地重视法制建设,他们认为"自古帝王理天下,未有不以法制为首务。法制立,然后万事有经,而治道可必"①。依据这一宗旨,宋朝统治阶级频繁地进行立法活动,几乎全面制订各种条法,而且不断编纂修订,日臻完善。

（一）立法的机构和人选

　　宋朝建国之初,百务丛集,仅沿用唐朝的律、令、格、敕,并参用后唐

---

① 《长编》卷143。

《同光刑律统类》、《清泰编敕》、《天福编敕》,后周《广顺续编敕》、《显德刑统》。宋太祖建隆三年(962年),乡贡明法张自牧上封事驳《刑统》不合事宜者五条,下诏命有关机构"参议而厘正之"①。次年二月,判大理寺窦仪上言:《后周刑统》"科条浩繁,或有未明",要求"别加详定"。于是命窦仪与权大理少卿苏晓、大理寺正奚屿、大理寺丞张希逊以及刑部、大理寺法直官陈光义、冯叔向等共同撰集②。这是宋朝建国之后第一次设置的立法机构,事成即罢,带有临时的性质。

宋太宗太平兴国三年(978年),命"有司"编纂敕条,这一"有司"可能是指大理寺。自端拱二年(989年)至淳化二年(991年),又命翰林学士宋白等"详定"端拱以前的诏敕。成书后,太宗亲自审阅书稿,不甚满意,要求重加裁定,命翰林学士承旨苏易简、知审刑院许骧、职方员外郎李范"同别详定"③。真宗即位初,命户部尚书张齐贤、权判刑部李范等7人"专知删定"。太宗淳化元年(990年)后到至道三年(997年)终续降宣敕。又以张齐贤任"专知删定"官,权判刑部李范等6员任"同知删定"官。成书后,又命给事中柴成务和知制诰师颃、侍御史宗度、直秘阁潘慎修等9人"重加详定"④。景德初年(1004年),命权判三司勾院陈尧咨和判度支勾院孙冕、审刑院详议官李渭3人"编录"《三司新编敕》。中途3人皆补外官,改命审刑院详议官周实和大理寺详断官彭愈、开封府兵曹参军孙元方3人"详勘"。随后,又命权三司使丁谓与户部副使仅端,度支员外郎崔旸、盐铁判官乐黄目、张若谷,户部判官王曾"同删定"《农田编敕》⑤。大中祥符六年(1013年),再次命判大理寺王曾、翰林学士陈彭年等9人"共同详定"咸平以后的诏敕⑥。天禧元年(1017年),另命参知政事李迪与翰林学士盛度、知制诰吕夷

①　《玉海》卷66《建隆新定刑统》。
②　《长编》卷4。
③　《玉海》卷66《太平兴国编敕》、《淳化编敕》;《宋会要》刑法1之1。
④　《玉海》卷66《咸平新定编敕》;《长编》卷43;《宋会要》刑法1之2。
⑤　《宋会要》刑法1之3。
⑥　《长编》卷80,卷87;《玉海》卷66《大中祥符编敕》。

简等"详定"一州一县的敕条,命李迪"删定"一司一务的编敕①。

自太祖至真宗大中祥符九年(1016 年)前,朝廷只是临时委派官员立法,并不设立正式机构;参预立法的人选和编制,也还没有形成一定的制度。

真宗大中祥符九年,宋朝开始设置立法机构"编敕所"。从此,立法时必定设置正式机构就成为定制。是年,"编敕所上删定编敕、仪制、敕书、德音、目录四十三卷"②。仁宗天圣四年(1026 年)九月,命翰林学士夏竦和蔡齐、知制诰程琳等重新删定大中祥符七年以来的敕条。十月,"详定编敕所"上言:"咸平编敕,差官七员。请以审刑院官、太常博士张其,国子博士董希颜,中丞刘革,大理寺丞庞籍同删定。"仁宗批准了这一请求③。新建的详定编敕所共配备了翰林学士 2 人、知制诰一人、审刑院官员 2 人、御史中丞一人、大理寺丞一人,合计 7 人。从天圣五年开始,详定敕令所负责纂修《天圣编敕》等,以参知政事吕夷简和枢密副使夏竦为"提举管勾官",翰林学士蔡齐和知制诰程琳,龙图阁待制韩亿和燕肃,判大理寺赵廓等 5 人为"同详定官",权大理少卿董希颜为"详定官",秘书丞王球和大理寺丞庞籍、张颂 3 人为"删定官"。天圣七年稍前,又命参知政事吕夷简等"参定令文",大理寺丞庞籍和大理评事宋郊为"修令",判大理寺赵廓和权大理少卿董希颜充"详定官"④。庆历八年(1048 年)稍前,为纂修天圣以后续降宣敕,命宰臣贾昌朝和枢密副使吴育任"提举管勾编敕"官,屯田员外郎成奕和太常博士陈太素等 7 人为"删定官",翰林学士张方平和侍读学士宋祁等 5 人为"详定官"⑤。

宋神宗熙宁间(1068—1077 年),为加强对纂修一司敕令的官员的管理,另设"详定编修诸司敕令所"。熙宁八年五月,委派知制诰沈括

①　《玉海》卷 66《天禧编敕》。
②　《宋会要》刑法 1 之 3。
③　《建炎以来朝野杂记》乙集卷 5《炎兴以来敕局废置》;《玉海》卷 66《天圣删定咸平编敕》。
④　《宋会要》刑法 1 之 4。
⑤　《宋会要》刑法 1 之 5。

和宝文阁待制李承之为"详定一司敕令官"①。这时,还另设"编修令式所"。六月,经"令式所"编修成书的宗室禄令,被认为"不成文理,未得颁行",乃改送"详定一司敕令所""重定以闻"。删定官魏泜和详定官沈括皆受罚②。九月,便下令将"令式所"和"内诸司敕式所"撤销,合并到"一司敕所","一司敕所"也改称"一司敕令所"③。神宗元丰官制改革,虽然规定"应修明法式,并尚书省议定,上中书省",但继续设置"详定重修编敕所"④。到哲宗元祐间(1086—1094 年),改变熙丰新法,又改"详定重修编敕所"为"重修敕令所"⑤。徽宗时,复设"详定重修敕令所"和"详定一司敕令所"⑥。

从真宗大中祥符九年到北宋末年,宋朝的立法机构为"编敕所"或"详定编敕所"、"重修敕令所"以及"编修诸司敕令所"或"详定一司敕令所"。如遇需要纂修前一朝或者前一段时间的海行法即适用全国范围的编敕或敕令格式,即由编敕所或敕令所负责,委派宰相和执政官 1 至 2 员为提举管勾官。以下设置各种官属:详定官,选差翰林学士和知制诰、大理寺或审刑院长官充当,神宗熙宁间规定必须由两制以上官员充任⑦;编制在 2 员至 7 员不等。删定官,选差京朝官或选人(文臣)和使臣(武官)充当;仁宗嘉祐间(1056—1063 年)规定,删定编敕官以 2 年为一任,5 年为两任;神宗元丰改制前,编制不等,有时仅一员⑧,元丰改制,规定以 6 员为额,徽宗政和初年(1111 年)一度增为 7 员⑨。有时,除设置提举官和详定官、删定官外,还有检详官、对点官、编排官、供书使臣、点进使臣等。如神宗熙宁六年,由宰臣王安石任删定编敕等提

① 《长编》卷 264。
② 《长编》卷 265。
③ 《长编》卷 268;《玉海》卷 66《熙宁编敕》。
④ 《长编》卷 329,卷 330。
⑤ 《玉海》卷 67《宋朝敕局》。
⑥ 《宋会要》刑法 1 之 25。
⑦ 《宋会要》刑法 1 之 10。
⑧ 《宋会要》刑法 1 之 5、9。
⑨ 《宋会要》刑法 1 之 12、16、26。

举官,此外,委派翰林学士曾直和龙图阁待制邓绾、权知审刑院崔台符3 人充当详定官,秘书丞虞太宁充当删定官,大理寺法直官刘赓和左班殿直张寀 2 人充当检详官,刑部堂后官刘衮充当对点官,权大理少卿朱温其充当编排官①。徽宗政和二年(1112 年),详定重修敕令所除设置删定官等外,还有供书使臣、点进使臣、承受官等。在各官属之下,都设置人吏若干名,如编修手分、承受官下手分、点进使臣下手分、知杂司手分等②。如遇需要纂修前一朝或前一阶段的一司、一路一州一县条法,即由编修诸司敕式所或详定一司敕令所负责,委派宰相为提举官,详定官和删定官、承受官等员数多少不定。如神宗熙宁三年(1070 年),委任宰相王安石"提举编修三司令式并敕及诸司库务岁计条例",翰林学士元绛和权三司使李肃之、权发遣三司盐铁副使傅尧俞、权三司户部副使张景宪、三司度支副使王靖、同修起居注李寿朋、集贤校理李绎 7 员为详定官;太子右赞善大夫吕嘉问和光禄寺丞杨蟠,崇文院校书唐坰,权许州观察推官王规,三司推勘公事乔执中,检法官李深,勾当公事张端,著作佐郎赵蕴、周直孺,均州军事判官孙奭 10 员为删定官③。各删定官分房编修④。徽宗政和初,为编修禄令格等,委派了李良佐等 8 员删定官,吴守仁和杨发 2 员检阅文字官⑤。在编修综合性法典"敕令格式"时,原任命宰相何执中为"提举重修敕令",但何执中提议愿复行神宗元丰、哲宗绍圣"故事",由徽宗最后定稿,乃改"提举"为"兼领官","同提举"为"同兼领官"⑥。政和三年(1113 年)和重和元年(1118 年),两次编修殿中省六尚供奉敕令或六尚法成书,由受奖励的名单可知这两次皆委派了详定官 2 员、删定官 2 员,另有承受官、使臣、检阅文字手分、书写人、书奏人等官吏⑦。宣和元年(1119 年),有官员上言,指

---

① 《宋会要》刑法 1 之 9。
②⑥　《宋会要》刑法 1 之 25。
③　《长编》卷 218。
④　《宋会要》刑法 1 之 23。
⑤　《宋会要》刑法 1 之 35。
⑦　《宋会要》刑法 1 之 27、30。

出一司敕令所上下的官属 30 多员,其中一半为详定官。而这些详定官大都由"中台长贰或侍从官领宫祠者兼之",但"中台长贰"各有本职,不能全究心力,而"领宫祠者""朝廷本以优赏,不可责以职事"。嗣后,决定详定官以 3 员为额;删定官以 10 员为额,其中 4 员选差曾经担任过刑法差遣或通晓刑法之人①。

南渡初,朝廷法制档案散失,全靠三省等人吏省记。高宗建炎四年(1130 年),下诏敕令所将仁宗嘉祐条制与徽宗政和条制"对修成书",采纳了大理卿兼同详定一司敕令王衣的建请,以"详定重修敕令所"为名。任命宰臣范宗尹为"提举详定重修敕令",参知政事张守为"同提举";选差大理寺和现在敕令所的官员兼任详定、删定等官②。同时,重新设置详定一司敕令所,由详定一司敕令所的删定官兼任重修敕令删定官,详定一司敕令官兼详定重修敕令官,同详定一司敕令官兼同详定重修敕令官,大理寺官兼详定重修敕令删定官③。绍兴元年(1131 年),详定重修敕令所编成《绍兴重修敕令格式》,受到奖励的官员有提举官:参知政事张守;详定官:权工部侍郎韩肖胄;同详定官:大理卿王衣;删定官:宣教郎鲍延祖、刘一止、曾恬,宣义郎李远,文林郎何许和胡如埙,修职郎王洋,迪功郎李蔼、陈戬、虞沄、陈康伯、张域,以及大理寺官兼删定官:大理正孔仲京,大理丞孙光庭、张柄、路彬,大理评事赵公爃、许大英,总计 18 员。另设检阅文字使臣以及知杂司、法司、编修手分、开拆司以下人吏等④。绍兴六年,为重修在京通用敕令格式,任命宰相秦桧为提举官,参知政事孙近为同提举官,刑部侍郎陈囊为详定官,大理卿周三畏为同详定官,左奉议郎周林和右宣教郎陈抃、左从政郎石延庆、左迪功郎方云翼、何逢原 5 员为删定官。同年,为重修六曹通用敕令格式,也由秦桧为提举官,参知政事王次翁为同提举官,权户部尚书

---

① 《宋会要》刑法 1 之 31—32。
② 《建炎以来系年要录》卷 34。
③ 《宋会要》刑法 1 之 34。
④ 《宋会要》刑法 1 之 35。

张澄为详定官,大理卿周三畏为同详定官,左从事郎游操等 5 员为删定官①。重建的详定重修敕令所和详定一司敕令所,设置时间较长,至绍兴三十年秋,编修了各类法典,为数甚巨。但有的官员认为敕局"官吏猥多,赏费亦滥",终于在绍兴三十一年(1161 年)撤销了机构。从绍兴六年后至绍兴三十一年前,宋朝敕令所的官员和人吏编制基本确定:提举官一员,由宰相充任。同提举官一员,由参知政事充任,绍兴十三年后撤销此职。详定官一员,由六部的尚书或侍郎充任。删定官 3 至 5员,一般由选人充任,少数委派京官充任②。此外,还设置了承受官和诸司官、提举诸司官,人员编制不详,皆选差内侍官充任。如绍兴二十六年(1156 年),选差延福宫使、入内内侍省押班李珂为都大提举诸司官,入内内侍省东头供奉官、干办御药院兼太一宫李绰为承受官③。

　　宋高宗退位后,孝宗在绍兴三十二年夏,下令"裒集上皇圣政",根据吏部侍郎徐度的请求,复设敕令所④。重置的敕令所,删定官以 3 员为额,从行在的职事官中选差;人吏以 11 人为额,通引官 2 人,负责收发文书。乾道四年(1168 年),为"删削"建炎以后的续降诏旨,差秘书少监兼权刑部侍郎汪大猷"兼详定官",大理少卿王彦洪和韩元吉 2 人"兼同详定官";刑部郎官蔡洸和刘芮,吏部郎官郑伯熊,户部郎官曾逮,大理寺丞潘景珪,大理司直洪藏 6 人皆"兼删修官"。汪大猷提议,新建的立法机构以"重修敕令所"为名,先编修三省、枢密院法和吏部七司条法。官吏的编制为,提举官 2 员,由宰相充任,称"兼提举详定一司敕令";同提举官一员,由执政官充任;详定官一员,由侍从官充任,称"兼详定一司敕令",正差的删定官 5 员,多由选人充任,称"充详定一司敕令所删定官",兼职的删定官称"兼详定一司敕令所删定官"。依照旧例,设置"提举诸司官"一员、"承受官"一员、"主管诸司官"2

①　《宋会要》刑法 1 之 39。
②　《宋会要》刑法 1 之 41—46。
③　《宋会要》刑法 1 之 43。
④　《建炎以来朝野杂记》乙集卷 5《炎兴以来敕局废置》。

员。修书命差"供检文字"一员、"法司"2 员、"知杂司"一员、"编修文字"8 员、"书写人"8 员、"守缺"4 员。提举官下,差"供检"一员。详定官下,差"书奏"一员。尚书省和中书省各差"供检"一员,"承受本所文字"等。朝廷一一依从。稍后,又正式设置"详定一司敕令所都大提举诸司"机构,差"点检文字"一员、"主管文字"2 员,"投送文字亲事官"2 员;设置"详定一司敕令所承受"机构,由干办御药院的宦官主管,下设"主管司文字"一员、"投送文字亲事官"2 员①。淳熙十五年(1188 年)夏,林栗以兵部侍郎兼详定官。不久,他发现绍兴间所修一司敕令,多历年所,不曾颁降。现今所修,也是颁降无期;即使颁降,不免抵牾。建议将已修两浙、江南、福建、湖南、湖北的条法供尚书省六部照用外,其他未了的条法,命令"日下删修结局",以便"损不急之官,省无用之费,不为无补"。孝宗乃令撤销敕令所,"限一月结局"。光宗绍熙二年(1191 年)夏,权工部侍郎潘景珪上言"法令一书,久不删润",乃复置"详定敕令局",选差详定官一员、删修官 3 员。宁宗庆元二年(1196 年)春,复设提举和同提举官,仍以"编修敕令所"为称②。理宗时期,继续设立编修敕令所,直至淳祐间(1241—1252 年),还在编纂《淳祐敕令格式》和《淳祐条法事类》等法典。度宗以后,因国势岌岌可危,在法制上只是"遵而行之,无所更定矣"③。

总之,从宋真宗开始正式设置立法机构"编敕所",一直到理宗时设置编修敕令所,显示宋朝的立法机构长期延续达两个半世纪,立法活动也是很少间断,这与前朝的立法惯例即每当开国皇帝建立王朝法制后,继位者守成而极少立法的情况颇不相同。

(二) 各种法典和法规汇编

宋朝立法活动频繁,不仅法律形式多样,而且法典规模庞大和数量

---

① 《宋会要》职官 4 之 45—47。
② 《建炎以来朝野杂记》乙集卷 5《炎兴以来敕局废置》。
③ 《宋史》卷 199《刑法一》。

日渐繁多。南宋著名学者叶适说:"吾祖宗之治天下也,事无大小一听于法。"又说:"今内外上下,一事之小,一罪之微,皆先有法以待之。极一世之人志虑之所周浃,忽得一智,自以为甚奇,而法固已备之矣,是法之密也。"法制的周密细致,简直达到了"细者愈细,密者愈密",人们"摇手举足,辄有法禁"的程度①。就法律形式而言,其数量远多于唐朝。法律形式,是指法律文件所采用的各种外部形式,这些形式反映了法律文件的内部结构。这些法律形式中,除沿袭唐律的《刑统》外,还有编敕、散敕、续降宣敕、条贯、条例、一时指挥、赦书、德音、令文、律令格式、敕令格式、随敕申明、敕式、敕令式、格式、格目、看详、条法事类等。以下叙述宋朝的各种基本法。

1.《重详定刑统》

宋太祖和太宗时期,除修订《重详定刑统》这一法典以外,较少制订其他新的法典,也还没有出现有关某一官署或地区的一些专门法典。只是稍稍改变五代时苛法无度的状况,如建隆二年定"盗窃律",规定窃盗赃值 3 贯文足陌者处死。次年,又加更定,改为 5 贯文足陌者处死。同时,数次修改私盐麯法,由私盐 15 斤处死,改为 30 斤,又改为 100 斤处死②。

宋太祖建隆四年,鉴于《大周(后周)刑统》条目浩繁,且有法意不明之处,不便使用,乃命判大理寺窦仪会同权大理少卿苏晓主持修订。窦仪等除以《大周刑统》为蓝本,加以修改补充外,还采录有关刑制律文和式令、宣敕、续降,另外编敕 4 卷。全书共 30 卷,分为 213 门。首列律条、律疏,以下按照时间顺序分列敕、令、格、式。

《重详定刑统》的律文,包括疏和议都照录《唐律疏议》。《重详定刑统》和《唐律疏议》两者在编纂体例和内容方面有以下一些不同之处:第一、《重详定刑统》在每卷开始标明门类,将相同性质的条文归为一门,然后引律文和疏议,再在"准"字下按照时间顺序引前朝和宋初

---

① 叶适:《水心别集》卷 3《官法上》,卷 10《外稿·实谋》,卷 12《外稿·法度总论二》。

② 《长编》卷 2;《宋史》卷 1《太祖一》;《文献通考》卷 166《刑考一》。

的令式格敕,表明经过朝廷核准;凡行"敕"者都经过删节,在"敕"字后加"节文"。最后写明"臣等参详"。这种编排方式使律的眉目清晰,便于司法人员检阅。第二、《重详定刑统》增列"起请条"32条,表明窦仪等对于律文等内容有所改动的建议。第三、《重详定刑统》在"名例律"之后,将唐律中所有"余条准此"即具有类推性质的条文,总汇一门称"一部律内余条准此条",共44条,便于查阅。第四、《重详定刑统》中凡"准"字下所引令、格、式、敕,大都为唐律所无,看来是因袭了《大周刑统》的新增内容;此外,带有"建隆"年号的"敕节文",令、格、式、敕后的"臣等参详"即窦仪等自称的内容,则全部是宋初新增的内容。第五、"户婚律"中的"户绝资产"门和"死商钱物"门(卷12),"典卖指当论竞物业"门和"婚田入务"门(卷13),也都是唐律缺载而此次新增的。"户绝资产"门规定了一般民户的财产继承法;"死商钱物"门规定了商人和外国商人的财产继承法,明确了财产继承人的范围和遗产的分配、处理原则;"典卖指当论竞物业"门规定了典卖和倚当钱物的本户法定人选以及典卖契约、典卖原则、典赎时效等;"婚田入务"门规定了地方官府受理田宅和婚姻、债负等民事诉讼的期限为农闲期间,借以保证农民不误农时。第六、《重详定刑统》还创立了刑杖方面的折杖法,即用决杖来代替笞、杖、徒、流的刑罚方法,介于流刑与死刑之间,这是建隆四年刚刚确定的新法(卷一)。折杖法作为流、徒、杖、笞刑的代用刑,相对减轻了刑罚。第七、加重对贼盗的惩罚。《重详定刑统》附敕对"贼"类犯罪,不分首、从,一律依新增的法定死刑决重杖处死。对"盗"类犯罪,不分情节,一律从重,并牵连同情和知情者。

《重详定刑统》又名《重定刑统》、《宋刑统》,简称《刑统》,是中国历史上第一部木版雕印的封建法典。它基本上属于刑事法规,包括了刑事立法和刑事诉讼立法,但并没有全部删除与刑名无关的律文或敕令,而是在"户婚律"中增添了上述"户绝资产"、"死商钱物"、"婚田入务"等纯属经济范围的民法。在实施过程中,作为有宋一朝长期固定的律典,发挥了一定的作用。但随着时代的发展,它的各项规定大部分脱离了实际生活,所起作用逐步减少,而让位给其他的法典。宋人赵彦卫指出:"《刑统》皆汉、唐旧文,法家之五经也。当国初,尝修之,颇存南北朝之法及五代一时旨挥,如'奴婢不得与齐民伍',有'奴婢、贱人,类同畜产'之语,及五代私酒犯者处死之类,不可为训,皆当删去。"①事过境迁,不切实际,是《重详定刑统》的大部分内容成为历史旧法的根本原因。不过,直到南宋末年,它的有些条法还被一些司法官员所援引。如《名公书判清明集》所收判词中,就有多名地方司法官员引用"律"即《刑统》的条法,对案件进行判决。可见它仍然保持着一定的法律地位,只是它的优先适用的地位已被敕取代而已。

2. 编敕

宋朝统治者在特定的时间对特定的人和事发布的诏敕,称为"散敕"或"敕条"。散敕逐步增多,积累到一定时候,便选择其中可以长期适用的敕文,经分门别类,编纂成书,称为"编敕"。编敕使统治者的单行诏敕上升为一般法律形式,同时消除前后诏敕的矛盾,便于保存和使用。

宋朝的第一次编敕活动,是与编修《重详定刑统》同时进行的。太祖时,窦仪等在编修《刑统》时,还采录《大周刑统》以后到这时"续降要用"的宣敕共 106 条,另外分编成 4 卷,称《新编敕》。窦仪在《进〈刑统〉表》中说明删削的原则是:"凡厘革一司一务一州一县之类,非干大例者,不在此数。"所以,收录的都是较为稳定和普遍适用的诏敕。窦仪等人的《新编敕》,与《重详定刑统》同时行用。从此,"编敕"开始成为《重详定刑统》以外的补充法典,在宋朝法律中占据重要地位。

宋太宗初年,统一全国,社会经济日益发展,政治制度初具规模。在太宗统治时期,曾三次进行编敕的立法活动。第一次,在太平兴国三年(978 年)六月,命有关机构取建国以来的敕条,纂成编敕,颁行全国,称为《太平兴国编敕》,共 15 卷。第二次,在端拱二年(989 年),命翰林

①　赵彦卫:《云麓漫钞》卷 4。

学士宋白等人"详定"端拱年间以前的诏敕。到淳化三年（992 年），宋白等人纂成《淳化编敕》，共 25 卷；另有《赦书》、《德音》、《目录》共 5卷。第三次，在宋太宗亲自审阅《淳化编敕》后，认为其中"赏罚条目颇有重者，难于久行，宜命重加裁定"。于是命翰林学士承旨苏易简、知审刑院许骧等 3 人"同别详定"。到淳化五年，许骧等向太宗进呈《重删定淳化编敕》，共 30 卷①。

　　宋太祖和太宗时期纂修的编敕，都是全国通行的综合性编敕。到真宗时，除继续纂修综合性编敕外，还出现了一司一务的部门编敕和一路一州一县的地区编敕。咸平元年（998 年），命户部尚书张齐贤等删定太宗淳化后到至道末年的续降宣敕 18 555 道。张齐贤等完稿后，又命给事中柴成务等重新详定，最后选定宣敕 856 道，向真宗进呈《新删定编敕》11 卷，附《仪制敕》、《赦书》、《德音》各 1 卷。《新删定编敕》又称《咸平编敕》②，或《咸平新定编敕》③。咸平二年，又命三司户部使索湘等人搜取三司在是年三月以前各部的宣敕，分二十四案为门删定，共6 卷，称《三司删定编敕》④。《三司删定编敕》是宋朝第一部有关一司的部门法典。景德二年（1005 年）九月，权三司使丁谓等进呈《三司新编敕》15 卷，真宗批准"雕印颁行"⑤。十月，三司盐铁副使林特等又编成《三司新编敕》30 卷，权三司使丁谓等编成《景德农田敕》5 卷⑥。作为全国最高财政机构的三司，事务最为繁忙，所以最早编录本司的部门法典，而且在编成的六七年内连续两次重新补充删改。接着，在天禧元年（1017 年），又由编敕所编成《条贯在京及三司编敕》，共 12 卷⑦。这是又一部有关三司的部门法典。大中祥符九年（1016 年），翰林学士陈

---

① 《宋会要》刑法 1 之 1。《宋史》卷 204《艺文三》作 12 卷，当包括《仪制敕》1 卷在内。
② 《长编》卷 43。
③ 《玉海》卷 66《咸平新定编敕》。
④ 《宋会要》刑法 1 之 2。
⑤ 《长编》卷 61。
⑥ 《长编》卷 61。《宋会要》刑法 1 之 3 作景德三年正月七日丁谓等上《景德农田敕》。
⑦ 《长编》卷 90；《宋会要》刑法 1 之 4。

彭年等编定《转运司编敕》20 卷①。天禧四年,参知政事李迪等编成
《一州一县新编敕》30 卷和《删定一司一务编敕》30 卷②。《转运司编
敕》和《一州一县新编敕》是宋朝的第一、二部地区性法典。《删定一司
一务编敕》是又一部部门性法典。

　　从真宗大中祥符六年(1013 年)到九年,还由判大理寺王曾和翰林
学士陈彭年等负责删定咸平元年到祥符七年续降宣敕 6 202 条、1 374
条,分为 30 卷,称《大中祥符编敕》,另附《仪制》、《赦书》、《德音》10
卷、《目录》2 卷③。

　　宋仁宗时期,编敕活动更为频繁。在综合性法典方面,有:天圣四
年(1026 年),命翰林学士夏竦、蔡齐等重新删定真宗大中祥符七年以
来宣敕 6 783 条④。同时,有人提议以唐令有与本朝事异者,也命官员
修定,到天圣七年成书,共 30 卷,称《天圣新修令》。有关机构又取《咸
平仪制令》和制度约束之在敕者 500 多条,合为一卷,附于令后,称为
《天圣附令敕》⑤。天圣十年即明道元年(1032 年),编成《天圣编敕》13
卷,《敕书》、《德音》12 卷⑥。庆历四年(1044 年),又命官删定《天圣编
敕》后至庆历三年间续降的宣敕,至庆历八年成书,共 20 卷,称为《庆
历编敕》,连同《赦书》、《德音》、《附令敕目录》在内。嘉祐二年(1057
年),命官删定庆历四年至嘉祐三年间续降的宣敕,至嘉祐七年成书,
共 12 卷,称《嘉祐编敕》。另附《总例》1 卷、《目录》5 卷。《嘉祐编敕》
比《庆历编敕》,大辟增加 6 条,流减少 50 条,徒增加 61 条,杖增加 73
条,笞增加 38 条,配隶增加 30 条,大辟而下奏裁听旨者增加 45 条⑦。
在部门性法典方面,有:景祐二年(1035 年),翰林学士承旨章得象等编

---

① 《玉海》卷 66《大中祥符编敕》。《宋史》卷 204《艺文三》作 30 卷。
② 《长编》卷 95,卷 96。
③ 《玉海》卷 66《大中祥符编敕》。《宋会要》刑法 1 之 3 作 43 卷,《宋史》204《艺文三》作 40 卷。
④ 《长编》卷 104;《玉海》卷 66《天圣删定咸平编敕》。
⑤ 《长编》卷 108;《玉海》卷 66《天圣附令敕》、《天圣新修令》。
⑥ 《玉海》卷 66《天圣新修令、编敕》。
⑦ 《长编》卷 196;《玉海》卷 66《嘉祐编敕》。《宋史》卷 204《艺文三》作 18 卷,另有《总例》1 卷;此
外,还有韩琦《嘉祐详定编敕》30 卷。

成删定真宗大中祥符八年至仁宗明道二年（1033 年）续降宣敕，《一司一务编敕》、《在京编敕》及《目录》，共 44 卷。景祐五年，审刑院和大理寺编成《减定诸色刺配刑名敕》5 卷①。嘉祐元年（1056 年），命近臣在三司编定文武官俸给、添支等，次年成书，称《新修禄令》，又称《嘉祐禄令》，共 10 卷。嘉祐三年，又命三司编定"天下驿卷则例"，次年成书，赐名《嘉祐驿令》，共 3 卷②。该法典第一卷为条贯敕，第二、三卷为则例令③。嘉祐末年，王珪以审官院自皇祐一司敕至嘉祐七年以前续降的敕札新、旧 1 023 道，编成条贯和总例共 476 条，合为 50 卷，称为《嘉祐审官院编敕》④。在地区性法典方面，自庆历七年（1047 年）起，命官删定一州一县的编敕。皇祐间（1049—1054 年），连同《一司一路敕》一起修定进呈⑤。

宋英宗在位时间较短，只是治平二年（1065 年），由提举在京库务王珪等删定新编提举司并三司额例 105 册、都册 25 册，称《治平在京诸司库务条式》，简称《治平诸司条式》，共 130 卷⑥。

神宗时期，推行各种新法，官制和立法制度都有较大的变革。编敕活动仍在继续进行。在综合性法典方面，有熙宁六年由宰臣王安石等删定的编敕和《敕书》、《德音》，附《令敕》、《目录》等，共 26 卷，称《熙宁详定编敕》。该编敕系根据嘉祐四年（1059 年）以后续降的宣敕删录而成⑦。元丰七年（1084 年），刑部侍郎崔台符等详定重修编敕成书，共 81 卷，称《元丰编敕》⑧。在部门性法典方面，有：熙宁三年（1070 年），由郡牧判官王诲等编的《马政条贯》。熙宁五年，由大宗正司编成的

---

① 《宋会要》刑法 1 之 5。
② 《玉海》卷 66《嘉祐禄令》、《嘉祐驿令》；《宋会要》刑法 1 之 6。
③ 陈振孙：《直斋书录解题》卷 7《法令类·嘉祐驿令》。
④ 王珪：《华阳集》卷 8《乞施行审官院敕札子》。《玉海》卷 66《嘉祐审官院编敕》作共 15 卷。
⑤ 《玉海》卷 66《庆历编敕》；《长编》卷 161，卷 165。
⑥ 《宋会要》刑法 1 之 6；《玉海》卷 66《治平诸司条式》。
⑦ 《宋会要》刑法 1 之 9。
⑧ 《玉海》卷 66《元丰编敕》；《宋会要》刑法 1 之 12。

《大宗正司条贯》6 卷①。熙宁七年(1074 年),由王安石"提举编修"成书的《三司敕式》400 卷。熙宁八年,由编修中书条例李承之等编定礼房条例 13 卷,目录 19 册,称《熙宁中书礼房条例》。熙宁九年,由编修令式所删定的《诸司敕式》40 卷,由吴充等人删成的《详定军马司编敕》5 卷,由详定敕令所编就的《熙宁详定刑部敕》1 卷。元丰二年(1079 年),由左谏议大夫安焘等删成的诸司敕式,称《元丰诸司敕式》②。根据《宋史·艺文志三》记载,这一时期的部门性法典还有许多部,为《熙宁新编大宗正司敕》8 卷、《熙宁审官东院编敕》2 卷、蔡硕《元丰将官敕》12 卷等。在地区性法典方面,据《宋史·艺文志三》记载,有王安礼《重修开封府熙宁编》10 卷、蒲宗孟《八路敕》1 卷、张诚一《熙宁五路义勇保甲敕》5 卷(附《总例》1 卷)、许将《熙宁开封府界保甲敕》2 卷(附《申明》1 卷)等。

从宋初到神宗熙宁间的编敕,"各分门目,以类相从,约束赏刑,本条具载",所以官府随事查阅,较为方便③。据《宋史·艺文志四》记载,这一时期共编定了 32 部编敕。

宋人之所以将这一法律形式命名为"编敕",而不直接称为"法"或法具,是出于慎重的考虑。因为各条宣敕,最初大都是为特定的人或事而颁布的,虽然具有法律的效力,但不能成为普遍适用的法律,而且数量逐步增多。后来虽然经过专人或专门机构选编成书,具有优先的法律效力,但并没有把它们当作正式的法典。正如孝宗淳熙五年吏部尚书韩元吉所说:"祖宗自建隆以至嘉祐,但以续降类为编敕,虑其未尽,不肯遽修为法,率以数年,然后差官置局,从而删定,止号编敕。盖类为编敕,则不废旧法。"④这样,新的编敕与旧法同时行用,在法律上发挥同样的作用。

---

① 《宋会要》刑法 1 之 7—8;《宋史》卷 204《艺文三》。
② 《玉海》卷 66《熙宁诸司敕式》、《熙宁中书礼房条例》、《元丰诸司敕式》。
③ 《长编》卷 407。
④ 《宋会要》职官 4 之 49。

3. 敕令格式

唐朝和五代时期,法典由律、令、格、式统类合编而成。律指《唐律疏议》或后唐《同光刑律统类》、《清泰编敕》、《天福编敕》,后周《广顺续编敕》、《显德刑统》,令指皇帝颁布的各项命令,格指规则、规程,式指施行细则,包括各种文书程式。北宋前期,法典的内部结构为令、格、式、敕,与律(《刑统》)并行;如果两者出现抵牾,则依从令、格、式、敕①。这一时期是律、敕并行的第一时期。不过,这时的敕开始起到了以前律的作用,凡遇律有不全备或有伸缩解释之处,便都依照敕加以补充解决。到神宗时,认为律不能概括所有情况,正式将法典内部结构改为敕、令、格、式,而仍旧保存律。从此,敕才真正取代了律在法典中的优先适用地位,开始了敕、律并行的第二时期。神宗说:"设于此而逆彼之至曰格,设于此而使彼效之曰式,禁其未然之谓令,治其已然之谓敕。……若其书完具,政府总之,有司守之,斯无事矣。"②凡是刑名轻重、行政条法、奖惩标准、公文程式,敕令格式中都作了比较详尽的规定。熙宁十年(1077 年)二月,详定编修诸司敕式所删定《诸司敕令格式》12 卷,其中包括翰林医官院 5 卷,广圣宫和庆宁宫、大内钥匙库、资善堂、后苑东门药库、提点军器等库、入内内侍省使臣差遣各一卷③。同年十一月,诸司敕式所又删定《诸司敕令格式》30 卷,其中包括龙图和天章、宝文阁 4 卷,延福宫和起居院、四方馆、玉牒所各一卷,入内内侍省合同凭由司、翰林图画院、提点内弓箭南库并内外库各 2 卷,后苑御弓箭库 1 卷,入内内侍省使臣差遣 4 卷,内侍省使臣差遣 3 卷,御药院 2 卷,在内宿直人席荐 1 卷④。这两部法典都是属于内宫的诸司法典,即部门法典。元丰二年(1079 年),蔡确主持编修的《元丰司农寺敕令式》成书,共 15 卷⑤。元丰七年,崔台符等人删定的《元丰编敕》,《宋

---

① 《建炎以来朝野杂记》甲集卷 4《淳熙事类》。
② 《长编》卷 298。
③ 《长编》卷 280。
④ 《长编》卷 285。
⑤ 《玉海》卷 66《元丰司农敕令式》。《宋史·艺文志三》作 17 卷。

史·艺文志三》写成《元丰编敕令格式》并《赦书》、《德音》、《申明》81
卷。可见从元丰起,编敕开始与敕令格式通用,敕令格式可以代替编敕
之称。神宗时,由敕令格式统类合编的法典,还有《诸敕令格式》12卷、
《武学敕令格式》一卷、曾伉《元丰新修吏部敕令式》①等。

　　神宗《元丰编敕令格式》在编纂体例上有明显的缺点,即失去了从
前编敕的"各分门目,以类相从"的优点,而出现了"各随其罪,厘入诸
篇,以约束为令、刑名为敕、酬赏为格,更不分门",所以"检用之际,多
致漏落"②。此外,还有一些缺点。

　　从宋哲宗开始,"编敕"完全由敕令格式代替。在综合性法典方
面,有:元祐元年(1086年),命御史中丞刘挚等人"重行刊修"《元丰敕
令格式》。刘挚等人认为元丰间所编"敕令",不能"究宣"神宗"仁厚之
德","其意烦苛,其文隐晦","难以检用",建请特置"修敕局",予以
"加损润泽"③。刘挚等人依据《元丰敕令格式》及元祐二年十二月以前
"海行续降条贯"6 876道,参照仁宗嘉祐和神宗熙宁《编敕》、《附令敕》
等,"讲求本末,详究源流"。在编修体例上,采用熙宁以前的办法,"更
不别立赏格";凡元丰敕和熙宁敕令中有关尚书省六部在京通用及一
路一州一县之事,并厘归各处,而涉及五路以上之事,则依照旧敕修入
敕令。元祐二年十二月,书成,其中"敕"2 440条,共17卷,《目录》3
卷;《令》1 020条,共25卷;《式》127条,共6卷;《令、式目录》2卷,《申
明》1卷,《余条准此例》1卷,《元丰七年以后敕书、德音》1卷,总共56
卷④。该书称《元祐敕令格式》⑤。元符二年(1099年),命宰臣章惇等
提举删定《新修海行敕令格式》成书,共134卷,又称《元符敕令格
式》⑥。该法典不完全否定元祐间颁布的敕令,"其间有元丰所无,而用

---

① 《宋史》卷204《艺文三》。
②④ 《长编》卷407。
③ 《长编》卷373。
⑤ 《玉海》卷66《元祐编敕令格式》;《长编》卷409。
⑥ 《宋史》卷204《艺文三》。

元祐敕令立者"①。在部门性法典方面,数量最多,有:元祐元年尚书省所编《吏部四选敕令格式》一部。同年,依据户部左右曹、度支、金部、仓部官制条例、诸处关到及原三司续降并奉行新官制后案卷宣敕共15 600多件,删除重复、有关他司的宣敕牒送现设局编修者,修到敕令式1 612件,称《元丰尚书户部度支、金部、仓部敕令格式》一部,简称《元丰户部敕令格式》。同年。又编有《度支大礼赏赐敕令格式》。元祐二年后,陆续编成《元祐诸司库务敕令格式》206册②、《六曹敕令格式》1 000卷、《绍圣续修武学敕令格式、看详、净条》18册、《绍圣续修律学敕令格式、看详、净条》12册等。在地区性法典方面,这时的成就较小,有《诸路州县敕令格式》并《一时指挥》13册③。

徽宗初期,重行神宗熙丰新法。在法制方面,最初因不少官员对新颁《元符敕令格式》提出批评,冲改了其中"多有未详未便"的具体条法。崇宁元年(1102年),又决定暂不编敕,实行《元符敕令格式》,毁弃《元祐敕令格式》和元符三年后冲改《元符敕令格式》的续降指挥和木板。以前在编修《元符敕令格式》时,有关一司、一路等条法,都予剔出,未曾编修;现在决定依旧行用④。崇宁二年,宰相蔡京等奉诏修立成《诸州县学敕令格式》和《一时指挥》13册。次年,蔡京等修立成《崇宁殿中省提举所六尚局供奉库敕令格式》和《看详》共60卷。另有被认为"不可著为永法者",以《申明》的方式保留;事关两局以上者,总为《殿中省通用》⑤。崇宁间编成的法典,还有《徽宗崇宁国子监算学敕令格式对修看详》和《崇宁国子监画学敕令格式》各一部,沈锡删定《崇宁改修法度》10卷,《尚书省官制事目格参照卷》67册⑥。到大观元年(1107年),蔡京等又修立到《大观马递铺敕令格式》和《申明对修》共

---

① 《宋会要》刑法1之18。
② 《宋会要》刑法1之13—14。
③ 《宋史》卷204《艺文三》。
④ 《宋会要》刑法1之19—21。
⑤ 《宋会要》刑法1之22—23。
⑥ 《宋史》卷204《艺文三》;《宋会要》刑法1之49。

30卷,《看详》70卷,总共100卷。同年,兵部尚书兼详定一司敕令左肤向朝廷提出:现今兵部有《陕西河东弓箭手敕》,系崇宁元年修成颁降,但编修体例存在"敕令格式混而为一"的问题,违背了神宗"修书之旨"。神宗时,曾"详告有司修书之法,必分敕令格式",自此"著为成宪,以示天下,万世不可改也"。于是徽宗下令"重行删定"①。于是法典的内部构成更严格地实行敕令格式的体制。大观间(1107—1110年),还编修成《诸路州县学法》一部、《大观新修内东门司应奉禁中请给敕令格式》一部②,《大观内外宗子学敕令格式》,《宗子大小学敕令格式》及《申明》、《一时指挥》、《对修敕令》,共21册;《中书省官制事目格》120卷,《门下省官制事目格并参照卷旧文净条厘析总目录》72册③、《大观中书敕令格式》④。政和间(1111—1118年),有详定一司敕令所编成的《政和禄令格》321册;郑居中主持编修的《政和新修学法》130卷;何执中主持删定的《政和重修敕令格式》138卷和《看详》410卷,合计548卷;王韶主持删修的《政和敕令格式》(一作《政和敕令式》)903卷;孟昌龄等编定的《政和重修国子监律学敕令格式》100卷;白时中等编定的《政和新修御试贡士敕令格式》159卷;礼制局编修的《夏祭敕令格式》;枢密院负责编修的《高丽敕令格式例》240册和《仪范坐图》158册、《酒食例》90册、《目录》74册、《看详》370册、《颁降官司》566册,总共1 498册⑤。《宗祀大礼敕令格式》一部,蔡京主编的《政和续编诸路州县学敕令格式》18卷⑥,《政和中书门下敕令格式》⑦等。重和(1118—1119年)和宣和(1119—1125年)年间,编修成的法典有:《明堂敕令格式》1 206册,《接送高丽敕令格式》和《奉使高丽敕

---

① 《宋会要》刑法22—23。
② 《宋史》卷204《艺文三》;《宋会要》刑法1之49。
③ 《宋会要》刑法1之24、49;《宋史·艺文志三》。
④⑦ 尤袤:《遂初堂书目》。
⑤ 《宋会要》刑法1之25—30。
⑥ 《宋史》卷204《艺文三》。

令格式》各一部,《两浙福建路敕令格式》一部①等。总观徽宗时期的立法活动,所编成的法典中绝大多数是部门性法典,少数是综合性法典和地区性法典。在部门性法典中,有关学校的法制部数较多,这是因为当时开展兴学运动而各地普建学校的缘故。

南渡后,在高宗统治时期和孝宗前期,继续实行神宗以后以敕令格式为其法典内部构成的立法体制。这段时间编成的法典仍以适用范围划分为三类,一是综合性法典。建炎三年(1129 年),诏令皆遵用仁宗嘉祐条法,于是下令敕令所将嘉祐条法与徽宗政和条法"对修"。绍兴元年(1131 年),参知政事、提举重修敕令张守等编成《绍兴重修敕令格式》,包括《敕》12 卷、《令》50 卷、《格》和《式》各 30 卷、《目录》16 卷、《申明刑统及随敕申明》3 卷、《政和二年以后敕书、德音》25 卷、《看详》604 卷,共 760 卷②。此后,在孝宗和宁宗时期,"率十余岁一修","大概以《绍兴重修敕令格式》为准"③。二是部门性法典。绍兴年间编成的综合性法典仅一部,而部门性法典为数不少。有绍兴三年宰相朱胜非等编定的《绍兴重修尚书吏部敕令格式并通用敕令格式》188 册,其中包括《吏部敕》5 册、《令》41 册、《格》32 册、《式》8 册、《申明》17 册、《目录》81 册、《看详司勋获盗推赏刑部例》3 册、《勋臣职位姓名》1 册④。该法典又称"吏部七司法"⑤。绍兴六年,宰相张浚等编成《禄秩新书》,其中包括《海行敕》1 卷、《在京敕》1 卷、《海行令》2 卷、《在京令》1 卷、《海行格》11 卷、《在京格》12 卷、《申明》15 卷、《目录》13 卷、《修书指挥》一卷、《看详》147 卷。绍兴八年,宰相赵鼎等修成《绍兴枢密院诸班直诸军转员敕令格》13 卷、《绍兴枢密院亲从亲事官转员敕令格》7 卷。宰相秦桧等修成《绍兴重修禄秩敕令格》,其中包括《禄敕》

---

① 《宋会要》刑法 1 之 30—32;《宋史·艺文志三》。
② 《宋会要》刑法 1 之 35。《建炎以来系年要录》卷 46 作《敕令格式》122 卷,《看详》604 卷。《玉海》卷 66《绍兴重修敕令格式》作"总 660 卷",显为 760 卷之误。
③ 《建炎以来朝野杂记》甲集卷 4《绍兴乾道淳熙庆元敕令格式》。
④ 《宋会要》刑法 1 之 37。《宋史·艺文志三》作共 120 卷。
⑤ 《宋会要》刑法 1 之 50。

一卷、《禄令》2 卷、《禄格》15 卷、《在京禄敕》一卷、《禄令》一卷、《禄格》12 卷,《中书门下省、尚书省令》一卷、《枢密院[令]》一卷、《格》一卷,《尚书六曹寺监通用令》1 卷,《大理寺右治狱令》1 卷,《目录》和《申明》各 6 卷①。绍兴十二年,宰相秦桧等编成《绍兴重修六曹寺监库务敕令格式》54 卷,其中包括《六曹通用敕令格式并目录》12 卷、《寺监通用敕令格式并目录》10 卷、《库务通用敕令格并目录》7 卷、《六曹寺监通用敕令格式并目录》10 卷、《六曹寺监库务通用敕令格并目录》6 卷、《寺监库务通用敕令并目录、申明》8 卷②。绍兴十三年,又由秦桧"提举",编成《绍兴重修国子监敕令并目录》14 卷、《太学敕令格式并目录》14 卷、《武学敕令格式并目录》10 卷、《律学敕令格式并目录》10 卷、《小学令格并目录》2 卷、《监学申明》7 卷、《修书指挥》一卷③。绍兴十七年,仍由秦桧主持和刑部尚书周三畏详定《绍兴重修常平免役敕令格式》54 卷④。绍兴二十三年,由详定一司敕令所编定《大宗正司敕令格式》71 卷、《申明》10 卷、《目录》5 卷⑤。绍兴二十六年,由宰相万俟卨"提举"编成《绍兴重修贡举敕令格式》(又称《绍兴贡举法》)50 卷⑥。绍兴三十年(1160 年),由宰相陈康伯"提举"编定的《绍兴参附尚书吏部敕令格式》成书,共 70 卷⑦。该法典又称《参附吏部七司法》⑧。三是地区性法典。绍兴十年,由宰相秦桧"提举"编修成《绍兴

---

① 《宋会要》刑法 1 之 37。
② 《宋会要》刑法 1 之 38—39。《建炎以来系年要录》卷 147 作《敕令格式》47 卷、《申明》6 册、《看详》40 卷。《宋史·艺文志三》作《敕令格式》54 卷。
③ 《宋会要》刑法 1 之 30。《建炎以来系年要录》卷 150 作《国子监、太学、武学、律学、小学敕令格式》25 卷,系不包括目录和申明、修书指挥的卷数在内。《直斋书录解题》卷 7《法令类·绍兴监学法》作 62 卷。
④ 《宋会要》刑法 1 之 41;《玉海》卷 66《绍兴常平敕格式》。《建炎以来系年要录》卷 156 作《绍兴常平免役敕令格式》499 卷,卷数差距甚大,似误。
⑤ 《宋会要》刑法 1 之 42。
⑥ 《宋会要》刑法 1 之 43。《宋史·艺文三》作《绍兴重修贡举敕令格式申明》24 卷。《建炎以来系年要录》卷 175 作《重修贡举敕令格式》50 卷及《看详法意》487 卷。《玉海》卷 66《绍兴贡举令式》作 45 卷,又云一本作 50 卷及《看详法意》486 卷。
⑦ 《建炎以来系年要录》卷 185;《宋会要》刑法 1 之 45—46。
⑧ 《宋会要》刑法 1 之 50。

重修在京通用敕令格式申明》67 卷①。绍兴二十一年，又由秦桧"提举"编成《绍兴编类江湖淮浙京西路盐法》150 卷②。

宋孝宗时期，各种法典主要以敕令格式的结构为其体制，同时又出现以事分门的"条法事类"体制的法典，这是一种新的立法体制。由敕令格式统类合编的法典仍然分为三大类：一是综合性的法典。有乾道六年(1170 年)，宰相虞允文等修撰的《乾道重修敕令格式》，收入 5 400多条，共 130 卷③。该法典当时又称"乾道新书"，系据高宗建炎四年十月至乾道四年终"续降指挥"22 200 多件，"逐一参酌删削"而成④。淳熙四年(1177 年)，参知政事李彦颖、户部尚书蔡洸等删定《淳熙重修敕令格式》及《随敕申明》，共 5 800 多条、248 卷。该法典当时又称"淳熙新书"，主要是"逐一参考刊修""乾道新书"中的"抵牾条令"，创修 900多条⑤。二是部门性法典。到这时，朝廷各部门都已修立法典。隆兴二年(1164 年)，宰相汤思退曾说："今百司皆有成法。"此后，只是在原来的基础上进行补充修订的工作。乾道九年，宰相梁克家和参知政事曾怀等主持编修的《乾道重修逐省院敕令格式》成书，又称《乾道重修三省、密院敕令格式申明》⑥。淳熙二年，参知政事龚茂良等编定吏部七司即吏部四选和司勋、司封、考功法，命名为《淳熙重修尚书吏部敕令格式、申明》，又名《淳熙吏部七司法》，共 300 卷⑦。淳熙七年，命敕令所修立"百司省记法"，以《淳熙重修百司法》为名，两年后又下令停止编修⑧。三是地区性法典。淳熙六年，由右丞相赵雄等删定《淳熙一

---

① 《宋会要》刑法 1 之 38。《宋史·艺文三》作 56 卷。
② 《宋会要》刑法 1 之 42。
③ 《宋史·艺文三》;《宋会要》刑法 1 之 51。
④ 《宋会要》刑法 1 之 48，敕令格式共 122 卷。《宋史·艺文三》作 120 卷。
⑤ 《宋史·艺文三》;《宋会要》刑法 1 之 51。《玉海》卷 166《乾道敕令格式》作淳熙四年重修，成书，共 148 卷。
⑥ 《宋会要》刑法 1 之 47、49。
⑦ 《宋会要》刑法 1 之 50;《宋史》卷 34《孝宗二》。
⑧ 《宋会要》刑法 1 之 52。

州一路酬赏法》,又称《淳熙一州一路酬赏格法净条》,共 223 卷①。

宋光宗(1190—1194 年)在位期甚短,法制方面无所成新。宁宗和理宗时期,立法活动仍然继续。从孝宗淳熙末年开始,官员们认为"淳熙新书""尚多遗缺,有司引用,间有便于人情者",乃令刑部重加"详定",但直到光宗去世,尚未成书②。到宁宗庆元二年(1196 年),又命抄录从乾道五年正月至庆元二年十二月终"续降指挥"几万件,参酌"淳熙新书",删修成书。庆元四年,编修工作完毕,称为《庆元重修敕令格式》,又称《庆元敕令格式》、《庆元海行敕令格式》,共 256 卷③。理宗宝庆初年(1225 年),敕令所提议:自实行"庆元新书"后,已有 29 年,其间有旧法文意不明,或因事创立新法,或一时权宜而不可立为"常法"者,"条目滋繁,无所遵守",要求进行"考定"。到淳祐二年(1242年)成书,称《淳祐重修敕令格式》,又称《淳祐敕令格式》④。以上为综合性法典。部门性法典,则有宁宗开禧元年(1205 年),右丞相陈自强和吏部尚书丁常任等提举编修和详定的《开禧重修尚书吏部七司敕令格式申明》,共 323 卷⑤。该法典又名《新修淳熙以后吏部七司法》或《开禧吏部七司法》⑥。今存《开禧重修尚书吏部侍郎右选格》卷 1、卷 2(《庆元条法事类》1948 年 10 月刊本所附),详细地规定了选注低级武官的窠缺的条件,如识字、年龄、有无赃私罪等。嘉定六年(1213 年),又编成《嘉定编修百司吏职补授法》,共 133 卷⑦。

据《宋史·艺文三》,这一时期的敕令格式法典共有 47 部,实际当然远不止这些。

4. 条法事类

法典的编修,归根到底是为了使用。在如何便于使用即查阅问题

---

① 《宋会要》刑法 1 之 52,职官 4 之 50。

②④ 《宋史》卷 199《刑法一》。

③ 《宋史》卷 37《宁宗一》,卷 199《刑法一》;陈振孙:《直斋书录解题》卷 7《法令类》。

⑤ 《宋会要》刑法 1 之 59。

⑥ 《宋史》卷 38《宁宗二》;《宋会要》刑法 1 之 60。

⑦ 《宋史》卷 204《艺文三》。

上,从编敕到敕令格式,反映宋朝人正在探索采取何种结构体制最为合理。编敕是分门编纂的,敕令格式则不再分门。淳熙二年,在参知政事龚茂良等进呈《淳熙重修尚书吏部敕令格式申明》稍前,宋孝宗显然以为不便检阅,乃命敕令所将吏部现行的改官和奏荐、磨勘、差注等条法指挥,"分门编类,别删投进"。规定如果"一条该载二事以上,即随门、类,厘析具入"。到淳熙三年成书,共40卷,称《淳熙吏部条法总类》,又称《吏部七司条法总类》①。该书分六十八类、三十门②。这是宋朝第一部以"条法事类"为体制的部门性法典。淳熙六年,尚书省指出"海行新法"即《淳熙重修敕令格式》5 000多条,"检阅之际,难以备见",孝宗乃下诏敕令所将现行的敕、令、格、式、申明"体仿《吏部七司条法总类》",随事分门修纂,别为一书"。还规定如果"数事共条,即随门厘入"。次年五月成书,名为《淳熙条法事类》,又称《淳熙事类》,共420卷;《目录》2卷③。全书共分总门33、别门420④。这是宋朝第一部以"条法事类"为体制的综合性法典。

宋宁宗时期,续编了两部以上体制的法典。宁宗嘉泰二年(1202年),右丞相谢深甫等提举编修《庆元条法事类》成书,共80卷⑤。该法典又称《嘉泰条法事类》⑥。全书分成职制、选举、文书、榷禁、财用、库务、赋役、农桑、道释、公吏、刑狱、当赎、服制、蛮夷、畜产、杂等门,每门又分成若干类,如职制门至少分为官品杂压和职掌、禁谒、谒见、上书奏事、臣僚陈请等52类,每类记载敕令格式和申明。今存清人传钞、1948年木刻本、1990年海王邨古籍丛刊本,皆存38卷,缺42卷。嘉定六年(1213年),《嘉定编修吏部条法总类》成书,共50卷⑦。该法典以《开

①　《宋会要》刑法1之50、52。

②　《玉海》卷66《淳熙吏部条法总类》。

③　《宋会要》刑法1之51—52,职官4之50;《建炎以来朝野杂记》甲集卷4《淳熙事类》。

④　谢维新:《古今合璧事类备要》外集卷17《刑法门·法律》;《玉海》卷66《淳熙条法事类》。

⑤　《宋史》卷38《宁宗二》,卷204《艺文三》。

⑥　陈振孙:《直斋书录解题》卷7《法令类·嘉泰条法事类》。

⑦　《宋史》卷39《宁宗三》。

禧重修尚书吏部七司敕令格式申明》、《庆元重修敕令格式》、《在京通用法》、《大宗正司法》参定，共改正460多条，比《淳熙吏部条法总类》增加10卷，于次年颁行①。

理宗淳祐十一年(1251年)，再次取庆元法与《淳祐敕令格式》"删润"，编成《淳祐条法事类》，共430卷。其中修改140条，创入400条，增加50条，删去17条②。今存《吏部条法》残本共九卷，分别载于《永乐大典》卷14620至14622，卷14624至14629，分别为差注、奏辟、考任、荐举、关升、磨勘共六门，比《淳熙吏部条法总类》的30门缺少很多。该法典最晚有理宗景定四年(1263年)二月③的尚书省札子，由此推断重修的时间最晚不会早于此时。据《宋史》记载，景定三年七月确曾下诏重修过《吏部七司条法》④，估计该法典就是此时稍后编修而成的。应该说，这是宋朝的最后一部法典。

"条法事类"体制法典的形成，并非单纯恢复北宋前期分类而编的"编敕"，全盘否定"敕令格式"体制，而是吸取了两者的长处，既分门别类，又容纳了敕令格式、申明等内容。这种体制法典的最大优点是便于使用者查阅，又准确地保留了各类条法的内容。这是符合法典编纂规律的。

5. 续降指挥

除各种法典而外，宋朝还有按照一定顺序将现行法规汇编成册的"续降指挥"。这是当时法规系统化的又一形式，属于法规汇编之类。据理宗时人赵昇解释，"续降指挥"又简称"续降"，是指"法所不载或异同而谓利便者，自修法之后，每有续降指挥，则刑部编录成册，春、秋二仲颁降。"在法律的效力方面，要求"内外遵守，一面行用"；如果可行，则"将来修法日，增文改创也"⑤。这里的"法"，便是指经过编纂而制定

① 《直斋书录解题》卷7《法令类·嘉定吏部条法总类》。
② 《宋史》卷43《理宗三》，卷199《刑法一》。
③ 《永乐大典》卷14621《部字·吏部八》，第18页。
④ 《宋史》卷45《理宗五》。
⑤ 《朝野类要》卷4《法令·续降》。

的各种比较系统的立法文件即各种法典,如编敕、敕令格式、条法事类等。这里的"指挥",便是指各种宣、敕。

最早的"续降"编纂活动,是由各州负责进行的。宋真宗景德二年(1005年),下诏命令各州凡新编敕后续降的宣敕札子,皆依三司所奏,"但系条贯旧制置事件,仰当职官吏编录为二簿",一册由长官收掌,另一册送"法司"使用。各转运司也依照这一方法编录①。天禧四年(1020年),知制诰吕夷简提出,各州军的续降宣敕,"旧制常令州县纂次,今多堕坏不录",要求命令各路提点刑狱官"专切检视"。这一建议立即得到真宗的批准②。仁宗庆历四年(1044年),司勋员外郎吕绍宁请求由大理寺的检法官,将现行编敕以后续降的宣敕,依照律的门、类分成十二卷,"以颁天下,庶便于检阅,而无误出入刑名"③。开始改由朝廷最高司法机构之一的大理寺派员编录续降的宣敕,所有入选的宣敕都按门、类编排。英宗治平(1064—1067年)和熙宁间的诏旨和官吏犯罪的叙法条贯等事,后来由人编成《新编续降并叙法条贯》1卷④。哲宗元祐元年(1086年),御史中丞刘挚向朝廷提出:"今所谓续降者,每半年一颁,每次不减数帙矣。"显示此时已实行每半年编类和颁行一次"续降"的制度。但"续降"的缺点是"多不显言其所冲改,故官司、州县承用从事,参差抵牾,本末不应"。所以,他建议对"续降"予以"加损润泽","去其繁密,合其离散"⑤。这就是要求及时重新刊修敕令格式,制定新的法典。徽宗大观四年(1110年),重申"应干敕令续降等条件,仍仰刑部、大理寺编类成书,申尚书省看详,取旨颁降"⑥。编类"续降"的机构,不仅有大理寺,而且有刑部;在成书后,还要经过尚书省的审查,然后得到皇帝的批准,颁行全国。

---

① 《长编》卷61;《宋会要》刑法1之2—3。
② 《长编》卷95;《宋会要》刑法1之4。
③ 《长编》卷149;《宋会要》刑法1之5。
④ 《宋史》卷204《艺文三》。
⑤ 《长编》卷373。
⑥ 《宋会要》刑法1之24。

南宋时期,更加重视对"续降"的整理和汇编成书。高宗绍兴元年(1131年),要求各司进呈的"条册",在获准颁行后,仍然要每季"具有无冲改续降,关报"刑部,不得出现差漏①。绍兴四年,刑部提出,自建炎四年(1130年)七月一日以后至绍兴三年(1133年)十二月终的《海行续降指挥》,因本部火灾烧毁,已下命湖州和温州抄录到"续降指挥","现行编类,颁降施行"。还要求将绍兴四年正月一日以后的"续降指挥",按照旧法,在春、秋两季编类颁行②。此后,朝廷编类综合性的"续降指挥"的活动长期停顿,到孝宗乾道三年(1167年),有官员奏告朝廷说:"绍兴续降指挥,未经编类,前后异同。"他建议有关机构加以删修,"总为一集,颁示天下"。于是朝廷命令刑部研究落实此事。刑部汇报说:"绍兴续降指挥"已修到建炎四年六月终,自当年七月到绍兴十八年,凡涉及申明和冲改法令指挥,现已下大理寺和江东、西提刑等司抄录。乾道四年,重行删修"绍兴续降指挥"的工作尚未完成,因为40年间,前后申请不下几千条,"重复抵牾,难以考据"。所以,又有官员提议"且委大理寺官,同共看详","类申刑部"③。淳熙十六年(1189年),又有官员提出,州县之间,往往杂取向来的申请续降指挥,凡'申明"所载者,"悉与成法参用"。但《淳熙条法事类》既不登载,下属无所折衷,上级官员也不得尽察,于是轻重出入"惟吏所欲"。淳熙五年七月曾因官员奏请,要求将乾道修书以前申请续降指挥"更加考订",取其可行者附于《乾道新书》之后,其余不许引用。孝宗曾命有关机构"立限条具",但一时去取不过数件。此后虽然《淳熙新书》编定,但有关机构照常"参用","弄文舞法,皆起于此"。他建议下诏有关机构,'内而百司、庶府,外而监司、州郡",命"各条具,断自今日以前,《淳熙新书》以后,凡经引用续降指挥、随敕申明,不曾收载者",全部"置册编类,供申刑部";候齐足之日,缴申朝廷,委派官员"详与参订,取其

---

① 《宋会要》刑法1之34。
② 《宋会要》刑法1之36。
③ 《宋会要》刑法1之47—48。

《新书》缺遗者,附于随敕申明之末,镂版颁行"。其中已经改者,全部删削,不许再有引用。到光宗绍熙二年(1191年),又有官员上书,指出自淳熙十年指挥下达后,各路州军抄录续降指挥到刑部者才50多处,建议下刑部立限催督,早与参订颁行①。据南宋人尤袤记录,这时有《建炎元年以后续降录》一书②,估计是这一时期编类成书的。

这样,在每次制定法典后,必定会产生大量续降指挥,而这些指挥必须分类编册,一则便于法官引用,二则便于以后修订法典时作为依据的资料。以上是综合性的法规汇编。

宋朝还出现部门性的法规汇编,这就是朝廷各机构的续降指挥。高宗绍兴年间,曾编成《新吏部七司续降》一书,内容包括自建炎二年八月到绍兴十五年六月终。此书与《吏部七司法》和《参附吏部七司法》,在淳熙二年(1175年)之前行用③。绍兴十九年(1149年),由宰相秦桧等提举编成《绍兴看详编类吏部续降》435卷。该法规汇编又称《吏部续降七司通用法》。其中包括《吏部七司并七司通用续降》256卷和《目录》3卷、《修书指挥》一卷;此外,有关其他机构和一司、一路、一州等指挥,全部厘出,分为27卷;其他专为一名或一事一时申请,不应列入七司条目者,别编为148卷④。这是将吏部七司的续降指挥分类汇编成册,既具有法规汇编的性质,又带有法典的性质。绍兴二十一年,在秦桧提举制定的"绍兴编类"诸路盐、茶法中,盐法敕、令、格、式和目录各一卷,而续降指挥竟达130卷和目录20卷;茶法敕、令、格、式和目录共一卷,而续降指挥也达88卷和目录15卷⑤。这种法典和法规汇编合而为一的新的部门性和地区性法典,当是一次新的创造。

作为一种法规汇编,续降指挥暂时在法律上有一定的效力。到编修新的法典时,则成为主要的资料依据。但续降指挥的缺点也很突出,

---

① 《宋会要》刑法1之54—56。
② 尤袤:《遂初堂书目》。
③ 《宋会要》刑法1之50。
④ 《宋会要》刑法1之41;《建炎以来系年要录》卷159。
⑤ 《宋会要》刑法1之42。

因为数量过多,且不明言冲改旧敕的理由,难免与旧敕发生抵牾,到使司法机构难以引用。所以,宋高宗说过:"顷未立法,加以续降太繁,吏部无所遵承。"①孝宗时人吕祖谦也曾指出:"续降者有时务快,多过法耳。"②续降指挥在数量上多过正式法典,不免造成本末倒置的现象,所以到一定时候必须重新审定,编制新的法典,而这些续降指挥便为新法典提供了主要的素材。

6. 例

宋朝的例,即成例,通常是由于临时的需要而采取的应时措施。这些措施一经实行,后来相继采用,便成为惯例。例不仅在法律上与敕有同等效力,而且屡经编纂而成为定例。例分成两种,一种是断例,一种是条例。

断例——是宋朝最高司法机构过去断狱的成例,也称案例。宋朝允许司法机构刑部和大理寺在《刑统》和编敕或敕令格式等法典无明文规定时,比照成例断案,由此可以弥补法典的不足。这样,断例,尤其是经过编纂成书的断例,也是一种普遍适用的法规。

北宋前期,朝廷屡次下诏命刑部和大理寺将前后所审理的刑事案件和定夺公事编成例③。宋仁宗嘉祐(1056—1063年)间,宰臣富弼和韩琦主持编修过刑房断例④。在成书后,韩琦还"封縢谨掌,每当用例,必自阅之"⑤。神宗时,编有《熙宁大理寺断案》十二卷,又称《熙宁法寺断例》⑥。元丰八年,司马光向朝廷提出,"从来律令敕式,有该说不尽之事,有司无以处决,引例行之"。但州郡司法官吏为逃避"失入罪名"的责任,往往"妄作情理可悯",或者作为"刑名疑虑奏裁",刑部即引旧例,"一切贷命"。此事如果"因循不改,为弊甚大"。他建议今后各州

---

① 《建炎以来系年要录》卷185。
② 《吕东莱先生文集》卷20《杂说》。
③ 《长编》卷140;《玉海》卷67《绍兴刑名断例》。
④ 《长编》卷391;《宋会要》刑法1之12。
⑤ 《宋会要》职官15之25。
⑥ 尤袤:《遂初堂书目》;《宋史》卷204《艺文三》。

奏申的大辟罪人,并委派大理寺依法定断,如果不是情理可悯和刑名疑虑,就让刑部退回本州,命依法执行;如果确实有可悯和疑虑,就由刑部在奏钞后面,另用"贴黄",声明情理如何可悯、刑名如何疑虑,现今拟定如何执行,命门下省审查应该如何拟定。如确定允当,则用缴状进入执行;如有不当以及"用例破条",即委派门下省驳奏,申请实行取勘。目的是"庶使划一之法不至堕坏,凶暴之法有所畏惮"①。神宗以前,凡官员犯罪,从来只由大理寺依法审判,再命刑部"检例",或追官,或勒停,或冲替,或差替之类,朝廷依此施行,称为"特旨"。对此,司马光认为:"凡人之罪犯千端,而事体万计,岂可求其比类能得正同!"同时,"又既谓之特旨,当临时断在朝廷,若先令刑部贴例,朝廷依此施行,乃是轻重之权反在有司也"。他建议今后凡官员犯罪,大理寺审判后,委派刑部官员"看详",其中有法重情轻或者法轻情重,都具状申报中书省,不再"贴例",而委派中书省官员"相度情理轻重,同共商量"。百姓犯大辟罪,各州奏报称刑名疑虑和情理可悯者,大理寺也依法审判,委刑部"看详",如果确实有疑虑、可悯之状,即具状申报门下省,不再"贴例",而委派门下省官员"相度事理,同共商量,临时拟定"②。司马光希望在大理寺审理官员犯罪案件和复审百姓犯大辟罪案件时,刑部不再检例,而尽量依法量刑。

宋哲宗元祐六年(1091年),发生了权刑部侍郎彭汝砺与右相刘挚的一场有关引例量刑的争论。最初,刑部有劫杀人的案件,刑部侍郎彭汝砺引例,要求给予宽贷,免除死刑。右相刘挚不同意这种处理意见,下"特旨"将案犯全部处死。随后,彭汝砺坚持己见,提出"自祖宗以来",刑部"法与例兼行","强盗杀人,不分首从,在法皆死"。但法又规定,强盗一次和盗杀人而非为首,以及原来不曾商量杀人而后来党徒中杀人,或者杀人而不曾见、不曾闻、不曾知,或者曾有悔戒之言,这种犯人"在例皆贷,前后甚多"。案犯刘俭完全合符这种状况。刑部已将案

---

① 《温国文正司马公集》卷48《乞不贷故斗杀札子》;《长编》卷359。
② 《温国文正司马公集》卷55《乞不贴例贷配札子》。

件审理的意见到都堂"巡白"(议事),又到宰相处"巡白",皆不听。现在刑事虽已转交开封府复审,但因须御史台审察,希望皇帝"特赐指挥,下御史台,取索前后公案及体例,仔细看详,取旨施行"。接着,彭汝砺又上奏状说,"朝廷一日万机,不及细务",宰执们阅视案牍,必定不可能像有关机构那样周详;他们检用"条例",必定不可能像有关机构那样熟悉。如今有关机构都认为对案犯不可杀,而朝廷必以为可杀。朝廷议刑欲重,则有关机构"皆将以深入为事,其弊可立待"。这样,"朝廷所行,则有司便据以为例",从此"杀人不可胜数矣"。右相刘挚对彭汝砺的奏状极其生气,降旨责罚刑部官吏,而宽恕彭汝砺,不予处分①。看来在这场争论中,彭汝砺的意见没有被采纳。绍圣元年(1094年),哲宗亲政,全盘推翻元祐之法。刑部受命今后六曹、寺、监"检例","必参取熙宁、元丰以前,勿专用元祐近例"。于是门下中书后省编修《进拟特旨依断例册》,都用熙宁元年至元丰七年的旧例②。元符二年(1099年),曾旼、安惇编修刑名断例成书,称《刑名断例》,共409条,3卷③。

宋徽宗即位初,再度推行神宗熙丰新法,下令"追复元丰法制,凡元祐条例悉毁之"④。崇宁四年(1105年),还将尚书省左、右司所编绍圣、元符以来的申明断例颁布全国,刑名例则颁布刑部和大理寺⑤。

南宋初年,北宋以来的断例都已散失,法官所引用的案例"多是自建炎以来近例";建炎以前,都出自官吏的省记,有时也予引用。官员们要求"明诏有司,应小大之狱,既得其情,一断以法,无使一时之例,复预其间"。如果有断刑的旧例,法官援引过,而不可删去的,请求条具奏申,付给有关机构,"立为永法,布示中外"。绍兴四年(1134年)四月,刑部侍郎胡交修等再次建议编集刑名断例,当时得旨,限一季编

---

① 《长编》卷465。
② 《宋会要》刑法1之16。
③ 《宋会要》刑法1之18;《宋史》卷204《艺文三》。
④ 《宋史》卷199《刑法一》。
⑤ 《宋史》卷20《徽宗二》。

成①。七月,刑部经过研究,刑部进拟案所引的断例,不是罪行轻而引用重例,便是罪行重而引用轻例,或者有例而不引、无例而强行,"即无监察断罪指挥"。希望将本部和大理寺现行的断例,加上臣僚缴进的元符断例,合为一书,行下大理寺,委派丞和评事刊定。如属"特旨断例,即别为一书"。候将来成书,申报刑部看详驳正。其他不曾收入新书者,今后不得引用。如引用不当,准许本部检察断罪。上报朝廷,请求颁降执行②。但刑名断例的编集工作长久未成,官员们议论纷纷,认为刑部用例之弊,不仅在于临时翻检案牍,随意引用,轻重失当,而且外廷相传有刑部人吏"卖例之说"。要求再立严限,专派寺丞和评事编集成书,再派通晓法律的郎官 1 至 2 员看详允当,上报朝廷,审实颁行,方得引用。于是在绍兴九年,命大理评事何彦猷等编集刑名断例,刑部郎官张柄等看详③。到绍兴二十六年(1156 年),御史中丞汤鹏举再次提出编集例的建议。他认为:法是"天下之所通用",而"例"乃"老奸宿赃,秘而藏之,以舞文弄法,贪饕贿赂而已",要求下命让吏部和刑部"条具合用之例","修入见行之法,以为中兴之成宪"④。两个来月后,刑部和大理寺条具崇宁和绍兴刑名疑难断例 320 条申报朝廷。绍兴二十七年,吏部尚书、详定敕令王师心编集《绍兴刑名疑难断例》成书⑤。到绍兴三十年,右相陈康伯在提举制定《参附吏部敕令格式》的同时,又编集《绍兴编修刑名疑难断例》22 卷。其中包括《刑部断例名例、卫禁》共 2 卷,《职制、户婚、厩库、擅兴》共一卷,《贼盗》3 卷,《斗讼》7 卷,《诈伪》一卷,《杂例》一卷,《捕亡》3 卷,《断狱》2 卷,《目录》一卷,《修书指挥》一卷。高宗对辅臣说:"顷未立法,加以续降太繁,吏部无所遵承。"如今"当一切以三尺从事,不可复令引例。"⑥

---

① 《建炎以来系年要录》卷 133;《宋会要》刑法 1 之 46。
② 《建炎以来系年要录》卷 78。
③ 《建炎以来系年要录》卷 133。
④ 《建炎以来系年要录》卷 174;《宋会要》刑法 1 之 46。
⑤ 《玉海》卷 67《绍兴刑名断例》。
⑥ 《建炎以来系年要录》卷 185;《宋会要》刑法 1 之 46。

　　宋孝宗时期,继续编集断例。乾道元年（1165年）,权刑部侍郎方滋建议,将绍兴元年正月一日以后至今刑部和大理寺所判决的狱案,从中选取"情实可悯之类"、"应得祖宗条法奏裁名件",编类成书,并将敕令所修进的断例"更加参酌"。乾道二年,方滋进呈《乾道新编特旨断例》,收入特旨断例547件,共70卷,分为12门①。淳熙四年（1177年）四月,采纳刑部郎官梁总的建议,命刑部正、副长官或郎官"封钥收掌"断例,使用时则亲自取阅,以便"定罪用刑在官,而不在吏"②。加强对断例的管理。五月,敕令所"参酌到""适中断例"420件,称为《淳熙新编特旨断例》,连同旧例,命左、右司拘收掌管;如遇疑虑案件,需要引例拟断,即申报尚书省参照施行③。淳熙六年,刑部郎中潘景珪认为,虽然朝廷谨慎用刑,将断例编类成册,但经有关机构删订后,只保留950多件,与现断案状,"其间情犯多有不同,难以比拟"。建议命刑部将隆兴（1163—1164年）以来断过的案状,编类成册,允许参用,以便刑罚适中,没有轻重之弊。于是下诏刑部长官,命选择"原犯与所断条法相当体例,方许参酌编类";不准将轻重不适中的例"一概修入"④。在选编断例时,不仅要顾及各个方面（比如十二门类）,而且要轻重适中,便于比拟引用。

　　宋孝宗以后,定期编集断例的制度更为严密。

　　例——是指朝廷各机构临时处理一些人和事的行政措施,后来相沿成例。这种例不同于断例,是属于行政方面的例。

　　北宋前期,朝廷各机构的例编入各综合性法典"编敕"之中。如仁宗庆历七年（1047年）由宰相晏殊等编修的《庆历编敕》12卷,另有《总例》一卷;嘉祐七年由宰相韩琦等编修的《嘉祐编敕》20卷中,包括《总例》若干卷⑤;王珪等编修的《嘉祐审官院编敕》15卷中,共选入"条贯"

---

① 《宋会要》刑法1之47。
② 《宋会要》职官15之25。
③ 《宋会要》刑法1之51。
④ 《宋会要》刑法1之51—52。
⑤ 《玉海》卷66《庆历编敕》;《宋会要》刑法1之6。

和"总例"476 条①。表明总例与条贯不同而并列,条贯是指法即宣敕。所谓条例便是由这两部分组成的。作为朝廷最高行政机构的中书门下,在处理政务时,例比法(律和敕)更具有法律适用的效力。史称:"中书习旧弊,每事必用例。五房吏操例在手,顾金钱,惟意所去取,于欲与白举用之;所不欲行,或匿例不见。"②至和二年(1055 年),宰相刘沆奏陈中书门下和枢密院用例之弊,提出在近臣保荐官吏和近臣陈乞亲属、叙劳干进等三件事上"毋得用例,余听如旧"。还说在恩赏酬劳方面,"以法则轻,以例则厚,执政者不能守法,多以例与之"。仁宗采纳了刘沆的建策。但实行近 3 个月,许多官员的利益受到侵犯,纷纷提出反对,左司谏贾黯作为他们的代言人,奏申停止执行刘沆的建议。于是仁宗又下诏命"中书公事,自今并用祖宗故事施行"③。嘉祐年间,宰相富弼和韩琦主持编修过中书门下的五房之例,"除其冗谬不可用者,为纲目类次之",每次用例,必亲自检阅。从此,"人始知赏罚可否出宰相,五房吏不得高下于其间"④。尽管由宰相亲自掌管和检阅各例,但中书门下用例的场合远远超过用法,出现了例超过法的倾向。

　　宋神宗元丰改制后,朝廷各机构的许多例纳入了各综合性法典和部门性法典"敕令格式"中,但仍旧保留了相当多的例。朝廷凡定功赏,"先从六曹用例拟定"。其中一事数例,轻重不同,则"具例取裁"⑤。哲宗元祐二年苏颂等删定的《元祐编敕令格式》中,有《例》一卷⑥。元符元年,知枢密院韩忠彦"提举管勾"删修的《军马司敕例》成书⑦。徽宗政和七年(1117 年),枢密院修成《高丽敕令格式例》240 册,其中《酒食例》有 90 册⑧。

---

① 《玉海》卷 66《嘉祐审官院编敕》。
② 赵善璙:《自警篇·救弊》。
③ 《长编》卷 178,卷 179。
④ 赵善璙:《自警篇·救弊》。
⑤ 《长编》卷 419。
⑥ 《玉海》卷 66《元祐编敕令格式》。
⑦ 《宋会要》刑法 1 之 17。
⑧ 《宋会要》刑法 1 之 30。

哲宗初年,司马光建请三省各司在没有宣敕的情况下方许用例。他说,旧例只是前任官员所做之事,或是或非,"岂足永为后法"! 他指出,近年三省及百司多"用例破条",各种人也在"条外攀援体例,希求恩泽"。建议今后凡有"正条"即正式宣敕(敕条)者,"并须依条,无条方许用例"。"前例若是,所当遵行;前例若非,即宜厘革。"他希望实施这一措施,以"渐除弊例"①。徽宗时期,"追复元丰法制",凡是哲宗元祐制定的条例皆予销毁,但并没有否定司马光的上述主张。崇宁元年(1102 年),有的官员提出:"三省六曹,所守者法,法所不载,然后用例。"如今只管用例而破法,这是什么道理呢? 而且既然用例,则应当编类条目,与法并行,却藏之有关机构,因此吏胥得以引用,"任其私意"。建议将前后所用的例,分类编修,"与法妨者去之,庶几可以少革吏奸"。于是下诏除吏部七司已分类编修外,其他各曹也"依奏编修"②。

南宋初年,条例失散,凡所施行,多出三省人吏省记。高宗绍兴元年(1131 年),御史中丞勾龙如渊上疏论"有司用例"的四害,大略以谓胥吏私自记录,"并缘有(为)奸",建议朝廷将官司使用过的旧例,派官搜检,"并行架阁"(入库);吏人私自记录者,重立罪赏,限 10 天内交纳烧毁。要求三省百司今后一切以法令从事,而诉事之人辄敢引例者,官员判处徒一年,百姓杖 100。高宗为此下诏,命敕令所"取索百司行过旧例,删修取旨"③。绍兴七年,左正言辛次膺上奏指出"近有废法而用例者",比如已故侍从、执政之家,用致仕遗表的恩泽,乃援引旧例,而补异姓官者;特奏名进士和以恩例补授文学之人,不等赦恩,乃援引旧例,而参吏部注授差遣者。他认为:"事或无条,乃可用例;事既有条,何名为例? 一例既开,一法遂废。"希望今后"凡有正条,不许用例"④。为

① 《温国文正司马公集》卷 55《乞令三省诸司无条方用例白札子》。
② 《宋史》卷 199《刑法一》;《宋会要》刑法 1 之 21。
③ 《宋会要》刑法 1 之 37—38。
④ 《宋会要》刑法 1 之 37。

了减少用例之弊,有远见的官员提出将旧例精选编入现行法典之中,使之成为法典的一部分。绍兴二十六年(1156年),新知汉阳军张庭实建议朝廷将各部和寺监所用之例,"一切条具修入见行之法"①。绍兴二十七年,将吏部改官的例62条,选入可行者30条,为《绍兴吏部改官申明》②。还有的官员提出,由吏部长官和郎官"疏谬例之当去,与定例之可用者",全部奏申朝廷,但又顾虑"定例虽下,人不得知",希望"申饬有可镂版刊示"③。将定例刻版印刷,成为公开出版的行政法规汇编之一。这样,例不再仅仅掌握在少数宰执或三省各司胥吏之手,对澄清吏治会起到促进的作用。

宋朝的各种法典和法规汇编,其数量之多和覆盖面之广是空前的。仅《宋史·艺文志》所载刑法类著作即达221部,共7 955卷,除去其中属于唐、五代的法典和法规汇编45部、587卷,其余属于宋朝的达176部、7 368卷。当然,实际数量还远远不只这样。

(三) 立法程序

频繁的立法活动,为数众多的各种法典和法规汇编的纂修,使宋朝立法机构的立法程序越来越规范化。

首先,由官员或朝廷有关机构提出立法的建议。如宋真宗大中祥符六年(1013年),判大理寺王曾等上言,得法直司状称,咸平元年编敕后,续降宣敕"条同无贯,检坐失详",要求"差官删定"。几年后,就删定了《大中祥符编敕》④。神宗熙宁二年(1069年),中书门下奏告:"勘会"《嘉祐编敕》断自3年以前,后来"续降条贯"已多,"理须删定"。还要求按照历来的程序编修⑤。仁宗嘉祐元年(1056年),枢密使韩琦提出:内外的文、武官员俸禄、添支以及将校的请受,"虽有品式,每遇迁

---

① 《建炎以来系年要录》卷175。
② 《玉海》卷67《绍兴刑名断例》。
③ 《宋会要》刑法1之47。
④ 《长编》卷80;《宋会要》刑法1之3。
⑤ 《宋会要》刑法1之7。

徙,须申有司检勘中覆,至有待报岁时不少者",所以请求命令近臣编定。次年,就编成了《新修禄令》①。高宗绍兴四年(1134 年),刑部侍郎胡交修等建议朝廷编集刑名断例。绍兴二十六年(1156 年),御史中丞汤鹏举又提出朝廷各司用例之弊,要求下诏命吏部和刑部"修具合用之例,修入见行之法,以为中兴成宪"。孝宗隆兴二年(1164 年),宰相汤思退又上言:"今百司皆有成法,中书国政所出,三省之法不可不修。"建议编修三省的法典②。

　　第二,朝廷经过商议,赞成编修法典或法规汇编,取得皇帝批准后,即由皇帝颁布诏书,决定编修的内容和方针以及任命编修的官员。如宋真宗咸平元年二月,下诏户部尚书张齐贤等"专知删定"淳化后到至道末年的"续降宣敕",权判刑部李范等为"同知删定"。仁宗天圣五年,下诏命删定真宗大中祥符七年到天圣五年的"续降宣敕",委任宰相和枢密副使为"提举管勾",又委任翰林学士和知制诰等多人"同加详定",大理寺少卿为"详定官",大理寺丞等为"删定官";依律分门编排③。元丰元年,神宗亲自批示说,"重编修敕所"修"海行敕未成书,已委官参定一司敕",不仅"次序失伦,兼二书交举,亦广占官吏,去取难于照类(顾),或致遗落要切事,或与海行敕令相妨,又成瑕典,人功、廪赐亦所宜惜",决定将编修海行敕令和一司敕令的两批人员集中一起,先编修海行敕令,等成书后,再合力编修一司宣敕④。徽宗大观二年(1108 年),御笔批示:"阅近奏,以六曹事修例为格",如果每件事都立一法,则"法不胜事";如果"出于一时处断",便都定为一法,则"事归有司,而人主操柄失矣"。"宜令详定一司敕令所",凡六曹已经实行之事而可为"永制"者,可编修为敕令格式;其他"出自特旨,或轻或重,非有司所决,可以垂宪者",可"编为定例,以备稽考,余悉删去,庶使官吏不

---

①　《长编》卷 180;《宋会要》刑法 1 之 6。
②　《宋会要》刑法 1 之 46、47。
③　《宋会要》刑法 1 之 2、5。
④　《宋会要》刑法 1 之 11。

得高下其手"①。徽宗亲自决定取舍的方针:哪些可编为敕令格式,哪些又只可编为定例,而另外一些则完全删除。真宗大中祥符六年还下诏,凡编敕时删去的"有本因起请,更相诘难冲改,前后特留一敕者",担心"异日或须证验",于是命令将誊录所删去的宣敕,另编为一册,"别付馆阁,以备检详",同时又规定"不得行用"②。

　　第三,设立专门的立法机构,开展立法工作。这些工作进程大致又有以下几个步骤:一是按照各类法典和法规汇编内容的多寡以及需要的程度,规定编修的期限。如徽宗建中靖国元年(1101 年),刑部奏申,本部编修一路等敕令,约 40 000 多件,"朝廷责限三年了当"。要求"修成书,申三省等处,限半月看详有无未尽未便"③。如果急需有关法典,则限期较短。高宗绍兴元年(1131 年),下诏"吏部条法""最为急务",命令敕令所,限期一个月;其余各司条法,"并限一季成书"④。绍兴四年,规定编集刑名断例,"得旨限一季编集"。绍兴九年,将建炎以来断过刑名近例,分类门目编修,"亦得旨限一月"。徽宗大观二年,因编修各路一司敕令长期拖延未成,殿中少监、同详定一司敕令宋升上奏,要求特降圣旨,命本所删定官"更分房,令协力共修一路,才候了日,别取他日共行删修"。"仍乞纳以课程,严立期限"⑤。在编修过程中,还规定要定期向朝廷和皇帝汇报进展情况。如神宗元丰三年(1080 年),"详定重修编敕所"奏申:"奉诏月具功课以闻,缘参取众议,研究义理,及照会抵牾、重复、遗略,正是难立课程之时,乞免奏功课。"神宗不予批准,并下诏中书"立式"⑥。为了保证按期完成,皇帝坚持立法机构必须定期奏告"功课"。孝宗乾道四年,命权刑部侍郎汪大猷等删削高宗建炎以后"续降",限定一年编修完毕,每月还要将所修卷数申报尚书省;"如有疑难合整会事件,逐旋赍赴朝廷取禀,与决施行"⑦。二是收

---

① 《宋会要》刑法 1 之 23。
② 《宋会要》刑法 1 之 3。
③ 《宋会要》刑法 1 之 20。
④ 《宋会要》刑法 1 之 34。
⑤ 《宋会要》刑法 1 之 47、23。
⑥ 《长编》卷 304。
⑦ 《宋会要》职官 4 之 46。

集立法的资料。每次进行立法活动,必定命令搜取朝廷各司和各路转运司、州县的有关资料。如《淳化编敕》成书后一段时间,为编纂新的法典,朝廷命有关机构"取刑部、大理寺、在京百司、诸路转运司所受淳化编敕及续降宣敕","遍共披阅"①。徽宗崇宁元年,尚书省提出,要求"自今决事实无正条者,将前后众例列上,一听朝廷裁决"②。高宗绍兴元年,下诏以广东转运司抄录到的元丰和元祐吏部条法,与吏部七司省记到元丰、崇宁看详政和重修格式,以及天圣七年以后的案例,到绍兴三年七月二十四日"续降指挥条册","参酌修立"③。绍兴四年,广南东路转运判官章杰任满代还,向朝廷提出,自渡江以来,图籍散亡,官曹决事无所依据。他在岭外任职时,遍行所部,搜访缮写到"祖宗以来条令",以及"纂集前后续降指挥凡一千十八卷,并地图一十面",望颁降有关机构"更加订正,然后颁之列曹"④。孝宗淳熙十六年,有官员提议凡在今日以前,《淳熙新书》以后的"凡经引用"的续降指挥和随敕申明,不曾收载者,命内而百司、庶府,外而监司、州郡,"各条具"而"置册编录,供申刑部"。如果各地拖延不及时供申,则由刑部立下限期催督⑤。三是广泛征求朝野各方面的意见,尽量减少失误。神宗熙宁二年,中书门下建议删定近几年的续降条贯,指出删定的程序为"自来先置局 然后许众人建言而删定"。哲宗元祐元年,详定重修敕令所提议,凡官吏、民庶等,如果发现现行条贯"有未尽未便,合行更改",或者"别有利害,未经条约者",皆许"陈述"。高宗建炎四年(1130年),大理卿隶同详定一司敕令王依上言:"修敕旧例",为"关报刑部,遍下诸州军等处,出榜晓示诸色人等,陈言编敕利害,于所在州县投陈,入急脚递,发赴都进奏院。"再由都进奏院转交刑部。如诸色人所投陈建议,确有可采之处,即保明申报朝廷,给予奖励⑥。四是一边编纂,一边复

---

① 《宋会要》刑法 1 之 2。
② 《宋会要》刑法 1 之 21。
③ 《宋会要》刑法 1 之 36。
④ 《建炎以来系年要录》卷 75;《宋会要》刑法 1 之 36。
⑤ 《宋会要》刑法 1 之 55、56。
⑥ 《宋会要》刑法 1 之 13、34。

审;或者在编纂后,再命人复编,将其他有关条目分送有关机构编修。从宋初到仁宗嘉祐间,曾规定在编纂中,遇到重要的疑难问题,而编纂官们不能决断,则申报中书门下,命大臣们议决①。其间在真宗初年,曾要求在编敕时,将"厘革一州、一县、一司、一务者",各予分析编入本司条法内。神宗熙宁三年,下诏编敕所,要求现修续降宣敕和《嘉祐编敕》,在每修成一卷后,即在每条上"铺写增损之意",先交赴中书门下"看详";候修成后,一起"进呈"皇帝。意思是命中书门下逐卷复审编敕初稿。熙宁五年前,因仁宗嘉祐间编次的大宗正司宣敕,"辄有删改元旨",乃命秘阁校理文同等 3 人"看详",接着命令大宗正丞张稚圭等5 人"同编修"。熙宁四年,中书门下提议,编敕所删定条贯,如果删定官之间有不同意见,即"各具所见",命详定官"参详";如果"尚有未安,即申中书门下"②。元丰五年,下诏规定凡"修明法式",皆由尚书省议定,上报中书省;"速者先次施行,余半年一颁"。其他有关枢密院而皆不隶六曹的条法,下达刑部修编;有关功赏的条法,下达司勋修立;再送还尚书省议定③。哲宗元祐四年(1089 年),下诏规定编修条法时,除法意小有不足,应当修补外,其余"更易增损",都须"类聚"申报尚书省,等得到皇帝"指挥","方得编修"。而尚书省所修条法,则规定先经左、右司"看详",再经执政官"笔削","方许更改"④。徽宗建中靖国元年(1101 年),刑部提议在编修一路等敕令时,将所修条贯内"有在京官司合行事件",由刑部自行"相度厘析关送"各有关机构。高宗绍兴三年,下诏命令编纂续降指挥,规定:"如有所隶去处",即申所隶机构复审完毕,转送敕令所"看详","取旨颁降,逐处收掌"。孝宗时,编修《乾道新书》,"遇有疑难,亦申三省、枢密院,以众裁定",而且"稍宽岁月,使之尽善"⑤。宁宗庆元四年(1198 年),还依从户部侍郎王蓬和刑部侍郎

①　《宋会要》职官 4 之 49。
②　《宋会要》刑法 1 之 2、7、8。
③　《长编》卷 329。
④　《长编》卷 431。
⑤　《宋会要》职官 4 之 50。

周祋等人的建议,在编修吏部七司条法时,由详定官每月修定条法申纳提举官;在提举官看完后,再送三省合属的房分检正都司复审,然后"类聚牒送吏部详审施行"①。

第四,在立法机构编成有关法典或法规汇编后,再命其他机构或其他官员复审,或者命各地试行。宋真宗咸平初年。在户部尚书张齐贤"专知删定"太宗后期的宣敕后,又命给事中柴成务等9人"重详定"。仁宗天圣七年,在详定编敕所编成《令》30卷和《附令敕》后,下诏交付两制和刑法官"同再看详"。翰林学士宋绶等人受命对这一法典中"有添删修改事件",都重予"删正"。最后交付中书门下施行。同年,还采纳详定编敕所的建议,新定的《编敕》暂不雕印,而先命誊写颁降给各转运和发运司"看详行用",如发现其中有"未便事件",限一年之内,"逐旋具实封闻奏"。大理寺负责"修正未便事件",完成后申报朝廷,"下崇文院雕印施行"。神宗熙宁二年,中书门下在提议纂修新编敕时,指出自来在"删定"后,"须待众人议论,然后可以加功"。具体是指朝廷内外百官和"诸色人"议论现行条贯中"有不便及约束未尽事件";"诸色人"如果在外地,允许经所属州、府、军、监等处投状,缴申中书门下,待将来"类聚"数量较多,再置局删定②。徽宗政和二年(1112年),有官员上言,朝廷担心"详定一司敕令所"官员未必能够尽知"天下土俗之所宜与夫民情之所便",所以在成书日,必定颁降各路监司"审复可否,然后施行"。当然,实际情况并不完全依此执行,担任监司者往往"志在观望,不复研究,遂为文具"。因此,这位官员提议今后复审一司敕令格式,各路必定选择本路"通晓政事之官,同共究心参考",并根据复审情况,予以奖惩③。

第五,皇帝往往亲自审定新编纂的法典或法规汇编,借以行使其最高立法权。宋太宗曾亲自审阅新编《淳化编敕》,召见宰相,告诉他们:

①　《宋会要》刑法1之20、34、59。
②　《宋会要》刑法1之2、4、7。
③　《宋会要》刑法1之25。

"其间赏罚条目颇有重者,难于久行,宜命重加裁定。"真宗在景德四年(1007年),对宰执们说:"王济上刑名敕五道,烦简不等。朕尝览显德中敕语,甚为烦碎,当是世宗严急,出于一时,既已行下,无敢谏者。"还指示他们今后颁降敕条,要"先访有司,具陈可否"①。神宗在熙宁九年下诏指出:前经研究,熙宁八年司农寺所编修的常平等敕,"未得允当,不可行用,已留中"。此后,不曾差官重行修定。可差派本寺丞和主簿编修,主判负责"看详"②。表明皇帝如不同意新编的法典,就可行使否决权,使之"留中",不准颁行。否则,就要重新编修。元丰五年十二月,神宗还逐字审阅尚书省所申元丰五年下半年的条贯,将必须修改之处签贴标明,再退给尚书省。神宗签贴所"指摘"的"事理","皆有司抵牾也"③。哲宗也是重视立法的皇帝。元符二年(1099年),宰相章惇等向哲宗进呈《新修海行敕令格式》,章惇逐条读给哲宗听,其中"有元丰所无而用元祐敕令修立者"。哲宗说:"元祐亦有可取乎?"章惇等答道:"取其善者。"哲宗又问:"所取几何?"章惇等遂进呈《新书》所取元丰、元祐条并参详新立件数。哲宗命逐条贴出,又问:"谁修《元祐敕令》?"翰林学士承旨蔡京答道:"苏颂提举。"章惇等又读到"太学生听赎"条,哲宗问:"新条耶? 旧条耶?"蔡京答道:"臣等参详新立。盖州县医生尚得听赎,太学生亦应许赎。"接着,章惇等进呈格式件数,哲宗说:"元丰止有赏格,元祐俱无。"章惇回答说:"然。"又说,"所进册多,乞只进净条入内,余付有司。"哲宗命令全部进呈④。哲宗亲政后,完全肯定神宗时新法,所以对新修的海行法典中保留元祐间条制表示怀疑。这段君臣对话反映了皇帝对立法的重视和皇帝如何行使最高立法权的。徽宗时,也亲自审查并改定新编的法典。政和三年(1113年),刑部奏:"御笔改定条法内,称'主'者。其应缘条法内,更有似此合改称

---

① 《宋会要》刑法1之1、3;《长编》卷66。
② 《宋会要》刑法1之20。
③ 《长编》卷331。
④ 《宋史》卷18《哲宗二》;《宋会要》刑法1之18。

呼者,仰刑部检勘,逐一条具,参酌拟定,申尚书省。"如在典卖田宅、交易文契邀约上,将"钱主"改为"典买人";"业主"改为"典卖人"等①。孝宗时,命敕令所编修吏部七司条法,"凡有建立,间出御笔裁处,无非参酌为经久可行之典"。成书后,孝宗"又令编成总类,以便参照"②。丞相赵雄进呈《淳熙条法事类》,孝宗读到征收骡马和舟船、契书之税,说:"恐后世有算及舟车之讥。"《条法事类·户令》规定:"户绝之家,许给其家三千贯,及二万贯者取旨。"孝宗说:"其家不幸而绝,及二万贯乃取之,是有心利其财也。"《捕亡律》规定:"公人不获盗者,罚金。"孝宗说:"罚金而不加罪,是使之受财纵盗也。"《条法事类》还规定:"监司、知州无额上供者,赏。"孝宗说:"上供既无额,是白取于民也,可赏以诱之乎?"并令削去③。这些事例都说明各朝皇帝充分行使自己的最高立法权,决定批准执行,或者加以否决,或者亲自修改。

第六,在法典成书颁行后,又命各级承用机构和地区提出意见,以便再加审订和删改。宋太祖时,大理正高继申上言,指出《刑统》敕律有错误或条贯不周者3条,要求改正和补充,得到采纳④。徽宗建中靖国元年,承奉郎王实在奏状中指出,新颁行的《元符敕令格式》,其中"多有未详未便者",要求"更加详究,特为陈请,再议删定"。王实还提出了新法中两条不切实际的规定和具体修改意见⑤。高宗绍兴三年,权刑部侍郎兼详定一司敕令章谊说,新定的《绍兴重修敕令格式》,"厥今颁在府司、州县权行,渐见抵牾",希望下诏监司、郡守及承用官司"参考祖宗之旧典,各摭新书之缺遗,悉随所见,条具以闻",然后再派官员审订,删去讹谬,"著为定法"⑥。孝宗乾道六年(1170年),在决定于乾道八年正月一日颁行新修的《乾道重修敕令格式》的同时,又规定

① 《宋会要》刑法1之27。
② 《宋会要》刑法1之58。
③ 《宋史》卷200《刑法二》。
④ 《长编》卷7;《宋会要》刑法1之1。
⑤ 《宋会要》刑法1之18—19。
⑥ 《建炎以来系年要录》卷68;《宋会要》刑法1之35。

各路在收到该法典后，"其间如有疑惑事件，许限两月，各条具"申报敕令所，"以凭检照元修因依，分明指说行下"①。

朝廷各级机构和各路府州对新编法典或者现行法典的条文，经常会提出一些质疑或要求修改的意见。如高宗绍兴十一年，有官员指出，自从《绍兴重修敕令格式》成书后，十年之间，因为州郡提出申请，或者因为官员建议，"创立条禁，增减刑名，冲改不一"，成为"续降指挥"②。孝宗乾道七年，还规定官员申请"冲改"现行法典具体条贯的程序，是"必先送所属曹部详议，如果合冲改，然后取旨删修"；如果"旧法已备，止请申严者，乞更不施行"③。于是周而复始，又回复到编纂"续降"的程序。

宋朝立法机构由临时设置到常设，法典内部结构逐步调整和改进，法典和法规汇编逐渐增多，以及立法程序日益严密，充分反映了当时立法制度的严密，也反映了当时社会政治和经济的不断发展。

第二节　司　法　制　度

与立法制度相适应，宋朝建立了一套比较完整的司法制度。它包括各级和各类司法机构及其权力行使方式、行使情况等等。

（一）朝廷各司法机构的司法权及其执行情况

宋朝朝廷的司法机构，主要是指国家最高的专司审判的机构，有大理寺、刑部、审刑院等。其他如御史台，也兼负国家最高审判的职责，其机构设置和官员编置、人选，详见本卷第七章。

机构设置——宋初沿袭唐朝旧制，在尚书省设置刑部。又设置大理寺。太宗淳化二年（991年），在禁中长庆门东设置审刑院；仁宗嘉祐

---

① 《宋会要》刑法 1 之 48—49。
② 《宋会要》刑法 1 之 38。
③ 《宋会要》刑法 1 之 49。

六年(1062年),迁至右掖门的西院;神宗元丰二年,迁至审官东院旧址。元丰三年八月,并归刑部①。御史台是最高监察机构,同时又承袭唐制,设置刑狱②。哲宗绍圣四年(1197年),一度在同文馆置狱。从宋初到神宗元丰改制前,三司内常设若干审理经济案件的机构;元丰改制后,改由户部掌管。枢密院从宋初到神宗,长期未设专门的军事司法机构,直到神宗熙宁四年(1071年),才设置刑房③。宋朝还承五代之制,设置"三衙"即殿前都指挥使司和侍卫亲军马、步军都指挥使司,是掌管禁军的军事机构,同时又是最高军事司法机构之一。南宋光宗绍熙二年(1191年),三衙和江上诸军都统制司各自设置"推狱",称为"后司"④。枢密院和三衙都是最高军事审判机构。仁宗景祐三年(1036年),设置大宗正司,专管宗室,包括司法管辖⑤。

官吏的编制和人选——宋太祖至真宗时期,刑部设置判部事1至2员,以升朝官充任。太宗淳化元年(990年),始设详复官,共6员,以京官或升朝官充任。后只设3员。真宗景德三年(1006年),增设一员,共4员。又设法直官1员,最初常以本部的人吏令史转充,此时改差选人⑥。仁宗和英宗时期,刑部定编为判部事2员,选差侍御史知杂事以上或升朝官。详复官4员和法直官1员,都选差选人。另设人吏即令史12员和驱使官一员⑦。神宗熙宁三年(1070年),规定详复官初入以3年为一任,再任以30个月为一任⑧。熙宁七年,规定详复官及习学公事官不得超过6员。元丰元年(1078年),规定习学公事的资序必须是曾参加刑法考试、得循两资以上之人⑨。同年,复置大理狱,原大

<hr />

① 《长编》卷32,卷296;《宋会要》职官15之5。
② 《唐会要》卷60《御史台》;《宋史》卷164《职官四》。
③ 《宋会要》职官6之5。
④ 《宋会要》职官5之54。
⑤ 《宋史》卷164《职官四》。
⑥ 《宋会要》职官15之34。
⑦ 《宋会要》职官15之1。
⑧ 《宋会要》职官15之7。
⑨ 《宋会要》职官24之5、9。

理寺详断官皆拨归刑部为详断官。元丰三年，撤销审刑院后，原知审刑院事改为判刑部事，原审刑院详议官改为刑部详议官；原2员判刑部事改为同判刑部事。将审刑院和纠察在京刑狱司并归刑部。元丰改革官制，刑部设置13名官员，为尚书1员，系本部长官；侍郎2员，系副长官。郎官和员外郎各2员。下设都官和比部、司门三个子司，设置郎中和员外郎各1员。吏人有主事1员、令史4员、书令史9员、守当官8员、贴司18员①。刑部尚书下设制勘、体量、叙复等案；原详复案下放到各路，改隶提刑司，原详议司拨归大理寺。都官下设吏籍、配隶等案②。哲宗元祐元年，精简比部郎官1员，以都官兼司门；重置详复案。元祐四年，撤销都官的吏籍案，将配隶案所掌配籍并归刑部的举叙案；又将刑部尚书所辖的制勘和体量两案，合并为一案。徽宗崇宁二年（1103年），都官下辖吏籍和配隶两案及人吏名额，恢复神宗元丰时制度③。南宋高宗建炎三年（1129年），精简朝廷各司官吏，刑部郎官以2员为额，吏人减半。比部兼司门④。绍兴（1131—1162年）以后，刑部尚书设案十三，为：制勘和体量、定夺、举叙、纠察、检法、颁降、追毁、会问、详复、捕盗、帐籍、进拟案。吏人裁减至35人⑤。孝宗隆兴元年（1163年），刑部除尚书不设置以外，设侍郎一员、郎官2员；都官、比部共置郎中一员，从此都官兼比部、司门之事。刑部人吏原管主事1员、令史4员、书令史9员、守当官8员、正贴司18员，是年减少守当官2员和正贴司3员。乾道六年（1170年），除拟断狱案等为"剧曹"，详复和纠察、进拟案系指差在外精通刑法之人充当人吏外，主事和令史、书令史、守当官共减少2员，正贴司减少3员，总共以35员为额。淳熙十三年（1186年），刑部和进拟案共精简书令史1员、贴书2员、私名1员和主

① 《长编》卷295、卷307；《宋会要》职官15之1、5—6。
② 吕陶：《净德集》卷2《奏为乞复置纠察在京刑狱司并审刑院状》；《宋史》卷163《职官三》；《宋会要》职官15之15。
③ 《宋会要》职官15之13—15。
④ 《宋会要》职官15之20。
⑤ 《宋史》卷163《职官三》。

事 1 员①。充当刑部的人吏,也需进行考试。如高宗绍兴三十年规定,
进拟案人吏遇缺,准许刑部、大理寺和各曹寺监的正贴司以上,由所属
部门担保没有过犯而"守行止"之人,参加春、秋两季附试②。

　　大理寺,在北宋初,设置升朝官 1 至 2 员"判部事",为本部长官;
1 员为权少卿事。如宋太祖建隆二年,以工部尚书窦仪兼判大理寺事。
此外,设置大理正和丞、评事,都有定员。后来又选差常参官兼大理正、
京官兼大理寺丞,称为"详断官",共 6 员,后增加到 12 员,不兼正、丞之
名③。真宗咸平二年(999 年),采纳判大理寺王钦若的建议,详断官定
编为 8 员,由各有关机构推荐经试刑法及格之人充任④。太宗时,还设
置检法官和法直官。后来法直官定编为 2 员,起初常由本寺的人吏令
史转充,后改以幕职州县官充当;如幕职州县官改为京官阶,则称检法
官⑤。仁宗和英宗时期,设置判大理寺事和少卿各 1 员,都选差升朝官
以上充任。详断官 8 员,选差京官充任。法直官 2 员,仍选差选人充
任;如改为京官阶,则为检法官。仁宗天圣九年(1031 年),规定详断官
和法直官必须选差有出身的令录以上、历任司法或录事参军、职官各成
资者充当。人吏的编制为 35 员。神宗熙宁五年(1072 年),详断官增
为 10 员。熙宁七年,规定详断习学公事官 14 员、详复习学公事官 6
员⑥。元丰元年,限定习学公事官必须选差曾试刑法而得循两资以上
之人。同年十二月,始置大理狱。大理寺设置卿一员、少卿 2 员、推丞 4
员、检法官 2 员;撤销其他官职⑦。次年,规定大理少卿的资任视同三
司判官,大理寺丞的资任视同转运判官;又增设勾当公事官 2 员,选差
大、小使臣充任⑧。此时稍前,大理寺增设主簿 1 员。元丰改革官制,

---

① 《宋会要》职官 15 之 21、23、26。
② 《宋会要》职官 24 之 24。
③ 《宋史》卷 165《职官五》。
④ 《长编》卷 45;《宋会要》职官 15 之 33。
⑤ 《宋史》卷 165《职官五》;《宋会要》职官 15 之 34。
⑥ 《宋会要》职官 15 之 39,24 之 1、5;《宋史》卷 165《职官五》。
⑦ 《长编》卷 295。
⑧ 《长编》卷 296。

将刑部详议司拨归大理寺。大理寺设左断刑,卿 1 员,从四品;少卿
1 员,正六品;正 1 员,从七品;丞(即原详议官)2 员,正八品;司直 1 员,
正八品;评事(即原详断官)8 员,正八品:主簿 2 员。右治狱,少卿
1 员,正 1 员,丞 2 员。另设监门官 2 员,其中 1 员系选差内侍,另 1 员
选差武臣;检法使臣 1 员,都辖使臣一员,皆选差小使臣充当①。左断
刑下设三案,为磨勘案和宣黄案、分簿案。设四司,为表奏议司和开拆
司、知杂司、法司。另设详断案八房、敕库。吏人的编制为胥长 1 员、胥
史 3 员、胥佐 30 员、贴书 6 员、楷书 14 员。右治狱下设四案,为左右寺
案和驱磨案、检法案、知杂案。也设表奏司、开拆司、左右推司。吏人的
编制为前司胥史 1 员和胥佐 9 员,表奏司 1 员、贴书 3 员,左右推胥史 2
员、胥佐 8 员,般押推司 4 员、贴书 4 员②。元丰六年,经刑部提议,大理
寺左断刑官必须选差曾经参加过刑法试而得以循两资以上的人充当:
正缺,以丞补;丞缺,以评事补。后来,又规定:司直和评事缺,选差尚书
和侍郎左选之人;丞缺,仅选差尚书左选之人,仍要经任的司直或评事、
系亲民资任者。其余初改官应任知县之人,也可选差正缺;选差丞或司
直、评事,要现系通判以上资序者。以上所选,仍旧不限现任或授差遣
而尚未赴任。即曾失入徒以上罪而已决或失入死罪,或者犯私罪情节
严重及犯赃罪或者停替后来没有成任,都不得入选③。哲宗元祐元年,
有的官员提出,自有开封府和御史台,何必再置大理狱。"且狱名不
一,非治世之美事。又帝居之侧,岂当致狱之地!"④要求撤销大理狱,
但没有得到允准。同年,三省提出,大理寺右治狱最近"勘断公事全
少",而其现管官属、吏人、狱级名额依旧,"虚费廪禄",建议将左、右两
推合并为一推,并减少官吏冗员⑤。元祐二年,缩减大理评事编制,由

---

① 吕陶:《净德集》卷 2《奏为乞复置纠察在京刑狱司并审刑院状》;《宋会要》职官 24 之 7、1;《宋
史》卷 165《职官五》所载官员编制稍有不同。
② 《宋史》卷 165《职官五》;《宋会要》职官 24 之 1—2。
③ 《长编》卷 338。
④ 《国朝诸臣奏议》卷 99《刑赏门》,朱光庭:《上哲宗乞罢大理狱》。
⑤ 《长编》卷 364。

14 员改为 12 员①。元祐三年，撤销大理寺右治狱，依照三司的旧例，改在户部设置推勘检法官②。绍圣元年（1094 年），哲宗开始亲政，首先决定恢复神宗元丰间大理寺断刑官的"选试推恩法"，规定必须参加刑法试而成绩中等者，才可入大理寺为断刑官。同时，决定删去元祐间尝任刑法官与县令优课的"奏举法"。绍圣二年，下令恢复大理事右治狱，依照元丰旧例添置官属员数，并从左断刑部差置右治狱司直 1 员，恢复左、右两推。随后，大理司直和评事也复用元丰间的选差之法③。徽宗政和五年（1115 年），复行神宗熙丰旧制，置习学公事 4 员，由大理寺长、贰立课程，正和丞一起指教。宣和七年（1125 年），下诏规定大理寺官员评事以上，皆选差试中刑法之人，现任人皆罢职④。

　　南宋高宗建炎三年（1129 年），精简大理寺官吏：保留断刑、治狱少卿和寺正各 1 员；断刑寺正原 6 员，减少 3 员；治狱寺丞减少 2 员；断刑司直兼任治狱司直，省罢主簿和治狱司直；减省吏人 1/3⑤。绍兴元年（1131 年），规定大理正和断刑、治狱丞的 7 员窠缺，依旧堂除差人。大理评事有缺，则委本寺长官选差应格人赴刑部议定，申报朝廷差填；如果没有应格人，即选差谙习刑法之人权充⑥。复设监门官 2 员，其中 1 员选差使臣，另 1 员选差内侍官。绍兴三年，规定大理寺的吏人如手分和狱子，不得从临安府抽差，而须从外州军差拨。从绍兴四年起，大理寺设置丞 4 员、评事 8 员⑦。绍兴二十九年，重申大理评事必须选差刑法试及格和曾历外任之人，而大理评事贾选和潘景珪等 4 人因不符合第二条，皆被免职，授予外任⑧。高宗时，大理寺的吏人还有左推职级和右推职级、捉事使臣、治狱都辖，前三种可由小使臣充任⑨。孝宗隆

① 《长编》卷 401。
② 《长编》卷 410。
③ 《宋会要》职官 24 之 11—12。
④ 《宋会要》职官 24 之 14—15。
⑤ 《永乐大典》卷 14607《簿字》；《宋会要》职官 24 之 15—16。
⑥ 《宋史》卷 165《职官五》；《宋会要》职官 24 之 16。
⑦ 《宋会要》职官 24 之 17、19。
⑧ 《建炎以来系年要录》卷 181。
⑨ 《宋会要》职官 24 之 17、21。

兴元年,决定再次精简人吏。左断刑现有人吏,为胥长 1 员、胥史 3 员、胥佐 20 员、贴书 6 员、楷书 13 员;现共减少 7 员,为胥佐 3 员、贴书 2 员、楷书 2 员。右治狱现管吏额,为前司胥史 1 员、胥佐和正贴书 16 员;现今共减少 3 员。左右推吏,有胥史 2 员,胥佐,贴书 18 员;现今减少贴书 2 员。隆兴二年,有官员向朝廷提出,神宗元丰官制规定,大理寺官"自非更历州县、谙练人情、洞晓法意者,未易居此"。而今初次当官,试中刑法,多授评事。从评事改官,便授寺丞。随而升迁为正、郎,甚至可逐步升迁至卿和少卿。他建议今后虽然试中刑法,必须历任他职,然右授予评事;从评事改官,再要经历外任,然后迁为寺丞。朝廷采纳了这一意见。同年,大理评事巩衍等上言指出,评事旧额 12 员,后来陆续减少,至今共 5 员;断刑寺丞旧额 6 员,后来减为 2 员,显然官数太少。于是朝廷重定大理评事的编制为 8 员。乾道四年(1168 年),大理少卿周自强提出,大理寺左、右两推共有推司 8 员,职级 2 员。另有右治狱都辖一员,"委实无用",可以减罢。朝廷同意了这一建议①。淳熙元年(1174 年),下诏规定大理寺捉事两使臣之下,适当存留守缺捉事人 5 员,遇捉事人有缺,依名次填补入额②。淳熙五年,从一份诏书和大理卿贾选的奏札,反映出大理寺的推司共 12 员,其中左、右两推的承勘推司各 4 员,般(搬)押推司 4 员。是年决定将般押推司全部改为承勘推司。同时,前司人吏原应以胥史一员、胥佐 6 员、贴书 3 员为额,但如今只有胥史 1 员、胥佐 3 员、正贴书 3 员,缺少胥佐 3 员。贾选建议可在编制中,胥佐减少 2 员,正贴书减少 1 员,另设无请给的守缺贴书 2 员;遇到胥史缺,便以胥佐试补,胥佐缺,便以正贴书试补;正贴书缺,便以守缺贴书试补。淳熙十三年,为裁省"冗食",下诏命令左断刑精减胥佐 1 员、楷书 3 员、私名一员;右治狱精减贴书 1 员③。光宗绍熙元年(1190 年),规定大理寺除保留试中刑法的评事 8 员外,司直和主簿各

---

① 《宋会要》职官 24 之 25—26。
② 《宋会要》职官 24 之 33。
③ 《宋会要》职官 24 之 34—35。

评1员,选差有出身、曾经历任之人,各兼"评事"系衔①。次年,进一步规定大理寺主簿,必须选差有出身并曾作知县之人;司直也必须选差有出身并曾作县令或司法、检法及狱官一任人,或者考试断案成绩第一名而经历任人,或者通差改官后已作县官之人②。宁宗嘉泰三年(1203年),大理寺左,右两狱的推级(推司和职级)已共有14员,旧法规定由内外机构物色曾经推勘之人,指名抽差,但近年"妄意希赏之人,宛转营求,其间多是平时奔走使令之人",甚至有"曾经罪罢,亦复窜身其中"。所以,大理卿周祕提议,今后推司有缺,可由本寺物色外路州军的吏人,年40以上,谙晓推勘,没有过犯之人;也可物色行在百司胥佐以上,年达40,曾经被差推勘公事,没有过犯之人。其余皆不可抽差③。

审刑院,在初建时,设置知院事1员或2员为长官,其官属有详议官6员,都选差升朝官充任。其人吏有书令史12人。淳化二年,首以枢密直学士李昌龄为知审刑院事④。仁宗天圣六年(1028年),规定详议官必须选差在京刑法司的升朝官充任。景祐三年(1036年),又开始规定在详议官有缺时,选差大理寺详断官任满者充任,免试公事;如果无千满者,则保举曾任详断官或详复官者充任⑤。嘉祐六年,因院址"移出外临街,与审官院、礼院相邻,逐日车马喧闹",于是在本院剩员10人中,特留4人看管屋宇内官物、公案等,又差皇城司亲事官2员为监门官⑥。

北宋前期的三司,其司法官吏也有一定编制和人选。盐铁和度支、户部三部,各置判官1员。太祖乾德四年(966年),始在三部判官之下,各置推官1员⑦。开宝八年(975年),设置三司推勘院,但不久即撤

---

① 《宋史》卷165《职官五》;《宋会要》职官24之39。
② 《宋会要》职官24之40。
③ 《宋会要》职官24之43—44。
④ 王林:《燕翼诒谋录》卷2《置审刑院于禁中》;《宋会要》职官15之28—29。
⑤ 《宋会要》职官15之38、39。
⑥ 《长编》卷194;《宋会要》职官15之31。
⑦ 《宋史》卷162《职官二》;《长编》卷7。

销①。太宗太平兴国三年(978年),因三司中商税和胄、麴、末盐四案的公事"最为繁剧",各设推官1员。以后,各案纷纷仿效,皆置推官或巡官,选差京、朝官充任②。太平兴国五年,三部判官各增1员。真宗大中祥符七年(1014年)后,各部判官各为3员。三司另设检法官。仁宗嘉祐五年(1060年),始设三司推勘公事1员,选差京、朝官。英宗治平三年(1066年),撤销推勘公事官。神宗熙宁二年(1069年),复置管勾推勘官1员。熙宁三年,将三司的推勘公事拨归大理寺。元丰元年(1078年),撤销推勘官。元丰改制,正式撤销三司后,有关婚田的诉讼改归户部左曹管辖③。哲宗元祐三年(1088年),撤销大理寺右治狱,依照三司的旧例,改在户部设置推勘官和检法官④。其下有推司、杖直等人吏,轮流值日⑤。

元丰改制后的户部,最初似尚未接管原属三司的司法机构。直到哲宗元祐三年在撤销大理寺右治狱的同时,复设户部推勘官和检法官。元祐七年,根据户部的一份奏状,可知在推勘官和检法官之下,还设置推司和杖直等人吏⑥。

宋神宗熙宁四年开始设置的枢密院刑房,设检详文字官1至2员,由检详吏房文字刘奉世兼任;主事1员,选差三班使臣中通晓法律者充任⑦。南宋孝宗隆兴元年(1163年),枢密院设法司3员(人吏),乾道六年增为4员⑧。

三衙内部各设军事审判机构——推案和法司。推案和法司各置人吏若干名。孝宗时,殿帅郭某发现三衙推吏连任一二十年不换,以致"诸军观望"。因而开始规定其与旧司推案人吏,每岁衮同轮转。宁宗

---

① 《宋会要》职官5之47;《长编》卷16。
② 《长编》卷19。
③ 《宋会要》食货59之9;《宋史》卷162《职官二》;《长编》卷192,卷207,卷295。
④ 《长编》卷410;《宋会要》食货56之27。
⑤⑥ 《长编》卷477。
⑦ 《宋会要》职官6之5。
⑧ 《宋会要》职官6之11。

时,侍卫马军司的仓推案,原额人吏 13 员、主押 2 员,其中实有手分 5 员、贴司 4 员,主押一员等①。光宗绍熙二年以前,三衙以及江上诸军都统制司设置的审讯机构"后司",有推吏和法司,由主帅直接掌管,"不经官属之手"。从这年开始,由主帅选差 2 员"通晓条制"的属官兼管,以防冤滥②。

大宗正司内部初设五案,后增为六案,其中包括专门的司法机构刑案 下设各种人吏③。

御史台狱及御史台其他审讯机构的官吏编制和人选,详见本卷第七章。

职责和权力行使方式——从宋太祖到真宗时期,刑部的主要职责是'详复'即复审各地的死刑案件,避免出现"五代滥杀之祸"④。刑部主管复审全国已经判决的大辟公案和各地每旬向朝廷奏报治狱情况,举驳其中判决不当的案件;主管官员犯罪罢免、经赦重新录用、决定雪理给牒等。判刑部事为其长官。详复官负责定夺本部公事,分工复审各地每旬所奏狱状。真宗景德三年所置一员详复官,专职举驳大辟公案。这一时期规定,凡京朝官和使臣的公案,刑部在论决后,将所犯罪状和情节及所定刑名,报告审官院和三班院。每遇颁布赦令,刑部负责限定时间,誊写校勘。由三司每部差 50 人,以职员一人管押赴省,以及抽调三馆和秘阁的楷书、官告院的书吏分写,每人两道。详复官和法直官负责再次核对。银台将各地奏申的已断公案转给中书门下,再由中书门下批转刑部后,分给详复官审查,如发现其中有不当之处,即予疏驳。如无不当,即存入本部的极刑案库内,置历管理;遇有诉冤,即检取照证。刑部专派令史一员为知库,法直杂事司负责签书,另派详复官一员监掌,判刑部事通押。另外,刑部置历轮差令史和剩员各 2 员,通

① 《宋会要》职官 32 之 1、14—15、22—23。
② 《宋会要》职官 5 之 54。
③ 《宋会要》职官 20 之 20—21。
④ 吕中:《宋大事记讲议》卷1《序论·制度论》。

宵值班；详复官或法直官一员押宿。各州每旬申报监押和审讯犯人，如有引用敕条不当，详复官有权直接举驳，不必另外抄录案卷奏报朝廷，而只须具列单状奏报。同时，由详复、法直官置簿记录各州每旬所申报的大辟人数，待再奏到处决完毕，即对簿勾销。如超过期限及有拖延，即予催问①。仁宗和英宗时期，各处奏报朝廷的现禁罪犯文状和审判完毕的公案，改由承进银台司直接转送刑部，其间不再转给中书门下，以便节省时间②。每遇朝廷颁布赦书或德音，不再选差吏人分头誊写，而改由刑部派专人书写，详复官和大理寺详断官各一员负责校对，工匠雕版印造，颁发全国，尽量避免差错③。大理寺所断奏案卷宗，原来都上交中书门下的刑房，此时改为每月用堂印封送刑部另库保管，命每月差详复官一员"提举"④。刑部还承担接受审官院和三班院、吏部南曹"会问"各种官员曾犯过失的情况，最初由手分查阅簿籍抄录，主判官写牒回报，后来改为每季轮派一员详复官，负责"监勒检阅，系书供报"⑤。

　　宋神宗到钦宗时期，刑部的职责和权力行使方式发生较大的变化。神宗熙宁二年（1069年），规定今后各处奏申朝廷的大辟罪人断毕案卷，只申尚书刑部复审，刑部到年终将总数申报朝廷。次年，下诏刑部，命令各州奏到灾伤，朝廷差官核实安抚后，中书门下限时登记拘管，刑部设置"逐路灾伤簿"，委派法直官专切封掌。熙宁四年，规定各州监押大辟案犯，限时具单状两本申提刑司，提刑司缴连一本申刑部。刑部则登记拘管，候各州奏案申报到部，即日对簿勾销。如果已经作为大辟案申报刑部，后来审判不是大辟，也要申报刑部"照会"。元丰元年，神宗认为宋初废除大理狱不妥，乃决定复置大理狱。其中应奏审的案件和全国奏审的案件，皆由刑部和审刑院"详断"。原大理寺详断官改为刑部详断官，原大理寺官吏及公案等全部拨归刑部⑥。元丰三年，撤销

①　《宋会要》职官15之1—3。
②　《宋会要》职官15之4。
③　《长编》卷102。
④　《长编》卷111；《宋会要》职官15之4—5。
⑤　《宋会要》职官15之6。
⑥　《长编》卷295；《宋会要》职官15之9。

审刑院和纠察在京刑狱司,皆归并刑部,原知审刑院事改为判刑部事,主管详议、详复司的公事;原判刑部事改为同判刑部事,主管详断司的公事;原审刑院详议官改为刑部详议官,负责"详议"本部的公事①。元丰改革官制后,"刑部始专其官"②。刑部尚书掌管全国刑狱的政令,"凡丽于法者,审其轻重,平其枉直",并专管定夺和审复、除雪、叙复、移放等事。有关制勘和体量、奏谳、纠察、录问等事,则刑部尚书和侍郎一起负责。刑部尚书在有关机构改定条法时,负责复议是否妥当;对凡审判轻重失当者,而又有能够驳正者,负责决定赏罚。在朝廷颁布赦令时,负责纠督稽违的官吏。所辖各案的职责划分为:体量案掌管体究过犯之事,定夺案掌管诉雪除落过名,举叙案掌管命官叙复官秩,纠察案掌管审问大辟案件,检法案掌管检阅和提供有关条法,颁降案掌管颁布条法和赦令,追毁案掌管断罚追毁官员的宣敕,会问案掌管承受和批书有关机构会问官员过犯情况,详复案掌管各路大辟案件的帐状,捕盗案掌管检查和督促捕捉盗贼,帐籍案掌管行在的库务、理欠帐籍,进拟案掌管拟定各地案件判决刑名文书③。刑部郎中和员外郎分工掌管左、右两厅,左厅负责官员详复之事,右厅负责官员叙雪之事。都官郎中和员外郎掌管徒、流、配隶的簿籍,全国应募职役的人数和在京各司吏人的名籍及增减废置的人数,副尉(即元丰改制前的军大将)的缺额、招收、转补、差遣、停放等。比部郎中和员外郎掌管抽查内外帐籍,凡仓库、场务出纳官物,皆每月统计、每季考查、年终总会,由各所隶的监司检察以申报比部,比部负责复查其多寡增减的数字,如有缺失,则负责催纳。抽查在京各司经费,如有隐昧,则会问同否而追纳侵负钱物。司门郎中和员外郎掌管各门关、桥梁、道路的禁令及其废置移复等事,以及京城门锁、官员出入、讥察作伪④。经过元丰改制,刑部的职权明显

---

① 《长编》卷304;《宋会要》职官15之11。

② 《文献通考》卷52《职官六》。

③ 《宋史》卷163《职官三》。

④ 孙逢吉:《职官分纪》卷11《都官郎中》等;《宋史》卷163《职官三》。

扩大很多。哲宗元祐元年，采纳司马光的建议，将比部的职事全部拨归户部。元祐三年，厘正户部所属仓部的职事，将勾复、理欠、凭由案及印发钞引之事拨归比部。徽宗崇宁二年（1103 年），规定刑部尚书通管左、右曹，一员侍郎掌管左曹，另一员侍郎掌管右曹；如只有一员侍郎，即通管两曹。南渡初，2 员刑部郎官的职事不分左、右，比部郎中、员外郎兼任司门的职事。绍兴二十六年（1156 年），决定复行神宗元丰法，现任的 2 员郎官分为左、右厅治事，左掌详复，右掌叙雪。孝宗隆兴元年（1163 年），规定都官和比部合置一员郎中，从此都官兼任比部、司门的职事①。乾道九年（1173 年），下令刑部正副长贰和郎官以及监察御史，每月轮流派出一员，分作两天，到大理寺和临安府亲自录问囚徒，仍旧列具人名和件数闻奏。淳熙十三年，采纳大理寺丞沈枢的建议，要求朝廷各司都编纂专法，抄录全文，编类分册，申报刑部，再由刑部交付大理寺左断刑使用。光宗绍熙二年（1191 年），由刑部将各州所审大辟案和杂犯死罪等公事"置籍"，监督审理情况，遇到申报结案或翻异案件，接着销注，每 10 天催促一次②。次年，进一步规定，各路监司和州军凡有翻异公事，要求所属机构将翻词仔细备录、缴连申报刑部，然后由刑部处理③。

大理寺在北宋初至神宗元丰元年以前，既"不治狱"，也不设置刑狱机构，只负责复审各地已审理而奏报朝廷的案件，这些案件当然都是重要或疑难的。《两朝国史志》称："凡狱讼之事，随官司决劾，本寺不复听讯，但掌断天下奏狱。"在太宗淳化二年设置审刑院后，大理寺便将所复审奏狱，再送审刑院复审，一起签押申报朝廷④。大理寺详断官复审每一个案件，都须要 2 人一起签押，如有失误，共同受罚。凡宣黄、草检、原案以及其他未写录成的文书，或者到晚上仍因纸数稍多而不及

① 《宋史》卷 163《职官三》。
② 《宋会要》职官 15 之 24、24 之 33、36、37、5 之 55。
③ 《庆元条法事类》卷 73《刑狱门三·移囚》。
④ 《宋会要》职官 24 之 1;《宋史》卷 165《职官五》。

抄完的公文,都命手分交给所属详断官收掌,由详断官检查所抄文字道数足与不足,催促写录进途①。每遇急案,大理寺集合众官一起复审,但在案卷上仅本断官和连签官2员签押,匆忙之间,颇难没有漏落,而且其他官员不预签押,就不能尽心竭力。所以,改为参预集定者,都令签押,如果刑名失错,一例勘罚②。在各路差官办理"制勘"要案时,"敕下之日,先具事由送大理寺,仰本寺置簿抄上,候勘到公案,下寺断遣了日勾凿"③。显然,大理寺还承担了监督"制勘"案件的进展情况。从仁宗嘉祐六年(1061年),因每年全国所奏申的刑事案件积压过多,开始规定每月底开具已经审断案件的月、日,用朱色写明大、中、小事的期限,在次月五日前类聚闻奏④。神宗熙宁元年以前,大理寺轮差详断官和法直官兼监敕阁,半年一替。但详断官每天要去审刑院"商量文字",有时中书门下或枢密院前来"勾唤",难以"专一监守"。所以,从这一年开始,由大理寺专差检法官2员主管敕阁,不再轮流管理本寺的纸库和钱库以及签署流内铨、审官院的公文⑤。大理寺和审刑院还一直承担复审中书门下和枢密院"送定"的"公事",但有些大理寺详断官和审刑院详议官常常不能依法独立断案,却去二府"巡白"即向二府长官请示,不免延迟了复审的时间,且不能体现司法的独立原则。所以,在熙宁八年下诏规定:"审刑院、大理寺,自今中书、枢密院送定公事,依条定夺,毋得巡白。"⑥元丰元年,神宗认为宋初废除大理狱不妥,于是决定复置大理狱,"着令专一承受内降朝旨重密公事,及推究内外诸司库务、侵盗官物,余民事送开封府"⑦。具体规定为:凡原属送三司和各寺、监等承受断遣的刑狱公事,除本司公人犯杖笞罪,不属应该追究

---

① 《宋会要》职官24之3—5。
② 《长编》卷108;《宋会要》职官24之4。
③ 《宋会要》刑法3之50。
④ 《长编》卷194。
⑤ 《宋会要》职官15之6。
⑥ 《长编》卷260。
⑦ 《建炎以来朝野杂记》甲集卷5《大理狱非得旨不许送理官宅》。

者随处裁处外,其余并移送大理寺结断。其他应奏申朝廷决断和全国的奏案,都命刑部和审刑院"详断"①。遇到审理的案件中"有情法不称者",准许奏申朝廷;如事关重要和机密,还准许依照审刑院和三司、开封府之例,"上殿奏裁"②。初设大理狱时,承受审理公案的任务,暂依推制院及御史台例,不必供报纠察在京刑狱司;在审理完毕后,直接列具"犯由"申报中书门下和枢密院刑房。元丰二年,下诏仍依开封府例,供报纠察司。同年,根据知大理卿崔台符的要求,大理寺正、副长官有权对流以下罪亲自"录问决遣";其他大辟罪,即死刑,要牒报御史台,选差曾任亲民常参官一员,与纠察司官员,一起在大理寺复审。大理寺每月将在押未决和已决罪刑的人数,申报中书省③。元丰三年,划定大理寺所审案件申报纠察司的范围,即大理寺每旬将徒以上案件申报纠察司,但非徒以上案件如"出入不当",也准许纠察司"索文案点检"④。元丰四年,规定大理寺左厅即左断刑已经皇帝画旨的公案,要"批送门下省"⑤。次年,取消大理寺官员"赴中书省谳案"的规定,改为大理寺每年一次"以见在案尽数断绝,上中书省取旨"⑥。

　　在元丰改制前夕,刑部在审判案件时,先由详断官分别公案审判,然后由刑部主判官"论议改正",注明日期,才送交详议官复审。详议官如发现其中有"有差失问难",即于"检尾批书",转送详断官"具记改正",呈上主判官更加"审定","然后判成录奏"。元丰改制,原属送三司承受断遣的刑狱公事,改归大理寺,由大理评事和大理丞执笔写出"所断案草",不再归大理寺的正、副长官。但实行此制后,"断案类多差忒",于是决定改变权力行使程式:分大理评事、司直与正为"断司",大理丞与卿、少卿为"议司"。凡审断公案,先呈上大理正"看详当否,

---

① 《长编》卷295;《宋会要》职官24之6。
② 《长编》卷296。
③ 《长编》卷296;《宋会要》职官24之7、8。
④ 《长编》卷302。
⑤ 《长编》卷320。
⑥ 《长编》卷328。

论难改正,签印注日",然后转送"议司""复议"。议司"如有批难,具记改正",大理卿与少卿更加"审定","然后判成录奏"①。元丰八年,应尚书省的要求,大理寺审断应该奏申朝廷和尚书省的案件,不再预先申报本曹(指尚书省的各部)②。

元丰年间,崔台符、杨汲等任知大理卿事或少卿,"专视蔡确风旨,数年以来,锻炼刑狱至二万二千余事"③。其中必然以打击反对派的案件居多。

从哲宗元祐元年开始,着手缩小大理寺右治狱的职权范围。元祐三年,终于撤销右治狱,凡有关在京官司钱谷公事即经济案件,改由户部的推勘、检法官掌管④。哲宗亲政,恢复了大理寺右治狱。几员大理寺丞分为左推、右推,如案犯有"翻异"即推翻原供,即左移右推,或者右移左推;如再有翻异,即申报朝廷再差官审问,或转送御史台"推究","更不与开封府互勘,庶事得其实,可革互送挟仇之弊"⑤。元符元年(1098年),规定大理寺(以及开封府)所"承受内降公事,并依旨勘断",不准"奏请移送"即转送其他机构审理⑥。徽宗政和二年(1112年),有人揭露大理寺官员"迎合观望,曲法用情",致使一些犯人逃避惩处。有人竟然在开封府犯罪,而宁愿移送大理寺的,所以,人们称呼大理寺为"休和所"⑦。于是大理寺卿曹调和少卿任良弼皆被罢职,分别提举宫观或出知外州。政和四年,大理寺要求:在本寺审判案件时,涉及各司库务之人"合行追究",准许"直行勾追";各司库务"限日下发遣"。如有关机构"辄敢容庇不发遣,并科杖一百"。大理寺将这类情况申报尚书省取旨,"先次勘断","庶几百司稍知刑狱官司有所畏"。

①　《长编》卷334;《宋会要》职官15之12, 24之9。
②　《长编》卷357;《宋会要》职官24之10。
③　朱弁:《曲洧旧闻》卷5。
④　《长编》卷410。
⑤　《宋会要》职官24之12。
⑥　《宋会要》职官24之12—13。
⑦　《文献通考》卷167《刑六》。

这一时期,大理寺官员的职责与元丰官制稍有不同。据《官制格目》,大理评事和司直、检法官专管"详断",大理丞专管"议"刑,大理正专管"审",大理少卿则"分领其事",而由大理卿总领①。

南宋高宗初年,随着压缩官吏编制,大理寺的职权范围减少很多。建炎三年(1129年),以御营使司提举一行事务郦琼"跋扈无状",逮捕,投入大理狱。大理少卿王衣历数郦琼罪状,郦认罪,由高宗下诏"赐死"。大理狱吏负责执行对郦的处决②。从绍兴元年(1131年)起,大理寺逐渐恢复旧制,正常行使其司法权力。同年,朝廷派遣大理少卿钱稔往两浙西路催促各州县"见楚(禁)公事"。钱稔请求"因便密行体访民间利病",得到批准③。大理寺增加了一项往各路监督司法情况的职责。绍兴七年,因大理寺和刑部在遇到疑难案件"情况未相当"时,不能遵照神宗元丰五年尚书省批下关于大理寺向刑部"禀白"和向尚书省"禀决"疑难案件的程序,即本寺断狱,遇有可疑,准备向尚书省"禀白"者,先委参加详议和连签官。事情重大者,众官、详断官、详议官各述己见,合写一状,"须要的确指定,不得疑设两端",然后由大理正以上"书凿"即裁决"欲从某议";如全不采纳,则"各注所见,从长定断"。最终仍然意见不能统一,则先将众官的意见交给刑部,"约日禀白"。如果仍旧不能裁决,则交纳尚书省,"约日禀决"。此年,下诏大理寺和刑部,规定今后遇议刑意见不同,限定在第二天"禀白"刑部;如所断仍不能决定,则刑部正、副长官限定在两天之内,会同大理寺官员赴都堂"禀决"④。

绍兴十一年十月戊寅(十三日),高宗下令逮捕少保、醴泉观使岳飞及其长子岳云等,押送至大理寺,由御史中丞何铸和大理卿周三畏主管审讯工作。此案起于左武大夫、御前前军副统制王俊的告首。据

① 《宋会要》职官24之13—15。
② 《建炎以来系年要录》卷25。
③ 《建炎以来系年要录》卷49。
④ 《宋会要》职官24之21。

《王俊首状》,是年八月二十二日夜二更,"张太尉"即岳飞的部将之一、御前军统制、权副都统制、节制鄂州军马张宪,命人召王俊入宅说话。张宪对王俊透露"自家相公"即岳飞处"有人来交我救他",张宪计划将"这里"的"人马老小尽底移去襄阳府不动","朝廷知,必使我相公来弹压抚谕"。"若朝廷使岳相公来时,便是我救他也。若朝廷不肯交岳相公来时,我将人马分布,自据襄阳府。"王俊问:"这军马做甚名目起发?"张宪说:"你问得我是。假做一件朝廷文字教发,我须交人不疑。"王俊问:"若蕃人(按指金人)探得知,必来夹攻。太尉南面有张相公(按指张俊)人马,北面有蕃人,太尉如何处置?"张宪"冷笑"道:"我别有道理。待我这里兵才动,先使人将文字去蕃人。万一枝梧不前,交蕃人发兵助我。"《王俊首状》又揭发,张宪要求王俊在明天"聚厅"时,向姚观察、王刚、张应、李璋试探"服不服",结果王俊只找姚观察谈了张宪昨晚所说的大意,姚观察回答说:"不可交乱,恐坏了这军人马。"九月初一,张宪动身赴枢密行府,叮嘱王俊将"粗重物事转换了者","你收拾,等我叫你"。初七,王俊"面覆都统王太尉(按指王贵)讫"。初八,又进一步"纳状告首"。《王俊首状》最后还保证:"如有一事一件分毫不实,乞依军法施行。……谨具状披告,伏候指挥。"这是王俊"告首"状原文的主要内容。再据《大理寺案款》记录,《刑部、大理寺状》说:"准尚书省札子,张俊奏张宪供通,为收岳飞处文字后谋反,(枢密)行府已有供通文状。奉圣旨:就大理寺置司根勘闻奏。"大理寺"根勘"即审讯的结论是:一、案件涉及人,有张宪,僧泽一,右朝议大夫、直秘阁、添差广南东路安抚司参议官于鹏,右朝散郎、添差通判兴化军孙革,左武大夫、忠州防御使、提举醴泉观岳云,有荫人智浃,承节郎、进奏官王处仁,从义郎、新授福州专管巡捉私盐蒋世雄,前少保、武胜定国军节度使、充万寿观使岳飞。二、经过审讯,以上各人犯有如下罪行:岳飞共有6条。第一,朝廷探报得金人侵犯淮南,岳飞前后共十五次受皇帝"亲札"指挥,命令率军前去"策应措置",但岳飞"坐观胜负,逗留不进"。第二,董先和张宪问岳飞"张俊兵马怎生的",岳飞答道:"都败了回去"，接着"便指斥乘舆"（按指岳飞"尝自言己与太祖俱以三十岁节度使"）。第三，岳飞曾对张宪和董先说："张（俊）家、韩（世忠）家人马，你将一万人蹂踏了。"第四，被剥夺兵权后，岳飞命孙革写信给张宪，"令措置别作擘画"，"令看讫焚之"。第五，岳飞下令张宪向朝廷假报军情，说探得金朝"四太子"（按即兀术）"大兵前来侵犯上流"。嗣后，张宪与部下商议"待反背据守襄阳，及把截江两头，尽劫官私舟船"。第六，岳飞屡次命孙革向朝廷"奏报不实及制勘虚妄"。大理寺根据以上各"罪"，判决岳飞"合于斩刑私罪上定断，合决重杖处死"。刑部和大理寺一起"看详"的结论是岳飞以上罪行"情理深重"，决定依"敕：罪人情重法轻，奏裁"。大理寺"根勘"张宪的结论是：一、收受岳云的书信，命令张宪"别作擘画"，"因此张宪谋反，要提兵僭据襄阳，投拜金人"，后因王俊"不允顺"，张宪"方有'无意作过'之言"。二、知道岳飞说过"指斥""乘舆"的言论，"不敢陈首"。三、依随岳飞向朝廷假报"无粮，进兵不得"。四、依从于鹏书信中所转达岳飞的意见，"令妄申探报不实及制勘虚妄"。大理寺根据以上各"罪"，判决张宪"合依绞私罪上定断，合决重杖处死，仍合依例追毁出身以来告敕文字，除名"。大理寺"根勘"岳云的结论是：一、书写"谘目"给张宪，"称可与得心腹兵官商议擘画"，"因此致张宪叛"。二、"传朝廷机密，惑乱军心"。根据以上各"罪"，判决岳云"犯私罪徒"。大理寺"根勘"于鹏的结论是："犯虚妄，并依随岳飞，写谘目与张宪等，妄说岳飞出使事，并令张宪妄供探报"。判决于鹏"犯私罪徒"。以下又叙述对孙革和王处仁、蒋世雄等人"根勘"的结论和判决的意见。这份《刑部、大理寺状》后面，还附有几份"小贴子"，其中一份"小贴子"称："勘详岳飞、张宪所犯情重，逐人家业并家属，合取自朝廷指挥拘籍施行。看详岳飞等所犯，内岳飞私罪斩，张宪私罪绞，并系情重；王处仁私罪流，岳云私罪徒，并系情重；蒋世雄、孙革、于鹏并私罪徒，并系情理稍重，无一般例。兼奉圣旨根勘，合取旨裁断。"高宗依据这份奏状，下达了"圣旨"。"圣旨"的内容包括：一、岳飞特赐死，张宪、岳云并依军法施行，令杨沂中监斩，仍多差将兵防护。二、"余并依断",于鹏、孙革、王处仁、蒋世雄除名,内于鹏、孙革永不收叙,于鹏送万安军,孙革送浔州,王处仁送连州,蒋世雄送梧州,并编管。僧泽一决脊杖20,刺面配2 000里外州军牢城小分收管。智浃决臀杖20,送2 000里外州军编管。三、岳飞、张宪家属分送广南、福建路州军拘管,月具存亡闻奏。编配人并岳飞家属,并令杨沂中、俞俟,其张宪家属令王贵、汪叔詹,多差得力人兵防送前去,不得一并上路。四、岳飞、张宪家业籍没入官,委俞俟、汪叔詹逐一抄札,具数申尚书省。五、余依大理寺所申,并小贴子内事理施行。六、出榜晓谕,应缘上件公事干涉之人,一切不拘(问);亦不许人陈告,官私不得受理。高宗用这道"圣旨",行使了皇帝的最高司法权。"圣旨"没有完全采纳大理寺和刑部共同"看详"而依法定罪的意见,不仅将岳飞和张宪处死,而且将岳云从重处死。十二月癸巳(二十九日),岳飞在大理寺中"赐死"即被处死,张宪和岳云被押赴市曹斩首①。

在大理寺审讯岳飞等人的过程中,最初由御史中丞何铸和大理卿周三畏主管。何铸在十一月乙卯(二十一日)改授签书枢密院事,充大金报谢使,因而任命右谏议大夫万俟卨为试御史中丞,继续主管对岳飞等人的审讯工作②。岳飞在狱中,"久不伏,因不食求死"。万俟卨入台一月多,勉强结束审讯。在大理寺和刑部、御史台等官员"聚断"时,大理寺丞李若朴和何彦猷坚持主张依法判决岳飞徒罪2年,不应判处死刑,"力以众议为非"③。绍兴十二年正月,首先是大理少卿薛仁辅因与众官议岳飞狱不合,被劾为"持心不平,用法反复"而罢职。接着是李、何2人被罢黜。八月,签书枢院何铸受到御史中丞万俟卨等"交章"弹劾,其中的一条罪状是"岳飞反状败露,铸着董其狱,亦无一言叙陈。偶因报聘乏人,陛下置之枢庭,命之出疆。临行,反使亲旧誉播,以谓议

---

① 《建炎以来系年要录》卷143;王明清:《挥麈录·余话》卷2。
② 《建炎以来系年要录》卷142。
③ 《建炎以来系年要录》卷143。

狱不合,遂致远行"①。

　　岳飞一案最后是由高宗亲自判决的,但并不排斥宰相秦桧在此案审定过程中的影响。最迟到绍兴二十五年(1155 年)秦桧死后,高宗对秦桧执政期间大理寺的司法情况表示不满。他"内降手诏"说:"年来法寺,惟事旬白,探大臣旨意,轻重其罪,致民无所措手足。玩文弄法,莫此为甚。"指责大理寺审理案件缺乏独立性,往往以"旬白"的方式,探听大臣的意旨,而后依此判决,不免上下其手。绍兴二十六年,重申"一司敕",规定今后大理寺遇有"重密公事",准许依旧"上殿陈奏"②。

　　宋孝宗乾道三年(1167 年),大理卿陈弥作上奏札说:在他供职期间,临安府厢界押解到犯私盐 20 斤之人,次日推司又押解到欠粮纲钱人,"五天一限,并无送纳"。还解到殿前司的军人争斗公事,"臣为之惊骇"。大理寺是"天子之狱,尊严如天",现今却"使投牒押到,有同县道,亏损国威,莫此为甚"。要求今后凡涉及"情理巨蠹"者及经州县审理而"翻异"者,"方许取旨送下"。孝宗认为这一建请"极好",又说:军人相争送大理寺,是杨存中的"私意","必是当时军人犯罪,临安府不得理者,遂为此例。"孝宗赞成除去此例③。乾道七年四月,再次限定各个机构有应解送大理寺的公事,必须"取朝旨指挥"。其中可以解送大理寺审理的案件,除以前规定的"内降朝旨重密公事",六曹、寺监所辖库务,内外诸司侵欺盗用官物以外,还增加"民间有冤抑事诉申朝廷"。大理寺现勘公事内有不应送寺者,"并移送临安府"。同年五月,户部尚书曾怀提出,"六曹所行文字,最关利害",其间"有情弊合行根究事件",如果等"候申取朝廷指挥",难免泄露机密,案犯逃逸。要求"先次送大理寺,申朝廷照会"④。淳熙五年(1178 年),进一步具体规定,自今军民相争的公事,除了殿前司和马、步军司"依已降旨送大理寺"审

①　《建炎以来系年要录》卷 144,卷 146。
②　《宋会要》职官 24 之 23。
③　《宋会要》职官 24 之 30。
④　《宋会要》职官 24 之 38、32;《建炎以来朝野杂记》甲集卷 5《大理狱非得旨不得送理官宅》。

理外,其他各司及将兵,皆命临安府审断。但从此以后,军、民因醉酒,或赌博、聚戏而引起斗讼,临安府"厢巡收领"后,"即解棘寺"。大理寺对涉案的百姓,"随所抵罪,受杖而去";对涉案的军人,则"多有名目"。诸如法律规定,下班祗应以上犯罪,不论轻重,必定立案申奏,以致当事的军人被拘押,"动辄逾月,方得结绝"。所以,到淳熙十三年,又规定今后每遇各厢解到公事,其中对"有官资"的军人,所犯在杖100以下的罪,只令大理寺出具事因申报枢密院,"径行决遣";如所犯在徒罪以上,"方许依条奏案"①。到淳熙十四年,由于实行乾道七年五月曾怀提出的办法,"六曹、寺监,事无巨细,杂然送寺,多不取旨"。虽然从表面上看,大理寺因此扩大了职权,但实际上影响了它正常发挥最高司法机构的作用。所以,这一年又重申今后"百司遵用祖宗成法,六曹所行有关利害犯人,且送州县寄禁,候得旨续取"②。宁宗嘉泰三年(1203年)以后,地方上发生重要案件,难以审理,皆申报朝廷,由大理寺"鞫勘"。如嘉泰三年,江西袁州万载县"巨室"易国梁"贼杀婢仆、干人等二十三人"一案,易国梁的"党与郭氏、杨氏等二十余家,与之请嘱权势",百般阻挠地方司法机构严惩凶犯,于是经侍御史兼侍讲张泽提议,转送大理寺,"取索人、案,从公根勘"。又如嘉定十二年(1219年),广西路知钦州林千之"杀人为馔"一案,也由朝廷选差大理寺官员,带领推狱,在静江府的湖南邻州审理③。理宗宝祐二年(1254年),朝廷为掩盖误用余晦为四川帅臣之羞,将前知阆州兼利西安抚王惟忠付大理狱审判,随即又命台官监鞫。最后,大理寺公布"犯由榜",列具王惟忠的几条罪状,"准省札,奉圣旨,王惟忠处斩,仍传檄西蜀"④。

大理寺审理案件,还规定了期限。如孝宗淳熙七年(1180年)三月,下诏命刑部将大理寺右治狱及临安府"原立案限",皆减少一半。

---

① 《宋会要》职官24之34、37。
② 《宋会要》职官24之38。
③ 《宋会要》职官5之60—61。
④ 周密:《癸辛杂识》别集卷下《余玠》、《王惟忠》。

随后,刑部侍郎王枢等人上奏札说:大理寺的案限,右治狱大案 150 张纸以上,限 30 日;中案 150 张纸以下,限 22 日;小案 20 张纸以下,限 7日。最近刑部有时又批下"急限约法",或三两天,或半月。但在刑部案状下达大理寺时,"在路已经隔半日",等到交付"当断"即负责审讯的大理评事看阅一两遍,"方见犯情节",交付楷书"节草",再退回给评事;评事起草出刑名,"铺引条贯",再交给寺丞、正、卿、少卿。案卷在各处"往回批难,议定刑名",然后再交付楷书"誊录净本,节案法状",申报刑部。这样,历经各个环节,"自非数日,不能了办"。如果是大案,纸数和项目既多,又不可与中案相比。王枢提出不能将右治狱的案限减半,建议只减少 1/3;其余"急约法"、"急看详"的案件,建议"量宽日限",以便审案不致过于急促而造成差误①。以上有关大理寺的案限规定,也反映了大理寺行使司法权的各个程序。

宋朝的御史台,主要行使最高监察职权,检举违法失职的官吏;同时,又行使最高司法职权,负责审理某些刑事案件。北宋前期,凡官员犯法,事体重大者,多下御史台狱审理;轻小者则归开封府或大理寺鞫治②。太宗太平兴国八年(983 年),权知相州田锡上疏说:"御史台本不禁人,今为系囚之所;大理寺旧来置狱,今为检格之司。"或遇官员"有大过",或百姓"有深冤","乃命台臣委为制使"③。御史台狱实际上发挥了以前大理寺狱的作用。神宗元丰改制后,虽然复置了大理寺狱,但御史台狱并未被撤销,相反地因各官僚集团的激烈斗争而加强了司法职能。

御史台狱有两种行使最高司法权力的方式。一是审断本台受理的案件,或者复审其他司法机构如大理寺、刑部、各路提刑司未能审理的案件。二是接受皇帝的意旨,承办一些重要的案件,称为"诏狱",又称"制狱"。诏狱常常由御史台与大理寺、刑部派出官员联合组成,共同

① 《宋会要》职官 24 之 31—32。
② 《宋史》卷 200《刑法二》。
③ 田锡:《咸平集》卷 1《上太宗条奏事宜》。

审理。诏狱可在京城审理，也可赴外地审理。

北宋初年，御史台已开始行使其司法职权。建隆元年九月，中书舍人赵行逢违反常规，要求在私第起草有关官员任命的重要制书，宋太祖大怒，将赵下御史台，并弹劾其罪而加以罢黜①。乾德二年（964 年）五月，宋太祖将屯田员外郎、知制诰高锡下御史台，审查其贪赃枉法等罪"得实"，责授莱州司马②。在这种情况下，御史台负责对违法的官员立案审查，然后予以弹劾，同时行使司法职能和监察职能。严格地说，这还算不上是诏狱。太宗太平兴国九年（984 年）六月，下诏派遣殿中侍御史李范等 40 人，分往江南、江浙、西川、荆湖、岭南等道"按问刑狱，情得者即决之"；"若须证逮者，并具狱，论如律"。对"吏之弛怠者，劾其罪以闻"③。这些御史受命全权"按问刑狱"，并检查司法官员，并不专为某一刑事或民事案件。同年七月，下诏御史台"推勘公事"，其"当推御史"即值班的司法御史"并须当面推鞫，不得垂帘、只委所司取状"；仍命御史中丞和侍御史知杂事"专切提点，务在公当，不得淹延"。如果经过审判后，被人控告"抑屈、勘鞫不实"，该司法御史等将受到严惩，侍御史知杂事和中丞则"别取旨"受罚④。淳化元年，设置御史台推勘官 20 员，"若诸州有大狱，则乘传就鞫"。规定在告辞时，太宗必叮嘱他们"无滋蔓，无留滞。"还京后，必定召见，询问审讯情况⑤。从此，御史台狱不专由御史审理，而由推勘官分任，派往各州审理大案。为防止御史和推直官不能尽职，淳化三年，太宗下诏御史台，自今审判徒以上罪的案件后，必须由尚书丞郎、两省给舍以上一员亲自赴台"录问"⑥。次年，又改为不再选差其他官员录问，而"只委中丞，知杂录问"⑦。同

---

① 《长编》卷 1。
② 《长编》卷 5。
③ 《文献通考》卷 166《刑考五》。
④ 《宋会要》职官 55 之 2。
⑤ 《长编》卷 31。
⑥ 《长编》卷 33；《宋会要》职官 55 之 2。
⑦ 《宋会要》职官 55 之 3。

时,要求御史台审理案件,御史中丞和知杂要"当面引问,提举催促看详款状尽理",方能结案。"每追到罪人",中丞和知杂要亲自过问,推直官负责搜查罪人沿身和卧具,等等①。

宋真宗和仁宗时期,御史台狱进一步制度化。咸平二年(999年),规定御史和京朝官使臣"受诏推劾,不得求升殿取旨及诣中书咨禀"。要求御史等在审理诏狱时,坚持司法的独立原则,事前既不要请示皇帝,又不要请示宰执。咸平五年重申此制,并规定"狱成,然后闻上",改变以前"案劾有罪,必预请朝旨"的做法②。咸平三年,下诏御史台,流罪以上的"奏案","牒请"尚书省郎中和两省舍人以上"录问"罪人,改变以前"奏案"流以上罪人不行"录问"的旧制③。咸平六年,针对御史台审案,台官(包括推直官)不亲自审问的现象,命"御史台今后推勘公事,令中丞、知杂躬亲披详,必须仔细询问。御史台推直官躬亲勘鞫,仍令知杂与中丞提点勘当"。如果被审之人另有申诉,要求向中丞和知杂"明理",中丞和知杂则应引见并"更切审问"④。至此,确立了御史台狱的本台正、副长官和推直官的二级审理体制。这时的殿中侍御史、监察御史等如果不是朝廷特命在台担任各该职务,则只是寄禄官的官称。大中祥符九年(1016年),下诏命御史台推直官"自今以二年为满",不称职者改换他官,依官资改授外任差遣。此事起因于殿中侍御史李练担任推直官仅一年,向朝廷要求援前监察御史高弁和俞献卿例,"求补外郡"⑤。次年即天禧元年,为克服在台的御史皆领他职的弊病,再次明确规定御史台除设置中丞和知杂、推直官以外,另设侍御史以下六员,各专任本职,不得再兼领职务⑥。从此,除作为寄禄官的御史另任他职以外,在台专任监察之职的御史一般不兼司法,只有推直官(有

---

① 《宋会要》职官55之2—3。
② 《长编》卷44,卷51。
③ 《宋会要》职官55之4。
④ 《宋会要》职官55之4—5。
⑤ 《长编》卷86。
⑥ 《国朝诸臣奏议》卷51,刘随:《上仁宗缴进天禧诏书,乞防漏泄》。

的人可能仍以御史为寄禄官)专司审理狱讼。但此后,也并没有严格执行此制,在台供职的御史有时也被差审案。如仁宗庆历二年(1042年)担任侍御史的席平,曾受命"往齐州劾狱,失入死罪"。庆历三年,朝廷批准御史台的要求,选差御史6员,而"罢权推直官"①。这一措施意味着不专设推直官,而由6员御司担任审理狱讼的职事。但曾几何时,到庆历七年正月,右正言、史馆修撰李京因曾以书简嘱咐侍御史吴鼎臣推荐推直官李实担任御史之职,被责降官②。表明又已恢复推直官的设置,并可由推直官迁补为御史。在此稍前,规定今后御史台所审理的刑狱案卷不再"供报"纠察在京刑狱司。嘉祐七年(1062年),批准权御史中丞王畴等人的提案,凡开封府左、右军巡院所录问的大辟罪人一经"翻异",不再命御史"推勘"。藉以避免继续存在像御史台这样的朝廷"风宪之地",却要"下与府司军巡共治京狱"的现象③。在太祖至真宗统治期,凡朝廷内外官员因"公事发露","多送御史台推勘",当时对贪赃枉法的官员尚有一定的震慑作用。后来因"承平既久",又因有些大臣的再三提议"今后毋轻置诏狱"④,这一制度逐渐废弃,因而"罕有置御史狱者"。皇祐五年,发生道士赵清贶等"请求公事",涉及执政大臣。侍御史毋湜向仁宗提出:今后公事不论大小,只要"干涉执政臣僚者","并乞送御史台勘鞫",以"冀新人听,以协公议",并颁降诏旨,"以为定式"。于是仁宗下诏规定:今后"应有合行取勘公事,并临时取旨"⑤。

从神宗时期开始,御史台狱的司法职能得到大力加强,监察御史负责"四推"之事,因而频繁地参预当时的政治斗争。熙宁二年(1069年),因御史王子韶的揭发,派遣权御史台推直官张景直赴越州置狱审

---

① 《长编》卷141。
② 《长编》卷160。
③ 《宋会要》职官55之7—8。
④ 《国朝诸臣奏议》卷99,吴育:《上仁宗乞今后毋轻置诏狱》。
⑤ 《宋会要》刑法3之64。

讯前知明州、光禄卿苗振,张景直以亲嫌辞避,乃改命他官前往①。熙宁八年,沂州百姓朱唐控告前余姚县主簿李逢谋反。本路提刑王庭筠奏申朝廷,说李逢并无谋反迹象,只是谤讪,"语涉指斥及妄说休咎",建议将李编配。神宗派御史台推直官塞周辅"劾治"。中书门下认为王庭筠所奏不当,王害怕,自缢身死。李逢的口供牵连宗室、秀州团练使赵世居、医官刘育及河中府观察推官徐革。神宗下诏"捕系台狱",命令中丞邓绾和同知谏院范百禄、御史徐禧"杂治"。审讯完毕,判决:世居赐死,李逢和刘育、徐革皆凌迟处死,将作监主簿张靖、武进士郝士宣皆腰斩,司天监学生秦彪、百姓李士宁杖脊,皆湖南编管。其余受牵连的官员追官落职。世居的子孙免死,除名落籍。前任审讯官吏也皆劾罪②。元丰元年三月,神宗下诏将开封府所审理的相州法司潘开向大理寺人吏"行财枉法"一案,移交御史台。此前几年,殿中丞陈安民任签书相州判官,审判本州 3 名强盗死刑。中书刑房堂后官周清复审此案,认为 3 名强盗中 2 名为从犯,不该处死。这样,相州司法官犯了"失入死罪"的过失,当时刑部不曾驳正,也同样犯此过失。周清的复审公事,转到大理寺,大理寺详断官肯定相州的判决正确无误,周清则坚持己见。此案又转至刑部,刑部的新官肯定周清的驳难,大理寺仍然不服。双方争论不决。这时,陈安民害怕犯罪,派潘开到京师想买通大理寺人吏探听消息。文彦博之子、大理评事文及甫,是陈安民之姊子、宰相吴充的女婿。知谏院蔡确向朝廷提出,此案"事连大臣,非开封(府)可了。"于是将此案移交御史台,指派知谏院蔡确和黄履协同台官共同审理,勾当御药院(宦官)李舜举"监勘"。蔡确下令拘捕大理寺详断官窦苹和周孝恭等 30 多人,枷缚窦苹等在太阳下暴晒,逼其供认接受贿赂的罪行,但无此事实。四月,增派监察御史里行黄廉、上官均参预审讯。上官均认为蔡确"为人峭深,性寡忠厚",难免实行逼供信。

---

① 《宋会要》刑法 3 之 65。
② 《宋史》卷 200《刑法二》;《长编》卷 263。

六月,此案审讯完毕,神宗肯定蔡确的意见,因而陈安民、窦苹、周孝恭、文及甫等均被处罚①。十二月,建州进士虞蕃上书说太学讲官考试不公,"诸生升补有私验"。神宗即下诏委开封府"根治"。随后移交御史台审理。元丰二年二月,增派监察御史里行何正臣和舒亶"同鞫太学狱"。五月,经御史台官蔡确和舒亶审理,查明参知政事元绛曾为其族孙元伯虎私下嘱托国子监直讲孙谔和叶唐懿升补太学内舍生,又嘱托孙谔在判国子监处求为小学教谕,而元绛之子元耆宁从中传话。于是元绛罢参政,出知亳州;孙谔和叶唐懿各追两官,冲替;元耆宁罚铜10斤②。八月,"太学狱"涉及权知开封府许将,许将父子"相继下狱",查明许将也曾嘱托国子监官为其妻弟和乡人升补为太学生,而且许将在最初审理此案时偏袒太学上舍生。于是许将被责落职,改知蕲州;司录参军李君卿、士曹参军蔡洵、国子监丞王愈、直讲周常、开封府判官许懋和李宁等人皆以"阿随"许将而受到重责③。一波未平,一波又起。七月,御史中丞李定和监察御史舒亶、里行何正臣弹劾知湖州苏轼反对新法,苏最近进呈的《谢表》"无一不以诋谤为主","愚弄朝廷,妄自尊大"。神宗即令知谏院张璪和李定一起"推治",并令御史台选差一名朝官"乘驿追摄"。八月,苏轼被押至御史台狱,审查其所撰10多首被认为"讥讽朝廷"、"讥讽执政大臣"的诗。老臣张方平和范镇以及苏轼之弟苏辙多方营救,均未奏效。十一月,御史台结案,差权发遣三司度支副使陈睦"录问"。十二月,神宗特遣冯宗道"复案",最后结定,苏轼被责授黄州团练副使,本州安置,不得签书公事。驸马都尉王诜及苏辙等皆被勒停或贬谪。时称此案为"乌台诗案"④。此后,因为察事御史所需审理的案件太多,难以应付。元丰六年,御史黄绦等向神宗提出:以往,御史都可言事,一起"定夺公事",只在受诏"推狱"时则轮流担

① 《长编》卷287,卷289,卷290;《宋会要》刑法3之66。
② 《长编》卷295,卷297,卷298。
③ 《长编》卷299;魏泰:《东轩笔录》卷9。
④ 《长编》卷299;(清)王文诰:《苏文忠公诗编注集成总案》卷19。

任。后来复置察案,而 6 员御史分领六案,由于要审勘"太学狱",因此命令由中丞和本察御史"根治"。此后,分 3 员御史言事,3 员领察,而御史台只命本察御史"根治"即审理案件,所以言事御史从此不领"鞫狱"。我朝旧制,有"四推之名,总谓之后推",而三院御史皆参预审理。现今"推鞫"之事皆交付察官,而最近又将六曹的"定夺公事"也送本察,则与"检察职事有所妨废"。接着,尚书省提议,命"定夺文字"仍送本曹;"如合再定",即送御史台本察。同日,黄绛等又向神宗提出,最难的事情"莫如疑狱"。州郡不能审判,而后交付大理寺;大理寺不能审判,而后交付刑部;刑部不能审判,而后交付御史台。可见"非甚疑狱,必不至付台再定"。他建议"与夺刑名,事重体大,宜仍旧众官参定,余事则随曹付察。"这样,才能"大小繁简,皆得其称,是正疑谳,罕有不当"。后来,刑部又提议:"诸鞫狱,言事御史轮治;其定夺刑名,则众官参定;余事,随曹付察。"得到神宗的赞同,付诸实行①。从此,凡"鞫狱"即审理案件专由言事御史负责,"定夺刑名"即依法量刑则由言事御史和察事御史等一起商议决定,其他公事仍归本曹察事御史负责。几个月后,御史中丞黄履认为,9 员御史中,6 员分察六曹,言事者只有 3 员。显然,言事御史人少事多,不胜负担。他提议言事御史和察案御史轮流负责审理刑狱。神宗从之②。神宗时期,台狱主要为新法派打击异议者服务。

宋哲宗和徽宗时期,御史台狱的职责又发生许多变化。元祐元年,三省提出,自从撤销纠察在京刑狱司而归刑部管辖后,不再有"申明纠举之制"。请求以从前的纠察职事全部委托御史台刑察兼领,刑部不得干预。御史台狱可令尚书省右曹"纠察"③。绍圣元年,御史刘拯提议,自从将纠察在京刑狱职事独归御史后,凡审问刑狱之职"苟有不当,无复弹治"。台狱都由朝廷交付,定案时"轻重可否,宜取决于上"。

---

① 《长编》卷 335。以《宋会要》职官 17 之 12—13 参校。
② 《长编》卷 340;《宋会要》职官 17 之 13。
③ 《长编》卷 377。以《宋会要》职官 17 之 14 参校。

如今命右曹纠察,"甚非尊朝廷正官名之意"。于是哲宗下诏,将御史台现领旧纠察司职事中"合审录问"者划归刑部右曹郎官,其余则仍旧①。此后,章惇、蔡卞执政,"连起党狱",严厉打击元祐间反对新法和对新法提出异议的官员,再三追贬吕公著和司马光,流放吕大防等于岭南,最后又"起同文馆狱,将悉诛元祐旧臣"②。但始终没有像神宗时期大肆使用御史台狱的威慑力量。徽宗崇宁元年(1102 年),将御史台的纠察案,即原属纠察在京刑狱司的职事,依照"元丰格"拨归刑部,不再实行元祐元年五月的"指挥"③。徽宗时,号称"李铁面"的李伦曾任开封府尹。有一次,一名官员犯法,理应追究,但他"巧结形势,竟不肯出"。李伦很气愤,设法拘到府衙。这名官员到后,又出言不逊。李伦大怒,下命对其"真决"即处杖或黥刑。几天后,李伦正在府衙办公,突然有御史台人吏登厅,向李伦传达:"台院奉圣旨推勘公事,数内一项,要开封府李伦一名前来照鉴。"李立即招呼厅司,将职事交代给少尹。开封府大门朝南,御史台朝北,相距较近。李骑马,人吏在前领路,"宛转缭绕,由别路,自辰巳至申酉",方到台前。人吏让李双手端笏和撤去随从,人吏乃呼门子:"我勾人至矣。"出于公文。门子说:"请大尹入。"这时台门已半掩,地上门限很高。李于是端笏"攀缘以入,足跌,颠于限下"。门子领李到第二重门,进入后,告诉李说:"请大尹赴台院,自此东行小门楼是也。"这时天已昏黑。李入门,无人过问,看见灯数盏,不放在楣梁间,却放在柱础上。走廊的第一间,则见穿紫公裳者身带刑具,扭转其脸对着庭中。随后几间,有穿公裳者在内,模样也如此。李见而感叹说:"设使吾有谋反大逆事,见此境界,皆不待捶楚而自伏矣。"李正奇怪没有公吏出现,突然有声"喏"在庭下。李立即还礼,讯问对方,原来是"承行吏人"。吏人请李继续行走,吏人在前引导,"盘绕屈曲,不知几许"。走到一所土库旁,有一扇小洞门,自地面

---

① 《宋会要》职官 17 之 14—15, 55 之 11。
② 《宋史》卷 200《刑法二》。
③ 《宋会要》职官 17 之 16。

往上不到 5 尺,吏人脱去幞头,匍匐而入,李也照样。李又自叹"入门可得出否"。进门后,则供帐、床榻、裀褥都有。一名戴幞头、穿紫衫、裹金带者出来,向李作揖。吏人介绍说:"台官恐大尹岑寂,此官特以伴大尹也。"后来知道此人是监守李狱卒。吏人告辞离去后,于是"捶楚冤痛之声四起,所不忍闻"。过了很久,忽然过来一卒,手执片纸,上面写道:"台院问李某因何到院?"李回答了原因。该卒走后很久,又有一卒手拿片纸过来,问李:"出身以来,有何公私过犯?"李回答说:"并无过犯,惟前真决命官为罪犯。"此卒走后很久,再问:"真决命官,依得祖宗是何条法?"李回答说:"祖宗即无真决命官条制。"(按宋朝品官享有"荫身"特权,一般可免杖和黥刑)这时已到五鼓,承勘吏过来询问李是否已饿,李说从辰已到现在五鼓没有吃过。于是腰裹金带者陪李饮酒5 杯,"食亦如之"。吃完饭,天将黎明,捶楚之声乃停止。腰裹金带者与吏人请李回去,送到洞门说:"不敢远送,请大尹徐步,勿遽。"2 人关闭洞门,"寂不见一人"。李乃回忆昨晚经过之处,自己摸到院门,又经中门,最后出大门,则随从都在,"上马呵殿以归"。几天后,李被罢职①。这一记述反映了御史台狱庭院的森严气氛和晚间审讯、严刑拷打犯人的情况。

　　宋高宗南渡初期,清算王时雍等在北宋亡国时期的"卖国之罪",洪刍、余大均、陈冲、张卿才、李彝、王及之、周懿文、胡思文"并下御史台狱"。审结,刑部和大理寺判决洪刍纳景王宠姬,余大均纳乔贵妃侍女,王及之苦辱宁德皇后之妹,应处流刑;陈冲搜括金银自盗,与宫女饮酒作乐,应处绞刑;周懿文和张卿才、李彝与宫女饮酒,张、李应处徒刑,周处杖刑;胡思文在推戴张邦昌的奏状中增添诏奉之词,罚铜 10 斤。以上人犯"并该赦"。高宗阅状大怒,李纲等纷纷劝解,高宗考虑到刚刚即位,"重于杀士大夫",乃下诏洪刍和余大均、陈冲"各特贷命",流放沙门岛,永不放还;张卿才和李彝、王及之、周懿文、胡思文皆以"别

---

① 　康与之:《昨梦录》。

驾""安置边郡"。右谏议大夫宋齐愈也被"下台狱",大理寺认为所犯在五月一日赦前,奏申皇帝裁决。高宗下命宋齐愈"谋立异姓,以危宗社,非受伪命臣僚之比,特不赦,腰斩都市"。知淮宁府赵子崧在靖康末年"传檄四方,语颇不逊",也下诏御史台在京口设狱审讯,以弃镇江府之罪,贬为单州团练副使、南雄州安置。统制官苗傅和刘正彦等憎恨宦官专横,发动兵变,杀内侍100多人,逼迫高宗让位给皇子。张浚等发兵"勤王",苗傅等立即南逃①。高宗下诏御史台逮捕参预苗傅等兵变的工部侍郎王世修审讯,处以死刑②。统制官王德擅自杀死军将陈彦章,由台狱审判处死,高宗以其"有战功,特贷之"③。殿前都指挥使郭仲荀守越州,金军进犯,郭弃军逃往温州,经过"行在"(高宗所在地)不朝见。高宗将郭交付御史台和大理寺"杂治",郭被贬为汝州团练副使,广州安置④。从绍兴间(1131—1162年)开始,御史台的司法监察职能大为加强。如绍兴四年,规定刑部断刑,每次抄录案卷申报尚书省,限定在次日也报告御史台⑤。同时,刑事审判职事相对减少,而民事诉讼的审判职事逐步增多。绍兴六年,已显示御史台受理各路的词诉,规定这些词诉中,"如有事理重害、日久不决者","具申尚书省取旨看详"⑥。孝宗隆兴二年(1164年),有官员指出:御史台所受理的"讼牒",每天不下几十纸,都是因为"州县断遣不当","使有理者不获伸,无辜者反被害",乃经省部以至赴台。为改变这种状况,这名官员建议命御史台"择其甚者,具事因与元断官吏姓名奏劾,取旨行遣"⑦。此后,御史台民事审判不仅没有减少,而且成为法定的职责。乾道元年(1165年),据御史台的一份奏状,此时御史台的职事有:一、推勘刑狱;

①③　《宋史》卷200《刑法二》。
②　《建炎以来系年要录》卷22。
④　《宋史》卷25、卷26《高宗二、三》,卷200《刑法二》。
⑤　《宋会要》职官15之20。
⑥　《建炎以来系年要录》卷106。
⑦　《宋会要》刑法3之31。

二、定夺疑难的刑名、婚田、钱谷;三、各种人的词诉①。再根据乾道九年御史台的另一份奏状,说本台每天受理的词状"多是争讼婚田事","属户察行遣"②。这时,御史台还负有一种既属司法监察,又属司法审判的职事。如乾道九年,命令监察御史及刑部正副长官、郎官,每月轮派一员,分作两天,往大理寺和临安府"亲录囚徒,仍具名件闻奏"③。宁宗庆元三年(1197年),进一步规定御史台要经常"不测"即出其不意地"取索"大理寺的文簿"点检",督促及时审理案件,减少长期拖延④。

宋神宗熙宁中创置的同文馆,原来是专门接待高丽国"进奉人使"的宾馆,由宦官主管。哲宗绍圣四年(1097年),章惇和蔡卞专权,为严厉打击元祐间"旧臣",在同文馆临时设置刑狱,由翰林学士蔡京和吏部侍郎安惇协同"究问"文及甫等人。此案牵连元祐旧臣刘挚、梁焘、王岩叟等10多人。其间因梁焘、刘挚先后死于贬所,最后由哲宗裁决:"挚等已谪遐方,朕遵祖宗遗志,未尝杀戮大臣,其释勿治。"史称此案为"同文馆狱"⑤。

北宋前期的三司,其司法方面的主要职责是受理"在京官司应干钱谷公事"⑥。神宗元丰元年,规定有权判决本部和各寺监的人吏犯杖、笞罪刑而"不俟追究者",其余罪则转给大理寺⑦。三司各部判官在关押的犯人太多时,要亲自"当厅推鞫"。平时,三司的在押犯"多委左、右军巡院"审理,但往往拖延时日,不能立即决断。所以,在太宗至道元年(995年),又作出了要求判官亲自判决的规定⑧。推勘院和推官或推勘公事、管勾推勘官,都主管推劾各部的公事⑨。真宗景德四年

---

① 《宋会要》职官55之23。
② 《宋会要》职官55之24—25。
③ 《宋会要》职官24之32—33。
④ 《宋会要》职官24之41—42。
⑤ 《长编》卷490,卷492;《宋史》卷200《刑法二》。
⑥ 《宋会要》食货56之27,刑法3之68。
⑦ 《文献通考》卷167《刑考六》。
⑧ 《宋会要》刑法5之4。
⑨ 《长编》卷192,卷207。

(1007年),规定各路脱漏丁口、辇运金帛储粮,只因失误,并无私赃罪状,其文官和使臣"止付三司奏断讫,报法寺"即向大理寺申报备案①。三司的检法官不管鞫狱即审讯,只管检法议刑。在三司检法官决定刑名遇到疑难时,准许前往大理寺商议,这是仁宗宝元元年(1038年)开始实行的制度②。在三司遇到"重密公事"时,与审刑院和开封府一般,允许"上殿奏事",由皇帝亲自裁决③。张奕在仁宗末至英宗初年担任三部推勘公事,在其任职期间,"三司狱号最繁者,日以数百萃庭下,其间系财赂之出入,枝连蔓引,枉直不可遽辨"。张奕审理时,"推穷本原,审核情伪",有时为反复辨析一件小事而"累日不已",长官认为他"滞濡不任事",后来发现他这样做正是认真负责④。由于推勘的任务过于繁重,三司判官和检法官有时难免因审判失误而受到惩处。三司所设审理机构,类似后代的中央经济庭⑤。

　　元丰改制后的户部,尤其是哲宗元祐三年以后的户部,在司法上管辖并监督在京各机构的经济案件,受理各路监司和州县不能审断的民事诉讼案件,实际上是当时民事诉讼的最高审判机构。户部和刑部在司法上相提并论,常出现"户、刑两司"⑥的提法。元祐三年在设置推勘官和检法官时,明确规定其职责为"治在京官司应干钱谷公事"。十几天后,户部提出今后户部只管本部各案及所统辖的寺监库务的钱谷出纳公事;其他各部改归开封府"推治"⑦。逢户部假日,各地申解的公事,"并送厢寄禁";到假期结束,才押赴刑部"勘断"。为改变这种情况,元祐七年起,规定凡遇假日,轮流派本部官一员和推司、杖直各2员,继续审理案件,有权审决杖以下罪而事非追究者⑧。除此以外,户

① 《长编》卷66。
② 《长编》卷122。
③ 《宋会要》刑法3之66—67。
④ 苏颂:《苏魏公文集》卷58《朝奉郎、太常博士张君墓志铭》。
⑤ 《宋会要》食货56之3。
⑥ 《宋会要》刑法3之38。
⑦ 《长编》卷410。
⑧ 《长编》卷477。

部对各地审判的经济案件,有司法监督权;接到上诉的民事案件,可以
批转本路监司或州府审理①。

　　作为和平时期的最高军事机构之一的枢密院,从宋初就拥有司法
职权。真宗咸平六年(1003年),命枢密院开庭审问在契丹军队南侵时
"未尝出战"的武将李继宣②。大中祥符二年(1009年),规定殿前、马
步军侍卫司的军人"奏断大辟案",经皇帝裁决后,交付枢密院"更参酌
审定进入,俟画出,乃赴本司"③。次年,规定对犯流罪而刺配的军人,
由中书门下和枢密院置簿籍登记,加以控制④。大中祥符五年,下诏刑
部,要求今后将各路部署司所奏到审判禁军的大辟案件,开具情节和罪
状申报枢密院,"复奏以闻"⑤。同年,规定凡涉及配隶罪名(包括官员
和平民),"悉送枢密院"审核⑥。仁宗至和元年(1054年)前,枢密院移
文开封府说,军人犯大辟罪而更无可疑的案件,不须闻奏。到这一年,
仁宗认为人命至重,要求开封府"凡决(军人)大辟囚,并复奏之"⑦。神
宗熙宁三年,规定大、小使臣的公案,皆归枢密院"断放"。其间,如有
文臣和使臣共一案的,即在中书门下"断讫","委大理寺节略其使臣所
犯乃刑名,申枢密院照会"⑧。熙宁四年,枢密院设置的刑房,主管各军
统兵官以下至使臣、将校、蕃官、蕃部及军兵等"断案"⑨。如果各路的
统兵官和使臣有罪,由枢密院以下所属机构审理的,其"奏案申枢密院
取旨"。如武臣犯罪,"事干边防军政",刑部也要申报枢密院⑩。哲宗
元符二年(1099年),增加枢密院的司法终审权:凡禁军犯罪,除班直以

---

① 《宋会要》食货56之35—36;刑法3之41。
② 《长编》卷55。
③ 《长编》卷71。
④ 《宋会要》刑法7之5。
⑤ 《长编》卷77;《宋会要》职官15之3。
⑥ 《宋会要》刑法4之6。
⑦ 《长编》卷177。
⑧ 《长编》卷217。
⑨ 《宋会要》职官6之15。
⑩ 《文献通考》卷167《刑考六》。

外,枢密院"批降指挥"、"移降特配","更不取旨"①。孝宗隆兴元年定编的枢密院法司,系外差,"专行断案,并掌宣旨院条册"又称"外差法司"②。

三衙的主帅拥有对所属禁军的司法职权。《神宗正史·职官志》称其职掌中包含"皆行以法,而治其狱讼"。三衙各设推案,负责"勘鞫取会追呼诸军班诸般词状公事,差替诸处仓场库务巡防兵级等,收捉审验逃走人兵"。法司,则负责"检引条法"③。推案和法司的分工,体现了司法上"鞫、谳分司"的原则。真宗景德二年(1005 年),规定今后在京禁军犯罪,归三衙审判,有权判决杖以下罪;徒以上罪,则须"奏裁"④。神宗熙宁三年,规定三衙审理禁军大辟案,"并如开封府条例,送纠察司录问"⑤,增加了对禁军大辟案的一项复审程序。光宗时,三衙和江上诸军都统制司所设的"后司",负责审理各军每月申解的公事⑥。

大宗正司的长官在司法上,掌管"受其词讼而纠正其愆违,有罪则先劾以闻;法例不能决者,同上殿取裁"⑦。刑案的职责是主管宗室"陈乞叙官、除落过名、作过犯罪、拘管锁闭、年满放免等事务"⑧。名义上,宋朝宗室不享受法律的特殊待遇,史称"宗室犯罪,与常人同法"⑨,而实际上仍受种种优待。大宗正司的司法权限很小,大致只能对犯罪的宗室实行庭训、拘管以及预审等。神宗熙宁五年,规定"宗室犯过失,杖以下委宗正司劾奏"⑩。徽宗政和七年(1117 年),针对有关机构奏

---

① 《长编》卷515。
② 《宋会要》职官 6 之 11、17。
③ 《宋会要》职官 32 之 3、1。
④ 《长编》卷 60。
⑤ 《宋会要》职官 32 之 5、15 之 7。
⑥ 《宋会要》职官 5 之 54。
⑦ 《宋史》卷 164《职官四》。
⑧ 《宋会要》职官 20 之 21。
⑨ 《文献通考》卷 167《刑考六》。
⑩ 《宋会要》职官 20 之 18。

请对于犯罪的宗室"不候三问未承,即加讯问"的情况,规定自今"除涉情理重害,别被处分"以外,其余只以众证为定,允许其本人申辩,"无得辄加捶拷"。如果罪至徒以上,"方许依条置勘"。其他应予庭训的,并送大宗正司执行①。

(二)都城各机构的司法权及其执行情况

宋朝都城的司法机构,主要是指北宋的开封府和南宋的临安府,此外还有"排岸司"等。

机构设置——北宋开封府的长官为权知开封府事,也是本府的最高司法官,其下属司法机构,有左、右厅,府院(司录司),左、右军巡院,各厢公事所。南宋临安府的正副长官为知府和通判,其下属司法机构,有府院和左、右司理院、当直司以及各厢公事所②等。另外,北宋时陆续在开封府设置东、南、西、北四个排岸司,南宋高宗绍兴三年(1133年)设临安府排岸司③。

官吏编制和人选——有关北宋开封府和南宋临安府官吏的编制和人选,详见本卷第五章。开封府下属的司法机构和人员编制,一为左厅和右厅,设判官和推官各一员,共4员。神宗后,两厅只置推官各一员,不再设置判官。二为府院,设司录参军一员。三为左军巡院和右军巡院,设左、右军巡使、判官各2员。四为各厢公事所,设左、右厢公事勾当官4员,神宗熙宁三年,始以京朝官曾历通判或知县人充任。各机构之下,都设置一些名目的人吏④。徽宗时,开封府左、右狱下设职级2员、推司33员、副典书8员、狱子50员;刑曹下设职级一员、典书15员;刑狱案下设职级7员、典书19员、副典书4员;另有法司手分8员,六曹狱子37员⑤。临安府下属的司法机构和人员编制,大体模仿开封

---

① 《文献通考》卷167《刑考六》。
② 潜说友:《咸淳临安志》卷53《官寺二》。
③ 《宋会要》职官26之28—29。
④ 《宋史》卷166《职官六》。
⑤ 《宋会要》刑法4之88。

府,唯厢官必选差亲民资序的京朝官充任,后撤销城内的两厢官,而只在城外设置;另外,分设的六案中有刑案①。开封府的四排岸司,各设勾当官1至2员,选差京朝官充任。临安府的排岸司,设文臣监官1员。各排岸司,皆设手分、前行、贴司等人吏②。

职权及其行使方式——开封府的长官在司法上,凡"中都之狱讼,皆受而听焉,小事则专决,大事则禀奏。若承旨已断者,刑部、御史台无辄纠察"③。开封府经常要承担皇帝的"内降公事"和中书门下、枢密院批转的公事的审理工作,在审判这些案件时,开封府只有杖以下的判决权;徒以上,必须闻奏。这是真宗景德三年(1006年)一份诏书规定的④。大中祥符二年,又规定开封府以及三衙"奏断"的大辟案件,经过裁决后,如人犯系百姓,即付中书门下;如人犯系军人,即付枢密院,再行"参酌审定"奏进,一俟画旨付出,"乃赴本司"⑤。仁宗至和元年(1054年),明确规定开封府自今判决大辟囚犯,必须向朝廷复奏⑥。这显示开封府没有死刑的终审权。神宗元丰三年(1080年),要求开封府每旬将徒刑以上公事报告纠察在京刑狱司⑦。左、右厅的推官和判官"日视推鞫"⑧。最初,两厅的推、判官"无通管、分治""公事、词状"的明文,经常"共治一事,多为异同",以至"累日不竟,吏疲于咨禀"。哲宗元祐六年,王岩叟任权知府事,发现这一弊病,遂"创立逐官分治之法":除"事系朝省及奏请"的案件,仍由两厅通管外,其他公事、词状"并据分治号",以免积压⑨。府院的司录参军,主管"折户婚之讼",并审理有关刑事案件。哲宗元符间,知开封府事吕嘉问接受章惇和蔡卞的意旨:"锻炼"元祐间上书反对新法之人,命李孝寿"摄司录事,成其狱"⑩。左、右军巡

---

① ③ ⑧　《宋史》卷166《职官六》。
②　《宋会要》职官26之28—31。
④　《长编》卷63。
⑤　《长编》卷71。
⑥　《长编》卷177。
⑦　《长编》卷302。
⑨　《宋史》卷342《王岩叟传》;《长编》卷454。
⑩　《宋史》卷310《李孝寿传》;《宋会要》刑法5之2。

使和判官,分掌京城的争斗及推鞫之事,左掌水北,右掌水南①。太宗太平兴国九年(984年),张雍任知开封府司录参军事,遇京城寡妇刘氏控告其子王元吉企图毒死自己一案,先下右军巡审讯,未得实情;移交左军巡复审,推吏接受刘氏贿赂,严刑逼迫王元吉招认。不久,刘氏病死,开封府"虑囚",王元吉才吐露实情,又将此案移交司录。张雍因为右军巡初审后,与知府、判官一起"虑问"王元吉,元吉称冤,移左军巡。此时张雍叮嘱推吏只审讯其毒害母亲的情况,促使推吏"讯掠惨暴",因而受罚停职②。两军巡院审案,无权直接追摄证人,而要申报本府或三司出面勾追③。神宗熙宁三年,由京朝官充任的4员厢官有权"专决"杖以下情节较轻的斗讼案件;逋欠和婚姻案件如"两主面语对定,亦委理断"④。这一措施成效显著,出现了"毂下清肃"即都城社会安定的景象⑤。这一时期,开封府"三院"即司录司和左、右军巡院还负责临时羁押三司和各寺监送来的未决犯,造成"三院""系囚猥多,难以隔讯",且"盛暑疾气熏染,多死亡"。所以,到元丰元年复设大理狱时,中书门下便提出三司和各寺监的人犯皆送大理狱"结断",以减轻开封府的负担⑥。元丰改制后,从总体上看,开封府的刑狱归刑部"统摄"⑦。

开封府因其地处都城,且在司法上负有重任,其长官和司法机构的职权和地位皆非各路府、州所能比拟。所以,有些官员因为在担任权知开封府期间能够不畏权势,执法严明,获得了当时官民的广泛称赞,并受到后人的崇敬。诸如仁宗时权知府事包拯,"立朝刚严,闻者皆惮之","至于闾里童稚、妇女亦知其名,贵戚、宦官为之敛手"。以前的制度规定,凡诉讼不得直接进入府衙,府吏坐镇门口,先收状牒,称为"牌

---

① 潜说友:《咸淳临安志》卷53《官寺二》。
② 《宋史》卷307《张雍传》。
③ 《长编》卷90;《宋会要》刑法3之58。
④ 《长编》卷211。
⑤ 《宋史》卷315《韩维传》。
⑥ 《宋会要》职官24之6。
⑦ 《宋会要》职官63之10。

司"。包拯大开正门,使告状的百姓直接走到他面前,自诉曲直,吏人不敢欺瞒①。

临安府的长官及司法机构的职权大致与开封府相同。唯在孝宗乾道七年(1171年),由皇太子领临安府尹事,撤销通判、签判职官;另设少尹一员,"日受民词,以白太子"。九年,皇太子解尹事,临安府知府、通判等皆复旧职②。同年还规定,尚书省六部、寺监的人犯,情节稍重者转送大理寺审理,轻者转送临安府及两属县③。

开封府各排岸司最初归提点仓场所管辖,熙宁三年直属三司,后又改隶司农寺。其本职是掌管水运纲船输纳雇值等事④。但因押运纲运的官吏违法舞弊或州县拖欠纲运,乃设置监狱拘押并审判有关人犯⑤。所以,排岸司的长官拥有审判押粮纲的军大将、殿侍等杖罪以下的权限,史称"日有推鞫禁系"。高宗绍兴三年初设临安府排岸司,有关"禁勘"之事,皆"只就本府刑狱施行",排岸司不专设狱。如情节较重者,则转送大理寺审断。此后,推岸司逐渐恢复北宋旧制,单独设狱并监押犯人。绍兴二十九年(1159年),下诏排岸司释放"监系"的米纲管押人及纲梢等。到宁宗开禧三年(1207年),有官员提出:"今农寺之排岸司,亦有狱焉,大率皆诸州县之欠纲运而不纳者,亦有所欠甚微而禁至数月者。"这位官员不认为这些监狱是合法的,认为只是一种"擅置"的"私狱",应该禁止,而对拖欠纲运之人可以责保立即监纳,或寄禁到赤县,照条惩处⑥。可见临安府的排岸司已丧失"禁勘"之权,不再拥有司法职能。

(三)路、府州军监、县的司法权及其执行情况

宋朝的路、府州军监、县的司法机构及其官吏的编制、人选,本卷第

---

① 朱熹:《五朝名臣言行录》。
② 《宋史》卷166《职官六》。
③ 《宋会要》职官24之38—39、32。
④ 《宋史》卷165《职官五》。
⑤ 《宋会要》刑法6之52。
⑥ 《宋会要》职官26之28—31。

五章已作了详细介绍。以下论述各机构的司法权和执行情况。

路——宋朝的路级机构,不论是安抚使司,或者是以司法为主要职责的提点刑狱司,以及转运使司和提举常平司,都不常设刑狱机构。这些路级机构在司法职能方面:首先,是代表朝廷对本路州县的司法审判活动实行监察。具体任务为复核所属州县审判的案卷,稽查州县案件的积压情况,巡回视察在押的犯人,尤其是掌握各州审判大辟案件的情况。真宗大中祥符五年(1012年)以前,各州所审判的大辟罪案,都须在旬末申报转运司和提刑司,但难免出现"情款疑互"的情况,都要等到旬末申报,"以致审察淹缓"。所以,从此年起,改为当天申报①。各路提刑司在收到各州申报的收禁大辟罪人的两本单状后,将一本再申报刑部。如果后来审讯结果,不定作大辟案件,也要申报刑部"照会"②。神宗元丰改制,将刑部原辖详复案,下放给各路提刑司,刑部不再负责大辟案的"详复"事务。各路提刑司要每季将论决、详复大辟案件情况报告刑部,由刑部注籍登记、点检,"案治失误"③。哲宗元祐三年(1088年),下诏进一步要求各路提刑司将已经复审的大辟案件,每路摘录三分以上再行复查,每季将复查的情节和刑名申报尚书省。流配罪案件的摘取复查,则不计分数④。从仁宗以后,路级机构中主要是由提刑司负责复审各州申报的大辟案件,然后申报刑部或尚书省,而转运司、安抚司等已不再起主要的作用。

不过,各个监司包括转运司在内,对本路一般案件仍然握有复审之权。神宗熙宁间,知陈州张方平上疏指出,近年各路"监司之官在所多起刑狱",至于州郡"常程公事"即普通案件"方行推问,未见情实",或者"已经检断,事理明白,于法平允",但监司偶然心血来潮,即据自己的爱恶异同,立刻另差官员置司推复。本来事情微小,一经"张皇为

---

① 《长编》卷79;《宋会要》刑法6之53。
② 《宋会要》职官15之8。
③ 《宋会要》职官15之13、12;《长编》卷349。
④ 《长编》卷412。

大”，因之“骚扰”，“株连枝蔓”，以至有往返几千里勾追证人，盛暑寒冬
“淹留牢禁”。其中有罪犯绝轻之人，也有无罪之人，“一身久系，家为
破散”，“瘦病饥寒，愁痛无告”。等到结案，也有“不移前案者”即与初
审完全一致的。至于推勘官，必然“承望”监司之意，“巧文锻炼”，即使
是平民百姓，也必定以“虚妄”之罪。张方平列举他到陈州任上不久，
转运判官张次山到州“点检”，“取索”“兵士指论冒请粮米事”一案卷
宗，“将带前去”。本州刚将此案送司理院“取勘”，而“文案未具”。不
久，张次山别派官员置院推勘，从四月末到九月初，才将此案了结，历时
120多天，前后拘押近60人，往返3000余里“勾追照证”。其中有的军
员“枉遭刑禁”，及至判决，不过杖罪。而推勘院最后交送到所取款状
2 131纸、净案670张、各杂行遣照证文书35卷。当时如果由本州审理
判决，不过10余日便可了结。最近又有百姓樊宗望一案，已经由本州
“奏断”。但转运副使李南公到州“点检”，“取索”这桩“公案”“将带前
去”，又已另差官员置院推勘。张方平认为，这桩公案本州审判“颇已
详允”，曾“具案闻奏大理寺定断”，且“已准朝旨断放讫”。他担心差官
前来置院，依旧追扰拖延，“贫细之民，饥寒失所”。他要求特下大理寺
取索这件公案，加以复审，如果确有“情节不圆，刑名差误”，则请另差
官员依公再审。他建议朝廷特降“约束”，各路“非奉朝旨所置推院”，
命推勘官在结案之日，具录监司所送公案的“因由”（原因和理由），根
据到院、出院的月日，凡系勾追、拘押的人数，在押期间有无患病死亡，
所勾追“干系人”州县里程远近，以及断放的刑名，一一申报中书门下，
送御史台或大理寺“看详事状”。其中有不该置院推鞫或者拖延时间，
无限枝蔓，乱关无罪之人等情况，请求制定条法加以限制①。可见监司
官员常常利用手中所掌握的复核州郡刑狱之权，故意扩大事态，临时置
院重新审讯，藉此实行或扩大自己在本路的司法权。

从哲宗初年开始，还将复核州县官和小使臣等公罪杖以下案件，交

---

① 　张方平：《乐全集》卷25《陈州奏监司官多起刑狱》。

由各路提刑司检法官掌管。检法官负责将复核情况申报吏部和刑部、大理寺"注籍"备案，使"法官可以专于谳狱"①。

其次，是接受皇帝或朝廷的委托，选差有关官员审理某些重要案件。路级机构特别是提刑司在审理这类案件时，必须实行司法独立原则，不能接受朝廷执政大臣的指示。真宗在咸平元年（998年）对辅臣们说："往者宪司承诏推事，多诣中书禀命，或有爱憎，尤为非便。"②提刑在"受诏"审案前，先赴中书门下请示，这不免使审讯工作受到干扰，所以真定反对这种做法。次年，真宗还赞成御史中丞张咏的建议，以后"受诏推勘"，"不得求升殿取旨及诣中书禀命"③。要求审讯官员坚持独立司法，不仅要对宰相大臣如此，而且对皇帝也如此。仁宗庆历二年，下诏各路转运司和提刑司，今后遵照"朝旨""推勘公事"，必须开具所差官员的职位和姓名，"入马递以闻"④。如神宗元丰元年（1078年）十二月，知润州吕嘉问被人揭发，违反户绝条法，将已死僧人的银、绢等拨给净相、乾道寺的僧、尼，朝廷乃命江东路监司在江宁府设置"制勘院"，审理此案。吕嘉问向神宗提出，他与江东路监司等"皆有嫌隙"，曾要求下令由他路差官"根勘"。制勘院也申报吕嘉问拒绝将仆人孙寿交出，孙寿可以证实僧人子新曾经进入吕宅，这样，此案"猝难结绝"，并要求撤掉吕的知州之职。神宗命将吕送交制勘院受审，又令吕将仆人交出。稍后，江东路制勘院申报，候江西提刑李茂直到院后，即将吕嘉问案结正，但李茂直近因丁母忧。神宗乃下诏只令孙珪和王安上、朱炎一起审理。次年四月，又命江西转运判官彭汝砺和提举两浙路常平等事范峋在润州"推鞫"吕嘉问一案，并撤销吕的知州之职。元丰三年正月，吕嘉问案审理完毕，吕被责降差遣为知临江军；前任审讯官范峋和彭汝砺因"推鞫不尽"，也各被责降一官⑤。徽宗元符三年（1100

———————————

① 《长编》卷362；《宋会要》职官24之10，15之13。
②③ 《宋会要》刑法3之53。
④ 《宋会要》刑法3之62—63。
⑤ 《长编》卷295，卷297，卷302。

年),朝廷还曾下令各路监司"分部决狱",即轮流划分地段审理刑狱①。当然,这是指审理一般的刑狱,与受命审理要案、大案不同。

　　第三,是监司在对所属州县实施监察时,有权对被发现贪赃不法的官吏置狱审讯。如真宗大中祥符八年(1015年),规定凡案件涉及知州、通判、都监犯赃私罪,允许转运司差官"取勘";如犯公罪,即在本州委派无干碍官员"取勘"。其余本州统属官,由长官衡量公、私、赃罪轻重,在州院、司理院及差职员"取勘"②。高宗绍兴二十二年(1152年),知眉州邵博因为得罪成都府路转运副使吴某,眉州一名贵官向转运司诬告邵博。吴某随即将邵逮捕,关押在成都监狱中。司理参军韩抃负责审讯,但"懦不能争",于是改换签判杨均主持审讯。吴某又将眉州都监邓安民关押狱中,严刑拷打,数日即死。邵害怕,"每问即承"。眉州的吏民因此案被抓者几百人,其中十余人死去。提刑周缩知道邵博冤屈,立即从嘉州亲赴狱中疏决,邵乃出狱。审讯结果,邵实无罪,只是将酒馈赠游客、使用公家纸札过数而已。明年,邵博还是被责降三官③。绍兴间,临江军新喻县丞徐某,被江西提刑司檄,赴吉州鞫狱。徐某在审讯过程中,接受富民的贿赂500贯,严刑逼迫富民之仆招认殴杀他人,该仆因而被处死刑,其实是富民自己杀人④。监司在立案审讯犯人时,常常指派所属州县的官员担任推勘官。如太宗淳化二年,下诏规定转运使差官勘事,都要在幕职州县官内挑选清强官一员,又在本州另选不干碍的监当京朝官或监押幕职官一员,一起审理。又如仁宗天圣四年(1026年),湖北转运司差荆南府节度推官徐起赴安州置院,审问本州官吏"不觉察参军崔道升衷私逃走归乡事"⑤。宋朝还规定,凡监司按发赃官,有一定的程序,即"不得送廨宇所在州军",而必须送住邻州"根勘"。孝宗乾道六年(1170年),大理少卿周自强说,监司按发

①　《宋史》卷19《徽宗一》。
②　《宋会要》刑法3之57。
③　洪迈:《夷坚甲志》卷20《邓安民狱》。
④　洪迈:《夷坚丙志》卷6《徐侍郎》。
⑤　《宋会要》刑法3之49—50、60。

赃吏，"多送邻州根勘"，其间"干连人"即案件涉及到的人"被追逮者"，多达一二百人，少也不下几十人。"狱成之后"，囚犯"往往翻异"，便又差官重审，以至有长达一年不能决断的。他建议今后遇此类案件，只差官员在本州"根勘"，不得便送邻州。孝宗批准了他的建议①。

第四，监司和帅司在遇囚犯定案以后"翻异"即推翻供词时，负责差官重审。真宗大中祥符二年（1009年），光化军百姓曹兴"为盗，将刑称冤"，知军派县尉复审。刑部发现这名县尉原来是"捕盗"官，再使之复审，担心其逃避"收逮平民之罪，或致枉滥"。于是真宗下诏，自今大辟囚犯案卷完具，而临刑翻案称冤，皆派"不干碍明干官吏"复推；如果本州官员皆有妨碍，则委转运司、提刑司从邻州差官②。太宗末年，沿袭唐制，规定各州大辟犯人在录问时"翻变"或者监决时称冤，实行别勘，限为三次；经过三次"断结"，"更有论诉，一切不在重推问之限"③。高宗绍兴五年（1135年），为减少"奸民"作弊，稍稍改变翻异别推限为三次之制：对罪状明白而妄行翻异，虽罪至死者，三次别推后，便命各路提刑司"申察缴奏"，加本罪一等。绍兴七年，又将这一新制扩大到流罪以下，虽然不予缴奏，但也罪加一等。绍兴十一年，有的官员提出，万一"吏非其人，情未尽得"，而一概以此制论定，难免不出现"失入"人罪的情况。他建议除赃罪照此执行外，其他死罪和流以下罪的"移推之法"，仍依照"祖宗旧制"④。各路在推勘"翻异"案件时，规定依照提刑司、转运司、安抚司的顺序"以次差官"推勘。约到孝宗初年，提举常平司被排除在别推和移推的机构以外。乾道六年，权刑部侍郎汪大猷指出，提举常平司也是监司，应该在推勘翻异公事时，允许提举常平"依诸司差官"。这一建议得到孝宗的赞同。为减少翻异公事别推的时间，乾道七年又规定，在罪人临刑翻异或家属称冤时，由提刑一面差官

① 《宋会要》刑法3之75、86。
② 《长编》卷72；《宋会要》刑法3之55。
③ 《宋会要》刑法3之51—52。
④ 《宋会要》刑法3之79—80。

别勘,一面"申省部照会",以免"伺候回降,动经数月",拖延时日。当时,各路推勘公事,虽然明文限定翻异案件可别推三次,但实际上往往出现五次以上翻异的犯人。因此,乾道七年规定,遇此情况,要提刑司亲自前往审理,再"具案闻奏"。如果犯人继续翻异,即"根勘着实情节,取旨施行"①。淳熙四年(1177年),敕令所上言:自今翻异公事,已经由本路监司和帅司,或邻路监司差官,前后五次推勘,如再翻异,即由后勘官申报本路初勘官——提刑司。由提刑亲自置司,"根勘着实情节",移牒邻路提刑司,在近便州军,抽调幕职官以上录问或审问。如继续翻异,则列具前后案款"指定闻奏"。孝宗批准了这一建议②。到宁宗嘉定十四年(1221年),已正式实行囚犯翻异的"五推"制。此制规定,囚犯未伏,则予别推。如仍翻异,最初由提刑司差官推勘;其次由转运司;第三由提举司;第四由安抚司;第五由邻路监司差官。这一复审程序称为"五推"。但被抽差勘鞫的官员,往往刚一入院,便担心"留滞"即拖延时间,所以在审讯中示意犯人回答口供要"略无异辞"。待到录问官到来时,便使之翻供。犯人"利其无所拷讯",推勘官"则谓得讫事便回"。这种做法带来了一些弊病,即案件长期悬而不决,"无罪干累者,终岁牵连,损财废业"。所以,知处州孔元忠提出改进"五推"制的办法,主要是被差的鞫狱官,必须要照原翻的案款"一一对证得实,方始供状申圆"。同时,不准指使犯人先是伏罪而到录问时却又翻案,等等③。

第五,是帅司有权独立审理涉及边防和机密的军事、政事案件。哲宗元祐七年(1092年),采纳河东路经略司的建议,开始规定凡事关边防或机密的军政公事,由帅臣单独推勘,不需监司从中"点检";如果监司察觉得其中的冤滥,允许"具状闻奏",由朝廷出面处理④。

---

①　《宋会要》刑法3之85—86。
②　《宋会要》职官5之48。
③　《宋会要》职官5之63。
④　《宋会要》刑法3之68。

第六,各路监司和帅司有权催促朝廷司法机构审断有关本路的案件。如神宗熙宁三年,陕西路提刑司上言,要求督促大理寺及时审理延州义勇长行叶璘等人公案,引起了神宗的重视①。

第七,各路监司负责受理民间的词诉即民事案件。虽然南宋末年人黄震在《江西提刑司交割到任日镂榜约束》一文中指出,本朝的监司"世称外台,为天子耳目之官",它的职责只是"择州县官不奉法为民去之,则百姓自然安迹",它并"非代州县受词诉,为一路聚讼之委也"②。但实际上监司仍然负责审理部分民事案件。宋真宗时,规定百姓"论诉公事"的顺序,为先经县投诉,如县"断遣"不当,即"经州论理";如本州"区分不当",再"经转运司陈状",专派官员或亲自前去"取勘","尽理施行",其中"情理重者,备录申奏",仍在邻路差官"鞫问断遣"。如果"论诉"的对象是州官,也可经转运使。一般不准许"诣阙越诉"③。此后,法律上允许百姓在州县官审理诉讼时,"或有冤滥,即诣监司申诉"。但实际上监司"多不即为根治",只以"取索公案看详"为名,"久不结绝";或者只送回原处,或不为受理,致使百姓"无所控告"④。高宗绍兴十二年(1142年),下诏帅臣和监司,自今受理词诉而直接"委送所讼官司"处理者,准许人户越诉。对违法的官吏,皆"取旨"重加黜责。绍兴十五年,又下诏各路监司,"将民户陈诉事务,并仰长官躬亲审详,依公理断"。孝宗初年,百姓的诉讼顺序更加制度化:一是先经所属,二是经本州,三是经本路转运使,四是经本路提刑司,五是经尚书本部,六是经御史台,七是经尚书省。还规定,凡民讼在州县半年以上,不为结绝者,皆许监司受理⑤。此外,三省和六部还将一些民事诉讼案件移交监司审理。在监司审理这些民讼时,要求亲自"依公子(仔)决",还

① 《长编》卷212。
② 黄震:《黄氏日抄》卷79。
③ 《宋会要》刑法3之12。
④ 《宋会要》刑法3之22—23。
⑤ 《宋会要》刑法3之26、27、31、32。

要迅速回报三省和六部。有关曹部则置籍检查①。

各路监司临时设置推勘院的标准,大致是案件事理稍大,或是钱粮刑狱,或是"事干两词,须要对定勾追干证者"。推勘院要配备推勘官和检法官、录问官各一员,还要设置临时监狱以拘禁犯人等②。

府州军监和县——宋朝的府州军监和县在审理刑事案件的同时,也审理民事案件,而且后者的数量远超过前者。以下为府州军监和县的司法职权的执行情况。

州县主要是负责审理民间起诉的婚田等民、刑事案件和上级机构转下的民、刑事案件。宋朝逐渐形成了一套比较完整的起诉制定。一、受理词诉的时限。州县受理一般诉状,有特定的日期,称"词状日"。如属斗殴和杀伤、盗贼等紧迫诉状,则不受此限。宋初,规定每年十月一日至正月三十日为官府受理一般词诉的时间。从二月一日起为"入务"即农民进入务农之日,到九月三十日以前,为"务限"期间,官府一般不得受理词诉。其目的是为了保证农民安心耕作③。但有的县官害怕"诬告者之健讼兼或撰造,经郡若监司脱判送下,往往未必入务"。因此,不务正业之人"得以乘其农急而规财,使务农者不得安业"④。二、起诉人的资格。宋初规定,年龄在80岁以上、10岁以下者,不得起诉,但谋反、逆、叛、子孙不孝等重要案件可不受此限⑤。太祖乾德四年(966年),由于民间争讼婚田,多令70岁以上家长"陈状",旨在避免禁系,不妨农务;同时,自恃年老,不任杖责,"以此紊烦公法",乃限定70岁以上"不得论讼",必须"以次家人""陈状"。太宗和真宗时均曾重申此制⑥。此后,规定以下三种人不得充当"状头",这三种人指70岁以上老人、笃疾、有孕妇人⑦。三、起诉的内容。起诉之事必须与起诉人

---

①　《皇宋中兴两朝圣政》卷54《孝宗皇帝十四》;《宋会要》刑法3之35。
②　《宋会要》刑法3之50、60;《长编》卷60。
③　《宋刑统》卷13《婚田入务》门;《宋会要》刑法3之46。
④　佚名:《州县提纲》卷2《禁告讦扰农》。
⑤　《宋刑统》卷24《斗讼律》。
⑥　《宋会要》刑法3之11、15。
⑦　李元弼:《作邑自箴》卷6。

有关;如果与己不相干,就不准起诉。真宗景德二年(1005年),规定
"诸色人自今讼不干己事,即决杖枷项,令众十日"①;同时,一状只能诉
一事,禁止匿名投诉②。四、起诉人必须到官。不论是百姓直接向州县
起诉,或者"朝省、台、部以及所在诸司""送下州县词诉",必须等"词
主"即原告"出官而后施行",并要将词主到官限期"门示三日"。如果
词主不到官府,则退回起诉状。官府收到起诉书后,就要将"照由"发
给起诉人作为凭证③。五、诉状的书写。官员和进士、僧道、公人允许
自己书写诉状,其他人则委托书铺书写投陈④。诉状上要写明年月日
和姓名,每状不得超过200字⑤。六、官府接受诉状的手续。县衙在受
状之日,将投诉人引至西廊,排好队,走至庭下站立。依照次序命三四
人一组,亲自拿诉状交给开拆司人吏。人吏拆状,约略检视,命投诉人
走往东廊,听唤姓名,然后当厅而出。诉状由词状司保管,编成号,写明
月、日。有的县令规定每隔一日受理词诉一次,每次按乡分排列而接受
某乡的词诉。如系斗殴和杀伤、水火、盗贼等"不测"之事,则不论早
晚,都允许投诉人敲击置于县衙门外的锣,县令当亲自引问,与之处
理⑥。七、越诉的限制。宋朝要求百姓按照县、州、路的顺序向地方司
法机构投诉,一般禁止越诉。违反这项规定者,"先科越诉之罪",再送
回本属州县"依理区分"。如果再犯,处以徒刑;三犯,处以杖刑⑦。不
过,遇以下情况也准许越诉,如州县接受词诉达半年以上不能结绝,州
县官"犯入己赃",州县官拒绝受理等⑧。总的来说,宋朝放宽了越诉的
限制,客观上扩大了百姓的民事诉讼权。八、拘押诉讼双方或召保。官
府担心诉讼双方中途逃逸,在证人到齐前,"多先置于栅"。监栅者往

---

① 《长编》卷60;《宋会要》刑法3之12。
② 《州县提纲》卷2《听讼无枝蔓》;《宋刑统》卷24《斗讼律》。
③ 黄震:《黄氏日抄》卷75《申诸监司乞给照由付词人赴所属官司投到理对公事》。
④ 朱熹:《朱文公文集》卷100《公移·约束榜》。
⑤ 黄震:《黄氏日抄》卷80《引放词状榜》。
⑥ 《州县提纲》卷2《受状不出箱》;《宋史》卷300《周湛传》;胡太初:《昼帘绪论·听讼篇第六》。
⑦ 王栐:《燕翼诒谋录》卷4《禁越诉》。
⑧ 《宋会要》职官3之63,刑法3之31、39;《建炎以来系年要录》卷49。

往对双方进行敲诈,稍不如意,辄关留终日,"饥不得食,寒不得衣"。最好的办法是双方到来后,即监督召保,免得入栅关留①。宋朝规定,县的尉司不得受理词讼②。

与此同时,还形成了一套比较完整的审判制度。宋朝规定,州、县官要亲自主持审讯工作,不可全由人吏鞠讯,违反者要判处两年徒刑③。尤其是一县之长,更要亲临。但有些县令贪图省事,往往命狱吏自行审问,自己只在"成款"(正式供词)上签押,便作定案。甚至有的狱囚始终不得一见知县之面④。到孝宗淳熙十五年(1188年),朱熹向朝廷提出,县狱历来只是知县独员推鞠,一旦知县不得其人,不免"拆换款词,变乱情节,无所不至"。他要求命县丞与知县一起推讯,无县丞处,则用主簿⑤。从此,县丞和主簿参预审理刑狱。在光宗绍熙元年(1190年)以前,各县不设推司和法司,人吏因而得以受贿鬻狱。到这一年,下诏10 000户以下县设刑案推吏2名,5 000户县设一名,专门"承勘公事",不准差出或兼职他案⑥。在级别管辖方面,县有权判决囚犯笞刑和杖刑。太宗至道元年(995年),已规定"杖罪以下,县长吏决遣"⑦。所以,宋人有"杖罪不送州"之语⑧。但徒罪以上的案件,则必须转送本州审理⑨。在仁宗天圣六年(1028年)以前,各地旬奏狱状,即使杖、笞,都要申覆,而徒、流以上不关押者反而不奏申。到这一年,采用集贤校理聂冠卿提出的建议:取消杖、笞罪的复审制,而徒以上罪虽不关押,也要附奏⑩。于是县衙成为笞罪和杖罪的主要审、决机构。但在实际生活中,县官如果不满足于自己的杖、笞判决权,便采用别的手

① 《州县提纲》卷2《栅不留人》、《察监系人》。
② 《燕翼诒谋录》卷1《尉司不得置狱》。
③ 《文献通考》卷167《刑考六》。
④ 胡太初:《昼帘绪论·治狱篇第七》。
⑤ 朱熹:《朱文公文集》卷14《戊申延和奏札二》。
⑥ 《庆元条法事类》卷52《差补》。
⑦ 《宋会要》刑法3之11。
⑧ 司马光:《涑水记闻》卷6。
⑨ 《宋会要》刑法3之12。
⑩ 《长编》卷106。

法来扩大自己的权力。如赵抃之父元卿,在任某县令时,有一名妇女无赖健讼,为一县之患,号称"拦街虎",视笞挞如抓痒。赵元卿乘她与人诉讼到庭之机,"诘问理屈,遂杖之,数至八而毙"①。在司法责任方面,在仁宗宝元二年(1039 年)前,各县将初审的案件申解至州,州复审后如"与县解罪名差互不同","县司官吏依令文,更不问罪"。这表示县官对案情的认定可以不负法律责任。但从宝元三年开始,如果县官"挟私,故意增减"罪名,则要以"故入人罪"论处②。开始要负一定的法律责任。到孝宗乾道九年(1173 年),鉴于"狱贵初情,初情利害,实在县狱",重定县官的法律责任:诸县以杖、笞和无罪人作徒、流罪,或以徒、流罪作死罪送州者,各杖 100;以杖、笞和无罪人作死罪送州者,徒 1年。如系故意增减情状,仍依"出入法"施行③。这一重定的"断狱敕",后来编入《庆元条法事类》,成为法典的内容之一④。此外,宋初规定,各县监押囚犯,一般不得超过 10 天;每 5 天一次将监押和释放囚犯的人数报告本州⑤。到仁宗时,"断狱条"进一步规定,各县每旬列具监押人数和犯罪原因、断遣刑名、月日,申报本州"点检"⑥。

　　宋朝县衙的司法职权和司法责任较小,决定它的审判程序呈现不完整性。这表现在鞫(推勘)和谳(检法议刑)尚不分司,鞫和谳皆由知县(县令)一人独揽。同时,在人吏方面,长期不设推司和法司,甚至到光宗绍熙元年设置了刑案的推司时,仍然不增设法司。这与州级颇为不同。

　　宋初,各州往往将罪犯押解到京城,半路上死去者常达五六成。太宗时,大臣张齐贤有一次检查南剑州和建昌军、虔州所送犯人,发现都非主犯,"悉伸其冤抑"。他"力言于朝",以后凡送囚犯至京,请委强明

①　《夷坚乙志》卷 9《拦街虎》。
②　《宋会要》刑法 4 之 74。
③　《宋会要》刑法 3 之 86—88。
④　《庆元条法事类》卷 73《推驳》。
⑤　《宋会要》刑法 6 之 51;《长编》卷 22。
⑥　《宋会要》刑法 6 之 55—56。

的官员虑问,发现案情不实,则追究原审官的责任。从此,江南各州犯人押送至京者减少大半①。这种送京审理的案件,称为"奏案",属于"刑名疑虑,情理可悯者",本州"不敢以意决也"②。此外,各州负责受理本州治所内发生的各类案件,属县申报的徒罪以上的案件,属县审理不当而民户越诉的杖罪以下的案件,朝廷和本路监司批转的各类案件。州衙的审判程序,大致分为推勘(审讯)和检断(检法议刑)、勘结(复审和判决)三个阶段。在第一阶段,当诉讼双方或囚犯、证佐等人到齐后,由本州各审判机构分别审讯。这些审讯机构包括州院和司理院、当直司(又称直司),以下都设专管审问的职级和推司、典书、狱子等人吏。有的州还另设"推勘院"③。州院由录事参军,司理院由司理参军,当直司由幕职官④。率领各自人吏进行审讯。吕公著一生曾六任知州或知府,每天五更秉烛阅读案卷,黎明出厅,审理民讼,进行判决⑤。如果是婚姻、田产、差役之类的民事案件,在判决时,必须书面列具情节与援用有关法律,叙述"定夺因依",称为"断由",诉讼双方各给一份。今存《名公书判清明集》一书,收集了大量州、县官所撰的诉讼判决书,其中仅户婚门争业类内,就分为赎屋、抵当、争田业、争屋业、赁屋、争山、争界至等小类,立继类内又分为户绝、归宗、检校、孤幼、女受分、遗腹、义子、别宅子等。这些判词除扼要叙述情节外,往往援引当时法律,称"准法"、"在法"、"谨按令曰"、"考之令文"、"准敕"、"依户绝法"等等,说明判决的理由、如何判决等。日后如果一方试图"翻异",必须由"状首"将断由交给本州有关官司,不然不予受理。本州有关官司在复审时,便参照原来的断由再行判决⑥。如果是刑事案件,由法官将犯人的"碎款(碎状)"即原始供状整理抄录成条理清楚的供状,由犯人签

---

① 《宋史》卷256《张齐贤传》。
② 朱熹:《朱文公文集》卷16《奏推广御笔指挥二事状》。
③ 陈耆卿:《嘉定赤城志》卷5《公廨门二·州治》。
④ 《咸淳临安志》卷53《官寺二》。
⑤ 赵善璙:《自警篇·政事》。
⑥ 《建炎以来系年要录》卷163。

押,称"录本",作为以后判决的正式依据。碎款和录本皆称"初词","初词乃讼之权舆,郡狱悉凭之以勘鞫"①。大辟和劫盗,在逮捕归案之初,照例在两腿和两足底,打讯杖几百,称"入门杖子"②。法官认为犯人未吐实情,允许与同僚签押,对犯人进行拷讯③。拷讯用杖,击打犯人的臀、腿和足底,规定每次不超过30下。但实际上,一次动辄打几百下,有时腿杖超过100,犯人就死于杖下④。品官和宗室、重病者、幼小者、怀孕者,不准用刑,如罪证确凿,犯人不肯招供,可以众证定罪。在审理时,对死、伤者实行检验制度,以此作为审讯的重要依据。还逐步出现了《检验格目》、《无冤录》、宋慈《洗冤集录》等有关检验的条法和专著。在初审完毕后,一般案件须要将案情概要即"节状"送呈上级审核;大辟案则要呈交完整的案状。徒刑以上的案件,还要履行"录问"(虑问)的程序:如果是大辟案件,不能仅委本州判官询问是否承认口供,而要由长官和通判、幕职官集体"录问详断",称为"聚录"⑤。大辟罪同案犯达5人以上,则委邻州的通判或幕职官员再行录问,然后判决⑥。后来改为,凡州所审各种刑案,都从邻州差官录问⑦。犯人在录问官面前,对所读"款状"不服,即可称冤翻异,然后移司别推。如犯人对款状供认不讳,即令签押。法司——一般指司法参军,根据审讯结果,依据犯罪情节,检出适用的法律条规,提供长官判决。法司发现案情有误,有权驳正。有宋一代司法参军驳正案情的事例甚多。但宋朝又规定不能"辄言予夺"即参预判决程序⑧。"检法"后,其他官员,通常是推官或签判依据法律条款,写出案件的初步审理意见。对于这些"拟判"的意见,如没有异议,依次由幕职官、通判、长官签押,最后还由

---

① 《州县提纲》卷3《详究初词》。
② 《州县提纲》卷3《捕到人勿讯》。
③ 李元弼:《作邑自箴》卷5《规矩》。
④ 《州县提纲》卷3《勿讯腿杖》。
⑤ 《长编》卷53。
⑥ 《长编》卷73。
⑦ 《长编》卷87。
⑧ 《庆元条法事类》卷73《检断》。

长官加盖官印,方能生效①。如遇疑案,即申报大理寺审理②。刑事案件审判完毕,称为"结正(结竟)"。然后,将徒以上犯人及其家属呼集一起,"具告罪名,仍取其服辨"。如仍有不服,"听其自理,更为审详"③。

　　宋朝规定了州、县官衙对案件的审判期限。太宗太平兴国六年(981年),在要求各州长官每5天虑囚1次的同时,制定"三限之制":大案40日,中案20日,小案10日,不须追捕而容易判决的案件不得超过3日④。高宗绍兴八年(1138年),朝廷批准刑部的建议,州、县审判期限,遇特殊情况,可适当延长至一年;超过一年者,要将原因报告本路宪司⑤。宁宗庆元间(1195—1200年)法令规定,各机构受理词诉,"限当日结绝"。如果案件须要追索证人,不准超过5日,州郡10日。这也是针对当时州、县和监司审理民讼,往往拖延不决,甚至长达一年至数年的实际情况而发的⑥。宋朝还规定,各州、县鞫狱,不得将具体案情申报本路监司,也不准"听候"监司的"指挥"来"结断"。朝廷希望州、县在审理刑狱时能够"尽公据实,依[法]断遣,不得观望",要求独立司法;同时"使狱刑无淹延之弊",提高审案的效率。但实际情况常常与此相悖。如徽宗时,刑部奏报说,近年各路监司"往往挟情偏见,每有公事,必使州、县先具情节申禀,听候指挥,方得断遣"。州县如稍稍不如其意,必定"再三问难,必快其欲而已"⑦。原来,各州只是负责每旬将本州及外县监禁和"随衙门留"(羁押)、保管在外(召保)的人数,并开其所犯原因和监禁日期等,申报提刑"点检"⑧。而实际上是州县狱"专以上官私喜怒为轻重",因此,"求民无冤,不可得矣"⑨。

---

① 朱熹:《朱文公文集》卷100《公移·州县官牒》。
② 楼钥:《攻媿集》卷105《史浚墓志铭》。
③ 《古今合璧事类备要》外集卷23《刑法门·款辨》。
④ 《长编》卷22。
⑤ 《宋会要》刑法3之78—79。
⑥ 《宋会要》刑法3之40—41。
⑦ 《宋会要》刑法6之56—57。
⑧ 《宋会要》刑法6之55—56。
⑨ 《宋会要》刑法3之85。

（四） 制勘院

宋朝的制勘院，是直接承受皇帝的命令，为审理某一案件而临时设立的司法机构。宋初，皇帝时常派出"制勘使臣"到各州审理狱讼，规定只能在邻州据名抽差司狱；制勘使臣离京时要向朝廷"具所勘公事因依"，回京时要"具招对情罪事节进呈"，在审理过程中"不得容有嘱求"和泄密，不得指定州县物色公屋充作"制勘院"①。制勘使臣可以选差三班使臣、内侍或京朝官充任②。真宗时，命令受诏推劾的御史和京朝官、使臣不要请求登殿取旨和赴中书禀命，要求依据事实公断。又针对京朝官受命推勘公事，多称病推托，改命"谙会推鞠、刑名"的 10 员三班使臣"以备差使"。制勘院还设置录问官，"如事有枉滥"，允许犯人向录问官陈诉，然后选官复审③。制勘院是奉诏设置的，所以又称"诏狱"。在神宗以前，史称："诏狱"用以惩治重大罪犯，"故其事不常见"。官员犯法，"体大者多下御史台狱，小则开封府、大理寺鞠治焉"。到神宗以后，"凡一时承诏置推者，谓之'制勘院'；事出中书，则曰'推勘院'，狱已乃罢"④。但事实上，仁宗时诏狱也并不很少。有一次，"特旨"将三司判官杨仪下狱，"自御史台移勘都亭驿，械缚过市，万目随之"。后来查明杨仪仅犯"请求常事"，不是枉法赃贿罪。所以，知陕州吴育曾上奏章要求仁宗"毋轻置诏狱"⑤。当然，神宗以后，由于对新法的不同意见，官僚集团内部长期残酷斗争，因而诏狱不时出现。诏狱的方式仍然有多种，一是设在御史台，也可称为台狱。如前述熙宁八年李逢等"谋反"案。二是设在大理寺，如前述岳飞父子被害一案。三是设在开封府，或者从京城派遣官员到外地审理。如熙宁二年，派御史台推直官张景直赴明州推鞠前知明州、光禄卿苗振，后以职方员外郎徐九思

① 《宋会要》刑法 3 之 49—51。
② 李昌龄：《乐善录·王延范》；《宋会要》刑法 3 之 53。
③ 《宋会要》刑法 3 之 53；《长编》卷 77。
④ 《宋史》卷 200《刑法二》。
⑤ 《国朝诸臣奏议》卷 99《议狱·上仁宗乞今后毋轻置诏狱》。

代替张景直①。熙宁四年,遣检正中书户房公事章惇往邠州"制勘"知州张靖和观察推官王撰等人②。熙宁七年,监安上门郑侠上书反对新法,并上《流民图》攻击王安石和吕惠卿,神宗下诏由开封府劾治。郑侠被责勒停,编管汀州。史称此案为"开封诏狱"。熙宁八年,命司农寺主簿王古推鞫前秀州通判张若济赃罪。张前知华亭县时,与参知政事吕惠卿及其诸弟过从其密。御史中丞邓绾弹劾吕惠卿与张"交结贪浊"事。吕惠卿因而罢职,出知陈州③。史称此案为"华亭诏狱"④。熙宁九年,派遣官员在秦州设置制勘院,审查结籴欠负案,"多逮系熙河路官员"。后因边防缺人,神宗特批先将在押的徒以下、罪状明白的官员释放,遣归本任⑤。元丰四年,诏遣开封府司录参军路昌衡抵邢州置狱,审讯前山阴县主簿、太原府教授余行之,余"以废黜怨望,妄造符谶,指斥乘舆,言极切害"罪,被判处凌迟处死⑥。哲宗元祐元年,江西提举常平等事曾孝廉被谏官弹劾,"挟私不法,驱迫知抚州石禹勤下狱","非理凌虐",一个月内使石禹勤生命垂危,回家的次日便死。诏差钱垂范往抚州"根治闻奏"。抚州制勘院查实此案,曾孝廉被责追官勒停,送房州安置⑦。绍圣年间,宰相章惇与知枢密院事曾布屡起诏狱,以打击旧党⑧。

　　宋朝还实行法官和法吏的回避制度,表现了诉讼审判制度的进一步发展。详见本卷第十章。

---

① 《宋会要》刑法 3 之 65。
② 《长编》卷 225。
③ 《长编》卷 252,卷 254,卷 268,卷 269。
④ 《古今合璧事类备要》外集卷 23《刑法门·狱系》。
⑤ 《长编》卷 277。
⑥ 《长编》卷 312。
⑦ 《长编》卷 370,卷 390。
⑧ 《宋史》卷 471《曾布传》。

第七章　监　察　制　度

为了保证国家行政机构统一执行法律和法规,维护政府机构高效、廉洁地运转以及行政法制的权威和尊严,确保国家法律监督系统的协调和统一,宋朝建立起比较严密的监察制度。

第一节　御史台和谏院组成的朝廷第一监察系统

宋初,统治者忙于征战,未暇顾及各级监察机构的建设。太宗太平兴国六年(981年),朝廷中央仍然处于"御史不能弹奏"和"谏官废职"的不景气状况①。从真宗起,着手整顿朝廷监察机构御史台和谏院,使台谏监察系统开始走上了正轨。

(一) 御史台和谏院的设置

御史台是宋朝最高监察机构之一。宋初,沿袭唐、五代的体制,设立御史台。以御史大夫为长官,御史中丞为副长官。下设台院和殿院、察院等三院,台院设侍御史,殿院设殿中侍御史,察院设监察御史。这一机构有宋一代始终未变。

宋初,还在西京河南府(治今河南洛阳)设置留守司御史台,由判台事或管勾台事担任长官。仁宗庆历五年(1045年),在南京应天府

---

① 《长编》卷22。

(治今河南商丘)设置留守司御史台。随后,庆历七年,又在北京大名府(治今河北大名东北)设置留守司御史台①。南渡后,三京留守司御史台废而不设。

谏院是宋朝的另一个最高监察机构。宋初,谏院尚未成为独立的机构。常以门下省和中书省两省的官员两员判谏院事,下设谏议大夫、补阙、拾遗等职。左谏议大夫和左补阙、左拾遗属门下省,右谏议大夫和右补阙、右拾遗属中书省。

真宗天禧元年(1017 年)二月,为改变台谏监察职事不景气的状况,命令谏官"仍于谏院或两省内选择厅事,量置什器,并令两省轮差守阙三数人祗应"②。史称这时"诏置别院"③。后来选定地址,谏院附近设在门下省,算是有了一个正式的机构,并且专铸了谏院的官印④。虽然如此,谏院仍然附属于别的官署,"谏院无治所",这与其他"朝臣皆有入局之所"不同⑤。这种情况一直延续到仁宗明道元年(1032 年)七月,朝廷决定将门下省搬到右掖门西面的新址,门下省旧址就改建成为谏院。这是根据谏官陈执中的屡次申请而采取的措施,史称"置谏院自此始"⑥。从此,谏院有了独立的机构,谏官也有了"入局之所"即办公的地点。

神宗元丰官制改革,将谏院隶属于门下中书后省。高宗建炎三年(1129 年),命令谏院在后省之侧独立设局,不隶属于门下中书后省。"以登闻检鼓院专隶焉"⑦。但直到绍兴元年(1131 年)十二月,右司谏方孟卿上疏说:"谏官自来于中书门下省置厅事。盖两省朝廷政令所自出,祖宗以谏官居之,不无深意。切见行在谏省,虽许于皇城内建置,

---

① 《宋会要》职官 17 之 38。
② 《宋会要》职官 3 之 51;《国朝诸臣奏议》卷 51《百官门·台谏一》,刘随:《上仁宗缴进天禧诏书乞防漏泄》。
③ 《宋会要》职官 3 之 50;《职官分纪》卷 6《谏官》。
④ 《长编》卷 100,卷 101。
⑤ 王栐:《燕翼诒谋录》卷 4。
⑥ 《宋会要》职官 3 之 52。
⑦ 《建炎以来系年要录》卷 25;《宋会要》职官 3 之 50。

缘未有指定去处,见今踏逐民间屋宇。"说明这时的谏院暂居民间的屋舍内。于是高宗下诏:"候移跸临安,于都堂相近置局。"①次年,又命令依旧赴三省内原来置局处供职,恢复元丰旧制②。

(二) 御史台和谏院官员的编制和人选

1. 御史台的编制和人选

唐朝御史台的正、副长官是御史大夫和御史中丞。宋初,名义上承袭此制。但并不正式任命御史大夫,而只是作为一种加官,授予其他官员。真宗大中祥符六年(1013 年)十二月辛巳,命翰林学士王曾"摄御史大夫为考制度使"③。这一"摄御史大夫"是加官,实际职务(差遣)则是考制度使。神宗元丰官制改革,虽然保留了这一官称,定为从二品,但不属御史台,也从未授人。《宋史·职官志四》说,"元丰官制行",包括检校御史大夫(宪衔之一)"亦并除去"。神宗曾经想命司马光任御史大夫,宰相蔡确和王珪立即以为不可,遂止。徽宗崇宁(1102—1106 年)中,朱圣予任御史中丞,也曾建请以散骑常侍和御史大夫授人,同样没有得到批准④。于是宋朝御史台一直以御史中丞为正式长官。

御史中丞俗称"台长",编制一员。仁宗天圣七年(1029 年)起,例兼理检使;同时,规定本官阶必须是左、右谏议大夫以上,方能任职。如果未到此阶,自左、右正言而上,皆须先迁为谏议大夫,并带"权"字,即"权御史中丞事"⑤。太宗太平兴国四年(979 年)九月,命户部郎中侯陟为左(右?)谏议大夫、权御史中丞事。"权中丞"之称从此开始⑥。雍熙三年(986 年)七月,以屯田郎中、知制诰赵昌言为御史中丞。知制诰

---

① 《宋会要》职官 3 之 56。
② 《宋史》卷 161《职官一》。
③ 《长编》卷 81。
④⑤　佚名:《元丰官制》。
⑥ 《长编》卷 20。

而正任御史中丞从此开始①。神宗熙宁二年(1069年)闰十一月,改为本官阶未至谏议大夫者,皆守本官职而兼权御史中丞,不再迁官。熙宁五年二月,以工部郎中、侍御史知杂事邓绾为龙图阁待制、权御史中丞。原来神宗想超迁邓绾为谏议大夫、权中丞,王安石认为与"近条"有碍,因而只以本官阶、待制龙图阁兼权中丞②。熙宁九年十月,以右正言、知制诰、知谏院邓润甫为权御史中丞,原应守本官职,邓润甫提出他作为宰相的属官不应"长宪府",于是复迁右谏议大夫③。这一规定实际是在御史中丞没有正员时,则以门下、中书两省的给事中或谏议大夫兼权御史中丞④。神宗元丰改制,御史中丞例除正官,定从三品,其杂压在开封府尹之上,不带使名。哲宗元祐间,升为正三品⑤。

御史中丞之下,北宋前期,以侍御史为副长官,编制一员。侍御史必兼知杂事⑥,所以习惯称为侍御史知杂事,简称"知杂御史"或"御史知杂'、"知杂"、"知杂事",别称"杂端"。侍御史知杂事的本官阶必须是尚书省郎中或员外郎⑦。神宗元丰七年(1048年),改定侍御史知杂事为侍御史,不带"知杂事"⑧。

台院,下设侍御史。唐朝设4至6员,从六品下。北宋初,尚未定编。元丰改制,定编为一员,从六品,实际就是此前的侍御史知杂事。

殿院,下设殿中侍御史。唐朝设6至9员,从七品上或从七品下。北宋初,尚未定员,而且常被另差他职⑨。真宗咸平四年(1001年),命在院供职者,分兼左巡使和右巡使⑩,实际编制为两员。元丰改制,正

---

① 《长编》卷27。
② 《长编》卷230。
③ 《长编》卷278。
④⑦ 《宋会要》职官17之1。
⑤ 孙逢吉:《职官分纪》卷14《御史台》。
⑥ 《宋会要》职官17之3。
⑧ 《宋会要》职官17之36、1。
⑨ 《长编》卷48。
⑩ 《宋会要》职官17之3,55之1;《长编》卷48。

式定为 2 员,正七品,撤销兼领的一切使名①。

察院,下设监察御史。唐朝设 10 员或 15 员,正八品。北宋初,尚未定员,并多出外任。真宗咸平四年,决定改变这种状况,下诏本司长官"自荐其属,俾正名而举职"。按照"新制",任命太常博士张巽为监察御史②。天禧元年二月,别置御史六员,增其月俸,不兼他职,"每月须一员奏事"③。这就是"言事御史"设置之始,从而导致以后出现台、谏合一的趋势。此后,长久不置。直到仁宗庆历五年(1045 年),又命殿中侍御史梅挚、监察御史李京为言事御史④。神宗元丰三年(1080 年),恢复御史六察制度。同年十一月,规定御史 6 员,命 3 员分领六察案,另 3 员专管言事⑤。秩从七品。元丰六年六月,诏御史台六察案,各置御史一员。加上 3 员言事御史,此时御史增为 9 员。⑥元丰八年九月,据侍御史刘挚统计,御史台有中丞、侍御史各一员,殿中侍御史 2 员,监察御史 6 员⑦。同年十月,根据吕公著和刘挚的建议,由殿中侍御史兼任察事,而监察御史裁减为 4 员,兼职言事⑧。哲宗绍圣二年(1095 年)十二月,又根据宰相章惇的意见,下诏御史台六察案,复置监察御史 3 员分领,不许言事⑨。钦宗时,恢复"祖宗之制",命令监察御史继续言事。南宋高宗时,曾设 6 员。孝宗时,依旧定为 3 员。此后常设 2 员。从七品⑩。

宋初,三院御史多差出外任或者在京领他局,没有定员。真宗大中祥符二年(1009 年),下诏除以上两种情况外,三院御史定为 6 员。天

---

① 《宋会要》职官 17 之 3。
② 《长编》卷 48。
③ 《长编》卷 89。
④ 《职官分纪》卷 14《侍御史》;张方平:《乐全集》卷 39《王公墓志铭》。
⑤ 《宋会要》职官 17 之 9、10;《长编》卷 310。
⑥ 《宋会要》职官 17 之 13。
⑦ 《长编》卷 359。
⑧ 《长编》卷 360;《宋会要》职官 17 之 32。
⑨ 《宋会要》职官 17 之 33。原作"绍兴二年十二月三日","绍兴"二字实为绍圣之误。
⑩ 《文献通考》卷 53《职官七》。

禧元年,又下诏御史台除中丞、知杂、推直官外,置侍御史以下6员,皆不得兼领其他职务,3年内不准差出①。

三院御史候选人的资序,北宋初只是限为常参官(后改称升朝官)。真宗起,逐渐形成制度,规定必须是前行员外郎(即元丰改制后的朝请郎阶)以下、太常博士以上,实历两任通判②。仁宗后,允许其中的一任通判或者实历通判一年以上者担任御史③。大约在神宗熙宁初年,进一步规定在中行员外郎(即元丰改制后的朝散郎阶)以下、太常博士以上、曾任通判官中奏举。熙宁二年,又准许京官资序者入选④。元丰五年,放宽到宣德郎(徽宗政和后改称宣教郎,系京官第二阶)以上⑤。此后,在急需补充御史时,一度"不拘资序",只要"堪备任使",也可受荐⑥。孝宗乾道二年(1166年),规定"自今非曾经两任县令,不得除监察御史,著为条令"⑦。实际比北宋前期放宽了标准。

宋仁宗时,为了加强御史台的力量,特仿唐制,选拔资历较浅而有才干的官员入台任职。景祐元年(1034年)四月,由于资任合格者少,御史缺员,乃采纳御史中丞韩亿的建议,开始在御史台设置殿中侍御史里行和监察御史里行,规定其资序是三丞(太常丞、秘书丞和殿中丞,元丰改制后改为奉议郎,是升朝官最低一阶)以上、曾实历知县的官员⑧。比以前太常博士以上、实历一年以上通判的资任,至少降低了一阶。同年五月,命秘书丞张宗谊和孙沔为监察御史里行。七月,又以太常博士、监察御史里行高若讷为殿中侍御史里行⑨。嘉祐四年(1059年)七月,再命太子中允王陶为监察御史里行⑩。太子中允是京官的最

---

① 《国朝诸臣奏议》卷51,刘随:《上仁宗缴进天禧诏书乞防漏泄》。
② 《国朝诸臣奏议》卷52,吕公著:《上神宗论举台官不必校资序》;《宋会要》职官17之6。
③ 《宋会要》职官17之6—7。
④ 苏颂:《苏魏公文集》卷16《缴李定词头札子》。
⑤ 《宋会要》职官17之11。
⑥ 《宋会要》职官17之15。
⑦ 《文献通考》卷53《职官三》。
⑧ 王栐:《燕翼诒谋录》卷4《增置台谏》;《宋会要》职官17之36。
⑨ 《长编》卷114,卷115。
⑩ 《长编》卷190。

高一阶,比三丞更低一阶。神宗熙宁三年(1070年)四月,更以前秀州军事判官李定为太子中允、权监察御史里行。军事判官只是幕职官的一个资级,即初等职官资序,比京官更低,于是在朝廷引起轩然大波,知制诰宋敏求、苏颂、李大临等纷纷上书,提出李定"超越资序","有违官法,无益治朝",封还词头,拒绝草制①。里行的编制,仁宗庆历三年(1043年)定为两员②。神宗元丰改制,撤销里行一职。是年四月,以监察御史里行、奉议郎黄隆,通直郎丰稷和王桓并为监察御史③。算是"里行"历史的终结。

御史台还设检法官一员、主簿一员、推直官2员。凡推直官有4,为台一推、台二推、殿一推、殿二推。仁宗嘉祐三年(1058年),限定选差第二任通判资序之人担任推直官。又设推勘官,太宗淳化初置20员,真宗咸平元年(998年)以10员为额④,选差京、朝官担任⑤,不久撤销。神宗元丰二年(1078年),撤销推直官⑥。熙宁十年(1077年),还设置过主簿和检法官各一员,由御史台正副长官荐举京官充任,元丰四年撤销。

北宋前期,御史台官员还兼"五使"之职,即左巡使、右巡使、监祭使、廊下使、监香使。通常由殿中侍御史兼领左、右巡使,监察御史兼领监祭使。廊下使和监香使临时派员充任,事罢则撤销⑦。

西京留守司御史台,宋初在分司官中选派一员充权御史台公事。南京留守司御史台,命留守通判一员权掌。北京留守司御史台,差专官管勾台事。皆选派升朝官以上官员充任。神宗熙宁二年十二月,命三京留司御史台各增加"权判"或"管勾官"一员,选派大卿监并职司(指转

---

① 《长编》卷210;《国朝诸臣奏议》卷52。
② 《宋会要》职官17之1。
③ 《长编》卷325。
④ 《长编》卷187;《职官分纪》卷14《推直官、推勘官》。
⑤ 《宋史》卷165《职官五》。
⑥ 《长编》卷310;《文献通考》卷166《刑考五》。
⑦ 《宋会要》职官17之3;《职官分纪》卷14《推直官、推勘官》。

运使副、提点刑狱、宣抚使、尚书六部长贰等)以上差遣的官员充任①。

　　2. 谏院的编制和人选

　　宋初谏院尚未成为独立机构的时期,由门下、中书两省两名官员担任判谏院事,下设左右谏议大夫、左右补阙、左右拾遗。但谏议大夫、补阙、拾遗必须由朝廷下令赴谏院供职,才算真正的谏官。太宗雍熙五年(988年),为改变补阙和拾遗"但务因循,止思慎默,忠言谠议,寂寥无闻"的状况,使谏官"修其职业",决定将左右补阙改称左右司谏,左右拾遗改称左右正言②。但司谏和正言仍兼领他职,不专谏诤。如权三司度支判官、右正言陈执中,身兼计省和谏院两职,所以他向朝廷请求"罢职计庭,专莅谏省"③。更多的谏议大夫和司谏、正言,只是文官本官阶(寄禄官阶)的称号,与谏院无关。如左司谏、直秘阁宋泌,右正言、直史馆王禹偁,左正言、直史馆寇准等④,左司谏或左右正言只是他们的寄禄官,直史馆或直秘阁才是他们的官职。

　　真宗天禧元年二月,在门下省内正式设置谏院,在门下省和中书省设置谏官6员,不再兼领其他职务,三年内不准差出⑤。但一时难以物色到足够的合适人选,仅擢鲁宗道和刘烨两人为右正言⑥。此后,谏院长期缺员。仁宗庆历四年,重申"如先朝置谏官六员"⑦。神宗元丰改制,谏院定为8员,为左、右散骑常侍各一员,正三品;左、右谏议大夫各一员,从四品,寄禄阶为太中大夫;左、右司谏各一员,正七品,寄禄阶为朝奉郎;左、右正言各一员,从七品,寄禄阶为承议郎⑧。左、右散骑常侍名义上是谏院的长官,但与御史台的御史大夫一样,从来不以授人。据说,这两个官职"为台、谏之长,非宰执所利,故无有启之者"⑨。于是

————————

①　《宋会要》职官17之38、39。

②　《宋会要》职官3之50。

③⑦　《宋会要》职官3之52。

④　《长编》卷29,卷30。

⑤　《国朝诸臣奏议》卷51,刘随:《上仁宗缴进天禧诏书乞防漏泄》。

⑥　《宋史》卷286《鲁宗道传》。

⑧　佚名:《元丰官制》;《宋会要》职官3之53。

⑨　《文献通考》卷50《职官四》。

左、右谏议大夫成为谏院真正的长官。左散骑常侍、左谏议大夫、左司谏、左正言隶属门下省,右散骑常侍、右谏议大夫、右司谏、右正言属中书省。孝宗淳熙十五年(1188 年),兵部侍郎林栗提出谏官"侵行御史之事,至于箴规缺少,寂然无闻",乃依仿唐制,另置左、右补阙和拾遗各一员,共 4 员,"以遗补为名,不任纠劾之职"。光宗绍熙二年(1191年),仍将补阙和拾遗改为司谏和正言,实际省罢了这两个官职①。

(三) 御史台和谏院官员的任命制度

为了尽可能地发挥御史台和谏院的监察功能,宋朝逐步形成了比较完善的台谏官任命制度。

宋朝统治者十分重视台谏官的选拔。除了对台谏官候选人的资序和实历加以严格限制外,还逐渐建立起与前代较为不同的遴选制度。宋孝宗时,大臣周必大对这一遴选制度做了最好的概括。他说:"祖宗故事,明降指挥,令翰林学士、给、舍或侍从之贤及台、谏之长各荐数人,然后就其中选择用之。"②其中包括确定举主身份、荐举方式、荐举原则、荐举程序等方面。

宋朝统治者重视举主的选择,认为"先须择举主,使之引类"③。真宗景德四年(1007 年),命翰林侍读、侍讲、枢密直学士充当举主,各荐一名官员充当御史。大中祥符二年,又命右仆射张齐贤、户部尚书温仲舒、右丞向敏中、御史中丞王嗣宗、知杂御史卢琰各荐"材堪御史一人"。天禧二年,再次命右谏议大夫乐黄目和知制诰陈知微,各荐一员御史④。此后,大致确定由皇帝亲自指定专人充当举主,而举主的身份必须是翰林学士、御史中丞、侍御史知杂事,还有右谏议大夫、知制诰、直龙图阁、两省官等,即两制、侍从官⑤。

①　《宋会要》职官 3 之 58;《建炎以来朝野杂记》甲集卷 10《拾遗补阙》。
②　周必大:《文忠集》卷 152《台谏员数回奏》。
③　刘安世:《尽言集》卷 12《论杨畏除御史不当》第二。
④　《宋会要》职官 17 之 5。
⑤　《宋会要》职官 17 之 7、5、10。

宋朝吸取前代相权过重而随意任免台谏官的教训,剥夺了宰相对台谏官的任免权,同时,也取消了宰相和执政对台谏的荐举权。仁宗明道二年(1033年)十二月,罢免侍御史张沔、殿中侍御史韩渎的官职,出知外州。原来张、韩是由宰相李迪直接除授的,因而违反了"台官必由中旨"即台官由皇帝任命的"祖宗之法",于是受到"言者"的抨击。仁宗认为:"祖宗法不可坏也。宰相自用台官,则宰相过失无敢言者矣。"乃下诏规定:"自今台官有缺,非中丞、知杂保荐者,毋得除授。"①不准宰相任免台谏官,是为了杜绝宰相荐引亲故,进而控制台谏。宋朝还不准宰执充当台谏官的举主,在屡次皇帝指定奏举台谏官的官员名单中,都将现任宰执排除在外。哲宗元符三年(1100年)三月,下诏"宰臣、执政、侍从举台、谏官各三五人"。但很快又下诏修正前诏:"宰臣、执政官勿预。"②显然,指定宰相和执政荐举台谏官,违反了"祖宗旧制",所以立即加以纠正。钦宗靖康元年(1126年),还重申:"台谏者,天子耳目之臣,宰执不当荐举,当出亲擢,立为定制。"③此外,仁宗庆历三年,还规定凡曾受现任执政官荐举过的官员,一概不准用为台官。虽然嘉祐四年五月,仁宗为表示对大臣的高度信任,"内降手诏",撤销"自来两府大臣尝所举荐者不得为台官条约"④,但直到哲宗元祐三年十月,右正言刘安世在《论胡宗愈除右丞不当》奏状中指出:"御史之职,号为雄峻,上自宰相,下及百僚,苟有非违,皆得纠劾。是以祖宗之制,凡见任执政曾经荐举之人,皆不许用为台官。"⑤证明这一规定继续执行,而且还成为"祖宗之制"。

宋朝宰执在台谏官人选方面的唯一发言权,是负责向皇帝拟定台谏官候选人名单,称为"进拟"。神宗元丰八年十月,章惇说:"故事,谏

---

① 《长编》卷113。
② 《宋会要》选举28之28。
③ 《宋会要》职官55之16。
④ 《宋会要》职官17之7。
⑤ 刘安世:《尽言集》卷3;《长编》卷415。

官皆由两制以上奏举,然后执政进拟。"①宰执进拟台谏官候选人名单,一般由宰执两员以上,参照两制以上侍从官奏举的名单,加以拟定,进呈取旨②。徽宗建中靖国元年(1101年),左谏议大夫陈次升对宰执进拟制提出异议。他说:"近者监察御史缺二员,命翰林学士、御史中丞共荐六人。今闻所召者一人而已,未审出于陛下之意耶? 复出宰执之意耶? 若出陛下之意则可,然未应祖宗故事;若出宰执进拟,则权归大臣。朝廷缺失,谁复拟议? 此源既开,臣恐异日台谏皆出大臣之门,而陛下孤立矣。"在他看来,由宰执进拟,便是权归大臣,违反了"祖宗以来""执政大臣不得干预"的原则③。他的说法与章惇所说的"故事"相反。宋宁宗、理宗时人洪咨夔提出:"台谏不由进拟,固足揽御臣之柄。要必人主有至明之见,而后能奋独断以耸众望,否则,不谋之外廷,谋之左右亲昵,附下罔上,抑又甚矣。"④他认为取消宰执进拟台谏候选人名单的做法,固然使皇帝牢牢握住控制臣下的权力,但皇帝自己必须有洞察一切的能力,亲选出的台谏官极孚众望,不然,仍须与外廷官员或宫内近习商议,其效果更坏。显而易见,他还是主张由宰执进拟台谏的候选人。

　　按照制度,皇帝掌握着台谏官候选人的终选权。皇帝选派台谏官,有两种方式:第一,是皇帝直接遴选。皇帝不经侍从官的保举和宰执的进拟,直接从官员中挑选合适的人充当台谏官。仁宗在庆历三年,任命王素和欧阳修"并知谏院",余靖"谏院供职"⑤。钦宗在靖康元年下诏:"台谏者,天子耳目之臣,宰执不当荐举,当出亲擢,立为定制。"⑥高宗在绍兴二十五年(1155年)手诏:"年来(台谏)用人非据,与大臣为党,而济其喜怒,……朕今亲除公正之士,以革前弊。"⑦这些都是在权臣专

①　《长编》卷360。
②　《续资治通鉴长编拾补》卷1。
③　《国朝诸臣奏议》卷55,陈次升:《上徽宗论除授台谏,三省不得进拟》。
④　洪咨夔:《平斋集》卷8《故事》。
⑤　《长编》卷140。
⑥　《宋会要》职官55之16。
⑦　《建炎以来系年要录》卷170。

政以后,皇帝直接选派台谏官的例子。第二,是由侍从官荐举,宰执进
拟,皇帝选定。仁宗在庆历二年(1042年),下诏御史台荐举属官,每员
台官由宰执进拟3员候选人,再由"御笔"点定一员;如果难于得人,可
从2员候选人中点定一员①。在点定前,皇帝要在便殿召见候选人,
"亲阅人材","去取独出圣断"②。宋朝经常采用这种方式,最后由皇帝
以"御笔"、"中旨"、"手诏"等形式公布名单。

宋朝台谏官的整个遴选过程是侍从官保举、宰执进拟、皇帝亲定,
然后还有中书的除授和给事中、中书舍人的封驳程序。

(四) 台谏系统监察权的行使

在实际政治生活中,宋朝的台谏系统具有监察、司法、参政等功能。

台谏监察权的行使范围,也就是台谏的监察对象,宋朝官员曾经反
复阐明。如徽宗崇宁二年(1103年),尚书都省在一份文件中说:"谏官
职在拾遗补阙,凡朝政缺失,悉许论奏,则自宰臣至百官,自三省至百
司,任非其人,事有失当,皆得课正。台官职在绳愆纠缪,凡官司稽违,
悉许弹奏,则宰臣至百官,自三省至百司,不循法守,有罪当劾,皆得纠
正。"③哲宗元祐元年(1086年),吕陶和孙升在《乞议经历付受官吏之
罪,以正纪纲》奏疏中指出:"御史台肃正纪纲、纠劾不法,自朝廷至于
州县、由宰相及于百官,不守典法,皆合弹奏。"④监察的范围极广,就官
员而言,上自宰相,下至州县官;就官署而言,从北宋前期的中书门下和
枢密院、三司,元丰改制后的三省和枢密院,一直到州、县官署,无不在
它的职权范围以内。除此以外,皇帝和皇室实际上也经常处于台谏系
统的监督之下。

第一,对皇帝和皇室的监督谏诤。宋初的皇帝,从维护统治阶级的

---

① 《宋会要》职官17之6。
② 《国朝诸臣奏议》卷55,陈次升:《上徽宗论除授台谏三省不得进拟》。
③ 《宋会要》职官17之16。
④ 《国朝诸臣奏议》卷57。

长远利益出发,提倡臣僚对自己的监督。太宗端拱元年(988 年),皇子赵元僖任开封府尹,受到御史中丞的弹劾。赵元僖耿耿于怀,向太宗诉苦说:"臣天子儿,以犯中丞故被鞫,愿赐宽宥。"太宗开导他说:"此朝廷仪制,孰敢违之! 朕若有过,臣下尚加纠摘,汝为开封府尹,可不奉法耶?"最后对元僖"论罚如式"①。皇帝承认臣僚对自己的监督,自觉接受"朝廷仪制"对自己的约束,还要求皇子奉行法制。类似这种做法后来成为"祖宗家法",对有宋一代朝廷监督系统的充分发挥功能起着重要的作用。每当皇帝违反现行法制时,臣僚就以不符合"祖宗家法"为理由加以抵制,使皇帝不得不收回成命而遵奉旧制。庆历三年,仁宗任命枢密副使夏竦为枢密使,御史中丞王拱辰、侍御史席平和沈邈、谏官欧阳修和余靖等连上十数章,指斥夏竦的种种罪状。王拱辰在殿上对仁宗慷慨陈词,"上未省,遽起,拱辰引上裾毕其说"。终于迫使仁宗罢免夏竦②。至和元年(1054 年)十二月,殿中侍御史赵抃首劾宰相陈执中家女奴被殴致死,陈执中"肆匹夫之暴,失大臣之体,违朝廷之法,立私门之威",要求罢免其相位。次年二月,赵抃又论陈执中"不学无术,措置颠倒,引用邪佞,招延卜祝,利仇嫌隙,排斥良善,狠愎任情,家声狼藉"等八事,再次要求罢免。御史中丞孙抃也上疏提议对陈执中"特行责降,以正本朝典法"。陈执中被迫立即"家居待罪,不敢出"。直到四月,陈执中复入中书门下,依旧供职。殿中侍御史孙抃再次上章要求仁宗"早正朝廷之法,而罢免相位,以从天下之公议"。从五月到六月,御史中丞孙抃率领台官反复对陈执中进行弹劾,仁宗不得已罢免陈执中宰相之职,出判亳州③。哲宗元祐元年,朝廷下诏对神宗时期"搢绅之间"人事矛盾"一切不问,言者勿复弹劾,有司毋得施行"④。于是引起台谏官的纷纷反对,朝廷被迫于次月采纳台谏官的建请,在诏书中删去

---

① 《长编》卷 29。
② 《长编》卷 140。
③ 《长编》卷 177—180。
④ 《长编》卷 381。

了"言者勿复弹劾"六字①。从仁宗到度宗,几乎每朝都有台谏官上疏,对皇帝不遵守祖宗成法即不经中书画黄和当制舍人书行、门下给事中书读而自行从宫中向有关执行机构颁布命令的做法,提出质疑或进行抵制。当时把这种绕过中书和枢密院以及门下省等最高决策机构而付出的诏令或指挥、御笔,称为"内降"。宝元二年(1039年),右司谏韩琦向仁宗上疏,建议特颁诏书止绝"内降",诏书写明:"今后除诸宫宅皇族有己分事,方许于内中奏陈。自余戚里之家及文武臣僚,或有奏请事件,并于阁门及合属去处进状,更不于内中批旨。"对于有些"辄敢因缘请托及自于内中请乞特批旨挥"的人,即公布其姓名以及代为奏求人的姓名,"送有司勘劾,重行贬责"②。庆历六年。权御史中丞张方平上章说,近年来中书门下和枢密院除授官职"多预批圣旨","俟半年或一年后与转官或改职"。张方平指出,这样升迁官职,"事出侥幸,纵赊岁月,曷厌群议"!"非惟滋长滥恩,实亦有亏治体"。请求"自今文武官辄依前比而希迁改者,并明行责降"。嘉祐二年(1057年)八月,知谏院陈升之向仁宗提出:"比日内降营求恩赏者多,虽许执奏,而有司时有奉行。"他要求"自今请令中书、枢密院推劾,以正干请之罪"。同年十月,镇海军节度观察留后李璋因为"求内降转官",而被陈升之"引近诏劾奏",罚铜30斤。类似上述皇帝颁布戒饬"内降"的诏书,仁宗一朝就至少有8份。到哲宗元祐三年,曾肇曾向高太后和哲宗上疏,要求对外戚、宗室、宦官等干求皇帝内降而违制"特与差遣"加以限制,并且抄录仁宗朝八条戒饬内降诏书给哲宗,"置之座右,少助省览"③。徽宗时期,是内降诏旨最多的时期。徽宗动辄将"中旨"(内中批旨)用"御笔"颁下,"施引期限严促,稍有稽违,置以不恭之罪。三省有司奉行不暇,虽有违戾法宪、前后重复者,不敢执奏;或被受即行,不申三省"④。但

---

①　《长编》卷381,卷382。

②　《国朝诸臣奏议》卷23,韩琦:《上仁宗论干求内降乞降诏止绝》。

③　《国朝诸臣奏议》卷23,曾肇:《上哲宗进仁宗朝戒饬内降诏书事迹乞禁请谒》。

④　《国朝诸臣奏议》卷23,余应求:《上钦宗论御笔中旨》。

即使如此，这一时期仍然有一些台谏官挺身而出谏诤。

台谏系统对皇帝或皇太后的谏诤，主要是促使最高统治者遵守"祖宗之法"，在升迁官职和授予差遣以及其他赏赐方面执行现行制度，从而更改诏书、撤销"内降"等等。有关"内降"，本卷第二章已有详述。

第二，对各级官署和百官的监督弹劾。这是台谏系统主要的监督弹劾对象。弹劾监督的方面有：纠弹官员贪污渎职、残暴害民的不法行为。仁宗至和元年，殿中侍御史马遵等弹劾宰相梁适留豪民郭秉在家经商，奏与恩泽；光禄少卿向传师和前淮南转运使张可久因贪赃除名，梁适却授予左曹郎中；还接受张揿的贿赂，授予三司副使；等等。仁宗深知"清议弗平"，将梁适罢相出朝①。神宗元丰二年（1079 年），集贤校理、主管国子监沈季长，国子监直讲王沇之因接受太学生贿赂，升补不公；太常丞余中因接受太学生陈度的贿赂，都被御史台纠劾，受到严惩：沈季长落职勒停，王沇之除名，永不收叙；余中追一官，勒停②。此其一。纠弹官员朋比为奸、结党行私。宋朝统治者对官员们结成朋党最为深痛恶疾，所以真宗在咸平初年便对宰相说："闻朝臣中有交结朋党、互扇虚誉，速求进用者。人之善否，朝廷具悉，但患行己不至耳。浮薄之风，诚不可长。"于是下令颁布诏书申警，并令御史台随时纠察③。从此，作为"祖宗之法"，被各朝皇帝遵循不违。仁宗景祐三年（1036 年），侍御史韩渎弹劾权知开封府范仲淹交结朋党，建议在朝堂张榜公布。一时"治朋党方急"，范仲淹落职出知饶州④。范仲淹是被宰相吕夷简排挤出朝的，一年后，吕夷简罢相，于是"朋党之论兴"，"士大夫为仲淹言者不已"。仁宗便下诏"戒百官朋党"⑤。此后，贾昌朝、夏竦、张方平等大臣，都曾被台谏官纠弹为交结朋党。此其二。纠弹官员严重

① 《长编》卷 176。
② 《宋会要》职官 66 之 9—10。
③ 《长编》卷 44。
④ 《长编》卷 118。
⑤ 《长编》卷 122。

失职和办事违反制度。仁宗嘉祐五年(1060年),监察御史里行王陶弹劾新知信州蔡挺以前与李仲昌开六塔河,欺骗朝廷,以希功赏,致使两岸百姓深受其害,因而降官知南康军①。神宗元丰六年,御史杨畏纠弹尚书省修葺左、右丞两位厅堂,工程审批仅由左、右丞签书和用尚书省官印,但未经宰相王珪和蔡确书押,又不经开拆房而直接行下工部等。因此,尚书右丞蒲宗孟被撤职,出知郓州;工部侍郎王克臣、郎中范子奇、员外郎高遵惠、将作监韩玠、少监钟浚,甚至宰相王珪、蔡确等人,都被罚铜20斤至8斤②。孝宗隆兴元年(1163年),右正言陈良翰论奏知静江府余良弼"庸懦不职,坐视凶贼王宣等啸聚,不能措置招捕",因而被责罢职③。此其三。纠弹不遵守朝廷礼仪的行为。太宗时,规定百官失仪15条,包括朝堂行私礼,跪拜、待漏行立失序,谈笑喧哗,入衙门执笏不端等。真宗增为16条。真宗咸平三年(1000年),群臣朝会,宰相张齐贤醉酒未醒,冠弁不正,几乎颠仆殿上。御史中丞弹劾张齐贤失仪。张齐贤自辩饮酒御寒,遂至醉,顿首谢罪。真宗说:"卿为大臣,何以率下? 朝廷自有典宪,朕不敢私。"随即将张齐贤罢去相位。④此其四。

台谏系统的监察弹劾活动,奉行风闻言事、独立言事等原则,并逐步形成为法规,使其活动都有法律依据。

台谏言事的风闻原则,早在魏晋时期就已形成,不过仅限于御史台⑤。宋初承袭此制。此后成为"祖宗之法"的内容之一,被各朝皇帝遵循,并且日趋完善。孝宗时,杨万里在《旱暵应诏上疏》中说:"台谏言事,许以风闻,此祖宗之法,所以防奸雄隐伏不测之变也。"⑥这是准许风闻言事的目的之一。哲宗初年,御史中丞傅尧俞说:"朝廷置御

①　《宋会要》职官65之19。
②　《宋会要》职官66之24—25。
③　《宋会要》职官71之5。
④　《长编》卷47。
⑤　洪迈:《容斋四笔》卷11《御史风闻》。
⑥　杨万里:《诚斋集》卷62《旱暵应诏上疏》。

史,盖虑下情壅塞,以开广聪明,故得风闻言事。"①这是准许风闻言事的目的之二。神宗时,侍御史知杂事刘述详细阐明"本台旧制,御史所以许风闻言事者",是因为"事方萌芽,未至形见,及展转询采,难以究知其详。能先时而言之,则可以遏绝祸乱之原。救药事机之失,其间故容有不审,而于大体无甚害也"②。这是准许风闻言事的目的之三。对于台谏官而言,准许其风闻言事,便无后顾之忧。徽宗时,有臣僚指出:"天下所恃以安者,朝廷之纪纲;纪纲所恃以立者,台谏之臣。若台谏有所畏忌,受制于人,必容奸于国,而纪纲已坏。是故人君惜之,事权不系于官长,不拘于大臣。养其志气,使不挫于权豪,不畏于强御。虽其人未必皆贤,其言未必皆当,许以风闻,而贷其不实之愆;纳以虚怀,而开其敢言之路,岂徒然哉!"③总之,宋朝统治者从防患于未然和鼓励台谏官勇敢纠弹谏诤,提倡风闻言事。

为了保证台谏官风闻言事不致过分越轨,造成官员们的紧张心理,仁宗在皇祐元年(1049年)正月二十八日下诏说:台谏官"凡有朝廷得失、民间利害,或间有异谋及不忠、不正、不孝、不义,知得迹状,并许风闻弹奏。"规定了风闻言事的范围。同时,又规定了不准风闻言事的范围:"除此外,其余罪,自有人论诉,并逐处各有官司觉察,更不在风闻弹奏之限。如违,当行根勘。其所弹事,仍令中书、枢密院更不施行。"④这一诏书的另一表达方式是:"自今台谏官,非朝廷得失、民间利病,更不许风闻弹奏。违者,坐之。"⑤显然,这一诏书的实质是限定风闻弹奏的范围,超越这一范围,中书门下和枢密院可以不予理睬,而且还要对言事官进行惩罚。同年六月,知谏院钱彦远上疏指出:前一敕命规定"谏官、御史不许风闻言人过失,虽言而令中书、枢密院不得施行",虽然目的是"敦厚风俗,戒约苛细",但这"似与先帝(按:宋真宗)

---

① 《宋会要》职官66之35。
② 《国朝诸臣奏议》卷52,刘述:《上神宗乞留吕诲》。
③ 《宋会要》职官55之14。
④ 《国朝诸臣奏议》卷51,钱彦远:《上仁宗论台谏不许风闻言人过失是非》。
⑤ 《宋会要》仪制8之29。

敕意相远,先帝敕许论奏官曹、涉私冤滥未伸,是二者皆有司、臣下之过也,今皆不许风闻言之,是涉私冤滥之疏无由上露。今敕意谓'过失''自有人论诉'及'官司觉察',其有恃怙威权、结朋党者,人尚畏之,岂敢诉也!"钱彦远要求仁宗体会真宗设置御史和谏官的本意,准许按照"故事"风闻奏论弹举①。从此后的台谏活动情况来看,钱彦远的请求得到了批准。但台谏官要顺利贯彻风闻言事的原则。也需要不断地尽力争取。皇祐三年,御史言事,涉及"后宫之亲","出于风闻,有旨诘责"。知制诰胡宿上疏仁宗说:谏官、御史"朝廷纪纲所寄,虽有过谬,可且优容"。"君尊如天,臣卑如地,干不测之祸,虽开纳奖励,尚恐不至。直士杜口,非社稷之福也。"②认为仁宗不应该对台谏官加以诘责。仁宗庆历间,杨察任权御史中丞,"论事无所避"。后"以论事不得实,中书问状",杨察向仁宗上疏为自己辩护说:"御史,故事许风闻,纵所言不当,自系朝廷采择。今以疑似之间,遽被诘问,臣恐台谏官畏懦缄默,非所以广言路也。"拒绝中书门下的"诘问"③。神宗熙宁十年(1077年),权监察御史里行彭汝砺曾论奏都检正俞充以及开拆事,随后中书省札子说:"奉圣旨"命彭汝砺"具析上言俞充事迹得于何人闻奏"。彭汝砺立即上疏表示:"臣宁自劾,不敢奉明诏。"拒绝仁宗的追究。还表示可以"委官尽公根究,如有不实,则臣为诬善为殄行,窜流荒远,其又何辞"④? 同时,台谏官对言事失实可以不负任何法律责任,朝廷不应追究。王安石说过:"许风闻言事者,不问其言所从来,又不责言之必实。若他人言不实,即得诬告及上书诈不实之罪。谏官、御史则虽失实亦不加罪,此是许风闻言事。"⑤当然,宋朝统治者不希望台谏官的风闻言事件件失实,不然徒添朝臣上下的种种烦恼。所以,高宗在绍兴四年(1134 年)规定台谏官风闻言事时"要须审实",比如排击大臣,应该顾

---

① 《国朝诸臣奏议》卷 51,钱彦远:《上仁宗论台谏不许风闻言人过失是非》。
② 《国朝诸臣奏议》卷 51,胡宿:《上仁宗论台官言事,有旨诘责》。
③ 《长编》卷 165。
④ 《国朝诸臣奏议》卷 53,彭汝砺:《上仁宗论台谏言事不当问得之何人》。
⑤ 《长编》卷 210。

全大体,不去指摘"纤瑕细故,强置人于有过",这样才能"销刻薄之风,成忠厚之俗"①。

台谏官的独立言事原则,体现在对皇帝和宰执大臣、对台谏之长以及彼此之间独立言事,不听命于对方。真宗咸平二年,采纳御史中丞张咏的建议,规定"自今御史、京朝官、使臣受诏推劾,不得求升殿取旨及诣中书咨禀"②。咸平五年,又下诏:"御史台勘事,不得奏援引圣旨及于中书取意。"③御史"推勘"的公事,包括刑狱和其他公事,主要属于司法方面,少部分属于监察职事。这种独立"推勘"的原则不仅适用于御史,而且适用于京朝官和使臣。英宗即位之初,右司谏、同知谏院傅尧俞奏事,英宗对他说:"卿何不言蔡襄?"他反问说:"若襄有罪,陛下何不自正典刑,安用臣言?"英宗答道:"欲使台谏言,以公议出之。"他说:"若付之公议,臣但见襄办山陵事有功,不见其罪。臣身为谏官,使臣受旨言事,臣不敢。"④拒绝了英宗提出的弹劾蔡襄的指示。说明台谏官对皇帝也实行独立言事的原则。徽宗在宣和七年(1125 年)下诏,要求御史台官员"各扬乃职,毋惮大吏,毋徇私交,毋伺大臣风旨以为乡背"⑤。明确要求台官对大臣实行独立言事的原则。从宋初到真宗时期,"御史台故事:三院御史言事,必先白中丞"。御史对台长而言,没有独立的言事权,一切都须台长定夺。到仁宗初年,台长刘子仪(筠)开始立榜台中:"今后御史有所言,不须先白中丞、杂端。"⑥从此,台谏系统采用了台谏官对其长官独立言事的原则。

台谏系统逐步建立起比较详细的法规,使台谏官的监察活动都有法可依。太宗淳化四年(993 年),下诏御史台将"合行故事","并令条

---

① 《宋会要》职官 55 之 18。
② 《长编》卷 44。
③ 《宋会要》职官 55 之 4。
④ 《宋史》卷 341《傅尧俞传》。
⑤ 《宋会要》职官 55 之 16。
⑥ 陆游:《老学庵笔记》卷 1。

奏以闻"①。"条奏"的目的是将以前的敕令格式和例,编排成册,作为御史台的专门法规。真宗时,权御史中丞张知白编成《御史台仪制》六卷,看来是当时御史台本身的法规之一②。徽宗崇宁间,重新编纂御史台令,称《崇宁重修御史台令》③。宣和六年(1124年),有官员奏疏说:"御史台每被诏旨,令觉察弹奏,有牒言官之文,有揭榜长贰厅之法。阅岁寝久,被受滋多,而无成书可以总括,诏旨遂为虚文。乞令台臣搜阅,修成格目,以备稽考。"④徽宗同意编修御史台格目。高宗绍兴三年四月,御史台奏请:"今检准本台令:'诸尚书省集议,轮御史一员监,告而不赴,及不委议意而书者,并弹奏;有异议者,听具状论列。'今来集议,全台官未委合与不合趁赴。"高宗下诏御史台按"御史台令"施行⑤。从同年十月御史台的上疏中透露:隶属六察的各个官署"自来各将一司见(现)行条法及续降指挥编类成册赴台,以备检照。"六察案在日常工作中,除检用通行敕令格式以外,涉及一司条制的,便参照各处的一司条法施行。这显然是北宋尤其是神宗以后的情况。北宋末到南宋初,因为战乱,条册散失,各处官司不再向御史台供检。所以,奏请朝廷由御史台移文各隶台察官司,"将见一司条法及续降指挥,重别编类,赴台照用"⑥。这些一司条法和有关续降指挥,也成为御史台开展监察活动的一部分法律依据。徽宗政和七年(1117年),御史台已编修本台《弹奏》3卷,乃将前后所奉徽宗"御笔"编成专书,分发殿中侍御史以上⑦。孝宗淳熙四年(1177年),敕令所编成《重修淳熙类编御史弹奏格》305条,按照六察御史的分工,分成门类,"降下本台遵守"⑧。这些台谏系统本身的专门法规,使其监察工作不因台谏官员的经常变动而

---

① 《宋会要》职官55之3。
② 《宋史》卷204《艺文三》,卷310《张知白传》。
③ 《宋会要》仪制8之37。
④ 《宋会要》职官55之16。
⑤ 《宋会要》仪制8之18。
⑥ 《宋会要》职官17之19—20。
⑦ 《宋会要》职官55之13。
⑧ 《建炎以来朝野杂记》乙集卷11《御史台弹奏格》。

处于不稳定状态。

台谏系统监察权的行使过程,包括信息收集和各种方式的言事以及日常的监察工作。

台谏系统的信息收集,有许多渠道:一是收集采访。仁宗时,知制诰田况在一份奏疏中说他"前任谏院,每闻一事,皆诸处采问"。在遇到朝廷重大决策时,"四方奏报、事非常程,及谏官风闻、事未得实者,并许诣两府请问",以便谏官得以审复和论列。哲宗时,王岩叟在《论张舜民罢言职》疏中指出:张舜民"引文彦博'照管刘奉世'之语,非出自撰,乃是收采众论,闻之朝廷"①。孝宗淳熙五年(1178 年),下诏御史台六察,准许台官"访闻觉察闻奏"②。台谏官通过四处访问掌握情况,或者在发生问题时前去访问。但正如田况奏疏中所说,这一信息渠道有较大的局限性,往往等到台谏官论列,为时已经太晚。二是收接官员和士子递交的"短卷"。孝宗时,知随州林藶"阴遣其家属,来行在纳短卷于台谏",短卷的内容显然是不利于本路监司的。此事被孝宗察觉后,将林藶放罢③。据洪迈记载,这种向御史递交短卷的做法,晋、宋时就已开始了④。以上两种搜集信息的方式,属于"风闻"的范围,台谏官在弹奏时可以略掉提供信息人的姓名。三是公文关报。太宗淳化三年,规定凡京朝官除授、替移、丁忧免官、请假、身亡,除朝旨从班簿除名者以外,由进奏院限时抄录申报御史台⑤。仁宗庆历二年,欧阳修提出:御史台现有进奏官"逐日专供报状",谏院也应依照此例,选差进奏官一员,"凡有外方奏事及朝廷诏令改除,并当日内报谏院"⑥。哲宗元祐元年,下诏有关官员"差除更改事,画黄录到六曹,并画时报御史台"⑦。

---

① 《国朝诸臣奏议》卷 51,田况:《上仁宗乞谏官缀两省班次》;卷 54,欧阳修:《论台谏论列贵在事初》。
② 《宋会要》职官 55 之 25。
③ 《宋会要》职官 55 之 23。
④ 《容斋四笔》卷 11《御史风闻》。
⑤ 《宋会要》职官 55 之 2。
⑥ 《国朝诸臣奏议》卷 51,欧阳修:《上仁宗论台谏论列贵在事初》
⑦ 《宋会要》职官 55 之 10。

高宗绍兴年间,规定选人到吏部办理磨勘手续,吏部必须将其姓名和到部月日关报御史台,"置簿籍定"。吏部奏钞、刑部断案在上报尚书省后 限定次日关报御史台①。宁宗庆元六年(1200年),臣僚上言:御史台"所置簿书,无不详备,事无大小,有报必录"。诸如"人户之词讼、百官之脚也(色),以至台谏之言章、给舍之缴驳、监司守臣之按劾"等。这些都由有关官署关报到御史台②。四是取索文字。徽宗以前,朝廷尚未制订条法允许谏官向内外官署"取索文字"和"会问事件",致使"无由备知"自己应该论列的事情。徽宗时,开始允许谏官"应有合知事件,更不关牒台察,并许直于诸处取索,量行照会"③。五是赴内殿奉朝请。仁宗庆历三年以前,谏官"不得日奉朝请",即不能赴内殿朝见皇帝。从庆历三年开始,准许谏官依直龙图阁和修起居注例,"每日赴内朝"④。台谏官通过以上各个渠道掌握朝廷内外的信息,诸如官员除授差遣、晋升官阶、恩赏、惩处等,从而了解京城和各地官署的运转情况。

　　根据搜集到的各种信息,依据各项法令和本身的监察原则,台谏系统对朝廷内外进行两种方式的监察活动。第一种方式是以督责监司来监察地方。监司是各路最高的行政机构,也是一路最高的监察机构。"祖宗以一郡之官总之太守,诸郡之官总之监司,而又以诸道之监司总之御史。"⑤神宗元丰三年,御史台设六察案,各案分工监察在京各官署,又以户案监察转运司和提举司官员,以刑案监察提点刑狱。元丰五年,神宗认为御史分察中都,官事已多,又令察举各地,难以责其治办,而且不成体统,因此又"罢御史察诸路监司"。但仍旧规定"如有不职,令言事御史弹奏,著为令"⑥。恢复改制前御史台监察各路监司的

---

① 《宋会要》职官55之17、18。
② 《宋会要》职官55之27。
③ 《宋会要》职官3之55。
④ 《国朝诸臣奏议》卷51,田况:《上仁宗乞谏官缀两省班次》;《宋会要》职官3之52。
⑤ 《文献通考》卷39《选举十二》。
⑥ 《宋会要》职官17之9、11。

旧制。

台谏系统对各路监司行使监察权的方式有：一、纠察监司违失。哲宗元祐三年，命御史台"觉察"监司"偷惰，隳废职务"的行为。徽宗崇宁元年（1102 年），对御史台重申"常切觉察弹奏"监司的不职。崇宁五年，立诸路监司互察法，"或庇匿不举"，"仍令御史台弹劾以闻"①。高宗绍兴十一年（1141 年），规定监司容纵赃吏，不予按劾，一经台谏弹劾，勘鞫属实，其监司也予查处②。绍兴二十八年立法："监司贪惰不法，台谏自当弹奏。"③对监司行政方面的过失和失按属官，台谏官有责任进行弹劾，促使监司实行廉政和勤政，强化监司监察州县的功能。二是参预或主持对监司的考课。仁宗时，御史台长官参预对监司磨勘课绩，常与学士或直学士同领此事④。神宗时，改为"监司以上，则命御史中丞、侍御史考校"⑤。宁宗时，在御史台专立"考课监司簿"，藉以加强对监司的考核。度宗咸淳三年（1267 年），"复定考核法"，使御史台对监司的考核更加严密。规定"以御史台总帅阃、监司，监司总守倅，守倅总州县属官"。监司负责将各州兵甲和狱讼、金谷的统计数以及各司属官书拟公事、拘催钱物、募军、准备器甲的数字，在次月登记造册，"各申御史台"，以供考校，分三等赏罚⑥。

第二种方式是以六察法来监察中央。神宗元丰改制以前，台谏系统只是对皇帝和朝廷中央的具体言行进行谏诤和纠弹，尚未对朝廷中央各官署实行全面的监督。神宗元丰二年，御史舒亶建议加强御史对在京官局的检察按治，命"取编敕所海行、在京官司见行条贯并一时指挥，并录送御史台。如官司有奉行违慢，即具弹奏。除中书、枢密外，仍许暂索文字看详"。后来，御史中丞李定提出"乞依故事，复置吏、兵、

---

① 《宋会要》职官 45 之 1—4。
② 《宋会要》职官 45 之 20。
③ 《建炎以来系年要录》卷 179。
④ 《长编》卷 195。
⑤ 《文献通考》卷 39《选举十二》。
⑥ 《续文献通考》卷 46《选举·考课》。

户、刑、礼、工六案,点检在京官司文字"。每案设吏 2 员,撤销推直官。神宗一一依从①。次年四月,正式在御史台复置六察案,监察在京官署:吏部、审官东西院、三班院等隶吏察,户部、三司、司农寺等隶户察,刑部、大理寺、审刑院等隶刑察,兵部、武学等隶兵察,礼部、祠部、太常寺等隶礼察,少府监、将作监等隶工察②。将尚书省六部、各寺监纳入六察的监察体系中,由 3 员御史分领两案。元丰六年,六察各设一员御史分掌③。这时,三省、枢密院、秘书省、殿中省、内侍省、入内内侍省不隶六察案,但仍依旧制"听御史长官言事,御史弹纠"。又规定:"秋冬季序差御史一员,赴三省点检诸房文字稽滞,毋得干预其事及见执政。"④到徽宗时,六察案的职权有所变动,虽然殿中省六尚局、辟雍、大晟府、算学、太官局、翰林仪鸾司等皆增隶六察,御史也有权赴枢密院"取摘诸房文簿等点检",但皇城司、东西上阁门、客省、引进、四方馆等因亲王或内侍提领,都一度脱离台察⑤。

六察法是宋朝监察制度的一项重要改革,它将绝大部分中央官署置于御史台的监察系统以内,无疑会促使中央官署效能的发挥;同时,察事御史和言事御史职责的分道扬镳,使两者各有所司,各尽所能。

台谏系统通过各种信息渠道和日常对朝廷各司以及各路监司的监察工作,掌握整个国家机器的运转情况,然后决定言事的具体内容。台谏言事的方式有二:一是向朝廷递呈章疏,二是上殿论奏。

宋真宗以前,台谏官的章疏都由阁门投进,但"事颇非便",因而从天禧元年起,改由通进银台司进入,并规定必须由台谏官亲手书写⑥。为了防止泄露机密,太宗时规定御史台"应干刑狱机宜,候朝旨者,即

---

① 《长编》卷 301;《宋会要》职官 17 之 8—9。

② 《长编》卷 303;《宋会要》职官 17 之 9。

③ 《宋会要》职官 17 之 13。

④ 《宋会要》职官 17 之 11。

⑤ 《宋会要》职官 17 之 17、20。

⑥ 《长编》卷 90;《宋会要》仪制 7 之 20、21。

实封通进。常程文状,止得通封"①。仁宗皇祐六年(1054年),进一步规定向通进司投进文字,除手粘实封外,再用纸折角重封,加盖印章;无印者,在上押字;依旧亲手书写②。台谏"月月缴进"章奏,称为"本职公事"③。

台谏的章疏一般由皇帝亲自审阅,而后采用两种方式加以处理。仁宗在皇祐四年下诏,命御史台和谏官"务尽鲠直,以箴缺失。仍令通进司:或有章奏,画时进入,必当亲览,或只留中"④。"留中"是将难以施行的章奏留在宫内,以示保守机密,这是皇帝处理台谏章奏的一种方式。另一种方式是皇帝依照审批一般章奏的程序,批送合属中书、枢密院"别取进止",不能直接批"依奏"或者"直送诸处行遣"。待宰执提出处理意见后,再进呈取旨,而后中书、枢密院的宣敕札子或带圣旨批状,除事关机密外,都送银台司或其他封驳官署复审,最后才交付有关官署执行⑤。第三种方式是颁布"答诏",常常是对台谏带有戒谕之意。如仁宗时知谏院包拯连上四章纠弹张尧佐,仁宗颁布了两份"答诏"⑥。

台谏的少部分章疏交给中书或枢密院,这类章疏都称"申状"⑦。台谏进呈皇帝的章奏,有时也可以将副本录申中书或枢密院;皇帝也可以将副本转给被弹劾的官员,称为"示副"⑧。孝宗时,规定台谏章奏,专置一簿,"随所上录之,一以留禁中,时备观览;一以授大臣,使之详阅"⑨。

按照常规,台谏每月各派一员上殿奏事,称为"月课"⑩。除此以外,真宗天禧元年,还允许"更有切务,即许不依次入对"⑪。谏官要求

---

① 《宋会要》职官55之4。
② 《宋会要》仪制7之23—24。
③ 陈世崇:《随隐漫录》。
④ 《宋会要》帝系9之12—13。
⑤ 《宋会要》仪制7之24。
⑥ 《包拯集》卷6《弹张尧佐》。
⑦ 《宋会要》职官55之5。
⑧ 程大昌:《考古编》卷9《台谏纳副本》。
⑨ 《宋会要》仪制6之26。
⑩ 叶绍翁:《四朝闻见录》甲集《太学生置绫纸》。
⑪ 《长编》卷89。

临时入对，只须"直牒阁门"上殿，而台官则须"具奏候旨"，即先申状中书门下，等候班次。从仁宗景祐元年开始，规定台官言事，要前一日提供两本家状。庆历四年，允许"免供家状"①。庆历五年，规定谏官有本职公事"求对"，"虽已有三班外，亦听上殿敷奏"②。神宗熙宁二年，开始允许三班御史和里行"有公事，并许直申阁门上殿"③。从此，台官在临时入对方面取得与谏官同样的待遇，而且在台官和谏官同一天申请上殿奏对、安排班次时，朝廷采用"先台而后谏"的原则，台官取得优先的地位④。南宋后，台谏官临时奏对，已没有不同的规定。高宗绍兴二十九年（1159年），规定在六参日官员上殿班次已定的情况下，"遇台谏官乞对，隔下面对官，次日引"⑤。在上殿班次方面受到比一般官员优先的待遇。

　　台谏官在上殿奏对后，必须将所得皇帝"圣旨""应注记者"，依条关报中书门下（北宋前期）或中书门下省（元丰改制后）⑥。

　　在采用轮对和临时上殿奏对这两种常程方式后，仍然不被皇帝采纳建请的情况下，台谏官还使用"相率上殿"的特殊奏对方式。仁宗皇祐二年，御史中丞王举正率领殿中侍御史张择行和唐介，知谏院包拯和陈旭、吴奎等7人，在退朝后留殿，向皇帝弹劾张尧佐。仁宗下诏："自今台谏官相率上殿，并先申中书取旨。"⑦至和二年，御史中丞孙抃等人"同乞上殿"，又遭拒绝，仁宗重申"台谏官不许相率上殿"⑧。虽然"相率上殿"论奏不受皇帝和朝廷的欢迎，但为了引起皇帝的重视，并在士大夫之间造成舆论，此后的台谏官还是不时加以采用，或者采用类似的

① 《宋会要》仪制6之10。
② 《长编》卷154。
③ 叶梦得：《石林燕语》卷9；《宋会要》仪制6之16。
④ 《历代名臣奏议》卷162，李光：《论台谏》。
⑤ 《宋会要》仪制6之24。
⑥ 《宋会要》仪制7之29。
⑦ 《长编》卷169。
⑧ 《长编》卷179；《宋会要》仪制6之12。

"合台"奏论的方式①。

第二节　以给事中和中书舍人
为主的朝廷第二监察系统

以给事中和中书舍人为主的朝廷第二监察系统,又称封驳系统,是宋朝台谏以外的另一中央监察系统。朝廷的命令必定经过中书门下(北宋前期)或中书省、门下省(元丰改制后)和枢密院,然后发付尚书省执行。在这一过程中,"敕命之未下,则有给、舍封驳;及其既出,则有台、谏论列"②。给事中和中书舍人处于监督朝廷制定诏令全过程的第一环节,而台谏官处于第二环节。不过,给事中和中书舍人的监督职能仅仅是对朝廷的出令进行监督,不像台谏官那样除此以外,还要对朝廷内外实行全面的监督。所以,就监督的职能而言,给、舍的封驳系统居于台、谏系统之后。列为朝廷的第二监督系统。

(一) 给、舍封驳系统的编制和人选

宋代掌管朝廷诏令封驳的官署和官员几经变化,前有门下省封驳司、通进银台司封驳司,后有给事中封驳房;又有知制诰和中节舍人等。

太宗淳化四年六月,沿袭唐制,委派右谏议大夫魏庠和知制诰柴成务为"知给事中事",规定其权限:"凡制敕有所不便者,宜准故事封驳。"给事中是门下省编内的官员,这说明门下省取得了封驳权,并且设置了封驳司。但这种状况维持极短,到同年九月,即停废知给事中封驳公事,并将封驳司隶属于通进银台司③。通进银台司原是行政事务机构,现在增加了监察的职权。

---

① 赵昇:《朝野类要》卷5《降免·合台》。
② 《宋会要》职官1之50。
③ 《宋会要》职官2之42;《长编》卷34。

通进银台司隶属于枢密院,设置知司官2员,以两制以上文臣充任。淳化五年,设置"勾当通进银台司封驳公事"官一员①。真宗咸平四年五月,委任吏部侍郎陈恕知通进银台封驳司,陈恕提出"封驳之任,实给事中之职,隶于左曹,虽别建官局,不可失其故号",于是改称"门下封驳司",仍隶属银台司②。同年九月,陈恕请求铸本司官印,真宗下诏如有封驳公事,可用门下省印,因而改知门下封驳司为"兼门下封驳事"③。神宗元丰五年(1082年),撤销银台司的封驳司,取消了银台司的封驳权④。封驳司复归门下省,改称封驳房⑤,隶属给事中主管⑥。

在北宋前期,即神宗元丰改制前,给事中的地位屡经变化。太祖、太宗时,门下省设判省事1员,以给事中充任。给事中既是差遣,又是本官阶。太宗淳化四年九月停废知给事中封驳公事后,给事中完全成为本官阶,不再是差遣了。直到神宗元丰改制,门下后省设置给事中4员,为本省长官,正四品、分管吏、户、礼、兵、刑、工六房。又分设五案,为上案、下案、封驳案、谏官案、记注案。南宋高宗绍兴年间以后,仍置门下后省,设给事中4员,但往往只委任2员或1员⑦。

北宋前期,中书舍人只是本官阶之一,并不担任实职,舍人院另置知制诰和直舍人院,负责起草制词。学士院的翰林学士也常被委任他职,并不归院供职。所以,翰林学士必须带知制诰职者,才真正掌管诏命,直接替皇帝起草麻制、批答及宫廷内所用文词,称为"内制";单称知制诰或以他职带知制诰者,则奉皇帝或宰相之命,分房起草官员升迁、磨勘、改换差遣等制词,称为"外制";总称"两制"⑧。神宗元丰改制

---

① 《宋会要》职官2之26;王栐:《燕翼诒谋录》卷2《复置封驳司》。
②③ 《长编》卷48。
④ 《宋会要》职官2之40。
⑤ 《长编》卷360。
⑥ 《宋史》卷161《职官一》。
⑦ 《宋会要》职官1之78作六案,另一案为符宝案。
⑧ 欧阳修:《欧阳修奏议集》卷18《又论馆阁取士札子》;《文献通考》卷51。

后,中书后省设置中书舍人6员(后减少为4员)担任本省长官,分掌上案、下案、制诰案、谏官案、记注案等五案。南宋后,中书舍人仍定编6员,但实际只任命2员①;同时,也以其他官员兼摄中书舍人,称为"权中书舍人";资序较浅者,称为"直舍人院"②。

(二)封驳系统监察权的行使

在朝廷决策和出令、执行的整个过程中,台谏系统的职责是监督出令和执行这两个环节,即朝廷成命宣布之后;封驳系统的职责则是监督决策这一环节,即朝廷成命宣布之前。台谏系统表达自己监督主张的方式是向皇帝和朝廷纠弹论列,封驳系统表达自己监督主张的方式则是封还缴驳敕命。

宋代的封驳系统,主要分为门下省和"两制"两套机构。北宋前期,封驳司尽管长期隶属通进银台司,但使用门下省官印。元丰改制后,封驳房隶属门下省的给事中。无论门下封驳司或封驳房,无论"兼门下封驳事"或给事中,其职权可以用"封驳"两字概括。封驳的对象是朝廷的诏书,"封谓封还诏书,驳谓驳正所失"③。元丰改制后,给事中成为专司监察的官员,其职掌是"读中外出纳及判后省之事。若政令有所失当,除授非其人,则论奏而驳正之。凡章奏,日录目以进,考其稽违而纠治之"④。具体地说,"兼门下封驳事"或给事中的监察职能有以下几个方面:

第一,拥有对朝廷政令的审议权。在北宋前期,门下封驳司负责"详读"朝廷不属机密的"宣敕",或者改更敕令,其中或有失当,得以厘正。元丰改制后,给事中有权对朝廷中枢决策机构中书省和枢密院所作决策进行审议封驳。规定门下省对所承受的中书省的录黄和画黄以及枢密院的录白和画旨,都留做底,详细校读无误,再缴奏得画,用黄纸

---

① 《宋会要》职官1之78、83。
②④ 《宋史》卷161《职官一》。
③ 《长编》卷22。

书写门下省长贰和给事中"省审读讫,录送尚书省施行"①。这是朝廷中枢机构的整个决策程序,给事中处于把关的环节。对于中书省的录黄和枢密院的录白,给事中经过"省审书读"即审查,如认为不妥,即可封还驳回。详见本卷第二章第二节。

第二,拥有人事审查权。凡吏部拟差的六品以下职事官,由给事中核实其履历、功状,发现与事实不符,即予论奏。其他如升迁官资、加叙勋封等事,给事中发现草误,即退送尚书省②。早在仁宗嘉祐五年,知门下封驳事何郯就封还过关于将知谏院唐介免职而出知荆南府的敕命,认为唐介担任谏官期间,"有补朝廷,不当出外"。仁宗接受他的意见,命唐介复知谏院③。英宗治平三年,侍御史知杂事吕诲等因论事被黜,执政担心知制诰兼门下封驳事韩维不肯草制和封驳敕命,便直接将制敕送到吕诲等人家中。韩维立即上疏指出罢黜御史,事关政体,竟然"不使有司预闻","纪纲之失,无甚于此"!要求追回吕诲等敕命,经由封驳司,"使臣得申议论,以正官法"。但英宗未予理睬④。哲宗元祐元年,中书省受命除安焘知枢密院,右司谏、权给事中王岩叟缴驳录黄。朝廷命令门下省不再送给事中"书读",直接急送吏部执行。于是台谏和给舍纷纷上章抵制,朝廷被迫收回成命,让安焘仍任旧职。孝宗时,内侍陈源受到高宗的宠信,特授添差浙西副总管,权给事中赵汝愚封驳录黄,说"祖宗以童贯典兵,卒开边衅,源不宜使居总戎之任"。孝宗很赞赏此见,下诏:自今内侍不得兼兵职⑤。给事中在人事审查方面发挥了很大作用,有关事例不胜枚举。

第三,给事中有司法监督权。刑部和大理寺所判刑狱,给事中负责审查其轻重枉直,发现断罪不当,则依法加以驳正⑥。哲宗元祐四年,下诏知郓州蒲宗孟降中大夫、知虢州。蒲宗孟在郓州,"以郓多盗,痛

①　《长编》卷323。
②⑥　《宋史》卷161《职官一》。
③　《宋会要》职官2之43。
④　《长编》卷207。
⑤　《宋史》卷392《赵汝愚传》。

诛锄之,所戮不可计;小偷微罪,率断其足肘"。制诏下达门下省,给事中赵君锡封还。再付权给事中梁焘,梁焘也封还录黄,并上章说蒲宗孟"挟权擅威,坐废诏令,是宜绳治,以正纲纪"。于是再次下诏,命蒲宗孟落资政殿学士职①。

元丰改制之初,即神宗元丰六年,规定给事中有所驳正,必须先赴中书省向执政官禀议,"有异同,然后缴奏以闻"。表明这时给事中没有独立封驳权。于是给事中韩忠彦向神宗提出:给事中和中书舍人同为两省属官,不应该中书舍人遇"差除有未审当,皆得直封还词头",而给事中却须禀议,"于理未允"。神宗听从韩忠彦的建议②,给事中终于取得了独立的封驳权。

两制原是专为皇帝和朝廷起草文书的官员,不专司监察。但因为职事的关系,得以在官员任命和奖惩方面表达自己的政见,逐步被朝廷承认,最终也在人事任命和政策制订等国家事务中取得广泛的监察权。

唐代中书舍人有权"封敕",即奏改制敕中的不妥之处。但中叶以后,完全废而不行。宋仁宗康定二年(1041年)以前,知制诰依然只管"演词",不问缴驳。直到是年九月,宦官刘从德之妻王氏封遂国夫人,知制诰富弼恰好值日草制,立即缴还词头,抗章甚力,封命遂作罢③。从此,中书舍人开始封还词头④。仁宗皇祐初,入内都知杨怀敏因失职受罚,不久召复原职。知制诰胡宿封还词头。仁宗问宰相:"前代岂有此故事否?"文彦博答以唐给事中可以拒绝草制,近年富弼也曾封还词头,于是改命中书舍人草制⑤。"自尔,舍人封还词头者相继"⑥。至和元年(1054年)七月,知制诰蔡襄缴还殿中侍御史马遵等3员台官罢职出任知州和通判的词头,朝廷被迫改用熟状降敕。十一月,知制诰刘敞

①　《长编》卷427。
②　叶梦得:《石林燕语》卷6;《宋史》卷161《职官一》。
③　《长编》卷133。
④　费衮:《梁溪漫志》卷2《学士不草诏》;王明清:《挥麈后录》卷2;苏辙:《龙川别志》卷下。
⑤　《欧阳修全集》卷34《赠太子太傅胡公墓志铭》。
⑥　程大昌:《考古编》卷8《中书舍人封还诏书》。

封还宦官石全彬迁为入内副都知的词头,获得仁宗的赞同①。嘉祐六年(1061年),仁宗下诏,命令后舍人院"不得申请除改文字",即剥夺中书舍人的封驳权。知制诰王安石上奏章,提出:中书舍人"以典掌诰命为职司,所当参审。若词头所批事情不尽而不得申请,则是舍人不复行其职事……立法不当如此"。坚持认为这一"指挥"不妥,要求重新"立法"②。英宗和神宗熙宁时期,中书舍人依照"故事"封还词头、拒绝草制的事件屡屡发生,说明中书舍人的封驳逐步合法化。直到元丰改制,明确规定中书舍人的职掌是"掌行命令为制词,分治六房,随房当制,事有失当及除授非其人,则论奏封还词头"③。每有除目,中书舍人有权向吏部和刑部索取差除官的履历,放在画黄之首,以便"书读"时审查其历任功过,判断其贤否。从法律上规定中书舍人拥有封驳权,使中书舍人的行政监察完全制度化。同时,还规定中书舍人进行封驳,实行独立的监察原则,不须禀白执政④。中书舍人作为中书省属官,"凡国之政令,无一不预";"事无巨细,皆与宰相通签。奏状书衔亦俱平写,但押字即在纸后印褁心中,与他官司异也"⑤。中书舍人以其政治上独特的重要地位,行使他的监察职权,因而有"宰相判官"之称⑥。

第三节　路级监察系统

宋朝每路都设安抚使司、转运使司、提点刑狱司、提举常平仓司等彼此平行的官署,同掌军政、民政、财政、司法、监察等权,互不统属,而又彼此监督。随着上述各官署的设置,路逐渐具有半地方监察区、半行政区的性质,路的各个长官实际上行使一级行政单位的职权。从唐到宋,路是由地方监察区向行政区过渡的一种形式。

---

① 《长编》卷176,卷177。
② 《长编》卷193。
③④ 《宋史》卷161《职官一》。
⑤ 《长编》卷392;庄绰:《鸡肋编》卷中。
⑥ 《长编》卷392。

（一）监司和帅司、走马承受公事所的设置

宋初承袭唐朝后期之制，地方实行州—县两级建制。同时，又在州、县之上设置路一级的多元派出机构。

唐朝后期，凡置节度使、观察使的道，是军事区域兼行政区域。遇朝廷临时派遣黜陟使等实行监察，道又成为监察区域。道有时也称"路"（见前第五章第二节）。宋太祖时，承袭唐制，将全国分为若干道。太宗至道三年（997 年），将全国分为 15 路。仁宗初年，析为 18 路。神宗元丰八年，增至 23 路。宋朝路的性质，因社会经济的发展和政治制度的变革，前后出现一些变化，因而使路级长官的编制、职权等发生相应的变动。

宋太祖时，常派一、二员转运使随军或去各地筹集军饷，事成即罢。李符曾任"知京西南面转运事"，太祖亲书"李符到处，似朕亲行"八字赐之，揭于大旗，常以自随。这时，转运官尚少权威。从太宗起，取消了节度使所领支郡，正式设置转运使，以削夺节度使的财权。转运使全称"某路诸州水陆计度转运使"，官低者称"勾当某路水陆计度转运使"，其官署称转运使司。简称"漕司"。

在真宗景德四年（1007 年）以前，转运使实际是本路的最高长官。但宋朝统治者为避免一二员转运使长期独掌一路的大权，陆续设置了提点刑狱司、提举常平司、提举学事司、安抚使司等官署，以分割转运使司的事权。太宗淳化二年（991 年），始派官员往各路提点刑狱公事，隶属于本路的转运使司，尚未设立专门的官署①。四年，下诏省罢，"归其事于转运司"②。真宗景德四年，有鉴于各路刑狱官吏未尽得人，复置提点刑狱。提点刑狱全称"提点某路刑狱公事"，其官署称提点刑狱司，简称"宪司"。仁宗天圣六年（1028 年），因有人上疏提点刑狱"过

① 《皇宋通鉴长编纪事本末》卷 14《听断》。
② 《长编》卷 34。

为烦扰,无益于事",撤销建制①,将职事移交本路转运司。天圣八年,又设立提点刑狱,但不久"又废不行"②。明道二年,仁宗亲政,以为各地撤销提刑后,转运使难以亲往各地"谳问",刑狱不免冤滥,于是再度设置提点刑狱司③,从此成为定制。

真宗景德三年(1006 年),始命各地设常平仓,由转运使派员掌管,总隶朝廷司农寺④,各州则隶本路转运司⑤。神宗熙宁二年,根据制置三司条例司的提议,河北、京东、淮南已差官提举常平广惠仓,其他各路欲差明朝宗、张复、侯叔献等并为提举官。熙宁九年,开封府畿内也专设提举常平仓官,不再由司农丞兼领⑥。提举常平仓的官署称为提举常平司,简称"仓司"。哲宗元祐初年,并入提刑司。绍圣初年(1094 年)复置。元符年间(1098—1100 年)以后,成为固定的机构。徽宗政和元年(1111 年),在江、淮、荆、浙六路各设提举茶盐司,后来各路陆续设置。南宋时,各路都设"提举常平茶盐司",实际将提举常平和提举茶盐两司合并为一⑦。

神宗时开始,遇事都设置提举司,如提举坑冶司、提举市舶司、提举学事司、提举保甲司、都大提举茶马司等。

由于各路漕司、宪司、仓司都具有监察职能,因此统称"监司"。

监司以外,各路还常设安抚使司,俗称"帅司"。宋真宗时,始设西川、峡路安抚使,泾原等 15 军州安抚经略使,河北缘边安抚使。此后,凡诸路遇水旱天灾或边境用兵,都特派使"体量安抚",事成则罢。仅河北、河东、陕西、两广等路常置安抚使司⑧。南宋前期,各路都设安抚使司,仅广东、广西两路依旧加"经略"二字。宁宗后,各路兵政都归都

---

① 《长编》卷 166。

② 《长编》卷 109。

③ 《长编》卷 113。

④ 《长编》卷 62。

⑤⑥ 《宋会要》食货 53 之 8;《山堂群书考索》卷 13《官制门·监司类·提举》。

⑦ 《宋史》卷 167《职官七》。

⑧ 《建炎以来朝野杂记》甲集卷 11《安抚使》;《宋会要》职官 41 之 79、81、90。

统制司,民政分属其他各司,安抚使司反而有职无权。

　　走马承受公事所,宋初设在沿边的河北、河东、陕西、川峡,后来各路也陆续设置①。走马所隶属于各路帅司,但又不是帅司的正式属官,实际受皇帝的直接指挥。徽宗政和六年,各路走马承受公事改名廉访使者,走马所也改称"廉访所"。钦宗靖康初,复名走马承受,仍隶属帅司②。

（二）监司和帅司、走马承受公事所的编制和人选

　　宋初,转运使司尚未定员,官称也未统一。调发军马,便设置随军转运使。皇帝巡幸,便设置行在转运使。又设置转运副使,或称"同转运使"、"知某路转运事"。还有"同知转运使"和"勾当转运使",废置不常③。统一各国后,在太宗太平兴国六年,选留朝臣刘甫英和刘度、王晦名、许仲宣等 10 人,为河东、西川、峡、广南、河北、淮南、荆湖、江南、两浙等路转运使④。太祖开宝五年,又以太子中允许九言为岭南转运判官,这是设置转运判官之始⑤。转运判官的官署称"运判司"。太宗至道三年,分全国为 15 路,各路都委派转运使或转运副使、转运判官。

　　转运使司的编制,一般路分设转运使一员为长官;重要的路分如京东、京西、河北、河东、陕西、淮南、两浙路,设两员转运使,或者设一员转运使和一员转运副使,或者设两员转运副使,或者设转运判官,没有一定的制度⑥。两省五品以上官员出任转运使或掌握两路以上者,称"都转运使"。仁宗庆历三年,在只设转运使而不设副使的路分,选派转运判官。到庆历五年,因转运判官"争为苛虐,州县苦之",又全被撤销。

<hr>

① 《宋会要》职官 41 之 120。
② 徐度:《却扫编》卷中;《宋会要》职官 41 之 126、130、135。
③ 《宋会密》食货 49 之 2。
④ 《宋会要》食赏 49 之 5。
⑤ 《长编》卷 13。
⑥ 《宋会要》食货 49 之 2—3。

皇祐五年（1053 年），重设广东、广西、湖南、江西路转运判官 4 员。嘉祐五年，又在远离京城的江南东西、荆湖南北、广南东西、福建、益、梓、利、夔等 11 路，各选派转运判官一员。①

南宋时，因为对抗金、蒙战争的需要，转运使司体制略有变化。高宗绍兴二年（1132 年），设置江、浙、荆湖、广南、福建路都转运使司，由张公济任都转运使，设司于湖州，后迁常州、抚州。绍兴五年，各路改设都转运使一员②。次年罢。调发军队时，也设随军转运，废置不定。南宋后期，各路一概不设转运使，大多数路只设转运副使和转运判官各一员，如两浙路、江东路、江西路等；少数路只设转运判官一员，如定襄路、淮西路；潼川府路只设转运副使一员③。

转运使司的属官，各路因事务繁简而有不同的编制，一般是主管文字、干办公事官各一员，以及准备差遣（文臣）、准备差使（武臣）若干员④。

转运使司官员的资任，宋初没有一定的制度。因为征战的需要，还委派宰辅担任转运使。统一各国后，逐渐形成制度，原则上规定转运使和转运副使、转运判官都要常参官（升朝官）以上的资任。同时，还要求实历知州或通判。太宗太平兴国六年和七年，两次颁布近臣在常参官中保举堪任转运使 11 人的命令。淳化元年（990 年），再次下令在常参官中保举堪充转运使或副使一人⑤。淳化三年，命令在升朝官中荐举转运使一人，"京官内有才用强明者，亦许保举"⑥。真宗以后，大致规定转运使、副使和转运判官的资任标准，即必须通判资序以上官员充任。大中祥符元年（1008 年），真宗亲选张士逊为江南转运使，张士逊

---

① 《宋会要》食货 49 之 16。
② 《宋会要》食货 49 之 39、42。
③ 《永乐大典》卷 14627《部字·吏部条法》。
④ 《宋史》卷 167《职官七》。
⑤ 《宋会要》选举 27 之 4。
⑥ 《宋会要》选举 27 之 5。

自言"止历县道,未亲郡事"①。说明这时已对转运使的资任提出要求,因为张士逊是皇帝亲自委派的,也就破格了。神宗熙宁二年,王珪提出"未曾历知州人,不得权入转运判官以上差遣"。翰林学士吕公著认为:"今……转运判官以上,自朝廷推擢,则不当更增以资格。……知州有治迹者,固当升入监司。自余才能为众所推,虽资历尚浅,亦系自朝廷不次选择充转运判官。"②这里,王珪提高了转运判官的资历标准,而吕公著加以反对。到哲宗元祐元年,三省提议转运使、副使选派曾任知州以上人担任,转运判官选派曾任通判之人担任,还要求"所至有政迹"。哲宗便下诏放宽一级资序,"如曾任监司,见(现)系通判资序以上,亦许差"③。绍圣元年(1094年),再度放宽转运判官候选人的资序:"自今初除转运判官","须实历知县以上亲民人"④,允许知县资序人也可充当转运判官。但此后,一直到南宋时期,转运使、副使和转运判官的候选人都限定为通判以上资序的官员⑤。

提点刑狱司的编制,一般为各路设置提点刑狱一至两员。凡设置2员提刑的路分,另一员必为武臣提刑,称"同提点刑狱"。提点刑狱以文臣升朝官充任,同提点刑狱以武臣阁门祗候以上充任。武臣同提点刑狱废置不常,孝宗乾道六年(1170年)在各路重置一员时,除去"同"字,从而增加了职权。淳熙末年,又省罢不置⑥。提刑司的属官有检法官和干办公事官。神宗熙宁六年(1073年),始置各路提刑司检法官一员。徽宗宣和二年(1120年),又设各路提刑司干办公事一员至2员⑦。干办公事选用通判或知县资序人充任⑧。

提举常平等司的编制,因各种名称的官署较多,同时废置不常,或

① 《长编》卷68。
② 《历代名臣奏议》卷166《选举》。
③ 《宋会要》职官45之1。
④ 《宋会要》职官45之2。
⑤ 《宋会要》职官45之12;《宋史》卷160《选举六》。
⑥ 施宿:《嘉泰会稽志》卷3《提刑司》;《建炎以来朝野杂记》甲集卷11《武臣提刑》。
⑦ 《长编》卷243;梁克家:《淳熙三山志》卷25《秩官类六》。
⑧ 《永乐大典》卷14620《部字·吏部七·吏部条法》。

由他司长官兼领，所以较为复杂。一般各提举司设置长官一员。神宗时，往往选拔"年少资浅轻俊之士"担任此职，或者委任通判、知县、监当官资序的官员或选人，冠以"权发遣"之名①。此后相沿为例。各提举司的属官，有干办公事、主管官等。如广西盐事司主管官，选注通判或两任知县资序、曾经历任亲民官人充任。诸路提举茶盐司和福建茶事司、福建市舶司干办公事，选注第二任知县或初任知县资序、经历任人以及第三任监当官人充任②。

　　监司的官员的选任，共有两个途径：一是"内除"，二是"外徙"。内除是指由皇帝下诏指定举主，在一定资任的官员中保举。太宗时，多次指定翰林学士承旨李昉等11人保举转运使，后又命令知制诰以上或给事中、谏官以上荐举转运使和副使。真宗以后，一般规定由待制、太中大夫以上即侍从官及台谏官充当举主，同罪保举监司候选人③。然后也由执政官进拟名单，皇帝选定。知州、军在任职期间实"有绩效，或有举荐，名实相副者"，特擢升为转运使和副使、转运判官，或提点刑狱，称为"出常调"。意谓超越出由知县升为通判，由通判升为知州的"常调"④。内除往往是在监司大批缺官的情况下采用的选任方式，应该说不是经常使用的方法。

　　外徙是指日常采用的升迁差遣方式。原则上是通判升迁转运判官和提举官，知州升迁提点刑狱，提点刑狱升迁转运副使或转运使。南宋后期《吏部条法》规定：诸路转运判官、诸路提举，差合入第二任通判资序人；诸路提点刑狱，差合入第二任知州资序人；诸路转运副使，差合入第二任提刑资序人；三路转运副使、诸路转运使，差合入第三任提刑资序人；三路转运使，差合入第三任转运使资序人⑤。明确规定了监司官员的资序和历任标准。这里的"三路"，是指河北和陕西、河东路，属于

① 司马光：《温国文正司马公集》卷51《乞罢提举官札子》。
② 《永乐大典》卷14620《部字·吏部七·吏部条法》。
③ 《宋会要》选举27之7，28之14，29之20、28、30之3、5。
④ 洪迈：《容斋四笔》卷2《文潞公奏除改官制》。
⑤ 《永乐大典》卷14628《部字·吏部十五》。

"重路"，即最重要的路分。这三路的转运使任期满后，可升三司使、副使或发运使。南宋时，这三路已被金朝占领，宋朝实际上不可能派出转运使去任职，所以，《吏部条法》不过是在形式上承袭了北宋的制度。三路以下是成都府路；第三等是京东、京西、淮南三路；第四等是江东、江西、湖南、湖北、浙东、浙西；第五等是广东、广西、福建、梓州、利州、夔州等路，属于"远小"路分。以上各等路分的转运使在任期满后，就移近上次等路分，最后升迁到三路的"重任"。其中提点刑狱，"则不拘路分轻重除授"。据洪迈记载，这一制度还是英宗"治平（1064—1067 年）以前常行"的①。

各路安抚使司各设安抚使一员，一般由本路最重要的州府长官兼任，官阶必须在太中大夫以上或曾任侍从官者。官品低者，只称"主管某路安抚司公事"或"管勾安抚司事"。如系二品以上，则称"安抚大使"。同时，凡安抚使都带本路"马步军都总管"之职，另由一员武官任副总管。安抚使司的属官有参议官、参谋官、干办公事、主管机宜文字、主管书写机宜文字等②。

各路走马承受公事所，宋初在河北、河东等地设置时，选派三班使臣或朝官二三人充当走马承受。在各路普遍设置后，每路设双员或独员；设双员者，一员为武官（三班使臣），一员为宦官③。走马承受使臣，一般由三班院选派三班使臣担任；由宦官担任者，则由入内内侍省选差。有时为了提高走马承受使臣的素质，规定由三班院选委曾有其他官员同罪保举以及曾任兵马监押、巡检、寨主、知县（不曾犯赃私罪）的三班使臣充当④。

（三）监司和帅司、走马承受所系统监察权的行使方式

监司和帅司各有专职，同时又都"以廉察为职"，具有监察的功能，

①　《容斋四笔》卷 2《文潞公奏除改官制》。
②　《永乐大典》卷 14620《部字》。
③　《宋会要》职 41 之 120、128、125。
④　《长编》卷 106。

是本路的最高监察机构。赵昇《朝野类要》卷 3《职任·外台》记载：
"安抚、转运、提刑、提举，实分御史之权，亦似汉绣衣之义而代天子巡狩也，故曰'外台'。"转运司掌管督察部下官员，有罢软不能胜任、怠惰不亲办公和黩货扰民者，奏申朝廷①。凡州、县的行政、司法等事，无不督察②。提刑司和提举司以及帅司也都兼掌对州、县官吏的督察。

　　监司按刺州县官吏的主要方式是出巡全路。哲宗元祐元年规定，各路监司互相划分州县，每年巡历一遍③。徽宗宣和四年(1122 年)，增修诸转运使、提点刑狱出巡时限：按照所部州县地里远近，互分范围，提点刑狱两年、提举常平一年巡遍。南宋高宗绍兴二十六年，改为各路监司分上、下半年出巡④。孝宗乾道九年(1173 年)，规定监司每年奉旨分诣所部，"点检催促结绝见禁罪人"，限在五月下旬出发，到七月十五日以前巡遍。宁宗嘉定三年(1211 年)，规定监司每年各季轮流巡按管下州县⑤。监司巡按时，每到一个州、县，停留时间不得超过三天⑥。所带随从也有一定的限制。如孝宗隆兴三年(1165 年)，规定可带吏人 2名、客司书表一名、当直兵级 15 名，不准带自己的亲随仆使到任所，也不准以承局、茶酒等名义另差人数，还不准命随行人吏和兵级在出巡日数外借支食钱等乞取钱物。所过州、县，各差 30 人负责迎送、服侍⑦。巡按的程序是出巡前，不得"前期移文"州、县，"预行刷牒"，否则州、县"官吏承报，必预为备"。必须所至一处，"各具所隶事目，不以巨细，临时摘取点检"，"州县既莫知所备，则必事为之戒，当使庶务毕举，罔有缺遗"⑧。巡历访问的内容，包括税赋足否、财用多寡、民情休戚、官吏

---

① 《长编》卷 22。
② 韦骧：《钱塘集》卷 1《福建漕台题名》。
③ 《长编》卷 392。《宋会要》职官 45 之 1 作"每二年"，"二"字疑衍。
④ 《宋会要》职官 45 之 14、20，
⑤ 《宋会要》职官 45 之 30、41。
⑥ 《宋会要》职官 45 之 25、31。
⑦ 《宋会要》职官 45 之 24、41。
⑧ 《宋会要》职官 45 之 13。

勤惰等,尤其是"纠察贪惰不职官吏"①。巡按结束,各监司回到置司所在地后,必须在一定时间内奏申朝廷。徽宗宣和四年,规定在次年正月"具已巡所至月、日申尚书省"。宁宗庆元五年,改为在半月之内,开具所经州、县,曾兴除民间利病,刺举官吏贤否,以及所有已经施行的事件,奏申尚书省和谏院、御史台②。

朝廷规定了监司出巡的纪律:出巡所到之处,只能购买药饵和饮食,"其余并禁止"。徽宗政和六年(1116 年),规定"辄赴州、县筵会及收受上下马供馈者,各徒二年"。此后,不断重申严禁监司吃请和接受馈赠③。为了掌握各路监司出巡时守法情况,高宗绍兴二十七年,下诏各州、军,每年上、下半年,开具监司出巡时所带人数、批支过口券数目以及有无应副过须索物件,申报户部点检④。以此来约束监司。

监司日常的按察工作,主要是发摘贪官污吏和老病偷惰不职的守臣。具体为按察州、县之间是否有"暴赋横敛,以摇民心";"隐蔽水旱,以欺主听";"大吏有奸赃而蠹国";"兵将包藏而干纪"⑤,等等。高宗建炎三年,命令各路监司每年将发摘过赃官姓名,申报尚书省登记。后来又命令将现任老病的知州或知县,在一个月内"公共铨量闻奏"⑥。监司按发所属官吏,不能在置司州军进行;如果所犯情节严重,应奏申朝廷,委托邻路监司选派清强官员,就本处置狱推究⑦。同时,监司也受命采访部内"有恺悌之政,宜于百姓,洁己奉公,不邀虚誉"的官员,加以推荐,或者再任,或者升擢差遣,以便"威惠兼行,人知劝沮"⑧。

南宋时期,安抚使司的监察功能得到充分发挥。朝廷在下达各路的监察性指令中,往往帅司和监司并提,训示加强对州县官的监察工

① 《宋会要》职官 45 之 21、27。
② 《宋会要》职官 45 之 14、39。
③ 《宋会要》职官 45 之 10、11、31、41。
④⑧ 《宋会要》职官 45 之 21。
⑤ 《宋会要》职官 45 之 42。
⑥ 《宋会要》职官 45 之 16、26。
⑦ 《宋会要》职官 45 之 22、26。

作。如孝宗乾道六年,采纳淮东安抚使晁公武的建议,下诏命淮南东西等路监司、帅守"察本部沿边县令职事修举者,保明闻奏"①。淳熙九年,又下诏命各路监司、帅臣将去年年底考察所部官员的结果,即日奏申朝廷②。绍兴三十二年,还命令帅臣和监司"限两月,悉具部内知州治行臧否,连衔闻奏。苟违朕言,令御史台弹劾"③。促使帅司在监察州县官吏方面发挥更大的作用。

　　走马承受初设时,只是随军承受奏报文书,附带了解各处物情人事。真宗时,沿边走马承受有权"亲军政,察边事"。仁宗晚年,得以预闻边防机要和主帅的机密公事④。神宗元丰元年(1078年),规定"不得干预军事"。徽宗政和六年改为廉访使者后,一路事无大小,都可按刺,其地位大为提高,几与监司相埒,甚至"与帅臣抗礼,而胁制州县无所不至,于时颇苦患之"。钦宗靖康初年,恢复走马承受之名,其职能也相应减少⑤。走马承受不算正式察官,其地位一般在监司之下、通判之上,但因为直接对皇帝负责,成为皇帝派驻各路的联络员,所以监察之权颇重,实际上不仅监督军队,而且监督地方行政,凡本路、州、县的民生利病、法令废举、吏治清污能否⑥。每季或春、秋两季各赴京一次向皇帝报告;遇有机密情报,允许随时入京。他们享有风闻言事的特权,即使言事不实,朝廷也不得追究责任⑦。朝廷不断下达监察性指令,督促他们的监察,或者对他们的监察工作作出具体指示。如徽宗时,曾颁布"德音",要求各路廉访使者"广布耳目","觉察"州县奸赃污吏"因缘公事乞取民财,率敛钱物",或者"驱役良民应付私事",同时"觉察"监司和郡守"全然失职,坐视赃污,并不举按",然后"密具以

---

① 《宋会要》职官45之29。
② 《宋会要》职官45之32—33。
③ 《宋会要》职官45之24。
④ 《宋会要》职官41之120—122。
⑤ 徐度:《却扫编》卷中;《宋会要》职官41之124、131、133。
⑥ 《宋史》卷21《徽宗三》;《宋大诏令集》卷212。
⑦ 吴曾:《能改斋漫录》卷12《许风闻言事》;《宋会要》职官41之123、127。

闻"①。按照规定，走马承受只管按刺，不得干预军事和民事，不得收接军民事的诉状和私自责罚②。还规定沿路不得贩物规利、役使工匠制造器物、交结富豪和公人，不得接受地方的"上下马馈送"礼品和缗钱③。

　　宋朝路级监察系统还实行独立监察和相互监察的原则。孝宗淳熙十六年，前权知南安军方崧卿奏申朝廷，要求"明戒监司，凡官吏罪之当按者，不必互相关白，各以所察之实，明著罪状"。他认为如果正是"众所共恶，自应不约而同"。如果各监司意见互有分歧，或任职时间不长，可以进一步核实，不要"以失按为过"。朝廷采纳了他的意见④。宋朝还制定了监司互察法和帅臣、监司互察法，规定"诸路监司互相察举如法，或庇匿不举，以其罪罪之"。又屡次下令帅臣和监司互相察举，防止各自为政，或包庇对方贪赃枉法⑤。

第四节　州级监察系统

　　宋朝在路和县之间设置府、州、军、监，直属朝廷。各州长官，实行军制，由朝廷委派京朝官管理州郡事，称"权知某州军州事"，表示全权管理一州的军、民之政。权知某州军州事简称知州，别称"州将"、"专城"。知州也有权"察郡吏德义才能而保任之，若疲软不任事，或奸贪冒法，则按劾以闻"⑥。从职权而言，知州是本州的监察官之一，但因刺举不是他的专职，所以习惯不把他当作监察官看待。州级专司监察的官员，称"通判某州军州事"，简称通判，俗称"倅"、"倅贰"，别称"监州"、"半刺"⑦。通判是宋朝新设的一个地方监察官。

---

①　《宋会要》职官41之130—131。

②　《宋会要》职官41之124、126、132—133。

③　《宋会要》职官41之120、121、129。

④　《宋会要》职官45之34。

⑤　《宋会要》职官45之4、23；《建炎以来系年要录》卷188，绍兴三十一年二月丙午。

⑥　《宋史》卷167《职官七》。

⑦　任广：《书叙指南》卷2《官职名事中》。

(一) 通判厅的设置

在宋太祖统一各国的过程中,在各府、州、军、监设置知府或知州、知军以外,还设置了通判。通判的办公处称为"通判厅"。通判之名得于唐朝。唐朝上州设长史一人。"掌通判州事"①。《旧唐书·职官志》记载,各府、州尹和少尹、别驾、长史、司马"掌贰府、州之事,以纲纪众务,通判列曹。岁终则更入奏计"②。"通判"含有统管所属各部门事务之意。

通判最初设置的时间,宋朝学者有不同的记载。杨亿《谈苑》提出宋"太宗始置,即古监郡也"。《宋会要》则记载在太祖建隆四年(963年)始置,命贾玭等充荆南道诸州通判③。这时离收复湖南还不满一个月。王益之《职源撮要·通判》认为太祖乾德初年(963年)"下湖南,始置诸州通判"。"建隆四年,诏知府公事并须长吏、通判签议连书,方许行下"。到真宗景德年间(1004—1007年),规定凡人口满一万户的州,设置通判。一般小州、小军,人口不到一万户,则一概不专设此职,或由判官兼任④。其实,从太祖建隆元年立国开始,就已设置了通判官。这一年二月,泰州已有一员"通判官兼签署两监屯田等公事",由姓卫的官员担任,位居本州团练使和团练副使之下⑤。证明在太祖建国初,便开始陆续任命各州通判官。太宗太平兴国七年(982年),进一步在京府设置通判,宋琪首任通判开封府事⑥。

(二) 通判厅的编制和人选

各府、州、军、监的通判厅,一般只设一员通判,大府和大州设2员,小州则不设。《宋会要》记载,西京、南京、天雄军、成德军、益州、广州、

①③　高承:《事物纪原》卷6《通判》。

②　《旧唐书》卷44《职官志三》。

④　(明)周瑛等:《兴化府志》卷2《吏纪·各官年表》。

⑤　刘昌诗:《芦浦笔记》卷8《卞氏二牒》。

⑥　《宋史》卷264《宋琪传》。

秦州、定州等地，各设 2 员。各州设置通判的标准有：一、户口达一万户以上。宋初，很多州没有设置通判，后来因为人口增殖，超过万户，便申报朝廷设置。真宗景德三年，解州户口达一万户，置通判官一员。仁宗天圣五年（1027 年），祁州户口达 1.3 万，民事和税赋不少，乃设通判一员①。二、正刺史以上和诸司使、诸司副使的武官赴本任，或者委任武官担任知州。太宗太平兴国五年（980 年），委任知莱州郑浚文和知单州刘厚德各"通判本州事"，原因是"刺史赴本任"②。从真宗朝开始，因武官"多不闲政理，非通判廉干，则民受弊"，一方面下令对防御、团练、刺史在本任和担任知州的府、州现任通判，由转运司"密具能否"申报朝廷；另一方面下令尚未设通判者，一律选差通判官③。大中祥符六年，规定武臣知州军处，或缺通判，命转运司飞奏朝廷，由有关机构立即委派。新派通判如未到任，暂从京朝官知州和通判全员的府、州借差一人担任通判官④。三、政治和军事、外事、民事的需要。各路帅府，如高宗时潭州、广州、洪州、镇江府、建康府、成都府都设通判 2 员。绍兴五年（1135 年），规定凡只有一员的帅府，都以 2 员为额⑤。2 员通判分别在东通判厅和西通判厅视事。孝宗乾道四年（1168 年），均州原只设签判一员，因该州已经成为"极边控扼重地"，复置一员通判⑥。

　　正任通判以外，有些州还设添差通判。添差具有编外之意。添差通判分为厘务和不厘务两种。高宗绍兴六年（1136 年），平江府因事务繁剧，又从邻近的常州调拨一员添差通判前来任职⑦。宁宗嘉定十六年（1223 年），命绍兴府特置添差通判一员，"仍厘务"⑧。不过，一般添差通判都不厘务。添差通判办公处称为添差通判厅。

　　宋朝比较重视通判的人选。太祖时，缺少官员，曾允许现任令、录

①④　《宋会要》职官 47 之 60。
②　《宋会要》职官 47 之 59。
③　《宋会要》职官 47 之 59—60。
⑤⑦　《宋会要》职官 47 之 67。
⑥　《宋会要》职官 47 之 69。
⑧　《宋会要》职官 47 之 73。

两考以上成资者和判、司、簿、尉中两任五考应入令、录而年龄在 55 岁
以下者,移注通判。真宗时,河北沿边州军选派"文学器识之士"充当
通判,"庶其商度边事、往还北境文牒"。保州也因需要书写行移文牒,
委派"进士登科、有材干者"充任通判。原来一些小的军、监由判官兼
任通判,天禧二年(1018 年)开始规定不得由判官兼任①。仁宗天圣六
年(1028 年)前,一般规定京、朝官两任知县者,升迁为通判;天圣六年,
开始增加为三任。如果有特殊劳绩和奏举人数多者,允许放宽标准②。
河东路边境各州、军,允许知县一任者充当通判③。在知州资序的官员
较多时,又规定西京、北京、益州、广州、荆南府、并州、江宁府、杭州、永
兴军等京府和安抚使、都钤辖分领的州镇,必须以知州资序人差充该地
通判④。从真宗景德间(1004—1007 年)起,馆职出任外郡,官低者授小
州的通判⑤。蔡襄通判湖州,欧阳修通判滑州,王安石通判舒州,苏轼
通判杭州,都是从馆中带职出补的例子⑥。添差通判常由宗室、戚里、
归正官等依照"合用恩例"获得,孝宗淳熙六年(1179 年)不得不对各州
的这类添差通判人数加以限制⑦。

　　各州通判主要由朝廷选派,部分由各路长官奏辟。朝廷选派,在元
丰官制改革前,大部分由审官院主管,部分重要州府则由中书直接负责。
有些府州,则允许本路有关机构奏辟。元丰改制后,通判的选任有堂除、
吏部差注、本路制置司或转运司等奏辟。凡通判必须堂除的府、州,一般
是比较重要的地区。如高宗绍兴二年规定,高丽人使所经各处州军的通
判,"依旧堂除"⑧。徽宗政和四年(1114 年)也规定,诸州通判有 2 员之
处,以其中一员堂除。七年又规定,淮阳军、广济军等 12 个军州的通判归

---

①　《宋会要》职官 47 之 59。

②⑤　《宋会要》职官 47 之 60。

③　《宋会要》职官 47 之 61。

④　《宋会要》职官 47 之 62。

⑥　王明清:《挥麈录·前录》卷 3。

⑦　《宋会要》职官 47 之 71。

⑧　《宋会要》职官 47 之 66。

入堂除棨阙①。这表示朝廷对这些军州通判职位的进一步重视。

（三）通判权力的行使方式

宋朝在府、州一级设置通判官的目的，是"使之督察方镇"。太祖时规定，各府、州公事，必须长官和通判"签议连书，方得行下"。有些官员受命出任知州，为了避免受到监督，宁愿派到不设通判的地点。真宗以后，通判的督察职能稍稍削减②，并且逐步确立通判"佐郡守之治，入则贰政，出则按县"的制度。通判成为知府或知州以下的第二把手，不仅有权对所部官员的善否和职事修废"刺举以闻"，是本地的按察官③；而且有权裁决所部兵民和钱谷、户口、赋役、狱讼等事，是本地的行政官和司法官。高宗绍兴年间，许多地区发生知州和通判的"互论不法事件"，乃下令将双方都"拘留在任"，另委清正有风力的监司依公究治④。孝宗以后，各地通判官大都为了避免嫌疑，不愿与知州争执，实际上放弃了对知州的监督⑤。

通判"佐守而治"，同时"巡行属县"，行使监察权⑥。通判按发本部官员，必须申报本路监司，由监司在邻州差官负责审查。被差官员不准辞免，限定在3天内起发，不准会见宾客⑦。每年终，通判应开具摘发过的赃吏人数申报尚书省⑧。

第五节　宋朝各监察机构的权力制衡关系

宋朝各类监察机构形成了严密而又错综复杂的权力制衡关系，不

① 《宋会要》职官47之65。
② 施宿:《嘉泰会稽志》卷4《军判廨舍》。
③ 《宋会要》职官47之67、62。
④ 《宋会要》职官47之69。
⑤ 《朱子语类》卷106《朱子三·总论作郡》。
⑥ 《历代名臣奏议》卷162,胡寅:《轮对札子七》。
⑦ 《宋会要》职官45之22。
⑧ 《宋会要》职官45之16。

仅皇帝和百官处于各类监察机构的监督之下,而且监察机构和监察官员本身也处于皇帝和百官的监督之下,它们还彼此互相监督。

历史证明,任何不受制约的权力必然会走向它的反面。也就是说,绝对权力必然会产生绝对腐败。宋朝统治阶级似乎已深晓这一道理,只有少数皇帝和大臣为利欲熏心,无限制地膨胀自己的权力,给国家和社会带来了危机。

宋朝的皇权受到更多的约束。从太祖开始的各朝皇帝日积月累的"祖宗之法",成为限制后来皇帝们的"紧箍咒",其中也包括监察制度。明智的皇帝往往乐意把自己置于大臣们和监督系统的监督之下。有人曾经建议仁宗"收揽权柄,勿令人臣弄威福"。仁宗问他如何收揽权柄,这个人说:"凡事须当自中出,则福威归陛下矣。"仁宗答道:"此固是,然措置天下事,正不欲自朕出。若自朕出,皆是则可;如有不是,难以更改。"他看到自己地位的重要和决策失误可能带来的危害,所以他提出:"不如付之公议,令宰相行之。行之而天下以为不便,则台谏得言其失,于是改之为易矣。"①认为台谏的监督是不可或缺的。高宗在初年也鼓励大臣和给舍进行监督。他说今后凡是"批降御笔处分",虽然出自"朕意",但必须"经由三省、密院",如果出现不当,允许大臣们"奏稟"和"给舍缴司申审"②。然而,有些皇帝则经常或有时对抗朝廷监察系统和大臣们对他的监督。他们对抗的手段有罢免或严惩监察官员,绕开监察机构而直接向执行机构下达命令,作御笔手诏而禁止臣下论奏。徽宗时,动辄以"御笔"发布委任官员命令,在御笔旁边用红笔写明:"稽留时刻者,以大不恭论,流三千里。"不准三省干预,因而"大启倖门,为宦途之捷径"。即使如此,当时吏部尚书卢襄也曾"执奏"徽宗襃录真宗时权奸丁谓的御笔,使之停止实行③。

朝廷台谏系统监督皇帝进而限制皇权的事例不胜枚举。如孝宗受

① 杨时:《杨龟山集》卷2《余杭所闻》。
② 《宋会要》职官1之79。
③ 王明清:《挥麈后录》卷2。

禅后,特命曾任王府教授的刘章知漳州,遭到谏议大夫王大宝的抵制,没有执行①。光宗时,起居郎兼中书舍人楼钥起草制诰时"缴奏无所回避",或遇宫中"私情",光宗也不得不说:"楼舍人朕亦惮之,不如且已。"②神宗时,兼门下封驳事范镇公然反对皇帝命令谏官"具析"情报来源,指出谏官有权风闻言事,范镇最后"封还"了中书门下的札子③。宋朝也允许朝廷大臣们对皇帝实行监督。仁宗时,准许二府和有关官司对宫内发付的"内降"御笔手诏等进行"执奏"④。孝宗时,参知政事刘珙坚持"圣旨"必须经过政府(外朝)"奏审",不得径自付外执行⑤。光宗时,李端友以皇后之亲,手诏授予郎官,左丞相留正缴回手诏,光宗不收,留正又执奏,拒绝行下⑥。终宋一代,经历了朝廷监督系统和大臣们监督皇帝,以及皇帝服从监督或者对抗监督的反复斗争,这一斗争的实质是朝廷限制皇权和皇帝扩张皇权之间的斗争。

　　台谏是朝廷的第一监察系统,拥有的监察权最重。为了使台谏的监察权维持在一定的限度,即防止台谏官失职或者专横跋扈,又把台谏系统置于中书门下和枢密院(北宋前期)以及尚书省(元丰改制后)的监控之下。真宗时,向言事官颁发"御宝印纸",使之定期奏申朝廷,朝廷从而了解他们论奏的得失,而后分别优劣。仁宗时,设置台谏官"言事簿",由中书门下定期勾销注记,并录送枢密院⑦。仁宗初年,宰相王钦若还"论列"过御史鞫咏,指出他对"百僚失仪多不弹举,累经罚俸",因而鞫咏被免职⑧。神宗元丰改制,规定尚书省有权弹奏六察御史失职情况,专门在都司设置"御史房","主行弹纠御史察案失职,并六察殿最簿"。殿最簿用来记录御史们"纠劾之多寡、当否",由此决定优

①　《宋史》卷390《刘章传》。
②　《宋史》卷395《楼钥传》。
③　《宋会要》职官65之31。
④　《长编》卷178。
⑤　朱熹:《朱文公文集》卷88《刘珙神道碑》。
⑥　《宋史》卷391《留正传》。
⑦　《宋会要》仪制6之12。
⑧　《宋会要》仪制8之28。

劣,年终"取旨升黜"①。从此,尚书左、右丞取得了对台谏官的监控权②。直到理宗时,因右司郎中李伯玉依照"都司可以按台臣之条",对台官萧泰来进行弹劾。理宗得奏大怒,认为李伯玉"蔑视纪纲之地,是所以轻台谏,乃所以轻朝廷也"。如果"都司可以按台谏,则台谏反将听命于都司矣,朝纲不几紊乱乎?"李伯玉被撤职,还降两官③。显然,理宗不知道都司按劾台谏,是祖宗之法之一。不过,这样一来,尚书省就无权监控台谏了。

台谏官之间还实行互相监察。仁宗时,御史中丞王拱辰弹劾侍御史席严"议论无取",免职,出知润州④。知谏院唐介、右正言王陶、侍御史知杂事范师道、御史陈经和吕诲、里行陈洙等6人,纠弹御史中丞韩绛"论事不当,又失于举错",韩绛被罢职,出知蔡州⑤。神宗时,知谏院蔡确弹奏中丞邓润甫和里行上官均,邓和上官被免职,出任外官⑥。仁宗时,谏官欧阳修论列御史王砺"阴徇朋党,挟私弹事",王砺被降官为太常博士、通判邓州⑦。殿中侍御史赵抃也曾弹劾同知谏院范镇"妄行陈奏,营救(宰臣陈)执中",范镇不得不累章辩解⑧。

给事中之间、给舍和台谏官之间也实行互察制度。给事中之间:哲宗时,权工部侍郎王钦若迁给事中,另一名给事中姚勔动加以封驳,朝廷撤销这一新的任命。徽宗时,左司员外郎陈遘擢给事中,因权给事中蔡薿提出反对而后作罢。给事中洪彦升因病请假两天,恰遇张商英复官的圣旨经过门下省第四厅,于是被另一名给事中奏论为"顾避封驳",罢职,出知滁州⑨。给舍和台谏官之间:神宗时,规定凡官员除授

---

① 《长编》卷342;《宋会要》职官17之11、13。

② 《朱子语类》卷128《本朝二》。

③ 周密:《癸辛杂识别集》卷下《李伯玉》。

④ 《长编》卷141。

⑤ 《宋会要》职官65之20。

⑥ 《宋会要》职官66之2—3。

⑦ 《宋会要》职官64之44。

⑧ 《长编》卷178。

⑨ 洪迈:《容斋四笔》卷15《三给事相攻》;《宋史》卷348《洪彦升传》。

和改动差遣的公文,到门下省封驳司后,限定在当天抄录关报御史台和谏院。哲宗时,有官员提出:御史台和谏院接到以上公文后,应"严立禁约,不得漏泄"。给事中和台谏官虽然职责有别,但应"交相检察,以补成政令,其任一也,于关报无嫌"①。高宗时,侍御史魏矼纠劾给事中张纲,张纲免职予祠②。光宗时,给事中留正上疏反对任命洪邦直为御史,理由是洪邦直"为邑人所讼,不宜任风宪"③。孝宗时,右正言程叔达弹奏中书舍人阎安中"议论反覆",阎安中被放罢现任④。

各路监司虽然握有刺举一路官员的大权,但也处于朝廷御史台、谏院和尚书省的监控之下,还受到本路帅司以及走马承受或廉访使者的严密监察。朝廷屡次下达指令,要求台谏对偷惰失职的监司加以按劾,如果监司"纵容赃吏,并不按勘",而被台谏发觉弹奏而勘鞫得实,监司便将受到连坐。御史台负责考察监司平时的政绩。在尚书省设置监司刺举簿,每遇各路监司"刺举来上,或举多刺少,或举少刺多",皆登记于簿,以供稽考。"略仿台臣月劾之例,少加旌别"⑤。在各路,监司还受到本路帅司以及走马承受的监察。监司和帅司本来有互察的规定,各监司之间彼此也互相监督。走马承受也有权"觉察按治"监司⑥。此外,朝廷还规定各州、军分上、下半年开具监司出巡情况,包括随员人数、批支过口券数目、有无应付过勒索物品,供申户部"点检"⑦。

各州通判是宋朝地位最低的监察官,他受本路各监司和帅司的监控,又受本州知州的监督。此外,通判还受到台谏给舍的监控,如本路帅司和监司对通判失察,被台谏给舍发现后纠劾,失察的帅司和监司也要受罚。

---

① 《长编》卷370。
② 《宋史》卷390《张纲传》。
③ 《宋史》卷391《留正传》。
④ 《宋会要》职官71之12。
⑤ 《宋会要》职官45之20、45、43。
⑥ 《宋会要》职官45之13。
⑦ 《宋会要》职官45之21。

通过不断完善各监察机构的纵向和横向的权力制衡关系,朝廷一方面给予监察机构以相当的监察权,另一方面又使监察机构之间彼此实施监察,并且还要接受其他机构的监控,从而确保国家监察体系的协调和统一。

第六节　宋朝监察制度的特点

宋朝的监察制度与前代相比,有以下一些特点:

第一,监察机构增多,朝廷监察官减少,地方监察官增多。唐朝御史台以御史大夫为长官,宋朝始终不设此职。唐朝侍御史设 4 至 6 员,殿中侍御史设 6 至 9 员,北宋前期都未定编,元丰改制后前者只设一员,后者只设 2 员。唐朝监察御史设 10 至 15 员,宋真宗后定为 6 员,有时仅定三四员。唐朝谏官设左、右散骑常侍 4 员,谏议大夫 4 至 8 员,左、右补阙 4 员,左、右拾遗 4 员①。宋真宗时,谏院共设 6 员谏官。元丰改制后,定编为左、右散骑常侍各一员,但从不设置;左、右谏议大夫,左、右司谏,左、右正言,各一员,实际总共 6 员。唐朝门下省设给事中 4 员,北宋前期最多设 2 员,元丰改制后定编 4 员。唐朝中书舍人不管监察,宋朝开始兼职封驳,元丰改制后设 6 至 4 员,南宋后只设 2 员。台谏和给事中的编制明显比唐朝要减少很多。

宋朝以前,谏院一直不是独立的监察机构,它的官员们分属门下、中书二省。从真宗起,谏院有了一个正式的机构,后来又完全独立,不隶两省。神宗元丰改制,门下后省设给事中 4 员,为本省长官,分管吏、户、礼、兵、刑、工六部。实际上,给事中也有了独立的治事机构。元丰改制,中书后省设中书舍人 6 员,为本省长官,分管上、下、制诰、谏官、记注等五案。实际上,中书舍人也有了独立的治事机构。以上三个朝廷监察机构的独立设置,是宋朝监察制度的创新。

---

① 《旧唐书》卷 43《职官二》。

　　唐初分全国为 10 道,后分为 15 道,分道置巡察、按察等使,监督道内的吏治。后来,"一道兵政属之节度使,民事属之观察使,然节度多兼观察",甚至兼度支、营田等使。所以,"使名虽多,而主其事者,每道一个而已"①。宋朝各路的监察机构则比较多,有帅、漕、仓、宪、走马承受所等,帅司有安抚使,漕司有转运使、转运副使和转运判官,仓司有提举常平、提举茶盐,宪司有提点刑狱、同提点刑狱。走马承受所也设置 2 名走马承受。虽然转运副使和判官并"不双除",提举常平和提举茶盐后来也合为一司②,但监察机构和监察官员之多,远远超过唐朝。宋朝州级的监察官员也为数不少,尤其是到南宋,正如洪迈记载:"今之州郡控制按刺者,率五六人。"③除通判以外,还包括知州,这也是前所未有的。

　　第二,开台谏合一之端,给舍一度也出现过合一的趋势。御史台和谏院本来各有所司,御史只管弹劾,肃正纪纲;谏官只管谏诤,献可替否。御史弹劾的对象是文武百官,谏官谏诤的对象是皇帝。宋真宗时,委任专职"奏事"的谏官和御史各 6 员。仁宗时,正式设置"言事御史"。神宗时,另设 3 员御史专管言事。哲宗初年,设监察御史 4 员,兼职言事;后又不准言事。钦宗以后,御史的职能得到肯定,即"不止按察,又许言事"④。言事御史的设置或御史兼职言事的规定,说明御史的职能向谏官靠拢。此其一。从宋初开始,谏官不断参预对文武官员的弹劾,与言事御史的出现同时,实际上出现了弹劾谏官。真宗天禧元年,手诏规定:"或诏令不允,官曹涉私,措置失宜,刑赏逾制,诛求无节,冤滥未伸,并仰谏官奏论、宪臣弹奏。"⑤明确要求谏官像台官一样弹奏。神宗元丰改制,正式规定谏官的职责是"同掌规谏讽谕。凡朝政

---

①　《文献通考》卷 61《职官十五》马端临按语。
②　章如愚:《山堂群书考索》续集卷 37《官制门·监司》。
③　洪迈:《容斋三笔》卷 7《唐观察使》。
④　杜范:《清献集》卷 6《端平三年三月奏事第三札》。
⑤　《宋会要》职官 3 之 51。

缺失,大臣至百官任非其人,三省至百司事有违反,皆得谏正"①。谏官监督的对象不仅有皇帝,而且有大臣以至文武百官。谏官有权监督大臣至百官、三省至三司,说明谏官的职能向御史靠拢。但改制后不久,右谏议大夫赵彦若纠弹门下侍郎章惇和尚书左丞王安礼"并无行检","不宜处位,请皆外补"。神宗下手诏指出,赵彦若"辄侵越御史论事,不可不惩",便将赵降官处分②。哲宗即位之初,谏议大夫孙觉上疏,要求恢复真宗天禧元年手诏的规定,允许谏官弹奏③。重新肯定谏官依照台官言事。此后相沿不变。此其二。北宋时期,"台、谏官元(原)不相谋",各自独立进行监察活动。仁宗时,殿中侍御史赵抃奏劾宰相陈执中本家"捶挞女奴迎儿致死",要求罢免陈的相位。还提出:"风闻同知谏院范镇妄行陈奏,营救执中。"范镇立即上疏辩解,他认为"为一婢子,令国相下狱,于国之体,亦似未便,所以不敢雷同上言"等等④。哲宗时,右正言刘安世、左谏议大夫梁焘等谏官揭发知安州蔡确游车盖亭诗中,"皆涉讥讪"。又弹劾御史中丞李常和侍御史盛陶无章疏纠弹蔡确,李、盛因而被免职⑤。钦宗时,谏议大夫论时政失当,为侍御史李光所驳。这表示北宋时期台、谏各自进行监察活动。到南宋时期,御史台和谏院的关系则变为密切。光宗时,洪迈记载当时台谏"两者合为一府,居同门,出同幕,与故事异"⑥。这就进一步加速了台谏合一的趋势。此其三。

台谏合一是主流,但一度出现过再次分途的情况。孝宗淳熙十五年,兵部侍郎林栗指出"谏官侵行御史之事,至于箴规缺失,寂然无闻",建议复置左、右补阙和拾遗各一员,专司谏正,"不任纠劾之职"。孝宗采纳其说⑦。新置的补阙和拾遗不准抨弹。数月后,左补阙薛叔

---

① 《宋史》卷161《职官一》。
② 《长编》卷342。
③ 洪迈:《容斋四笔》卷14《台谏分职》。
④ 《长编》卷177,卷178。
⑤ 《长编》卷426。
⑥ 《容斋续笔》卷3《台谏不相见》。
⑦ 《宋会要》职官3之58。

似论事,奏劾宰相王淮。孝宗虽然将王淮罢相,但又告诫薛叔似等人:"卿等官以拾遗、补缺为名,不任纠劾。今所奏乃类弹击,甚非设官命名之意,宜思自警。"①重申不得弹奏。不过,这种情况维持不久,到光宗绍熙二年,将补阙、拾遗改为司谏、正言②,司谏和正言仍然有权弹击。

　　台谏之所以出现合一的趋势,并不是因为皇帝企图专用他们来纠绳宰相和百官,而把自己排除在监督对象之外,也就是说,禁止对皇帝实行监督。其实,即使台谏合一,台谏的监督对象仍然包括皇帝在内。孝宗初,以汤思退为尚书右仆射,右谏议大夫王大宝上章论列,孝宗不从,王大宝请罢谏职而奉祠。随后,"台谏多引退者"。孝宗认为这些"士大夫多卖直"。工部尚书张阐对孝宗说:"陛下当受垢纳污。若校曲直是非,便是拒谏。"孝宗"改容纳之"③。证明这时谏官仍然在向皇帝进谏。理宗时,大臣杜范在一份札子中提出:"凡君德之过愆、朝政之差谬、庙堂之壅蔽、臣工之邪匿,人所不敢言者,台谏皆得以敷陈而劾奏之。"④仍然把君主列为台谏敷陈而劾奏的对象之首。章如愚更言简意赅地指出:"宋置台谏,所以正君而律臣也。"⑤表明从来没有把皇帝排除在台谏的监察范围以外。

　　宋朝还一度出现过给、舍即给事中和中书舍人在监察工作上合一的趋势。高宗初年,中书省和门下省、尚书省合并为一。在这种情况下,由于给事中和中书舍人都有权对朝廷的诏书进行封驳,两者在监察工作方面的一致性,使之逐渐合而为一。高宗绍兴元年,下诏规定:中书省和门下省已并为中书门下省,其两省原应分送给、舍的文书,今后不再分送,而直接送给给事中和中书舍人⑥。此后,中书舍人除负责起

---

① 《宋史》卷35《孝宗三》;卷397《薛叔似传》。
② 《宋会要》职官3之58—59。
③ 《建炎以来朝野杂记》甲集卷5《隆兴台谏》。
④ 杜范:《清献集》卷7《论重台职札子》。
⑤ 《山堂群书考索》续集卷36《经筵》。
⑥ 《宋会要》职官1之79。

草朝廷诏书等文件以外,平时经常的工作是与给事中一起审查各种文书。如绍兴二十六年,朝廷命给事中和中书舍人"看详"各路监司所条具的裕民事。绍兴二十八年,又命给事中和中书舍人"今后遇有看详文字,并一面取索所属,同议可否,申尚书省取旨施行"①。给事中和中书舍人不仅在同省任职,而且在审查各种文书时一起研究讨论。因此,不断出现给事中和中书舍人"列衔同奏"的现象。自元丰改制到北宋末年,给事中和中书舍人各司其职,给事中缴驳的奏章往往写道:"所有录黄,谨具封还,伏乞圣慈特付中书省别赐取旨施行。"但高宗时给事中和中书舍人缴驳的奏章则说:"未敢书读、书行",也不再写"特付中书省"等等了。因为"三省合为一,均为后省",如果仍像元丰改制后那样写,便是画蛇添足了②。

直到孝宗乾道五年(1169 年),中书舍人汪洦提出:神宗官制,以中书省为"出令之地",而门下省审覆驳正,然后交付尚书省。三省各置官属,目的是互相弥缝可否,"分守甚严,无碍侵越"。但如今"给、舍列衔同奏",则是中书、门下"混而为一",这不是神宗所以明职分、防缺失的本意。孝宗觉得他的意见可取,便下诏"复从旧例"③。于是结束了给、舍逐渐合一的过程。

给、舍合一的趋势虽然被终止,但给、舍在朝廷的监察地位和作用则得到公认。所以,理宗时人赵昇说:"言路,台谏给舍也。"④给舍取得与台谏相同的言官地位,成为"言路"的一部分,这是史无前例的。

第三,为了确保各系统监察机构监察权的行使,宋朝逐步确立了规范原则、风闻原则、独立原则、互察原则等监察权原则。

规范原则,是指监察权的界定以及监察机构行使监察权的法律规定。御史台监察权的行使范围,在宋朝 300 多年内曾有一些变化。神

---

① 《宋会要》职官 1 之 80、81。
② 岳珂:《愧郯录》卷 8《给舍论驳》。
③ 《建炎以来朝野杂记》甲集卷 9《给舍不许列衔奏事》;《宋会要》职官 1 之 82。
④ 赵昇:《朝野类要》卷 2《称谓》。

宗元丰五年,下诏规定三省和枢密院、秘书省、殿中省、内侍省、入内内侍省,"听御史长官、言事御史弹纠"。这是以诏书的形式将三省、枢密院等机构,划归御史台的监察范围以内。徽宗时,据尚书都省奏申,台官前已"分定所言职事",但担心有的官员不甚明白,"除已降朝旨合遵守外",决定再次"申明行下"。重申台谏的职责①。从真宗朝起,逐步制定有关台谏机构行使监察权的法规,如《御史台仪制》、《崇宁重修御史台令》、《重修淳熙类编御史弹奏格》等。有关给事中和中书舍人以及监司、走马承受等的监察权和监察权的实施,当时也曾制定过一些法规,现都已失传,只零星散见于一些文献记载中。

风闻原则,是指监察官员言事的一个原则。中唐以后,长期禁止御史风闻言事。在向皇帝谏诤和对官员进行弹劾时,允许监察官员不公开自己的信息来源。这一原则虽然在宋以前早已实施,但到宋朝,不仅台官,还扩大到谏官和走马承受公事。

独立原则,是指监察官员依法独立行使监察权,不受皇帝和其他官员的干涉。这一原则在唐朝已被台官自发实行,但到后期,已无独立可言。到宋朝,则扩大到台官、谏官、给事中、中书舍人、各路的帅臣和监司,无不奉行这一原则,而且像台、谏官那样,监察官言事无需关白直属主管长官,也不接受其有关命令。独立原则与朝廷监察性指令并不矛盾:前者主要是指监察官纠弹某一具体官员时不受他人干涉,后者是指朝廷对监察官发布原则性、方向性的指令;前者是指个别的具体的人,后者是指范围较广、笼统一些的人和事。如高宗绍兴二十八年,下诏台谏监督监司刺举守令②。只是命令台谏官监督各地监司进行监察工作,带有督促之意。宁宗庆元二年(1196 年)颁发"御笔",指示:"台谏、给舍论奏,毋及旧事。务在平正,以副(朕)救偏建中之意。"③也只是要求台谏官和给舍不要论奏旧事,以体现皇帝不偏不倚的施政方针。

①　《宋会要》职官 17 之 11、16。
②　《宋会要》职官 3 之 61。
③　佚名:《两朝纲目备要》卷 4《宁宗》。

可见监察性指令的下达并不影响独立原则的贯彻。不过,在实践中,监察独立原则常常受到干扰。虽然皇帝不应随便命令台谏官纠弹某一官员,但台谏官奉命论奏的事情也屡有发生。如孝宗曾命侍御史范仲芑追究签书枢密院事张说"欺罔"事件,于是将张说罢为太尉,提举玉隆宫①。所以,朱熹说过:"今日言事官欲论一事一人,皆先探上意如何,方进文字。"②在这种情况下,言官每每奉旨论奏,毫无独立性可言。在宰执擅权的时候,监察独立原则自然也难以实现。

互察原则,是指监察官彼此实施监察。台谏、给舍、帅司、监司、走马承受、通判,都实行上级监察官对下级监察官的纵向监察,同时又实行同级监察官之间的横向监察。由此构成了一张遍布宋朝国土的比较严密的监察网,使所有机构和所有官员都置于这张监察网的监察之下。应该说,这在中国古代是前所未有的。

---

① 《宋史》卷470《张说传》。
② 《朱子语类》卷112《朱子九·论官》。

第九章 财政管理制度

宋朝赋役和军事、职官等制度的变化,促使统治者广求财源,增加财政收入,借以竭力支撑不断扩大的国家机器。宋朝封建国家每年的财政收入不仅远远超过前代,而且生财之术也是空前的详密。正如南宋人章如愚所说:"以今天下较财用于汉、唐,所入十倍于汉,五倍于唐。唐人榷盐,刘晏时每年得六百余万,李巽最多之年比晏多一百八十万。今(两)准一年所入一千三百万有奇,较之(宋神宗)熙(宁、元)丰以后,所入倍再。"又说:"今生财之术视前古为详矣。谷则有租,绢则有庸,酒则有榷,茶、盐则有征,又有坊场之钱、楼店河渡之钱,前世所以取于民者,今尽行之矣。"①田赋征收制度的变化,国家专卖制度的恶性发展,造成财政收入日益复杂的状况。在这种历史条件下,宋朝建立起一整套比较严密的财政管理制度,消除了唐、五代藩镇割据的弊端,形成了从中央到路州县的理财体制,最高统治者的皇帝也加强了对财政的直接控制②。

第一节 三司财政管理制度

三司是宋初朝廷中央集中财权的主要体现者。三司及其长官三司使和副使握有强大的财权。《宋史·职官志》记载,"应四方贡赋之入,

---

① 《山堂群书考索》续集卷 45《财用门·宋朝财用》。
② 本章吸收了汪圣铎同志《宋代财政史》书稿的一些观点。

朝廷不预,一归三司"①。司马光说:"祖宗之制,天下钱谷自非常平仓隶司农寺外,其余皆总于三司,一文一勺以上悉申帐籍。"②三司使因为"总国计",而"位亚执政",被称为"计相"或"省主";三司副使被称为"雀副"或"簉"③;三司判官被称为"省判"④。

三司使的职权为"掌邦国财用之大计,总盐铁、度支、户部之事,以经天下财赋而均其出入焉"。其中盐铁部的职权为"掌天下山泽之货,关市、河渠、军器之事,以资邦国之用";度支部的职权为"掌天下财赋之数,每岁均其有无,制其出入,以计邦国之用";户部的职权为"掌天下户口、税赋之籍,榷酒、工作、衣储之事,以供邦国之用"⑤。概括以上三部的职权,可知盐铁部和户部主要是负责收敛财赋,盐铁部偏重于负责征商和禁榷收入,户部偏重于负责田赋和榷酒收入;度支部则主要是负责财政支出。

真宗大中祥符七年以后的二十一案,皆主管三司职事的某一方面。诸如盐铁部的兵案,主管衙司的军将、大将,四排岸司的兵卒名籍,各库务的月账,吉凶的仪制,官吏宿值,各州衙吏、胥吏的升补,本司官吏的功过,三部胥吏的名账和刑狱,造船,捕盗,亡逃绝户的资产,禁钱等。胄案主管维修河渠,供给制造兵器的材料,以及军器作坊、弓弩院各务四季的俸料簿籍。铁案主管金、银、铜、铁、朱砂、白矾、绿矾、石炭(煤)、锡的冶炼等。设案主管每旬设宴、节料、斋钱、餐钱、羊豕、米面、薪蒿、陶器等物。赏给案主管各种赏赐,赙赠礼物、食品、衣服等。钱帛案主管军队的春冬衣、百官的俸禄、左藏库的钱帛、香药榷易。粮料案主管三军的粮料、各州粮草的出纳、各军校的口食、御河的漕运、商人的飞钱。常平案主管各州粮食平籴。发运案主管汴河和广济河、蔡河的漕运、桥梁、折斛、三税。骑案主管各坊、监、院、务饲养牛羊、马畜及买

---

① ⑤　《宋史》卷162《职官二》。
②　《长编》卷368。
③　走与时:《宾退录》卷1。
④　林駉:《古今源流至论》后集卷2《三司》。

马等。斛斗案主管两京的仓廪积储,计度东京的粮料和百官的禄粟、厨料。百官案主管京朝官和幕职官的俸料、祠祭的礼物、诸州的驿料。两税案主管夏税和秋税。麴案主管榷酒和官麴。上供案主管各州上供钱帛。修造案主管京城工程和陶瓦八作、排岸作坊、各库簿账等。衣粮案主管勾校百官和各军各司的俸粮、春冬衣、禄粟、茶、盐、鞋、酱、傔粮等。

三司的各个子司也各管一个方面的职事。如勾院,主管勾稽全国所申本部金谷、百物出纳的账籍,以考察其中的差殊,而严防失陷财赋。都磨勘司,主管覆核三部的账籍,以检验出入的数目。都主辖支收司,主管官物已支而未曾销账的数目,待至所受之处,附籍报告所支的机构而对账销落;全国上供物运到京城,当天奏申,上交完毕,将钞发还该州。拘收司,主管催督未曾结账的财赋收支。都理欠司,主管立限催督在京和各地欠负的官物。都凭由司,主管京城范围内官物支出事宜,复核有无虚假,最后销账。开拆司,主管承接宣敕和各州申牒的簿籍,转发三部,兼管发放和勾凿、催驱、受事。发放司,主管承受三司的帖牒而发付其他机构。勾凿司,主管勾校三部的日生公事簿账。催驱司,主管催督京城各司库务的末账,京畿仓场库务的月账凭由送勾以及三部已支内外俸禄事宜。受事司,主管各处解送三司的各种名籍,然后发付三部。衙司,主管大将和军将的名籍,均其差遣。

从三司的各案和各子司的设置及其职能可以看出,三司的职权比唐朝的户部增加很多。林駉指出:"夫夏官(按即兵部)之胄案,秋官(按即刑部)之磨勘、衙司,冬官(按即工部)之修造、河渠,自唐、五代以来而地官(按即户部)之所不与,我朝悉属三司。故造作军器,属之胄案;土木之役,属之修造;河防之役,属之河渠。"①原来,三司的胄案本属兵部,都磨勘司和衙司本属刑部,修造案和河渠事本属工部,即使在唐、五代也不属户部,而到宋朝则都归于三司的管辖范围。其中不仅都磨勘司,而且三部勾院,这些机构所握有的三司财政监察权,原是唐朝

---

① 《古今源流至论》后集卷2《三司》。

刑部属下比部的职掌。此外,还有设案所掌设宴、节料等事,原属唐朝礼部管辖。兵案所掌三部胥吏的刑狱、捕盗等事,原属唐朝刑部管辖。这些事实说明三司职权的扩大,达到了有关财计、钱谷几乎无所不统的程度。即使在真宗景德元年(1004 年)命令京东西、河东等路各州设置常平仓,规定"专委司农寺总领,三司无得辄用";同时,又命三司的度支部"别置常平仓案"①,常平仓案负责各州的平籴之事。这样,三司仍然与常平仓的职事有密切的关系。

除统管财计、钱谷方面的大权外,三司还握有荐举与财政有关的官员。如仁宗皇祐五年(1053 年),授权三司,荐举京师百万仓和左藏库、都商税务、榷货务、东西八作司、文思院、事材场,南北作坊、陕西折博务、解州盐池等监当官②。又如仁宗时包拯向朝廷提出:"先降条贯,勾当榷货务须是三司副使同罪奏举,方可差除。"③

宋朝三司与各路转运司、府州军监之间存在着财政和考核方面的领导与被领导的关系。各路转运司和府州军监虽然不是三司的下属机构,也不存在严格的隶属关系,但是,各路转运司和府州军监有关财政之事,都必须听命于三司。神宗时,苏辙在《上皇帝书》中指出:"举四海之大,而一毫之用必会于三司","天下之财""当以转运使为不可独信,故必至于三司而后已。"④各地钱谷都要向三司申报收支账籍,而且只能按条例规定的数量支出,不准在定额外擅支。宋朝皇帝不时重申各地要将财计之事向三司申报。如太宗淳化五年(994 年),命令各州设置"应在司",每年将本州的财赋按照钱物原管、新收、已支、现存等项向"省"即三司申报⑤。神宗元丰元年(1078 年),再次要求地方"应在官司"支出"系省钱物"和"抛降计置出纳、移用",都要"关申三司相

①　《长编》卷 62。
②　《长编》卷 175。
③　《包拯集》卷 6《请罢王渙榷货务》。
④　苏辙:《栾城集》卷 21。
⑤　《文献通考》卷 23《国用一》。

度指挥"①,即必须得到三司的批准。三司的勾院就是专门比较勾校各路州军财计的机构。这说明三司对地方的财赋拥有原则上的支配权。

三司还通过考课制度来维护地方财计的统辖权。宋太祖开宝七年(974年),规定各州知州、通判、判官以及县令所掌管的盐和酒麴以及征商、地税等,必须亲自过问,每月将账目供申三司,任期满后考校其优劣,"欺隐者当置于法"②。太宗淳化间,还命令三司负责考核各路转运使和副使理财的政绩③。仁宗时,更制定了较为规范的三司考核转运司官员制度,定出五条标准,为:一、户口之登耗;二、土田之荒僻;三、盐茶酒税统比增亏递年、祖额;四、上供、和籴、和买物不亏年额抛数;五、报应朝省文字及账案齐足④。依此对转运司官员实行奖惩。

宋朝三司的职权,超越了单纯财政的范围,变成了封建国家总理经济事务的中央机构。三司财政管理制度的高度统一性,显示三司不仅能够统一管理赋税的征收,而且能够在一定限度内统一管理财政的支出,甚至能够通过财政监督权有效地贯彻统一调度财计的意图。宋朝募兵制的实行和对辽、夏、金、蒙古(元)战争的不断爆发,给朝廷中央带来了巨大的压力,要求在财政上实行高度的中央集权,将地方的财赋管理权收归中央,从而源源不断地运往京城和各地,供养大批的军队和官员、胥吏。但三司财政管理制度也存在一些弊病。因为全国的财权过于集中,三司不仅管理朝廷财计,而且干预地方财计,还要负责财务监察;不仅要负责财务的出纳工作,还要负责土木建筑、武器制造、水利工程以及一些民政事务。三司各个机构的责任过于繁重,需要处理的事务过于丛杂,即使官吏人数众多,但也极难有效地行使各种职能。真宗时,已有人指出:"三司官吏积习依违,天下文牒有经五七岁不为裁决者。案牍凝滞,吏民抑塞。"⑤到仁宗嘉祐(1056—1063年)时,情况更

---

① 《长编》卷287。
② 《长编》卷15。
③ 《宋会要》食货49之7。
④ 《长编》卷166。
⑤ 《长编》卷48。

加严重,三司的簿书积压不治,其中"滞留"多年而还没有处理的帐籍有真宗天禧(1017—1021 年)以来的"末帐"604 册,仁宗明道(1032—1033 年)以来的"生事"2 120 000 件①。神宗熙宇五年(1072 年),据"详定帐籍所"检查,各地州军供申到三司的各种文帐,从仁宗天圣九年(1031 年)开始因本司人吏失职,"上下因循,徒有点算之名,而全无复察之实,积弊岁久,官吏苟简",因此,"更不行遣送勾甚多"②。

三司因权力过于集中而产生的弊端,促使它走向自己的反面。从仁宗后期开始,由于三司的有一些案已经不能适应形势的需要,乃扩建为独立的机构。如嘉祐三年(1058 年),撤销河渠司,改设都水监③。神宗熙宁四年(1071 年),创设将作监,"专领在京修造事",同时将三司修造案公事划归将作监④。熙宁六年(1073 年),撤销胄案,改置军器监,主管全国军器之政⑤。熙宁二年,设置制置三司条例司,由知枢密院事和参知政事主管,将三司使排斥于外。这是削弱三司职权的又一重要措施。到元丰间实行官制改革,终于撤销三司,将三司原来管辖的修造案拨归将作监,推勘公事拨归大理寺,帐司和理欠司拨归刑部的比部,衙司拨归刑部的都官,坑冶(铁案)拨归虞部⑥,设案分隶礼部的膳部和光禄寺⑦,而常平和免役、农田水利等新法则统归司农寺⑧,官田事务改归工部的屯田司⑨。三司终于完成了它的历史任务。

第二节　户部财政管理制度

北宋前期,尚书省户部几乎无所职掌,只设置"判户部事"一员,委

---

① 《苏轼文集》:卷 13《陈公弼传》。
② 《宋会要》职官 5 之 27。
③ 《长编》卷 188。
④ 《长编》卷 228。
⑤ 《长编》卷 245。
⑥⑧ 《文献通考》卷 52《职官六》。
⑦ 苏辙:《栾城集》卷 41《请户部复三司诸案札子》。
⑨ 《宋会要》职官 16 之 2。

派两制以上官员充当。又委派 3 员无职事的升朝官分别担任度支和金部、仓部三个子司的"判司事"①。这时,户部只负责接受各地土贡,至时陈列于殿庭。神宗元丰官制改革,撤销三司,全国财计始归户部,开始实行户部财政管理制度。

新制规定,户部共设 13 名官员,其中为户部尚书一员,侍郎 2 员;郎中、员外郎,左、右曹各 2 员,度支、金部、仓部各 2 员。尚书设置都拘辖司。左曹设置户口和农田、检法等三案,检法案之下又设二税和房地、课利三科。此外,有开拆司和知杂司。右曹设置常平和免役、坊场、平准、检法、知杂等六科。度支设置度支、发运、支供、赏赐、掌法、知杂等六案,其中掌法案或不设置;金部设置左藏、右藏、钱帛、权易、请给、知杂等六案;仓部设置仓场、上供、粜籴、给纳、知杂、开拆等六案。

新制规定,户部掌管全国人户和土地、钱谷的政令,以及贡赋、征役事宜。都拘辖司总领全国财赋的数额,由户部正、副长官选吏钩考钱谷的帐籍。左曹负责"以版籍考户口之登耗,以税赋持军国之岁计,以土贡辨郡县之物宜,以征榷抑兼并而佐调度,以孝义婚姻继嗣之道和人心,以田务券责之理直民讼"。右曹负责"以常平之法平丰凶、时敛散,以免役之法通贫富、均财力,以伍保之法联比闾、察盗贼,以义仓赈济之法救饥馑、恤艰阨,以农田水利之政治荒废、务稼穑,以坊场河渡之课酬勤劳、省科率"②。左、右曹的职权分工大致是,左曹掌管各路州县的户口和税赋及兼理民政,右曹掌管有关新法的各种事务。为了确保新法的推行,赋予右曹理财的独立性:规定由一名户部侍郎专领右曹,户部尚书不得过问③。左曹的户口案,负责各路州县的户口升降和民间立户分产、科差人丁、典卖屋业以及陈告户绝、索取妻男等诉讼。农田案,负责农田和田讼务限、奏申丰稔、验明各种灾害、劝课农桑、请佃土地、令佐任满赏罚、检按逃荒人口。检法案,负责本曹的检法事宜。检法案

①　《宋会要》职官 12 之 1。

②　《宋史》卷 163《职官三》。

③　《山堂群书考索》后集卷 8《官制门·户部尚书》。

所属二税科,主管二税的受纳和驱磨隐匿、支移、折变;房地科,主管各州楼店务的房廊课利、僧道的免丁钱以及土贡献物;课利科,主管各军的酒课,包括比较增亏,知州、通判等职位、姓名,人户买扑盐场和酒务的祖额、酒息,卖田投纳牙契钱。右曹的常平案,负责常平、农田水利和义仓赈济、户绝田产、抚养寡老等事;免役、坊场、平准三案,"各随其名而任其事"。度支,参预掌管全国财计,依据税赋之入以为出;凡军需边备,计算其盈虚而通其有无;提前筹办朝廷内外的禄赐和大礼赏给;每年年终,统计本年各路财用的出入数字,奏申皇帝,又将副本进呈尚书省。原则上小事拟画,大事请示户部长副。金部,参预掌管全国上交的钱币,统计本年输入的数字,转纳府库待用;考校平准、市舶、榷易、商税、香茶盐矾的数字,以了解其盈亏,根据岁额的增减而加以赏罚;纲运拖延和亏蚀者,计算程帐催理;制造度、量、权衡器时,颁给法式;合同取索以及俸给、时赐,负责审核而后供给。仓部,参预掌管全国的仓库粮食贮存和给受等事;及时进行各路收籴、折纳粮食,及时催理漕运上供、封桩;输入中都的粮食有盈亏,则"比较以闻";每年将应需粮食提前关报度支,以便均定支移和折变的数字;等等。

概括地说,元丰改制后的户部所属各机构的职权范围是,户部左曹主管常赋之制,右曹主管新法之行,度支主管计度支出,金部主管钱帛贮存,仓部主管粮食贮存。与元丰改制前的旧户部相比,新户部的职权已大为增加,但与三司相比,新户部职权则要减少很多。具体表现在:第一,三司的许多职事被分隶户部以外的各个机构。第二,各项临时性支费如救灾赈济、战争经费主要由内藏库或朝廷封桩的财赋中支付;各项赋入隶属内藏库或朝廷封桩者,户部并不能管辖。第三,户部只是尚书省的六曹之一,上受宰相控制,内部左、右曹又分管一部分赋入。第四,户部尚书与负责右曹的户部侍郎互不统属,户部尚书实际上只管筹措在京的百官俸禄和各军粮饷。正如南宋人章如愚所说:"自元丰改官制,户部尚书全无计相之权,职在行朝廷之文移,仅能经略在京官吏、诸军俸禄而已。"[1]又如

---

①　《山堂群书考索》后集卷4《官制门·祖宗旧制》。

哲宗、徽宗时人蔡元道所说:"元丰官制行,既无三司而为户部,户部岁入之额凡四百余万缗,是独昔日三司之一事而已。"①第五,尚书省其他五部和各寺、监有权支用钱物,不须经过户部审核。后来有一名户部长官指出:"自官制行,三司钱谷事分隶五曹、寺监,皆得主行。官司既行邦计盈虚之责,各务取办一时,不量户部有无利害,横赏百端。"②

　　新的户部财政管理制度纠正了三司财政管理制度中财权过分集中的弊病,这是一次进步。但这一措施显然矫枉过正,因为新户部的财权过分减少,不能不削弱了新户部的理财能力,也影响了朝廷对全国财计的统筹安排。所以,到哲宗元祐元年(1086年),司马光指出新的户部财政管理制度的弊病是"户部不得总天下财赋",尚书省六曹和各个寺、监"既不相统摄,帐籍不尽申户部,户部不能尽知天下钱谷之数"。因此,户部"无由量入为出"。同时,其他五曹和各寺、监"各自建白理财之法,申奏施行,户部不得一一关预,无由尽公共利害"。他建议稍稍"更张"户部财政管理制度。他的"更张"方案的主要精神是提高户部尚书的职权,加强户部尚书对财计的统一领导。具体措施为:一、由户部尚书兼领左、右曹,侍郎则分职而治。右曹所掌管的钱物,必须尚书奏请得旨,不准擅支。二、各州隶属提举常平仓司的钱谷、金帛,每月必须向户部申报文帐。三、尚书省六曹和各寺、监支用钱物,必须事先关报户部,符下方可支拨。不准单方面"奏乞直支应掌钱物",各司不见户部的符,"不得应付"。四、原属三司所管钱谷财用事务,有分散在五曹和各寺监者,皆收归户部。如果认为户部因此事多官少,难以办集,则请裁减户部的冗末事务,将这些事务交给"闲曹比司"兼领,而通隶户部。这样,便能做到"利权归一"③。几个月后,正式实施司马光的建策。元祐期间,还实行其他一些措施,以弥补户部财政管理制度的不足。如元祐二年,规定由户部"奏辟"左右厢店宅务、诸司诸军专计司、

① 《山堂群书考索》后集卷64《财用门·续本朝内藏库》。
② 《宋会要》食货51之35。
③ 《温国文正司马公集》卷51《论钱谷宜归一札子》;《长编》卷368。

粮料院、香药库等官员①,实际是恢复原由三司掌管的部分举官权。元祐三年,废罢大理寺的右治狱,依照三司旧例设置户部推勘检法官,审理在京官衙的财务案件;另外又增设干当公事官 2 员②。元祐四年,命令军器、将作、少府、都水监,太府、光禄寺等处申请创修或添修、计置收买材料钱物、改铸钱料、兴废坑冶等,事前都须由户部来"看详检复"。如河防工程紧急,来不及申禀,则事后也应申报户部"点检"③。同年,根据户部侍郎苏辙的建议,将三司的将作监和军器监各案皆归隶户部④。元祐五年,规定官员的请受、添给遇起支和增改时,必须申报户部⑤。元祐七年,户部已有权"勘断""诸处申解公事"⑥。应该说,元祐时期对神宗时户部财政管理制度的再度改革的主要精神,是扩大户部的财权,加强户部的理财能力。

哲宗绍圣年间(1094—1098 年),章惇等人决定"绍述"神宗熙丰新法,推翻元祐之政,元祐间改革户部财制的措施也全被废罢。绍圣元年,撤销户部勾当公事,恢复左、右曹的职事划分。绍圣三年,命户部侍郎专领右曹,尚书不得干预。徽宗时期,先是恢复元祐之制设置户部干当公事官 2 员;后又依照神宗官制委托右曹侍郎专管常平事务,准许户部直接向皇帝"奏裁";在户部设置都拘辖司,总领户部、度支、金部、仓部的财赋;恢复元丰间户部长官辟官法⑦。

南宋初年,为提高户部的理财权威,一度任命同知枢密院张确"提领措置户部财用",后来张确升为中书侍郎,仍兼此职。高宗绍兴五年(1135 年),命户部尚书章谊"专切措置财用",参知政事孟庾"提领措置"⑧。后来,撤销这一职事,"专委户部长贰"。为了消除左、右曹互不

---

① 《宋会要》食货 56 之 27。

② 《宋史》卷 163《职官三》。

③ 《宋会要》食货 51 之 35—36。

④ 苏辙:《栾城集》卷 41《请户部复三司诸案札子》;《长编》卷 422。

⑤ 《宋会要》食货 56 之 28。

⑥ 《长编》卷 477。

⑦ 《宋史》卷 163《职官三·户部》。

⑧ 《建炎以来系年要录》卷 86;《宋史》卷 163《职官三·户部》。

相关的情况,在绍兴四年命 2 员户部侍郎"通治左、右曹","自此相承不改"。绍兴年间,还专置提举帐司,总辖全国帐状,委任左曹郎官兼领。右曹每年将常平钱物总数,在秋季造册申报。为了增加户部管辖的财赋,在孝宗淳熙十年(1183 年),将左藏南库拨隶户部①。尽管陆续采取了一些增加户部理财功能的措施,但户部所掌财赋有减无增。朱熹说,如今朝廷财赋被分成两三项,所以缺财。第一项是各路总领所掌管的赡军钱,户部不得干预;第二项是内藏库和封桩库掌管的财赋,都属全国"好名色钱容易取者、多者";第三项是户部掌管的财赋,都是"留得名色极不好、极难取者,乃归户部"。户部依靠"枷棒拷箠得来,所以户部愈见匮乏"。在这种情况下,户部的职事不见增多,"但逐时了得些以支拨都下军马之类",如果不够,便向内藏库借支②。全国理财机构的多元化,造成了财政管理的混乱。孝宗乾道二年(1166 年),设置国用司,委任宰相领"兼制国用使",参加政事"同知国用事"③。不久废罢。宁宗嘉泰四年(1204 年),下诏"总核"内外财赋说:"今之财赋各(名)归户部,而事权散紊,不复相通,有司出纳,莫可稽考,吏或苛取,重困吾民。"决定予以"变通",复行孝宗乾道国用司"典故",以右丞相陈自强兼国用使,参知政事费士寅和张岩同知国用事④。理宗时,有的官员针对户部名义上总辖全国财赋,但分散于四总领所和南库、内藏库的财赋,户部并不能过问,"事权无所统摄而蠹弊必倚伏其间"。他建议仿效北宋时三司使"专设一官,以执政领之",使其成为最高财政长官,掌管全国财赋的收支⑤。所以,到淳祐六年(1246 年),再次设置国用使,任命宗室赵与篱为提领官⑥。国用司的不断设置,显然是为了在众多理财机构之上,另设最高机构,加以统筹安排。但这一机构时设

---

① 《宋史》卷 163《职官三·户部》。
② 《朱子语类》卷 111《朱子八·论财》。
③ 《宋史》卷 33《孝宗一》。
④ 《两朝纲目备要》卷 8《宁宗》。
⑤ 杜范:《杜清献公集》卷 5《军器监丞轮对第二札》。
⑥ 《宋史》卷 43《理宗三》。

时废,未能发挥应有的作用。

第三节　内藏库管理制度

内藏库实际是宋朝皇帝亲自掌管的理财机构,号称"天子之别库"。内藏库的前身称为封桩库。宋太祖时,最初"贡赋悉入左藏库",及至攻取荆湖和西蜀后,"贮积充羡",乃在讲武殿后另创内库,以贮金帛,称"封桩库","凡(三司)岁终用度赢余之数,皆入焉"①。设置此库的目的,主要是用来对付契丹。宋太祖曾对近臣们说过:"欲候满三五百万,即以与契丹,以赎幽、燕故土;不从,则为用兵之费。"宋太祖不想为此"常赋横敛于民",因而不将此库隶属于三司②。太宗太平兴国三年(978 年),分左藏北库为内藏库,并将封桩库改称景福内库,隶属内藏库③。太宗创建内藏库的意图,据他自己说,"盖虑司计之臣不能节约,异时用度有缺,复赋率于民。朕不以此自供嗜好也"。又命内藏库使翟裔等从左藏库中挑选绫、罗等物,转入内藏库,另造帐册,月申枢密院④。真宗景德四年(1007 年),另以新衣库为内藏西库。后又扩建内藏库,按所贮藏的财赋品类分为四库,为金、银库,珠玉、香药库,锦帛库,钱库。仁宗康定元年(1040 年),还将原设宜圣等殿的五座内库合并为一库,设在延福宫内,称"奉宸库",掌管宫中所降金银珍宝和原来所藏物资,"秘备内中须索"⑤。高宗时,丞相秦桧专权,每逢三宫生辰和春秋内教、每年寒食节等,皆令进献金币;同时,将户部财赋中窠名可以转移者,都拨入"御前桩管激赏库",于是"金币山积"。孝宗即位,为方便理财机构计算全国财赋的盈虚,决定将此库改为"左藏南库",隶

①　《长编》卷6。
②　叶梦得:《石林燕语》卷3。
③　《长编》卷19。
④　《宋史》卷179《食货下一·会计》。
⑤　《宋会要》食货52之17。

属朝廷,不再归皇帝直接管辖①。

内藏库财赋的来源,大致有三:第一是各地上供的物品,包括绢帛、金银。太宗至道二年(996年),下诏河北35州军,淮南21州军,山南东道10州,京东应天府,江南昇、润州的绢,并纳内藏库;其余州军,向左藏库交纳②。神宗熙宁二年(1069年),命令各路每年上供的金、银,并纳左藏库,其中每年支付金30000两、银500000两给内藏库,"永为年额"③。第二是各地坑冶的收入,包括钱币、金银等。神宗熙宁二年,规定江南等路提点银铜坑冶司所辖金银场冶收到的金银课利,今后全依"久例""尽数入内藏库","委所属州军至次年春季起发,赴库交纳"④。熙宁五年,改定内藏库每年收受江南饶、池、江、建等州每年"额铸钱"和"额外增剩钱"的制度。这些州以前交纳内藏库每年额铸钱1050000贯和额外增剩钱若干贯,而内藏库每年又退钱600000贯,并且每三年一次支付南郊钱1000000贯赴三司,显然往复麻烦。所以,内藏库提议改为每年从额铸钱中支116000多贯和额外剩钱若干皆纳本库外,其余铜钱皆纳左藏库⑤。哲宗元祐间,曾据户部尚书李常的建议,将江南各路坑冶的金银课利七分起发赴内藏库交纳,另外三分留充转运司,以帮助转运司解决缺财的困难。徽宗崇宁三年(1104年),因"内帑渐以亏减",乃废除此制⑥。第三是榷货务和市舶司、店宅务等的收入。真宗景德元年(1004年)和二年,连续两次命令榷货务入中金银和现钱,皆纳内藏库封桩;其余紬绢丝帛则交纳左藏库,根据数目兑左藏库的现钱输入内藏库⑦。景德四年,命令杭、明、广州市舶司和各州收购到的珠玉和香药,凡细色者皆纳内藏库,粗色者纳香药库⑧。大中

① 《建炎以来朝野杂记》甲集卷17《左藏南库》。
② 《山堂群书考索》后集卷64《财赋门·续本朝内藏库》。
③ 《宋会要》职官27之6。
④ 《宋会要》食货51之6。
⑤ 《长编》卷230。
⑥ 《宋史》卷179《食货下一·会计》。
⑦ 《宋会要》食货55之22,51之1。
⑧ 《宋会要》食货52之6。

祥符七年(1014 年),规定店宅务每年上交课利 140 197 贯,送内藏库①。第四是其他途径。如神宗熙宁三年(1070 年),将京东路常平息钱纳内藏库②。元丰二年(1079 年),将在京和开封府界现封桩缺额禁军的请受,送交内藏库另外封桩。同年,下诏各路应发坊场钱 1 000 000 贯,命司农寺分定各路年额,立限送内藏库"寄纳"③。光宗绍熙四年(1193 年),内藏库提取淮东总领所 500 000 贯④。

内藏库财赋的用途较广。据章如愚记述,内藏等库的财赋"蓄积以待非常之用,军兴赏赉则用之,水旱灾伤赈济则用之,三司财用乏则出以助之,诸路财用乏则出以助之"⑤。这是对内藏等库财赋用途的较好概括。现分述如下。第一、用于支付军费。如真宗景德元年,"内出银三十万两,付河北转运司贸易军粮"⑥。仁宗宝元元年(1038 年),提取内藏库锦绮绫罗 1 000 000 匹,"下陕西路市籴军贮"⑦。神宗熙宁三年(1070 年),赐给陕西路转运司内藏库绢 1 000 000 匹,以其一半分发四路封桩,其余命令贸易,收籴沿边的军贮⑧。第二、补助三司的经费。如真宗大中祥符九年(1016 年),命令"发内藏钱五十万贯给三司"⑨。天禧三年(1019 年)十二月,内藏库每年资助三司缗钱 600 000 贯,以此作为定额,真宗还下诏书"切戒三司",今后"毋得复有假贷"。但从仁宗明道二年(1033 年)到景祐四年(1037 年)正月,不过 4 年时间,三司共向内藏库借贷钱帛 9 172 000 余贯匹⑩。这种"假贷"当然往往有借无还。太宗淳化间到真宗景德间,三司每年借贷内藏库钱,多至 3 000 000

① 《长编》卷 83。
② 《山堂群书考索》后集卷 64《财赋门 · 续本朝内藏库》。
③ 《宋会要》职官 27 之 12。
④ 《宋会要》职官 41 之 63。
⑤ 《山堂群书考索》续集卷 45《财用 · 宋朝财用》。
⑥ 《长编》卷 57。
⑦ 《长编》卷 122。
⑧ 《长编》卷 215。
⑨ 《长编》卷 86。
⑩ 《长编》卷 120,景祐四年正月甲午。

贯,少也不下 1 000 000 贯,"三年不能偿,即蠲除之"①。第三、救灾赈济。如仁宗嘉祐元年(1056 年),"出内藏库绢二十万匹、银十万两,赈贷河北水灾州军"②。孝宗隆兴二年(1164 年),秋霖害稼,"出内帑银四十万两,变籴以济民"③。第四、皇室经费。如钦宗靖康初年,"御笔":"内藏库支钱一万贯,付李毅充应副道君皇后修造使用。"④第五、赏赐费用。如高宗绍兴三十一年(1161 年),从内藏库提取 9 000 000 缗,用来犒赏军队⑤。

在宋太宗创建内藏库之初,内藏库所掌管的财赋并不很多,"岁入不过钱百余万缗、银十余万两"。仁宗时,内藏库每年仅收进铸钱 1 000 000 缗,但每年又要移交左藏库和三年一次郊祀的费用,平均每年支出 900 000 缗,所余无几⑥。皇祐间(1049—1054 年),内藏库岁入金帛 2 650 000 多贯匹。英宗治平间(1064—1067 年),岁入 1 930 000 多贯匹。至此,内藏库一直没有给岁入定额。但到神宗即位初,依据仁宗庆历间上供的数目,开始定出每年输纳内藏库钱帛的数额⑦。元丰元年(1078 年),因为财赋大增,神宗决定"更内藏库名,凡三十二库,每库以诗一字目之"。南渡后,内藏库经常以各种理由,从左藏南库、封桩库、各总领所等处调进财赋,使"内帑"金币"山积"。高宗绍兴三十二年(1162 年),礼部侍郎黄通老指出:"今天下财赋,半入内帑,有司莫能计其盈虚。"⑧其贮存的财赋的数额远超过北宋。

作为宋朝皇帝亲自掌管的理财机构,内藏库内部设置监官,委派诸司使或副使(武官)和内侍充当。有时设置都监,另设一名内侍为点检官。其下设专副、库子、掏子以及兵卒等。真宗大中祥符二年(1009

---

①　《建炎以来朝野杂记》甲集卷 17《内藏库》。

②　《长编》卷 183。

③　《宋史》卷 178《食货上六·振恤》。

④　岳珂:《宝真斋法书赞》卷 2《历代帝王帖》。

⑤　《建炎以来系年要录》卷 193。

⑥　《长编》卷 114。

⑦　《宋史》卷 179《食货下一·食货》。

⑧　《建炎以来朝野杂记》甲集卷 17《内藏库》。

年),提举内藏库刘承珪等人向皇帝递呈《新修内藏库簿》,此簿记载自建库以来"出纳、年月,极于周细"。大中祥符五年,刘承珪又将建库以来收到的"宣敕条贯"和本库的"铃辖事件",编成《内藏库须知》5 卷,进呈真宗。真宗还命令"自今宣敕条贯,按法编缀"。看来《库簿》是内藏车财赋收支帐册,《须知》则是内藏库的法规。法规中自然还包括真宗咸平六年(1003 年)所下诏书内容:"内藏库专副以下,不得将库管钱帛数供报及于外传说,犯者处斩。"①这是内藏库吏人的保密制度内容之一。南宋时,国家制定的"仓库令约束"和"给纳"条法等②,虽然没有内藏库方面的专条,但看来也适用于内藏库。

内藏库与朝廷各个理财机构的关系,前后出现不少变化。从汉、唐以来,"内帑蓄储一出阉寺,而外庭不得过而问焉"③。到宋太祖和太宗时,三司有权掌握内藏库的岁入和储存数。林駧指出,宋初"内之私帑储者","我朝尽归三司",所以"内庭分贮羡余之财,三司亦领之"。又说:各种上供财赋"别有科名决分贮内库者,皆三司使总之。"④但即使三司使,也并不能全部掌握各司库务的总数。真宗景德间(1004—1007年),权三司使丁谓"自陈度支经费,宜知常数"。真宗批准他的要求,但只准三司使知道,而副使以下皆"不得预闻"⑤。景德间,真宗还下令规定内库"自今非时取索,必经三司出纳"⑥。但到大中祥符元年(1008年),内藏库提出:"旧制"规定皇帝向内库"宣取物色,皆降御宝凭由除破",但最近因为"条约库务,亦令经由三司"。建议"再降诏旨,止令尚书内省勾检"。真宗批准了这一建议⑦,表示不再需要三司的审核。大中祥符八年,重申各司库务不得将所管财赋的总数泄露,不然"主典处

① 《宋会要》食货 51 之 1—8。

② 《庆元条法事类》卷 36、37《库务门》。

③⑥ 《古今源流至论》续集卷 3《内帑》。

④ 《古今源流至论》后集卷 2《三司》。

⑤ 《长编》卷 85。丁谓自景德二年五月始任权三司使事。

⑦ 《长编》卷 68。

死,监官除名决配"①。天禧三年(1019 年)以前,皇帝索取物品,由使臣口头传达"诏旨",由于没有"凭由","致因缘盗取钱物"。天禧三年,根据三司的建请,在入内内侍省设置"传宣合同司",专差宦官一员主持。皇帝"如有所须索",即用一份合同凭由,交给各库,领取钱物,然后交申三司。三司也设置"御宝凭由司",挑选人吏专管销帐②。由此,三司还能掌握皇室支用包括内藏库财赋的情况。但到仁宗嘉祐七年(1062 年),司马光上疏指出:如今内藏库"专以内臣掌之,不领于三司,其出纳之多少、积蓄之虚实、簿书之是非,有司莫得而知也。"③内藏库变为全部由宦官掌管,与外廷完全隔绝,三司不了解其收支等情况。英宗治平元年(1064 年),吕诲也上奏章说:"所谓内藏、奉宸诸库,非有司关掌,故外臣莫得知其登耗。但虑岁月久,支费寝广,不复当时之盛。"④到神宗初年,三司已经设置"拘催内藏库钱帛案",各路提点坑冶司将每年场冶所收金银细数,编成帐册,申报拘催案。拘催案根据帐目核对后,翻录发下内藏库。如各路装运上供物帛的纲运过期不至时,"即申举催促"⑤。直到神宗元丰改制以前,三司对内藏库财赋的收入,只能从各路、榷货务所申帐册了解一二,但难以窥其全豹。

神宗元丰改制,内藏库名义上隶属于户部和太府寺。哲宗元祐元年(1086 年),监察御史上官均追叙元丰改制说,新制"有意合理财之局总于一司",所以安排户部所属金部右曹案"主行内藏受纳宝货、支借拘催之事",同时又将奉宸、内藏库的受纳事务隶属于太府寺。不过,金部和太府寺实际所能做的,不过是"关报"这两库所入宝货的数目若干,不足若干,"为之拘催岁入之数而已"。至于两库"支用多少,不得以会计;文籍舛谬,不得以稽察;岁久朽腐,不得以转贸"。各库"总领之者,止中官数十人,彼唯知谨扃钥、涂窗牖,以为固密耳"。上官均提

① 《长编》卷 85。
② 《长编》卷 93。
③ 《温国文正司马公集》卷 23《论财利疏》。
④ 《国朝诸臣奏议》卷 107《财赋门·内帑》,吕诲:《上英宗乞会计内库出入裁损过当》。
⑤ 《宋会要》食货 51 之 6。

议命户部和太府寺对内藏各库有权加以"检察"，而"转贸其岁久之货币"①。次年，哲宗下诏："内藏库物，听以多寡相除，后勿为例。"应该指出，自内藏库建立一百多年以来，这是首次清点全库物资②。绍圣元年（1094 年）稍前，哲宗下令内藏库不再由户部和太府寺统辖。绍圣元年，监察御史蔡蹈认为应该恢复元丰新制，要求命"令内藏库复隶户部、太府寺，所贵百官庶府皆有统帅，事归一体"③。徽宗时期，宦官受到重用。"内侍总领内藏，予夺专己，视户部为僚属"④。在这种情况下，内藏库完全归宦官控制。

南宋高宗时，内藏库仍然不隶户部和太府寺。绍兴十三年（1143 年），还下诏规定："有司辄敢（向内藏库）会问，与供报者，皆坐之。"⑤当然，"有司"中也包括户部和太府寺在内。这样，内藏库完全由宦官管理，而与外朝无涉了。

宋朝统治者设置内藏等"内库"，亲自掌握了关系国计民生的最高财权，有计划地实施财赋储存，有效地制约了三司和户部等理财机构，对推动国家机器的正常运转发挥了很大作用。

第四节　元丰、左藏等库财政管理制度

宋朝朝廷中央的理财机构，除三司和户部、内藏库等以外，还有元丰库、元祐库、大观库、宣和库、左藏库、左藏南库、左藏封桩库等，这些机构所管辖的财赋既不属三司或户部，也不属御前，而属于朝廷。

（一）元丰等库

宋神宗元丰三年（1080 年），在司农寺南创建元丰库。次年初竣

---

① 《国朝诸臣奏议》卷 58《百官门·六部》，上官均：《上哲宗乞令户部、太府检察内藏诸库》。
② 《长编》卷 405。
③ 《国朝诸臣奏议》卷 58《百官门·六部》，蔡蹈：《上哲宗论内藏库不隶户部、太府寺》。
④ 《宋史》卷 355《虞奕传》。
⑤ 汪应辰：《文定集》卷 2《应诏陈言兵食事宜》。

工。元丰五年三月,命司农寺督促各路提举司将常平、坊场积剩钱5 000 000缗输入元丰库①。十月,又命户部右曹将京东等十二路的常平钱8 000 000缗入输②。元丰七年,再次将各路积剩钱1 000 000缗购买货物输入该库,"变易见钱,以备支用"。显然,元丰库的财赋主要来源于青苗、免役宽剩钱。神宗将元丰库的三十二个库房,每年以一首诗的一个字为名。元丰库"直隶朝廷","在内藏之外"③。它的职责是"专主朝廷封桩钱"④。元丰库的财赋支用,实行宰执聚议制度。规定:"应有所用,必有司具数上之宰执,聚议同奏,降旨下库,始可支焉。盖虽天子不得而用,其制之严如此。"⑤宰执聚议制的实行,表明元丰库不直接归皇帝支配,而是由朝廷尚书省管辖⑥。神宗死后,元丰库依旧保留。到哲宗元祐二年,京师米盐钱和元丰库封桩钱已达10 000 000贯,金、银、谷、帛的数目也达5 000 000多⑦。元祐三年,改元丰、元祐库为元丰南、北库,增加南库监官一员⑧。不久撤销元丰北库,其封桩钱物合并入南库;南库改称元丰库,"专主朝廷封桩钱物"。自元祐六年开始,规定每年从内藏库支缗钱500 000,或用金、银相兼支兑,赴元丰库桩管,补助沿边军需等支费。从绍圣三年(1096年)起,差承务郎以上担任过亲民官之人。徽宗崇宁元年(1102年),命户部指挥各路、各司将各县现管金数,全部送纳元丰库。崇宁三年,命户部将新铸当十钱100 000贯,折合成小平钱1 000 000贯,"赴元丰库封桩,应副朝廷支用"⑨。北宋末年,金军占领汴京,向宋朝勒索河北、山东精绢,"动千余万匹,亦出元丰库与内藏"⑩。

---

① 《玉海》卷183《元丰库、元祐库》。
② 《长编》卷330。
③ 《建炎以来朝野杂记》甲集卷17《内藏库》。
④ 《宋会要》食货52之14。
⑤ 《九朝编年备要》卷20《神宗皇帝》。
⑥ 苏辙:《龙川略志》卷8《陕西粮草般运告竭,可拨内藏继之》。
⑦ 《长编》卷407。
⑧ 彭百川:《太平治迹统类》卷29《哲宗》;《长编》卷409。
⑨ 《宋会要》食货52之14—15。
⑩ 《山堂群书考索》后集卷64《财赋门·续本朝内藏库》。

　　哲宗元祐三年正月，改封桩钱物库为元祐库，隶属于尚书省左、右司。同年三月，并入元丰南、北库。元祐库设置的时间较短，其财赋来源于江南、荆湖、福建、成都府等路元祐二年以前封桩的钱物①。

　　宋徽宗大观初，创建大观库。大观二年（1108 年），因东南纲运由转般仓法改为直达纲法，发运司钱近 560 000 贯被认为无用，便下令起发上京，赴大观库送纳②。大观库与元丰库的管理制度相同，但两者又有一些不同：大观库专贮全国坑冶金银和细软香药等物。大观库内又分为东、西两库：西库只贮钱币。政和初（1111 年），榷货务一度因"积锱物盈溢"，借大观西库收贮，不久，西库"复满"，约达 30 000 000—40 000 000缗。到宣和元年、二年间，库存一空。东库则一直没有支出③。

　　元丰库与元祐库等，"皆号朝廷库务"④，与内藏等库直属御前不同；元丰等库皆设在皇宫以外，而内藏等库则皆设在皇宫以内。

（二）左藏库和左藏南库

　　北宋初年，已设置左藏库。凡各地贡赋以及战争缴获，皆输入此库，因而"储积充羡"⑤。最初，不分现钱和金银、绢帛，全部一起入库收贮。至储蓄盈羡后，即分为 3 库⑥。不久，左藏北库被改为内藏库。太宗淳化三年（992 年），进一步将左、右藏各分 2 库。左、右藏的分工是右藏收受物资，左藏提供物资；俟右藏充足，即向左藏供给。左、右藏内各分为钱、金银、匹帛 3 库，总共 6 库，次年，撤销右藏，并入左藏，分为钱、金银、丝绵、生色匹帛杂色匹帛共 4 库⑦。真宗大中祥符（1008—

---

①　《长编》卷408，卷409。
②　《宋会要》食货52之11。
③　《山堂群书考索》后集卷64《财赋门・续本朝内藏库》。
④　《建炎以来朝野杂记》甲集卷17《内藏库》。
⑤　《长编》卷6。
⑥　《长编》卷18。
⑦　《长编》卷33。

1016 年)后,左藏库分为南、北 2 库。神宗元丰改制,规定它隶属于太府寺,掌管收受各地的财赋,用于准备"邦国之经费",供给京师官吏的俸给和军兵粮饷。徽宗政和六年(1116 年),修建新库,改称为左藏东、西库①。南渡后,东库储存币帛、绸绢,西库储存金银、钱币、丝纩。孝宗即位,将御前桩管激赏库拨归左藏库,称"左藏南库",专门"桩管应副军期支遣"。于是同时存在左藏东、西、南 3 库。不久,撤销南库②。光宗绍熙元年(1190 年),东、西库岁入绢帛 1 400 000 匹、钱币 10 000 000 缗;岁出中,军廪占 7/10,宫廷和百官禄赐占 3/10。如孝宗隆兴元年(1163 年),一次命令户部在左藏西库现桩管钱内支付 1 000 000 贯,纽折成银 200 000 两等,移交给淮西总领所;又在西库度牒、卖旧钱内,支付会子 200 000 贯,移交给淮东总领所,充作大军军费③。同时,左藏库如遇"非泛浩繁之费,则请于朝,往往出内帑封桩以补所缺"。共设监官 5 员,分库而治,原则上委任文臣京朝官充当;武臣充当同监④。后来"唯才是用,故四选通得人"。提辖官一员,掌管本库的政令。高宗绍兴二十七年,曾挑选户部所属的丞或主簿一员兼领;孝宗乾道七年(1171 年),始专设此官⑤。

　　左藏南库,原为御前桩管激赏库。高宗时,权奸秦桧将户部某些窠名的财赋转入激赏库,由自己掌管,户部告乏,则予补助。秦桧死前,将此库转归御前,于是"金币山积"。孝宗即位,改此库为左藏南库。该库的财赋"皆自朝廷","非若上帑,直隶版曹为经费也"⑥。孝宗淳熙十年(1183 年),该库拨隶户部,并委派户部郎中 1 员兼任该库主管官⑦。淳熙十二年,改称左藏南库为左藏西上库,将各路每年发赴南库的窠名钱 1 980 000 多缗,改隶此库。光宗绍熙元年(1190 年),又改左藏西上

---

①⑤　潜说友:《咸淳临安志》卷 8《院辖·左藏库》。
②④　《文献通考》卷 60《职官十四》。
③　《宋会要》职官 41 之 51。
⑥　《建炎以来朝野杂记》甲集卷 17《左藏南库》。
⑦　《宋会要》食货 56 之 61。

库为封桩下库①。由于户部属尚书省管辖,左藏南库虽然名义上并归户部,但实际管理权仍掌握在宰相和执政官之手。

左藏库和左藏南库都设许多吏职,如专知官、副知、押司官、库子、秤子、拣子、掏子、手分、书手、兵士等,各若干名。专知官、副知、手分、库级等,必须有人保明和有产抵押、不曾有过犯,方可入库任职。守把中、大门的亲从官,由皇城司选差 50 岁以上的"有行止、无过犯、有职名人"充当。专知官虽是吏职,掌管本库出纳官物,但一直由吏部选差曾任场务的小使臣。孝宗乾道八年(1172 年),改由户部选差小使臣充当,理为监当官资任②。

(三) 左藏封桩库

宋孝宗乾道六年(1170 年),又创设左藏封桩库。库屋在三省门内,"专一桩管朝廷钱物"③。淳熙四年(1177 年),因库房狭窄,以毗邻的太府寺基改建成库屋共 100 间,称为下库④。宁宗嘉泰二年(1202 年),又因旧库盈满和朽烂,决定再次翻修扩建⑤。光宗绍熙元年,将原属户部的左藏西上库改为封桩下库,隶提领所⑥。宁宗嘉定七年(1214 年),又将户部所掌钱物拨隶该库。于是上库所储财赋寔名有折帛、总制、增盐、三分盐袋、增额、不排办人使;下库所储财赋寔名有煮酒、酒息、营田、盐场、芦柴、坍江、沙田额、五厘关子等。封桩上库设在大门内,封桩下库设在左藏库中门内⑦。

初建此库时,虽与左藏南上、下库各置官提领,但专知官、副知、手分等尚未"分认库分",彼此职责不明;同时,仍与左藏南上、下库储存的金银和钱物混同。淳熙二年(1175 年),开始专设左藏封桩库的提领

---

① 《建炎以来朝野杂记》甲集卷 17《左藏南库》。
② 《宋会要》食货 51 之 26—27、31—33。
③⑤ 《宋会要》食货 52 之 21。
④ 《宋会要》食货 52 之 17—18、20。
⑥ 《宋会要》食货 52 之 20。
⑦ 《咸淳临安志》卷 8《院辖·封桩上、下库》。

官,并设副知和手分、书手、库子各一名,不准再干预左藏南库的事务;监门官则与左藏南库相兼机察①。后来,又规定设置监官和监门官各一员,还有提辖官、亲事官、巡防兵卒等。监官多由选人充当;监门官在文、武官中通差,宁宗后改为只差经任、有举主的选人②。亲事官 2 员,由皇城司负责差拨,轮流在库门搜检③。

左藏封桩库的财赋,主要来源于户部经费的积余,左藏南库和左藏东西库有时也要将财赋拨给封桩库。如淳熙二年,命封桩库将会子交付官司使用,又令左藏南库将相应价值的金银和现钱拨还封桩库④。淳熙十六年,将左藏东西库积余的各地进奉登宝位银绢,计银 12 000 多两、绢 4 800 匹,发赴封桩库桩管⑤。

左藏封桩库积贮的财赋,淳熙六年共现钱 5 300 000 贯。淳熙十年,达 30 000 000 贯⑥。淳熙十三年,上库储金 800 000 两、银 1 860 000 多两、以及籴米钱、度牒钱;下库储现钱常 5 000 000—6 000 000 贯⑦。这些财赋主要用来皇室消费、拨入内藏库提供军需等。如自淳熙九年至十四年,封桩库每年两次"供奉"德寿宫(高宗住地)银各 40 000 两。自十一年至十六年,仅会子一项,封桩库共"供奉"高宗夫妇 950 000 贯⑧。宁宗庆元六年(1200 年)六月至八月,一季内共支拨金、银、现钱 2 500 000 缗,用于修奉太上皇帝(高宗)和太上皇后的攒宫、供给太皇太后使用,其中还包括拨现钱 200 000 缗入内藏库⑨。如淳熙十五年和绍熙二年,封桩库每年要向内藏库输纳会子 450 000 贯,作御前犒军之用⑩。

---

①④ 《宋会要》食货 51 之 9。
② 《宋史》卷 161《职官一》;《宋会要》食货 52 之 21—22。
③ 《宋会要》食货 51 之 10。
⑤ 《宋会要》食货 51 之 13。
⑥ 《玉海》卷 185《食货·乾道会计录》。
⑦⑨ 《建炎以来朝野杂记》甲集卷 17《左藏封桩库》。
⑧ 《宋会要》职官 27 之 54—55。
⑩ 《宋会要》食货 52 之 19。

左藏封桩库归尚书省都司提领①,所领财赋不属户部,而归朝廷所有和支配。

第五节　地方财政管理制度

宋朝地方的行政区划已经形成州、县的两级建制。同时,在州、县之上设置路,由多元的路级机构代表朝廷中央对州、县实施监督和管辖。这些路级机构正逐步在向行政机构过渡。所以,在财政上,出现了路、州、县的三级理财体制。仁宗至和元年(1054 年),知谏院范镇说:"夫以国家用调责之三司,三司责之转运司,转运司责之州,州责之县,县责之民,民竭其力以佐公上……"②朝廷中央向地方征调财赋,由三司负责;三司则直接责成路的转运司,再由转运司责成州,由州责成县,最下由县向百姓催征。这种朝廷中央与地方以及地方三级财政关系反映了北宋前期的情况。元丰改制后,这种朝廷中央与地方以及地方各级的财政关系变得更加复杂。

各级地方官府的财政责任是负责向百姓征收二税、杂税、商税、官田租入、茶盐酒矾榷卖课利;向上级官府或邻境官府一直到朝廷送纳或上供一定窠名和定额的财赋;支付本地或邻境官员、吏胥和军队的俸给;保管朝廷或上级官府封桩的财赋;管理公使钱;等等。

北宋前期,各地留存的财赋较多。陈傅良认为:"国家肇造之初,虽创方镇专赋之弊,以天下留州钱物尽名'系省',然非尽取之也。当是时,输送毋过上供,而上供未尝立额。郡置通判,以其支收之数,上之计司,谓之'应在',而朝廷初无封桩、起发之制。"据他统计,从宋太祖建隆(960—963 年)至真宗景德(1004—1007 年)已 45 年,全国"应在"的金银和钱帛、粮草、杂物,"以七千一百八十四万计,在州郡不会",

---

① 《宋史》卷 161《职官一》。
② 《长编》卷 176。

"可谓富藏天下矣"。这种情况到真宗大中祥符元年(1008 年)开始发生变化:是年由三司奏立各路岁额。到神宗熙宁(1068—1077 年)间实行新政,又"增额一倍"。徽宗崇宁(1102—1106 年)间,"重修上供格,颁之天下",一路往往增至十几倍,"至今为额"①。扼要地叙述了从宋初到南宋孝宗淳熙十四年(1187 年)地方财赋由多而少的变化情况。到南宋后,地方留用的财赋更少,财计更加困难。

以下分述路、州、县三级官府的主财机构情况,各级官府在财政上的作用和地位以及前后的变化情况。

(一) 路级理财机构

宋朝路级机构较多,与财政关系密切的有转运司和提举常平司、提点刑狱司、总领所等。这些机构各司其职,互不统属,在地方财计上都占有一定的地位,发挥一定的作用。

转运司——转运司的主要职掌是理财,即"经度一路财赋",了解盈虚有无,筹办向朝廷上供的钱物②;年终计算各州县的出入,盈者提取,亏者补足③;每年巡行所部,检查储积和帐册④。据仁宗皇祐元年(1049 年)权三司使叶清臣所定转运使副"考课事目",可知转运司的具体职责有五条:一是户口的增减;二是土地的荒辟;三是盐、茶、酒税(与历年祖额相比)的增亏;四是上供和籴与和买物品不亏于年额抛数;五是申报朝省文字和帐册、案卷齐备⑤。这是三司从财政角度来考核转运司长官的五条标准,从中也反映了转运司的财政职责。

转运司在财政方面的权限前后有所变化,大致上是最初较大,后来逐步减小。宋初因战争的需要而临时设置转运使时,"专主粮饷,至班师即停罢"⑥。从太宗太平兴国二年(977 年)开始,一路的金谷之任逐

---

① 陈傅良:《止斋先生文集》卷 19《赴桂阳军拟奏事札子第二》。
②④ 《宋史》卷 167《职官七》。
③ 《建炎以来朝野杂记》甲集卷 17《诸州军资库》。
⑤ 《长编》卷 166。
⑥ 《文献通考》卷 61《职官十五》。

渐"皆委于转运使"。但到神宗初年创设各路提举常平司,掌管凡与青苗、免役、市易、农田水利等新法有关的财计事务,这是削弱转运司职权的第一步。第二步是从神宗元丰元年(1078年)开始,命各路提点刑狱司拘收本路转运司所桩管的缺额禁军请受,年终向枢密院申报数目①。同年,又命提刑司"驱磨保明"本路转运司审查所属州军岁入岁支帐状,再申报中书"点检"②。孝宗乾道八年(1172年),命各路提点刑狱"督责"经总制钱。第三步是从徽宗政和间起各路设置提举茶盐司,专掌"摘山煮海之利"③。经过不断的削弱,到南宋孝宗时,转运司的财权大为减少。据吕祖谦记述,此时"转运司所总,惟财赋、纲运之责而已"④。

在北宋前期,各州的财务帐籍必须按时申报本路转运司,再由转运司汇总后申报"朝省"即三司。神宗元丰三年(1080年),规定各县镇的仓、场、库、务帐,由本州催交审核;各州的帐,由本路转运司催交审核。其中钱帛、粮草、酒麴、商税等,应列具各县收、支总数和应在、现在总数,造计帐申报三司⑤。神宗元丰改制后,规定各州岁入财赋,由本路转运司设"都簿"(总帐),"籍定名额",委派主管文字官专掌,遇有增减,在帐册上写明,申报尚书省户部的左漕⑥。

各路转运司财赋的来源主要为榷酤和盐的收入以及二税、商税等。如神宗元丰七年(1084年)陕西转运副使范纯粹说:"(陕西)本路利源所入,全藉酒课。"⑦又如苏轼论熙宁后,全国实行新法,"凡利源所在,皆归之常平使者"。各路转运司"岁入之计,惟田赋与酒税而已"⑧。再

①　《长编》卷290。

②　《长编》卷291。

③　《宋史》卷167《职官七》。

④　《文献通考》卷61《职官十五》。

⑤　《长编》卷309。

⑥　《庆元条法事类》卷4《职掌》。另据《玉海》卷186《三司使等》记载,元丰改制,"罢三司而为户部,转运之财则左漕隶焉"。

⑦　《长编》卷342。

⑧　《苏轼文集》卷31《应诏论四事状》。

如苏颂在奏章中说:"淮南一路财赋之数,最为浩繁,尤藉每岁卖盐额钱一百余万贯资助经费。"①在设置提举茶盐司后,淮南转运司的这一职事被剥夺,所以到高宗绍兴四年(1134 年),该司因"别无漕计,难以独置一司",干脆由本路提举茶盐司兼领。江西路的"漕计百色之费",也是"惟仰酒税课利"②。

各路转运司财赋的支出,主要是按定额筹办上供的物资和提供纲运的经费,负责支付本路路级机构官吏的俸给、有关军士的廪禄等。如南宋理宗淳祐十二年(1252 年),广东路转运司总支出 477 800 多贯,其中用于总领所银纲钱 274 300 多贯、各州上供银的本钱 46 600 多贯、各州分屯摧锋军的衣粮 146 800 多贯、本司官吏的俸给和客军的衣粮 10 100 贯。然而广东路漕司是年总收入 446 900 余贯,尚亏空 30 900 多贯。这是广东转运使吴泳核算本路一年财政收支的结果③。作为一路的第一财计长官,当然要极力维持他自己掌管的财赋的收支平衡。在遇到经费不足时,转运司可以向下属州军挪借财用。如孝宗时,两浙路漕司曾因经费不足,"遣官假贷于诸郡"④。宁宗时,法律规定:"诸转运司除诸州依格上供数外,移用钱物,侵过本州有额上供所余三分之一者,徒二年。"⑤允许漕司挪用各州的钱物,但也有一定的限量。湖南路漕司"岁计所入甚少",不足本司一年的开支,只得向总领所"通借""大军钱"⑥。

在财计上,转运使是朝廷中央理财机构(三司或户部)在路的代表,同时又是路的财政机构的代表。从北宋到南宋,随着它的财权的逐渐缩小,它在财计上的地位逐步降低,它在财政上的作用也越益减少。

提点刑狱司——初设提点刑狱司的目的,是为了分散转运司的职

① 苏颂:《苏魏公文集》卷 20《奏乞减定淮南盐价》。
② 《宋会要》食货 49 之 42。
③ 吴泳:《鹤林集》卷 22《奏宽民五事状》。
④ 周必大:《文忠集》卷 137《论任官理财训兵三事》。
⑤ 《庆元条法事类》卷 30《上供》。
⑥ 叶适:《水心文集》卷 2《上宁宗皇帝札子二》。

权,而且与财计完全无关。前述从元丰元年开始,提刑司初次涉足财计,负责拘收本路漕司桩管的部分军费,并复审本路漕司初审过的州军岁入岁支帐目。哲宗元祐初,一度将提举常平司职事并入提刑司①。绍圣二年(1095年),又命提刑兼掌坑冶事务。次年,进一步命提刑司差官"检踏"本路"坑冶兴发处",如可开采,即关报转运司施行②。高宗绍兴间宋金和议后,四川不设提举常平司,以提刑司兼领其职③。孝宗乾道八年(1172年),委派提刑督责本路的经总制钱④。淳熙十二年(1185年),叶适在其《外稿》中指出:"提刑司则以催促经总制钱、印给僧道免丁由子为职,而刑狱冤滥、词诉繁滞,则或莫之省焉。"⑤宋宁宗时,法律规定:提刑司负责"提举点检"本路的都作院和作院的军器事务,提刑在任满替罢时,要将任内编排修造过军器件数申报尚书省工部。同时,还要负责拘催各州上供输纳内藏库的钱物,以字号计纲,装运至都城交纳;复查各州通判厅申报的所收无额上供钱物帐目,然后申报尚书省户部⑥。

与转运司的理财功能逐渐缩小相反,提刑司在财政上的职权不断增大,甚至出现了不务其原来"正业"的趋势。

提举常平茶盐司——在各路提举常平司和提举茶盐司单独设置时,前者负责常平、义仓、免役、市易、坊场、河渡、农田水利、保甲义勇、户绝田土等新法的实施及其有关财计事务;后者在财政上负责征收坑冶和茶、盐的课利。这是在两司初置时由朝廷确定的职责。神宗熙宁九年(1076年)规定,提举常平司"专管勾"以上职事,转运使、副使、判官则负责"兼领";其中有关不是为兴修农田而开凿的河渠事宜,依旧

---

① 《宋史》卷172《职官十二》。
② 《宋会要》职官43之120。
③ 《建炎以来朝野杂记》甲集卷11《提举常平茶盐》。
④ 《宋史》卷167《职官七》。
⑤ 叶适:《水心别集》卷14《外稿·监司》。
⑥ 《庆元条法事类》卷4《职掌》,卷30《上供》。

属提刑司管理①。此后在元丰年间，"天下以新法为事，凡利源所在，皆归之常平使者"，仅留给田赋和酒税为转运司的"岁入之计"②。哲宗绍圣二年（1095年），将免夫钱的征收事务划归提举常平司③。徽宗时，户部右曹所定提举常平司失职受罚七事，为俵散常平钱谷、常平籴谷、措置兴修农田水利、市易收息、抵当收息、熟药收息、免役钱④，反映了这时提举常平司的主要职责。从徽宗崇宁间开始，随事动用提举常平司的本息钱，如用作学校养士的经费，居养院和安济坊、漏泽园的经费，乃"至于花石应奉皆于此取"⑤。南渡后，常平钱"皆取以赡军"。孝宗时，提举司只管"督责茶盐，用法苛惨"，至于常平、义仓、农田、水利，"则置而不顾"⑥。到宁宗嘉泰二年（1202年），提举司"特掌义仓及水利、役法、赈济等事而已"⑦。它的财计职能受到了削弱。

提举常平茶盐司与转运司的区别在于，转运司的财赋隶属于户部左曹，常平司的财赋则隶属于户部右曹⑧；转运司要承担本路的财政开支，常平司则除免役宽剩钱外，各种赢利都要上缴朝廷，所以一般不承担本路的财政开支。

南宋著名学者叶适在《外稿·监司》中分析当时路级"三司"的财政责任时说："今也转运司徒报应上供之数于户部，而转输运致之实则无之，则其所以总一路之财计者，将何所用也？""茶盐则以受其剩利于榷务都场，而提举司者受其揹留，掌其住卖，督其煎煮，为之索逋理债而已。""经总制钱，州郡各以趁办上供，而提刑者徒文移知、通，收索季帐，稽考纲解，以报户部而已。""三司"实际都不务正业。因此，叶适认为应该迅速改变这种不正常的状况，他建议"还转运司之权，以清户部

---

① 《宋史》卷167《职官七》；《宋会要》职官43之2—4。
② 《苏轼文集》卷31《应诏论四事状》。
③ 《宋会要》职官43之7。
④ 《宋会要》职官43之9—10。
⑤ 《嘉泰会稽志》卷3《提举司》。
⑥ 叶适：《水心别集》卷14《外稿·监司》。
⑦ 《建炎以来朝野杂记》甲集卷11《提举常平茶盐》。
⑧ 《玉海》卷186《宋朝三司使等》；《宋史》卷163《职官三》。

之务;罢提举司之事,以一转运之权"①。但在当时这一建议并未被朝廷采纳。

　　总领所——总领所是南宋因提供军需而设置的介于朝廷户部与转运司之间的一级专门理财机构。东南三个总领所财赋的主要部分来源于朝廷或户部按额科拨的各州县上供钱米和榷酒收入等。绍兴十一年后,淮西和淮东总领所岁费各钱 7 000 000 缗,米 700 000 石,湖广总领所岁费钱 9 600 000 缗、米 900 000 石,其中除三总所由户部拨给经常费 9 000 000 缗以外,主要依靠科拨到的州县上供钱米和榷货收入②。淳熙十六年(1189 年),湖广总领所预算明年的"岁计钱物",主要来自"诸路州军纲运钱"和"朝廷贴降钱",后者包括"四川总领所拘桩纲运钱"、"江西茶短引钱"、"四川合起行在寨名纲运钱"、"朝廷应付四川免起三年钱"、"京西提举司见桩钞盐钱"、"去年改换江西茶长引钱"等③。乾道七年(1171 年),淮西总领所一次即从朝廷"借拨"到封桩在建康府的会子 500 000 贯,再从原应科拨马军司的纲钱内扣还④。淮东和淮西总领所分别经营分设在镇江府和建康府的榷货务都茶场。乾道六年,规定这两处都茶场的岁额钱数,镇江为 4 000 000 贯,建康为 12 000 000 贯⑤。从高宗绍兴二十六年(1156 年)起,规定各地大军在城郭开设的酒店一律由所在的总领所或户部拘收⑥。孝宗乾道二年,将江东安抚司建康府都统司的酒库,全部拨给淮西总领所经营。淳熙十年,淮西总领所共管辖 5 所酒库⑦。湖广总领所还握有会子和铁钱的发行和铸造权。高宗末年,曾发行湖广三合同关子 800 000 贯⑧。隆兴元年,始印造五百文和一贯"直便会子",又称"湖广会子",发赴军前,当现钱行使

---

①　叶适:《水心别集》卷 14《外稿·监司》。
②　《建炎以来朝野杂记》甲集卷 17《淮东西湖广总领所》。
③　《宋会要》职官 41 之 61—62。
④　《宋会要》职官 41 之 57。
⑤　《宋会要》食货 55 之 28。
⑥　《宋会要》职官 41 之 47。
⑦　《宋会要》职官 41 之 53、59。
⑧　《建炎以来朝野杂记》甲集卷 17《淮东西湖广总领所》。

流转,仅在本路流通。每三年一界。至理宗宝祐二年(1254 年),已发行第八界。①

　　四川总领所因为离朝廷较远,所以在财政上有更多的权力。史称:"东南三总领皆仰朝廷科拨,独四川总领专制利源,即有军兴,朝廷亦不问。"②高宗绍兴十一年后,四川总领所每年的赡军钱和金帛,约费26 650 000 缗,其中包括用 8 300 000 缗在四川籴米。这笔岁费来源于:酒课 5 560 000 缗、盐课 3 750 000 缗、籴本(二税上科)4 000 000 缗、茶司钱 1 040 000 缗、经总制司钱 2 310 000 缗、钱引兑界贴头钱 900 000 缗、三路钱引称提钱 240 000 缗、西和州盐钱 100 000 缗、其他约 8 750 000 缗。自从建炎三年赵开担任四川总领以后,为筹集经费,大变四川茶、酒、盐之法,又"折绢布之估,科激赏之费,倍籴本之输",以致"商贾、农民征率殆尽"③。宁宗开禧末年(1207 年),四川总领所还发行小会子,但效果不佳④。与东南三总领所相比,四川总领所具有较多计度本地区财政收支的职能,且对本地区有关财计的重大措施有决定之权。

　　四川总领所的建立,减少了户部的财权。叶适在淳熙十二年指出,户部的经费仅有 1 500 多万缗,而另外的 6 000 多万缗用来供给四支屯驻大军,这笔经费属于"总领之财计",所以"四总领为户部之害"⑤。总领所名义上隶属户部,但总领可直接向朝廷递呈奏札提出要求,再由皇帝下诏书决定处理意见,而户部往往只有受命向总领所调拨钱物的义务。如乾道四年,户部受诏措置东南三总领所合支官兵春冬衣装。隆兴元年,户部受诏从左藏西库现桩管钱内,拨降 1 000 000 贯给淮西总领所。总领所拥有支配管理自己财赋的权力,而户部无权随意调动其财赋。只在朝廷下达命令的情况下,核算一些驻军的岁费,再将这一实数降付总领所,命本所"自行审度,各从便顺分拨"。同时,户部在总领

①④ 《宋史》卷 181《食货下三》。
② 《建炎以来朝野杂记》甲集卷 11《总领诸路财赋》。
③ 《建炎以来朝野杂记》甲集卷 17《四川总领所》、《淮东西湖广总领所》。
⑤ 叶适:《水心别集》卷 10《外稿·实谋》。

所的名称和机构设置、人员编制等问题上还有一定的发言权，可以向朝廷提出建议。如乾道元年，户部审核淮西总领杨俟关于改差监大军库官一员兼管甲仗库，建议朝廷同意，得到批准。乾道六年，户部在淮东总领所合并至淮西时，建议改用新的名称，得到朝廷的批准①。此外，户部没有监察、检查总领所收支细帐的权力，只在朝廷命令下，派官前去稽查。如乾道二年，中书门下省差户部的度支郎中唐琢，前往湖广总领所"取索应干收支、科降及诸路已未起发钱物，逐一究见诘实"。又差考功郎官沈复前往淮东、西总领所检察。从此，规定每三年一次"差官稽考"②。淳熙三年，朝廷派户部员外郎马大同等 3 人分往东南三总领所去"点磨钱物"。检查官发现淮东总领所"侵盗大军钱粮，累数十万"，要求交由有关机构进一步查处。但东南"三总司苞苴贿赂，根株盘结，其来已久"，最后不了了之③。事后，朝廷仅是对三总领所下令，规定其出纳钱物，必须在正历（正式帐册）上写明；只准设置正式的库房和"正赤历"，不准私自创置库名和私历，"不准再有侵借隐占"。今后如朝廷差官"点检得更有违戾，当重作施行"④。

（二）州、县级理财机构

宋朝的州（包括府、军、监）和县是重要的财政核算层次，县更是最基层的财政核算单位。

州——理财只是州郡的部分职责。在北宋前期，地方的财赋首先集中到州郡，州郡将所掌握的财赋收支、现存等财务帐籍，申报给本路转运司，转运司再类聚申报朝廷三司。三司根据有关条法，计算地方应留经费，视其余、缺，与转运司及本州共同确定征调上京的数额和在本路各州郡之间的调剂数额⑤。哲宗、徽宗时人蔡元道记述：宋初，州郡

---

① 《宋会要》职官 41 之 55、51、57、56。
② 《宋会要》职官 41 之 53。
③ 《建炎以来朝野杂记》乙集卷 16《龚实之点磨三总所钱物》。
④ 《宋会要》职官 41 之 58、60。
⑤ 《建炎以来朝野杂记》甲集卷 17《诸州军资库》。

的经费来源有：一是一路的赋税、酒课、商税、茶盐、坑冶、山泽之利，都归于转运司掌管，而转运司按照"衰多益寡"的原则"移用"，"以给逐郡"。二是二税有一定的分数隶属州郡。三是系官的房廊杂收、地利、坊场、河渡支酬衙前雇役多余者，尽归本州。四是用来犒馈燕设的公使钱，由公使库管理，允许"回易收息"，资助本州的经费①。此外，州郡还要负责管理两笔经费：一是本州的"上供"钱物，即向三司上缴的钱物，二是"留州"的钱物，这批钱物称"系省"（"省"指三司）。各州的通判就是负责定期将"系省"钱物的收支数字上报三司，称为"应在"②。"留州"以外多余的经费，则"均之送使"③。即按照窠名和定额上缴本路的转运司④。除上供和送使的经费以外，州郡的财政开支主要有三大项：一是本路帅司和监司的官吏和兵士的俸禄和薪饷以及一部分公使钱；二是输送给其他州郡的一些财赋；三是拨入本州公使库的一部分财赋。如宁宗时，两浙东路台州每年的财政支出大致细分为六项，一是上供朝廷，二是起发给本路转运司，三是起发给提刑司，四是起发给提举司，五是起发给坑冶司，六是起发给福建路建宁府⑤。

　　在北宋前期，州郡的财政管理还有相当的独立性。一是州郡的财赋，"别有府库贮藏，听知、通备用非常"⑥。二是上供制度的执行还不太严格。正如陈傅良所说，在真宗大中祥符元年前，各地"上供未尝立额"。同时，"诸郡钱物往往积留，漕臣靳惜吝于起发，而省司殊不究知其详"。真宗咸平间，魏羽说太宗淳化以来"收支数目攒簇不就，名为主计而不知钱出纳"。景德间，王随说咸平以来"未见钱物着落，诸州受御指挥，名不供申。或有申报，多是卤莽，以致勘会勾销了绝不得"。仁宗天圣间，范雍又说从太平兴国年间以来，"未尝除破，更有桩管倍万不少"。陈傅良指出：从天圣到嘉祐年间，共 40 年，"理财之令数下，

①⑥　林駉：《古今源流至论》续集卷7《郡守》。
②　　陈傅良：《止斋文集》卷19《赴桂阳军拟奏事札子第二》。
③　　《皇宋中兴两朝圣政》卷55《孝宗皇帝十五》。
④　　《宋会要》食货58之28。
⑤　　陈耆卿：《嘉定赤城志》卷16《财赋门》。

徒有根括驱磨之文设而不用"。由此见得,从宋朝开国到仁宗至和间(1054—1056 年),"天下财物皆藏州郡"①。这表明州郡尚有较多的财权。

神宗即位后,"尤先理财"②。熙宁五年(1072 年),判司农寺曾布认为,散存在各州的财物,"干没差谬,漫不可知",三司虽然名义上予以审覆,实际上"全无检点"。于是朝廷置司"驱磨天下帐籍"。"自专置司,继以旁通目子,而天下无遗利"。随后,又开始给公使钱立出定额,从 200 贯到 3 000 贯为止。比如规定一州的公使钱为 1 000 贯,则首先计算该州原收坊场、园池等课利数多少,再拿不系省钱贴足额数。但各项课利钱逐年所收不同,或者因亏折而达不到原定数额,而所支不系省贴足的钱不再增添,则这一定额数目有达不到一半的,所以州郡财政"窘束"。这样,州郡的收入,仅醋息和房园、祠庙的误利,称为"收簇"。后来,又将在州的各色钱集中一起,"封桩入便",将"入便不尽"的钱"起发"即输送都城。元丰五年(1082 年),再次将各州上供岁额以外,凡是琐细的钱合并一起,称"无额上供"③。这样,原来留给州郡的部分二税全被列入上供的经费内④。公使钱又禁止用来造酒取利;同时,"问其茶盐,茶盐有使;问其坑冶,坑冶有司。青苗取息,免役输钱,星火文移,秋毫不贷,是守无财用也"。总之,朝廷以为"郡之财用太专",因而尽力收归⑤。州郡的财政受到朝廷和本路监司的严格限制,它们的自主职能几乎完全丧失。

南宋时期,一州的经费支出,主要有赡军、系省、上供三大部分。属于"系省"的经费,贮藏于军资库,本州"可留以廪给用度",即用来供养本州的官吏和宗室、兵士。属于赡军、上供的经费,则全部输送转运司,以筹集户部和总领所的军队和兵士的俸给、犒赏的费用⑥。州郡向所

①③　《文献通考》卷 23《国用一》。
②　《宋史》卷 179《食货下一》。
④　《陆九渊集》卷 8《与张春卿书》。
⑤⑥　《古今源流至论》续集卷 7《郡守》。

属总领所输纳供军的钱物已成为制度,各有定额。四总领所不时要求朝廷督促各州、军及时输送供军的钱物,并要求黜责忽视军饷的监司和知州。还委派各州的通判充当"主管官","专一拘辖催促,应限起发"各州、军应解送本路总领所的钱斛①。各州、军解送总领所的钱斛,有些是按"年额合起钱物",有些是原来上供朝省而被总领所"擅截"的钱物②。自从宋、金战争开始,朝廷"计司常患不给,凡郡邑皆以定额窠名予之,加赋、增员悉所不问"。开始实行州县经费的定额、定窠名之制,给予州县较大的机动权力。但随着离军将佐和宗室、戚里、归明、归正等人的大批"添差"(编外人员),州郡不胜负担。因此,如扬州每年输送朝廷不过 70 000—80 000 缗,而本州的支费却达到 1 200 000 缗③。大部分州、军的财政处于困竭的境地,所谓"其间上下熬煎、支吾不前者,居其大半"④。为了凑集各项经费,州郡往往不惜实行法外横敛,创立种种苛捐杂税;或者设法减少胥吏和官兵的人数,尽力缩减开支,借此作为平衡财计的手段。

　　县——县在财政上也是一个核算单位。宋人说:"一县必有一县之计。"⑤"县计"所管财赋名目,在收入方面。有税赋和课利两大部分。税赋中,包括夏税的绢、绸、绵、钱,秋税的苗米,茶租钱、免役钱、和预买绢绸丝等,皆有定额;课利中,包括茶、盐、香、矾、酒税(有定额)、商税、职田租等⑥。在支出方面,有岁输朝廷、路、州郡的财赋,也有定额。上供朝廷的上供银就有多种窠名,计年额银和圣节供奉银、大礼助赏银、大礼追奉银⑦。福建汀州宁化县,南宋时"岁解"上供银 1 560 两多,圣节供奉银 455 两,皆送交"行在"左藏西库;大礼银(每三年一次)435

①　《宋会要》职官 41 之 48、58、65。
②　《宋会要》职官 41 之 50、52。
③　《建炎以来朝野杂记》甲集卷 17《诸州军资库》。
④　王质:《雪山集》卷 3《论州郡财赋殿最赏罚札子》。
⑤　《宋会要》食货 11 之 21。
⑥　陈公亮:《严州图经》卷 2、3。
⑦　(明)冯继科:《嘉靖建阳县志》卷 4。

两,送交"行在"左藏右库;上供春、冬衣赐,会子 13 854 贯多;上供铅本,银和会子各一半,计银 71 两多、会子 250 贯①。在上供朝廷的现钱中,以版帐钱的数额最高。版帐钱并不是赋税的窠名,而是县邑上缴朝廷的财赋窠名。版帐钱内又分为使府版帐钱和通判厅版帐钱两项。平江府昆山县的两项版帐钱按月上缴,会子和现钱各半,全部用酒息"桩办"②。版帐钱是由转运司或州军转输朝廷的经费的一项。此外,还有转运主管司钱、提刑司头子钱、常平库府役钱、通判西厅减省催人钱③。各县输送本路和州军的经费,名目也很多,主要用于本路和州军的官吏俸禄和军饷。如平江府昆山县,南宋时有提刑司吏禄钱、提举司吏禄钱、提举司接官头子钱、提刑司职租头子钱、两通判厅职租头子钱等,每月有定额,主要从役钱和杂色钱以及职田头子钱"桩办"④。南宋时,各县还要按月上缴一部分剩余收入,称为"月桩钱",也有定额。月桩钱的名色不定,且多违法⑤,各州、军将所得月桩钱,再每月上缴本路,供给军队。各县的版帐钱和月桩钱,"多者至万余缗,少者犹不下数千缗",大大增加了县的财政负担,叶适指出这是"诸县之害"⑥。

　　留给各县自行支配的财赋是相对较少的。在正常情况下,县有常赋,"一孔不可妄取诸民",于是"唯于酒税加之意而已"。这是因为"酒税解郡,月有常额"。如果县道"经理有方,亦未尝不沛然也"。此外,还依靠征收秋苗时的加耗以及畸零、牛验、醋息、茶、麦、牙契、免丁、房赁、出卖官纸等筹措财计⑦。各县的具体情况有所差异,难以一概而论。

　　然而,县毕竟处于各级行政机构的最基层,所以缺乏自己财计的独立性。上而朝廷各司,中而本路监司和帅司、总领所,下而所隶的州、

① (清)李世熊:《宁化县志》卷 5《赋贡志上》。
②④ 凌万顷、边实:《玉峰志》卷中《课利》。
③ 卢镇:《重修琴川志》卷 6《上供》。
⑤ 赵汝愚:《赵忠定奏议》卷 1《请蠲减江西月桩钱物疏》。
⑥ 《水心别集》卷 11《外稿·经总制钱二》,卷 10《外稿·实谋》。
⑦ 胡太初:《昼帘绪论·理财篇第九》。

军,都可对其财计横加干涉。高宗时,将作监潘纬"论州县之弊"说,大率新的知州到任,首先要求属县"责认财赋,数足还邑",称为"献助"。又委派僚佐下县"点检,责认解发,抑无为有",称为"划刷"。收取二税,将零头集中一起,算为整数征收,称为"畸零"。酒税不用祖额,逐年增加,称为"递年课利钱"。还有"改钞"、"军衣"、"无额经总制"、"补亏"、"州用"、"版帐"、"纲目"、"格目"、"青册子"之类,各各不同。县官无所从出,只能"科取于民"①。

①　《宋会要》职官 42 之 59—60。

第十章　人事管理制度

第一节　科举和学校考选制度

宋代统治者通过许多种途径来选拔文、武官员,其中主要有科举考试、学校考选、恩荫、流外、进纳、摄官、军功等,而科举考试和学校考选更是两个最主要的途径。

(一) 科举制度

在唐、五代的基础上,宋代的科举制度完全确立,而且日趋完善和严密。

科举向士大夫广泛开放,不重门第,只要文章和诗赋合格,就可录取。大部分科举登第者出身于乡户,即一般地主和殷富农民,一部分为工、商的子弟,世代为官的子弟只占少数。理宗宝祐四年(1256年)《登科录》,载有这一年中榜的601名进士的详细情况。据统计,这些及第进士中,除少数人情况不明和宗室以外,大多数是乡户,县坊出身者不到20人;三代中做官的有144人。此外,还有宗室73人。这就是说,在601名及第进士中,平民家庭出身的有417人,官僚家庭出身的仅有184人。

参加科举考试的各科士人,统称"举人"或"举子"。参加进士科考试的士人,则称"进士"。举人应试不合格,须再次应举。举人没有"出身",只享有免除本人丁役和免纳身丁钱米的特权;曾赴礼部试者,犯徒以下公罪和杖以下私罪,允许赎免①。

神宗熙宁四年(1071年)前,有贡举、武举、童子举、制举等。贡举又设进士、明经、诸科(包括九经、五经、开元礼、三史、三传、三礼、学究、明法等科)。熙宁四年,废罢明经和诸科,命诸科举人改应进士科,又另设新科明法。后来又废除制举。元祐(1086—1094年)后,进士科分为诗赋进士和经义进士两科,一度设经明行修、八行、宏词等科。南宋时期,进士一般仍分诗赋进士和经义进士。另有武举、制举、博学宏词科等,但应举及登科人数都很少。终宋一代,科目呈现逐步减少趋势,进士科愈益成为最主要的科目,士人都以进士科登第为荣。

宋代实行解试和省试、殿试三级考试制。解试又称乡贡、秋试,由地方官府考试举人,然后将合格举人贡送朝廷。解试包括州试(乡试)、转运使司试(漕试)、国子监试(太学试)等几种方式;每逢科场年,在八月十五日开考,连考3天,逐场淘汰。举人解试合格,由州或转运使司、国子监等按照解额解送礼部,参加省试。省试由尚书省礼部主管,从英宗治平三年(1066年)起,重定每3年举行一次,在春季选日考试各地举人,分别科目连试3天,合格者由礼部奏名朝廷,参加殿试。太祖开宝六年(973年),因知贡举李昉徇私录取“材质最陋”的同乡武济川一事被发觉,又因落第举人论诉,太祖就在讲武殿出题重试。从此,必由皇帝亲临殿陛出题考试礼部奏名合格举人,并重定名次。同时,每次省试后,必定举行殿试,殿试所定名次与省试有所不同,举人殿试合格才算真正“登科”。南宋时期,四川还在安抚制置司单独举行与省试相当的类省试,简称类试,以照顾远离临安的四川举人。类省试合格举人,直接参加殿试。为了防止各级考试的考官作弊,规定有关官员的子弟、亲戚、门客应试时必须回避,另派考官设场屋考试,称“别头试”②。在不同时期,对不同科目和身份的举人,实行不同的考试方式,有牒试、帘试、附试、同文馆试、锁厅试、比试、拍试、刑法试等。

----

① 　王栐:《燕翼诒谋录》卷2《贡士得赎罪》。
② 　王辟之:《渑水燕谈录》卷6《贡举》。

为了保证能在科举考试中选拔到真正的人才,统治者逐步完善各类、各级考试的程式。如全国各州和国子监、京城、转运司统一于八月十五日开始考试,以防举人利用时间差多处冒试①。解试和省试在开考前数天,考官全部同时进入贡院,开始进行考试准备工作,包括拟出考题、排定考生座位等,在考试期间不得私自外出或会见亲友,称"锁院"②。举人向贡院交纳试纸和家状,加盖官印。在考场内,举人按照座位榜对号入座,座位右侧标明举人姓名。官府刻印试题及注解,分发举人。举人纳卷后,封弥院负责密封试卷卷头,亦即将举人的姓名、乡贯糊住,或截去卷头,编成千字文号。誊录院负责誊写出试卷副本,对读所校勘副本使无脱误。考官根据副本批分定等,再送覆考官及知举官覆审并最后决定名次。这些考试程式在实行过程中难免也有一些弊病,但与唐代以前的荐举制仅依靠门第高下或抽象的德行标准相比,总算有了比较具体的客观标准,不至于听任考官或知举官随意升黜③。

省试时,朝廷委派权知贡举1至2员,主持该次考试。为分割事权,又委派权同知贡举2至3员协助。另外,选派贡院监门官数员,巡察院门,谨视出入;巡铺官数员,巡视试院,防止举人作弊;封弥卷首官、编排试卷官各数员,负责密封卷首、编排试卷字号及考官所定等第;誊录官数员、对读官一二十员,负责指挥吏人誊写和核对试卷副本;每500名举人又设点检试卷官一员,按课题分房考校试卷,批定分数,初定等第;参详官10多员,负责覆查点检试卷官所定等第和批分。此外,还委派台谏官一员担任监试官,又委派总辖诸司官、中诸司官、外诸司官、弹压受卷官、同主管官等各一二员。避亲别试所也设监试、考校官各一员,点检试卷官数员。殿试时,不设参详官,另设详定官和初考、覆考官各数员,详定官负责详审初考和覆考官所定试卷等第④。

---

① 沈作喆:《寓简》卷1。
② 《宋会要》选举19之2。
③ 陆游:《老学庵笔记》卷5。
④ 范镇:《东斋记事》卷1;刘昌诗:《芦浦笔记》卷5《赵请献公充御试官日记》。

各科所考课题和场次有所不同。所考课题主要有经义、诗、赋、论、策。经义和论逐渐形成一定的体式,到宁宗时出现了经义"全用套类",即使用现成章法、格式的现象①。这种格式规定每篇经义和论都要分为破题、承题、小讲(以上总称冒头)、官题、原题、讲题(讲腹)、结尾等段落。每个段落规定要写成双行排比文字或散行。这种体式使考官在阅卷评分时又有了一个标准,减少随意性②。

举人殿试合格,朝廷按照科目和录取甲次的不同,分别授予本科登第、出身、同出身、赐出身等身份。前三名依次为状元、榜眼、探花。还授予殿试合格人以一定的官阶。如仁宗时,殿试状元授将作监丞官阶,榜眼授大理评事,探花授太子中允;皆注通判差遣。第四名授校书郎,第五名授奉礼郎;皆注签书诸州判官厅事差遣。第六名授两使职官。第二甲授初等职官,第三甲授试衔知县,第四甲授试衔主簿或县尉,第五甲授判司簿尉③。省试第一名即"省元",参加殿试时可享受"升甲"的优待;如果特免殿试,可直接赐进士登第,也授签书诸州节度判官厅公事阶④。殿试头三名和省元初次任官,可以不必宰邑。

宋代每次殿试录取的举人总数,比唐代礼部试要多十倍左右。据洪适《大宋登科记》记录,自太祖建隆元年(960年)至高宗绍兴三十年(1160年),进士科登第者共23 600多人。又据李椿《中兴登科小录》,从高宗建炎二年(1128年)至理宗嘉熙二年(1238年),进士科登第者共15 800多人⑤。以上两项数字,减去高宗时进士及第者3 356人⑥,加上理宗淳祐元年(1241年)到度宗咸淳七年(1271年)登第者共4 677人⑦。整个宋代,进士科登第者共39 721人。其中还没有把神宗以前

---

① 《文献通考》卷32《选举五》。

② 朱瑞熙:《宋元的时文——八股文的雏形》,《历史研究》1990年第3期。

③ 《宋会要》选举2之7。

④ 《宝庆会稽志》卷5《人物》。

⑤ 陈振孙:《直斋书录解题》卷7《传记类》。

⑥ 据《宋史·高宗纪》统计。

⑦ 据《宋史·理宗纪、度宗纪》统计。

其他各科殿试中第者包括在内。朝廷由此选拔大批有用的杰出的人才，满足了各级政府机构的需求。

（二）学校考选制度

宋初，朝廷中央只设一所学校即国子监（国子学），学生名额甚少，而且只收七品以上官员子弟。州、县学也寥寥无几。从仁宗时起，增设四门学和太学，国子学的地位逐步被太学代替，同时开始在藩镇立学，随后各地州、县也纷纷建立学校。仁宗庆历四年（1044 年）所建太学，招收内舍生 200 人，由国家供给饮食和住宿，采用胡瑗的湖学法制订"太学令"。直到神宗以前，各级学校没有取士权，学校与朝廷任官没有直接联系。即使太学，也只是在每次贡举考试时，与各州同时举行"国子监发解试"，由朝廷统一分配录取名额（解额）。这时，监生或太学生只是以举人的身份参加考试和中榜，而且录取后也只是取得参加省试即"赴省"的资格。国子监发解试处于州级解试同等的地位，解额也与各州相差无几，最多与开封府地位相埒。神宗时，扩建太学，增加学生名额达 2 400 人，设八十斋，并重订学制，推行三舍法。徽宗时，创建辟雍作为太学的外学，太学（包括辟雍）共招生 3 800 人。高宗绍兴十二年（1142 年），在临安府重建太学，南宋末学生达 1 700 多人。

太学的官员统称学官，职员统称学职。在北宋前期，国子监设判国子监事 2 员为长官，委派两制或带职升朝官充任。直讲 8 员，委派京官或选人充任，掌管以经术教授学生。丞一员，委派京朝官或选人充任，掌管钱粮出纳事务。主簿一员，委派京官或选人充任，掌管帐册，勾考出纳。神宗元丰改制，改设国子祭酒、司业各一员为正、副长官，国子祭酒掌管国子监和太学、武学、律学、小学的政令，司业是其助手。又设丞和主簿各一员，丞参领本监事务。改直讲为太学博士，设 10 员，每经 2 员。另设太学正、录各 5 员，武学博士 2 员，律学博士和正各一员①。学

---

① 《宋史》卷 165《职官五》。

职又称职事人,有学正、前廊学录、直学、学谕等,由上舍生或内舍生担任,每月有俸钱①。职事学正和命官学正都负责执行学规,每 20 天考校学生一次。职事学录和命官学录则协助学正执行学规和管理学生请假事宜,参预考校学生。学谕以所授经典教谕学生,负责在每季结束时对学生的考校;学谕学行卓异者,可直升学官。直学掌管太学生的学籍,出入登记簿,兼治不尽职的斋仆②。

从神宗熙宁元年(1068 年)开始,太学逐渐形成一套比较完整的学制。太学生从八品以下官员子弟和平民的优秀子弟中招收。分为上舍、内舍、外舍三等。新生初入学,在外舍即大学预科习读。由外舍升内舍,由内舍升上舍。外舍 1 年,内舍 2 年,上舍 2 年,实际是 5 年制。熙宁五年规定,内舍生和外舍生都由太学供给伙食③。南宋时,外舍生入学,须纳"斋用钱",方能在官厨即太学所办食堂就餐;贫乏者,允许减免一半伙食费;内舍生和各斋长、谕免交。学生各习一经,随所属学官讲授。又将学生每三十人分为一斋,有屋五间、炉亭一间为全斋阅览和会议处,设斋长、斋谕各一员,负责督促和检查学生的行艺④。

太学考核学生成绩和学生升等以及学成授官的制度,称为"太学三舍考选法",简称"三舍法"。外舍生和内舍生每月考试经义或诗、赋、论、策一次,由学官自行出题,派其他学官负责考校(阅卷判分)和试卷弥封、誊录等职,3 天后揭榜。因考试不经朝廷派官出题和监试,所以称为"私试"。最初,在私试期间考官不需锁宿,后来改为考前一天锁院。每季考 3 场,第一月考经义,第二月考论,第三月考策⑤。每年年底,比较成绩优劣,每 10 人录取一人,升入内舍,称为"外优"。内舍生私试成绩合格,年底计算总成绩为优,则为"内优"⑥。每年二月底到三月初,还由朝廷派遣外官主持对外舍生和内舍生的考试,太学派出

---

① 程颐:《伊川文集》卷 3《三学看详文》。
②④ 《永乐大典》卷 662《雍字·辟雍旧规》。
③ 《宋会要》职官 28 之 10。
⑤ 《朝野类要》卷 2《举业》。
⑥ (元)戴表元:《剡源集》卷 10《李氏族谱后序》。

一二员学官陪考,称为"公试"。学生身穿襕衫,头戴幞头,进入考场。第一天考诗和赋、经义五道,第二天考论和策each一道。成绩也分优、平两等,平均每 7 人录取一人①。外舍生公试成绩及格,也可升入内舍,视去年和当年的私试和公试情况决定"入等升"或"本等升"、"进等升"、"追升"。内舍生一年内参加过私试,就不准参加公试;反之亦然。内舍生还可参加上舍试。上舍试每两年举行一次,由朝廷委派外官主考,命题极难,比省试还隆重。考试成绩分为优、平、否三等,前两等为及格。内舍生前年已取得"内优"成绩,上舍试又列为优等,即升补为上等上舍。其次为一优一平,升补为中等上舍。再次为二平,或者为一优一否、一否一优,也都随榜升补为下等上舍,称为"赤脚升"②。上等上舍,皆释褐授官,以其中分数最多者为状元,俗称"释褐状元"或"两优状元"③,先赐进士出身,授官与殿试进士第二人或第三人相同待遇,一般授京官阶,注国子录或教授官职,有时也授幕职官。中等上舍,允许"免省",即可以直接参加殿试。下等上舍,允许"免解",即可以直接参加省试。理宗时,贾似道专权,为"采誉钓恩","两优"录取名额由一人增加到 3 人;中等上舍不须参加殿试,直接释褐授官;下等上舍不须参加省试,直接参加殿试。甚至"泛引恩数",批准一些中、下等上舍生释褐授官④。至此,太学取得了部分取士权,学校与任官结合一起。

徽宗崇宁三年(1104 年),还废除贡举中的解试和省试,"天下取士悉曰学校升贡"⑤,太学成为全国士庶子弟获得殿试资格的主要途径。尽管到宣和三年(1121 年),就全面恢复省试和解试,但此后的太学三舍考选制和贡举三级考试制同时实行,互为补充。此外,太学三舍生照样可以参加贡举考试,以内舍生或上舍生的身份登进士第⑥。

自仁宗后,还设置了武学、律学、宗学等各类专业学校,神宗后也实

---

① 《永乐大典》卷 662《雍字·辟雍旧规》。
②④ 方回:《桐江集》卷 8《先君事状》。
③ 周密:《癸辛杂识》后集《成均旧规》。
⑤ 《宋史》卷 155《选举一》。
⑥ 《淳熙三山志》卷 32《人物类七·科名》。

行了三舍考选制,取得了部分取士权。

第二节　荫补和流外补选等制度

贵族和官僚子弟平日生活优裕,在学业上大都缺少进取精神,所以科举登第者较少,他们主要是走荫补入仕之路。朝廷内外一部分吏胥,也可因年劳而依照流外补选制出职任官。官、民户还可向官府交纳钱、粟买官或转官,也可靠军功授官,或因暂摄差遣而升为真官。

(一) 荫补制度

荫补又称"恩荫"、"任子"、"门荫"、"世赏"等,是朝廷根据官员职、阶高低而授给其子弟或亲属、门客以官衔或差遣的制度。宋朝官员丧失了世袭爵位和封户的特权,为确保"世守禄位",参照唐制,制定了扩大中、高级官员荫补亲属的制度。

唐朝品官荫补亲属的范围较小,五品以上官员荫孙,三品以上官员荫曾孙;未有荫兄弟、叔侄的规定,而且"不著为常例"①。中唐后到五代时期,荫补制度基本上崩坏。宋太祖规定五品以上的文、武官员都可荫子弟,实际是恢复唐制。真宗时,形成了比较固定的荫补制度。文官从侍御史知杂事以上,每年奏荫一人;从带职员外郎以上,每3年奏荫一人。武臣从横行以上,每年奏荫一人;从诸司副使以上,每3年奏荫一人。没有兄弟、叔侄、曾孙等亲属远近的严格"品限",因而"旁及疏从",以致"入流寖广,仕路益杂"②。

宋代荫补的名目大致为五类,一是"大礼"即举行郊祀(京城郊外大祭祀,如南郊祀天、北郊祀地)或明堂典礼(祀后土、皇地祇于明堂),每3年一次。按规定,宰相和执政官可荫补本宗、异姓、门客、医人各一人;东宫三师、三少到谏议大夫,荫补本宗一人;寺、监长贰到左右司谏、

---

① 《国朝诸臣奏议》卷74,范镇:《上仁宗论荫补旁亲之滥》;《长编》卷169。
② 《国朝诸臣奏议》卷74,范镇:《上仁宗论荫补旁亲之滥》。

开封少尹，荫补子或孙一人。这是《宋史·职官志》的记载①。据宁宗时编《庆元条法事类》"荐举格"规定，"臣僚遇大礼，荫补缌麻以上亲"，宰相和开府仪同三司以上为 10 人，执政官和太尉 8 人，侍从和观察使到节度使 6 人，中散大夫到中大夫以及右武大夫到通侍大夫 4 人，带职朝奉郎到朝议大夫以及武翼大夫到武功大夫 3 人②。二是"圣节"即皇帝诞日。太宗末年规定，翰林学士、两省五品、尚书省四品以上，赐一子出身③。真宗时规定，大两省至知杂御史以上，各奏荫一子充京官，少卿监奏荫一子充试衔④。太皇太后、皇后均录亲属 4 人为官，皇后 2 人，诸妃一人，公主丈夫的亲属一人⑤。三是官员致仕，仁宗初年，规定郎中以上致仕，荫补一子为官。后又允许三丞以上致仕，荫补嫡孙或弟、侄一人⑥。宁宗时规定，曾任宰相或现任三少、使相，荫补 3 人；曾任三少、使相、执政官和现任节度使，荫补 2 人；太中大夫和曾任尚书、侍郎以及右武大夫以上，还有曾任谏议大夫及侍御史，荫补一人。朝奉郎到中大夫以及武翼大夫到武功大夫致仕而不愿转官者，可荫补本宗缌麻以上亲一人。四是官员申报遗表。曾任宰相和现任、曾任三少、使相，荫补 5 人；曾任执政官和现任节度使，荫补 4 人；太中大夫以上，荫补一人；诸卫上将军和承宣使，荫补 4 人；观察使，荫补 3 人⑦。五是改元、皇帝即位、公主生日、皇后逝世时等临时性的恩典，都给予品官亲属以一定的荫补名额。

官员亲属按照亲等接受不同的官衔。如文臣中太师至开府仪同三司，其子为承事郎（京官第三阶），孙和期亲为承奉郎（京官第四阶），大功以下和异姓亲戚为登仕郎（选人第六阶），门客为登仕郎（不理选限）。武臣中枢密使和开府仪同三司，其子为秉义郎（小使臣第二阶），

①　《宋史》卷 170《职官十》。
②　《庆元条法事类》卷 12《荫补·荐举格》。
③⑤　《宋史》卷 159《选举五》。
④　范仲淹：《范文正公奏议》卷上《答手诏条陈十事》。
⑥　《燕翼诒谋录》卷 5《致仕推恩》。
⑦　《宋史》卷 170《职官十》；《庆元条法事类》卷 12《荫补·荐举格》。

孙和期亲为忠诩郎(小使臣第四阶),大功以下亲属为承节郎(小使臣第七阶),异姓亲戚为承信郎(小使臣第八阶),等等①。这是徽宗崇宁二年(1103年)至政和六年(1116年)间的制度。

通过荫补,每年有一批中、高级官员的子弟获得官衔或差遣。仁宗时,左正言孙沔说,每遇大礼,臣僚之家和皇帝母后外族,"皆奏荐略无定数",多至一二十人,少不下五七人,不问才愚,皆居禄位,甚至"未离襁褓,已列簪绅"②。高宗时,每遇亲祠之岁,全国任子约4 000人③,比北宋增加两三倍。据统计,宋代的州县官、财务官、巡检使等低、中级差遣,大部分由恩荫出身者担任。

(二) 流外补选制度

宋代"流外人",乃指在朝廷中央各个机构和各路、府州任职的吏胥。吏胥可以经几种途径出职补官,有年劳补官、官员奏补等。

年劳补官是吏胥出职的最主要途径。各路州军与朝廷中央各司的吏胥因为机构等级和职务重要程度的差异,因而出职的年限和出职时的资级、出职后的待遇也不尽一致。苏辙说,各司吏人的"迁转、出职迟速高下,各各不同"④。

各路州军的胥吏,又有两种出职的方法,这是因为州郡的等级不同而造成的。第一种方法,是一般州郡的吏胥,"每遇考课,推其年额最高、无罪犯者,补摄参军,号称'出职',未有得为品官者"。由年额最高者的主吏孔目官出职补摄参军。神宗改制后,改补摄助教⑤。第二种方法是节镇州郡,"每岁解发一官",补授承信郎阶。这是高宗绍兴八年(1138年)某一官员所追述的"旧制"的内容⑥。这里节镇州郡每年

————————

①　《宋史》卷170《职官十》。

②　《长编》卷132。

③　《宋史》卷159《选举五》。

④　苏辙:《栾城集》卷43《论吏额不便二事札子》。

⑤　《淳熙三山志》卷13《版籍类四·州县役人》。

⑥　《宋会要》职官48之100—101。

解发的一员吏胥,其资级达到了最高级即都知兵马使。按照一般州郡吏胥的资级,吏胥要任职27年,才能升迁到此。真宗时,规定都知兵马使供职2年一替,然后送京师,补授班行差遣。仁宗时,改为满3年,方能出职,授予三班奉职或借职,景祐元年(1034年)开始改为授予三班借职或三班差使殿侍①。神宗元丰(1078—1085年)年间,规定都知兵马使年满,补授三班差使,借差到部,应副短使,到短使足日时,再"收入住程,指射差遣"。哲宗元祐年间,虽然年满后所授阶官如前,但允许回到本州或本路管押纲运。元符三年(1100年),继续实行元丰条法②。宁宗庆元六年(1200年),重定此法,只有两浙路转运司和临安府的人吏达都知兵马使而后年满出职,补承信郎;其余监司、州军人吏和衙职等,即使达到都知兵马使,都不准解发到京③。

宁宗时,《庆元条法事类》记录下了都知兵马使出职的详细规定:一、每州每年补一名,任职3年,期满替罢。二、从"入役"即开始任职算起,总计任期要达20年。如果曾经酬奖转资者,每转一资,准许减少3年。三、由知州和通判审查其人材料和书札,是否胜任武职,保明申报转运司。四、由转运司覆审,保荐解送朝廷。五、如不能胜任武职,或者本人不愿,或者曾经犯徒刑罪和赃、私罪,则不再解送朝廷,在本州补摄助教。该书"荐举式"还记录了"发解年满都知兵马使状"式。根据此状的格式,要写明该都知兵马使的籍贯、户主姓名、三代姓名、全家人口年龄、本人履历、去年已发解的都知兵马使的姓名和补授名目、该州衙司和州司保明以上情况属实等。其中本人履历还包括:一、本人何时充当某一职役名目,后来何时递迁至都知兵马使,何时满3周年;自初次入役到年满,实计多少年。二、入役后所经历的差遣,开具时间。三、入役后所迁补的职名,开具时间。四、入役至今不曾犯过徒刑和严重的赃、私罪。在州申报转运司和转运司覆审后保荐申报朝廷时,都采用这种状式④。

---

① 《宋会要》职官48之95—98。
② 《宋会要》职官48之98—99。
③ 《宋会要》职官48之106。
④ 《庆元条法事类》卷52《公吏门》。

　　朝廷中央各司的吏胥,出职和勒留等制度比较复杂。太祖、太宗时期,尚未形成一定的制度。真宗咸平六年(1003 年),始命翰林学士承旨宋白等人"详度"有关条例。新的条例规定:一、政事堂沿堂五院行首、副行首,依照旧制补授三班;通引、堂门、直省、发敕验使臣,遇阙,依照名次顺序补正名,任期 3 年,授勒留官,任职 7 年,而后正式出官;遇郊祀大典,正名的任期可改为一年。二、宣徽院的贴房至都勾押官,军将至知客、押衙各六等,都以顺序授官;到勾押官、押衙,满 5 年以上出官,授三班或主簿、县尉。三、学士院的孔目官,补正名后,任期 3 年,授勒留官,再任职 5 年出官;遇郊祀恩典,正名的任期减为一年。驱使官,补正名后,任期 4 年,授勒留官,再任职 8 年出官;遇郊祀恩典,正名的任期减为 2 年。四、三馆的孔目官、书直官、书库官、表奏官、守当官,补正名后,任职 4 年,授勒留官。授勒留官后,孔目官任职 6 年出职,书直和书库、表奏官 7 年,守当官 8 年。遇郊祀大礼,正名的任期一律减为 2 年,等等。此后,又规定客省承受、行首年满补授左、右班殿直或三班奉职,御书院的翰林待诏、书艺、御书祗候,任职 10 年以上没有过失,允许出职①。大中祥符九年(1016 年),规定开封府衙吏共三等,第一等为左、右都押衙,以 5 年出职;第二等为客司左、右知客押衙,以 6 年出职;第三等为通引官左、右番行首,以 7 年出职②。《宋史·职官志九》所载"流外出官法",是真宗至元丰改制前朝廷各司吏胥出职的制度。如三司的三部都孔目官,任职 3 年,出官任西头供奉官;前行和后行入役 30 年以上,遇郊祀大礼,从上各出 2 人,前行出官为三班奉职,后行出官为三班借职。子思勾覆、开拆官,任职 5 年,出官为左、右班殿直。同三部衙司的都押衙,任职 3 年,出官为三班奉职;衙佐任职 3 年,出官为三班借职;通行官行首司任职 5 年,出官为三班奉职。以上都要补为正名后计算③。大致上,朝廷中央各司的胥吏出职时,枢密院和三司都补授三

---

① 《宋史》卷 159《选举五》。
② 《宋会要》职官 48 之 95。
③ 《宋史》卷 169《职官九》。

班借职以上阶,其余或者补授州县官阶。内廷各司的主吏、三司大将,也有补授三班借职的。中书主事以下、三司勾覆官以上,各带诸州上佐官;枢密院主事以上,都带同正将军;其余多带远地的司户参军或主簿、县尉①。在京各司吏胥,"积勤累日,大率须及二十年,方得出仕"。其中三省胥吏有点检各处文书"酬奖减年",出官最速,有些不愿出官者,"坐理资任,至为郡守"②。吏胥们在出职授官,却勒令继续留司担任本职;或者在任满得替之后,仍勒归本司任职,称为"勒留官"。勒留官任满后,方能完全脱离本司,出外任官③。

吏胥出职注授差遣时,可以免除铨试。在注授差遣时,作为"流外人"受到一些限制。如真宗时规定,每个县的令、佐,不能全差流外人④。徽宗时规定,三省吏人出职,不得同任一州的知州和通判。南宋时期,流外人不能注司法参军,只能注破格司理参军⑤,不能注监盐仓、盐场。已经注授差遣,不准与人对换⑥。因功赏推恩,官阶只能至武功大夫为止,不准迁横行或遥郡⑦。

在宋代官员的总数中,吏胥出职者占到少数。宁宗嘉定六年(1213年),吏部四选中,尚书右选有3 866名武臣,其中"杂流非泛吏职"340员,约占8.8%;侍郎左选有17 006名选人,其中"流外"165员,约占1%弱;侍郎右选有15 606员参部使臣,其中"吏职"1 221员,约占7.8%⑧。可见流外人极少担任文官,绝大多数人充当武官。

宋代文献中,有关吏胥出职后任官的记载也很多。真宗时,三司小吏李溥出官,累迁为发运使⑨。仁宗时,三司吏人陈鼎出职后,历任河

---

① 《宋史》卷159《选举五》。
② 《长编》卷386。
③ 《宋会要》选举25之21。
④ 孙逢吉:《职官分纪》卷2《县令》。
⑤ 《永乐大典》卷14621《部字·吏部八》。
⑥ 《永乐大典》卷14620《部字·吏部七》。
⑦ 《宋会要》选举24之3。
⑧ 《建炎以来朝野杂记》乙集卷14《嘉定四选总数》。
⑨ 《宋史》卷303《黄震传》。

东路和江东路同提点刑狱、益州都监兼知利州等①。学士院孔目官周元亨出职后，授梓州司户参军阶，首注成都温江县主簿差遣。昭文馆正名守当官陈旦出职后，授利州司户参军阶，被勒留"依前充职"②。

（三）进纳、军功等授官制度

富民向官府纳粟和现钱得官，称为"进纳"。分为两种情况：一种是纳粟赈粜和援助边区；另一种是单纯向国家纳粟或钱，获得不理选限的文武臣官阶，俗称"买官"③。太宗淳化五年（994年），规定各州军遇水灾时，允许"有物力户"和职员等自愿将粮食资助官府赈贷，朝廷"当与等第恩泽酬赏"，共七等：一、一千石，赐爵一级；二、二千石，授本州助教；三、三千石，授本州文学；四、四千石，授试大理评事或三班借职；五、五千石，赐出身，授三班奉职；六、七千石，授别驾，不签书本州公事；七、一万石，授三班殿直或太祝④。从此，凡遇天灾或兵乱以及平时，鼓励官、民户用各种方式，资助官府，逐步形成一整套进纳授官的制度。

宋朝的进纳授官制度，可以概括为以下内容：第一，进纳人的范围越来越扩大。太宗时，只限于"有物力户"即富户和"职员"即吏胥。后来增加了举人（如进士、学究、习三史等）、乡村上户、豪民、屠沽市贩、富商巨贾、现任文武官、致仕官、勋臣、外戚、内侍、僧、行者等。第二，进纳物品的范围越来越广。太宗和真宗时只有米、麦、粟等粮食，仁宗起扩大到富民出资雇人夫修筑边城、修黄河的物料之一秆草、铜钱、铁钱、会子、钱引、钞盐等。第三，进纳人的待遇前后有所变动。当官府急需时，常常增加对进纳人的优待；反之，则立即减少这种优待。进纳人所受待遇包括几个方面：一是平民可补授官阶和官员升迁官资、占射差遣、减少磨勘时间。一般授幕职州县官或小使臣，更低者授无品级的

---

① 《长编》卷134。

② 王安石：《王临川集》卷55《外制七》。

③ 赵昇：《朝野类要》卷3《入仕·进纳》。

④ 《宋会要》职官55之29。

文、武官员,更高者授京官或大使臣。已有官者,京朝官升转一至数官,
幕职州县官循一资或数资;减少磨勘年数年;或者同时占射差遣一次。
二是进纳出身的官员均免除本人的丁役;在晋升至升朝官时,理作官
户,免除本户的差役,但不免科配(至京官时,仍不免衙前役)。有时为
鼓励人们进纳,朝廷又允许进纳人理作官户,或者算成"军功",还免除
本户的州县差役,但进纳人身亡后,子孙便同编户。三是进纳官在注授
差遣时,有时受到优待,如准许堂除差遣,免除铨试或呈试等;有时又常
常受到限制,如不准注授录事、司理和司法参军、县令、县丞、县尉等,不
得受辟担任本路州县的差遣等。四是进纳官可以参加官宴,官阶最低
的摄助教在犯杖以下的私罪并情理轻的情况,准许收赎[1]。一度不准
得试衔官者与州县其他官平起平坐,"只令庭参"[2]。

　　徽宗时,进纳人"已仕者约以千计,见在吏部以待注拟者不下三百
人"[3]。宁宗嘉定六年,尚书左选中京朝官 2 392 员,其中纳粟补官者 3
员,约占 0.1%强。侍郎左选中选人 17 006 员,其中进纳人 429 员,约
2.5%强。侍郎右选中使臣 15 606 员,进纳 508 员,约占 3.2%强[4]。到
理宗时,进纳补官人激增,仅小使臣中进纳人便有 2 100 员去吏部参
注,真是达到了"校尉连车,而迪功(郎)平斗矣"[5]。

　　"军功",是指亲冒矢石,或者获得首级,或者受重伤,以及杀退敌
人解围、运粮守城、进筑关口守卫之类[6]。因军功授官者,应在军队任
职,除非老疾应该裁汰,不得参部和就辟差遣[7]。但南宋时期,军功补
官人普遍赴吏部参选。按照《吏部条法》"差注门"规定,军功补授人,
不管已未经任,皆可注指使差遣;年未 60,经任和识字,可注巡辖;年未

①　《宋会要》职官 55 之 29—53。
②　《燕翼诒谋录》卷 2《纳粟补官》。
③　《宋会要》职官 55 之 39。
④　刘克庄:《后村先生大全集》卷 51《轮对札子》之 2。
⑤　吴潜:《许国公奏议》卷 2《奏论计亩官会一贯有九害》。
⑥　《建炎以来朝野杂记》乙集卷 14《进纳授官人升改名田之制》。
⑦　《宋史》卷 158《选举四》。

50,经任,可注缉捕盗贼;历任亲民、监当官,可注作院;历两任指使后,识字,年未 60,可注监当官;历两任指使、一位监当官后,可注巡检;经官府铨量试中,可注县尉。因军功补文资者,只注监当官,六考后无过失,允许注主簿和县尉①。军功出身者,又获改官酬赏,如果换授使臣,则只能"比类循资",到承直郎(选人的最高一阶)为止。已取得"郎"阶,而升转为朝官后,准许像官户一样免除差役和科配②。

广南东、西两路,因路途遥远,加上本地财政收入少而不足负担全部正官,因此允许两赴省试的举人,经漕司考试刑法合格,聘用 50 人作为"正摄"官(即代理官),每人月俸 10 贯、米 2 斛。任满两年,即真授正官。后来又增加 50 人,称"待次"官。徽宗崇宁(1102—1106 年)、大观(1107—1110 年)后,又增加 50 人,称"额外"。全部由本路漕司注拟差遣。高宗建炎初,一度将官阙收归吏部,但多年无人愿就,又重新将官阙下放给漕司③。

第三节　官员的品阶、加官和俸禄制度

适应官僚政治制度的需要,宋代逐步形成了一套比较完整的官员品阶制度,还逐步减少了前代遗留下来的一些附加性官衔,并使俸禄制度日趋完善。

(一) 文、武官的品阶制度

官员的品阶,包括官品和本官阶两个方面。宋代实行官和职、差遣分离的制度,官指本官阶,职指三馆和秘阁中的官职,差遣指官员的实际职务。这三者的分离,是当时政治制度发展的必然结果,是一种进步的措施。

---

① 《永乐大典》卷 14622《部字·吏部九》。
② 《建炎以来朝野杂记》乙集卷 14《进纳授官人升改名田之制》。
③ 《建炎以来朝野杂记》甲集卷 12《广南摄官》。

官品:北宋前期,沿袭唐制,将官品分为九品,每品分正、从;四品以下,正、从之中又分上、下,共三十阶。其中只有少数官称的品格有所升降。在政治生活中,官品的功能甚小,只是决定官员公服颜色的一种标准:三品以上服紫色,五品以上服朱色,七品以上服绿色,九品以上服青色。神宗官制改革,重定官品令,减少官品,共为九品正、从十八阶。官员的服色也改为四品以上服紫,六品以上服绯,九品以上服绿①。

本官阶:官员的官阶分为本官阶和散官阶两类。散官阶属于附加性官衔;本官阶又称正官、本官、寄禄官,才具有实际意义。北宋前期,本官阶利用前代的三省六部等官名组成,这些官名成为本官阶的一个资级后,不再担任与官名相应的职务。以宰相和执政官为例,这时的吏部尚书是阶官,同中书门下平章事是职官;尚书吏部侍郎是阶官,参知政事是职官。但吏部尚书和吏部侍郎不纯属阶官或职官,管理其事则成为职官,不管理其事则成为阶官。至于选人,完全用幕职的令、录等为阶官,而这些令、录等原来都有所系属的监司或州县。所以,情况较为复杂。本官阶与官员的实际职务是紧密联系的,官员达到一定的本官阶,才能承担与之相应的实职;但两者的作用不同。本官阶是用来决定官员的俸禄,并且作为官员享受赠官、叙封、恩荫、荐举等待遇的重要标准②。

北宋前期的本官阶,是在太宗末年和真宗时期确定的。《宋史·选举志》记载,太宗"淳化(990—994年)以前,资叙未一,及是始定迁秩之制"③。据《宋史·职官志》"文臣京官至三师"和"武臣三班借职至节度使"等叙迁之制,其中文臣自太师、太尉、太傅到诸寺监主簿、秘书省校书郎、秘书省正字,共四十二阶,武臣自节度使、节度观察留后到左右班殿直、三班奉职、三班借职,共二十七阶④。

神宗元丰改制,将原有的京朝官本官阶改为职事官的名称,而新定

① 《宋会要》舆服4之28、29。
② 《文献通考》卷64《职官考十八》。
③ 《宋史》卷158《选举四》。
④ 《宋史》卷169《职官九》。

的京朝官本官阶即寄禄官阶采用了原有的散官阶名称。这种新定的京朝官寄禄官阶,自开府仪同三司到承务郎共二十五阶。其中自开府仪同三司到通直郎,共二十阶,属升朝官;自宣德郎(徽宗政和间改称宣教郎)到承务郎,共五阶,属京官。这一改革使京朝官的官阶比前减少了十七阶。新阶的功能有二:一是用来决定京朝官的俸禄;二是朝廷委派官员任职时,以此为标准,结衔时在寄禄官前加上"行"、"守"或"试"字。凡官员的寄禄官高于职事官一品者带"行"字,寄禄官低于职事官一品者带"守"字,寄禄官低于职事官二品以上者带"试"字①。

新的京朝官寄禄官阶有其简单和系统的优点,但缺点是官阶减少,官员升迁过速。所以,哲宗元祐三年(1088年),将朝议、中散、正议、光禄、银青光禄、金紫光禄等大夫分置左、右,比前增加了六阶②。次年,进一步将朝请大夫到承务郎的官阶各分为左、右,增加了十四阶③。还规定进士出身者加左,其他人加右;进士出身者犯赃罪,也改右字,用以区别流品。但这样一来,无出身者"一旦混淆于贪墨之徒,彼将以仕官为耻",而况已带"右"阶之官,"或有犯者,朝廷复以何名处之"? 所以,有的官员提出不如对"赃污之吏并与削去左右"④。绍圣(1094—1098年)到大观(1107—1110年)间,恢复新法,基本取消了左、右之分。高宗时,举行元祐之政,再次分置左、右:文臣为左,其他人为右。孝宗淳熙初(1174年),又取消了左、右字⑤。

神宗元丰改制,只是对文臣京朝官的本官阶做了整顿,尚未顾及选人和武臣、内侍、医职等的官阶。到徽宗时,蔡京执政,首先在崇宁二年,将选人的本官阶进行改革,以便与京朝官的本官阶统一起来⑥。政和二年(1112年),再次改换选人的最后三阶名称,由通仕郎、登仕郎、

---

① 《宋史》卷169《职官九》。
② 《宋会要》职官56之17。
③ 《长编》卷435。
④ 刘安世:《尽言集》卷12《论犯赃人于寄禄阶改左右字不当事》。
⑤ 王得臣:《麈史》卷上《官制》;《宋史》卷169《职官九》。
⑥ 《宋会要》职官56之25。

将仕郎改为从政郎、修职郎、迪功郎(详见下表)。

官阶顺序	徽宗崇宁前	崇宁间	政和间	官品
第一阶	留守判官 三京府判官 节度判官 观察判官	承直郎	承直郎	从八品
第二阶	节度掌书记 观察支使 防御判官 团练判官	儒林郎	儒林郎	
第三阶	京府留守判官 节度推官 观察推官 军事判官	文林郎	文林郎	
第四阶	防御推官 团练推官 军事推官 军监判官	从事郎	从事郎	
第五阶	录事参军 县令	通仕郎	从政郎	
第六阶	知录事参军 试衔知县	登仕郎	修职郎	
第七阶	三京军巡判官 司理参军 司法参军 司户参军 主簿 县尉	将仕郎	迪功郎	从九品

其间,还在大观初年(1107 年),增加升朝官的寄禄阶,计有宣奉、正奉、通奉、中奉、奉直等大夫,共五阶。加上选人的寄禄官阶,文臣的寄禄官阶至此完备。同时,对武臣的寄禄官阶进行整顿,保留了节度使以下到刺史六阶[1],新设太尉一阶,作为武阶之冠[2]。将横班正使各阶一律改

---

① 《宋大诏令集》卷 163《政事十六·官制四》。
② 《宋史》卷 21《徽宗纪三》、卷 169《职官九》。

为"大夫"，副使各阶改为"郎"；将诸司使改为武功大夫等阶，诸司副使改为武功郎等阶。政和六年，又新设宣正、履正、协忠、翊卫、亲卫等五"大夫"（属正使）和五"郎"（属副使）。政和二年，还改革了内侍和医职的官阶。

（二）加官制度

宋代沿袭前代，保留了附加性的官衔。这些加官，有散官阶、勋官、功臣封号、检校官、兼宪衔、试衔、封爵、食邑、食实封等。

散官阶：北宋前期，沿袭唐制，保留了"散官阶"。散官阶又称"散官"或"散阶"。用以表示一定的级别，与实际职掌和俸禄无关。文散官从开府仪同三司到将仕郎，共二十九阶；武散官从骠骑大将军到陪戎副尉，共三十一阶。太宗初年，为避（光义）讳，将文散官中的正议大夫改为正奉大夫，通议大夫改为朝奉大夫等。京朝官和选人，遇郊祀等庆恩，每次加五阶，到朝散大夫以上，每次加一阶。武官诸司使以上，如使额高者加金紫光禄大夫阶；内殿崇班初授，加银青光禄大夫阶[1]。散阶较为复杂，但作用不大，所以在神宗改制时废除了。此后，散官专指闲散不管事的官职，如节度副使、行军司马、防御副使、团练副使、州别驾、长史、司马、司士、文学、助教等[2]。

勋官：共十二级。自上而下为上柱国、柱国、上护军、护军、上轻车都尉、轻车都尉、上骑都尉、骑都尉、骁骑尉、飞骑尉、云骑尉、武骑尉，与唐代相同。京官和选人从武骑尉开始升转，升朝官从骑都尉开始升转，逐级而进[3]。骑都尉以上，两府和正任以上武臣遇到朝廷恩典，每次升转两级，文、武朝官升转一级。徽宗政和三年（1113 年），罢文臣勋官，南宋复旧。

功臣封号：宋代因袭唐、五代旧制，凡宰相、枢密使初任，都赐予功

①　《宋史》卷 170《职官十》。
②　《庆元条法事类》卷 4《职制门·官品杂压》。
③　《职官分纪》卷 49《勋官》。

臣号;参知政事、枢密副使初任,不一定赐予,要到加恩才轮及①。功臣封号共分三等,第一等有"推忠"、"协谋"、"同德"、"佐理"等十一种,仅赐给中书门下和枢密院的长官,宰相初次加六字,枢密副使、参知政事等加四字,累加二字。第二等有"推诚"、"保德"、"翊戴"、"守正"等十九种,赐给皇子、皇亲、文武官员等,初次加四字,累加二字。第三等有"拱卫"、"翊卫"、"卫圣"、"保顺"等十种,赐给将士,初次加二字,累加也如此②。仁宗时,名臣范仲淹曾被封为"推诚保德功臣"③。

检校官:共有十九级,为检校太师,太尉,太傅,太保,司徒,司空,左仆射,右仆射,吏部尚书,兵部尚书,户部尚书,刑部尚书,礼部尚书,工部尚书,左散骑常侍,右散骑常侍,太子宾客,国子祭酒,卿和监、诸行郎中、员外郎,是文武臣及吏职、蕃官的一种加官,也属于有名无实的荣誉头衔。宋初,对此"特崇重之"④。凡加检校官者,在加官前添上"检校"二字。武臣初授内殿崇班,加"检校祭酒"。三班等初授,加"检校太子宾客"。文臣任枢密使,都带"检校太尉"或"检校太傅"⑤。太祖时,大臣潘美初除山南东道节度使,加"检校太保"⑥。但检校尚书而下,有时也用作散官。如神宗时,祖无择责授工部尚书。后来苏轼贬至黄州,也授检校水部员外郎⑦。

兼宪衔:共五级,为御史大夫、御史中丞、侍御史、殿中侍御史、监察御史。太祖到真宗初年,是文、武臣的一种加官,后成为武官专用。阁门通事舍人、内殿崇班以上的武臣,初任加"兼御史大夫"。三班等初授,加"兼监察御史"。其他官遇朝廷恩典,逐级升迁⑧。

试衔:又称试秩。共六级,为大理司直、大理评事,秘书省校书郎,

①　程度:《却扫编》卷中。
②　《宋史》卷169《职官九》、卷170《职官十》。
③　《范文正公集·褒贤集》。
④⑦　费衮:《梁溪漫志》卷2《检校官》。
⑤　《职官分纪》卷49《检校兼官》。
⑥　(清)陆耀遹:《金石续编》卷13《大宋新修南海广利王庙碑铭》。
⑧　《宋史》卷169《职官九》。

正字、寺、监主簿、助教，一般是选人的一种加官。选人初授，加"试秘书省校书郎"；再任如到两使推官，加"试大理评事"；节度掌书记、观察支使、防御判官、团练判官，加"试大理司直"或"试大理评事"，再加则"兼监察御史"，也有加到"检校员外郎"以上者①。

神宗官制改革，废除了检校仆射以下的检校官、兼宪衔、功臣封号、试衔等实际不起作用的加官。但封拜周邻少数民族的君长，仍保留兼宪衔一类的加官②。徽宗政和三年，废除文臣的勋官，南宋时复置，但实际"无赐勋者"③。

爵和食封、食实封：宋代的爵增加到十二级，为王、嗣王、郡王、国公、郡公、开国公、开国郡公、开国县公、开国侯、开国伯、开国子、开国男。公、侯、伯、子、男都带本郡县开国，到封国公时，则称某国公。初次只封小国，然后改移大国。如王安石初封舒国公，后移荆国，去世后追封舒王，共两国。蔡京陆续封过四国④。封爵与食邑紧密联系，凡有封爵者必有食邑。食邑从一万户到200户，共分十四等。不过，食邑只是虚数，只有食实封才有一点实际利益。食实封从1000户到100户，共分七等。实封约为虚封数的4/10，食邑还不限于封爵，凡宰相、亲王、枢密使、三司使、殿阁学士以至侍郎、卿监等文武大臣，或位臻将相者，都赐食邑。食邑增加到一定数量，便可循资封公封侯⑤。食实封者，按实封一户，每月给钱25文计算，随月俸向官府领取⑥。宋代官员的这些封爵和食邑、食实封等，都没有子孙可以世袭的规定。

（三）俸禄制度

宋代官员的俸禄，包括正俸（钱）、衣赐（服装）、禄粟（粮食）、茶酒

① 《宋史》卷170《职官十》。
② 徐度：《却扫编》卷下。
③ 费衮：《梁溪漫志》卷1《功臣号勋官》；《宋史》卷21《徽宗纪三》。
④ 朱彧：《萍洲可谈》卷1。
⑤ 宋敏求：《春明退朝录》卷上。
⑥ 佚名：《趋朝事类》；赵昇：《朝野类要》卷3《爵禄·食邑》。

厨料、薪炭、盐、随从衣粮、马匹刍粟、添支(增给)、职钱、公使钱以及恩赏等。

宋初,官员俸禄基本上承袭后周所定之数,比唐德宗贞元四年(788年)减少一半①,而且官府在发给俸钱时,规定以 8 分为 10 分,扣除了2/10②。有些官员,如秘书郎还不发给俸钱;京官在任满后,即停发俸料。同时,对选人实行后汉乾祐三年(950 年)"回易料钱俸户"之制:官员每月"料钱"(正俸),由官府折成实物,平均每一贯文摊给两家俸户发卖,每户每月交纳 500 文。比如万户以上的县令料钱 20 贯,给予俸户 40 户;依此类推③。太宗初年,废除俸户制,本官月俸都给 2/3 实物,1/3 现钱。雍熙四年(987 年),规定不再扣除 2 分俸钱,"并以实价给之"。至道二年(996 年),开始发给秘书郎月俸,京官任满后,继续领取俸料。次年,重定"百官俸给折支物",一般是 1 分给现钱,2 分折支④。这时,各级官员的俸禄仍然不高。如三班奉职月俸仅 700 文、驿券肉半斤。有人在驿舍题诗曰:"三班奉职实堪悲,卑贱孤寒即可知。七百料钱何日富? 半斤羊肉几时肥?"朝廷得悉这一消息⑤,便在真宗大中祥符五年(1012 年),第一次大幅度增加文武职官的俸钱⑥,三师和三公、仆射各增加 20 贯,三司和御史大夫、六部尚书、中丞、郎、两省侍郎等各10 贯,京官和大使臣各 2 贯,小使臣 1 贯 500 或 1 贯;文臣中选人等依旧⑦。仁宗嘉祐间(1056—1063 年),正式制定"禄令",详细规定了文、武各级官员的俸禄数。如规定宰相、枢密使每月俸料为 300 贯,春、冬衣服各赐绫 20 匹、绢 30 匹,冬绵 100 两,每月禄粟各 100 石,傔人的衣粮各 70 人,每月薪(柴草)1 200 束,每年炭 1 600 秤,盐 7 石等。东京畿县 5 000 户以上知县,升朝官每月俸料 20 贯,京官 18 贯;3 000 户以上

①⑦ 《宋史》卷 171《职官十一》。

② 《宋会要》职官 57 之 33。

③ 《宋会要》职官 57 之 23、13、19。

④ 《宋会要》职官 57 之 20—23、28。

⑤ 《宋朝事实类苑》卷 63《谈谐戏谑》。

⑥ 《宋会要》职官 57 之 28。

知县,升朝官 18 贯,京官 15 贯。各路 1 万户以上县令,20 贯,等等①。神宗熙宁四年,因选人俸料最低,而且多寡不均,有的县尉月俸仅 5 贯950 文,乃戏作诗云:"妻儿尚未厌糟糠,僮仆岂免遭饥冻? 赎典赎解不曾休,吃酒吃肉何曾梦?"②乃决定增加他们每月的料钱和米麦:县令、录事参军原为 10 贯、12 贯,米、麦 3 石者,增至 15 贯、米麦 4 石。司理和司法、司户参军,主簿、县尉,原为 7 贯、8 贯、10 贯和米麦 2 石者,增至 12 贯和米麦 3 石;等等③。神宗元丰改制,整顿京朝官的本官阶,据此决定俸禄的多寡。阶官的俸钱也称"料钱",比前又略有增加。同时,对原来供给在京职事官自御史中丞、开封府尹、六部尚书以下的官方钱数,一并改成"职钱",按照阶官高下分为行、守和试三等,"试"者职钱稍低。承直郎以下官员充当职事官,可按阶官领取俸禄。部分职事官在料钱外,还可另支职钱。如果阶官"大夫"的官员担任郎官,既可领取"大夫"的俸钱,又可领取郎官的职钱。徽宗大观元年,因职钱也属"添支","其名重复",而且厚薄不均,改为"贴职钱",自学士到直阁以上,不分内外,一概支给。宰相蔡京每月除领取仆射的俸钱外,又领取司空的俸钱,他的傔从的钱米也都支本色,比元丰间的俸禄成倍地增加了。宣和间(1119—1125 年),停支贴职钱,恢复"添支"旧制④。

　　南宋初,国家财政窘困,武臣颇众,百官的俸给和米麦只能减半支给,后来又多次减少,正任观察使每月禄米才 2 石 6 斗。侍从官初任,虽然依旧赐予鞍马、衣服等,但也照例减半,"赐目"上写着"马半匹,公服半领,金带半条,汗衫半领,裤一只",颇为滑稽可笑⑤。后来,又逐渐恢复北宋旧制,官员都有添支和料钱,职事官有职钱和厨食钱,负责纂修者有折食钱,在京厘务官有添支钱、米,选人和使臣如分配不到职田,则有茶汤钱⑥。

①③　《宋史》卷 171《职官十一》。

②　《宋朝事实类苑》卷 63《谈谐戏谑》。

④⑥　《宋史》卷 172《职官十二》。

⑤　庄绰:《鸡肋编》卷中。

宋代官员俸禄还有一些具体的规定,如北宋地方官大都分配给职田,每一员从 40 顷到一二顷不等,南宋时大幅度减少。各路监司、帅臣和州军、边县、带兵帅臣等,还由朝廷给予一定的"公使钱",专为官员往来时供应酒食之用,依官阶高下、家属多寡来决定钱数①。官员请病假或事假满 100 天,不能继续任职,即停发月俸。太中大夫以上的文官和三班使臣、横行的武官,丁忧持服期间,可照领全俸;正任刺史领取1/3;其他官员一概发给半俸。致仕官和分司官也都只能领取半俸。赴边远地区包括河北、河东、四川、广南、福建等地任职,可以预借俸钱②,还酌量增加"添支"。官员在外地任职,家属可分领俸给、衣赐、添支钱等③。

第四节　官员铨选制度

宋朝官员的铨选制度,是指朝廷中央选拔、任免、考察各级官员的制度,具体包括注授差遣、叙迁、考课、荐举、恩荫等许多方面。

宋初,铨法承袭唐末五代之制,稍加损益。此后,不断整顿改革,建立起较为完整的官员铨选制度。神宗时,"刊削旧条,务从简便"④,使官员铨选制度更切实用和严密。

(一) 铨选机构

宋代官员人数比前代增加很多,尤其是低级文官——幕职州县官(选人)的激增,使原有的铨选机构不能适应形势。因此,从宋初开始,铨选机构经过不断改革,一直到神宗元丰改制,始基本定型。

北宋前期,尚书省吏部本部只掌京朝官叙服章、申请摄官、祠祭以

---

①　《燕翼诒谋录》卷 3《公使库不得私用》。
②　《宋会要》职官 57 之 24。
③　《宋会要》职官 57 之 38、29、56、57。
④　《宋史》卷 158《选举四》。

及幕职州县官的格式、阙簿、辞谢、拔萃举人,兼南曹甲库之事。另设吏部南曹和磨勘院、京朝官差遣院、吏部流内铨、三班院等机构,分管文臣和武臣的铨选事宜。吏部南曹分管选人的磨勘事宜,将合格者送流内铨;选人授官,颁发印纸。神宗熙宁五年(1072 年),并入流内铨①。磨勘院实际有两院,一是磨勘京朝官院,一是磨勘幕职州县官院。太宗淳化四年(993 年)二月,将前者改为审官院,将后者改为考课院,总称吏部流内铨。五月,撤销考课院,并入流内铨②。熙宁三年(1070 年),新设审官西院,又将原审官院改为审官东院③。太宗太平兴国六年(981年),设置京朝官差遣院,分管少卿、监以下京、朝官的注拟差遣和考课④。淳化四年五月,撤销差遣院,由审官院总管⑤。太宗雍熙四年,还设立三班院,分管大、小使臣(武官)的名籍和注拟差遣、考核优劣。刺史、副率以上武官,仍由枢密院主管⑥。直到神宗元丰官制改革前,朝廷典选机构有四:审官东院和流内铨,负责文官;审官西院和三班院,负责武官。

神宗元丰改制,撤销原有的主选机构,铨注之法全归吏部,实行吏部四选制,以审官东院为尚书左选,主管文臣寄禄官从朝议大夫,职事官从大理正以下,非中书省敕授的官员,也就是承务郎以上(京朝官)官员;以审官西院为尚书右选,主管武臣升朝官从皇城使,职事官从金吾阶街仗司以下,非枢密院宣授的官员,也就是武翼郎以上(大使臣)官员;以流内铨为侍郎左选,主管文臣从初仕到幕职州县官,也就是承直郎以下到迪功郎以上官员;以三班院为侍郎右选,主管武臣从借差、监当到供奉官、军使,也就是承信郎、校副尉以上官员⑦。孝宗乾道

①　《宋会要》职官 8 之 4。
②　《玉海》卷 117《选举》。
③　《宋会要》选举 23 之 2。
④　《文献通考》卷 52《职官六》。
⑤　《长编》卷 34,淳化四年五月丁未。
⑥　《宋会要》职官 11 之 59;《宋史》卷 158《选举四》。
⑦　《宋史》卷 158《选举四》。

（1165—1173年）间，将最低级武官中的下班祗应、进义校尉、守阙进义副尉、进武校尉、守阙进武副尉等划归兵部掌管[1]。尚书左选分设六品、七品、八品、九品、注拟、名籍、掌阙、催驱、奏荐赏功司等十二案，尚书右选分设大夫、副使、修武、注拟掌阙、奏荐赏功等十案，侍郎左选分设序丞、职官、入官、县尉、格式、主簿上下、开拆、名籍、知阙、注拟等十三案，侍郎右选分设从义、忠训、成忠、承节、承信、进武、差注、生事上下、掌阙、资次等十五案[2]。吏部四选所属各案的设置，正反映各选在铨注方面的职能分工。

（二）任用制度

官员赴铨选机构如吏部四选或兵部报到，办理接受差遣的手续，称为"参部注授"，简称"参选"[3]。

宋代"铨格"规定，官员必须年满20，才准出官接受差遣。到70岁时，就应致仕。不是贡举登第和特旨的官员，包括以门荫授京官者，必须25岁以上，才可注官[4]。士大夫们在少年应举时，为早日登第做官，或官僚子弟为早日由恩荫授官，往往虚增岁数；年事稍高者，为推迟致仕，又往往妄减岁数。于是"士夫相承遂有官年、实年之别"[5]。宁宗初年，杨万里申请休致，他在奏状中说："臣昨缘官年虽六十有六，而实年已及七十。稽之礼法，皆应得谢。"[6]杨万里在28岁登进士第，实际只报24岁，所以后来出现了官年和实年之间4岁的误差。在当时的技术条件下，很难完全消除这种人为的差错。

士大夫初次做官，必定要申报自己的"脚色"，包括乡贯、户头、三代名讳、家口、年龄、出身、履历。如果要注授差遣或升迁官阶，则增加

---

① 赵昇：《朝野类要》卷3《差除·参选》。
② 《宋会要》职官11之56—57；《宋史》卷163《职官三》。
③ 《朝野类要》卷3《差除·参选》。
④ 《宋史》卷158《选举四》。
⑤ 岳珂：《愧郯录》卷4《官年实年》。
⑥ 杨万里：《诚斋集》卷70《再陈乞引年致仕奏状》。

举主和了解有无过犯两项条件①。

文官注授差遣，按照官阶的高低，大致分为三种途径：一、两府以下
到侍从官，即左、右谏议大夫或太中大夫以上，全部禀告皇帝取旨选差，
不属中书门下（北宋前期）或中书省（元丰改制后）管辖。二、从卿、监
以下及已经晋升，或寄禄官到中散大夫阶者（即中大夫到中散大夫，或
元丰改制前的秘书监到少府监），都由都堂直接奏差即"堂除"，不属吏
部管辖。三、从朝议大夫到迪功郎，接受"常调"差遣者，都归吏部注授
差遣，简称"部注"，不属都堂管辖②。

官员根据朝廷的官阙选注差遣。官阙分为堂阙和常调阙两大类。
堂阙是由都堂直接奏授的差遣窠阙，常调阙是由吏部拟注的差遣窠阙。
神宗元丰四年（1081年），撤销所有堂选、堂占。官员以年劳得以堂除
者，改为减少磨勘一年，选人则不依名次和路分占射差遣③。几年后，
执政为革除部吏徇私之弊，复将吏部所用知州、通判、知县以及在京库
务、寺监丞阙60多处，收归中书④。堂除一般皆是现阙，官员由堂除获
得差遣，不须待阙⑤。南宋时，划归堂除的窠阙有诸路节镇的通判，诸
州教官、监察御史、省郎以上，秘书省书局编修官，寺监丞，法寺官，四川
帅臣、监司，知州军和武臣知州、通判，大县县令等。这些都是属于重
要、繁剧的地点。常调阙又分为正格、破格、残零、无人愿就残零、破选
等阙。正格阙中又分为非次、经使两种阙。这些官阙的不同等级，是按
照吏部公布阙榜的时间长短而区分的。时间的长短又因官职的等级而
略有不同⑥。仁宗庆历五年（1045年），权判吏部流内铨赵及为了防止铨
曹吏向选人卖阙的弊病，开始由尚书省左右司划刷半年以上的窠阙，公布
阙榜，允许合格人投状指射。此后又专建阙亭，作为公布阙榜的场所⑦。

① 《朝野类要》卷3《入仕·脚色》。
②④ 《长编》卷370。
③ 《长编》卷320。
⑤ 苏辙：《栾城集》卷43《论堂除太宽札子》。
⑥ 《永乐大典》卷14621《部字·吏部八》。
⑦ 《长编》卷154。赵及置阙榜的时间，周辉《清波别志》卷下作神宗熙宁间；王栐：《燕翼诒谋录》卷
5作仁宗皇祐间，皆误。

由于官员人数不断增多,常年处于员多阙少的状态,凡通过吏部接受"常调"差遣的官员,都要等到现任官任满后才能接替,这段时间称为"待阙"。待阙时间少者半年、一年,多者四五年①。理宗时,因冗官现象更为严重,往往五六人甚至六七人共守一阙,待阙的时间更长,如监当官要待阙12年以上②。随着官员任职越来越困难,社会上的卖阙专业户便应运而生。临安府沈官人专以卖阙为生,"天下诸州属县大小员阙,无一不在其目中,如指诸掌"。希望获得便家现阙的官员,便登门请求指点,由沈官人"引指踪迹,访问具的",然后射到满意的官阙。沈官人家常常门庭若市③。

官员在待阙期满而赴任之前,朝廷给予一定的假期以准备行装(见后)。假期满后,赴川、广、福建者,给予路程假60天,赴其他路者给30天。在本路待阙的官员,赴任时路程假减半。孝宗时,因福建路离临安略近,赴任的路程假减为30天。在京官员放外任者,以朝辞的那天为路程假的开始;在外路者,以接受敕告或宣札之日为开始;待阙者,以阙满之日为开始。如果超过路程假而不到者,罚杖最多100下④。

官员到达新任地点,由当地长官在当天验明该名官员的初次任官和现任的付身,确认没有假冒,然后允许上任。同时,由长官在10天内辨验该官出身以来的各种证明文件,批写在印纸上,然后允许发给"请给"(请受和添给)。官员接受告敕或宣札后到任时,当地不得"故为阻抑,不令赴上";违者,"以违制论"⑤。

北宋前期,官员每任一般以3年为期。仁宗庆历八年(1048年),为促使士大夫安于职守,规定内外官员必须任满2年,方能差替。哲宗元祐(1086—1094年)间,改为以30个月为一任。南宋时,再次将京朝

---

①　张方平:《乐全集》卷25《请议吏员事》。
②　刘克庄:《后村先生大全集》卷51《轮对札子二》。
③　周密:《癸辛杂识》续集下《卖阙沈官人》。
④　《庆元条法事类》卷5《职制门二·之官违阻》。
⑤　《庆元条法事类》卷5《职制门二·到罢》。

官改为 2 年一任,知县则仍为 3 年一任①。

（三）铨试和呈试制度

　　选人(文臣)、使臣(武臣)、因恩荫得官者(即任子)、宗室子弟、贡举特奏名者、进士第五甲中等者、各州文学等,首次赴部注授差遣,称为"出官"。为了保证现任官员尤其地方官的素质,同时减少冗员,宋代对"出官"人逐步建立起铨试制度(文臣)和呈试制度(武臣)。

　　宋太祖时,规定选人要考试判词三道,按成绩高下分为三等,后来改为四等,上等者晋一阶或超资,下等者降一选。真宗时,考身、言、书、判,等第推恩。因成效鲜著,不久即罢。仁宗时,改行铨试:凡选人年25 以上,每遇 3 年一次的郊祀,限在半年内参加铨试,由 3 名两制(内制和外制官)在尚书省锁试,考试时试卷实行糊名和誊录法。习词业者,考诗、赋;习经义者,考一经兼试律(即《刑统》)。中格者,允许参选。京官 25 岁以上,年初赴国子监考试,考法与选人相同,中格者调官。神宗熙宁四年,重定铨试制度:一、任子选人年达 20 以及京朝官,允许向审官东院和流内铨投状,依进士例,进行铨试。如所试成绩达上等,即予出官,授予差遣;成绩下等或者不能应试,候年满 30 岁,方许免试出官。京朝官铨试及格,可延长监当官 3 年。二、得替守选的选人每年三月和九月,赴流内铨试断案或律令大义,试中上等者,依名次免选注官。如考试不中或不能应试,得替已满 3 年,也可免选注官,但不能充任县令和司理、司法参军②。熙宁六年,提高及格者的待遇,考中上等者赐进士出身,中等以上注官时升一季名次③。哲宗绍圣初(1094年),又改定《铨试格》:一、凡摄官初次归吏部,散官、权官归司,或者新赐登第者,都免铨试。二、应试者每百人中录取优等一人,中书奏裁;上等 2 人,中等 5 人。徽宗崇宁年间,恢复元丰之制,同时规定任子必须

---

①　杨简:《慈湖遗书》卷 18《杨简行状》;《宋会要》职官 54 之 39—40。
②　《宋史》卷 158《选举四》。
③　《长编》卷 243。

入太学一年,无过失,乃许参加铨试;在太学考试再次入等,即免铨试;参加公试、私试曾居第一名,许比照铨试推恩①。

　　南宋时期,铨试制度更加严密。高宗绍兴三年(1133年)恢复铨试。有官人共考五场,为经义、诗赋、时议、断案、律义;愿意考一经者,听。考经义和诗赋、时议,是"欲使之通古今";考《刑统》义和断案,是"欲使之明法令"。从绍兴十一年(1141年)起,改为两者各兼一场,以便"使人人通古今、明法令,而无一偏之失"②。孝宗时,重申每年二月十五日锁院,遇省试年分,推迟到五月十五日。任子应试者,十取其五,宗室子弟三取其二。在考试前,应试者以3到5人结为一保,引试那天,试官在帘内逐保验明正身,然后分发试卷。试院分设封弥和誊录、对读、巡铺、监门所,委派监察御史一员监试,另派考试官、考校点检试卷官。共考三场。从光宗开始,仿照太学帘引之法,复试铨试中选之人,也称"帘试"。宁宗时,考期改为二月二十五日锁院,遇省试年分,推迟至五月二十五日。应试人原由书铺担保正身,改为由本贯州县保明指实,召两名官员结罪委保正身,申报吏部,方许应试③。

　　从哲宗绍圣元年(1094年)开始,川峡四路和两广、福建、湖南共八路的荫补出官人,可在当地转运司考试,试中者注阙。南宋时,四川和广东、广西三处远离临安,继续单独为初次出官人举行铨试。四川由成都府和潼川府两路转运司轮年分春、秋举行,十人取七。后改委宣抚制置司主办,改为每年一次,三月二十一日锁院,三月二十五日开始考试,也差监试、考试、监门、封弥、誊录、对读等官,应试者二人取一④。孝宗乾道二年(1166年),因吏部铨试法加严,许多初官人从他路移籍两广赴转运司铨试,试中后又移籍赴吏部注差,乃限定参试者必定是本路土著官、确系西北流寓在路寄居达7年以上,此外还须经州县结罪保明,

---

① 《宋史》卷158《选举四》。
② 《宋史全文》卷21《高宗六》。
③ 《宋会要》选举26之1—26。
④ 《建炎以来朝野杂记》甲集卷13《初出官人铨试》。

并请两名官员担保。试中后,不得赴吏部注差。乾道八年,两广铨试停止举行①。

文武官和宗室子弟已荫授武阶大、小使臣或校尉者,初次出官,要参加呈试。呈试原与铨试一样,每年春、秋两次举行,孝宗淳熙六年(1179年)开始改为每年春季一次。由吏部牒送马军司(后改为殿前司)考试材武或三等弓力、事艺、《七书艺》三科。十人取五②。试中者,再赴兵部右选厅铨量读法,注授出官。呈试与铨试一样,第一名还升转一资③。两广也单独实行呈试。孝宗淳熙十年(1183年),只准土著人应试,其他各路户贯之人一概不准④。

铨试和呈试制度本身相当严密,但经常有贵戚、高官子弟想方设法免试,而考试过程中作弊情况比贡举更为严重,难免流于形式。

(四) 叙迁制度

宋朝文武百官的升迁官阶或官资的制度,称为“叙迁”制度。太宗淳化四年以前,“资叙未一”,尚未建立统一的叙迁制度。淳化四年,“始定迁秩之制”⑤。这时,每逢3年一次的郊祀,士大夫都照例升迁一阶。真宗即位,孙何、耿望等“力陈其滥”,乃于咸平四年(1001年)停止郊祀迁秩之制,改命审官院考核官员政绩优劣,真宗亲自临殿升黜⑥。从此,建立起一定的叙迁制度:将京官以上文官升为三大类,一是将作监主簿到秘书监,二是左、右谏议大夫到吏部尚书即两制、两省(中书省和门下省)官,三是宰相和执政官。第一类官员之内又分为卿列馆职、有出身人、荫补人、杂流四等,同是一官,迁秩时因等而异:前二等可以超资转官,后二等只能逐资转官。第二类因“皆极天下之选,论思献

① 《宋会要》选举26之4、6。
② 《宋会要》选举26之1—15。
③ 《梦粱录》卷2《荫补未仕官人赴铨》。
④ 《宋会要》选举26之13。
⑤ 《宋史》卷158《选举四》。
⑥ 王栐:《燕翼诒谋录》卷2。

纳,号为侍从",所以不再划分等级,共十一转。第三类最受优待,可以"超等而迁",宰相每次超迁三官,执政每次两官①。比如由诸寺监主簿、秘书省校书郎、秘书省正字一阶,后族和两府的家属(属荫补人)只转太常寺太祝,无出身者转太常寺奉礼部,有出身者(带馆职者同)则超越太常寺太祝和奉礼郎一阶,直接转大理评事。又如六部侍郎,依照工、礼、刑、户、兵、吏部顺序共六阶。一般官员由工部侍郎超越礼部侍郎一阶,升转刑部侍郎;两府则由工部侍郎超越礼、刑两部侍郎两阶,直转户部侍郎,宰相则更由工部侍郎超越礼、刑、户三部侍郎三阶,直转兵部侍郎。从太子少保到三师之一的太师,便不再按照有无出身或职位高低迁转。从太子太保往上到太师,都逐阶升转,不能超资②。

北宋前期,武臣自三班借职至内殿崇班九阶,都是"循资而迁",其中到东头供奉官者转阁门祇候,再由阁门祇候转内殿崇班。阁门祇候系武臣清选之一,犹如文臣的馆职,一般并不升转此阶。从内殿承制而上至西作坊使共十七阶,一般武臣逐阶升转;有"战功"(即"曾经转官酬赏")者,超迁两阶或五阶、七阶。从东作坊使而上至节度使,一般都只迁一阶,"特旨"(即"特有指挥赏转",又称"特转")才超迁一阶③。

神宗元丰改制,将原有官阶适当合并,减少了不少资级,有出身和无出身的升迁次序没有明确的区别。徽宗时,增添了一些文、武官阶,弥补了这种不足。高宗后,文臣承务郎以上(即京、朝官),每4年升转一资,有出身者超资升转,无出身者逐资升转,到奉议郎后都逐资升转,到朝议大夫后开始每7年一转。其中奉直大夫和中散大夫两资,有出身者不转。武臣自承信郎而上到武功大夫,每5年一转。从右武大夫到中亮大夫,系经磨勘迁转;从中侍大夫到太尉,则必须特旨才予升转。通侍大夫一资,从不除人④。有军功者,从武翼郎以上,每升一官,即

---

①　曾敏行:《独醒杂志》卷2。
②　《宋史》卷169《职官九》。
③　《宋史》卷158《选举四》;卷169《职官九》。
④　《宋史》卷169《职官九》"绍兴以后阶官"。

"双转"两官。如同有出身人,可超越奉直大夫和中散大夫迁转,实际也是"双转"。

官员在应转官而官序的名称违犯自己家讳的情况下,如其父名"中",而迁转太中大夫,可在原官阶上暂带"寄理"两字,到下次再转时,超越该阶。

官员在迁转到一定的官阶时,不能再往上迁转,称为"止法"。有些官员必须具备其他条件,才能越过此阶,进一步晋升。如文臣升转到中大夫,直要差遣达到侍从格,方可升转一阶到太中大夫。执政升转到光禄大夫,直到拜相,方可升转一阶为特进,武臣升转到武功大夫(大使臣最高一阶),如果有军功,方可迁转为右武大夫(横行正使的最低一阶)①。对堂后官、宦官、宗室、杂流等,也都规定了相应的最高官阶。碍于止法而不能迁转时,也允许将该转的官阶"回授"给自己的有服亲属,使之入仕或转行②。在官员升迁差遣时,也实行止法。

(五) 选人磨勘改官制度

选人升迁本官阶为京官或升朝官时,必须按照一定的条件,办理磨勘等手续,称为"磨勘改官"。选人改为京、朝官后,才能脱离"选调"或"选海"③,有望飞黄腾达。

选人磨勘改官制度,经过太祖和太宗时期的逐步酝酿,到真宗时期正式形成制度。太祖开宝三年(970年),命翰林学士和文班升朝官等,在现任或曾任藩郡幕职州县官中,荐举堪为升朝官一员。这是选人"用举主改官"之始④。真宗大中祥符二年(1009年),又下诏幕职州县官必须三任六考,"方得论荐"。这是选人"限考受荐"改官之始⑤。次年,允许选人三任七考以上,历任未犯私罪,确有政绩,如无人荐举,可

① 以上均据赵昇:《朝野类要》卷3《升转》。
② 《朝野类要》卷3《升转·止法》。
③ 《朝野类要》卷2《称谓·选调》。
④ 《建炎以来朝野杂记》乙集卷14《建隆至元祐选人升改举主沿革》;《玉海》卷118《选举·考课》。
⑤ 《宋史》卷160《选举六》。

向有关机构申请磨勘改官。大中祥符五年，再次规定，由在京常参官2员共举一名选人，改充京官。这是举主用2员之始。天禧三年（1019年），又规定举主中须有一员路级长官，并将举主由2员增加到5员。选人磨勘改官"举主用五员自此始"①。到此为止，选人磨勘改官制度正式形成。

仁宗初期，因每年改官者不多，一度放宽标准：考数由六考减为四考，举主由5员减为4员或2员路级长官。以后因改官者日增，为减少冗员，再度提高标准，恢复天禧三年六考、举主5员（其中一员为路级长官）旧制，还规定犯私罪者，标准提高一等②。徽宗崇宁二年前，有关磨勘法规定：判司簿尉达七考，知令录、职官达六考，有京官举主5员，其中一员为转运使、副或提点刑狱，并予磨勘改官。两使职官知县系举人得官 并且由荐举循入，任内有京官举主2员，准予磨勘改官。令录流外出身，系举人得官，任内有班行举主3员，也准予磨勘改官③。政和三年 尚书省修定改官格：将仕郎达七考，承直郎到登仕郎六考，有改官举主而职司居其一，即与磨勘；如犯公罪或私罪，各随轻重，增加考数和举主员数④。

南宋时期，选人磨勘改官制度更加严密，增添了两项新的条法。其一、高宗时，为给"孤寒老练、安义分之人""应格"提供方便，并防止"不安职业、过为佞巧"者"速化"，决定调整选人的考第和举主员数：凡增加一任者，减少举主一员；达九考者，用举主4员（比标准减一员）；达十二考者，用举主3员（即减2员）；达十五考者，用举主2员（即减3员）⑤。这就是"积考减员"法的滥觞。但此法实行不久，即告停罢。孝宗初年，复行此法，在每年改官名额中留10员，作为选人历任十二考以上、无赃私罪而减少一员举主者。宁宗庆元六年，进一步规定选人历任

---

① 《宋会要》选举27之17。《建炎以来朝野杂记·建隆至元祐选人升改举主沿革》作天禧二年。
②④ 《文献通考》卷38《选举十一·举官》。
③ 《宋史》卷169《职官九》。
⑤ 《宋会要》选举30之2。

十五考以上、无赃私罪者,可免除职司举主一员①。其二、由于原来规定选人三考以上者允许荐举改官,如循资至修职郎,即使不满三考,也准许受荐改官。因此,"势要子弟之初官者"都可以零日受荐,有妨"寒素者"的出路。于是在光宗时,改行选人一概在第二任方可荐举改官的办法。到理宗时,选人磨勘改官最后定制:"应承直郎至修职郎六考、迪功郎七考,有改官举主五员,内职司一员,与磨勘,依格改合入官。历十二考以上,减常员举主一员。历十五考以上,减职司举主一员。"②此制中七阶选人改官所需考数、举主员数基本承袭北宋时制度,而积考减员则完全是南宋时新的做法。

选人经过磨勘改官,大多数人升为京官,少数人跃迁为升朝官。北宋前期,如选人原有的官阶为留守判官和两京府判官、节度判官、观察判官,达六考,进士出身,授太常丞;非进士出身,授太子中允。不到六考,进士出身,授太子中允;非进士出身,授著作佐郎。太常丞、太子中允属升朝官的官阶,著作佐郎属京官的官阶。官阶较低的初等职官和令录、知令录、判司簿尉,不论达六考、七考,或不及五考、三考,不论有无出身,都分别授予京官的官阶③。

（六）边远地区铨选制

北宋时,将川峡、闽、广等地视为"阻远险恶",内地人不愿前去做官,所以实行独特的铨选法,当时称"远州铨"。

北宋初,幕职州县官担任差遣,规定每一任近地,一任远地。去川峡、闽、广任官,不可携带家眷,属于远地;其余均为近地。太宗初年,选人孟峦拟官宾州录事参军,不愿前往,被流放海岛。从此,去远地当官者不敢推辞。随后,规定注授远州者,赴任时除给路程假外,另增两个月的假期,违期者遣送至京,削职为民。选人60岁,允许不注授远地。

---

① 《建炎以来朝野杂记》乙集卷14《隆兴至嘉泰积考改官沿革》。
② 《永乐大典》卷14628《部字·吏部十五》。
③ 《宋史》卷169《职官九》、卷158《选举四》。

岭南摄官,任满后,奏送京师,赐予出身。真宗时,规定凡有过犯的官员,注授边远州军(如广南的南恩、万安、昌化、吉阳军等)者,允许不在付身上填写过犯情况;对逃避遐远,受代违期者,予以"勘鞫责罚,就移远地"①。

神宗熙宁三年,考虑到往返成都府、梓州、利州、夔州、广南东、广南西、福建等七路任官者,旅途艰难。行李糜费,导致赴任违限,甚至多方规避,加上兵民迎送劳累,决定进行一次改革:七路除堂除、堂选知州以外,由本路转运司置各等差遣员阙簿,记录任期和应代的时间,使各州官员知晓。如现任官离任满受代不到半年,或已排定接替者,允许用本资序指射(即"随意就差")差遣。转运司将所定差注人姓名申报审官东院或流内铨,颁发告敕,正式任命。准许本州官愿再授本州差遣,或原籍川峡四路者再授本路差遣,仅不准在原籍州县和邻州邻县任职。武臣也仿照此法执行②。不久,又批准在荆湖南路任官者"就注"差遣③。这就是"八路官员指射差遣法"或"八路定差法"。

哲宗元祐初年,因御史上官均提出定差法过分优待八路官员,以及其中的一些弊病,于是废罢此法,将八路的官阙收回吏部差注。绍圣元年(1094年),重新实行定差法。

南宋高宗初年,一度将福建和两广官阙收归吏部,仅四川仍用旧制。不久,又恢复两广定差法。南宋时期的定差法,虽然名义上仍称"八路",实际上仅在川、广六路实行。其具体内容主要有:一、川、广六路的官阙,如四川各路的部分重要官阙,如知府或知州归吏部差注外,其他属本路定差的窠阙分为三等,第一等为本司阙,"漕使得专予夺";第二等为部阙,由漕司申报吏部发给差遣告札(印历);第三等为制司阙,即制置使司阙,由该司自行辟差④。部分官阙下放各路转运司自行差注,不准"在部及干堂人指射"。二、转运司定期公布阙榜,由官员在

---

①③　《宋史》卷159《选举五》。

②　《长编》卷214。

④　祝穆:《方舆胜览》卷51《成都府路·总论四川定差》。

三天内选注,再申报朝廷核准,颁发付身。如四川州县系四季集注差遣,"只就各路转运司为铨选参注差遣,孟月出榜,仲月参注,季月申发,请朝廷给降付身文字"①。三、两广官阙有非次阙、经使阙、季阙、残零阙四等,由吏部四选置号簿各两册,一册交给御史台,一册留在本部,发给两广漕司,用字号定差,"差遣以细状申部,以逐号单状申台,各注于簿"。四川官阙只有季阙,吏部四选则将知州、通判、签判、知县、县丞、监当、检法官七种,置定差簿两册,一册交给御史台,一册留本部。另将小使臣分为亲民、监当官两种阙,选人分为职官、令丞、录参、司理等十种阙,也各置簿两册。在各地申报到定差状后,用千字文为号,在本部事目记下注授理由②。这一措施有效地防止吏部和川广重复注阙的现象。四、允许川广在严重缺官的情况下,降低要求破格差注。如高化、昭州签书判官阙,可注大藩节镇第二任知县或初任应入知县资序人;其他州签判,更可注初任知县或第二任监当资序人,甚至还可差职官人③。五、四川因事到吏部的官员,可以由吏部注授"四川不该定差窠阙"即属于吏部掌管的部分四川窠阙,尤其像通判之类的员阙;也可以借用原该四川定差的窠阙,指射三处④。六、在川、广任官者,受到种种优待。如外路人自愿往川、广就阙,由吏部通知该路漕司,名次放在本路和湖南、福建各路人之上。往川、广任官者,尚未成资而提前离任者,允许依旧差注。任满者,因酬赏允许提前射阙,尽管"考帐未到",也允许差注⑤。此外,在川、广任官者,俸禄较为优厚,赏典又多。从宋太祖开始,给西川幕职州县官在常俸外,另给铁钱五贯。允许川峡和广南、福建幕职州县官预借俸钱,川峡和广南月俸全给现钱(外路一半给现钱,一半折支实物)。真宗时,又一次增加川峡路朝官和使臣等月俸、添支。北宋前期,川峡和广南、福建官员的俸禄明显优于他路。如

① 《朝野类要》卷3《差除·定差》。
② 《宋会要》职官8之24。
③ 《宋会要》选举23之17。
④ 《宋会要》职官8之33,选举23之19。
⑤ 《永乐大典》卷14620《部字·吏部七》。

其他路转运判官,每月"增给"铜钱 10 贯,福建和两广铜钱 15 贯,川峡四路铁钱 80 贯(以铜钱一文比铁钱 5 文折算,则值铜钱 16 贯)。又如其他路一般州通判的每月"增给",为铜钱 10 贯至 7 贯,京官 7 贯;川峡四路朝官任一般州通判,给铁钱 70 贯(值铜钱 14 贯),京官 50 贯(值铜钱 10 贯)①。川峡路官员的"增给"明显要比其他路多四成至六成。宁宗时,有些官员见川、广官阙不须待阙,俸禄优厚,便设法打通关节,加以攘夺,使"已定差之官狼狈而去"。于是朝廷再三下令"不许在部及干堂人指射攘夺"②。一反从前川、广官阙少人注射的现象。

(七) 荐举制度

宋代官员任职和升迁,举人参加贡举考试等,都需要一定数量的官员出面推荐和担保。当时称这种推荐和担保为荐举,也称保任、保举。

宋太祖、太宗时期,百事草创,朝廷不定期地命令翰林学士或翰林学士承旨等官员充当举主,各在幕职州县官和京官中,荐举 1 员或 2 员升迁京、朝官。这种荐举方法当时称"敕举",是指高、中级官员奉诏举人,其特点是"缺其人则举,不缺则不举也",既不定期,又不限员,而且被举官常常越级迁官。到真宗时期,随着品阶、升转等制度的逐步建立,文武官员的荐举制度也终于形成,并且开始采用"限举"之法。即"每岁有举,虽不缺亦举"③。仁宗初年,入仕者颇多。针对冗官现象的初露端倪,一度重申实行敕举法,规定"近臣非受诏毋辄举官",又重申选人改官的考限和举主人数,还不时"增设禁限",如规定"常参官已授外任,毋得奏举";限定文臣自待制到侍御史,武臣自观察使到诸司副使每年举官人数;限制各路监司奏举的人数,等等。但由于"荐吏者岁限定员,务充数而已",因此尽管禁约越来越密,被举官却越来越多。神宗时,也对荐举制度加以改革,先是取消了两府大臣初任时的荐举

---

① 《宋史》卷 171—172。
② 《宋会要》职官 8 之 53、56。
③ 《山堂群书考索》续集卷 38《官制门·荐举》。

权,随后又限定了京东等16路提点刑狱每年荐举京官和县令的名额,最后下诏"内外举官法皆罢,令吏部审官院参议选格"①。哲宗元祐初年,恢复内外举官法,并开始改行司马光设计的"十科举士法"。绍圣初年,停罢此法,恢复原来的举官旧制。南宋时期,荐举制度进一步调整,较前更加周密。理宗时编成的《吏部条法》"荐举门"、"奏辟门"等②,可以说是集宋代荐举制度之大成。

宋代荐举的主要对象是文臣中的幕职州县官和部分升朝官,以及部分中、低级武臣。

幕职州县官是荐举制度的最大受益者。通过受荐,首先是升迁官阶,其次是担任差遣。升迁官阶有三个途径,一是直接由中、高级官员推荐,升迁为京朝官。二是循资或关升资序即在"选调"的四等七阶内逐等升迁。循资是升迁官资;关升是升迁资序,达到了一定的资序,便可注授相应的差遣。关升资序不直接等于升迁差遣。理宗时《吏部条法》"关升门"详细地记录了幕职州县官关升和循资的情况,详见下表:

官 阶	出身情况	任数	考数	举主员数	关升	循入
迪功郎	有出身		3	3	县令	从政郎
	无出身		4	3	县令	从政郎
	有出身		3	3	职官知县	从事郎
	无出身		4	3	职官知县	从事郎
	有出身		4	3	(候参选)	文林郎
	无出身		6	3	(候参选)	文林郎
	有出身	2	4	无	令录	从政郎
	无出身	2	5	无	令录	从政郎
修职郎	不论	1	3	3	(候参选)	文林郎
	(知令录资序)	1	3	无	(候参选)	从政郎
	有出身		3	3		从政郎
	无出身		4	3		从政郎
从政郎	不论	1	3	3	(候参选)	文林郎

---

① 《宋史》卷160《选举六》。
② 《永乐大典》卷14627,卷14625。

此表说明,第一、迪功郎和修职郎、从政郎关升,如果需要举主,一律都是 3 员;如果不需要举主,则附加任数,否则少升一阶。第二、对有出身者或无出身者,在举主员数上没有不同的规定,即出身情况不影响对举主员数的要求(仅对无出身者增加考数)①。第三、是经过磨勘,升迁为京官或升朝官(见前)。在受荐担任差遣方面,主要是充当知县、县令、录事参军、监当官等,根据被荐官的资序、出身情况,要求达到一定的任数、考数、举主人数,再注授不同等级的窠阙。

京朝官受荐,其目的也是磨勘转官和担任差遣。真宗时,开始规定京朝官每三周年,令审官院磨勘引对和转官②。仁宗时,升朝官由员外郎转郎中阶,必须三年、无私罪,有监司或清望官推荐,乃可。京朝官受荐担任的差遣,大致有台官、馆职、三司判官、监司、知州、通判、知县等。举主一般是待制以上的侍从官。

武臣的受荐情况,大致与文臣相似。高级武官即阁门祗候以上的诸司使,中、低级武官即大、小使臣,其磨勘转官或担任差遣,需要荐举。举主一般是文臣待制以上侍从官和台谏官以及帅臣和监司等,武臣观察使以上或各军主帅。对被举官也有出身、任数、举主人数的限制。武臣受荐担任的差遣,大致有将帅、沿边知州军、统制官、统领官等③。

(八) 考课制度

官员在任期间,接受上级机构甚至朝廷的定期考核课绩,称为"考课"。

宋太祖、太宗时期,官员考课制度已初具规模。规定文臣 5 年、武臣 7 年,经考核无赃私罪,方得转官。如犯赃罪,文臣延长至 7 年、武臣 10 年,并经二府取旨。选人担任差遣,每满一年,即为一"考",缺日则不得成考。州、县的户口和赋税比原额每增 1/10,知州和县令都增一

---

① 《永乐大典》卷 14628《部字·吏部十五》。
② 《长编》卷 208。
③ 《宋会要》选举 26、30;《续文献通考》卷 39《选举·武举》。

考;每减一分,则降考一等①。从太宗初年开始,还承袭五代旧制,由吏部南曹将印纸历子发给各州曹官和县令、主簿,不再另发公据②,命州郡长官在上面批写其政绩和过失,任满后,送有关机构定其优劣升降。从此,全国现任官都发给南曹印纸,仅知州和通判以及京朝官任外官者,发给御前印纸。印纸上还载明官员的出身、历任、年龄甚至相貌③,实际上还是官员的差遣证明文书,与告札(官诰)相为表里。《宋史·选举志》说:宋代"考课虽密,而莫重于官给历纸,验考批书。"④说明印纸在考课上所起的重要作用。

真宗时,开始命审官院负责考校外任京朝官的课绩,然后引对磨勘。又命各路考察所部官员能否,划分为三等,以公勤廉干惠及民者为上等,干事而无廉誉,清白而无治者为次,畏懦贪猥者为下。但从此以后,"朝廷益循宽大",自监当官迁知县,知县迁通判,通判迁知州,都限以两任;任官达3年,照例得到磨勘⑤。这些情况延续到仁宗时,官员们习以为常,以为"分所宜得","无贤、不肖,莫知所劝"。于是有的具有远见的官员提出应该"稍革此制",凡"应磨勘叙迁"者,"必有劳绩";如无劳绩,"又不因保任者",便延长年限⑥。随后,命御史中丞和翰林学士负责考校各路转运副使、提点刑狱课绩。又命转运使副、提刑每年终,定部下一名能否尤其突出的知州、军为优劣;如果连续两考都在优等或劣等,便申报朝廷,当考虑特行赏罚⑦。还颁布《考绩新书》,规定考校监司的课绩,以年终所上功状,定其优劣为上、中、下三等。英宗治平三年,考课院上言:知磁州李田"再考在劣等",被罚降为监淄州盐酒税务。从宋初以来,因考绩劣等降官,李田是第一人⑧。

神宗以后,一直到南宋,考课制度更加严密。由御史台负责对各路

---

① ⑥　《宋史》卷160《选举六》。
② 　《长编》卷18;《燕翼诒谋录》卷1。
③ 　《挥麈前录》卷3载元丰后不再写明容貌。
④ ⑤　《宋史》卷155《选举一》。
⑦ 　《长编》卷195。
⑧ 　《玉海》卷118《选举·考课·嘉祐考绩新书》。

监司的考课,在台专设考课监司簿。又由监司负责对各州长官的考课,各州长官负责对县令佐的考课。考课的标准因职务而异,最初用"七事"来考核监司。这七事是举官、劝农桑、招流亡、兴利除害、按察部吏赃罪、部内置狱及平反狱讼、机察盗贼①。考查分成三等,七事中达到五项列为上等,达到三项列为中等②。南宋时,增加为十五事,其中新增的有"奉行手诏有无违戾"、"逐年合上供钱物,有无出限违欠"、"本年并前三年收支免役钱若干"等。用"四善"、"四最"来考核守令。四善是"德义有闻"、"清谨明著"、"公平可称"、"恪勤非懈"。四最是"生齿之最:民籍增益,进丁入老,批注收落,不失其实";"治事之最:狱讼无冤,催科不扰";"劝课之最:农桑垦殖,水利兴修";"养葬之最:屏除奸盗,人获安居……"③宁宗时《庆元条法事类》详细记载当时的考课之法。规定帅臣和监司每年终各以所部知州,分为臧、平、否三等考察功过,限在次年三月前申奏(川、广限五月前)。知州和通判去替前 30 天,监司应将其治状功过申报尚书省,武臣申报枢密院。各监司在次年二月底前,应将考课事宜分别申报朝廷有关机构,如将转运司事申报户部,提举常平司事申报户部右曹,刑狱事申报刑部,此外,都还要申报尚书省左右司。文臣太中大夫和武臣观察使以上知州和安抚、钤辖等,免予考核。各县县令在罢任或再任时,县限 5 天,将任内课绩申报到州,知州和通判根据"四善"、"四最"考察,限在次月申报监司。知州和县令在任不到半年而罢任者,不予考核④。

　　宋代的考课与荐举、升迁紧密结合,曾发挥过一定的积极作用。虽然宋代有的官员认为当时的考课"徒以为文具而已"⑤,但确实也有不少官员因考核成绩低劣而受到处罚⑥。

---

①　《宋会要》职官 59 之 11。
②　《宋史》卷 163《职官三》。
③④　《庆元条法事类》卷 5《考课》。
⑤　员兴宗:《九华集》卷 10《考绩荐举策》。
⑥　《宋会要》职官 59 之 8、12。

（九）奖惩制度

官员在任职期间，建有功勋或有劳绩，按规定朝廷应给予奖励；犯有罪过，则应给予惩处。

奖惩的形式和名目很多。且不说物质上的奖励和刑事方面的惩罚，只就人事行政方面奖惩而言。理宗时，《吏部条法》"差注门"列举了"较量"官员"功状"和"过犯"的"通用格"。其中功状采用了"功分"制，分为 40 分、30 分、20 分、10 分、8 分、6 分、4 分、1 分共八等，每等给予不同的奖励。如功分达 40 分者，允许升转官资；达 30 分者，允许减少 3 年磨勘，或者循入两资，等等。如高宗绍兴十年（1140 年），规定官员到淮南任职，任满该赏，可以比附"任恶弱水土格法"，"减半理为功分"。又如"尚书右选令"规定，大使臣充当校尉、下班祗应、副尉时期所得升转官资、减年（即减少磨勘年限）和过犯，"通行较量"，其中转官、减年以及减半转资，"以二十分计功差注"。按照以上"通用格"，这种武官可以获得减少两年磨勘的奖赏。同时，"通用格"也把过犯划分为 40 分至 4 分共七等，每等给予不同的处罚。如过犯达 40 分者，追官、降官、落职，或者虽不追官，但特降勒停（停职）；达 30 分者，冲替或者降为监当官。详见下表①：

尚书侍郎左、右选通用格较量功过

	功 状	过 犯
40 分（武臣减 4 年磨勘者，计 32 分；不及年者，以年比理）	转官（恶弱水土，该减年以上酬，赏减半；州县官循资，不减）	追官、降官、落职；不追官，特降勒停
30 分	减 3 年磨勘	冲替（事理重）
30 分	循两资	降监当
20 分	减 2 年磨勘	冲替（事理稍重）
20 分	循一资	降远小处

---

① 《永乐大典》卷 14620《部字·吏部七》。

（续表）

	功　　状	过　　犯
10 分	减 1 年磨勘	私罪杖以下
	高一任(每任各理)	公罪徒
	占射差遣	冲替(事理轻)、差替及非时放罢(以理去官者,非)、降远小处
8 分	不拘名次路分	公罪杖
	不拘名次指射差遣	
	升一年名次,注家便、优便	
	升一年名次,不拘路分	
	免短使、升半年以上名次	且与短使、未得与差遣
	先次指射差遣	
6 分	免短使、升一季名次	
	免远	
	免试	公罪笞
	免短使	罚短使
	不拘名次	
	不拘路次	
	家便、优便	
4 分	升一季名次	一犯罚俸直(再犯理公罪笞)
1 分	举官一员 升一季名次以下(每季各理) 升名零日	

　　这种用打分的方法计算官员的功过,犹如宋神宗时开始实行的太学生
"积分法",可惜有关文献记载太少,难以了解其中更具体的情况。

　　各类官员遇不同的情况,还有不同等级的奖惩办法。如《吏部条
法》"改官门"列举了"酬奖改官""淳祐格",规定"命官""亲获强盗"等
的酬赏等级①:

---

① 《永乐大典》卷 14628《部字·吏部十五》。

亲获强盗	亲获凶恶强盗	酬赏
7 人	5 人	减磨勘 3 年
10 人	7 人	转一官

酬赏的不同是因为亲自捉获的"强盗""凶恶"程度的不同。又如《吏部条法》"磨勘门"列举了文武臣通用"尚书考功格",规定了根据官员犯罪的性质和刑罚的轻重,在行政上给予的延长磨勘年限的不同等级处分①:

等第	罪名	犯罪经断等第	展年磨勘	备注
第一等		徒,稍轻及轻①	四年	①稍重,加第十五等;重,加第十三等
二		杖,重	三年三季	
三	赃罪	杖,稍重	三年两季	
四		杖,稍轻及轻	三年一季	
五		笞	三年	
六		流,重	二年三季	
七		流,稍重	二年两季	
八		流,稍轻及轻	二年一季	
九		徒,重②	二年	②私罪冲替,应降等,而无等可降,少两等(理监当人冲替,重,准此)
十		徒,稍重	一年三季	
十一	私罪	徒,稍轻及轻③	一年两季	③追官,免勒停;私罪冲替,应降等,而无等可降,少一等;公罪,少两等(理监当人冲替,私罪稍重、公罪重,准此)
十二		杖,重	一年一季	
十三		杖,稍重④	一年	④追官勒停、勒停、特勒停、责授散官、落职、降官、公罪冲替,应降等,而无等可降,少一等(理监当人冲替,稍重,准此)
十四		杖,稍轻及轻;笞	三季	

---

① 《永乐大典》卷 14629《部字·吏部十六》。

（续表）

等第	罪名	犯罪经断等第	展年磨勘	备注
十五	公罪	流,重、稍重⑤	两季	⑤ 待制以上,但有责罚,非时改移、替罢,虽不经勘,但有因依。使臣特旨与小处、远小处、僻远处,及未得与差遣,并罚短使,比较贼盗降监当
十六		流,稍轻或轻⑥	一季	⑥ 得旨上簿两次(会恩免者,两次当一次)

官员在犯徒刑以下赃罪和流刑以下私罪以及犯流刑公罪时,还要在行政上受到延期磨勘的处罚。宋代对犯赃罪的官员判刑较重,对犯流刑以上赃罪者,将在行政上受除名勒停的处分,并且要"追毁出身以来文字"。对犯徒刑稍轻或轻的赃罪者,则在行政上予以延长磨勘4年的处分。文臣一般每3年磨勘转官一次,武臣一般每4年磨勘转官一次,随之增加俸禄。延长磨勘4年时间,意味着至少要少增一阶或一资。其中犯徒刑重的赃罪者,还要"加第十三等",即增加延长磨勘一年时间,这就要延长5年了。其中犯徒刑稍重的赃罪者,还要"加第十五等",即增加延长磨勘两季,这总共延长4.5年了。此外,对犯私罪和公罪者的处分中,"少两等"或"少一等",是指在行政上减轻两等或一等处分(以一等即延长磨勘一季计算),这就意味着减少了延长磨勘半年或三个月。

宋代官员在行政上的处分,还有落职、降官、降职、责授(直指某一低阶或散官责授之)、安置、送某州居住、羁管、编管、勒停、除名勒停、除籍等。

宋代铨选制度经过不断改革和充实,达到了相当完善的程度,也在政治上发挥一定的积极作用。当时有的官员说过:"国家铨选之法,关防严密,载在令甲,昭若日星。"但有关机构在执行中往往奸弊百出,如监司、州县"沉轧阙帐",不及时申报朝廷,而"胥吏、邸吏卖弄阙次,专务隐藏",作暗阙出售,致使阙次不能流通,士大夫不免留滞①。又如在

---

① 《宋会要》职官8之51—52。

荐举选人磨勘改官时，"监司、郡守以权势高下，为论荐之先后"，"孤寒之士无所求知"，只得"货赂以干其私"，或者"谄曲以阿其意"①。有些官员高价出售举状，"关升改秩，各有定价，交相贸易，如市贾然"②。很多举主对被举官"多非所知"，甚至"类多不识所举之人"，只以"空名剡牍"相赠③，完全违背了建立这项制度的初衷。如此等等，不一而足。这些都不能不严重影响铨选制度的正常执行，减弱它的积极作用。

第五节 官员致仕制度

在唐代官员致仕制度的基础上，宋代建立起比较完整而严密的官员退休制度，内容包括致仕的年龄、条件、手续、俸禄、升转官资、恩荫待遇、恩例待遇、叙封和封赠、回授亲属官爵、复出任职、奖惩措施等④。

（一）致仕的年龄、条件和手续

宋代基本沿袭70岁致仕之制。一般文臣年达70，除少数元老、勋贤等尚需留任外，都应自动申请致仕。一般武官可延长到80岁。如果未到规定年龄，无特殊理由，不得请退。如确因昏老不能胜任或自愿退居就闲，可以奏请朝廷准予提前致仕，当时称为"引年致仕"。习惯上，凡是援引70岁这一年限而退闲者，也都称"引年"致仕。

致仕的手续是：官员年满70，准备告老，可写表、札经所在州、府（地方官）或写状经所部郎官（各部官），向朝廷提出申请，由审官院和吏部流内铨（北宋前期）或吏部四选（元丰改制后）审查历任是否有贪赃行为。如获得批准，即关报户部，并领取致仕告、敕，算作正式致仕。如以本官致仕者，则不另发告、敕。中、高级官员致仕时可荫补亲属，所

---

① 《建炎以来系年要录》卷130。
② 《建炎以来系年要录》卷173。
③ 《建炎以来朝野杂记》乙集卷14《前宰执岁举京官多非所知》。
④ 朱瑞熙：《宋代官员致仕制度概述》，《南开学报》1983年第3期。

以除向朝廷递呈申请致仕的表或札、状外，还有受荫子弟的家状和保状。官员丁忧持服期间，不得申请致仕。两制以上官员要求致仕，必须连上两次章疏，才予批准。

神宗以前，侍从以上退职，必须"落职"即解除在三馆、秘阁中所任官职。神宗熙宁三年，规定宰相以下皆带职致仕。于是次年二月，端明殿学士、工部尚书王素始带官职致仕。六月，观文殿学士、兵部尚书、知蔡州欧阳修继以太子少师、观文殿学士致仕。这是宋代官员"带职致仕"之始。从此，允许两制、杂学士、前执政官带"职名"致仕，前宰相等元老带节度使衔致仕。元丰改制，规定凡有实际职务的职事官致仕，允许乃带原职。

（二）官员致仕后的俸禄待遇

唐代官员致仕，已由朝廷给予半份俸禄。宋太宗淳化元年（990年）下诏："应曾任文、武职事官恩许致仕者，并给半俸，以他物充，于所在州县支给。"这是规定致仕官给半俸的第一份诏书。

对于立有战功的武官，神宗元丰五年（1082年）始规定曾经升转两官以上者，在致仕后都可领取全俸。所谓战功，是指"亲冒矢石，见阵立功"。这是为了奖励曾经为国杀敌、浴血奋战的带兵将领而作出的一项新的规定。其他官员退休时，如果获得朝廷的特别批准，也可支取全俸。真宗时许州参军王中正，仁宗时礼部尚书晁迥等，都属于这类情况。仁宗景祐三年（1036年），为了减少冗员，御史知杂司马池建请：凡文武臣僚年满 70 者，并令申请致仕，朝廷给予本官全俸的优待。以上规定，除武官以外，都只是朝廷出于某种目的而一时作出的，或者只有少数官员享受到的待遇，并没有成为一种经常性的制度。

（三）官员致仕时和致仕后升转官资

唐代官员退休时，未有升转官资的明确规定。宋代则都照例升迁寄禄官一资或一阶。《宋会要》记载："国朝凡文武官致仕者，皆转一官，或加恩其子孙。"其中宰相和执政致仕时，迁为东宫官；侍从，加转一官。武官观察使、防御使、团练使、刺史和内职三班，升为环卫官。幕职州县官，改为京官或升朝官，称"致仕改官"。其中曾关升，历任满六考，没有赃罪，有一定员数的举主，可改为通直郎。进纳、流外人则只能循资，不能改官。官员致仕时照例升转的寄禄官官阶或官资，称"合致仕官"。如神宗熙宁初，命欧阳修以太子少师带观文殿学士致仕，"示特恩也"，"自是以为例"。有的官员品阶最高，无官可转，便只能晋爵封王。如太师、尚书左仆射、同中书门下平章事兼枢密使、益国公秦桧致仕时，进封建康郡王，依旧太师。

神宗以前的致仕法规定，两省正言以上官员，三班使臣、大使臣、横行正任等，都不得充作致仕官。于是像吏、工部尚书致仕时，越过礼、刑、户、兵、吏等五部尚书，直转太子少保，实际超转了六资。反之，像知制诰、诸阁待制致仕时，官阶低者只转卿监。卿监的待遇比知制诰、诸阁学士为低。这种不均情况，到王安石推行新法时，也作了改革："凡文臣京朝官以上、武臣借职以上，各转一官。"力图使中、高级官员享受的待遇趋于均平。

有些官员历任犯有入己赃罪，或者入仕后历任不到半年，便不得转官，只"以本官致仕"。

在挂冠后，每遇朝廷举行大礼或皇帝登基、庆寿等，仍能升转官资。有的选人无资可转，则改为初等京官。80 岁以上者，再加转一级官资。如官员张存以吏部侍郎致仕，以后屡次迁官，15 年后升为礼部尚书致仕。

（四）官员致仕时的"恩荫"待遇

宋代四品以上文官和六品以上武官致仕时，可按官品授给 1 至 3 名近亲子弟以中、低级官衔。五品到七品文官和七品武官，如不愿转官，也可荫补一名近亲。当时称官员荫补亲属为"恩泽"。

宋初，有些官员休致时，由朝廷特授其子小官，但尚未形成制度。

仁宗初，始诏尚书省各司郎中以上官员致仕，授予其子一官。此后，又规定各司员外郎以上致仕，录其子为试秘书省校书郎。三丞以上致仕，录其子为太庙斋郎；如无子，则录其嫡孙或弟侄一人，略降一等授官。英宗时，一度把未曾任过大两省以上的大卿监，因病、老疾申请致仕者的"恩泽"减半。南宋时，更对官员的致仕恩荫待遇作了详尽的规定。官员致仕时如只荫补亲属，而不升转自己的官阶，则称"守本官致仕"。

北宋时，还规定有些致仕官必须在生前亲自接受朝廷颁发的告敕，方能生效。这主要是中大夫以下即五到七品的文官以及武功、武翼大夫等武官，已经申请致仕，若"受敕不在生前者，乃格其恩不与"。此后，不断放宽限制。到高宗时，为了消除官员家属匿丧待敕的风气，取消北宋以来旧制，下令"文武官陈乞致仕，身亡虽在给敕之前，并听荫补"。从此，官员致仕荫补子弟毫无阻碍，入仕者更多。

此外，因荫补得官者致仕时，最高只能加转到武功大夫。官员历任如曾犯入己赃罪，或曾犯徒刑的私罪，或因玩忽职守，被上司以"不治"而体量或冲替，或因事被责降分司，只能转官，而不能荫补子弟。

（五）官员致仕时的"恩例"待遇

官员致仕时，还可向朝廷要求"恩例"。恩例的内容，视致仕官员的要求而定，彼此不尽相同。太宗时，高颐致仕，其子正应举学究科，乃升其名次为高等。真宗时，董浔告老，授其一子同进士出身。仁宗时，升朝官致仕，除荫补一子外，还允许其子申请差遣，因此都"指射有职田优便去处"。哲宗时，规定武官横行、诸司副使现有身自荫补人，内殿承制、崇班、阁门祗候现任亲民官，文官承议、奉议郎，致仕时均"许陈乞有服亲一人恩例"。中大夫、中散大夫、诸司使带遥郡的致仕官，除荫补外，依条享有"恩例"。朝奉郎以上和诸司使，如生前来不及领敕，在外以申请致仕状到门下省之日，在京以得圣旨之日，也允许陈乞有服亲一人的恩例。孝宗时，依格，致仕官的子弟已任承务郎以上官者，得以提前一年磨勘；已任承直郎以下官者，得以免经铨试出任差遣。

这些都是恩荫以外的恩例。

宋代唯有生前被责降的太中大夫以上官员,死后给予致仕和遗表的恩泽,只能荫补子弟,不能享受恩例。

(六) 官员致仕后叙封、封赠、回授亲属官爵

有些官员在致仕后,遇朝廷举行大礼,还可为在世的直系亲属叙封官爵,为已死的直系亲属封赠官爵,或要求将应转一官回授给祖父母。真宗时,已规定各司郎中以上致仕官,准予封赠父母;曾任升朝官的致仕官,也可封赠。高宗时,也准许以升朝官致仕者,在朝廷举行大礼之日,叙封亲属。孝宗乾道六年(1170 年)郊礼赦规定:现任和致仕升朝官、禁军都虞候以上、守藩马步军都指挥使,其父母、妻"并与叙封","已叙封者,更与叙封";已亡者,给与封赠,"已封赠者,更与封赠"。如祖父母在世,也可以回授给官爵;有些近臣的祖父母还可加赐章服,但都不给俸禄。

升朝官之父在世者,遇朝廷大礼或皇帝、太后庆寿恩典,也可授予致仕官,但不给俸禄。其父原来无官,文官授予大理评事,武官授予副率;若再遇庆寿恩典,则累加。这些致仕官,与朝廷不时"特命"一些"草泽"、"布衣"或进士为某官致仕一样,是一种特殊的赠官,并非致仕法所规定的官员退职时该得的官阶。

(七) 致仕官复出任职

官员致仕后复出任职,"再授合入差遣",称"落致仕"。吏部也有"成法"。

凡因病退休而后痊愈者、提前退休者、正常退休者,在朝廷需要时,都可再度入仕,担任差遣。徽宗时规定:"应官员因病疾陈乞休致,今已痊安,不以年限满与未满,许经所属自陈,召保官二员委保,特令再仕。"高宗初,王次翁年未 60,"浩然求退";丁骙在 54 岁前谢事,"心力甚壮,并无羔疾",特令"落致仕"、"再仕","以崇廉退之风"。朝廷还

一再命侍从近臣推荐文武致仕官复出,或命各地监司和知州搜访本地引年致仕的"命官",如有"才识过人而体力精强者",具名申报。

致仕官复职后的待遇,一般是恢复原来的官阶。如神宗初年,"特诏殿中丞致仕张师温,与旧官参选"。有些官员致仕时已转一官,恢复旧官就比致仕前要降一官。有些官员原系"守本官致仕",这类官员都已为其亲属"陈乞过恩泽",一般难予追夺,只能"日后致仕,更不推恩"。

也有一些热衷利禄的官员钻"落致仕"的空子,以售其奸。他们"或以不法而求去官,或因营私而惮烦使,托言疾病,暂求致政,夤缘干请,复为再任之图"。如徽宗时监江宁府酒务刘淮夫,借口母老,申乞退休,荫补其子为假将仕郎,不久,又"干请求荐再任"。为了堵塞漏洞,朝廷严格控制侍从推荐致仕官复职,防止诈冒,如规定病退者须由2名官员作保,方准再仕。

(八)奖励措施

为了加速官僚队伍的新陈代谢,消除冗官,宋朝统治者对70岁以前或刚满70岁而求退者,采取了一些奖励措施。仁宗时,一度规定官员年及70,并令自请致仕,特给全俸,并给予一名子弟官职。高宗时,左宣教郎、司封员外郎鲍彪自报年已70,要求"守本官职致仕"。朝廷认为鲍彪精力不衰,自动申请致仕,"清节可尚",特转一官为左奉议郎(实升两官)。孝宗时,左奉议郎、诸王宫大小学教授詹叔善正满70岁,要求依法休退。朝廷以为他能"引年知止,足励士气",特命授予其一子上州文学。

统治者还制造社会舆论,使官员们以提前和到期告老为荣,鼓励及时放弃官职,保全晚节。仁宗时,尚书左丞韩亿71岁退休,平时告诫子弟60岁时便退身谢事,归守父母坟墓,俾忠孝两全。其子韩绛在墓前立誓60必退,所以从59岁时便决定请老,但直至76岁才获准。士大夫们赞赏韩亿父子"知止"的风格,并发出真正要致仕也难的叹息。欧阳修 62 岁时连上五表、五札请求休致,两年后又连上三表、三札,终于获准。欧阳修表示:"惟有早退以全晚节,岂可更俟驱逐乎?"于是"天下益以高公",视为晚节知止勇退、始终全德的典范。

(九) 惩罚措施

针对有些贪图禄位而到期不愿致仕的官员,朝廷采取了特令致仕、停止磨勘转官、不准荫补子弟、降官等惩罚措施。太祖时,虽然官员不多,但对超龄的官员采取了勒令致仕的办法。如大理卿剧可久年过70,尚无请老之意,太祖特诏为光禄卿致仕。仁宗时,一方面奖励到期退休者,另方面又规定年及 70,若不自请退职,被御史台纠察而特令致仕,则不给子弟恩泽和本人全俸。后来,又命审察在京和在外官员,是否年逾 70、精神昏昧,列举事实报告朝廷。这成为朝廷实行廉政的一项重要措施。

宋仁宗皇祐三年(1051 年),还决定官员 70 以上未致仕者,不再考课迁官。这有力地督促官员到期退休。神宗初年,进一步规定官员年至 70 而不退者,"自知州以下,皆降为监当"。高宗初年,知筠州杨允因"昏耄贪禄忘归"而被"降三官致仕"。

在宋代,能功成身退、提前退休的官员较少,到期主动请闲的官员略多,更多的官员则贪恋俸禄和权势,不愿如期告老,最后日暮途穷,实在无奈,才挂冠归乡。只有当农民和士兵暴动,或金朝和蒙古军队南侵之际,官员们便纷纷借口患病寻医或侍养父母而退休或请假,逃之夭夭。这种争先恐后要求致仕或告假的种种丑态,适与平日希荣固禄、不愿致仕的情景迥然不同。

还有一些休致谢事后,"不自爱重,鲜廉寡耻之徒",从选人以上,直到曾历侍从者都有。他们"交通州县见任官员,非法受财,嘱托公事;为人延誉,干求荐章;仓场库务,请纳钱物。至于廨舍、官舟,假借居止,一有不如所欲,则怨谤纷然。又况擅用时估实直,骚扰行铺……其弊百端,靡所不有"。在徽宗政和二年(1112 年)前,"自来别无检举,而条禁或有未尽"。从这一年开始,朝廷下令各路监司"密行体究,常切觉察",还"许人按举闻奏"①。算是约束致仕官的一项专法。

第六节 官员休假制度

礼部所属祠部,专管官员的请假事宜。官员的假日有多种,如节假、忌日假、旬假、上任假、丧假等。休假的方式,一是放朝假,即皇帝不坐殿,官员不必赴殿朝参;二是休务,即官员不必值日办公。

(一) 各种节假

宋太祖和太宗时期,按照"令式",官员休假的节日有:岁节(元日)、寒食(冬至后第一百零五天)、冬至,是当时的"三大节",每个节日各放"七日假",节日一天,加上节前、节后各放假3天②,官员不上朝7天,其中休务5天,军队停止教阅3天。圣节(当朝皇帝和皇太后的生日)、上元(元宵节)、中元(七月十五日),各放朝假3天,其中休务一天,军队停止教阅一天。春社(立春后第五个戊日)、秋社(立秋后第五个戊日)、上巳(三月三日)、重午(端午)、重阳(九月九日)、立春、人日(正月七日)、中和节(二月一日)、春分、立夏、初伏、中伏、末伏、立秋、七夕、秋分、授衣(十月一日,官员皆授锦袄)、立冬,共十八个节日,各放朝假一天,官府均不休务。夏至、腊日(冬至后第三个戊日),各放朝假3天,官府不休务③。真宗时,增加天庆节(正月三日)、先天节(七月一日"圣祖"轩辕皇帝下降)和降圣节(十月二十四日"圣祖"降临日),皆放假5天;天祺节(四月一日"天书"下降)和天贶节(六月六日"天书"再降),各放假一天④。仁宗时,规定三元节和夏至、腊日"自今并休务"⑤,

冬至假则自 7 天改为 5 天[1]。神宗元丰五年，祠部重定休假节日，全年共 76 天，其中为元日、寒食、冬至，各 7 天。天庆节、上元、同天圣节（神宗四月十四日生日）、夏至、先天节、中元、下元（十月十五日）、降圣节、腊日，各 3 天。立春、人日、中和节、春分、春社、清明、上巳、天祺节、立夏、端午、天贶节、初伏、中伏、立秋、七夕、末伏、中秋、秋社、秋分、授衣、重阳、立冬，各一天。以上节日中，天庆节、夏至、先天节、中元、下元、降圣节、腊日，皇帝当天不坐殿办公，在节前和节后各一天在后殿视事。立春、春分、立夏、夏至、立秋、七夕、秋分、授衣、立冬前一天，皇帝也坐后殿办公。其他假日皇帝不坐殿，文武百官自然不用上朝，各官衙都停止办公[2]。冬至虽然名义上放 7 天假，但宰相和各司官员仍要照常入局办公。宰相可以天亮始赴中书，由朱衣吏从私宅引导[3]。徽宗政和四年（1114 年）增设天应节（十一月五日），不久又设开基节（正月四日），各放休务假一天[4]。南渡后，天庆等节，在京城里已不再庆祝，官衙也不放假，只有外州长官必赴本地天庆观朝拜，于是官衙随之休务，甚至前、后一天都放休务假[5]。宁宗时，除开基节改为放假 3 天外，其他各节假都与元丰五年所定相同[6]。

（二）旬假

从宋太祖开宝九年（976 年）开始，规定每遇旬假，皇帝不御殿，百官赐休沐一天。所谓旬假，是每 10 天中休息一天，一般放在每旬之末。史称"每旬唯以晦日休务"，即每月的十日、二十日、三十日或二十九日（小月）休假[7]。仁宗康定元年（1040 年）二月，因西夏元昊反叛，边防紧张，下诏中书门下和枢密院、三司，自今逢大节、大忌给假一天，其余

---

[1][3]　庞元英：《文昌杂录》卷 3。
[2]　庞元英：《文昌杂录》卷 1。
[4]　《宋会要》礼 57 之 31、32。
[5]　《容斋五笔》卷 1《天庆诸节》。
[6]　《庆元条法事类》卷 11《职制门八·给假》。
[7]　《宋会要》职官 60 之 15。

小节、旬休并赴后殿奏事①。同年六月,采纳翰林学士丁度的建议,恢复了旬假②。神宗元丰五年,规定上、中、下旬各休一天。高宗建炎初年,因战事频繁,凡遇旬休,百官照常入局治事。稍后,改为每月最后一天休务。绍兴元年(1131年),下令朝廷各司每旬仍休息一天③。宁宗时,《庆元条法事类》"节假"中规定,每旬放假一天④。

(三) 忌日假

宋太祖、太宗时规定,朝廷大祀,皇帝放朝假一天,官衙不休务⑤。真宗时,每年大祀和大忌日前一天,皇帝都不坐殿⑥。神宗元丰五年,每年有大忌日十五个、小忌日四个,其中逢大忌日的前一天,皇帝只坐后殿⑦,十五个大忌是宣祖、太祖、太宗、真宗、仁宗、英宗,昭宪、孝明、明德、懿德、元德、章穆、章宪、明肃、章懿皇后的去世之日。逢大忌日,在京六部各司不休假,执政官可以早退,但各司官员照常办公,不得随出⑧。南宋时,在京文武百官只在双忌日放假,因为行香跪拜的礼数很多;单忌仅三省官员放假回家,各司则照常坐班决狱⑨。官员祖父母或父母逢私忌,给假一天⑩。

(四) 官员的婚嫁假和丧假

官员自身结婚,朝廷规定给假9天。官员的期亲(如亲兄弟、姊妹、侄子、叔父等)结婚,给假5天;大功亲(如孙、堂姊妹、堂兄弟等)婚嫁,

① 《长编》卷126康定元年二月己亥。
② 《长编》卷127康定元年六月壬子。
③ 《宋会要》职官60之15。
④ 《庆元条法事类》卷11《职制门八·给假》。
⑤ 《永乐大典》卷19636《沐字》。
⑥ 《宋史》卷163《职官三》。
⑦ 庞元英:《文昌杂录》卷1。
⑧ 《宋会要》礼42之11。
⑨ 《容斋随笔》卷3《国忌休务》。
⑩ 《文昌杂录》卷5。

给假 3 天;小功亲(如堂侄、堂孙、堂姑等)婚嫁,给假 2 天;缌麻亲(如堂侄孙、曾孙、元孙等)婚嫁,给假一天①。

文官遇父母亡故,一般都要解除官职,持服 3 年(实为 27 个月)。武官遭父母丧,宋初照例不解除官职,也没有给假的日限。仁宗天圣八年(1030 年),开始规定,武臣父母丧,卒哭(即死后第一百天)后,便听朝参②。实际上,规定三司副使以上及班行使臣,不论官职高低,遭父母丧时,都给 100 天公假③。嘉祐四年(1059 年),由于武臣不持丧引起大臣们的注意,经过两制与台谏官的商议,决定阁门祗候、内殿崇班以上持服,供奉官以下不必持服④。哲宗元祐七年(1092 年),又下诏命武臣丁忧者,现任管军处或担任路分总管、钤辖、都监、知州县城关使、县尉、都监、寨主、监押、同巡检、巡检驻泊、巡防驻泊及管押纲运大使臣等,皆不解除官职(其中系沿边任职和押纲者,给假 15 天),一律给假100 天。此外,原来不应解除官职而自愿解除官职行服者,除沿边任职者须奏申朝廷待批外,一概准许⑤。孝宗时,小使臣和内侍官丁忧时(小使臣不解除官职),各给官假 100 天⑥。在京场、务、坊的监官,遇期亲丧,给假 5 天,闻哀 2 天;遇大功或小功丧,给假 3 天,闻哀一天;遇缌麻亲丧,给假一天⑦。

(五) 病假和事假

宋朝官员请病假,法律上称"寻医"。官员申请寻医,必须找 2 员同级现任官担保,保证其"别无规避",所在机构验实保明,奏申朝廷。在任的官员寻医,实际上给予病假 100 天。满 100 天后,如继续请假,须

---

① 《庆元条法事类》卷 11《职制门八·给假》。
② 《长编》卷 109。
③ 《长编》卷 177。
④ 范镇:《东斋记事》卷 2。
⑤ 《长编》卷 470。
⑥ 《宋会要》礼 36 之 17。
⑦ 《长编》卷 89。

由所在机构查验"无规避",即准许离任,然后申报原来差举的机构。其中通判和路分都监以上,要具奏听旨。暂时没有差遣的寄禄官,则申报御史台。官员在赴阙或赴任、请假、离任等途中患病后痊愈,经所在州自陈验实,发给公凭,申报原任机构。如病假满 100 天,或者已经痊愈,而续假累计达 200 天以上,则申报在京所属机构。官员犯赃而装病寻医者,依照"诈疾病有所避律"加罪两等,监司和郡守"徇情故纵者"与之同罪。

官员请假,按照高宗绍兴六年(1136 年)敕的规定,凡官员以 3 年为任者,允许请假两月;以 2 年为任者,允许请假一月。超假时间的俸禄、职田租米之类,一概停发;如违,以贪赃论处。官员请事假或延长假期,要事先向主管机构或吏部递呈札子,写明请假或展期的理由①。

现任官员遇父母病危而请探亲假,应离任者,由所属机构查明,除路程外,给假最多不超过一个月。离任后,申报吏部。如遇"急难"或搬家,须请假离任,也查明确"无规避",保明申报吏部。

以上按照"格令"应给的假期,不包括官员所请私假,其时间"理为在任"②。

(六) 其他假

官员任满后赴京、受命后赴任等,朝廷也给予一定时间的公假。如受命到外地任职,朝廷给假一个月,然后到任③。

被配流、编管、羁管移乡的官员,在途中得悉祖父母或父母丧,以及随行家属有病、死或生产者,可申报官司,适当给予"住程假"。

第七节　官员回避制度

宋朝官员在担任差遣,主持贡举考试和学校考试、刑事和民事审判

---

① 方逢辰:《蛟峰文集》卷 1《乞假札子》、《抵家乞宽假一月》。
② 以上未注明出处者,皆据《庆元条法事类》卷 11《职制门八》"寻医侍养"和"给假"。
③ 王栐:《燕翼诒谋录》卷 3《外官给告浣濯》。

等方面,实行比较严格的回避制度。按照规定,需要回避的有亲戚关系和本贯(即原籍)、产业所在地以及一般嫌疑等。

(一) 亲属回避

官员之间如果在差遣方面有"统摄"即领导和被领导的上下级关系,与"相干"即同级间职务上的密切关系,他们又是亲戚,即应按照条制加以回避。这种亲属回避方面的条制,当时称"避亲法"。

唐朝已开始实行避亲法:"凡同司联事勾检之官,皆不得注大功已上亲。"①这是比较原则的规定,包括职务联系和亲等。具体一点的还有:"宰相亲嫌,不拜知制诰。"②规定知制诰和宰相之间需要避亲。宋代承袭这些做法,从宋初开始,逐步形成了相当周详的亲属回避制度。

宋代"避亲法"中的亲等规定,越往后越详细周密。仁宗康定二年(1041年),规定官员"服纪亲疏在官回避条制":"本族缌麻以上亲及有服外亲、无服外亲,并令回避,其余勿拘。"③神宗熙宁三年,重新"定内外官避亲法"④,进一步规定凡属统摄和相干关系的官员,应与以下亲属回避:

一、本族同居无服以上亲;

二、本族异居袒免以上亲;

三、亲姑、姐妹、侄女、孙女之夫;

四、女婿、媳妇之父及其亲兄弟;母、妻之亲姐妹之夫,亲姨之夫,亲外孙,外甥女之夫;

五、母在世时,母之本服大功亲属。

不必回避的亲属有:

一、堂从之亲;

---

① 《旧唐书》卷43《职官二》。

② 钱易:《南部新书》丁。

③ 《宋会要》职官63之2。

④ 《长编》卷217。

二、嫡母、继母、慈母亡故后,母之本服大功亲属①。哲宗元祐五年(1090年),吏部在避亲法注文中添入回避范围一条,即"或妻之大功以上、姊妹之夫及其子"。徽宗政和间(1111—1118年)敕称"亲戚条","母妻大功以上亲"字下专设"姊妹之夫同于同堂姊妹之夫,不合回避";"诏令吏部申明遍牒行下"②。宁宗时,《庆元条法事类·职制门》"亲嫌"名例敕规定:"诸称亲戚者,谓同居(无服同),若缌麻以上(本宗祖免同),母、妻大功以上亲(姑、姨、姊、妹、侄女、孙女之夫,侄女、孙女之子同),女婿、子妇之父、祖、兄弟(孙女婿及孙妇之父、兄弟妻及姊妹夫之父同),母、妻姊妹、外孙及甥之夫(妻之姊妹之子,若外祖父及舅同)。"又规定:"诸缘婚姻应避亲者,定而未成亦是。"③这些规定比北宋更加详尽,因此在理宗时重修的《吏部条法·差注门》"亲嫌"条中,用"淳祐敕"方式一字不漏地照抄搬用④。

官员在职事方面有统摄或相干关系而应避亲者,有时用"或有亲属仕宦在同朝、同路、同州者,各仰陈乞,引嫌回避",具体内容很多。一、同朝即同在朝廷中央任职者。如父、子、兄弟和亲近同在二府者,或同为侍从、执政官者,必相回避⑤。又如宰相和执政官的亲戚不可任台谏官⑥。更具体一些,如知制诰与参知政事,翰林学士与参知政事,知谏院与参知政事,侍御史知杂事与御史中丞,右正言与御史中丞,给事中与宰相,知通进银台司兼门下封驳事与枢密使,吏部侍郎与刑部尚书,右正言与尚书左丞,等等。二、同路。宁宗"职制令"和理宗"淳祐令"规定,"转运司帐计官与诸州造帐官,提点刑狱司检法官与知州、通判、签判、幕职官、司理、司法参军(录事、司户兼鞫狱、检法者同),经略

①　《宋会要》职官63之4—5。
②　《宋会要》职官63之6、10。
③　《庆元条法事类》卷8《职制门五》。
④　《永乐大典》卷14624《部字·吏部条法·差注门五》。
⑤　魏泰:《东轩笔录》卷5。
⑥　《长编》卷360。

安抚、监司的属官与本路其他各司官，必相回避"①。三、同州。如通判与知州，各曹参军与通判等。

也有一些职事不准回避。理宗"淳祐令"规定：一、尚书省和六部官与外任官；二、知州带钤辖提举兵甲贼盗与本路官；三、宗室与本宗祖免亲，"各不避"②。又据《宋会要》记载，还有一些职事不必回避：一、走马承受使臣与本路转运使、副、判官、提点刑狱、通判、幕职官、监当官吏；二、江淮发运使与各路知州、通判、幕职州县官（其中与真扬楚泗州监转般仓、排岸、船场、堰闸官，"系职局相干，合避亲嫌"）；三、主管机宜文字与本路监司③。

官员在接受差遣后，如应避亲，必须在到任后 30 天内，向上级机构或本司长官声明。《庆元条法事类》"职制令"规定："诸职任，自朝廷除授而应避亲者，到任限三十日自陈（虽未到任而自陈者，听）。"同时，要求在京居住的当避官（应该回避亲嫌的一方）和所避亲身到吏部，"合状陈乞，责书铺结罪识认正身，取会无诈冒违碍"，方能退阙，另授差遣。

官员因避亲而另授差遣的办法，主要有三种：一是与他人对换差遣，称"对移"或"两移"。对移法规定，第一、凡京朝官有亲戚应避者，如到任不满一年，即与对移。如到任一年以上，除非祖孙和期亲以上的亲戚照此对移外，其余亲戚待满任成资后放罢。第二、本县官互相妨碍者，即与本州他县对移；本州官互相妨碍者，即与邻州对移；本路职司互相妨碍者，即与邻路对移④。第三、要求当避官和被避官、愿意交换差遣之人以及担保官，在印纸上批写对换的缘由，并写明"非实，即甘镌降作私罪收坐施行"。第四、要求两易差遣之人"亲自赴（吏）部陈状，长吏审验诣实，方许对换"。第五、所交换的差遣必须是同一等级，不然只能"辞尊居卑"。同时，不准借避亲之机升迁⑤。此外，因"职事相

① 《庆元条法事类》卷 8；《永乐大典》卷 14624。
② 《永乐大典》卷 14624。
③ 《宋会要》职官 63 之 5、12。
④ 《长编》卷 199 嘉祐八年十二月辛巳。
⑤ 《宋会要》职官 63 之 8。

干或统摄应避亲而去替不满一年者,听满任";"在任人去替不满百日者,候替日赴任"①。二是调换出京。诸在京内外官司,凡职事相干或者统摄者,官职低的一方应调离出京,担任外官。如仁宗时御史唐询,因与宰相贾昌朝有亲,举主吴育是参知政事,免职,出知庐州②。北宋前期,还规定如三司使和副使的子弟,不得担任在京的钱谷场务监当官。三是解罢官职。《庆元条法事类》"职制令"规定:"诸在任以亲嫌回避者,期亲并罢。"③孝宗乾道九年(1173年),监文思院上界门傅伯高是新兼权工部侍郎傅自修的亲侄,文思院系工部所辖,两人合行回避。傅伯高物色到省仓上界监门董陕对换,但未征得董的同意。于是有官员指出:"伯高既系自修期亲,在法即合解罢,初无许行对换明文。"要求将傅伯高"日下解罢"。朝廷采纳了这一建议④。

在官员荐举或被荐举时,举主与被举官之间也实行避亲法。理宗时《吏部条法·荐举门》规定:"应亲戚于法应避者,不许荐举。"⑤应该回避的亲等,与其他方面相同,看来这是北宋以来的旧制。但高宗绍兴七年(1137年)时,因荐举制没有很好实行,"甚者以子弟、姻亲互相荐论,至犯吏议,则侥幸首免",于是重申"其以子弟、亲戚互荐者,令台臣察之"⑥。

在贡举和学校考试中,也处处体现了避亲嫌的原则。省试和类省试、太学、各州乡试时,凡与这些考试有关的各部门考官和地方官的子弟、亲戚以及门客,都应回避,另派官员设置专门试场考试,称"别头试",简称"别试"。太宗雍熙二年(985年),始命举人中所有省试考官的亲戚移试别处⑦。真宗咸平元年(998年),派官员别试国子监和开

---

① 《永乐大典》卷14624。

② 《长编》卷158。

③ 《庆元条法事类》卷8。

④ 《宋会要》职官63之16。

⑤ 《永乐大典》卷14627《部字·吏部十四》。

⑥ 《建炎以来系年要录》卷111绍兴七年五月乙酉。

⑦ 《宋会要》选举19之2。

封府发解官的亲戚①。仁宗景祐四年(1037年),各路也推行别头试。从此,除殿试外,各级考试大都设别头场或别试院(小院),对避亲嫌的举子进行考试。举子与省试考官的亲戚关系,按照考官的职位,分为两类:第一类指试院的主司和全部考校官(阅卷评分者),举子则指一、本宗祖免以上亲;二、同居无服亲;三、缌麻以上亲及其夫、子;四、母、妻缌麻以上亲;五、大功以上亲之夫、子;六、女婿、媳妇期以上亲。第二类指试院的其他官员,如监门、巡铺、封弥、誊录、对读等官,举子则指一、本宗大功以上亲;二、母、妻期以上亲;三、亲女和亲姊妹之夫、子。此外,这两类官员的门客,也属两相回避之列,每员考官回避一员门客举子。这一规定写入"绍兴重修省试令"内②。在贡举考试中,只有举行殿试时不需避亲。

举行铨试和各类学校的公试、上舍试,如本房考官和考生有亲戚关系,考生则不须别试,只将试卷转送他房考校,称为"避房"③。

各级官署在进行民事和刑事案件的审讯时,也照例实行避亲法。负责推勘的官员与本案从前的推勘官(原审官),如有亲戚关系,准许自陈相避④。《庆元条法事类》"职制令"规定:"诸鞫狱、检法、定夺、检复之类,应差官者,差无亲嫌干碍之人。"其中被差请鞫狱、录问、检法的官员,与罪人或干系人有亲嫌应避者,自诉有关官署长官,"勘会诣实保明",并且出具改差的理由,申报刑部,同时录报御史台。录问、检法与鞫狱官之间,检法与录问官吏之间,如有亲嫌,也按此回避。此外,各州推法司与本路提刑司的吏人有亲戚关系者,"并自陈回避"⑤。

统治者十分重视避亲法的实行。凡应避亲而不自申报而擅自到任者,一经发现,处以杖100的刑罚,任职时间还不算入任期。凡在任因避亲应移注,或停职而不依限期申报;官署为其办理手续拖拉而违限

---

① 《长编》卷43。
② 《宋会要》选举5之4。
③ 《宋会要》选举22之19—22。
④ 《宋会要》刑法3之70。
⑤ 《庆元条法事类》卷8。

者,"各加官文书稽程罪二等"。其中不自动申报,违限满 30 天者,杖100。各州推法司与本路提刑司的吏人有系亲戚而不自申请回避者,也杖 100①。仁宗时,侍御史王素隐瞒其兄曾娶御史中丞孔道辅族女的事实,"及荐为台官,不以亲闻"。仁宗知道此事后,甚为生气,适逢孔道辅因鞠狱失当被罢去台长而出知郓州,便也将王素降为都官员外郎、知鄂州②。高宗时,权工部尚书王俣在任户部尚书时,"差妻党宋敷监酒库,不避嫌",被人揭发,罢职予祠③。宁宗时省试,同知贡举施康年在其子施清臣应举的情况下,不肯回避,施康年被罚④。这种官员留恋官职、不愿及时回避而受到惩处的事例,几乎每朝都有。

宋代的避亲法可谓十分严密,但各朝皇帝常常在官员应该避亲时特批不许回避。仁宗时,宰相文彦博与参知政事程戡是"儿女正亲家","俱曾陈乞回避",但"未蒙圣旨允许"⑤。神宗时,吕公弼为枢密使,又任命其弟吕公著为御史中丞。吕公著一再辞职,神宗不允,并命宦官押吕公著赴台上任。吕公弼辞位,神宗仍不准。但吕公弼始终不能自安,后来还是罢枢密使,以观文殿学士出知并州⑥。哲宗时,谏官范祖禹请求依例与执政韩忠彦避亲,哲宗也不予批准,说:"卿等公心,必不为亲戚不言,且为官家。"⑦有时,有些宰执为了植党专权,"或有亲戚相妨",便利用"特旨",不再回避⑧。实际是在破坏避亲法。

(二) 地区和产业回避

地区回避是指官员任职必须避开本贯即原籍和寄居地点或居止处。主要针对外官,即在各路、州、县任职的官员。

---

① 《庆元条法事类》卷 8。
② 《宋会要》职官 64 之 39。
③ 《宋会要》职官 70 之 46—47。
④ 《宋会要》选举 5 之 26。
⑤ 赵抃:《清献集》卷 8《允许文彦博、程戡避亲》。
⑥ 叶梦得:《石林燕语》卷 9;魏泰:《东轩笔录》卷 5。
⑦ 范祖禹:《范太史集》卷 5《上殿乞避亲札子》。
⑧ 《长编》卷 417;《宋会要》职官 63 之 7。

各路监司,真宗时实行回避本贯法。大中祥符五年,京东转运使高骧和副使李湘系登州和莱州人,虽然这时京东转运司的治所分设在广济军和青州两地,但真宗和宰相王旦等商议后,决定将他们与别路对移①。直到高宗初年,因两浙路转运使卢知原等"皆系本贯之人","利于殖产营私,应付亲识干求请托,一切用情",乃重申:"自今监司,不得任本贯。其见(现)在任者,皆移之"。藉以"革遂赂徇私之弊,稍复祖宗立法之意"②。但到绍兴七年(1137年),中书门下省却提出:各路监司"系通治一路","祖宗法即不避本贯"。于是下诏:"监司除授依祖宗法施行,内本贯系置司州军者,即行回避。"将监司避本贯的范围缩小到设置治所的州军。几个月后,福建转运叶宗谔和提举两浙市舶章蔺、提举浙西茶盐章茇因"并碍本贯",改易他路任职③。资州人赵雄出任四川制置使,御史王蔺以"祖宗时,蜀人未尝除蜀帅"为理由上疏反对,赵雄也提出辞呈,于是改知泸南安抚使④。说明帅司也要回避本贯。

各路监司、帅司的属官也实行本贯回避法。宁宗庆元三年(1197年),重申:凡各路属官,不得委派本贯和居住在本路者;现任者,令满任。已差注而尚未到任者,允许对易;如果无人两易,可向吏部退阙,优先注授本等差遣。其中坑冶司的属官,只回避本司治所在本贯和居住之处⑤。次年,又补充规定沿海制置司的准备差遣,只避本贯。后来又规定,凡各路官员如"更不契勘是与不是本贯及居止本路人","今后并以违制论"⑥。

各州的官员更实行本贯和寄居地回避法。在官员射阙时,应向吏部供具本人的户贯和寄居州。寄居的时间为满3年。如隐匿不实,依照供具家状不实法处罚,并许人告发。其中因为父、祖改用其他州军为

---

① 《宋会要》食货49之12。
② 《建炎以来系年要录》卷51,绍兴二年二月庚辰。
③ 《宋会要》职官45之19。
④ 《宋史》卷396《赵雄传》。
⑤ 《宋会要》职官8之51。
⑥ 《永乐大典》卷14622《吏字·吏部九》。

户贯者,也应回避①。

此外,朝廷派遣京朝官往外州"制勘勾当公事",也要被差官供具乡贯去处,以免误派至本乡里。因为当时规定不得派遣京朝官往本乡里审理案子②。

宋代有几种情况不需回避本贯。一是侍从官出任知州或知府,免与本贯回避。如高宗初年,新任显谟阁直学士、知平江府李弥大自陈平江府系乡贯所在,请求改除宫观。朝廷下诏:"弥大为系从官,特不避本贯。"③从此,"凡从官出知郡者,特许不避本贯"④。成为优待侍从官的一种专法。二、在京任职者,不避本府,只避本县。理宗时《吏部条法》规定:"即本贯开封府者,唯不注本县。""本贯临安府并寄居人,许注授京局窠阙。"⑤南宋时,开封府已不在宋境,这项有关本贯开封府的规定,肯定是沿袭北宋而来的。三、朝廷批准的"入家便人",可回本贯任职。主要是官员的祖父母或父母老病,可以"据状差注,仍注簿符本贯"或者在居住州"勘验诣实保明",而后"申部勾销"原阙⑥。

产业回避是指官员任职时要回避祖产和妻家田产的所在地。监司在不许任本贯的同时,还不准任"产业所在路分"⑦。官员在参选射阙时,吏部要核实"本官委的有无祖产并妻家田产,在所射阙处",还要供具"甘伏镌降文状"申报吏部,方许指射。同时,也不准"妄作有祖产并妻家田产,妄行退阙"。此外,还具体规定,凡注帅司和监司属官于置司州阙,即使"不系寄居及本贯州而有田产物力处,亦不注"⑧。凡注通判,也"并不许指授有产业去处"⑨。为了确保产业回避制的推行,宋代还禁止官员在部内买田置业,违者将受惩罚。真宗时,崔端知华州,在部下创置物业,事发被劾,置之散秩,摈弃终身。仁宗时,淮南转运使魏

---

①⑤⑥⑧　《永乐大典》卷14620《吏字·吏部七》。

②　《宋会要》职官3之52—53。

③　《宋会要》职官47之23。

④　《宋史》卷167《职官七》。

⑦　《宋会要》职官45之9。

⑨　《宋会要》职官47之72。

兼在部内置买物业,后来也被追究罢职①。也有一些官员自动申请回避置产所在地。孝宗时,朱熹受命担任江东提刑,他再三辞免,理由是"祖乡徽州婺源县,正隶江东,见有坟墓、宗族及些小田产,合该回避"②。

(三)交往回避

从宋初开始,为尽量减少附会权势和确保官署正常工作,各类官署和官员逐步实行"禁谒法"。

宋太宗淳化二年(991年),知制诰王禹偁提出百官诣宰相和枢密使,都应在朝罢后去都堂请见,不得在本厅延揖宾客,"以防请托"。这一建议被太宗采纳,而后"令御史台宣布中外"。直史馆谢泌立即上疏表示异议,他说:"如此,是疑大臣以私也。"辅臣"苟非接见群官,何以悉知外事! 若令都堂候见,则群官请见,咨事无时,是大臣常须有执事于都堂,无解衣之暇"。于是太宗立即追回前诏。宋代史家李焘认为:"国初,不喜人附会权势,故大臣不于私第见客,百官亦罕造门,只诣中书请谒,日不下百辈。宰相动至午际不得就食,敕牒或未印署,堆积几案,政事停壅,其中干以私者盖十八九。"③为了防止"请托",禁止二府大臣在本衙和家中接见客人,客人只能到都堂求见,但这样反而影响了正常的工作。这也不是妥善的办法。因此,到真宗天禧(1017—1021年)年间,又有宰臣提出,今后凡官员在外任满得替到阙,以及在京各司长官如有公事,允许在每天巳时以前会见两府长官,急速公事不在此限。非公事,不得到两府④。仁宗时,朝廷同意知谏院蔡襄的要求,再次规定二府执政官非休假日,私第不得见客⑤。十多年后,撤销这项禁令,又准许两府大臣在私第见客⑥。神宗时,再度对执政大臣在私第会

---

① 《包拯集编年校补》卷1《请法外断魏兼》。
② 《朱文公文集》卷22《辞免江东提刑奏状》。
③ 《长编》卷32;王辟之:《渑水燕谈录》卷5《官制》。
④ 释文莹:《湘山野录》卷上。
⑤ 司马光:《涑水记闻》卷8。
⑥ 《长编》卷181。

客加以"约束",同时扩大到对执政官在京的子弟相互交往也加以立法:"执政官在京本宗有服亲,非职相干及亲属,不得往还看谒;违者,并往还之人,各杖一百。"①哲宗时,否定熙丰新法,御史中丞郑雍上言执政官实行谒禁法非便,于是下诏"官员有利害陈述,勿禁"②。从此,准许宰执在私宅会客。到宁宗朝编《庆元条法事类》"禁谒"类时,没有此类禁谒内容,便是明证。

自宋初开始,到徽宗朝为止,几乎整个北宋,不断扩大禁谒的范围,使禁谒法更加严密完善。其具体内容很多,主要有:一、文武官员不为公事,不准进京城百司诸公局,尤其是不准到开封府和三司、御史台等重要机构看谒。如果监临官带家属住进公廨的,则允许与亲故来往,但不准妨碍公事③。二、三省官在休假日只能接见宾客,不许出谒④。三、御史台和大理寺官属,禁止出谒及会见宾客⑤。四、中外库务、刑狱官、监司、州县长贰、学官,假日允许见客和出谒⑥。各州有徒刑以上罪犯囚禁在狱,而狱官私自出谒和见客,将判 2 年徒刑。知州、通判和县令非假日出谒和宾客受谒者,各徒一年。监当官在所监仓库私见宾客,与被会见者,各徒 2 年。五、各路分兵官、将副、沿边都监、武臣知县或镇寨长官、押队、部队将以及各御前都副统制、各军统制,私自出谒和会客,包括被会见者,各判 2 年徒刑。如与职事相关和近亲者往还,不在此例。六、帅臣和监司、州县长贰私派子弟、亲属接见所部官员,连同被见者,各杖 80。七、内侍官私自与非亲戚的外朝官往还或出谒非亲戚者,流 2 000 里,等等。这些禁谒法规,到宁宗时大都编入《庆元条法事类》中,成为当时百官会客的准则⑦。

---

① 《长编》卷 312。
② 《宋会要》刑法 2 之 39。
③ 《宋会要》刑法 2 之 9、16、21。
④ 庞元英:《文昌杂录》卷 1。
⑤ 《宋会要》刑法 2 之 35。
⑥ 朱彧:《萍洲可谈》卷 1。
⑦ 《庆元条法事类》卷 4《职制门一·禁谒》。

（四）其他嫌疑回避

　　官员在亲戚、本贯或寄居地、置产业地等广义上的嫌疑须要回避以外，宋代法律还规定一些特定的嫌疑也须回避。《庆元条法事类》"亲嫌"类界定"嫌"的内容为：一、现任统属官；二、从前的授业师；三、从前的举主；四、曾有宿怨者①。据其他文献，还包括同乡、同年加贡举同科目者。曾被现任宰执推荐过的官员，业已形成举主和被举官的关系，便不得充任台谏官。宰执初任，凡是曾经被他荐举过的人而现为台谏官者，都要改除差遣。宰相的属官不得同时兼任台谏官。如徽宗时，御史中丞王甫兼任"官制格目"的参详官，随后朝廷又命总领"官制格目"的郑居中任知枢密院事，王甫立即按照与"现任统属官"要避嫌的规定，辞去了参详官的职事②。官员之间历来有嫌隙不和，一方新的任命与另一方有统摄或相干关系，允许一方相避，改任他职③。哲宗时，翰林学士承旨苏轼因侍御史贾易罗织其罪，预料"不过数日，必为易等所倾"，要求出朝外任④。台官与谏官有乡里关系，新任的一方应该主动提出回避⑤。史弥远任宰相 27 年，不曾有本贯明州人充当台谏官；贾似道专国柄 16 年，也没有本贯台州人为台谏。方回说："两人皆权臣不道，犹不敢私用乡人据言路。"⑥在审理刑事案件时，还规定推勘官和录问官如与案犯有同年加上贡举同科目及第的关系，也要回避，改换别的官员担任推勘或录问⑦。

　　在宋代的历史条件下，采用多方面的回避制度，对澄清吏治确实起过一定的积极作用。

---

①　《庆元条法事类》卷 8《职制门五》。
②　《宋会要》职官 56 之 39。
③　《宋史翼》卷 6《杨康国传》。
④　《苏轼文集》卷 33《乞外补回避贾易札子》。时苏轼之弟苏辙任尚书右丞，苏轼此札也以回避亲嫌为理由。
⑤　李光：《庄简集》卷 10《乞出第一札子》。
⑥　方回：《桐江集》卷 6《乙亥后上书本末》。
⑦　《宋会要》刑法 3 之 55。

第八节 吏胥制度

宋代的胥吏是指官员（品官和未入品官）以外的官府办事人员。他们作为在各级官府中担任日常行政事务的属员，大致可以划分为朝廷中央各司吏胥和地方官府吏胥两大类。各级吏胥尤其地方官府吏胥地位低微，但大都较为熟悉各种法规和公文程式，擅长笔札，往往不因主管长官的更替而变动，故而颇有势力。士大夫们对"贪吏"、"豪吏"特别津津乐道，把政治的腐败都算到他们的账上，而与"贪官"无关，这是一种不公正的偏见。其实，宋代的吏胥在政治生活和经济生活中也照样发挥过积极的作用。

（一）吏胥的类别和来源

吏胥是一个比较复杂的社会集团，名目极多。他们统称"公吏"，其中包括公人和吏人两大类。法律规定，公人是指衙前、专知、副专知、库子、称子、掏子、杖直、狱子、兵级等，吏人是指职级到贴司①。朱熹指出，公人"各管逐项职事"，吏人"掌文书简牍"，胥徒是"今弓手、节级奔走之类"②。元人《吏学指南·吏员》认为，吏人是指领取官俸掌管文书的人员。宋代还有一种称为"人吏"的吏胥，是指州、县官府中一种不领官俸的贴书一类的小吏③。不过，宋人也常将人吏与吏人混用。

北宋前期，朝廷各司地位最高的吏胥是中书门下五房的堂后官和枢密院承旨司五房的都承旨、承旨等。所谓五房，是孔目房、吏房、户房、兵礼房、刑房。从太祖开始，任用士人做堂后官，官阶叙迁到员外郎，便可出任外官。元丰改制，废去堂后官之名，在中书省和门下省各

---

① 《庆元条法事类》卷52《公吏门·解试出职》。
② 《朱子语类》卷84《礼一·论修礼书》。
③ 陈耆卿：《嘉定赤城志》卷17《吏役门》。

置录事,不再使用士人①。南宋时期,改称三省诸房都录事②。枢密院承旨司的都承旨、承旨、副都承旨,原来用院吏递迁,太宗时始用士人,后又只用吏胥充任。神宗时,再度复用文臣,余下各房副承旨依旧使用吏胥③。地位其次的是除堂后官以外在各省、部、寺、监任职的吏胥,有主事、录事、令史、书令史、守当官、贴房、贴书、孔目官、都勾押官、勾覆官、贴司、法司、楷书、通引官、驱使官、系名等,视机构的职掌和级别决定其编制。吏胥中还可划分为正名、守阙、私名三种:前两种是正式的吏职,守阙虽然名为待阙,实际上也定编,成为同一名目中仅低于正名的次等吏职。如守阙主事、守阙书令史、守阙守当官等。私名系从州县吏人中选补,每年经考试合格补正名之阙④,如私名贴司晋升为正名贴司。私名也实行定编。

州县官府的吏胥,有孔目官、衙前(职次有客司、通引官、衙职)、押司、录事、散从官(包括承符、散从、步奏官)、手力、手分、造帐司、祗候典、院虞候、攒司、贴司、贴书、典书、专知、杂职、所由、医人、解子、斗子、厅子、掏子、称子、拣子、库子、渡子、门子、狱子、弓手、杖直、拦头等,名目颇多,州衙与县衙所设大同小异。其中孔目官、衙前等,只有州衙设置,押司和录事(简称押录)则只在县衙设置。

宋代官府补充吏胥采用三种方法,即召募制、委任制和轮差制。朝廷各司的吏胥,始终基本采用召募制:凡应募者,要求具备以下条件,即本贯户籍分明,不妨碍本户差役,行为端正未曾犯罪,身无残疾等,然后委托保人担保。缺人的各司申报本省,共同"看验"应募人的人才和书札,合格者收充"私名",再申牒御史台复试其书札,方能正式收补⑤。私名吏胥如要升补为正名,又要经过考试。考试的方式为笔试和口试。朝廷每年派近臣和主管铨选官员,考试律三道,及格者升补正名。其中

① 《燕翼诒谋录》卷4《堂吏不得为知州》。
② 《建炎以来朝野杂记》甲集卷12《堂后官》。
③ 徐度:《却扫编》卷下。
④ 《长编》卷65。
⑤ 《宋会要》职官4之3;陈骙:《南宋馆阁录》卷10《职掌》。

三馆、秘阁的楷书,都由本司考试书札,送中书门下复试,合格者补授此职。后来因为应试者多作弊,乃实行锁院和巡搜、弥封的办法;同时,又加试口试,即命应试人口诵答题。其中一些人"自叙劳绩",官员们为之陈请,特免口诵,称为"优试"①。为了提高吏胥的素质,允许各房长吏像官员任子一样,保荐自己的 16 岁以上亲戚,赴该处呈验人才和精神、书札,如能胜任"习学公事",即收系姓名。"习学"期间,不发给俸禄。待正名缺人时,试补充填②。

朝廷各司有些吏职采用委任制。委任的对象是文、武官员。这里有三种情况:一是朝廷规定一些吏职必须任命官员或者参用官员,如堂后官、枢院承旨。神宗时,还规定枢院的令史和书令史开始参用三班使臣或流外选人③。二是有些低级武官只能担任吏职。如《吏部条法》"差注门"规定:"诸非泛补授使臣、校尉者,止许差充吏职,诸处不得奏辟。候转至大夫日,许参选。"④三是有些官员降充吏职。如真宗时规定,有的三班使臣犯罪服刑后,经"叙理",降充三司的军将或大将⑤。

州县的吏胥,来源较为复杂。北宋前期,大部分吏职按照乡村户等的高低轮流差派,具有职役的性质;少部分采取召募制。如在北宋初年,衙前基本采用召募制,召募人户充当,称"长名衙前"。如人数不足,则抽差年满押录和里正充当,产业必须在 200 贯以上,称为"押录衙前"和"里正衙前"。神宗时改行雇募制,此后基本不变⑥。其他吏职,在北宋前期大都采用差法,如手力差第二、第三等户,弓手差中等户,拦头差第五等户,院虞候差乡户,承符和散从官、步奏官差税户或坊郭"有行止人",斗子和掏子差下户"有行止人"等。从神宗起大都改行雇

①　《宋史》卷 159《选举五》。
②　《宋会要》职官 6 之 5—6、27 之 29。
③　《宋会要》职官 6 之 6。
④　《永乐大典》卷 14622《部字・吏部九》。
⑤　《宋会要》职官 5 之 39—40。
⑥　赵彦卫:《云麓漫钞》卷 12《国朝州郡役人之制》。

募制,但部分吏胥如斗子、拦头等不给雇钱①。州县吏胥中也招收"习学公事"人,如县编录司在缺员时,便考试"习学人"断案一道和刑名五件②,以合格者补充此阙。

吏胥在官衙任职,要"子细供家状一本,置簿抄上,贴司召主户三人保有行止立籍"③。徽宗时,李元弼所撰《作邑自箴》,记载县衙"公人家状式"④即其履历表如下:

某人,乡贯,系第几等户

　　三代(逐代开说并年甲;母在,亦具年甲)

　　某年几,在身有无疾患,别有无籍荫亲戚

　　一、亲兄弟几人(某,作甚业次。如一人已上,各开说)

　　一、妻某氏,系某人女

　　一、男几人(亦依兄弟开说)

　　一、女几人(长嫁某人,已次亦开说)

　　一、某于某年月日投充某役,或投充手分,某年月日行甚案,实

　　　　及若干月日替罢。见行甚案

　　一、有无功过

　　一、祖父母、父母曾未迁葬

右所供并是诣实。如后异同,甘伏深罪不词。谨状

　　　　　　　　　　　　　　　　　　年　月　日

这一状式显示充当县衙公人要供具本人籍贯和户等情况,年龄和健康状况以及在身有无荫赎,直系亲属和旁系亲属,本人充当吏人的简历,功过情况,所供具的情况必须属实。这说明召募吏胥已经十分规范化了。

① 《淳熙三山志》卷13《版籍类四·州县役人》。
② 《庆元条法事类》卷52《公吏门·解试出职》。
③ 李元弼:《作邑自箴》卷3《处事》。
④ 李元弼:《作邑自箴》卷8。

(二)吏胥的职掌和资级、俸禄

吏胥的职掌因机构和地位而异。堂后官(三省都录事),负责点检本司各房文字。各房的堂后官分呈本房文字;主事分押本房文字;令史第一、第二名监印房点检文字,第三名开拆房点检文字,以下充当各房行遣人;书令史皆充当各房行遣人;守当官主管各房簿书、通差行遣文字;守阙守当官,负责抄写文字①。三司的军将、大将负责管押纲运、放牧骆驼、监督水利工程等事。尚书省各部及其子司的吏额,均设主事1至2员,是该司吏胥的首领。吏部官告院专设写告令史,委派"书札精熟者"②。秘书省的守阙系名和正系名,专管书写楷书③。军器所干办司的手分,负责关防觉察受给、大门交收官物等事;监造司的人吏,主管行移文字;监门司的人吏,主管承行文字、点检官物出入、搜检人匠等事④。

各州县的吏胥,州衙的孔目官是一州的吏胥之长,县衙的押录是一县的吏胥之长。衙前主持管押官物,负责輦输,常用来主持纲运、场务、仓库、馆驿、河渡等。散从官分属推官、判官、司录等厅,主管追催赋税、迎送官员等事。手分主管州衙或县衙的各种事务,随事而定。手力分隶县令、佐,掌管追催公事和催督坊郭赋税,兼管验尸⑤。造帐司专管攒造本州帐册。祗候典负责受付州县之间往来文书。院虞候在司理院任职,掌管监押犯人⑥。所由分属各级官衙,主管维持城镇秩序、捕捉盗贼⑦。解子掌管递送州县公文⑧,等等。

吏胥按类分为若干资级(阶),依照任期的长短和功赏予以升迁。如州衙的吏人,从都孔目官到粮料押司官,共十阶,称为"职级";以下

---

① 《宋会要》职官3之31。
② 《宋会要》职官11之60。
③ 《宋会要》职官18之27。
④ 《宋会要》职官16之4。
⑤ 《嘉定赤城志》卷17《吏役门·县役人》。
⑥⑧ 《淳熙三山志》卷13《版籍类四·州县役人》。
⑦ 《宋会要》兵3之1。

又有前行和后行,最低为贴司(一种见习性的非正式吏胥)。衙前从都知兵马使到第六名教练使,共十三阶①。阶或资级定期升转。州院、司理院推司和法司吏人,每任满 3 年,升转一资。都知兵马使出职的条件之一是历任吏职满 20 年,如曾经酬奖转资,每一资准许减少 3 年。公人以左、右为两资,在有战功应转资时,左、右只算一资②。

徽宗崇宁间,依神宗元丰法参立秘书省孔目官等品级:昭文馆孔目官、书库官、头名守当官,史馆孔目官、四库书直官、表奏官、上二名书库官,集贤院孔目官、书库官,为流外从九品③。

各级官衙还定期对吏胥举行各种形式的考试,以便升补。如州衙的吏人和衙前,每 3 年一次,在二月前投状,申请考试刑法,经审查后,在四月前申转运司,另选日期差官考试。各县的手分和贴司,在编录司缺员时,也可申报州衙派官考试断案,以稍通者充当。任满 3 年,即升一等名次:原系贴司,即升手分;原系手分,即升上一名④。又如刑部每年考试掌法吏胥的同时,允许六部寺监的私名贴司以上附试,如遇手分缺员,则先补试中人⑤。

吏胥的俸禄,在北宋前期,朝廷各司吏胥都领取官俸;州县大部分吏胥属于民户轮差的职役,不领官俸。北宋前期,月俸最多者是枢密都承旨,40 贯。以下为副都承旨和副承旨、诸房副承旨、逐房副承旨、中书堂后官提点五房公事,30 贯。中书堂后官,20 贯,特支 5 贯。中书和枢密院的主事,20 贯;录事和令史,各 10 贯;主书,7 贯(春季另发 3 贯、冬季一贯);守当官(春季另发一贯)和书令史(春季另发 3 贯、冬季一贯),各 5 贯。此外,还有春、冬绢,春冬罗、绫,冬绵等。枢密都承旨另有僆人衣粮 10 人。副都承旨和副承旨、诸房副承旨以及中书堂后官提点五房公事,各 7 人。逐房副承旨,5 人。中书堂后官至枢密院主事,

① 《嘉定赤城志》卷 17《吏役门·州役人》。
② 《庆元条法事类》卷 52《公吏门·差补》。
③ 程俱:《麟台故事》卷 4《官联》。
④ 《庆元条法事类》卷 52《公吏门·解试出职》。
⑤ 《宋会要》职官 15 之 25。

各 2 人。中书和枢密院的录事、令史，各一人。枢密都承旨，每月还领取 100 束柴草。枢密副都承旨和中书提点五房公事，各 100 束①。神宗元丰改制后，朝廷各司吏胥大都按阶领取俸禄，其中副承旨和逐房副承旨每月料钱各 15 贯。诸房副承旨另有傔人衣粮 7 人，中书堂后官提点五房公事、逐房副承旨、录事、令史，从 7 人、5 人一直到一人②。秘书省的都孔目官，每月添给料钱各八贯 500 文，日支食钱 300 文，赡家钱 4 贯 500 文，米、麦各 1.5 石（内麦折钱 3 贯文），春、冬衣绢各 10 匹，冬加绵 20 两。孔目官，每月添给料钱各 7 贯 500 文，日支食钱 300 文，赡家钱 4 贯 500 文，米、麦各 1 石。正名楷书，每月添给食钱 3 贯文，料钱 5 贯文、赡家钱 2 贯 250 文，米 2 石。厅子，料钱 2 贯文，承送 1 贯 800 文，衣料 1 贯 500 文等③。有些吏胥属于候补或试用性质，一般不给官俸，如正系名、守阙系名、投名人、守阙、私名等④。

神宗熙宁三年，开始实行"诸仓乞取法"，又称"仓法"，给予仓吏重禄。随后，逐步推广，内自朝廷百司，外至监司、州县的吏胥，都授予俸禄，已有俸禄者增加俸禄，因而又称"重禄法"。领取重禄的吏胥，称"重禄公人"。重禄公人受贿或勒索，即从重处罚。如受贿或勒索不满 100 文，配处徒刑一年；满 1 贯，流 2 000 里；满 10 贯，刺配沙门岛⑤。熙宁三年，京师各司岁支吏禄钱 3 800 多贯；熙宁八年，增至 371 000 多贯⑥。元丰元年（1078 年），京师各司 291 处吏胥，共 5 140 人，每年支俸禄 623 186 贯石匹斤两⑦。

（三）吏胥的政治地位和作用

　　宋朝吏胥任职与官员相比，有一些特点。官员担任差遣有一定的

① 《宋史》卷 171《职官十一》。
② 《宋史》卷 172《职官十二》。
③ 陈骙：《南宋馆阁录》卷 9《廪禄》。
④ 《宋会要》职官 18 之 26、3 之 38、27 之 29。
⑤ 《苏轼文集》卷 34《论仓法札子》。
⑥ 沈括：《梦溪笔谈》卷 12《官政二》。
⑦ 方勺：《泊宅编》卷 10。

任期,任满即替,极少连任。特别是地方官调动频繁,常常任期未到,即又调换他职。吏胥任职则虽有期限,但如不因迁转等,可以连任。此其一。官员担任差遣,一般要回避近亲和原籍以及购置田产的地点。吏胥任职则没有这种规定。此其二①。由于吏胥可以长期在同一机构或原籍担任同一种或类似的职务,使他们熟习公文簿书,精通律令,擅长处理公务中出现的种种情况。这是很多官员望尘莫及的。

虽然吏胥在各级机构中作为官员们的助手,是不可或缺的;虽然朝廷对有些吏胥,如堂后官和副承旨委以重任,给予优厚的俸禄和其他的优待,但统治者总对他们抱有戒心,采取措施严加防范,使他们处于较低的政治地位。

宋代统治者依然重视流品,把吏胥当作不入流的"流外"人。只要担任过一段时间的吏职,就被视为具有了终生难改的"流外"出身,低于官员几等。士大夫们轻视吏胥,在有意贬低某名官员时,常称之为"吏"。如朱熹称仁宗时的宰相陈执中为"俗吏"②,汤鹏举把一些知县称为"赃污之吏"③。王栐认为:"国初,吏人皆士大夫子弟不能自立者,忍耻为之。"④因为士大夫的不争气子弟才"忍耻"去当吏胥,所以士大夫都瞧不起吏胥,不屑去做吏职。从太宗开始,还禁止吏胥应举。端拱二年(989年),中书门下的守当官陈赆庆应举,以《周易》学究及第。太宗得悉此事,立即追夺所授敕牒,免其罪,勒归本局依旧任职⑤。太宗认为:"科级之设,待士流也。岂容走吏冒进窃取科名!"于是下诏:"自今中书、枢密、宣徽、学士院、京百司、诸州系职人吏,不得离局应举。"⑥从此剥夺了吏胥应举的权利。禁山宗室与吏胥通姻⑦。即使胥吏已经

---

① 陆九渊:《象山先生全集》卷8《与赵推》之一。
② 《朱子语类》卷129《本朝三》。
③ 《宋会要》食货26之34。
④ 《燕翼诒谋录》卷3《有荫人不得为吏》。
⑤ 《长编》卷32。
⑥ 《文献通考》卷35《选举八》。
⑦ 刘时举:《续宋编年资治通鉴》卷14《宁宗三》。

出职任官,也不得与宗室为婚①。京朝官在担任中书堂后官后,"见宰相,礼同胥吏"②,地位反而一落千丈。宋代冗官现象较为严重,"员多阙少"是官员们常念的苦经,但看不到朝廷采取大规模的裁减官员措施。反之,裁员时首当其冲的只是吏胥。仁宗景祐三年,由御史中丞杜衍负责沙汰三司胥吏。三吏后行朱正等 500 多名吏胥,一起到宰相吕夷简宅申诉,吕夷简拒不接见。又云杜衍宅大骂,并乱扔瓦砾。于是仁宗下诏逮捕朱正等 3 人,杖脊配隶沙门岛,但不得不停止沙汰工作③。哲宗元祐三年(1088 年),一次裁减省台寺监各司人吏 1/4④。特在尚书省置吏额房,研究裁减之事,"是致六曹寺、监吏人,前后经御史台论诉者不一"⑤。有关精简吏胥的记载很多。

官员们喜欢指责吏胥的贪污和不法行为。其实,这常常与主管官员直接有关:州县长官不得其人,刑狱的审判"一切付之胥吏",因而"轻重高下,悉出其手"⑥。县令自己"惰弛赃污",便"委政胥吏",所以"吏缘为奸,蠹害百出"⑦。还有很多县官平时聚集同僚吃喝,动辄花费二三十贯,而又无从开支,"不过勒吏辈均备耳"。各地州县官的一切"非泛用度","率多敷配吏人,相习成风,视为常事"⑧。如果州县的长官清廉,吏胥"为欺弊犹有忌惮";如果长官不清不廉,"则己盗其一,吏盗其十。上下相蒙,恣为欺隐"⑨。徽宗时,"士大夫之职业,虽皮肤浅者亦不复修治,而专从治于奔走进取,其簿书期会,一切唯胥吏之听"⑩。应该说,主要是因为主管官员的腐败无能和贪赃枉法,才导致

① 《长编》卷 409。
② 《宋会要》职官 3 之 22。
③ 司马光:《涑水记闻》卷 9。
④ 《宋会要》职官 3 之 28。
⑤ 苏辙:《龙川略志》卷 5《议定吏额》;《栾城集》卷 43《论吏额不便二事札子》。
⑥ 《建炎以来系年要录》卷 165。
⑦ 唐仲友:《悦斋文钞》卷 1《信州朝辞札子二》。
⑧ 真德秀:《真文忠公文集》卷 12《奏乞将知太平州当涂县谢汤忠罢斥、主簿王长民镌降状》。
⑨ 陈襄:《州县提纲》卷 4《廉则财赋给》。
⑩ 叶适:《水心别集》卷 14《外稿·吏胥》。

大权旁落,反由吏胥操纵地方政治,听任吏胥为非作歹。

　　吏胥在各级政府机构中,作为一般的行政人员或具体办事人员,发挥了重要的作用。他们承担了各级机构中日常的大量公务,如起草和誊写、传递、保管公文,管理帐目,主持搬运官物,预审案犯,逮捕和看押犯人,催督赋税,征收商税,出纳官物,摆渡,治病,守门,等等。各级官员都离不开吏胥做他们的助手,替他们做许多具体的行政事务。由于吏胥熟悉本机构的各项规章制度,如真宗时"阁门仪制多出于胥吏之言",后来才制定出阁门的仪制①。高宗初年,仓促南迁,文书散失,朝廷的"旧法往例",全靠吏胥"省记","轻重予夺,惟意所出"。于是被士大夫们认为"最骄横者",是三省和枢密院、吏部七司(吏部四选和司勋、司封、考功)、户部、刑部的吏胥,其他各司和各路的吏胥纷纷效尤,所以"今世号为'公人世界'"②。在大臣专权时,经常以吏为援,倚为腹心。如宁宗时,韩侂胄为相,引原平江府书吏苏师旦至朝,授以高官,预闻国政。后来重用堂吏史达祖,使之"奉行文字,拟帖撰旨",以至"权炙缙绅"③。右丞相陈自强甚至称苏师旦为"叔",呼史达祖为"兄"④。理宗时,权相贾似道一度在葛岭私宅办事,"吏抱文书就第署,大小朝政,一切决于馆客廖莹中、堂吏翁应龙,宰执充位署纸尾而已"⑤。当然,像苏师旦和史达祖、翁应龙之流,在吏胥中只是极少数人。

第九节　各种行政法规

　　唐朝《大唐六典》的制定,开始了中国古代行政法从刑典中分离的过程。宋朝的行政法规虽然有一部分仍然散见于其他的各种法规中,但也出现了一部分自成体系的完整的法规。这是因为宋代官僚政治制

①　《长编》卷56。
②　《水心别集》卷14《外稿·吏胥》。
③　叶绍翁:《四朝闻见录》戊集《侂胄、师旦、周筠等本末》。
④　《宋史》卷394《陈自强传》。
⑤　黄震:《古今纪要逸编》;《宋史》卷474《贾似道传》。

度的不断发展,为了有效地管理各级和各类官府,陆续制订出许多行政方面的法规,规定各个官府本身的活动原则和制度,以及与其他官府、官民的关系等。

(一) 一司条法

宋代朝廷内外各司和各路帅抚、监司管理财赋、兵马的机构,都制定"一司条法",又称"一司敕"①。朝廷还不时派员审定一司条法。如神宗熙宁九年(1076年),命令权御史中丞邓润甫"详定一司、一务、一路、一州、一县敕"②。这些条法主要是各个机构的专门行政法规。

据现存各种宋人书目,可以知道宋代的一些行政法规的名称和卷数。其中有关中书省的,有《中书省官制事目格》120卷、《大观中书敕令格式》、《中书条例格式》等。有关门下省的,有《门下省官制事目格》和《参照卷旧文净条厘析总目目录》72册等。有关中书门下省的,有《政和中书门下敕令格式》。有关三省和枢密院的,有《乾道重修三省密院敕令格式申明》。有关枢密院的,有哲宗元祐间编《枢密院条》20册和《看详》30册。有关三司的,有陈绎编《熙宁编三司式》400卷,仁宗庆历间(1041—1048年)编《三司条约》一卷,《随酒式》一卷。

尚书省是具体执行朝廷命令的机构,行政事务最为繁多,因此有关行政法规最多。一、有关尚书省本部的,有《尚书省官制事目格参照表》67册,《六曹条贯》和《看详》3 694册,哲宗元祐初编《六曹敕令格式》1 000卷,《六曹格子》10册,秦桧等编《绍兴重修六曹寺监库务通用敕令格式》54卷。二、有关吏部的,有陈康伯等编《绍兴参附尚书吏部敕令格式》70卷,朱胜非等编《绍兴重修吏部敕令格式》和《通用格式》102卷,吕惠卿编《新史吏部式》2卷,曾伉编《新修尚书吏部式》3卷、《元丰新修吏部敕令式》15卷,吴奎编《嘉祐禄令》10卷、《驿令》3卷,《政和禄令格》等321册,《审官院编敕》15卷,王珪编《嘉祐审官院编

---

① 《朝野类要》卷4《法令·一司》。
② 《长编》卷278。

敕》50卷,《铨曹格式》14卷,神宗熙宁七年编《审官东院编敕》2卷,沈立编《新修审官西院条贯》10卷、《总例》一卷,哲宗元祐初编《吏部四选敕令格式》一部,《嘉定编修百司吏职补授法》133卷,《大观告格》一卷,《官诰院一司条格》,龚茂良等编《淳熙重修吏部左选敕令格式申明》300卷,《八路差官敕》一卷,《皇亲禄令并厘修敕式》340卷等。三、有关礼部的,有晁迥编《礼部考试进士敕》一卷,仁宗至和二年(1055年)编《贡举条制》12卷,白时中编《政和新修御试贡士敕令格式》159卷,范镗编《熙宁贡举敕》2卷,《绍兴重修贡举敕令格式申明》24卷,高宗绍兴二十六年(1156年)万俟禼上《绍兴贡举法》50卷,李定编《元丰新修国子监大学小学元新格》10卷、《令》13卷,贾昌朝编《律学、武学敕式》,神宗元丰间编《武学敕令格式》一卷,朱服编《国子监支费令式》一卷,徽宗建中靖国初年(1101年)编《绍圣续修武学敕令格式看详》和《净条》18册,《绍圣续修律学敕令格式看详》和《净条》12册,《徽宗崇宁国子监算学敕令格式》和《对修看详》一部,《崇宁国子监画学敕令格式》一部,徽宗大观初(1107年)编《诸路州县学法》一部,《国子大学辟雍并小学敕令格式申明一时旨挥目录、看详》168册,郑居中编《政和新修学法》130卷,李图南编《宗子大小学敕令格式》15册,孟昌龄编《政和重修国子监律学敕令格式》100卷,大观元年徽宗编《八行八刑条》一卷,《崇宁学制》一卷,陆佃编《国子监敕令格式》19卷,高宗绍兴十三年(1143年)秦桧等上《绍兴监学法》26卷、《目录》25卷、《申明》7卷、《对修厘正条法》4卷,共62卷等。有关礼部的,还有章惇编《熙宁新定孝赠式》15卷,《熙宁新定节式》2卷,《熙宁新定时服式》2卷,张叙编《熙宁葬式》55卷,神宗元丰间编《宗室及外臣葬敕令式》92卷,刘筠、宋绶等编《五服敕》一卷,《九族五服图制》一卷等。四、有关户部的,有秦桧等编《绍兴重修常平免役敕令格式》54卷,《编类诸路茶盐敕令格式目录》一卷,李承之编《江湖淮浙盐敕令赏格》6卷,张动编《直达纲运法》和《看详》131册,哲宗元祐初编《元丰户部敕令格式》一部,《元祐诸司市务敕令格式》206册,《常平役法》,《淳熙常平茶盐敕令》。宁

宗庆元六年,京镗等上《役法摄要》189 卷,系将绍兴十七年(1147 年)
正月至庆元五年(1199 年)七月的州县差役,分为五十五门、八十二小
门,每门一卷。五、有关刑部的,有范镗编《熙宁详定尚书刑部敕》一
卷。六、有关工部的,有神宗元丰间编《水部条》19 卷。七、有关宗正司
的,有张稚圭编《大宗正司条》6 卷,《熙宁新编大宗正司敕》8 卷,高宗
时重编《大宗正司敕令格式申明》和《目录》81 卷。八、有关其他各寺、
监的,有曾肇编《将作监式》5 卷,《司农寺敕》一卷和《式》一卷,蔡确编
《元丰司农敕令式》17 卷等①。

　　以上朝廷各司的种种法规,由于都已失传,难以窥见其全貌,但从
其名称,还可以知道它们主要是行政方面的法规,或者包含着行政法规
方面的内容。尤其尚书省吏部的许多条法,更都是有关人事方面的行
政法规,内容涉及对于官员和胥吏的管理、注授差遣、俸禄等,应该属于
人事行政法。此外的各种行政法规,分别属于经济行政法、教育行政
法、贡举行政法、军事行政法、司法行政法等。

(二) 吏部条法

　　值得注意的是北宋时已陆续编成了许多种吏部敕令格式或敕令
式、式等。到高宗绍兴十五年(1145 年)前,晏敦复裁定吏部七司条法
时,其中虽然"不无疏略",但"已十得八九,有司守之以从事,可以无
弊"②。到孝宗淳熙二年(1175 年),龚茂良等奉命重新编纂吏部尚左、
尚右、侍左等七司现行改官、奏荐、磨勘、差注等条法和指挥,分门别类
加以删定。次年成书,共分六十八类、三十门,以"吏部条法总类"为
名③。宁宗嘉定六年,又命官员以开禧间(1205—1207 年)重修的《七
司法》和《庆元海行法》、《在京通用法》、《大宗正司法》相参重编,共改

① 《宋史》卷 204《艺文四》;尤袤:《遂初堂书目》。
② 《文献通考》卷 38《选举十一》。
③ 《玉海》卷 66《淳熙吏部条法总类》。

正 460 多条,比孝宗淳熙间《总类》增加了 10 卷,于次年二月颁行①,称《嘉定吏部条法总类》,共 50 卷。到理宗景定三年(1262 年),再次派官重修吏部七司条法②,次年编成。今存《永乐大典》卷 14620 到 14622、卷 14624 到 14629 中的《吏部条法》,当是该书的一部分。

理宗景定《吏部条法》,虽然至今仅存 9 卷,分为差注和奏辟、考任、荐举、关升、磨勘等六门,比淳熙《吏部条法总类》的三十门缺少了二十四门,但也足以反映南宋时期有关吏部的人事行政法规的一个概貌。在"差注门一·总法撮要"中,首先确定五种人不得选注官阙:一是有犯赃、私罪情节严重并且未经历任者;二是承直郎以下尚未成考者,或者没有举主者;三是停替未成资者;四是原任此职,被责罚后,未隔任、考,又要选注此职者;五是六十岁以上者(文臣知州资序,不受此法约束,大使臣仅不选三路——即河北、河东、陕西)。其次规定各种情况的官员,如何选注各种官阙。接着,在"总法"中,顺次叙述"尚书、侍郎左右选"的通用敕、令、格、申明等。在"差注门二·差注撮要"中,首先叙述京官和大小使臣、选人具备何种条件选注何种差遣。京官的窠阙有三等:初出榜的官阙称为"非次阙",出榜满 5 天成为"经使阙",非次阙公布后半年无人选注便成为"破格阙"。非次阙和经使阙属"正格阙"。选人的窠阙有五等:出榜满 5 天成为非次阙,非次阙后一天成为经使阙,出榜后满三月成为破格阙,破格阙出榜满 10 天成为"残零阙",残零阙再出榜满十天成为"无人愿就残零阙"。大、小使臣可以选注知县或县令的差遣,规定大使臣担任县令的条件是:一、武举出身,或奏补出身;二、曾经铨试及格;三、年龄不到 55;四、有历任所在路的监司、帅臣和郡守荐举。小使臣担任知县或县令的条件是:一、武举出身,或奏补出身;二、曾经铨试及格;三、保义郎以上资序;四、武举出身人历两任四考,奏补出身人历三任六考,并且关升亲民官资序;五、有历任所

---

① 陈振孙:《直斋书录解题》卷 7《法令类》。

② 《宋史》卷 45《理宗纪五》。

在路的监司、郡守荐举;六、年龄不到55。其中,捧香恩泽补官人、不准注知县和县令阙。选人可以选注教授、山长、县令、县丞、职官、主管帐司、录事参军、司理和司法、司户参军。选人担任县令的条件分为两个部分,第一部分:注非次阙县令的条件是由奏举关升文林或从事、从政郎者,并先因赏循入从政郎以上,后有从事郎并县令举主3员,理作奏举关升资序,无过犯人。注经使阙县令的条件是承直郎至从事郎,以及用考第常调关升的从政郎,酬赏循入的从政郎和修职郎,有改官或职令举主3员,无过犯人。第二部分:注县令阙的年龄,为60至30岁。如60至65岁,必须注有佐官处。恩科出身、年满55者,不准注县令阙。

在该书"荐举门·荐举撮要",规定荐举的基本原则和条件。如确定举主的含义是"举改官及职官、县令",职司的含义是转运使副和提点刑狱以及朝廷专差宣抚、安抚、察访者。举主荐举所部官员2员以上者 要分上、下半年进行。举主和被举官"各须在任"。迪功郎以上,实历满一考,准许受荐关升;已满三考,赴第二任,准许受荐改官。举荐关升、改官奏状,限期申报到院;过期不予收使。在"淳祐格(景定重定)"中,具体规定了朝廷官员——前宰相和执政官、六曹长贰郎官、寺监长贰、宰属、枢属的"岁举承直郎以下改官"名额,规定各路制置司和监司等'岁举改官从事郎县令"的名额,规定监司和郡守"岁举迪功郎充县令"的名额,等等。

在"磨勘门"中,分为文武臣通用、文臣、武臣、大使臣、小使臣五个部分。在文武臣通用部分,详尽地界定了各种不同出身和不同经历的官员应该不应该磨勘,以及如何磨勘的法规。规定在命官申请磨勘的年限以内,曾经被羁管、编管、除名、勒停、责授散官、追官或居住者,后来虽然得到改正,但没有"理元断月日之文",其以前被定罪的年月都不许收使。凡得到父祖亲属的恩例而减少磨勘年的文臣,不准由此揍理磨勘而升转朝奉郎和朝奉、中散、中奉大夫;武臣,不准由此揍理磨勘而升转武翼郎和武翼大夫。凡因请假而出落班簿的时间,都不理磨勘。因丁忧服阙和病假满百天、落籍未朝见而就差官职者,从就差之日起理磨勘。起复的月日,也理磨勘。文、武官提出申请磨勘到期时,年龄尚未满70,而申报的文书到吏部已满70岁;文、武官提出申请磨勘到期时,接近70岁,皆准许磨勘。其中京官应该奏补承务郎以上者,初该磨勘,应理4年,其中2年必须厘务;有监司、知州、侍从举主一员,方允许磨勘。无举主,延长2年,共理6年;准许"对用减年"。接着,又按照官员的出身、本官阶、历任、举主、功过等具体情况,决定延长或缩短磨勘时间和应该升转的官阶等。

在"改官门·改官撮要"中,具体规定各种资级和差遣的选人,要求不同的考第、任数和举主人数,办理磨勘手续而改为京、朝官。如承直郎至修职郎六考,迪功郎七考,有改官举主5员(其中一员为职司),准予磨勘,依格改合入官。历十二考以上,可减少常员举主一员;历十五考以上,可减少职司举主一员。选人历两任、六考,举主不及格(不够数),至第三任,如在半年内举主及格,须再满一年,即达到七考半,才准许磨勘改官。选人历两任、五考,举主却已及格,至赴第三任满一考后,再须满一年,即达到七考,才准许磨勘改官。选人任国子学和太学正录、武学和宗学谕,在职满一年以上,历任满五考;任太学和武学、宗学博士,在职满一年以上,历任四考;皆改合入官。进士及第,殿试第二、第三人,一任回,准予磨勘,改次等合入官。进纳出身,历任十考,有改官举主七员;军功出身,历任九考,有改官举主六员;准予磨勘,改合入官。以下又分为考第改官、酬赏改官、致仕改官、改官通用、升改、循改六类,每类之下分录七司的各种"令"。如"考第改官"类下,分录"侍郎左选令"、"侍郎左选尚书考功通用令"、"尚书考功令"、"尚书左选令"、"尚书左选考功通用令"等。

理宗景定《吏部条法》虽然今存只是残本,但其内容极为丰富,显示出它是中国历史上第一部完整、严密的朝廷中央人事行政法规。至今为止,对该书只是做了初步的探索,有很多内容值得进行深入研究。